제 4 판

청년심리학

장휘숙 저

博 英 社

머 리 말

저자가 2004년 5월 청년심리학 제3판을 출판한 이후 이미 4년의 세월이 흘렀고, 1993년 초판 출판 이후 무려 15년의 세월이 흘러 이제 제4판을 출판하기에 이르렀다. 그동안 사춘기 시작연령이 낮아지고 성인기 시작이 지연됨으로써 청년기는 10대 청소년과 대학생은 물론 25, 6세까지의 젊은이들도 포함하는 광범위한 시기로 확장되었다.

실제로 청년기는 아동기에서 성인기로 넘어가는 과도기로서 기술적으로 발달되지 못한 문화에서는 존재하지 않는 발달단계이기도 하다. 우리나라의 조선시대를 비롯하여 기술발달이 저조한 문화에서는 성년식이나 사냥의식 혹은 할례의식과 같은 통과의례를 거쳐 아동기에서 곧바로 성인기로 진입한다. 그러나 오늘날의 우리 사회와 같이 다양한 직업이 존재하고 고도의 기술발달이 이루어진 문화에서는 성인기로 들어가기 위한 긴 준비기간을 필요로 한다. 이와 같이 청년기는 그 사회의 문화적 특성이나 사회적 상황의 영향을 크게 받는다.

이러한 특성을 갖는 청년기에 우리가 큰 관심을 갖는 이유는 이 시기 동안 개인의 삶에 영향을 주는 여러 가지 변화가 일어나고 그것이 전생애의 방향이나 궤도를 결정하는 역할을 하기 때문이다. 그 예로서 성공적인 청년기를 보낼 수 있었던 사람들은 행복하고 적응적인 성인기를 맞을 수 있지만, 그렇지 못한 사람들은 성인기를 위한 불충분한 준비로 인해 취업이나 결혼이 어렵고 계속적인 문제행동으로 불행한 성인기를 맞을 수 있다.

최근 우리 사회에는 출산율의 저하로 청소년 인구가 점차 감소하고 사춘기의 빠른 시작은 초등학교 고학년에서 청소년의 전형적 특성을 지니는 아동들을 출현하게 하고 있다. 또한 대학진학을 위한 사교육의 보편화는 청소년들이 하루 시간의 대부분을 학교와 학원에 머물게 하고 사교육비의 급증은 부모들에게 심각한 경제적 부담을 주고 있다. 이와 함께 전세계적인 경제상황의 악화는 청년후기 젊은이들의 취업을 어렵게 하고 부모로부터의 독립을 지연시킨다. 더욱이 인터넷이나 게임에 중독된 청소년들이나 대학생들의 급증은 청년심리학 제4판을 저술하지 않을 수 없도록 하였다.

그러므로 청년심리학 제4판은 청년기의 변화된 특성들이 반영될 수 있도록 하면서도 최근까지 이루어진 청년발달에 관한 중요한 연구결과들이 수록될 수 있도록 광범위한 개관을 바탕으로 하였다. 제3판이 한 학기 분량으로 다소 많은 내용을 담고 있었으므로 제4판에서는 중요한 내용을 압축하고 새로운 내용을 추가하여 전체 내용을 새롭게 보강함으로써 청년기 발달에 관한 종합적 이해가 가능하도록 하였다. 전생애 발달심리학적 관점에서 청년기는 아동기 발달의 결과이고 성인기 발달을 위한 기초이기 때문에 이 책은 전생애적 조망에서 청년기 발달을 설명하려고 노력하였다.

구체적으로 이 책은 네 개의 부와 열두 개의 장으로 구성되어 있다. 즉 제1부 서론, 제2부 청년기의 특징적 변화, 제3부 청년기의 맥락, 그리고 제4부는 청년기의 문제들이 수록되어 있다. 우선 2개의 장을 포함하는 제1부는 청년기 이해에 필요한 기본적 내용과 이론을 담고 있고 제2부는 5개의 장을 포함하며, 신체, 인지, 자기이해의 발달과 정체감, 가치관, 정서, 성격, 대처양식에서의 변화들을 차례로 수록하였다. 또한 2개의 장을 포함하는 제3부의 청년기 맥락에는 가족과 동년배, 학교 및 전자매체의 영향을 그리고 3개의 장을 포함하는 제4부의 청년기 문제행동에는 이성에 대한 관심과 성행동, 물질사용 및 외재화, 내재화 장애 등 청년기 발달에 지장을 주는 문제들이 광범위하게 논의되었다.

이제 청년기 발달은 심리학에서만의 문제가 아니며 청소년이나 청년을 연구하는 모든 학문분야의 연구자들이 관심을 갖는 중요한 학문영역임이 분명하다. 그러므로 이 책은 심리학이나 청소년학, 사회학, 인류학, 사회복지학을 공부하는 학생들은 물론 청소년 교육을 담당하는 교사나 학부모 혹은 청소년 상담가들, 그리고 더 나아가 성인기를 준비하는 청년기 개인들이 청년기의 특징적 변화를 이해하고 청년기 문제를 효과적으로 해결할 수 있는 방안을 찾아낼 수 있도록 할 것으로 기대된다. 더욱이 이 책은 저자가 오랫동안 연구한 결과를 바탕으로 최근의 연구들을 정리한 결과이므로 청년기 발달에 관한 종합적 이해를 가능하게 하고 청년기 문제해결을 위한 통찰을 얻을 수 있도록 할 것이다.

이번에도 박영사가 이 책의 출판을 맡아주셨다. 양서를 선별하고 최고의 책만을 고집하는 박영사 안종만 회장님과 편집부의 마찬옥 부장님께 심심한 사의를 표하며 표지와 각 장의 컷을 그려주신 박영사 이선주 과장님께도 큰 고마움을 전한다. 또한 자료를 찾아주고 책에 들어갈 그림을 그리느라고 수고한 충남대학교 심리학과 발달심리학 전공의 대학원생인 최영임 양, 석사 학위논문을 준비중임에도 저자의 자질구레한 일들을 도와준 신우정 양 그리고 인터넷 게임에 관한 최신의 정보를 제공해준 학부학생 정현욱 군에게 감사를 전한다.

2008년 11월 어느날

저 자

목 차

제 1 부 서 론

제 1 장 청년기 이해를 위한 기초

제 2 장 청년기를 설명하는 이론

제 2 부 청년기의 특징적 변화

제 3 장 신체변화와 성적 발달

제 4 장 지적 · 인지적 변화

제 5 장 자기이해의 발달과 정체감 탐색

제 6 장 가치관의 확립: 도덕성 발달과 정치적 및 종교적 가치관의 발달

제 7 장 정서, 성격 및 대처양식의 변화

제 3 부 청년기의 맥락

제 8 장 청년기의 맥락 I: 가족관계의 변화

제 9 장 청년기의 맥락 II: 동년배 관계, 학교 및 전자매체의 영향

제 4 부 청년기의 문제

제10장 이성에 대한 관심과 성행동

제11장 청년기 문제행동의 특징과 물질사용

제12장 청년기의 문제행동: 외재화 장애와 내재화 장애

01부

서론

Adolescent Psychology

01부 | 서론

청년기는 아동기에서 성인기로 넘어가는 과도기로서 개인의 발달에 영향을 주는 여러 가지 변화들이 일어나는 시기이다. 이러한 변화에 성공적으로 대처하지 못하면 행복한 성인으로 성장할 수 없음은 물론 심각한 적응문제를 일으켜 정상적 인생궤도에서 이탈할 수 있다. 전생애의 어떤 시기보다 청년기가 중요한 시기일 수 있는 것도 바로 이 때문이다.

제1부는 서론으로 청년심리학에 관한 전체적 이해를 위해 두 개의 장을 포함한다.

제1장에서 청년기와 관련된 문제, 특징적 현상, 연구방법 등을 고찰하고
제2장에서 청년발달의 이론적 조망을 설명한다.

제1부를 통하여 우리는 청년심리학이 어떤 학문인지 그리고 청년기가 어떤 시기이고 어떤 방향의 연구가 수행되어야 하며 어떤 문제점을 지니고 있는지를 이해하는 동시에 어떤 이론적 관점에서 청년기를 바라보아야 하는지도 알 수 있게 될 것이다.

01 장 청년기 이해를 위한 기초

Adolescent Psychology

제1장 청년기 이해를 위한 기초

청년기는 아동기와 성인기의 중간단계로서 전적으로 부모에게 의존했던 아동이 한 사람의 독립된 성인으로 성장하기 위한 준비기이며 과도기이다. 라틴어로 청년기를 뜻하는 'adolescence' 라는 영어 단어도 '성장하다' 의 의미를 지니고 있어 급격하게 성장하는 변화의 시기라는 뜻을 내포하고 있다. 이 시기 동안 신체적 발달은 물론 심리적, 사회적 발달도 급격하게 이루어진다. 또한 초등학교에서 중학교 그리고 고등학교에서 대학교로 진학함으로써 학생 신분에서의 변화도 함께 일어난다.

청년기는 프로이트(S. Freud)의 잠복기(latent period)에서 생식기로 이동하는 시기인 동시에 에릭슨(E. Erikson)의 정체감 대 역할혼란의 시기이기도 하다. 프로이트에게 청년기는 리비도 충동의 재각성에 의해 혼란과 갈등을 경험하는 시기라면, 에릭슨에게 있어서는 자아정체감을 형성하는 시기이다.

전생애의 어떤 시기 동안에도 해결해야 될 위기나 적응문제가 존재하지만, 청년기 동안에는 역할의 변화와 그에 따른 적응 문제, 확대된 교우 관계, 이성 문제, 진로 문제, 가치관 문제 등 아동기와는 다른 여러 가지 새로운 문제들이 발생한다. 급격한 신체발달과 함께 변화하는 자신에 대한 정체감을 확립하기 위하여, 청년기의 개인들은 과거에 자신과 가족 혹은 타인과의 관계에서 형성한 유대 관계를 해체하고 재형성하지 않으면 안 된다. 이와 함께 미래를 위한 방향 설정을 해야 하므로 청년들은 다양한 역할을 실험할 수 있어야 한다.

I. 청년기와 관련된 문제들

1. 왜 청년기를 연구하는가

어느 문화에서나 청년기가 존재하는 것은 아니다. 문화에 따라 아동기와 성인기 사이의 과도기가 짧거나 거의 없는 문화가 있는가 하면, 우리 사회처럼 긴 청년기를 갖는 문화도 있다. 전자의 경우로서 기술적으로 발달되지 못한 문화에서는 성년식이나 사냥의식 혹은 할례의식과 같은 통과의례(rites of passage)를 거쳐 아동기에서 바로 성인기로 진입한다. 그러나 다양한 직업이 존재하고 고도의 기술발달이 이루어진 문화에서는 성인 사회로 들어가기 위한 긴 준비 기간을 필요로 한다. 이와 같은 문화에서는 청년기가 길어질 수밖에 없다.

할례(성기부분의 절단)의식을 치른 케냐의 여인

퓰리처상 기획사진 부문상 수상
(스테파니 웰시 작)

그러므로 우리는 다음과 같은 이유로 청년기를 연구한다.

첫째, 아동기 발달의 결과를 바탕으로 독립적인 성인으로 성장해 가는 개인의 발달과정을 이해할 수 있다.

둘째, 청년기는 대부분의 젊은이들에 의해 공유되는 독특한 발달과업을 갖는 인생 단계이기 때문에 자세히 연구될 필요가 있다. 이 시기 동안 성장급등과 성적 성장, 진로 선택을 위한 준비, 가족을 떠나기 등 많은 중요한 사건들이 일어난다. 이 시기에 바람직한 사회화가 이루어지고 성공적으로 성인기로 이동할 수 있도록, 청년기의 긍정적 및 부정적 발달을 확인하는 것은 중요한 일이다.

셋째, 최근에 사회문제가 되고 있는 청소년 비행이나 범죄 혹은 약물중독과 같은 일탈행동의 원인을 밝히고 일탈행동 경험에서의 개인차를 규명함으로써 일탈 청소년을 위한 치료와 예방을 모색할 수 있다.

2. 독립된 발달단계로서 청년기의 확립

희랍 시대의 아리스토텔레스가 청년기에 관심을 갖기도 하였지만, 19세기 말엽까지 청년기는 아동기와 구별되는 발달단계로서 인정받지 못하였다. 다윈의 저서 「종의 기원」(The Origin of Species, 1859)의 출판과 함께 인간발달에 대한 과학적 연구가 시작되었으나, 아동을 성인과 분리시키는 문제에 집중함으로써 청년기에 대한 관심은 싹트지 못하였다.

다윈은 인간은 더 낮은 형태의 동물 — 원숭이나 다른 포유동물 — 에서 진화되었다고 가정하고 인간의 성장 과정은 하등동물로부터의 진화과정을 반복한다고 주장하였다. 다시 말하면 개체발생(ontogeny)은 계통발생(phylogeny)을 반복한다는 것이다. 따라서 성인의 행동은 아동기에서 시작되고 인생경험을 통하여 발달하는 것이므로 아동기를 연구해야만 개인이 이해될 수 있다고 생각되었다.

20세기 초에 이르러, 사회적, 경제적, 학문적 발달과 출생률의 감소로 인한 자녀 수의 감소는 청년기를 하나의 독립된 발달단계로 정착시키는 데 기여하였다. 직업이 다양해지고 복잡해지면서 공식적 교육의 필요성이 증대되었고 자녀 수의 감소는 부모의 자녀에 대한 지원을 증가시켰다. 이제 아동들은 부모의 일손

Stanley Hall(1844-1924)

을 돕는 노동력으로서의 가치를 갖는 것이 아니라 부모의 물질적, 심리적 지원하에서 공식적 학교 교육을 받는 소중한 존재가 되었다. 더욱이 의무교육 기간을 16세까지로 규정한 미국의 법률 제정은 아동과 청년을 법적으로 성인과 분리시켰다.

특히 스탠리 홀(G. Stanley Hall)은 「청년기」(Adolescence, 1904)라는 책을 출판한 미국의 심리학자로서 다윈의 진화론을 심리학적 용어로 재진술함으로써 청년기에 대한 사람들의 관심을 불러일으켰다. 홀은 다윈의 진화론적 관점에서 인간의 발달을 고찰하고, 인생 초기의 영아들은 종의 역사에서 '원숭이 같은' 단계를 반복하는 것이며, 8-12세의 아동들은 수렵이나 어로로써 생계를 유지하는 원시인류의 시기로 가정하였다.

또한 홀은 청년기는 야만인이 문명인이 되기 위하여 원시적 충동을 문명인의 그것으로 변화시키는 과정이라고 제안하였다. 따라서 청소년들이 경험하는 혼란이나 질풍노도(storm and stress)의 현상은 문명인이 교양을 갖추기 위해 원시적 충동을 조화시키는 과정에서 나타나는 불가피한 현상이라는 것이다. 청년기가 질풍노도의 시기라는 홀의 주장은 이제 더 이상 수용되지 않지만, 홀은 하나의 발달단계로서 청년기를 인식시켰다는 점에서 중요한 기여를 하였다.

3. 청년기의 시기적 특성

청년기가 언제 시작하여 언제 끝나는지는 문화에 따라 그리고 청년기를 연구하는 학문분야의 조망에 따라 차이가 있다. 미국을 포함한 대부분의 나라들에서 청년기는 연령적으로 10-13세에 시작하여 18-22세경에 끝난다고 생각되지만(Santrock, 2008), 14세부터 23세까지의 독일 젊은이들을 종단적으로 연구한 결과(Seiffge-Krenke & Gelhaar, 2007)에서는 23세까지도 성인기가 시작되지 않고 있었다.

이론적으로 청년기의 시작시기와 끝나는 시기는 표 1-1에 제시한 이정표들을 통과해야만 한다. 따라서 청년기는 사춘기 혹은 성적 성숙의 시작에서 출발하여 성인의 책임을 맡을 때까지로 정의될 수 있다. 사춘기란 생식을 가능하게 하는 일련의 생물학적 변화가 일어나는 시기로서(제3장 참조) 청년기의 시작을 신호하지만 사춘기의 종결과 함께 청년기도 종결되는 것은 아니다. 그 이유는 성적 성숙이 끝난다고 할지라도 개인이 성인의 역할을 수행할 수 있는 것은 아니기 때문이다.

최근 사춘기 시작은 더 빨라지고, 전문적인 지식에 대한 요구는 과거보다 더 커짐으로써 젊은이들의 교육기간은 점점 더 연장되고 있다. 동시에 결혼의 지연으로 청년기는 과거보다 더 일찍 시작되고 더 오래 지속되는 경향을 보인다. 특히 대학교육의 보편화와 취업을 위한 연장된 준비 기간 및 우리나라와 같이 의무적으로 군복무를 해야 하는 나라에서의 청년기는 점점 더 길어지고 있다. 전통적

표 1-1 청년기의 시작 시점과 끝나는 시점

	언제 청년기가 시작되는가?	언제 청년기가 끝나는가?
생물학적	사춘기의 시작	생식능력의 완전한 획득
정서적	부모로부터 탈애착의 시작	분리된 정체감의 형성
인지적	더 발달된 추론능력의 출현	발달된 추론능력의 확립
대인관계적	부모에서 동년배로 관심이 이동하기 시작함	동년배와 친밀감을 형성하는 능력의 완전한 발달
사회적	성인으로서의 일과 가족 및 시민 역할을 위한 훈련 시작	성인의 지위와 권위의 완전한 획득
교육적	중학교 입학	공식적 학교 교육의 종결
법 적	청소년 지위의 획득	성인 지위의 획득
연령적	청년기로 명명된 연령에 도달함	성인기로 명명된 연령에 도달함
문화적	의식적(儀式的) 통과의례를 위한 훈련기간 진입	의식적(儀式的) 통과의례의 완결

출처: Steinberg, 1999.

으로 청년기와 성인기를 구분하는 중요한 기준은 지위에서의 변동이나 학교 졸업, 결혼 혹은 집을 떠나기와 같은 역할관련적 변화들이었으며, 부모로부터의 경제적 독립은 성인기를 규정하는 핵심 요인이었다.

1) 출현하는 성인기

청년기가 연장되고 성인기 진입이 지연됨에 따라 새로운 발달단계가 출현하고 있고 그 대표적인 발달단계가 아네트(Arnett, 2000)가 제안한 '출현하는 성인기'(emerging adulthood)이다. 아네트는 전통적인 역할관련적 변화보다는 "내 행동에 대해 책임질 수 있다" 혹은 "내 일을 스스로 결정할 수 있다"와 같은 심리적 요인들이 청년기와 성인기를 구분짓는 더 중요한 기준이라고 주장하였다. 그는 "당신은 성인기에 도달했다고 생각하는가?"라는 질문에 대해 그림 1-1과 같이 많은 사람들이 "예"나 "아니오"로 분명하게 대답하지 못하고 "어떤 점에서 그렇고, 어떤 점에서는 그렇지 않다"고 모호하게 대답한다는 것을 확인하였다.

이 결과를 바탕으로 아네트는 "예"라는 대답이 50% 이상을 차지하는 26세

Jeffery Jensen Arnett와 그의 쌍둥이 자녀

아네트는 미시간 주립대학교를 졸업하고 버지니아 대학교에서 박사학위를 취득하였으며, 시카고 대학교에서 박사 후 과정을 이수하였다. 그는 청년기의 위험행동과 대중매체의 영향 및 성인기 시작과 관련된 여러 연구를 수행하고 있다. 현재 University of Maryland College Park의 인간발달학과 교수로 재직하고 있다.

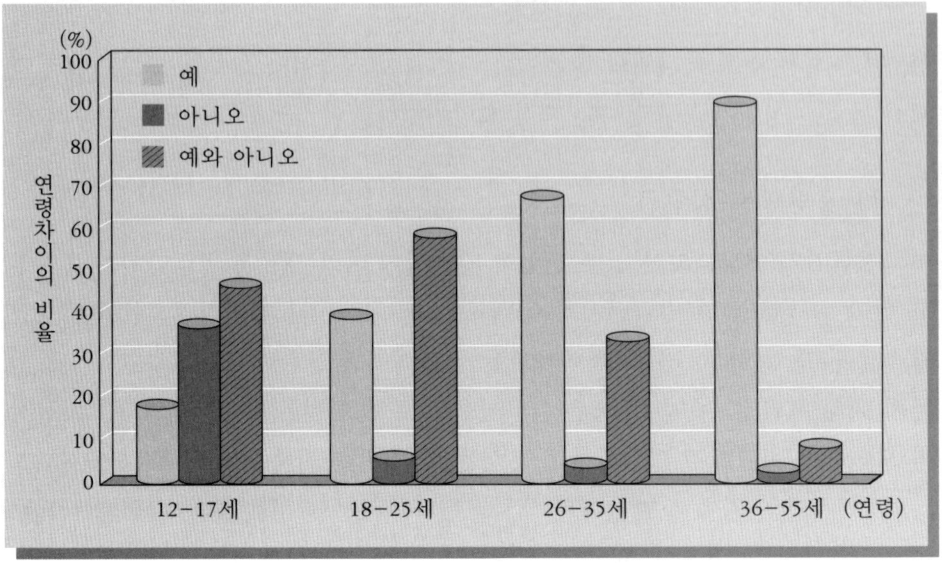

그림 1-1 "당신은 성인기에 도달했다고 생각하는가?"라는 질문에 대한 대답에서 나타난 연령차이

출처: Arnett, 2000.

를 성인기의 시작시점이라고 제안하고 18세부터 25세까지를 성인기로 진입하기 위한 과도기로서 '출현하는 성인기'(emerging adulthood)로 명명하였다. 아네트에 의하면, 이 시기는 아동기와 청년기의 의존성에서는 벗어나지만, 아직도 성인초기의 규범적 역할과 책임을 맡지는 못하며, 성공적으로 성인기로 이동할 수 있기 위해 새로운 지식과 기술을 획득하려고 노력하는 다양한 변화의 기간이다.

최근 아네트(Arnett, 2006)는 '출현하는 성인기'의 특징을 다음과 같이 정리하였다.

첫째, 개인적 정체감에서 중요한 변화가 일어나며, 특히 사랑과 일에서의 정체감 탐색에 몰두한다.

둘째, 주거 이동이 일어나고 사랑과 일 및 교육에서 자주 변화가 일어나므로 안정성을 결여한다.

셋째, 사회적 의무나 타인에 대한 전념에 구애받지 않고 큰 자율성을 행사할 수 있다.

넷째, 출현하는 성인들은 자신을 청년이라고도 생각하지 않을 뿐 아니라 성인이라고도 생각하지 않는다.

다섯째, 개인의 삶을 변화시킬 수 있는 가능성의 시기이다. 특히 성장과정 동안 어려움을 겪었던 사람들은 이 시기 동안 보다 더 긍정적인 방향으로 삶을 전환시킬 수 있다(Schulenberg & Zarrett, 2006).

2) 청년기의 구분

청년기는 청년초기와 청년후기로 구분되기도 하고 청년초기, 중기 그리고 후기로 구분되기도 한다. 청년기가 두 개의 시기로 구분될 때, 청년초기는 중학교 시기에 해당하고 사춘기 변화를 포함하는 반면, 청년후기는 10대 후반의 시기로서 직업선택과 데이트 그리고 정체감 탐색에 몰두하는 시기이다.

그러나 오늘날의 젊은 세대들은 그들의 10대와 20대 초반의 대부분을 학교에서 보내고 있으므로 교육단계와 일치되게 청년기를 구분하는 것이 더 바람직하다. 따라서 중학교 시기는 청년초기, 고등학교 시기는 청년중기에 해당하고 청년후기는 대학교, 기술학교 및 군복무 기간을 모두 포함할 것이다. 보통 청년초기와 중기의 젊은이들은 '청소년'으로 명명되고 청년후기의 젊은이들은 '청년'으로 명명된다.

그러나 최근에 와서 대학을 졸업한 이후에도 성인으로서의 권리와 의무를

청년초기, 중기 그리고 후기의 젊은이들

다하지 못하고 전문 학위를 취득하기 위하여 혹은 직업 훈련 때문에 경제적으로 부모에게 의존하는 사람들이 많아졌으므로 청년후기는 아네트가 제안한 '출현하는 성인기' 이후까지도 연장될 수 있다.

4. 청년기의 발달과업

발달과업(developmental task)이란 로버트 허비거스트(Robert Havighurst, 1952)에 의해 최초로 제안된 개념으로 각 발달단계마다 개인이 환경에 적응하기 위하여 요구되는 기술이나 능력을 의미한다. 만약 한 단계에서 발달과업의 성취가 만족스럽지 못하면 다음 단계의 발달이 지장을 받게 되므로 발달과업은 개인의 성공적 적응 여부를 평가하는 기준의 역할을 한다.

처음에 허비거스트는 미국의 시카고 대학교에서 그가 가르치고 있던 교과목의 강의에 사용하기 위하여 발달과업의 개념을 소논문으로 소개하였다. 따라서 그는 발달과업의 교육적 의미를 강조하였고 교육체계가 아동의 과업 수행을 어떻게 도울 수 있는지에 관심을 가졌다. 전생애적 조망을 지니고 있었던 허비거스트는 영아기부터 성인후기까지의 일련의 과업들을 개설함으로써 우리 사회에서 건강하고 만족스러운 성장을 위한 이정표가 될 수 있도록 하였다. 그러나 허비거스트의 발달과업을 대중화시킨 사람은 에릭슨으로, 허비거스트의 발달과업은 그의 8단계에서 심리사회적 위기로 정리되었다.

Robert Havighurst

허비거스트가 제안한 발달과업 중 청년기와 성인초기의 발달과업을 제시하면 표 1-2와 같다. 그는 청년기의 발달과업으로서 정서적 발달과 사회적 발달을 중요시하였다.

표 1-2 허비거스트의 청년기와 성인초기의 발달과업

청 년 기	성인초기
1. 자기의 체격을 인정하고 자신의 성역할을 수용한다.	1. 배우자를 선택한다.
2. 동성이나 이성의 친구와 새로운 관계를 형성한다.	2. 배우자와 함께 생활하는 방법을 학습한다.
3. 부모와 다른 성인들로부터 정서적으로 독립한다.	3. 가정을 꾸민다.
4. 경제적 독립의 필요성을 느낀다.	4. 자녀를 양육한다.
5. 직업을 선택하고 준비한다.	5. 가정을 관리한다.
6. 유능한 시민으로서 갖추어야 할 지적 기능과 개념을 획득한다.	6. 직업생활을 시작한다.
7. 사회적으로 책임 있는 행동을 원하고 이를 실천한다.	7. 시민의 의무를 완수한다.
8. 결혼과 가정생활을 준비한다.	8. 마음이 맞는 사람과 사회적 집단을 형성한다.
9. 적절한 과학적 세계관에 맞추어 가치체계를 형성한다.	

Ⅱ. 청년심리학의 연구방법

청년심리학은 아동심리학이나 성인심리학과 같이 발달심리학의 한 분야이므로 발달심리학에 적용되는 자료수집 방법이나 연구설계법이 그대로 사용된다. 이 절에 소개되는 자료수집 방법들은 질적 연구에도 활용될 수 있지만, 주로 양적 연구에 많이 사용된다.

양적 연구에서는 연구결과가 우연적 발생과 유의미하게 다른지 아닌지를 규명하려고 하므로 통계적 유의성이 중요시된다. 통계적 유의성은 만약 어떤 결과가 100회 시행에서 5회보다 더 적은 빈도로 일어날 때 유의미하며($p<.05$), 이때 연구결과를 신뢰할 수 있는 가능성은 적어도 95%라는 것이다. 때로는 100회 시행에서 1회보다 더 적은 빈도로 발생할 수 있는 결과만을 보고하며($p<.01$), 이때

연구결과가 타당할 가능성은 99%보다 더 크다는 의미를 지닌다.

그러나 양적 분석방법에 의한 통계적 추론방식이 갖는 문제점이나 한계에 대한 인식이 확산되면서 질적 연구의 필요성이 강하게 제기되고 있다. 질적 연구는 이 절의 마지막에서 설명하기로 한다.

1. 자료수집 방법

청년기 연구에서 활용되는 자료수집 방법에는 관찰, 조사와 면접, 표준화 검사, 생리적 측정, 사례연구 등 다양한 방법들이 있다.

1) 관 찰

관찰(observation)은 체계적이어야 하므로 관찰기술을 요구한다. 체계적인 관찰이 이루어지기 위해서는 누구를 관찰하고 언제, 어디에서, 어떻게 관찰하며 관찰결과는 어떻게 기록할 것인지가 결정되어야 한다.

관찰은 보통 실험실이나 일상생활의 현장에서 이루어진다. 그러나 과학적인 관찰이 이루어질 수 있기 위해서는 연구자가 관심을 갖지 않는 행동이나 변인은 통제될 필요가 있으므로(Rosnow & Rosenthal, 2005), 현장보다는 실험실에서 자주 이루어진다. 실험실은 실제 세계의 복잡한 많은 요인들이 제거된 통제된 상황에 해당한다.

실험실에서 이루어지는 관찰은 보통 구조화된 관찰(structuralized obserbation)로 명명되고, 모든 연구대상자들이 특정한 반응을 나타낼 동일한 기회를 갖는 상황이 설정된다. 그러나 구조화된 관찰은 연구대상자들이 알지 못하게 관찰하는 것이 어려울 뿐 아니라 자연상황이 아니므로 자연스러운 행동을 유도하기도 어렵다는 문제점이 있다.

대조적으로 실제상황이나 현장에서 이루어지는 관찰은 자연관찰(naturalistic observation)로 명명되며, 때로 실험실에서는 얻을 수 없는 정보를 제공해주기도 한다(McBurney & White, 2007). 청년기 연구자들은 상황을 통제하거나 조작할 필요가 없이 이웃이나 학교, 운동장, 공연장, 작업장, 혹은 쇼핑센터와 같이 젊은이들이 자주 가는 다양한 장소에서 그들의 행동을 관찰한다. 그러나 자연관찰은 관찰장면에서 발생하는 행동이나 사건을 모두 기록해야 하기 때문에 연구자들은 자주 통제관찰(controlled observation)을 사용한다. 통제관찰은 연구자 자신이 관찰의 한계와 체계를 가지고 관찰대상자의 행동이나 관찰시간을 미리 정해 놓고 관찰하는 방법이다.

2) 조사와 면접

조사(survey)나 면접(interview)은 연구대상자에게 직접 질문하여 정보를 얻는 손쉬운 방법으로 많은 사람들로부터 정보를 얻어야 할 필요가 있을 때 유용한 자료수집 방법이다. 이때 연구대상자의 자기보고 태도나 신념을 측정하기 위해 표준화된 질문이 사용된다. 질문은 분명하고 편향되지 않아야 하며, 반응자가 분명하게 반응할 수 있도록 해야 한다. 때로 실시와 채점이 균일화된 표준화 검사(standardized test)도 사용된다. 표준화 검사는 개인의 수행을 다른 사람과 비교할 수 있도록 하므로 개인차에 관한 정보를 제공해줄 수 있다.

조사와 면접은 광범위한 주제에 사용될 수 있으며 최근에는 전화나 인터넷을 통해서도 이루어질 수 있다. 문제는 연구대상자들이 진정으로 생각하고 느끼고 있는 것을 응답하기보다는 사회적으로 바람직한 방식으로 질문에 응답할 수 있다는 것이다.

3) 생리적 측정

최근 점점 더 많은 연구자들이 생리적 측정치에 관심을 갖는다. 그들은 사춘기 변화를 추적하기 위하여 혈액내의 호르몬 변화와 체지방의 증가를 측정함으로써 신체구성의 변화를 연구한다. 비록 그 수가 많지는 않지만 대뇌 활동에 관심을 갖는 연구자들도 있다. 그들은 자기공명영상기법(magnetic resonance imaging: MRI)과 같은 발달된 신경 영상기법(neuroimaging techniques)을 활용하여 청년기의 뇌활동을 연구한다(Dorn 등, 2006; Nelson, Thomas, & Haan, 2006).

4) 경험표집 방법

경험표집 방법(experience sampling method: ESM)은 최근에 활용되는 자료수집 방법으로 연구대상자에게 무선호출기를 지급하고 연구자는 아무 때나 그들을 호출한다. 연구대상자들은 삑하고 경적음이 울리면, 그들이 어디에서 누구와 무엇을 하고 있고 어떤 기분상태인지를 포함하여 그들의 즉각적인 상황을 보고해야 한다.

ESM은 청소년들이 시간을 어디에서 주로 보내고 부모나 친구와 얼마나 많은 시간을 함께 하며 그들의 정서상태는 어떠한지를 연구하려고 할 때 효과적이다. 랄슨과 리차즈(Larson & Richards, 1994)는 ESM을 사용하여 청소년이 부모보다 더 극단적이고 빠르게 변화하는 정서를 경험한다는 것을 확인한 바 있다.

5) 사례연구

질적 연구에서 자주 사용되는 사례연구(case study)는 개인과 환경의 관계에서 다양한 방법으로 수집된 정보를 종합하고 해석하는 연구방법이다. 사례연구는 정신의학 분야에서 처음으로 사용되기 시작하여 인간발달과 교육분야에서도 활용되는 연구방법이기도 하다. 발달심리학자인 게젤(Gesell)과 피아제(Piaget)는 개별적 아동을 연구하기 위하여 관찰기법과 사례연구를 병행한 연구자로 유명하다.

사례연구에서의 사례(case)라는 말은 원래 의학에서 사용되는 용어로서 전통적으로 육체적, 정신적 질병으로 고통받는 개인을 지칭한다. 다시 말하면 연구대상이 되는 개인이나 집단 혹은 조직을 의미한다.

사례연구를 수행하기 위해서는 사례역사(case history)가 수집된다. 정신의학에서의 사례역사는 환자의 현재와 과거의 질병 역사를 의미하지만 인간발달 분야에서 사용되는 사례는 병리적이 아니기 때문에 생활역사(life history)와 동일한 개념으로 활용된다. 그러므로 청년심리학 분야에서의 사례역사는 특정한 젊은이의 문제와 관련되어 있는, 과거와 현재의 생활에 관한 일련의 발달적 역사에 해당한다.

사례역사를 수집하는 목적은 개인에 관한 완전하고 객관적인 역사를 수집함으로써 사례연구를 위한 기초자료를 제공하는 것이기 때문에, 개인의 특정한 영역을 강조해서는 안 된다. 일반적으로 사례연구는 개인의 독특성을 연구하고 보존하기 위하여 사용되므로 예외적 사례에 대한 정보를 제공해 준다.

2. 연구설계법

전통적으로 연구설계법은 상관설계와 실험설계를 포함하지만, 시간(혹은 연령)의 변화에 관심을 갖는 인간발달 연구자들은 상이한 연령의 서로 다른 개인들을 비교하거나 동일한 개인을 계속적으로 추적하는 독특한 설계법을 사용한다. 전자는 횡단설계이고 후자는 종단설계이며, 횡단설계와 종단설계를 결합한 계열설계법도 함께 사용되고 있다.

1) 상관설계와 실험설계

상관설계란 연구대상자들에 대한 두 가지 혹은 그 이상의 자료를 수집하고(연구대상자 변인, subject variable), 그 자료들 사이의 공변량을 탐색하는 연구방법이다. 두 변인 사이의 관련 정도를 나타내는 상관계수는 -1.0에서 +1.0까지 변동한다. 만약 상관계수값이 0이면 두 변인 사이에 아무런 관계가 없음을 의미하고, 그 값이 +1.00과 -1.00에 가까울수록 더 강한 관계가 존재한다는 것을 나타낸다. 상관설계법은 행동의 인과관계를 규명하지는 못하지만 행동의 발생 가능성을 예언할 수 있게 해준다.

실험설계는 연구대상 행동에 영향을 준다고 생각되는 하나 혹은 그 이상의 변인을 조작하고 다른 변인들을 통제하거나 일정하게 유지하는 절차를 통하여 이루어지며, 인과관계를 규명할 수 있도록 한다. 하나의 변인이 조작될 때 연구대상 행동이 변한다면, 우리는 조작된 변인이 행동변화의 원인이라고 말할 수 있다.

이때 조작되는 변인은 독립변인(independent variable)이고 독립변인에 의해 변화된 행동은 종속변인(dependent variable)에 해당한다. 만약 과외시간이 개인의 학업성취에 미치는 영향을 연구한다면 과외시간의 양이나 유형은 독립변인이 되고 학업성취의 정도는 종속변인이 될 것이다.

연구자는 하나 혹은 그 이상의 실험집단과 통제집단에 상이한 경험을 제공함으로써 독립변인을 조작한다. 이때 실험집단(experimental group)은 경험이 조작되는 집단이고 통제집단(control group)은 조작된 변인을 제외한 모든 다른 조건에서 실험집단과 동일하게 취급되는 집단으로 실험집단에 미치는 효과를 비교할 수 있는 기저선의 역할을 한다.

실험집단과 통제집단은 조작되는 변인을 제외하고 동일해야 하므로 모든 연구대상자들이 두개의 집단에 배정될 동일한 기회를 갖는 무선할당(random assignment)이 이루어진다. 과외시간이 학업성취에 미치는 영향에 관한 연구에서도 무선할당 방식으로 과외학습을 받는 집단(실험집단)과 받지 않는 집단(통제집단)이 구분되어야 한다.

2) 횡단설계와 종단설계

인간의 발달에 관심을 갖는 연구는 연령에 따라 개인의 특성이 어떻게 변화하는지를 기술하려고 하므로 연령효과에 영향을 주는 출생동시집단 효과나 측정시기의 효과를 배제하려고 한다.

출생동시집단(cohort)이란 동일한 시기나 한정된 범위의 시기에 함께 태어난 사람들을 의미한다. 현재의 40세는 20세보다 나이가 더 많을 뿐 아니라 상이한 출생동시집단에 속하는 사람들이다. 우리는 출생시기가 서로 다른 사람들이 어떤 특성에서 차이를 나타낼 때, 출생동시집단 효과(cohort effect)가 있다고 이야기한다. 출생동시집단 효과는 연령집단간의 차이를 나타낼 뿐 연령 변화에 따른 효과는 제시하지 않는다.

측정시기 역시 연령효과에 영향을 주는 요인으로 자료가 수집되는 시기의 사회적 사건이나 역사적 환경이 연구결과에 영향을 주기 때문에 발달연구자들이 관심을 갖는다. 측정시기의 효과는 자주 연령효과와 혼동되지만, 시간 경과에 의한 결과가 아니므로 발달연구에서 제외되어야 하는 가외변인(extraneous variable)이다.

(1) 횡단설계법

횡단설계법(cross-sectional design)은 개인의 특성을 연구하기 위하여 출생연도가 서로 다른 사람들을 일시에 표집하고 각 집단의 평균치를 계산하여 발달곡선을 추정하는 연구방법이다. 2008년 현재 20세, 15세 그리고 10세의 개인을 대상으로 연구한다면, 1988년, 1993년 및 1998년에 출생한 개인들을 연구한다는 것을 뜻한다. 우리는 횡단설계법을 사용하여 다양한 연령집단의 수행 결과를 비교하고 그것을 바탕으로 연령 변화에 따라 각 개인의 수행이 어떻게 변할 것인지를 추정한다.

〈횡단설계법의 장점〉

① 비교적 짧은 기간 내에 광범위한 연령 범위에서의 행동 차이를 파악할 수 있다.

② 연구대상자 탈락이 일어나지 않는다.

③ 동일한 연구 요원들이 모든 연구대상자들에게 검사를 실시할 수 있기 때문에 가능한 오류를 최소화할 수 있다.

〈횡단설계법의 단점〉

횡단설계법의 문제점은 그것이 연령에 따른 변화보다는 단순히 연령집단간의 차이를 반영한다는 것이다. 위에 제시한 20세, 15세, 10세의 세 개의 연령집단은 출생 연도가 다르고 성장 경험도 다른 사람들로 구성되기 때문에, 단지 각 연령집단이 얼마나 차이를 나타내는지를 보여 줄 뿐이다. 그러므로 횡단설계법은 연령효과와 출생동시집단 효과가 혼합되는 단점이 있다.

그러나 만약 횡단연구에 표집된 출생동시집단들이 상이한 성장 경험을 갖지 않는다는 것을 입증할 수 있다면, 연구결과는 연령효과를 반영한다고 해석될 수 있다. 또한 표집된 출생동시집단의 연령차이가 매우 적다면, 그 사이에 연구주제에 영향을 줄 수 있는 변화가 일어나지 않았다고 말할 수 있으므로 출생동시집단 효과가 배제될 수 있다.

(2) 종단설계법

종단설계법(longitudinal design)은 동일한 개인을 대상으로 오랜 기간에 걸쳐(수 개월에서 수십 년까지) 반복적으로 관찰하고 측정하는 연구방법이다. 모든 연구대상자들은 동일한 시기에 출생했고(출생동시집단) 동일한 사회문화적 환경 내에서 성장했으므로 종단설계법은 발달연구에서 규명하려고 하는 연령 변화에 대한 정보를 제공해 준다. 그렇다고 해서 종단설계법도 문제가 없는 것은 아니다.

〈종단설계법의 단점〉

① 오랜 기간이 소요되며 비용이 많이 든다.

② 반복 측정에 기인된 연습의 효과가 나타날 수 있다. 특히 능력검사를 실시했을 때, 해를 거듭할수록 검사 점수가 높아지는 경향이 있다.

③ 연구가 진행되는 동안 연구대상자들이 성장하기 때문에, 연구 초기에 사용하였던 도구나 검사를 새로 제작해야 하는 문제점이 있다.

④ 연구가 계속되는 동안 연구대상자의 탈락이 일어날 수 있다. 종단설계법은 장기간의 연구이기 때문에, 연구가 진행되는 동안 연구대상자의 사망이나 거주지 변경 혹은 관심의 상실에 기인된 탈락과 함께 연구대상자의 특성에 기인된 탈락이 일어날 수 있다. 예를 들면 청소년 연구에서 학교 전집으로부터 표본이 추출되었을 때, 학업 실패자나 퇴학 처분을 받은 탈락자들은 제외된다. 이때 추출된 집단은 전집의 대표적 표본이 아니라 학교생활에 적응한 청소년들로 구성된 표본 집단이다. 따라서 이 연구의 결과는 학교생활에 적응할 수 있었던 청소년들만의 특성을 나타내기 때문에 청소년 전체의 특성이라고 말할 수는 없다.

⑤ 연구가 장기간에 걸쳐 이루어지기 때문에, 아무리 동일한 출생동시집단을 연구하였다고 할지라도 측정시기의 상황 조건이 연구 결과에 영향을 줄 수 있다. 샤이(Schaie, 1965)의 지적에 의하면, 연구자가 순수한 연령 변인의 효과라고 생각하는 결과가 측정 시기에 기인된 사회문화적 환경의 영향일 수 있다는 것이다. 다시 말하면 종단설계법은 연령 효과와 측정시기의 효과가 혼합될 수 있으므

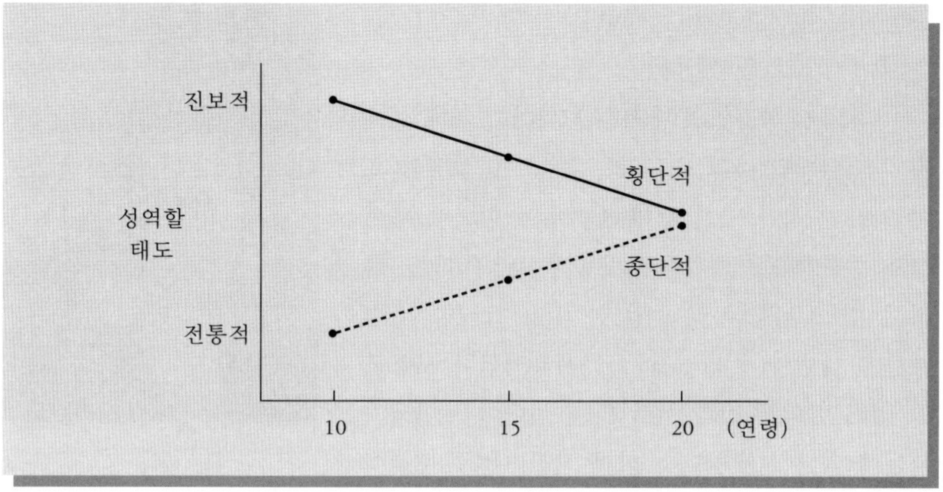

그림 1-2 성역할 태도에 대한 횡단설계와 종단설계의 가설적 결과

로 하나의 출생동시집단에서 발견된 결과를 전집에 일반화하는 것은 위험한 일이다.

그림 1-2는 횡단설계법과 종단설계법이 만들어 낸 가설적 연령 효과를 보여 준다. 10세부터 20세까지의 성역할 태도를 횡단적 그리고 종단적 설계법으로 연구한 결과 상이한 패턴이 도출되었다. 이 그림은 횡단연구 결과 개인의 성역할 태도가 진보적에서 보수적으로 변한 반면, 종단연구에서는 보수적에서 진보적으로 변함으로써 정반대의 결과가 도출될 수 있음을 보여 준다. 두 개의 설계법 중 중 어느 설계법이 성역할 태도에 대한 진정한 연령 변화를 제시하고 있는가? 두 가지 설계법이 지니고 있는 문제점 때문에, 우리는 이 자료만으로 어떤 결론을 내리기는 어렵다.

3) 계열설계법

계열설계법(sequential design)이란 하나의 연구 속에 횡단설계와 종단설계를 모두 포함하는 연구방법으로 샤이(Schaie, 1965)에 의해 개발되었다. 계열설계법은 기본적으로 연구대상자들을 횡단적으로 표집하고 정해진 시간 간격 후에 다시 측정하는 방법을 사용한다. 따라서 연구자는 서로 상이한 출생동시집단으로 구성되는 횡단표본을 선택하고 각 출생동시집단을 종단적으로 측정한다.

두 가지 접근법의 단점을 보완하기 위해 설계된 계열설계법은 그림 1-3과 같이 종단설계와 횡단설계 및 시간-지연 설계를 모두 포함하고 있으므로 순수한 연령효과와 출생동시집단 효과 및 측정시기의 효과를 분리해 낼 수 있다. 그러나 이 설계법은 다변량(multivariate) 통계분석법이 사용되고 여러 번의 측정과 서로 다른 집단이 포함되기 때문에 다른 설계법보다 더 복잡하다는 문제점이 있다.

K. Warner Schaie

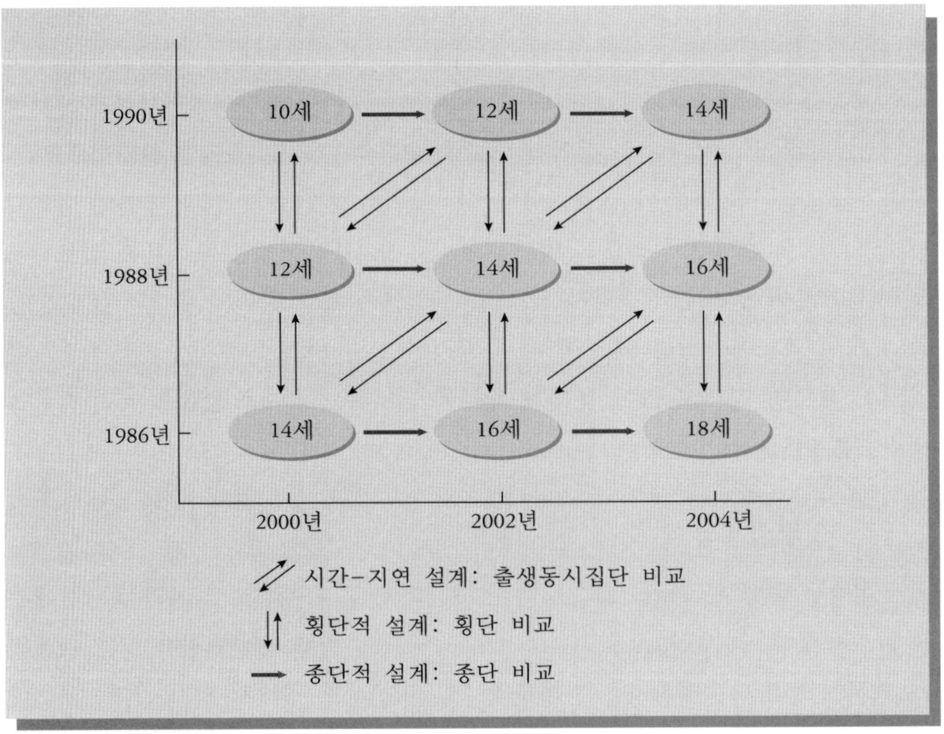

그림 1-3 계열설계법

〈계열설계법의 효과를 보여 주는 가설적 그림〉

계열설계법을 사용하여 연령 효과, 출생동시집단 효과 및 측정시기의 효과를 동시에 보여 주는 가설적 그림을 제시한다. 그림 1-4에서 1995년에 10세인 청소년들을 표집하여 태도검사를 실시하고 5년 후인 2000년에 재검사를 실시한다. 동시에 2000년에 10세인 새로운 출생동시집단을 표집하여 동일한 검사를 실시하고 이후 5년마다 두 집단 모두에게 재검사를 실시한다.

그림 ①은 두 개의 출생동시집단이 거의 동일한 변화패턴을 나타냄으로써 성역할 태도에서 변화가 없음을 보여 준다. 이와 같은 결과는 각 개인이 언제 출

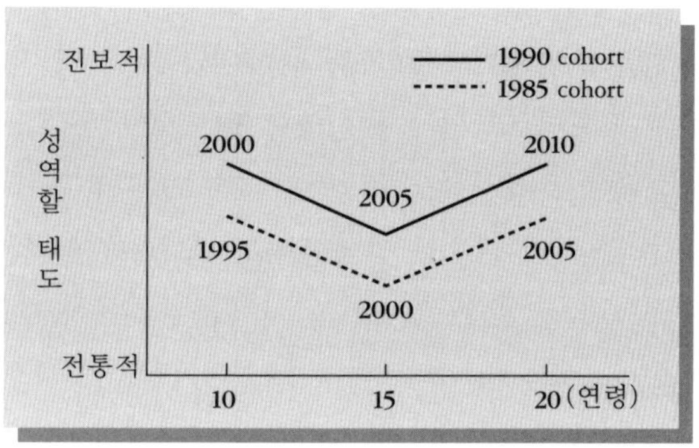

① 일반화 가능한 연령 효과
두 개의 출생동시집단이 유사하게 발달한다.

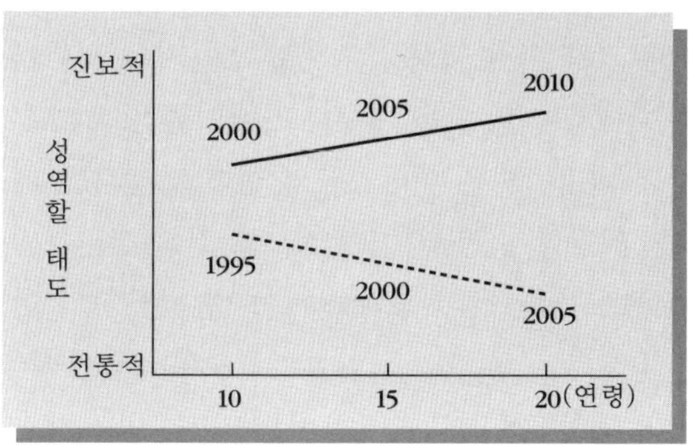

② 출생동시집단 효과
두 개의 출생동시집단은 다르게 발달한다.
출생동시집단 효과를 발달 경향으로 오해할 수 있다.

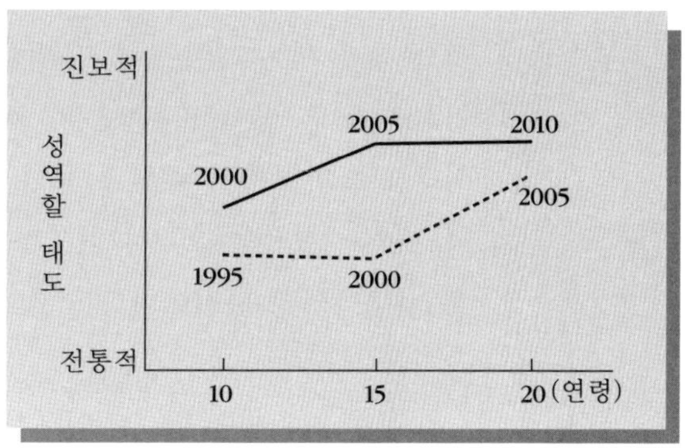

③ 측정시기의 효과
두 개의 출생동시집단이 2000년과 2005년 사이에 일어난 역사적 사건에 의해 변화되었다.

그림 1-4 계열설계법에 의한 가설적 결과

생했느냐와 상관없이 연령에 따라 동일한 발달경향을 보이기 때문에, 다른 연령 집단에까지 일반화될 수 있다.

그림 ②는 출생동시집단 효과를 보여 주는 예에 해당한다. 출생동시집단이 경험한 성장환경의 차이에 의해 1985년에 태어난 청소년들은 1990년에 태어난 청소년들보다 더 보수적 성역할 태도를 지니고 있다. 이와 같이 수렴적 형태(divergent pattern)를 보여 주는 연령변화는 그가 몇 살이냐보다는 그가 언제 태어났느냐에 의해 더 많은 영향을 받는다. 출생동시집단 효과는 모든 개인이 경험하는 기본적 발달경향을 확인할 수 없게 하지만, 각 개인은 그가 성장하는 시대의 산물이라는 증거를 제시해 준다.

그림 ③은 측정시기의 효과를 나타낸다. 두 개의 출생동시집단은 2000년과 2005년 사이에 보다 더 진보적 성역할 태도로 이동하고 있다. 2000년에 10세냐 15세냐는 중요한 문제가 아니며 2000년과 2005년 사이에 일어난 사회변화에 의해 양 집단은 점점 더 진보적 성역할 태도를 지닌다는 것을 알 수 있다.

3. 질적 연구

질적 연구는 개인이 살고 있는 환경적 맥락을 중요시하고 맥락 내에 있는 인간을 연구하려고 한다. 개인이 맥락 속에 있을 때 그가 지니고 있는 장점과 단점이 문제가 되는 것이지 혼자 있을 때 그가 어떤 특성을 지니고 있는지는 의미가 없기 때문에, 질적 연구자들은 맥락 내에 있는 인간을 기술하고 설명하려고 한다. 원래 인류학자들이 주로 사용한 질적 연구방법은 이야기식의 형태로 결과를 제시하므로 맥락에 대한 상세한 정보를 제공할 수 있다. 일반적으로 질적 접근방법은 비구조화된 면접이나 자연적으로 발생하는 행동을 관찰하여 방대한 양의 현장기록을 작성한 후, 독자들이 이해할 수 있도록 결과를 이야기식으로 기술한다.

질적 연구자들은 양적 연구자들과 동일하게 그들이 사용하는 연구방법의 객관성과 정확성을 중요시한다. 그러나 인간의 행동은 궁극적으로 주관적이라는 것을 강조하는 질적 연구자들은 수량화하는 양적 연구방법의 결과는 허구일 가능성이 높다고 주장한다. 양적 연구와 질적 연구를 병행해야 한다는 최근의 연구 분위기에도 불구하고, 청년기에 대한 질적 연구는 아직도 초보적인 수준에 머물러 있다.

Ⅲ. 청년기 연구의 문제점과 특징적 현상

1970년대 후반 이래로 청년기 발달에 관한 관심이 급속도로 증대되었다. 미국의 경우 이 분야의 박사논문들이 계속해서 쏟아져 나오고 있으며, 청년기에 관한 전문잡지와 단행본들이 그 수를 헤아리기 어려울 정도로 출판되고 있다. 청년기 관련 잡지로서 Journal of Adolescence, Journal of Adolescent Research, Journal of Early Adolescence, Journal of Research on Adolescence 등의 잡지들이 1970년대에 출판되기 시작하였고 청년기 자살, 약물 사용, 성과 임신, 일, 비행 등과 관련된 단행본의 출판이 홍수를 이루고 있다.

1. 청년기 연구의 문제점

청년기는 그 시기가 갖는 과도기적 특성 때문에 연구시에 다음과 같은 문제점에 봉착할 수 있다. 우리가 알고 있다고 생각하는 청소년들의 모습은 실제로 과장되고 왜곡된 모습일 수 있는 것도 이 때문이다.

1) 부정적 고정관념

홀이 제안한 질풍노도의 개념은 프로이트(S. Freud)와 그의 딸, 안나 프로이트(Anna Freud)의 이론에 의해 청년기를 설명하는 보편적 현상으로 인식되었다. 그 결과 청소년들은 다루기 힘든 괴물 같은 존재라는 부정적 고정관념이 형성되었고, 홀 이후 50-60년 동안 이러한 부정적 고정관념을 바탕으로 청소년들을 묘사한 대중매체들에 의해 청소년에 대한 고정관념은 심화되었다.

홀과 안나 프로이트가 청년기를 질풍노도의 시기라고 주장하기는 하였지만, 청소년들이 왜 그와 같은 혼란과 갈등을 겪는지에 대해서는 서로 다른 설명을 제시한다. 홀의 진화론적 관점과는 상이하게, 안나 프로이트는 청소년의 갈등과 혼란이 잠복기에서 생식기로 이동하는 과정에서 나타나는 리비도(libido) 충동의 재각성에 기인된다고 가정하였다. 그녀는 사회가 올바른 행동이라고 규정하는 것과 리비도 충동 사이의 균형을 이루기 위해 노력하는 과정에서 청소년들은 정신적 갈등을 경험한다고 강조하였다. 그러므로 청소년들은 정상적 발달의 일환으로 혼란을 경험하고 부모와 기성세대에 반항하는 질풍노도(storm and stress)의 시기를 통과해야만 한다는 것이다.

그러나 청소년에 대한 부정적 고정관념에도 불구하고, 청소년을 대상으로 연구한 경험적 연구들(Offer & Offer, 1975; Rae, 1983)은 대부분의 청소년들이 부모와 심각한 갈등 없이 청년기를 보내고 있다고 강조한다. 특히 종단연구를 수행한 오퍼와 그 동료들(Offer 등, 1988)은 약 20%의 청소년들만이 혼란과 위기의 증후를 나타낸다고 보고하고 질풍노도가 보편적 현상이 아니라고 주장하였다.

이제 21세기의 심리학자들은 긍정심리학의 출현에 힘입어 인간경험의 부정적 측면보다는 긍정적 측면에 더 많은 관심을 갖기 때문에, 청년기에 관한 연구도 보다 긍정적인 방향으로 전환될 것으로 예상된다. 특히 희망이나 낙관주의, 긍정적인 개인적 특성, 창의성, 인내와 책임감, 돌보기, 예의바름과 같은 심리적 요인들이 청년 연구의 중요한 주제가 될 것으로 기대된다(Benson 등, 2006).

문제는 청소년들에 대한 부정적 시각이나 고정관념이 청소년들에 대한 연구결과를 보다 더 바람직하지 않은 방향으로 왜곡시킬 수 있다는 것이다. 동일한 결과를 보다 더 부정적으로 해석하게 할 수도 있고, 정상적 청소년보다는 일탈행동을 일삼는 문제 청소년들만을 연구하게 할 수도 있다. 이것보다 더 큰 문제는 청소년들을 사회의 고정관념에 일치되게 행동하도록 자극할 수 있다는 것이다. 다시 말하면, "청소년들은 으레 반항하니까"라고 말하면서 그들은 부모나 선생님에 대한 자신의 반항 행동을 정당화한다.

2) 비교문화적 조망의 결여

우리가 논의하는 대부분의 청년기 특성들은 서구사회, 특히 미국 청소년들을 대상으로 연구된 결과를 바탕으로 한다. 그러나 청년기는 사회문화적 발달의 소산이므로 문화에 따라 상이한 유형의 젊은이들이 존재한다. 상이한 문화권에 대한 문화심리학적 혹은 비교문화적 연구(cross-cultural studies)를 수행함으로써 우리는 부모역할 유형과 함께 청년기의 인지발달, 자기존중감, 정체감 및 도덕성 발달 등이 문화에 따라 어떤 차이를 나타내는지를 비교해 볼 수 있다. 또한 이러한 연구는 청소년의 일탈 행동이 문화에 따라 어떤 차이를 나타내는지를 확인할 수 있도록 할 것이며 그것에 따라 각기 상이한 대처방식이 모색될 필요가 있음도 제시해 줄 것이다.

미국에서 활용되는 청소년 대처 프로그램은 미국 문화에 적합한 것이지 한국 문화에 적합한 것은 아니다. 문화심리학적 연구나 비교문화적 연구는 서구 사회에서 이루어진 연구결과를 수정하고 우리 문화의 젊은이들에게 유용한 조망을 갖도록 할 것이다.

그러나 세계가 "지구촌"이라는 하나의 문화로 통합되고 있는 현실을 감안할 때, 문화간의 비교나 차이를 강조하는 것은 실로 역설적이 아닐 수 없다. 실제로 뉴기니아의 산악지방이나 베네수엘라의 외딴 마을 혹은 캐나다의 북극마을 어디든 우리가 갈 수 없는 곳은 없으므로, 어떤 문화도 고유의 전통을 그대로 유지하기는 어렵다. 따라서 청년기 발달에서 나타나는 문화적 차이와 함께 상이한 문화에의 적응과정(acculturation)에도 관심을 가지고, 그것이 청년기 발달에 어떤 영향을 주는지도 연구해야 할 것이다.

3) 연구대상자 문제

청년기의 대부분은 학교에 재학하는 시기이므로 청년심리학 연구자들은 주로 학교에 재학하는 젊은이들을 연구한다. 그에 따라 산업현장에서 일하는 근로청소년에 관한 연구는 거의 없을 뿐 아니라 최근에 학교를 자퇴하는 청소년들이나 대학진학을 위해 재수하는 젊은이들에 관한 연구 역시 거의 전무한 상태이다. 더욱이 우리는 가난한 하류계층 청소년들을 비행 청소년이나 문제 청소년과 동일시하는 오류를 범하기도 한다.

또한 청년기 경험을 기술하는 많은 이론들이 남성의 심리학적 발달을 기초로 하기 때문에 여성에 대한 기술이 자주 왜곡되는 문제점이 있다. 남성들과 상이한 경험을 하는 여성들은 자주 일탈자나 결함을 가진 사람으로 평가된다(Gilligan, 1982). 우리는 청년기의 경험이 개인의 사회적 계층이나 성별과 관계없이 동일할 것으로 기대해서는 안 된다.

2. 청년기 연구의 특징적 현상

청년기에 관한 대부분의 연구들이 설문조사에만 의존하고 있어 이 시기에 관한 심층적인 자료를 제대로 얻지 못하고 있다. 아래에 청년기 연구에서 나타나는 특징적 현상들을 세 가지 문제로 정리하였다.

1) 실험연구의 부족

청년발달에 관한 대부분의 연구들은 양적 연구에 국한되어 있으며, 주로 상관연구(correlational study) 방식에 의존하고 있다. 그 이유는 무엇일까? 아마도 지금까지 청년기 발달을 연구한 대부분의 연구자들이 신체 발달이나 성적 성숙의 문제에 주로 관심을 가졌기 때문에 상관연구와 같은 간단한 통계적 방법으로 문제를 해결할 수 있었을 것이라고 생각해 볼 수 있다.

또한 청년기에 관한 연구 자체가 불충분하여 심리적 기제가 충분히 열거되지 못했으므로 실험연구가 불가능하였을 것이라는 가정도 해볼 수 있다. 지금까지의 연구 결과를 바탕으로 보다 체계적인 실험연구가 수행될 수 있을 때 청년기를 설명할 수 있는 보다 많은 요인들이 밝혀질 수 있을 것이다.

2) 다학제적 접근

우리는 청년기를 연구하는 대부분의 연구자들이 심리학자들일 것으로 생각하기 쉬우나 다른 학문분야의 연구자들 또한 청년기를 연구한다. 제2장에서 설명할 마가렛 미드를 포함하는 인류학자들은 물론 사회학자들도 오랫동안 청년기를 연구해 오고 있다. 그들은 이 시기의 동년배 관계와 비행문제 그리고 성인기로의 이동과 관련된 현상을 주로 연구한다.

정신과 의사와 소아과 의사들 또한 청년기와 다가오는 성인기의 생물학적 특징이나 정신장애 문제에 관심을 갖고 적절한 처치 방법을 찾으려고 노력한다.

또한 학교 현장에서 학생들을 지도하는 교육자들 역시 청소년의 행동을 이해하고 문제 행동을 교정하기 위하여 청년발달을 연구하며 최근에는 역사학자들까지 청년기와 관련한 연구를 수행하고 있다.

이와 같이 여러 학문 분야에서 청년기를 연구하고 있으므로 청년기 발달이나 성인기 진입과 관련된 문제에 관심을 갖는 연구자들은 심리학은 물론 여러 학문분야에서 이루어진 연구결과에 관심을 가져야 한다. 더 나아가 다양한 학문분야의 연구자들이 함께 참여하는 다학제적 연구가 이루어질 수 있다면, 청년심리학에 관한 보다 나은 정보는 물론 문제해결을 위한 통찰도 얻을 수 있을 것이다.

3) 사례연구의 필요성

청년기에 관한 연구는 양적 연구방법에 의해 연구될 수도 있지만 사례연구와 같은 질적 연구방법으로 효과적인 정보를 얻을 수 있다. 급속한 신체발달과 성적 성숙 및 그에 수반되는 지적, 정서적 그리고 성격 발달을 경험하는 이 시기의 젊은이들은 다양한 양식으로 자신들의 개인적 경험을 기록한다. 이와 같은 개인적 자료를 사례 자료로 활용하면 청소년들의 공포와 희망, 환상, 외상적 경험, 양육, 가족관계 및 건강에 관한 정보를 얻을 수 있으므로 청소년들의 마음과 행동을 이해하는 데 유용하게 활용될 수 있다.

일찍이 올포트(Allport, 1942)는 청소년의 편지와 일기, 자서전, 예술작품 및 투사적 자료를 사용하여 개인적 사례연구를 실시하는 것이 유용하다고 주장하였다. 그러나 개인적 기록들은 표본의 대표성을 결여하고 읽는 사람들이 기록된 내용 이상으로 상상할 수 있으므로 문제가 될 수 있다. 더욱이 회고적 기록은 잘못된 기억에 기인된 오류를 포함할 수 있으므로 주의깊게 다루어져야 한다. 올포트도 개인적 기록이 갖는 위험성을 경고하고 확대해석이나 지나친 일반화를 우려하였다.

현실적으로 개인적 기록이 갖는 문제점에도 불구하고, 청소년들이 기록한 일기와 같은 자료들은 청년기에 대한 이해를 증진시킬 수 있는 유용한 자료이므로 조심스럽게 사용될 필요가 있다. 현재까지 청소년의 개인적 기록을 사용한 사례연구는 많지 않으나 청년기 연구자들이 관심을 가져야 할 분야임에 틀림없다.

개인적 기록과 함께 소설 속에 등장하는 젊은이들을 분석하여 청년기의 특성을 연구할 수도 있다. 일반적으로 청소년들이 등장하는 소설은 청소년들의 개인적 기록을 입수할 수 없을 때 사용된다. 그러나 소설 속에 묘사된 청소년들은 청소년의 실제 모습일 수도 있지만, 실제 이상의 과장된 혹은 왜곡된 모습일 수 있으므로 신중한 해석이 요구된다.

3. 청년기 연구의 윤리적 문제

모든 연구가 그러한 것처럼 청년기 개인의 건강이나 안녕 혹은 인간으로서의 존엄성을 손상시키는 연구는 수행될 수 없다. 우리나라에는 청년기 연구를 위한 윤리지침이 제정되어 있지 않으므로, 대부분의 연구자들은 미국심리학회(1973)에서 제정한 윤리지침에 따라 연구를 수행한다. 청년기에 해당되는 지침을 아래에 제시하였다.

① 연구자는 연구대상자들 스스로 연구에 참여하거나 참여를 거부할 수 있는 자유를 보장해 주어야 한다. 10대 청소년의 경우에는 청소년을 책임맡은 사람(부모나 교사)에게 연구의 목적과 실시 방법을 설명하고 동의를 얻어야 한다. 연구대상 청소년들이 연장자인 연구자에게 죄책감을 느끼지 않고 참여를 거부할 수 있는 권리가 보장되어야 한다.

② 연구과정 속에 속임이나 숨김이 포함될 때, 연구자는 연구대상자에게 그 이유를 설명해 줄 의무가 있다. 연구대상자의 사전 허락 없이 그들에게 손상을 주는 어떤 절차도 용납될 수 없다.

③ 연구가 끝난 후, 연구자는 수행된 모든 절차에 대해 연구대상자에게 설명해 줄 의무가 있으며 어떤 후유증도 없이 실험 장소를 떠날 수 있도록 도와주어야 한다.

④ 연구대상자에 관해 수집된 정보는 비밀이 보장되어야 한다. 자료는 익명으로 보관되어야 하고 특정 개인의 반응을 확인할 수 없도록 부호화되어야 한다. 연구자와 연구대상자 사이의 신뢰 관계가 유지될 수 있도록, 수집된 개인의 정보가 유출되는 일은 일어나지 않아야 한다.

02장 청년기를 설명하는 이론

Adolescent Psychology

제2장 청년기를 설명하는 이론

일반적으로 청소년들은 난폭하고 우울하고 변덕스러워 다루기 어려운 존재라고 생각된다. 대중매체들은 청소년에 대한 고정관념을 만들어 내고 기존의 고정관념을 강화하면서 일반 대중에게 큰 영향을 준다. 청년기만큼 학자들의 견해가 다양하고 대중매체의 의견에 의해 쉽게 동요되는 발달단계도 드물다.

이렇게 고정관념으로 가득 차고 진실과는 거리가 먼 신화들이 수용되는 현실에서, 청년기에 대한 올바른 이해를 위해 광범위하게 수용되는 이론들을 검토

할 필요가 있다.

청년기는 아동기에 비해 대인관계의 중요성이 커지고 사회문화적 영향을 더

표 2-1 청년기를 설명하는 이론적 조망들

이론적 조망	대표적 이론가	특 징
생물사회적 조망	1. 스탠리 홀 2. 로저 바커	성숙에 의한 변화로 청소년들의 사회적 행동을 설명한다. 홀은 진화론적 관점에서 그리고 바커는 청소년의 변화하는 체격에 의해 질풍노도의 시기가 초래된다고 가정하였다.
정신분석적 조망	1. 안나 프로이트 2. 에릭 에릭슨	안나 프로이트는 에디푸스 갈등과 엘렉트라 갈등의 재인식에 의해 그리고 원초아와 초자아를 조절하려는 자아의 내적 노력으로 청년기 동안 혼란과 갈등이 일어난다고 주장하였다. 그러나 에릭슨은 청년기를 정체감 확립의 시기로 가정하고 정체감 대 역할혼란의 위기를 해결해야 한다고 주장하였다.
사회인지적 조망	1. 알버트 반두라 2. 로버트 셀만	반두라는 개인의 인지적 의사결정 과정으로 자기효능감의 중요성을 강조하였고 셀만은 조망수용능력의 발달로써 청년기를 설명하였다.
사회문화적 조망	1. 마가렛 미드 2. 루스 베네딕트 3. 킹스리 데이비스	사회문화적 조망은 인간행동이 순수하게 문화적 조건으로 설명될 수 있다는 문화적 결정론을 제안하였다. 마가렛 미드는 문화에 따라 질풍노도의 시기가 존재하지 않을 수 있음을 확인하였고, 베네딕트는 연속성과 불연속성의 개념으로써 그리고 데이비스는 현대 사회의 빠른 변화로써 청년기의 혼란과 갈등을 설명하였다.
대인관계적 조망	1. 헤리 스택 설리반 2. 조지 레빙거	설리반은 성행동에 대한 사회적 제한과 개인의 이성에 대한 친밀감 욕구 사이의 조화 문제로 혼란과 갈등이 일어난다고 주장하였고, 레빙거는 이성관계를 중심으로 청년기 동안의 대인관계를 설명하였다.
맥락적 조망	1. 쿠르트 레빈 2. 브론펜브레너 3. 리차드 러너	레빈은 생활공간의 변화와 주변적인 지위로써 청년기를 설명하였으며, 브론펜브레너는 청년기 동안 미세체계보다 외부체계와 거대체계들이 더 중요하다고 강조하였다. 또한 러너는 개인과 맥락간의 역동적 상호작용과 적합도 모델로써 청년기를 설명하였다.

크게 받기 때문에, 대인관계나 맥락에 관심을 갖는 이론들이 더 중요하다. 앞으로 설명할 여섯 개의 이론적 조망들을 표 2-1에 정리하였다.

I. 생물사회적 조망

청년기에 관한 이론 중 가장 오랜 역사를 갖는 생물사회적 조망은 생화학적 변화나 개인의 신체성장에 기인된 성숙에 의한 변화로써, 이 시기의 사회적 행동을 설명할 수 있다고 주장한다. 이 이론에서 생물학적 특성은 개인의 사회적 행동을 변화시키는 중요한 요인이다. 대표적 학자에는 스탠리 홀(G. Stanley Hall, 1904)과 로저 바커(Roger Barker, 1956)가 있다.

1. 스탠리 홀

스탠리 홀은, 제 1 장에서 언급한 것처럼, 최초로 청년기에 관한 과학적 연구를 수행한 사람이다. 다윈(Darwin)의 진화과정을 인간발달에 적용한 그는 개체발생(ontogeny, 개별적 유기체의 생물학적 발달)은 계통발생(phylogeny, 종의 역사적 진화)을 반복한다는 진화론자의 주장을 그대로 수용하고 진화 과정에 상응하는 인간발달 단계를 가정하였다.

따라서 영아기는 원숭이같은 단계와 일치하고 아동기는 수렵 · 어로시기이며, 청년기는 야만과 문명의 중간 단계로서 원시적인 충동을 교양 있는 행동으로 대치시키는 시기에 해당한다. 다시 말하면 아동기가 본능의 지배를 받는 시기라면 청년기는 환경에 대한 강한 민감성을 나타내는 시기이다.

홀은 청년기의 특징적 행동이 생물학적 변화로부터 시작된다고 가정하고 생물학적 변화에 기인된 사춘기의 신체변화와 사회적 및 정서적 성숙에 대한 사회의 요구에 의해 청소년들은 혼란과 갈등을 경험한다고 주장하였다. 청년기를 '질풍노도(storm and stress)의 시기' 라고 명명한 홀은 인간의 행동은 환경의 영향보다 유전의 영향에 의해 결정되고, 양육(nuture)보다는 천성(nature)이 인간발달에 더 중요한 요인이라고 믿었다.

청년기에 대한 홀의 견해는 발달에 관한 게젤(Arnold Gesell)의 성숙이론에 깊은 영향을 끼쳤고 프로이트의 정신분석학과 에릭슨에게도 영향을 주었다. 물론 에릭슨은 정신분석이론과 인류학 및 사회과학을 결합하였지만, 성차에 대한 에릭슨의 사고는 철저하게 생물사회적 조망에 기초하고 있다.

문제는 청년기를 질풍노도의 시기로 가정한 홀의 견해가 오랫동안 청년기에 대한 고정관념으로 작용하였으나 실증적 연구에 의해 확인되지 못하였다는 것이다. 후속 연구들은 대부분의 청소년들이 부모나 기성세대와 심각한 갈등 없이 청년기를 보내고 있다고 밝힘으로써 홀의 견해가 잘못되었음을 지적하였다(Males, 1996; Rae, 1983).

또한 홀의 이론은 발달의 생물학적 결정 요인을 지나치게 강조하고, 청년기 동안의 발달이 갑작스럽게 이루어진다고 가정했다는 점에서도 비판을 받는다. 홀은 인간발달에 미치는 사회문화적 요인의 중요성을 간과하였고 청년기 발달도 본질적으로 점진적이고 단계적이며 계속적으로 이루어진다는 것을 인정하지 않았다.

2. 로저 바커

로저 바커는 그의 저서「청년기 동안의 신체성장이 지니는 신체심리적 중요성」(Somatopsychological Significance of Physical Growth in Adolescence)에서, 아동기에 관심을 갖는 그 시대 심리학자들과는 다르게 청년기 발달을 연구하였다. 홀이 유전적 메커니즘을 강조한 것과는 대조적으로, 바커는 신체 발달의 심리사회적 의미를 중요시하였다.

바커에 의하면, 아동기에서 성인기로 이동하게 하는 결정적 요인은 개인의 신체 발달이며 특히 체격이 개인의 사회적 경험을 결정한다. 그러므로 급속한 신체 발달이 이루어지는 청년기는 아동기와 성인기 사이의 과도기로서 신체 발달이 조숙한 청소년들은 보다 일찍 성인 사회로 동화되는 반면, 신체 발달이 만숙한 청소년들은 더 오랫동안 아동기에 머문다.

바커는 비동시적 성장(asynchronous growth)에 기인된 청소년의 주변적 상황이 혼란과 동요를 일으키는 직접적 원인이라고 가정하였다. 비동시적 성장이란 신체 부위에 따라 성장 비율과 성장 시기에서 차이를 나타내는 현상으로, 청년기의 성장급등(growth spurt)에 의해 더욱 현저해진다. 그에 따라 청소년 신체의 어떤 부분은 이미 성인의 모습을 지니는 반면, 어떤 부분은 아직도 아동의 모습을 나타내는 모호한 상태가 일시적으로 계속된다. 이와 같은 비동시적 성장이 가져오는 모호성은 청소년을 아동도 아니고 그렇다고 성인도 아닌 주변적 상황(marginal situation)에 처하게 한다.

결론적으로, 바커는 신체 발달과 사회적 행동간의 관계를 중요시하고 성장 속도의 개인차에 따른 청소년들의 상이한 체격이 사회적 경험을 결정하는 중요한 요인이라고 주장하였다. 또한 그는 성장의 비동시적 현상에 의해 청년기의 혼란과 동요는 불가피하다고 주장하였다.

Ⅱ. 정신분석적 조망

지그문트 프로이트(Sigmund Freud)에 의해 제안된 정신분석 이론은 1900년대 초기에 미국에 소개되었고 이후 전 세계의 심리학은 물론 철학과 교육학 및 문학 등에 깊은 영향을 주었다. 청년기에 대한 정신분석 이론과 생물학적 이론은 여러 가지 측면에서 차이를 나타내지만, 청년기를 혼란과 갈등의 시기로 보고 생물학적 영향을 중요시한 점에서 두 이론은 공통점을 지닌다. 대표적 이론으로 안나 프로이트(Anna Freud)의 이론과 에릭 에릭슨(Erik Erikson)의 이론이 있다.

1. 안나 프로이트

안나 프로이트는 아버지 지그문트 프로이트의 정신분석학을 아동 양육과 교육 영역으로 확대시켰으며 동시에 청년기와 관련된 중요한 이론으로 인식시켰다. 인생초기 5-6년 동안의 발달에만 관심을 가졌던 아버지 프로이트는 청년기에 대해서는 관심을 갖지 않았다. 그럼에도 불구하고 우리는 프로이트 이론으로부터 청년기를 규정짓는 두 가지의 중요한 사건을 발견할 수 있다.

첫째, 프로이트는 청년기 동안 일어나는 중요한 사건으로 에디푸스 갈등(Oedipus Complex: 남아의 어머니에 대한 성적 애착)과 엘렉트라 갈등(Electra Complex: 여아의 아버지에 대한 성적 애착)의 재인식을 지적하였다.

남근기 동안 나타나는 이 갈등은 남아가 아버지를, 그리고 여아가 어머니를 동일시(identification)함으로써 해결되며 이후 잠복기 동안 무의식 속에 억압된다. 사춘기의 시작과 함께 이성의 부모에 대한 성적 애착이 되살아나지만 근친상간(近親相姦)에 대한 금기가 내면화되어 있는 청소년들은 그것을 의식하지 못한다. 그 대신 청소년들은 아버지나 어머니를 생각나게 하는 연상의 이성에게 매력을 느끼고 첫사랑을 경험한다.

둘째, 프로이트는 에디푸스 갈등의 재출현과 함께 청소년들이 부모나 권위 인물에 대해 반항하는 것을 불가피하고 필연적인 사건으로 가정하였다. 프로이트에 의하면, 청소년들은 자율성을 확립하고 정서적 독립을 획득하기 위하여 부모에 대해 적대적이고 거부적인 태도를 취한다. 부모에 대한 애착의 약화나 탈애착은 동년배 집단이나 이성에 대한 애착을 증가시킨다. 대부분의 청소년들은 부모와 탈애착을 경험한 후에, 부모와의 유대를 재형성할 수 있다.

Sigmund Freud(1856-1939)와 Anna Freud(1895-1982)

이와 같은 두 가지 사건을 기초로 안나 프로이트는 청년기를 설명하려고 하였다. 안나 프로이트에 의하면, 사춘기의 호르몬 변화와 생리적 변화들이 잠복기 동안 억압되었던 리비도 에너지를 더 강한 성적 충동으로 재출현하게 한다. 이제 청소년들은 그들의 성격 구조 속에 성욕을 통합시키지 않으면 안 된다. 그러므로 청소년들이 경험하는 혼란과 갈등은 정상적 발달 과정의 일환일 뿐 병리적 현상은 아니며, 오히려 혼란을 경험하지 않는 청소년들이 우리가 관심을 가져야 할 대상들이다.

안나 프로이트는 아동과 청소년의 성격 발달에는 다음과 같은 두 가지 중요한 차이가 있다고 설명하였다.

첫째, 아동이 나타내는 수용 불가능한 충동에 대한 일차적 통제자는 부모였으나 청년기에는 초자아가 그 역할을 담당한다. 청소년들의 자아는 원초아와 초자아를 조절하기 위해 많은 내적 노력을 해야 하므로, 이것이 청년기 혼란의 주된 원인이다. 청년기 동안 자아는 성적 충동과 죄책감을 조절하기 위해 노력한다.

둘째, 청소년은 아동과 다르게 자아방어기제(ego defense mechanism)를 사용한다. 자아방어기제란 자존심을 유지하고 불안을 회피하기 위해 자신에게 위협적인 충동과 정보를 속이면서 갈등이나 좌절에 반응하는 자아의 무의식적 반응이다. 안나 프로이트는 청년기에 빈번하게 사용되는 특징적인 방어기제로서 금욕주의(asceticism)와 주지화(intellectualization)를 제안하였다.

금욕주의란 성적 욕구와 같이 개인의 본능적 욕구와 무의식적으로 연합된 활동에 참여하는 것을 거절하는 자기부정 행동이다. 성행위, 음주, 춤추기 등은 물론 음식물이나 물 혹은 수면조차도 거부된다. 금욕주의의 자아방어기제를 사용하는 청소년들은 상기한 행동들에 대한 최소한의 탐닉조차도 성적 충동의 노예가 되게 할 것이라고 생각하고 두려워한다.

주지화는 스트레스를 부정하는 고차적 수단으로 많은 시간을 소비해 가며 문제의 원인을 분석함으로써 감정적인 혼란 상태로부터 자신을 분리시키는 자아방어기제이다. 즉, 철학적, 도덕적 및 정치적 문제 등에 대한 지적 토론을 통하여 개인적 갈등에서 벗어나려고 한다. 청소년들은 지적 토론에 몰두함으로써 자신의 본능적 욕구와 연합된 감정으로부터 어느 정도 벗어날 수 있기 때문에 주지화 기제를 빈번하게 사용한다.

결론적으로, 정상적 발달보다는 병리적 발달에 더 많은 관심을 가진 안나 프로이트는 청년기의 리비도 증가를 중요시하였다. 그녀는 청소년들의 자아가 리비도의 압력을 감당할 수 있을 정도로 충분히 강하지 못할 때, 충동적인 성인이 되거나 성욕과 같은 본능적 욕구를 지나치게 억압하는 방어적 초자아를 발달시킬 수 있다고 설명하였다. 스탠리 홀과 동일하게 질풍노도를 청년기 발달의 정상적 현상으로 가정한 안나 프로이트는 이러한 혼란의 부족은 곧 발달적 장애를 의미한다고 주장하였다.

2. 에 릭 슨

정신분석학에서 출발한 에릭슨은 개인이 성장하는 심리역사적 환경과 사회문화적 요인을 중요시함으로써 심리성적 발달을 강조하는 프로이트 이론과는 달리 심리사회적 이론을 제시하였다.

1) 프로이트와 에릭슨의 차이점

에릭슨을 신프로이트 학파(Neo-Freudian)의 이론가라고 부르는 사람도 있지만, 그의 이론은 근본적인 면에서 프로이트 이론과 차이가 있다.

Erik Erikson(1902-1994)

첫째, 원초아를 중요시했던 프로이트와는 다르게 자아의 성장에 관심을 가졌던 에릭슨은 아동의 자아가 형성되는 심리역사적 환경을 중요시하였다. 개인의 성격은 유전적으로 결정된 순서에 따라 발달한다고 가정한 점에서는 프로이트와 동일하지만, 에릭슨은 개인이 소속한 문화가 발달적 위기를 해결하는 방식을 결정하기 때문에 고전적 부모-아동관계를 확대시켜야 한다고 주장하였다. 다시 말하면 아동의 성격은 프로이트의 가정처럼 오로지 부모의 양육 방식에 의해 결정되는 것이 아니라 가족과 사회 및 문화적 유산 등의 상호작용에 의해 형성된다는 것이다.

둘째, 에릭슨은 인생 초기(0-6세)의 발달을 중요시한 프로이트와는 다르게 일생 전체를 포함하는 성격 발달의 8단계를 제시하였다(표 2-2 참조). 여덟 개의 단계는 긍정적 요소와 부정적 요소를 모두 포함하는 심리사회적 위기(psycho-social crisis)로 구성되어 있다.

심리사회적 위기란 각 발달단계에서 환경적 요구에 적응하기 위한 개인의 심리적 노력으로 긴장이나 갈등으로 경험된다. 각 단계에서의 위기가 만족스럽게 해결되면 성장하는 자아 속에 긍정적 요소들(신뢰성, 자율성, 선도성 등)이 통합되는 반면, 불만스러운 양상으로 해결되거나 긴장이나 갈등이 계속되면 부정적 요소들(불신, 수치심, 죄책감 등)이 자아 속에 통합된다. 위기가 긍정적 방향으로 해결될 때 건강한 성격이 형성될 수 있다.

에릭슨은 건강한 성격의 전제 조건으로서 부정적 요소들이 통합될 필요가 있음을 강조하였다. 그 이유는 개인의 성격 속에 통합된 적절한 정도의 부정적 요소들은 개인이 긴장이나 갈등에 대처할 수 있는 역량을 지닐 수 있도록 돕기 때문이다. 다시 말하면 긍정적 요소들과 함께 적당한 비율의 부정적 요소들의 통합은 개인의 자아강도(ego-strength)를 높여 줄 수 있기 때문에 부정적 요소들을 무조건 배척하는 것은 바람직하지 못하다는 것이다.

2) 정체감 대 역할혼란의 시기로서 청년기

에릭슨의 8단계에서 청년기는 정체감 대 역할혼란(identity vs. role confusion)의 시기에 해당한다. 청년기의 정체감 확립이란 통합적인 자기상(self-image)의 정립을 의미한다. 아동기까지 각 개인은 무의식적 수준에서 자기상을 형성해 왔으나 청년기에 이르면 자기상을 형성하기 위한 의식적 노력이 첨가된다. 변화하는 신체상과 끓어오르는 본능적 충동의 출현 및 그들의 인지 능력의 증가는 "내가 누구인가?" "나는 무엇을 할 수 있는가?"와 같은 물음을 제기하게 한다.

정체감은 개인의 신체적 특성은 물론 능력, 흥미, 욕구, 의미 있는 중요한 동

표 2-2 에릭슨의 심리사회적 발달단계

대략적 연령	발달단계	발달적 특징
0-1세	기본적 신뢰 대 불신 (Basic trust vs. mistrust)	아기가 필요로 할 때 어머니의 적절한 보살핌이 제공되면, 신뢰감이 형성된다. 어머니에 대한 신뢰감은 이후의 사람과 사회에 대한 신뢰감은 물론 자기 자신에 대한 신뢰감의 바탕이 된다.
1-3세	자율성 대 수치와 의심 (Autonomy vs. shame and doubt)	스스로 행동하려는 아동의 노력을 칭찬하고 격려하면 자율성이 형성된다. 그러나 지나친 억압이나 조롱은 아동의 자율성을 손상시키므로 수치와 의심을 발달시킨다.
3-6세	선도성 대 죄책감 (Initiative vs. guilt)	스스로 계획하여 주도적으로 행동하려는 아동들은 열심히 배우고 경쟁한다. 아동이 설정한 계획과 기대가 이루어지면 선도성이 형성되지만, 잦은 실패와 주위의 억압은 죄책감을 형성하게 한다.
6-11세	근면성 대 열등감 (Industry vs. inferiority)	아동은 현대사회가 요구하는 기술들을 열심히 습득한다. 또래와의 접촉을 통하여 함께 일하고 함께 노는 방법도 학습한다. 학습과 놀이를 통한 아동의 성공경험은 근면성을 발달시키는 반면 실패는 열등감을 야기시킨다.
11-21, 22세	정체감 대 역할혼란 (Identity vs. role confusion)	"내가 누구인가?" "나는 무엇을 할 수 있는가?"와 같은 물음에 대한 해답을 얻기 위해 심각하게 고뇌한다. 자신의 존재와 추구해 나갈 가치에 대한 확신이 서면 정체감 획득이 이루어지지만, 그렇지 못하면 역할혼란에 빠진다.
성인초기	친근감 대 고립감 (Intimacy vs. isolation)	청년기 동안 정체감을 획득한 사람들은 자기 자신을 잃을지도 모른다는 두려움 없이 타인(특히 이성)과 친밀한 관계를 형성하고 친근감을 획득한다. 그러나 진정한 상호관계를 이룩하지 못한 사람들은 고립감에 빠진다.
성인중기	생산성 대 침체 (Generativity vs. stagnation)	성인초기 동안 친근감을 획득한 사람들은 자녀를 출산하고 양육하고 직업을 가짐으로써 그들의 이상을 실현한다. 두 사람 사이의 친밀감을 넘어서 자녀를 양육하고 타인을 보살피는 과정에서 생산성을 획득한다. 그렇지 못한 사람들은 자기 자신에만 몰입하고 자기침체에 빠진다.
성인후기	자아통합 대 절망 (Integrity vs. despair)	자신의 인생을 되돌아보고 나름대로 의미있었다고 평가할 수 있는 사람은 자아통합을 이룰 수 있다. 반면, 지나온 생애를 후회하고 무가치하다고 생각하는 사람은 절망을 경험한다.

일시, 성역할 및 방어기제 등이 개인 나름의 독특하고 고유한 방식으로 통합될 때 형성된다. 정체감을 형성하기 위하여 청년들은 다양한 역할실험을 시도한다. 다양한 역할실험 이후에도 여전히 자신의 존재에 대한 확신이 서지 않고 무엇을 추구해야 할지 알지 못할 때, 역할혼란이 일어난다.

정체감 확립은 이전 단계의 위기들을 긍정적으로 해결한 결과인 동시에 이후 단계의 해결을 위한 기초가 된다. 정체감을 확립하지 못했거나 반사회적 행동을 일삼는 부정적 정체감의 소유자들은 다음 단계의 친근감 대 고립감의 위기를 성공적으로 해결하기 어렵다. 친근감은 두 사람의 공유된 정체감을 요구하기 때문에, 자신의 정체감을 손상시킨다는 생각 없이 타인과 친밀한 관계를 형성하고 사랑할 수 있을 때 확립된다.

에릭슨의 이론에서 정체감 확립은 결코 청년기만의 문제는 아니다. 출생과 함께 형성되기 시작한 자기상은 인생의 마지막 단계인 자아통합 대 절망의 단계에서 완성되므로 8개 발달단계 전체가 자아정체감 확립의 과정을 기술한다. 그럼에도 불구하고 에릭슨이 청년기의 정체감을 강조한 것은 이 시기 동안 처음으로 정체감 확립을 위한 의식적 노력이 시작되기 때문이다.

Ⅲ. 사회인지적 조망

사회인지적 조망은 개인의 사고와 추리는 물론 감정, 동기, 욕구 및 의도들이 어떻게 발달하는지를 연구한다. 이 조망의 대표적 이론으로 알버트 반두라(Albert Bandura)와 로버트 셀만(Robert Selman)의 이론이 있다. 진 피아제(J. Piaget)와 로렌스 콜버그(Lawrence Kohlberg)의 전통적 인지발달이론도 사회인지적 조망과 밀접한 관련이 있기는 하지만, 제 4 장과 제 7 장에서 각각 설명한다.

1. 알버트 반두라

반두라는 전통적 학습이론(고전적 조건화와 조작적 조건화)을 확대하여 인간의 사회적 행동을 설명하려고 하였다. 대표적인 사회학습 이론가인 반두라는 전통적 학습이론에서 무시하였던 감정이나 이미지 혹은 기대 등의 관찰 불가능한 내적 과정을 인정하고 소위 관찰학습(observational learning)에 의해 학습이 이루어진다고 주장하였다. 반두라에 의하면, 인간의 사회적 행동이나 성격은 외적 강화 없이도 타인의 행동을 관찰함으로써 획득된다.

반두라의 관찰학습은 관찰자가 타인의 행동을 관찰하고 그것을 인지적으로 처리하여 자신의 행동을 결정하는 과정을 포함한다. 그러므로 관찰학습 과정은 관찰 대상이 되는 모델의 행동과 관찰자의 인지적 의사결정 과정의 두 가지 요인으로 구성된다. 반두라의 초기 연구(Bandura, 1973)는 모델의 역할을 강조하였으나 보다 이후의 연구(Bandura, 1997, 2000)는 개인의 인지적 의사결정 과정을 중요시한다.

아동이 성장할수록 사회적 모델은 부모에서 형제자매, 친척, 또래, 교사, TV나 영화 혹은 만화 등의 주인공으로 확대된다. 청년기에 이르면, 연예인이나 운동선수와 같은 대중매체의 주인공들이 자주 사회적 모델의 역할을 한다. TV의 공격 행동과 아동의 폭력 행동 사이의 관계를 연구한 여러 연구들(Anerson 등, 2003; Comstock & Scharrer, 2006; Singer & Singer, 1998)은 반두라의 관찰학습 이론이 타당함을 입증하였다. 일반적으로 모델의 성과 연령이 관찰자와 비슷할 때, 지위가 높고 존경받을 때, 유능하고 막강할 때 그리고 매력적일 때 관찰자가 모델의 행동을 모방할 가능성이 더 크다.

개인의 인지적 의사결정 과정은 자기효능감(sense of self efficacy)으로 설명될 수 있다. 반두라에 의하면, 사람들은 어떤 행동이 자신과 타인에게 주는 효과를 관찰한 후, 그 결과를 바탕으로 자신의 행동을 평가하고 미래의 성공 여부를 가늠한다. 만약 성공적으로 수행할 수 있다는 기대가 성립되면 필요한 행동을 수행하려는 결정이 내려진다. 이것은 행동을 수행할 수 있다는 자기

Albert Bandura(1925-)

확신감으로, 근래 심리학의 여러 분야에서 그 중요성을 인정받고 있는 개인의 특성이다(장휘숙, 1993, 1995, 1997).

자기효능감은 아동기보다는 청년기 발달을 설명하기에 더 적합한 개념이다. 청소년들은 관찰 결과를 바탕으로 성공적 수행이 가능한지 아닌지를 평가하고 예측할 수 있다. 청소년들은 그들이 평가한 효율성 기대(efficacy expectation)에 따라 동년배 집단의 행동이나 언어 혹은 의복 스타일의 모방 정도를 결정하고 도덕성, 가치관, 사회적 행동, 성행동 등을 결정한다.

2. 로버트 셀만

로버트 셀만(Robert Selman, 1980)은 전형적인 사회인지 이론가로서 청소년의 행동에 영향을 주는 사회적 조망수용(social perspective taking)의 역할을 연구하였다. 그는 연령 증가와 함께 아동과 청소년들은 대인관계 상황을 이해하기 위하여 보다 더 진보된 인지 기술과 사회적 전략을 적용할 수 있다고 가정하고, 특히 아동기에서 청년기 사이에 조망수용능력에서 큰 진보가 일어난다고 밝혔다(Selman 등, 1986).

셀만에 의하면, 조망수용능력의 각 발달 단계는 상응하는 사회적 행동을 포함한다. 또한 낮은 단계에서 더 높은 단계로의 이동은 자기와 타인의 관계를 지각하는, 질적으로 상이한 수준으로의 진보를 의미한다. 셀만이 제안한 5단계로 구성된 조망수용능력의 발달 과정은 다음과 같다.

Robert Selman(1942-)

① 0단계: 자기중심적 미분화 단계

조망수용능력의 미분화 시기로서 약 3세부터 6세 사이의 아동들에게서 빈번하게 관찰된다. 이 단계의 아동들은 다음의 그림과 같이 자신과 타인의 감정이나 정서를 정확하게 인지할 수는 있다. 그러나 타인도 자신과 동일한 방식으로 상황을 이해하고 동일한 중요성을 부여할 것으로 생각한다.

타인을 자기중심적으로 보고 자신의 견해와 동일한 견해를 갖는다고 지각한다.

② 1단계: 주관적 조망수용 단계

타인의 조망이 자신과 유사하거나 다를 수 있다는 것을 인식하기 시작한다. 약 5세부터 9세 사이의 아동에게서 발견되는 주관적 조망수용능력은 이제 아동이 자아중심적 조망수용에서 벗어나기 시작했음을 신호한다.

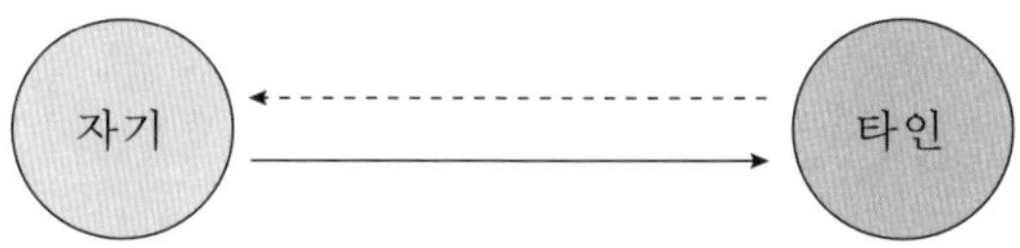

타인을 자기와는 다른 존재로 인식하거나 자기에 대한 타인의 지각이 아직도 분화되어 있지 않다.

③ 2단계: 자기반성적, 호혜적 조망수용 단계

약 7세부터 12세 사이의 아동은 자기반성적 사고가 가능하기 때문에, 자신과 타인에 대해 심사숙고할 수 있다. 보다 더 복잡한 형태의 사고와 감정의 출현으로 아동은 타인의 조망으로 자신의 생각과 감정을 고려할 수도 있다. 이제 자신에 의해 상처를 입은 사람이 자신을 얼마나 바람직하지 않게 생각할지를 추측할 수 있는 능력도 갖는다.

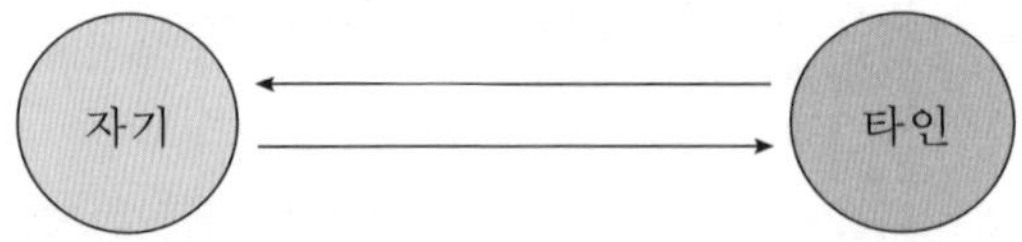

자기는 타인의 조망을 고려할 수 있고 타인도 자기의 조망을 고려할 수 있다는 것을 인식한다.

④ 3단계: 제 3 자적, 상호적 조망수용 단계

약 10세부터 15세까지의 청소년들은 자신의 조망은 물론 타인의 조망도 동시에 고려할 수 있다. 그들은 행동을 결정하기 전에 타인의 조망을 고려할 수 있을 뿐 아니라 동일한 상황을 각기 서로 다르게 볼 수 있다는 것도 인정한다. 이제 그들은 제삼자의 입장에서 자신과 타인의 행동이나 의도, 심리적 특성 등을 숙고할 수 있는 능력을 갖는다.

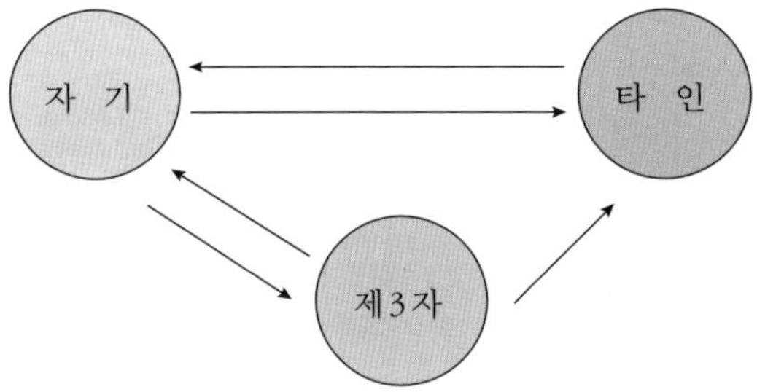

자기는 중립적인 제3자의 조망에서 자기와 타인의 상호작용을 고려할 수 있다.

⑤ 4단계: 깊은 사회적/상징직 조망수용 단계

가장 발달된 형태의 조망수용능력을 갖는 4단계는 보통 12세경에 출현하지만 성인기까지 나타나지 않을 수도 있다. 이 시기의 가장 중요한 진보는 자신과 타인을 동일하게 그 자신의 발달적 역사를 갖는 자아체계로 인식하는 동시에 가치, 신념, 특성, 태도 등의 종합적 산물로 이해한다는 것이다. 이 단계의 개인들은 사회적 관계 내에는 다양한 수준의 이해가 포함되어 있다는 것을 알고, 자신과 타인의 이해 수준을 추상적으로 사고할 수 있는 능력을 갖는다. 동시에 그들은 개인이 지니고 있는 다양한 이해 수준은 그 자체로서 중요한 의미를 지닌다고 생각하고 상이한 개인들의 다양한 관점을 다양한 조망에서 심사숙고할 수 있다.

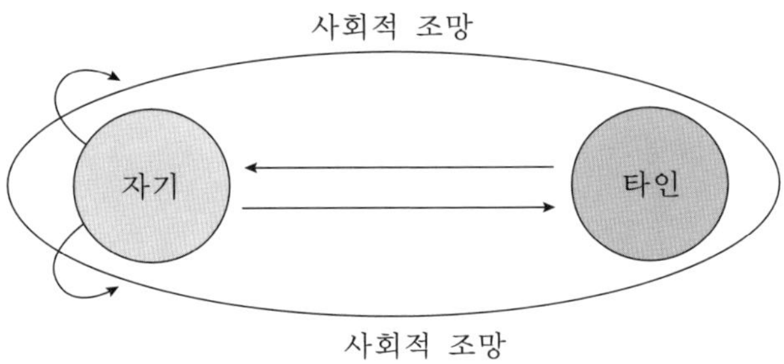

자기는 자기-타인 상호작용에 대해 일반화된 사회적 조망을 지닐 수 있다.

Ⅳ. 사회문화적 조망

사회문화적 조망은 청소년의 신체 발달이나 호르몬 변화보다는 사회적 행동에 영향을 주는 문화적 요인들을 연구함으로써 부모와 청소년 사이의 갈등을 설명한다. 이 조망의 이론가들은 사회적 규범과 관습, 문화적 기대와 의식적 행사(rituals), 집단압력, 과학기술 등이 주는 영향을 연구하는 것이 청소년 행동을 이해하는 열쇠라고 가정한다. 문화인류학자인 마가렛 미드(Margaret Mead)와 루스 베네딕트(Ruth Benedict) 및 사회학자 킹스리 데이비스(Kingsley Davis)의 이론이 여기에 해당한다.

1. 마가렛 미드

마가렛 미드는 청년기를 질풍노도의 시기라고 주장한 홀(G. S. Hall)의 생물사회적 조망을 검증하기 위하여 연구를 수행하였다. 남태평양의 사모아(Samoa)에서 이루어진 그녀의 현장 연구(field study) 결과는 박사논문으로 제출되었고 「사모아에서의 성인기 도래」(Coming of Age in Samoa, 1928)라는 제목으로 출판되었다.

원래 미드의 연구 목적은 인간 행동이 사회문화적 맥락에서 이해될 수 있다

Margaret Mead(1901-1971)와 사모아 섬의 여자 청소년

는 스승 보아스(Franz Boas)의 주장을 입증하는 것이었다. 보아스는 미국 컬럼비아 대학교의 인류학 교수로서 인간 행동은 순수하게 문화적 조건으로 설명될 수 있다는 문화적 결정론(cultural determinism)을 주장하였다.

사모아에서의 미드의 연구는 사모아 사회의 청소년들이 긴장 없는 평화로운 생활을 한다는 것을 밝혔다. 미국을 포함한 서구 사회의 젊은이들과는 대조적으로 사모아의 젊은이들은 홀이 제안한 질풍노도의 시기를 경험하지 않음으로써 청소년에 대한 홀의 견해가 보편적 현상이 아니라는 것이 분명해졌다. 이와 같은 결과는 신체적 및 성적 성숙의 결과로 불가피하게 질풍노도를 경험한다는, 생물학적 결정론(biological determinism)에 입각한 홀의 이론이 청년기를 설명하는 보편적 이론이 아님을 분명히 하였다.

사모아에서의 연구 결과를 바탕으로 미드는 생물학적 요인의 역할을 부정하지는 않았지만 문화적 요인이 성격 발달을 위한 중심요소라고 주장하였다. 미드에 의하면, 청소년들의 갈등과 혼란 및 질풍노도의 경험은 특정한 문화의 소산일 뿐 보편적 발달 현상이 아니다. 즉, 문화에 따라서 청소년들은 갈등을 경험할 수도 있지만, 사모아 사회의 청소년들처럼 갈등을 경험하지 않을 수도 있으므로 보아스의 문화적 결정론 혹은 문화적 상대주의(cultural relativism)가 청년기 발달을 설명할 수 있는 핵심적 이론이라는 것이다.

요약하면, 미드는 홀 이후로 보편화된 청소년에 대한 고정관념의 허구성을 지적하고 청년 발달에 미치는 문화적 요인의 중요성을 인식할 수 있는 계기를 마련하였다.

2. 루스 베네딕트

루스 베네딕트(Ruth Benedict, 1887-1948)는 마가렛 미드와 같이 보아스의 제자였다. 인간은 출생시부터 문화적 환경에 의해 조건화된다는 보아스의 원리를 수용한 베네딕트는 문화적 조건화(cultural conditioning) 과정에서의 연속성(continuity)과 불연속성(discontinuity)을 바탕으로 아동기에서 성인기로의 이동을 설명하였다. 물론 베네딕트의 발달 이론은 미드가 사모아에서 수행한 현장 연구에 기초한 문화적 결정론을 바탕으로 한다.

그녀는 개인의 성격 발달에 미치는 문화의 사회화 영향을 분석하는 수단으로서 연속성과 불연속성을 이론적 구성개념으로 활용하였다. 베네딕트에 의하면, 개인의 성장은 사회환경적 영향을 받지 않는다면 점진적이고 연속적으로 이루어지지만, 사회적 집단의 요구나 기대, 제한, 혹은 처치 방법의 영향을 받으면 불연속성이 나타날 수 있다.

원시 문화에서는 아동기 역할과 성인기 역할에서 큰 차이가 없기 때문에 역할의 연속성이 유지될 수 있었다. 그러나 아동의 역할과 성인의 역할이 전적으로 상이한 문화에서는 역할 이동의 시기인 청년기 동안 부모와 청소년의 갈등은 불가피하다. 베네딕트는 역할 경험의 불연속성(discontinuity)이 청년기 갈등의 직접적 원인이라고 주장하였다.

모든 문화는 영아기부터 성인기까지의 성장 사이클을 갖는 동시에 상이한 연령 집단에게 서로 다른 행동을 요구한다. 예를 들면, 여성과 남성은 인생 초기에는 부모의 딸이나 아들이었으나 이후에 성장하여 어머니나 아버지의 역할을 수행해야 한다. 그러나 딸이나 아들의 역할과 어머니나 아버지의 역할은 의존과 양육 차원에서 정반대의 역할이므로 역할 전환의 기간을 필요로 한다. 따라서 아동기와 성인기 사이에 위치하는 청년기는 새로운 역할을 위한 적응 기간으로서 갈등을 내포할 수 있다.

성인의 역할을 수행하기 위해서 청년을 사회화하는 방식은 문화에 따라 다르다. 베네딕트에 의하면, 문화가 발달된 나라일수록 아동과 성인의 역할이 뚜렷이 구별되므로 역할 수행의 불연속성이 커진다. 예를 들면, 아동은 부모의 권위에 복종해야 하지만 성인기에 가까워지면 독립적이고 주도적이 되도록 기대된다. 또한 아동기와 청년기 동안 성(sex)을 위험하고 바람직하지 않은 것으로 학습하였으나 성인기에 이르면 성욕을 수용하도록 재학습하지 않으면 안 된다.

결론적으로 베네딕트는 아동기에서 성인기로의 이동의 질적 특성이 청년기의 경험을 결정한다고 주장하였다. 즉, 유연하고 계속적인 이동은 청년기의 갈등과 혼란을 야기시키지 않는 반면, 갑작스럽거나 불연속적인 이동은 정서적 긴장과 갈등을 일으킨다는 것이다.

3. 킹스리 데이비스

킹스리 데이비스(Kingsley Davis, 1960)는 사회학자의 조망에서 도출된 광대한 이론을 바탕으로 부모-청소년의 갈등을 설명하였다. 데이비스의 주장에 의하면, 현대 사회의 빠른 변화가 부모와 청소년 자녀의 갈등을 불가피하게 한다. 부모 세대와 자녀 세대는 각기 다른 사회문화적 환경에서 양육되고 성장하였기 때문에, 부모는 자녀에게 그 자신의 시대에 통용되었던 진부한 내용의 사회화를 실시하므로 부모와 청소년들은 충돌할 수밖에 없다.

데이비스는 현대 사회의 빠른 변화가 부모와 청소년간에 갈등을 일으키는 주된 원인이라면, 다음과 같은 부수적 요인들이 그들 사이의 갈등을 악화시킨다고 제안하였다.

첫째, 연령적으로 생리적 절정기에 도달해 있는 청소년들은 신체 에너지가 남아도는 반면, 중년기에 접어드는 부모들은 신체 에너지의 감소로 인해 활동을 제한해야 하는 상황에 처해 있다. 그에 따라 부모는 자신의 신체특성에 맞추어 청소년의 활동을 제한함으로써 부모와 청소년 사이의 갈등을 심화시킨다.

둘째, 청소년들은 유토피아적 이상을 꿈꾸는 반면, 부모는 현실주의적이고 보수주의적 사고방식을 지니고 있어 의사소통의 어려움이 초래된다. 인생에 대한 상이한 조망에 기인한 부모 세대와 젊은 세대간의 대화 부족은 그들 사이의 갈등을 악화시킨다.

셋째, 부모가 가족을 떠나 독립하려는 청소년을 점진적으로 해방시켜 주지 못할 때, 부모와 청소년 사이의 갈등은 악화된다. 청년기 자녀를 갖는 부모들은 자녀에게 부과되던 금지나 제한을 감소시켜 줌으로써 자녀들이 독립할 수 있도록 도울 수 있어야 한다.

V. 대인관계적 조망

대인관계적 조망에서 청년기를 설명하는 이론들은 청년기 동안 일어나는 사회적 관계에서의 변화를 중요시하고, 이 시기의 젊은이들이 타인이나 이성과의 관계를 어떻게 이해하고 형성하는지를 연구한다. 이 조망에는 헤리 스택 설리반(Harry Stack Sullivan)의 대인관계 이론과 조지 레빙거(George Levinger)의 이성과의 관계형성 과정이 포함된다.

1. 헤리 스택 설리반

설리반은 그의 대인관계 이론(interpersonal theory)을 바탕으로 인간의 성격발달을 기술하였다. 그는 인간은 바람직하지 못한 관계에서 유발되는 고민이나 근심을 회피하기 위하여 동기 유발된다고 가정하였다. 각 개인은 타인과 긍정적 관계를 형성하기 원하며 타인에 의해 수용되기 위해 노력한다. 개인의 성장과 함께 타인과의 접촉이나 상호작용은 점점 더 복잡해지고 선택적으로 변한다.

타인과의 관계는 우리가 무엇이고 어떻게 발달하는지에 영향을 준다. 설리반은 성격을 "계속적으로 순환하는 대인관계 상황의 비교적 지속적 패턴"으로 정의하고 대인관계 욕구의 만족이 성적 욕구의 만족보다 더 중요하기까지 하다고 주장하였다. 즉 성공적이고 긍정적 대인관계는 행복하고 만족스러운 생활을 위한 필수 요건이라는 것이다.

Harry Stack Sullivan(1892-1949)

대인관계의 질적 특성은 어릴 때의 부모와의 관계에 기초한다고 가정한 설리반은 영아기와 아동기에서의 대인관계가 불안정할 때 성장한 이후 타인과의 관계가 손상된다고 주장하였다. 즉 유의미한 타인과의 부정적, 위협적, 불안 유발적 경험들은 불안정을 생성하는 반면, 긍정적, 지원적, 긴장 감소적 경험은 안정감을 생성한다.

설리반에 의하면, 사람은 확인가능한 사회적 상호작용 패턴의 맥락내에서만 이해될 수 있다. 개인이 누구와 상호작용하는가에 따라 그들이 자신을 보는 방식과 행동하는 방식은 달라진다. 청소년들은 부모나 교사, 친척, 동년배, 중요한 친구 혹은 이성과의 상호작용방식에서 매우 다르게 행동한다.

표 2-3은 설리반이 제안한, 영아기부터 청년후기까지 계속되는 인간발달의 6단계를 제시한다. 발달의 각 단계들은 대인관계의 독특한 특성을 지니고 있다. 즉

표 2-3 설리반의 성격 발달 단계

대략적 연령	발달단계	특징적인 욕구
출생-2세	영아기	안정감의 욕구
2-6세	유아기	성인의 관심을 얻으려는 욕구와 경험의 욕구
6-10세	아동기	동년배 관계를 형성하려는 욕구
10-12세	청년 이전기	단짝 관계로서 표현되는 친근감의 욕구
12-16세	청년초기	대인간의 친밀감을 유지하려는 욕구 성적 만족을 추구하려는 욕구 및 안정된 이성관계를 형성하려는 욕구
16-20세	청년후기	두 사람만의 '특별한' 이성관계를 추구하려는 욕구 및 사회내에서 개인적 위치를 확립하려는 욕구

각 단계는 아동의 자기평가에 유의미한 영향을 주는 특정한 개인이나 사회적 집단을 포함하며 한 단계에서 다른 단계로의 이동은 "유의미한 타인"에 대한 지향에서의 질적 이동을 의미한다. 각 단계에서의 유의미한 타인들은 다음과 같다.

① 영아기: 어머니 역할을 하는 사람
② 유아기: 부모를 포함하는 가족들
③ 아동기: 학교와 또래집단
④ 청년 이전기: 단짝 친구
⑤ 청년초기: 친구들, 이성관계 시작
⑥ 청년후기: 연인

설리반에 의하면, 한 단계에서 다음 단계로 이동하도록 하는 힘은 성적(프로이트)인 것도 아니고 성숙(게젤)에 기인된 것도 아니며 인지적(피아제)인 것도, 심리사회적 위기(에릭슨)도 물론 아니다. 그것은 대인관계의 변화에 기인된 기본적 불안감에 대처하려는 개인의 발달하는 능력이다. 이 과정에서 성숙과 사회적 경험, 새로운 대인관계 욕구 및 새로운 사회적 관계 모두가 중요한 역할을 한다.

설리반에 의하면, 출생시부터 나타나기 시작하는 대인관계 지향은 청년 이전기(preadolescence)에 이르면 타인에 대한 친근감 욕구로 표출된다. 이 시기의 아동들은 동성의 친구와 단짝 관계를 형성하고 희망은 물론 공포까지도 서로 나누어 갖는다.

설리반은 동성의 단짝 관계는 다음과 같은 두 가지 이유 때문에 중요하다고 설명하였다.

① 단짝 관계를 통하여 아동은 자신과 타인의 유사성을 발견한다. 타인도 자신과 동일하게 기쁨과 외로움 및 고통을 경험한다는 것을 인식하고 타인을 동일시할 수 있다. 단짝 관계 경험은 아동기의 자아중심성(egocentrism)을 극복하고 타인에 대한 성숙한 애정과 이타심을 갖도록 돕는다.

② 단짝 관계는 아동 자신이 타인에게 가치있고 소중한 사람이라는 인식을

갖도록 한다. 또한 그것은 바람직하지 못한 부모와의 관계에서 형성될 수 있는 자신에 대한 부정적 지각을 완화시킬 수 있는 치료적 효과도 갖는다. 그 결과 설리반은 청년 이전기를 인생에서 가장 평화로운 시기로 가정하였다.

청년초기(early adolescence)에 이르면, 사춘기의 호르몬 변화와 생리적 변화가 성적 욕구를 불러일으킨다. 이제 청소년들은 타인에 대한 친밀감의 욕구와 개인적 안전을 추구하는 욕구와 함께 성적 욕구를 조화시켜야 한다. 그러나 사회적으로 규정된 성적 금기와 성행동에 대한 제한은 청소년의 이성에 대한 애착 형성에 제재를 가하므로, 청소년들은 혼란과 갈등을 경험하지 않을 수 없다. 따라서 설리반이 제안한 청년초기의 혼란과 갈등은 개인 내부의 문제가 아니라 개인간의 문제에서 비롯된다.

그러나 청년후기(late adolescence)에 이르면 보다 더 세련되고 다양한 대인관계가 형성될 수 있다. 이 시기의 젊은이들은 특정한 한 사람과 정서적 및 성적으로 친밀한 관계를 형성하고 사회적으로 만족스러운 역할을 수행하기 위하여 노력한다.

설리반은 홀이나 프로이트와 동일하게 청년기를 혼란과 갈등의 시기로 가정하였지만, 질풍노도의 원인에 대한 세 이론가들의 견해는 서로 다르다. 홀은 사춘기의 신체변화를 그리고 프로이트는 에디푸스(혹은 엘렉트라) 갈등의 재각성을 청년기 혼란의 원인이라고 주장한 것과는 다르게 설리반은 성행동에 대한 사회적 제한과 개인의 이성에 대한 친밀감 욕구 사이의 부조화에 그 원인이 있다고 가정하였다.

그러나 설리반의 성격발달 이론은 남성 중심으로 기술되었다는 비판을 받는다. 정신치료를 받기 위해 그를 찾아온 대부분의 환자들이 남성이었기 때문에, 여성에 관한 자료를 수집할 수 없었던 설리반은 남녀간의 성격발달에는 차이가 있다는 것을 인정하면서도 여성의 성격발달에 관한 설명을 제시하지 못하였다.

2. 조지 레빙거

이성관계를 중심으로 청년기 동안의 대인관계를 설명한 조지 레빙거(George Levinger)는 청소년들의 이성에 대한 관심은 단계적으로 발달한다고 주장하였다. 레빙거에 의하면, 이성에 대한 청소년들의 관심이 최초로 인식되기 시작할 무렵 청소년들은 집단으로 이성과의 접촉을 시도한다. 집단 내에서의 상호작용을 통하여 청소년들은 특정 구성원에게 매력을 느끼기 시작한다.

레빙거와 그 동료들(Levinger, 1974; Levinger & Snoek, 1972)은 청년후기 동안 나타나는 친숙한 관계의 발달을 기술하기 위하여 그림 2-1과 같은 도식을 제

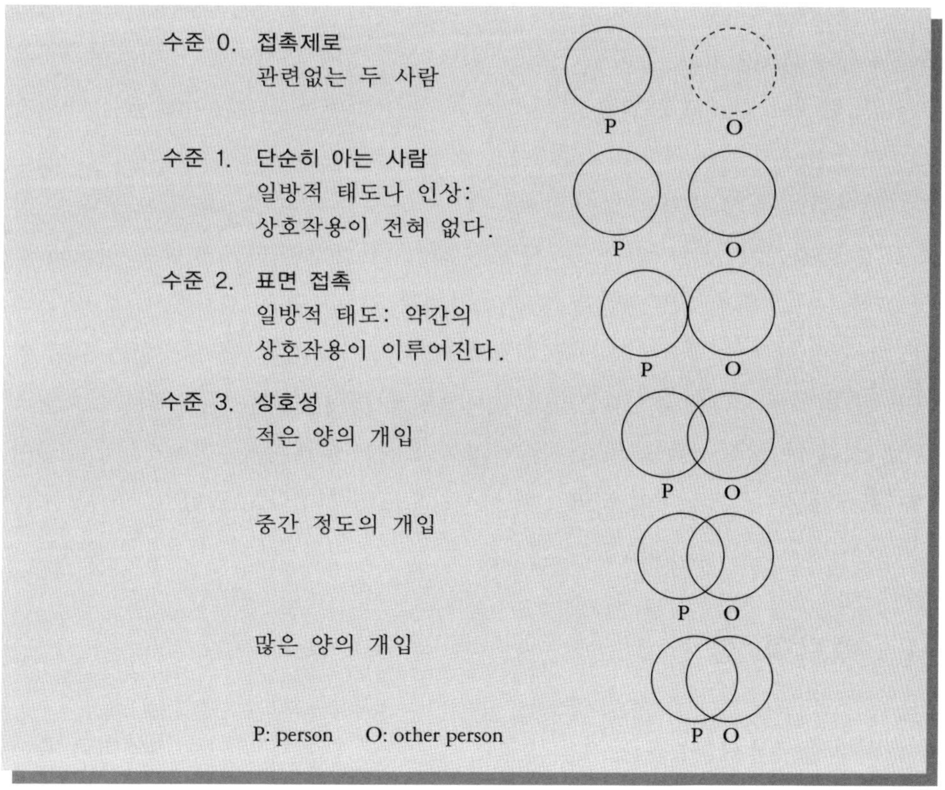

그림 2-1 두 사람의 관련성 수준

출처: Levinger, 1974.

시하였다. 수준 0에서부터 수준 3까지 계속되는 그의 도식은 이성과의 관련성 정도를 나타낸다.

접촉 제로 상태(수준 0)의 청소년들은 사회적 집단이나 중립적 상황에서 독립적 구성원으로 존재한다. 두 사람 사이의 접촉은 전혀 없는 상태다. 서로에 대해 매력을 느끼기 시작할 때 서로 관련을 맺는 수준으로의 이동이 시작된다.

수준 1에서 두 사람의 청소년들은 외모나 인종과 같은 신체적 특징을 바탕으로 상대편에 대한 일방적 인상을 형성한다. 그러나 두 사람이 상대편에 대해 갖는 정보는 매우 제한적이다. 그림에서 알 수 있는 것처럼, 타인에 대한 지각적 평가는 이루어지지만 진정한 상호작용은 없다.

수준 2에서 최초의 상호적 접촉이 이루어진다. 이때의 접촉은 패스트푸드 음식점이나 버스정류장에서의 만남과 같은 일시적인 만남이기 때문에 표면 접촉(surface contact)이라고 불리워진다. 청소년 상호간에 의사소통이 이루어지기는 하지만, 날씨나 최근의 시험과 같은 일상적 사건에 대한 의례적이고 짧은 대화가 이루어질 뿐이다.

상대편에 대해 매력을 느끼고 보다 더 친숙해질 때 수준 3의 상호성 혹은 상호 의존성 관계가 이루어진다. 두 사람은 점점 더 상대편을 알게 되고 서로의 감정을 공유하는 관계로 발전한다. 그림 2-1에서 알 수 있는 것처럼, 상호 의존의 관계는 사소한 개입에서부터 보통 정도의 개입 그리고 더 나아가 생활의 상당 부분에 개입하는 양식을 취한다. 레빙거는 상호 의존적 관계는 처음에는 상호간의 응시, 접촉 혹은 도움 행동으로 시작하여 공유하기, 비밀을 털어놓기, 서로 좋아하기로 발전하며 결국 미래를 약속하는 사랑으로 발전한다고 믿었다.

Ⅵ. 맥락적 조망

맥락을 중요시하는 이론적 조망들은 청년기를 맥락의 확대로 설명하고 확대된 맥락으로 인해 어려움이 초래되는 시기라고 주장한다. 대표적 이론으로 레빈(K. Lewin)의 장 이론과 브론펜브레너(Bronfenbrenner)의 발달의 생태학 및 리차드 러너(Richard Lerner)의 발달적 맥락주의가 있다.

1. 쿠르트 레빈

쿠르트 레빈(Kurt Lewin)은 형태주의 심리학자로서 장 이론(field theory)을 제안한 사람이다. 레빈의 장 이론은 집단으로서의 청소년들에 대한 일반화 없이 개별적 청소년들의 행동 역동을 설명하고 기술한다.

장 이론의 핵심개념은 행동(B)은 사람(P)과 환경(E)의 함수라는 것이다. 즉 B=f(P · E)이다. 이 공식에서 상호 관련된 변인들로서 P와 E는 계속적으로 그리고 상호적으로 서로에게 영향을 준다. 사람과 환경과의 관계에 대한 레빈의 개념은 브론펜브레너의 생태학적 이론 속에 그대로 나타난다.

개인이 환경을 어떻게 지각하는지는 개인의 발달 단계와 과거 경험, 성격 그리고 그들의 지식 정도에 달려 있다. 레빈은 개인적 요인들과 모든 환경적 요인들을 합산한 전체를 생활공간(life space: LSp) 혹은 심리적 공간(psychological space)이라고 명명하였다. 즉 환경적 요인에 해당하는 물리적-환경적, 사회적 요인들과 개인의 생물학적 특성 및 욕구, 동기, 기대 등을 포함하는 심리적 요인들이 생활공간을 구성하며 이것은 행동을 결정하는 역할을 한다. 이와 같이 레빈은 생활공간이라는 하나의 통합된 체계 속에 생물학적 힘과 사회적 힘 및 환경적 힘을 결합시키려고 시도하였다.

Kurt Lewin(1890-1947)

생활공간 내의 대상물이나 목표는 긍정적 방향의 원자가(vector)나 부정적 방향의 원자가를 지닐 수 있다. 어떤 목표가 욕구의 성취를 가능하게 한다면 그것은 긍정적 원자가를 지니겠지만, 목표의 획득이나 욕구만족을 방해하는 장벽들은 부정적 원자가를 갖게 될 것이다. 만약 두 개의 동등하게 바람직한 목표의 원자가가 균형을 이루면 개인은 갈등을 경험하는 반면, 균형을 이루지 못할 때는 긍정적 원자가를 갖는 방향으로의 이동이 일어난다.

1) 연령에 따른 생활공간의 변화

개인의 생활공간은 연령에 따라 변화한다. 전적으로 외부적 도움에 의존하는 영아들은 혼자 힘으로 환경적 구조화를 이룰 수 없으므로 영아의 생활공간은 구조화되지 못하고 미분화 상태에 있다. 그들은 스스로 자유롭게 움직일 수 있는 생활공간을 거의 갖지 못한다.

성장과 함께 생활공간의 구조화나 분화 정도가 증가하고, 자유롭게 움직일 수 있는 공간은 점차 확대되어 간다. 자유로운 이동 공간의 크기는 개인의 능력 정도나 타인의 금지에 의해 제한을 받는다. 아동이 성장함에 따라 부모나 주위 성인들의 제한은 감소하기 때문에 자유롭게 움직일 수 있는 공간은 확대되며 동시에 확대된 생활공간을 효과적으로 다룰 수 있는 개인의 능력도 함께 증대된다.

레빈에 의하면, 생활공간을 확대하려는 아동의 시도를 제한하면 심리적 엄격성이 초래되는 반면, 생활공간이 구조화되지 않은 채로 남아 있으면 성격은 통합과 조직을 결여한다. 따라서 아동의 사회화에 기여하는 부모의 역할이 중요하다고 레빈은 강조한다.

그림 2-2에서 a, b, c는 아동과 성인 그리고 청소년들의 생활공간을 예시한다. 그림에서 흰 부분은 자유로운 생활공간이며 빗금친 부분은 움직임이 허용되지 않는 부분들이다. 그림 2-2의 a와 b를 비교해 보면 성인의 생활공간이 아동의 그것보다 훨씬 더 크다는 것을 알 수 있다.

그림 속의 영역 1에서 6까지는 아동도 자유롭게 활동할 수 있는 생활공간이며, 7-35는 성인만이 접근 가능한 생활공간들이다. 예를 들면 자동차 운전하기, 정치적 활동을 하기, 직업 역할을 수행하기 등이 여기에 해당한다. 흥미롭게도 아동이 자유롭게 움직일 수 있는 1번과 5번 영역은 성인들이 접근할 수 없는 영역으로서 보이 스카우트나 걸 스카우트 활동 등이 여기에 포함될 수 있다. 외곽의 빗금친 부분들은 성인들에게도 금지된 영역들로서 능력 이상의 일을 해야 하거나 타인의 물건을 훔치는 것과 같은 행동들이 여기에 해당된다.

청년기의 생활공간을 보여 주는 그림 2-2c는 청소년이 아동보다 확대된 생

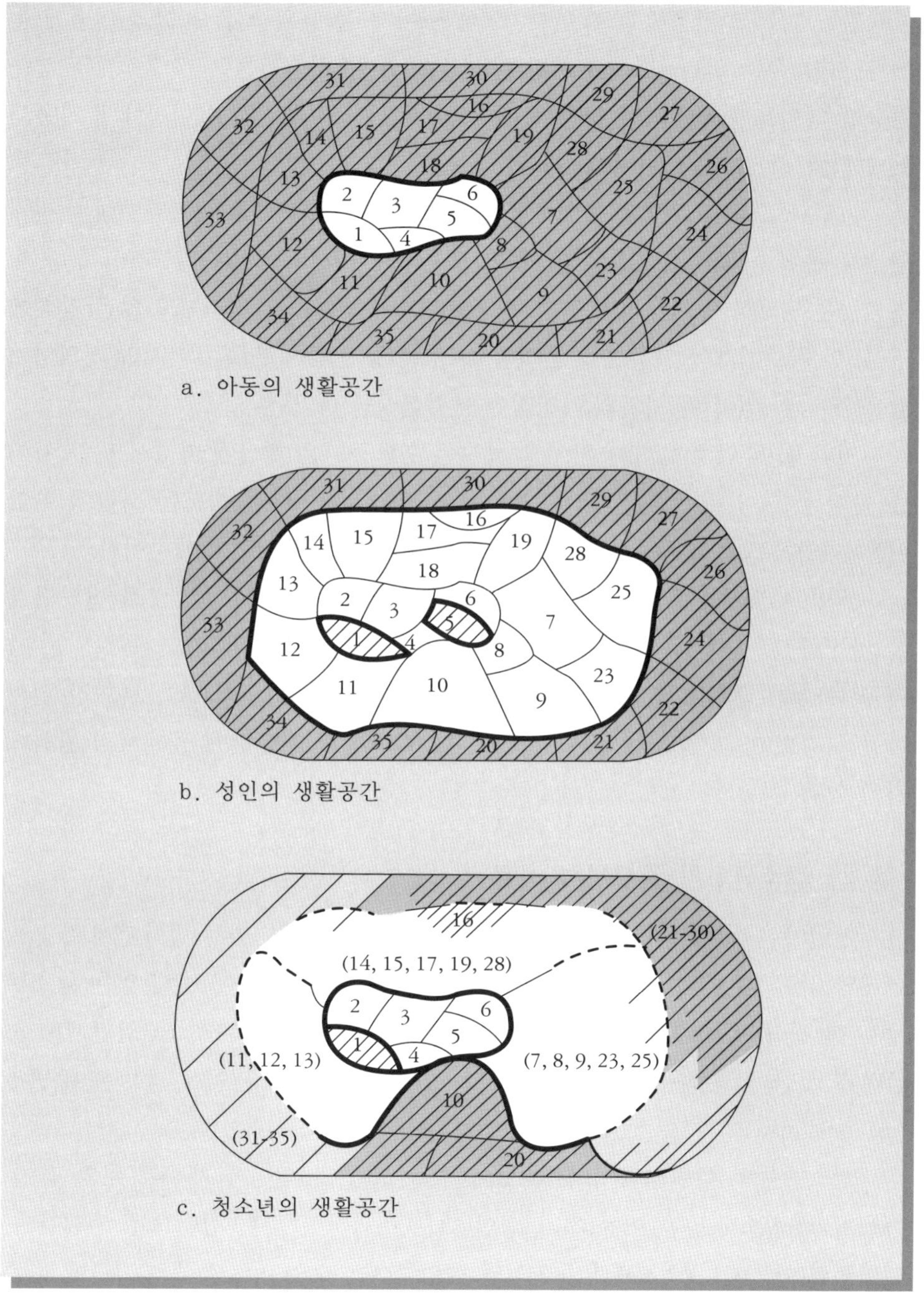

그림 2-2 연령에 따른 생활공간의 변화

활공간을 가지고 있음을 보여 준다. 그들은 이제 혼자 외출할 수 있고 저녁에 늦게 귀가할 수도 있다. 그러나 투표권을 갖지 못한 청소년들은 성인에게는 접근 가능한 영역들이 허용되지 않은 상태에 있다. 1번 영역과 같이 아동에게 허용되는 영역들 중에도 청소년에게 접근 불가능한 영역도 있다.

그러나 그림 2-2c에서 무엇보다 중요한 것은, 점선 경계선이 나타내는 것처럼 자유롭게 이동할 수 있는 공간들이 모호하게 표시되어 있다는 것이다. 즉 이 영역들은 명백하게 허용되지도 않고 그렇다고 명백하게 금지되지도 않은 상태에 있다. 언뜻 보기에는 자유롭게 움직일 수 있는 공간의 일부로 보이지만 정의되지 않은 채 남아 있어 이 시기의 특징적인 불확실성을 나타낸다.

이와 같이 연령에 따라 차이를 보이는 생활공간은 개인에 따라서도 큰 차이를 나타낼 수 있다. 생활공간의 분화나 구조화가 일어나는 속도는 사람에 따라 매우 다양하므로 행동에서 큰 개인적 변이가 존재하는 것도 이 때문이다.

레빈은 생활공간의 분화 정도와 각 영역에서의 차이를 바탕으로 발달단계를 가정하였으므로 프로이트나 에릭슨, 설리반 혹은 피아제의 단계와는 큰 차이를 보인다. 레빈에 의하면, 청년기는 생활 구조에서 비교적 빠른 변화가 일어나는 시기이며 그 변화는 신체적, 인지적, 정서적 및 대인관계 등에서의 변화에 기인한다.

2) 청소년들의 주변인적 지위

청년기란 아동도 아니고 성인도 아닌 사람들이 처해 있는 발달단계로서 이 단계의 사람들은 집단 소속에서의 변화를 경험한다. 과도기에 처해 있는 청소년들은 한 집단(아동)에서 다른 집단(성인)으로 이동하고 있으나 어느 집단에도 소속하지 못한다. 이와 같은 중간적 위치에 처해 있는 청소년들을 레빈은 주변인(marginal man)이라고 불렀다.

청소년들의 주변인적 상황을 보여 주는 그림 2-3의 a에 제시된 바와 같이, 아동기와 성인기 동안 아동(C)과 성인(A)은 비교적 분리된 집단으로 존재한다. 개별적인 아동(C1, C2, C3)과 개별적인 성인들(A1, A2, A3)은 각각의 집단에 소속하고 있음을 알 수 있다.

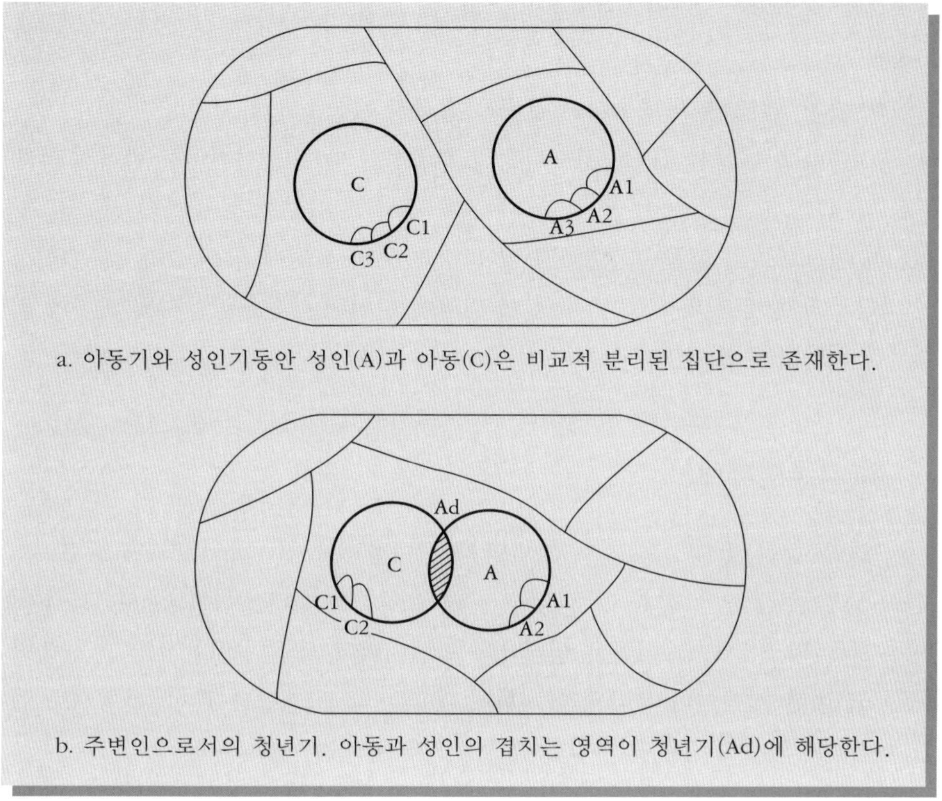

a. 아동기와 성인기동안 성인(A)과 아동(C)은 비교적 분리된 집단으로 존재한다.

b. 주변인으로서의 청년기. 아동과 성인의 겹치는 영역이 청년기(Ad)에 해당한다.

그림 2-3 청소년의 주변인적 상황

그러나 청소년들은 그림 2-3b에서처럼 아동 영역과 성인 영역의 겹치는 부분인 Ad에 위치하고 있다. 그들은 아동과 성인 어느 집단에도 소속하지 못하고 두 집단 사이에 위치하는 사람들이다.

레빈은 이상의 기본 가정들을 바탕으로 청소년들이 나타내는 특징적 행동을 다음과 같이 정리하였다(Muuss, 1996).

① 청소년들은 수줍음과 민감성을 나타내지만 상황의 모호함과 시기적인 불평형성 때문에 때로 공격적일 수 있다.

② 주변인으로서 청소년들은 아동 집단에서 성인 집단으로 이동하고 있어 어느 집단에도 소속하지 못하며, 두 집단의 태도, 가치, 이념 그리고 생활양식들

사이에서 계속적인 갈등을 경험한다. 그들은 동년배 집단을 제외하고 어디에도 소속할 수 없다.

③ 가치, 태도 및 이념에서의 갈등은 정서적 긴장를 증가시킨다.

④ 행동을 변화시키려는 청소년들의 경향성은 때로 급진적이고 반항적인 행동을 하게 한다.

⑤ 청소년들의 행동은 생활공간의 확장과 분화 정도에 의해, 아동 집단과 성인 집단과의 관계에 의해, 그리고 신체 변화에 기인된 생활공간에서의 변화에 의해서만 관찰될 수 있다.

2. 브론펜브레너

"맥락 속의 발달" 혹은 "인간발달의 생태학"(the ecology of human development)을 연구해야 한다고 주장한 유리 브론펜브레너(Urie Bronfenbrenner, 1995, 2000)의 인간발달 이론은 생태학적 모델이라고 불리워진다. 여기서 생태학(ecology)이란 개인이나 유기체가 경험하고 있는 혹은 개인과 직접, 간접으로 연결되어 있는 환경적 상황을 의미한다.

레빈의 장 이론을 기초로 하는 생태학적 모델은 생물학적 유기체와 그 유기체를 형성하는 사회/물리적 환경 사이의 상호 의존적인 관계의 복잡한 체계를 연구한다. 유기체와 환경 사이의 사회적 상호작용은 일 대 일의 대응 관계를 이룰 수 있는 것이 아니며 항상 그것이 발생하는 더 큰 생태학적 체계의 부분으로 존재한다.

Urie Bronfenbrenner(1917-)

생태학적 모델의 많은 중요한 개념들이 아동기로부터 도출되기는 하였지만, 전생애를 포함하기 때문에 청년기 발달을 위한 의미 있는 설명을 할 수 있도록 한다. 브론펜브레너에 의하면, 발달은 진공 상태에서 일어나는 것이 아니며 그것은 항상 특정한 행동을 통하여 표현된다. 그러므로 환경은 개인의 행동에 영향을 주고 개인의 행동 또한 환경에 영향을 주는 개인-환경 간의 상호작용 관계가 형성된다.

브론펜브레너는 레빈과는 다르게 시간 개념을 중요시하였다. 레빈은 B=f(P · E)라는 방정식 속에 시간의 개념을 포함하지 않았으나 발달은 연속성과 변화 양자의 특성을 함께 지니기 때문에 브론펜브레너는 시간 개념의 중요성을 인식하였다. 그는 물리적 환경의 변화에 대한 시간의 영향을 강조할 뿐 아니라 사회적, 환경적 변화에 주는 시간의 영향도 함께 강조한다. 브론펜브레너는 생태학적 모델을 통하여 특정한 시점에서 성장하는 유기체와 변화하는 물리적/사회적 환경과의 상호작용을 규명하려고 하였다.

생태학적 모델에서 개인의 생태학적 환경은 미세체계, 중간체계, 외부체계 및 거대체계로 구분되며 이 네 개의 체계들은 서로 상호작용한다. 영아의 경우에는 인접한 미세체계만이 중요하지만, 확대된 시간 개념과 형식적 조작능력을 획득하기 시작하는 청년기 동안에는 외부체계와 거대체계들이 점점 더 중요해진다.

1) 미세체계

미세체계(microsystem)는 그림 2-4의 가운데에 위치하는 가족, 학교, 교회 그리고 친구와 같이 개인에게 직접적으로 영향을 주는 근접 환경들이다. 물론 개인의 성장과 함께 미세체계도 변화하지만, 청년기에 중요한 미세체계는 가족보다는 오히려 동년배 집단이다. 청년기 동안 동년배 미세체계는 사회적 지위와 인기 그리고 동년배에 의한 수용의 차원에서 개인에게 강력한 사회적 보상을 제공한다. 물론 동년배 체계는 흡연과 음주, 마약, 폭력 및 성행동과 같은 행동을 강화함으로써 부정적 영향을 초래하기도 한다.

2) 중간체계

중간체계(mesosystem)는 미세체계들의 연결망으로 그림 속에 화살표로 표시되어 있다. 중간체계가 허약하면, 즉 미세체계들 사이의 연결이 제대로 이루어지지 못하면 부모는 자녀의 친구가 누구이고 자녀를 가르치는 교사가 어떤 사람인

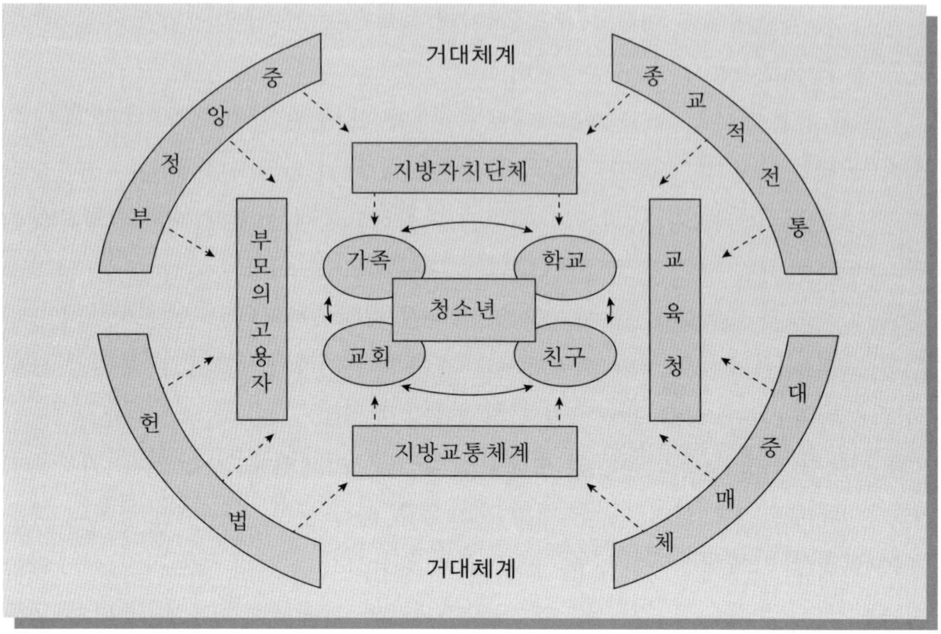

그림 2-4 Bronfenbrenner의 생태학적 모델
출처: Muuss, 1996.

지를 알지 못하며, 학업성적에 대해서도 관심을 보이지 않는다. 또한 가정과 학교 혹은 동년배들이 서로 다른 가치관을 가지고 있을 때도 미세체계들 사이의 연결이 잘 이루어지 못한다.

그 예로서 부모와 학교는 음주나 흡연 혹은 약물사용을 금하지만 동년배 집단이 그것들의 사용을 강화할 때, 청소년들은 동년배의 일탈행동에 쉽게 기담할 수 있으므로 잠재적 위험 상태에 처한다. 미세체계들 사이의 가치관 충돌은 개인 내에서 스트레스를 유발함은 물론 개인간에도 갈등을 초래한다.

3) 외부체계

외부체계(exosystem)는 개인이 직접적으로 참여하지는 않지만 개인에게 영향을 주는 환경 요소들로서 그림 2-4에 그려진 지방자치단체, 부모의 고용자, 교육청 및 교통체계들이 여기에 해당한다. 청소년들은 외부체계의 의사결정에 직접적으로 참여하지는 못하지만, 이 체계에서 이루어지는 의사결정은 청소년들의 삶에 직 · 간접적 영향을 준다.

그러므로 외부체계는 미세체계와 중간체계의 질을 풍부하게 하거나 보잘것없게 할 수 있다. 그 예로서 중요한 외부체계인 교육청의 학교 정책에 따라 교육 방식과 과외 활동 및 지역 사회의 도서관 개방 시간까지도 변화될 수 있다. 또한 부모의 직업이나 작업 조건들은 부모가 어디에서 언제 일하고, 얼마나 많은 돈을 벌며, 언제 휴가를 가질 것인지를 결정하기 때문에 청소년들의 생활 환경은 물론 그들의 사회화 방식에도 영향을 줄 수 있다. 더욱이 부모의 실직이나 장기적 빈곤과 같은 외부체계의 영향은 청소년에 대한 학대나 무시를 초래할 수 있으므로 청소년들은 외부체계로부터 영향을 받지 않을 수 없다.

4) 거대체계

거대체계(macrosystem)는 개인에게 직접적으로 영향을 주지는 않지만, 외부체계에 영향을 주고 그것은 다시 중간체계와 미세체계에 영향을 주기 때문에 중요시된다. 거대체계란 개인이 소속한 문화와 하위문화로서 정치적, 사회적, 법적, 경제적, 교육적 혹은 종교적 체계를 통하여 개인에게 간접적으로 영향을 주는 사회적 청사진에 해당한다.

거대체계의 가치들은 사회적 관습으로 표현되고 법적, 경제적 지표를 통하여 청소년들이 누구인지를 결정한다. 거대체계에 의해 흡연에 대한 규제가 강화되고 AIDS와 임신의 예방을 위해 콘돔 사용이 강조되기도 한다. 또한 거대체계는 외모와 날씬함에 대한 기준을 제공함으로써 신경성 식욕부진증과 같은 섭식 관련 장애를 부추긴다. 특히 산업화와 도시화, 민주화, 평등적 법률 제정 및 여성해방운동과 같은 사회적 사건들은 거대체계에서의 변화를 주도한다.

3. 리차드 러너

리차드 러너(Richard M. Lerner)가 제안한 발달적 맥락주의(developmental contextualism)는 성장하는 개인과 그 개인이 살고 있는 생태학적 맥락 사이의 상호작용을 중요시하는 포괄적이고 종합적인 발달이론이다.

Richard M. Lerner(1946-)

발달적 맥락주의는 인간발달에 미치는 본성이나 유전의 영향을 옹호하지도 않고 그렇다고 해서 양육의 영향을 강조하지도 않는다. 그것은 단지 유기체와 맥락 사이의 역동적 상호작용만을 중요시하며 다음과 같은 세 가지 흐름을 반영한다.

첫째, 생물학적 과정과 심리적 과정 및 사회적 과정 사이의 양방향적, 상호적 혹은 역동적 상호작용이 개인의 발달을 가능하게 한다는 비교심리학자(comparative psychologist)들의 주장을 수용한다. 비교심리학에서는 심리사회적 환경과 관계없이 생물학적 변화가 일어날 수 있다는 성숙의 개념을 거부한다.

둘째, 인간발달의 전생애적 견해를 수용한다. 이 책에서는 청년기 발달을 설명하기 위하여 발달적 맥락주의를 활용하지만 발달적 맥락주의는 청년기에 국한되지 않는 전생애 발달이론이다.

셋째, 발달하는 개인과 그들이 생활하는 다양한 맥락인 미세체계, 중간체계, 외부체계 및 거대체계들 사이의 상호관계를 중요시하는 브론펜브레너의 생태학적 모델을 수용하고 확장한다.

발달적 맥락주의를 이해하기 위해서는 러너가 중요시한 맥락, 역동적 상호작용주의 및 적합도의 개념을 이해해야만 한다.

1) 맥 락

발달적 맥락주의에서 맥락(context)이란 발달에 영향을 미치는 다양한 변인들의 상호작용 체계이다. 맥락은 환경이나 상황보다 더 포괄적인 개념으로 다음과 같은 네 가지 의미를 지닌다.

① 물리적 환경이나 상황을 포함한다.

② 개인 생활의 일부이면서 개인에게 영향을 주는 동시에 개인에 의해 영향

을 받는 사회적 요소들이 포함된다. 가족, 동년배, 데이트 파트너, 교사 및 그 외의 다른 유의미한 사람들이 여기에 해당한다.

③ 발달하는 개인들은 맥락의 일부인 동시에 그들의 행동과 외모 혹은 언어적 표현을 통하여 그들이 살고 있는 맥락을 변화시킨다.

④ 맥락은 시간의 함수로서 변화한다. 사람들은 연령 증가와 함께 변화하고 새로운 기술은 계속 개발되며 경제 상황도 변한다. 그 밖에 부모의 이혼과 재혼 등 맥락을 형성하는 모든 조건들은 변할 수 있다.

그러므로 매일의 일상적인 사건들 즉 부모의 말다툼이나 시험에 실패하는 것, 사랑에 빠지거나 실연당하는 것 모두 맥락을 구성하는 요인들이다. 동시에 맥락은 시간의 함수로서 변화하기 때문에 그것은 발달하는 개인에게 매 시기마다 각기 다른 의미를 부여한다. 이와 같이 발달적 맥락주의는 물리적 환경과 사회적 체계가 서로 상호작용하고 양자의 상호작용은 개인에게 영향을 주며 또한 개인에 의해 영향을 받는 동시에 이 모두는 시간에 따라 변화하는 변증법적 과정으로 이해될 수 있다.

따라서 기존의 발달이론에서 중요시되는 일반적인 발달 규칙, 특정한 발달 단계나 발달과업 혹은 발달의 이정표는 무의미해진다. 발달적 맥락주의에서 중요한 것은 '모든 것은 맥락에 의존한다'는 맥락적 상대주의(contextual relativism)이기 때문에 발달의 결과는 본질적으로 확률적이다. 그러므로 구체적인 청년기 문제들도 보편적인 발달이론에 의해 설명될 수 있는 것이 아니며 단지 맥락적 변인들에 의해서만 설명되고 해석될 수 있을 뿐이다.

2) 역동적 상호작용주의

러너는 유기체와 그들의 특성 및 사회적, 물리적 환경의 다양한 요소들 사이의 역동적 상호작용주의(dynamic interactionism)를 중요시하였다. 그것은 발달의 필수 요소인 동시에 맥락주의의 핵심적 개념이다.

역동적 상호작용주의는 생물학적-유전적 경향성을 지닌 유기체를 사회문화적 맥락 속에 삽입되어져 있는 존재로 개념화한다. 따라서 생물학적 혹은 유기체적 변인들은 맥락적 변인들에 영향을 주고 또한 맥락적 변인들에 의해 영향을 받는다고 가정된다. 어떤 유기체도 타인으로부터 완전히 독립적일 수는 없으므로 러너는 개인의 발달을 사회적 상호작용 현상으로 설명하였다.

한 예로서 가정에서의 아동의 기분이나 태도 혹은 행동은 학교에서의 수행에 의해 영향을 받고, 그것은 아동과 부모의 상호작용의 질을 변화시킬 것이다. 그에 따라 부모는 아동이 자유롭게 놀고 탐색하며, 사회적 기술을 발달시킬 수 있는 기회를 촉진시키거나 제한할 것이다. 이와 같이 학교와 가족간의 영향은 본질적으로 양방향적이며 상호 의존적 맥락 내에 존재한다. 마찬가지로 청년기 동안의 동년배 집단의 기대와 부모-청소년 관계, 대중매체 및 일반적인 사회문화적 규준 모두가 청년기의 영향을 매개하고 개인의 행동과 발달을 수정하는 역할을 한다.

3) 적합도 모델

적합도 모델(goodness-of-fit model)은 러너(Lerner, 1995, 2002)의 발달적 맥락주의에서 또 다른 중요한 개념이다. 적합도에 의해 개인의 발달과 적응을 증가시키거나 성장과 안녕을 손상시키는 상황들이 확인될 수 있다. 적합도 모델에 의하면, 상호작용 결과는 대부분 개인과 맥락 사이의 일치나 조화에 의존하기 때문에, 발달 결과가 적응적인지 아닌지는 결코 개인의 특성만의 문제가 아니다.

청소년의 기질과 성격이 사회적 맥락과 일치하거나 사회적 맥락과 좋은 적합을 구성한다면 적응적, 건설적 발달이 이루어질 것이다. 그러나 만약 청소년의 특성과 맥락이 일치하지 않거나 조화를 이루지 못하면 개인의 발달은 물론 사회적 관계까지 손상될 것이다. 그러므로 특정한 시점에서 적응적 발달을 이룰 수 있는 요인은 개인의 속성 자체도 아니고 상황적 요구 그 자체도 물론 아니다. 청소년의 속성과 그들의 가정, 동년배 집단 그리고 학교 맥락 사이의 적합도나 조화 정도가 적응적 발달을 결정한다.

요약하면, 유기체가 맥락과 조화를 이룬다면 맥락으로부터 지원적 혹은 긍정적 피드백을 받을 수 있고 적응적 발달을 이룰 수 있을 것이나, 개인적 특성과 하나 이상의 상황적 특성들이 부조화하는 사람들은 부적응적 결과를 초래할 것이다. 그러므로 청년기의 갈등이나 어려움은 유기체가 변화하는 맥락과 얼마나 조화를 이룰 수 있는지에 달려 있다.

그림 2-5는 청년기 발달에 대한 러너의 역동적 상호작용 모델을 그림으로 제시한다. 외곽의 세 개의 원들은 더 큰 사회문화적 환경을 의미한다. 브론펜브레너의 거대체계와 유사한 이 원들은 인위적으로 설계된 환경이나 자연 환경, 문화, 사회 그리고 지역 사회의 내림차순으로 구성되어 있다. 또한 왼편에서 오른편으

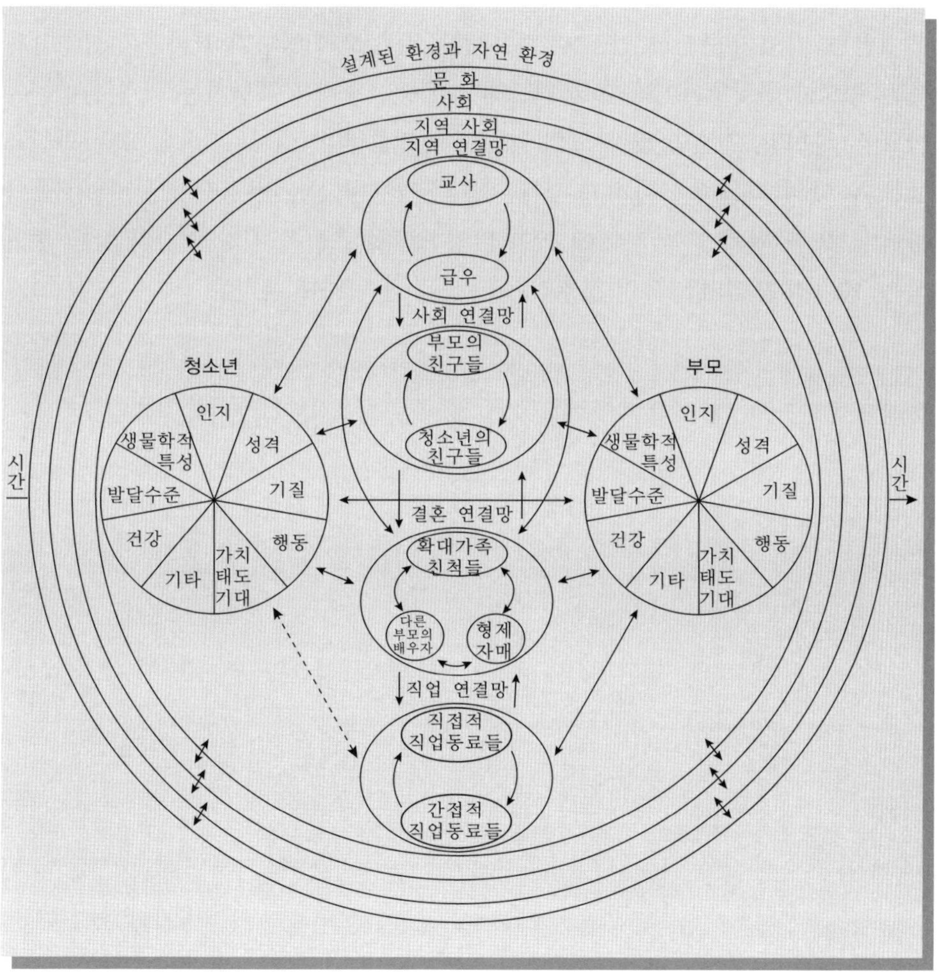

그림 2-5 청년기 발달에 관한 Lerner의 역동적 상호작용 모델

출처: Lerner, 1995.

로 움직이는 화살표는 시간에 따른 변화를 상징한다.

큰 원 속의 작은 원 중에서 왼편에 위치하는 원은 청소년을 나타내고 오른편에 있는 원은 부모를 나타낸다. 두 개의 원의 안쪽 부분에는 다양한 개인적 특성들이 포함되어 있다. 청년기 자녀와 부모가 갖는 특성들의 상호작용을 바탕으로 적합이나 부적합이 생성될 것이고 장기적으로 상이한 발달이 이루어질 것이다. 러너는 이 특성들의 상호작용적 본질을 이해해야만 청년기 개인을 이해할 수 있다고 강조하였다.

한편, 그림의 중앙에 있는 더 작은 원들은 부모와 청년기 자녀들이 상호작용하는 중요한 연결망들이다. 브론펜브레너의 중간체계에 해당하는 이 연결망들은 학교망, 사회망, 결혼망 및 부모의 직업망을 포함한다. 이 그림 속의 모든 화살표들은 두 개의 화살촉을 가지고 있어 서로의 영향이 상호적이고 양방향적임을 나타낸다. 또한 원의 안과 사이에 있는 다양한 화살표들은 시간 경과와 함께 변화하는, 맥락적 모델의 역동적 상호작용 특성을 잘 나타내 준다.

02부

청년기의 특징적 변화

Adolescent Psychology

02부 | 청년기의 특징적 변화

청년기는 여러 가지 변화가 일어나는 시기이다. 변화는 곧 발달인 동시에 이 시기의 개인들에게 적응문제를 일으키는 어려움이자 도전이기도 한다.

제 2 부는 청년기 동안의 변화를 설명하는 다섯 개의 장을 포함한다.

제 3 장에서는 신체변화와 성적 발달
제 4 장에서는 지적 · 인지적 변화
제 5 장에서는 자기이해의 발달과 정체감 탐색
제 6 장에서는 가치관의 확립: 도덕성 발달과 정치적 및 종교적 가치관의 발달 그리고
제 7 장에서는 정서, 성격 및 대처양식의 변화를 차례로 고찰한다.

제 2 부를 통하여 청년기 동안의 다양한 변화들의 특징과 양상을 이해하고 어떤 방향의 변화가 이루어져야 하는지에 관한 통찰을 얻을 수 있을 것이다.

03장 신체변화와 성적 발달

Ⅰ. 사춘기
  1. 내분비체계의 변화
  2. 내분비체계 외에 사춘기 변화에 영향을 주는 요인
Ⅱ. 성장급등
  1. 신장과 체중의 변화
    1) 신장의 증가
    2) 체중의 증가
  2. 신체 다른 부위의 변화
  3. 성장의 가속화와 초경연령
    1) 초경연령의 저하
    2) 한국 소녀의 초경연령 변화
    3) 초경가설
Ⅲ. 청년기의 성적 변화
  1. 사춘기의 호르몬 변화
  2. 남성의 성적 성숙
  3. 여성의 성적 성숙
  4. 성욕의 발달
Ⅳ. 신체성장의 영향
  1. 신체변화에 따른 심리적 변화
  2. 사춘기의 호르몬 변화와 청소년의 행동
  3. 외모와 체중이상
    1) 외 모
    2) 체중이상
  4. 조숙과 만숙
    1) 소년의 조숙과 만숙
    2) 소녀의 조숙과 만숙

Adolescent Psychology

제3장 신체변화와 성적 발달

청년기 동안 아동의 신체는 성인의 모습으로 변화하고 남녀의 신체적 및 성적 차이가 확립된다. 이 시기의 모든 청소년들은 예외 없이 신체적 변화와 성적 발달을 경험함으로써 성인의 생식능력을 획득한다. 생물학적으로 청년기는 사춘기에서 시작된다. 이 장에서는 먼저 사춘기가 무엇인지를 설명하고 청년기 동안 이루어지는 생리적, 신체적 그리고 성적 변화를 고찰하며 그것들이 청년기의 심리적 및 사회적 발달에 주는 영향을 설명한다.

I. 사 춘 기

사춘기(puberty)란 라틴어의 "성인"이라는 의미의 pubertas에서 유래한 말로서 생식능력을 획득할 수 있도록 일련의 생물학적 변화가 일어나는 시기라는 뜻이다. 보다 더 광범위한 의미로는 아동기에서 성인기로 성장하는 모든 소년소녀들이 경험하는 신체적 변화의 시기로서 약 9세부터 16세 사이에 일어난다.

구체적으로 사춘기는 다음과 같은 다섯 가지의 신체 변화를 포함한다. 물론 모든 변화들은 내분비선과 중추신경계의 발달 결과로서 사춘기의 특징적인 외부적 징후가 나타나기 이전부터 시작된다.

① 신장과 체중에서 극적인 증가를 가져오는 급속한 성장 가속화

② 남성의 고환과 여성의 난소 발달을 포함하는 1차적인 성특징의 발달

③ 유방에서의 변화와 음모, 체모, 수염 및 후속적인 성기관의 발달로 특징되는 2차적 성특징의 발달

④ 지방과 근육의 양이나 배치의 변화에 기인한 신체구성의 변화

⑤ 운동능력과 지구력의 증가를 가져오는 호흡기와 순환기에서의 변화

사춘기 시작시기는 인간의 유전자 속에 프로그램화되어 있고 그것이 내분비체계에 변화를 일으켜 사춘기 시작을 신호할 것으로 생각되지만, 개인적 특성이나 환경적 요인들도 사춘기 시작시기에 영향을 줄 수 있다(van den Berg & Boomsa, 2007).

1. 내분비체계의 변화

내분비체계(endocrine system)는 여러 가지 호르몬(hormones)을 생산하고 순환하고 그리고 조절하는 역할을 하며, 뇌의 시상하부(hypothalamus)로부터 특정한 호르몬의 수준을 증가시키거나 감소시키라는 명령을 받는다. 이 체계는 온도조절 장치와 같아서 어떤 호르몬 수준이 적정 수준 이하로 감소하면 호르몬의 분비를 증가시키고, 호르몬 수준이 적정 수준에 도달하면 분비는 일시적으로 멈춘다. 이처럼 환경 조건이나 내부 신체 조건에 따라 특정한 호르몬은 분비되거나 분비를 멈추거나 한다.

호르몬 분비의 피드백 체계는 사춘기가 시작될 때 특히 중요한 역할을 하지만, 피드백 체계의 구성은 사춘기가 시작되기 훨씬 이전인 영아기 동안 이루어진다. 그림 3-1에 제시된 바와같이 시상하부–뇌하수체–생식선–안드로겐과 에스트로겐으로 구성되는 피드백 체계에 의해 사춘기 동안 생식선 호르몬의 분비가 이루어진다. 여기서 시상하부는 뇌하수체(pituitary gland)를 통제하는 뇌영역이고, 뇌하수체는 일반적인 호르몬 수준을 통제하는 역할을 한다. 또한 생식선(gonads 혹은 sex glands)은 남성의 고환과 여성의 난소를 의미하고 남성 호르몬인 안드로

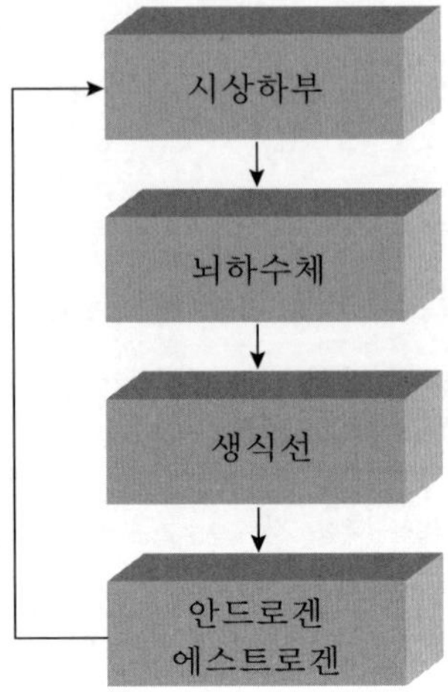

그림 3-1 생식선 호르몬의 피드백 체계

겐(androgen)과 여성 호르몬인 에스트로겐(estrogen)을 방출한다.

안드로겐과 에스트로겐은 각기 남성 및 여성 호르몬임에도 불구하고, 남녀 모두 출생시부터 이미 이 두 가지 유형의 호르몬을 가지고 있다. 그러나 청년기 동안 보통의 남성은 에스트로겐보다는 안드로겐을 더 많이 분비하고, 보통의 여성은 안드로겐보다 에스트로겐을 더 많이 분비한다. 그림 3-2는 안드로겐과 에스트로겐 분비의 연령에 따른 변화를 보여 준다. 사춘기 직전부터 남성에게는 안드로겐이 그리고 여성에게는 에스트로겐이 극적으로 증가하기 시작한다는 것을 알 수 있다.

뇌는 청년기가 시작되기 이전에 사춘기가 오는 것을 억제한다(Brooks-Gunn & Reiter, 1990). 영아기 동안에는 매우 낮은 수준의 성호르몬이 유지되도록 성호르몬 수준이 고정되어 있었으나 사춘기에 이르면 이 피드백 체계에 변화가 일어난다. 이제 시상하부는 성호르몬에 대한 민감성을 잃게 되며 점점 더 높은 수준의 호르몬을 분비하도록 뇌하수체에 명령한다. 성호르몬에 대한 민감성 감소는 사춘기 시작을 신호하는 주된 메커니즘이기는 하지만, 시상하부가 왜 민감성에서 변화를 일으키는지는 알려져 있지 않다.

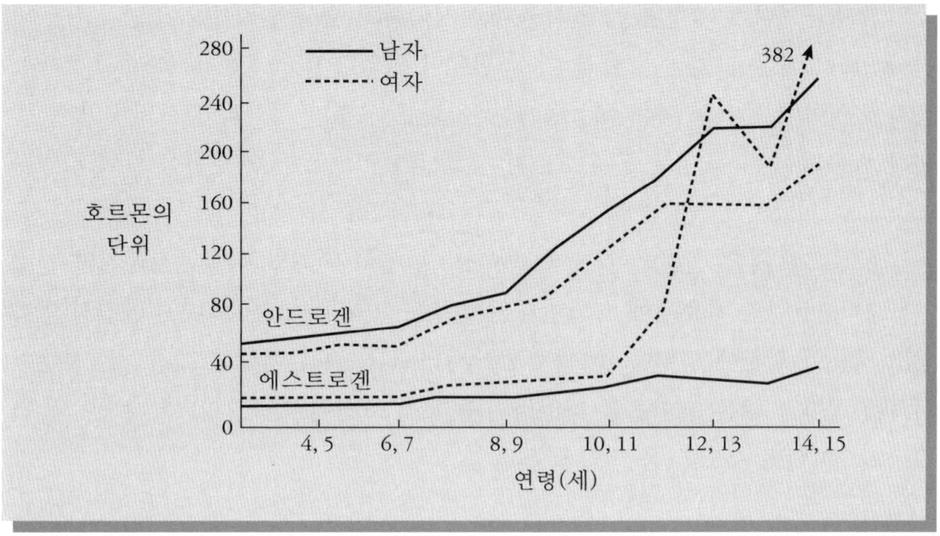

그림 3-2 성호르몬의 분비(소변검사로 확인할 수 있다)
출처: Petersen & Taylor, 1980.

2. 내분비체계 외에 사춘기 변화에 영향을 주는 요인

내분비체계에서의 변화 외에도 사춘기 시작과 관련된 요인들은 많이 있다. 우선 체중은 사춘기에 도달하기 위한 중요한 요건으로 일정 수준의 체중에 도달해야만 사춘기가 시작될 수 있다. 따라서 체중이 무거우면 더 일찍 사춘기에 도달하므로 체중은 사춘기를 시작하게 하는 중요한 요인이다(Dunger, Ahmed, & Ong, 2006).

렙틴(leptin: 지방조직을 만드는 단백질)의 농도 또한 사춘기의 시작과 관련이 있으며, 그것은 소녀의 지방 양 및 소년의 안드로겐의 양과 밀접하게 연결되어 있다(Cervero 등, 2006). 생리적으로 렙틴 양에서의 증가는 생식이 가능할 정도의 적절한 지방을 저장하고 있음을 의미하기 때문에 렙틴 수준에서의 변화는 사춘기 시작을 의미하는 것으로 생각될 수 있으나, 과연 그것이 사춘기 시작을 위한 충분조건인지는 분명하지 않다.

출생시 저체중과 영아기 동안의 체중 증가의 속도 모두 사춘기 시작시기와 관련이 있다는 연구도 있다. 그 예로서 출생시에 저체중이었던 소녀들이 정상체

중의 소녀들보다 5-10개월 일찍 사춘기를 시작하고 출생시 저체중 소년들은 청년기 동안 더 작은 크기의 고환을 가질 위험이 있었다(Ibanez & de Zegher, 2006). 동시에 영아기 동안의 빠른 체중증가는 더 이른 사춘기 시작과 관련되어 있어 출생시 체중과 체중 증가 속도는 사춘기 시작시기를 신호할 수 있음을 보여 주었다(Dunger, Ahmed, & Ong, 2006).

흥미로운 것은 선진국이나 대도시 청소년들이 저개발국가나 시골지역 청소년들보다 더 일찍 사춘기에 도달한다는 연구도 있어(Graham, 2005), 환경적 영향 역시 사춘기 시작에 영향을 준다는 것을 나타낸다. 결국 이러한 결과들은 사춘기 시작에 영향을 주는 요인들은 다양하며 환경적 조건에 의해 사춘기 시작이 촉진될 수도, 지연될 수도 있음을 말해준다.

Ⅱ. 성장급등

사춘기 동안의 키와 몸무게에서의 급속한 증가는 성적 성숙이 시작되기 이전에 일어나고 생식 능력이 획득된 사춘기 이후까지 계속된다. 일반적으로 사춘기 동안 일어나는 성장급등(growth spurt)은 소녀에서는 10-11세, 소년에서는 12-13세경에 일어나며, 소녀들의 성장이 소년들의 성장보다 평균 2년 정도 앞선다.

그러나 여기에 제시된 연령은 어디까지나 통계적 연령일 뿐, 청소년들에게 나타나는 다양한 개인차를 반영하지 못한다. 그 예로서 그림 3-3에 제시한 바와 같이, 동일한 $12\frac{3}{4}$세의 소녀와 $14\frac{3}{4}$세의 소년이라고 할지라도 신체발달의 정도에서 큰 차이를 보이므로 연령만으로 개인의 성숙 정도를 판단하는 것은 바람직하지 못하다.

1. 신장과 체중의 변화

신장과 체중에서의 성장급등은 내분비선에서 분비되는 호르몬의 증가로부터 시작된다. 사춘기의 성장과 관련되는 내분비선은 뇌하수체와 생식선이며, 내

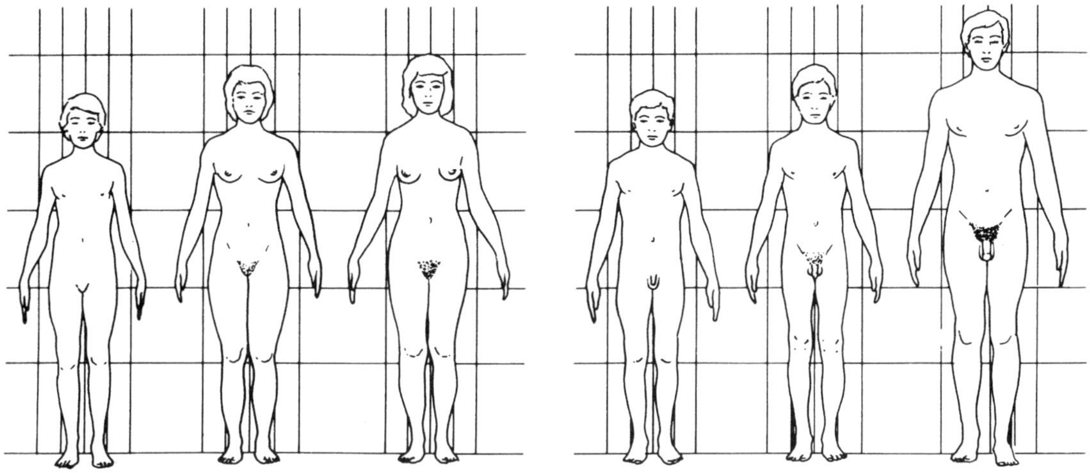

그림 3-3 신체발달의 개인차

3명의 소녀($12\frac{3}{4}$)와 소년($14\frac{3}{4}$)들은 서로 동일한 연령임에도 불구하고, 사춘기 발달에서 큰 개인차를 보인다.

분비선 자체도 청년기 동안 급격히 성장한다.

뇌하수체는 대뇌의 기저에 위치한 완두콩 크기의 구조물로서 주내분비선(master gland)이라고 불린다. 그 이유는 뇌하수체가 직접적으로 신체 변화를 일으키고 다른 내분비선의 기능에도 영향을 주기 때문이다. 그것은 신체의 발한(發汗) 수준은 물론, 신진대사, 신체 성장, 근육 강도 및 협응 능력에 영향을 준다. 뇌하수체에서 분비되는 호르몬 중 인간성장 호르몬(Human Growth Hormone: HGH)은 성장과 골격의 형성에 중요한 역할을 한다.

1) 신장의 증가

성장급등 현상은 먼저 키에서 나타나지만 신장과 체중의 증가는 성장급등 동안 서로 밀접하게 연결되어 있다. 일반적으로 체중 이상(과체중과 저체중)은 식이요법이나 운동과 같은 비생리적 요인과 관련되어 있으나, 신장의 이상(키의 증가 실패)은 호르몬의 결핍이나 불균형과 관련되기 때문에 더 중요한 의미를 지닌다.

소녀들이 소년들보다 약 2년 앞서 성장급등을 시작한다. 그림 3-4에 제시된

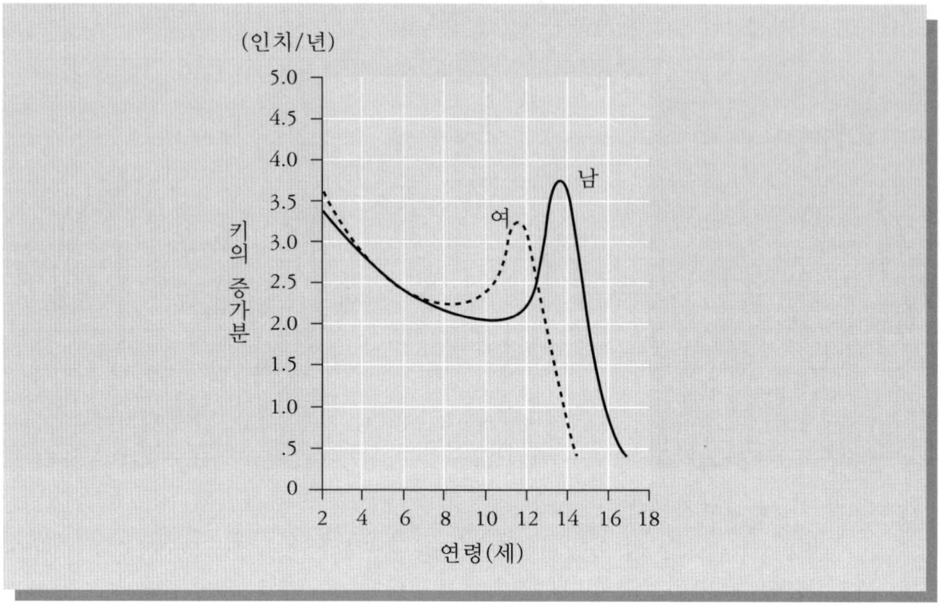

그림 3-4 키에서의 성장급등

출처: Santrock, 2008 참조.

바와 같이 소녀들은 평균 약 9세에 그리고 소년들은 약 11세에 성장급등을 시작하고 소녀들은 $11\frac{1}{2}$세 그리고 소년들은 $13\frac{1}{2}$세에 성장급등의 절정을 경험한다.

그렇다고 해서 사춘기 이전에 키가 작은 소년이나 소녀들이 키가 큰 동년배들보다 사춘기 동안 키가 더 커진다는 것은 아니다. 사춘기 이전에 동년배들보다 키가 컸던 청소년들은 사춘기 이후에도 여전히 키가 더 크고 사춘기 이전에 키가 작았던 청소년들은 사춘기 이후에도 여전히 키가 더 작다. 이와 같이 초등학교에서의 키로써 청년후기의 키를 효과적으로 예언할 수 있으나 약 30%의 청년들의 키는 초등학교에서의 키와 상관이 없었다(Santrock, 2008). 일반적으로 청년기 시작시에는 소녀들의 키가 소년들보다 더 크지만, 중학교를 졸업할 무렵에 이르면 대부분의 소년들은 소녀들보다 더 큰 키를 갖는다.

사춘기 동안 골격 구조의 구성에서도 변화가 일어난다. 뼈는 더 단단해지고 조밀해지며 부러지기도 더 쉬워진다. 사춘기 동안 뼈의 밀도가 증가하면 할수록 성인기에 골다공증을 앓거나 골절을 입을 가능성은 감소한다(Gilsanz 등, 1991).

신체를 구성하는 긴 뼈의 끝부분이 닫히면 키의 성장이 끝나게 되며, 이것은 사춘기가 끝났음을 신호하는 지표이기도 하다.

사춘기 동안 키의 증가는 다리보다는 몸통 부위에서 주로 일어난다. 신체 각 부위의 성장 순서는 매우 규칙적이므로 먼저 신체의 끝부분 — 머리, 손, 발의 성장 — 에서 가속화가 일어난다. 그 다음으로 팔과 다리 그리고 몸통과 어깨의 순으로 가속화가 진행된다.

2) 체중의 증가

체중에서의 성장급등도 키에서의 성장급등과 동일한 시간표를 따라 이루어지므로 소녀들은 약 12세에 그리고 소년들은 약 13-14세에 체중급등의 절정을 맞는다(Susman & Rogol, 2004). 청년초기 동안 소녀들의 체중이 소년들을 앞서지만, 키에서와 같이 약 14세경에 이르면 소년들이 소녀들의 체중을 앞서기 시작한다.

청년기 동안의 체중 증가는 뼈의 증가는 물론 근육과 지방의 증가 및 각종 신체 기관의 크기 증가에 기인한다. 사춘기 이전까지 근육 발달의 정도에서는 남녀 간에 차이가 없고 체지방에서만 약간의 차이가 있었으나, 사춘기 동안 남녀 청소년들은 근육과 지방 모두에서 현저한 차이를 나타내기 시작한다.

소년들은 소녀들보다 근육 조직에서 더 빠르게 성장하고 체지방에서는 소녀들의 증가량이 소년들을 앞선다. 청년기가 끝날 무렵에 이르면 소녀의 근육 대 지방의 비율은 5:4 정도인 반면, 소년의 비율은 3:1로서 차이를 보인다(Steinberg, 1999). 이 수치는 힘과 운동 능력에서의 성차가 왜 청년기 동안 처음으로 나타나는지를 이해할 수 있도록 한다.

체지방에서의 빠른 증가는 체중이 정상 범위 내에 있을 때조차도, 이 시기 대다수의 어린 소녀들이 체중에 관심을 갖도록 하고 불필요한 다이어트를 하도록 한다. 키에서와 동일하게 성인기의 체중 역시 사춘기의 시작 시기보다는 아동기의 체중과 더 높은 상관이 있어(St. George, Williams, & Silva, 1994), 성장의 가속화 현상은 개인의 최종적인 성인상이나 체격에 큰 영향을 미치지 못한다.

그림 3-5는 남녀의 신체 성숙 정도를 연령에 따라 그림으로 제시한 것이다.

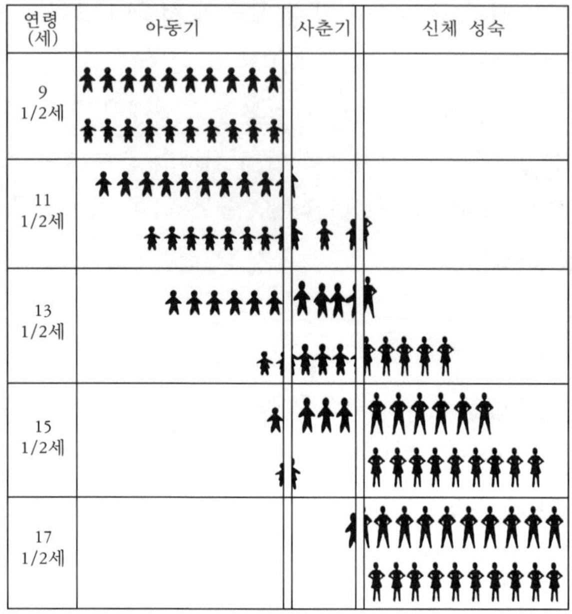

그림 3-5 연령에 따른 남녀의 대략적 신체성장

각 연령의 위에 있는 그림은 남자, 아래에 있는 그림은 여자를 의미한다. 신체 성장의 개인차는 물론 여성의 성장이 남성의 성장보다 2년 정도 앞선다는 것이 확인될 수 있다.

2. 신체 다른 부위의 변화

성장급등 현상은 청소년의 신장과 체중 이외의 다른 부위에서도 현저하게 나타난다. 이마는 더 넓어지고 높아지며 두개골은 어른다운 모습을 갖게 된다. 아래턱과 코가 길어지고 입은 커지며 입술은 도톰해진다.

소년의 근육조직과 소녀의 지방조직 비율의 증가는 소년들은 '모가 난' 외모를 그리고 소녀들은 '둥근' 외모를 갖게 한다. 생식선의 활동으로 소년들은 어깨가 넓어지고 소녀들은 골반 부위가 넓어짐으로써 전형적인 남성과 여성의 외모를 갖춘다. 그러나 비동시적 성장(asynchronous growth)의 결과로서, 팔과 다리에 비해 일시적으로 손과 발이 더 큰 불균형 상태가 초래된다.

청년기 동안에는 신체 외부에서의 변화와 함께 신체 내부에서도 현저한 변화가 일어난다. 청소년의 성장하는 신체를 유지하기 위하여 소화기관, 심장 및 폐의 크기가 증가하므로 유능한 소화와 호흡 그리고 순환이 가능해지며 신진대사가 원활해진다. 특히 소년들은 소녀들보다 심장과 허파의 크기와 용량이 더 많이 증가하므로 강한 힘과 운동 지구력을 나타내고 골격, 체중 및 신경조직에서 더 많은 증가를 이룬다.

사춘기가 끝날 무렵에 이르면 소년들은 더 높은 수축기 혈압과 더 낮은 안정기 심박률, 더 큰 산소 공급 능력 및 근운동에 기인한 화학적 부산물(예를 들면 젖산과 같은)을 중화하는 더 유능한 능력과 함께 더 많은 적혈구 세포를 갖는다. 이와 같은 우세한 체력을 바탕으로 소년들은 더 발달된 운동 능력을 지니고 다양한 운동경기에 참여함으로써 전신운동 기술에서 진보를 이룬다.

신체 능력에서의 성차는 상당 부분 남성 호르몬인 안드로겐에 기인한다. 남아의 안드로겐 수준은 태내기 동안 여아보다 더 높았고, 사춘기 동안에도 소녀보다 더 빠른 속도록 증가하기 때문에, 소년들은 더 강하고 더 큰 힘을 지닐 수 있다. 물론 연령증가와 함께 운동이나 다이어트와 같은 환경적 요인들도 신체 능력의 성차에 영향을 주기는 하지만, 안드로겐의 영향을 능가하지는 못한다(Smoll & Schutz, 1990).

사춘기 동안에는 뇌의 크기와 구조에서도 변화가 일어난다. 물론 뇌의 영역에 따라 성장급등이 일어나는 시기가 다르지만, 청년기 동안에도 뇌의 성장은 계속된다. 한때 우리는 성장급등이 특정한 사고 능력의 발달과 연관되어 있다고 생각하기도 하였고, 어떤 연구자들은 뇌가 충분하게 성숙되지 않았으므로 청년초기의 청소년들에게는 힘든 과제를 가르치지 않아야 한다고 주장하기도 하였으나 모두 잘못되었음이 확인되었다. 비록 중요한 지적 변화들이 청년기 동안 일어나고 있기는 하지만, 뇌의 크기나 구조에서 일어나는 변화와 개인의 지적 변화가 일 대 일의 대응관계를 이루지는 않는다(Keating, 1990).

청년기 하면 여드름이 생각날 정도로 청소년들은 피부 문제로 고민한다. 특히 여드름과 암내는 청소년을 고민하게 만드는 중요한 원인이다. 피부 피지선의 증가된 활동은 여드름을 돋아나게 하고, 겨드랑이, 유방, 생식기 및 항문 주위 한선의 확대는 땀을 많이 분비시킨다. 땀은 피부 박테리아의 작용에 의해 암내를 유발한다.

3. 성장의 가속화와 초경연령

1) 초경연령의 저하

현대의 청소년들은 과거의 청소년들과 비교하여, 더 큰 신장과 더 무거운 체중을 지니고 있고 더 어린 연령에서 성인 체격에 도달한다. 20세기 초기와 비교하여 현재의 청소년들은 평균 2년 정도 일찍 성장급등을 경험하며, 소녀의 초경연령도 현저하게 저하되었다. 그림 3-6은 미국을 포함한 서구의 여러 나라에서 지난 100년 동안 초경연령이 얼마나 저하되었는지를 잘 나타내 준다.

일반적으로 초경연령은 사회적, 경제적 그리고 문화적 배경이나 개인의 영양상태 혹은 신체조건 등의 여러 가지 요인들의 영향을 받을 뿐 아니라(Moisan,

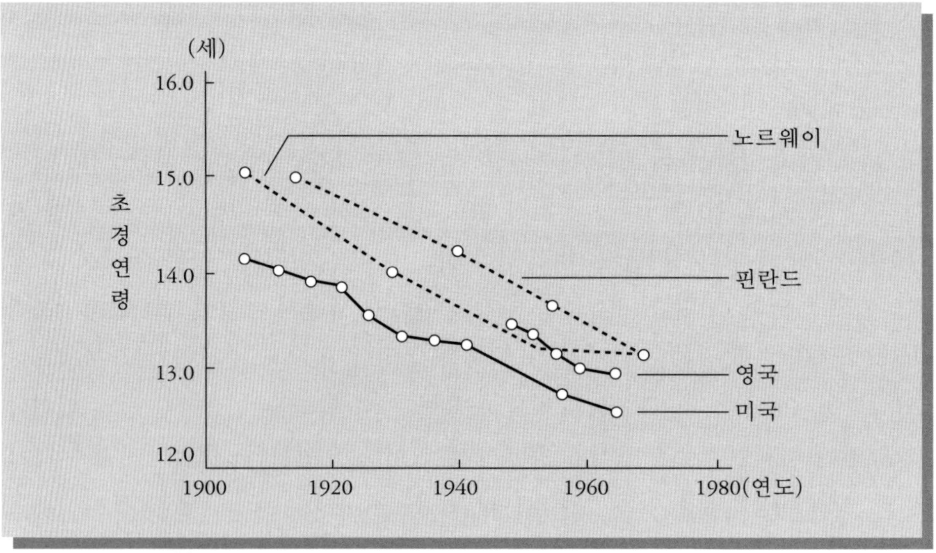

그림 3-6 초경연령의 변화

출처: Eveleth & Tanner, 1976.

Meyer, & Gingras, 1990) 동일한 국가 내에서도 세대간에, 지역간에 그리고 기후에 따라서도 차이가 있다(Albright 등, 1990). 그 결과 선진국일수록 그리고 영양 부족이나 만성적 질병의 가능성이 적은 나라들일수록 유의하게 낮은 초경연령을 보인다.

표 3-1은 신재철 등(1996)이 보고한 국가별 평균 초경연령을 제시한다. 이 표에 의하면, 선진국에서의 초경연령은 12.8세 전후이고, 특히 미국은 1970년대에 이미 이 연령수준에 도달했음을 알 수 있다. 연구자들은 적어도 선진국에서는

표 3-1 국가별 평균 초경연령(세)

국 가	연구연도	평균 초경연령
스페인	1991	12.7
미국	1976	12.8
스웨덴	1991	12.8
터키	1990	12.9
뉴질랜드	1994	12.9
인도네시아	1990	13.0
덴마크	1993	13.2
노르웨이	1995	13.2
인도	1990	13.2
남아프리카	1990	13.2
오만	1991	13.3
아이슬란드	1994	13.5
나이지리아	1990	13.5
스리랑카	1990	13.6
과테말라	1995	13.7
한국	1996	13.24

출처: 신재철 등, 1996.

1970년대 이후로 더 이상 초경연령이 저하되지 않았으며 환경 파괴 등의 영향에 의해 오히려 초경연령이 높아지는 추세에 있다고 보고한다(Dann & Roberts, 1993). 따라서 12.6-12.8세가 초경연령의 역치로 인식된다.

2) 한국 소녀의 초경연령 변화

한국 10대 소녀의 초경연령은 9세부터 18세까지 분포하며 평균 초경연령은 13.2세이다(신재철 등, 1996). 이러한 결과는 1977년도에 20대 여성을 대상으로 실시한 조사연구(구병삼, 1977)와 비교했을 때, 평균 1.53세 저하된 것이다. 신재철 등의 연구에서 청소년들의 평균 초경연령은 연령에 따라 큰 차이를 보인다. 즉 중학생들의 평균 초경연령은 12.96세이고 고등학생들은 13.28세로서 연령이 어릴수록 초경연령이 더 낮아지고 있어, 한국 청소년들의 평균 초경연령은 계속해서 낮아지고 있음을 알 수 있다.

그림 3-7은 신재철 등이 제시한 출생동시집단별 초경연령을 제시한다. 1920년대에 출생한 여성들의 평균 초경연령은 16.07세, 1930년대 16.0세, 1940년대

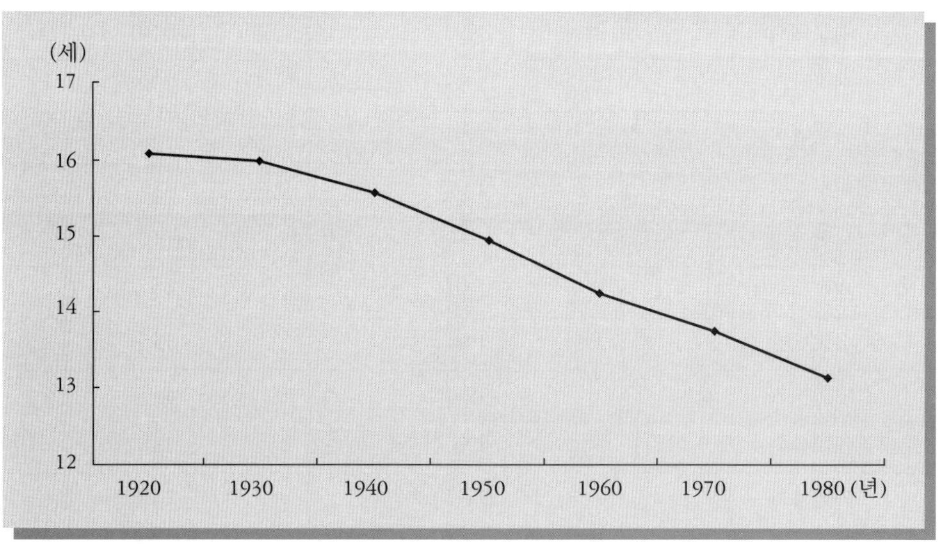

그림 3-7 출생연대에 따른 한국 여성의 초경연령 변화
출처: 신재철 등, 1996.

15.44세, 1950년대 14.97세, 1960년대 14.4세, 1970년대 13.85세이다. 또한 1980년대에 출생한 여성의 평균 초경연령은 13.24세로서 1930년생에 비하여 2.76세 빨라졌다. 즉 50년간의 기간에 걸쳐 매 10년마다 초경연령은 평균 6.6개월 낮아졌으며 이러한 추세는 아직도 계속되고 있다.

초경 시작과 같은 개인의 신체 발달은 개인의 유전적 잠재성을 바탕으로 이루어지지만, 신체 발달의 속도와 크기는 환경 조건에 따라 달라질 수 있다. 가난이나 영양부족 혹은 질병은 유전적으로 계획된 신체 발달의 속도를 지연시키며 성장을 지체시키는 중요한 원인이다. 따라서 성장 가속화 현상은 개선된 영양과 위생 및 건강에 대한 관심의 증대에 그 원인이 있다.

3) 초경가설

초경 경험의 결정적 시기에 관한 다음과 같은 몇 가지 가설들이 존재한다.

① 프리쉬와 레벨레의 결정적 체중가설

프리쉬와 레벨레(Frisch & Revelle, 1970)는 초경연령과 평균 체중 사이에 높은 상관이 있다고 주장하였다. 그 증거로서 홍콩의 부유한 가정의 소녀들은 평균 12.5세에 초경을 경험한 반면, 가난한 가정의 소녀들은 13.3세에 초경을 경험하였고 미국, 튀니스(Tunis), 이라크, 남아프리카 등에서도 동일한 경향을 나타내었다. 또한 살찐 아동들이 평균체중의 아동보다 1년 정도 일찍 사춘기에 도달하며 심각한 체중손실을 가져오는 신경성 식욕부진증(anorexia nervosa)이 월경의 중지를 가져온다는 사실은 체중과 초경과의 상관을 보여 주는 좋은 예들이다(Fujii & Demura, 2003).

이러한 결과는 영양 섭취와 위생 조건이 초경연령과 상관이 있음을 의미함으로써 프리쉬와 레벨레의 결정적 체중가설을 뒷받침한다. 프리쉬와 레벨레는 소녀의 체중이 45kg에 도달하면 신진대사 과정이 생리적 변화를 시작하기 때문에, 45kg이 성적으로 성숙되기 위한 결정적 체중이라고 주장하였다.

그러나 체중 자체보다는 체중의 약 17%가 지방조직으로 구성될 때 초경 시작의 결정적 시기에 도달하므로 지방조직의 비율이 더 중요하다고 주장하는 사람도 있다(Klein & Litt, 1981). 또한 체중보다 신장이 초경 연령과 더 높은 상관을 갖는다고 주장하는 사람들도 있지만(St. George, Williams, & Silva, 1994), 신재철 등(1996)은 신장과 체중 모두 초경연령과 관계가 있고, 특히 체중이 초경연령에 더 큰 영향을 준다고 보고하였다.

② 아담스의 자극-스트레스 요인설

아담스(J. Adams, 1981)는 자극-스트레스 요인(stimulation-stress factor)으로 초경연령의 저하를 설명하였다. 아담스에 의하면, 감각기관을 통하여 유입되는 자극과 긴장의 증가로 소녀의 초경연령이 낮아진다는 것이다.

지난 100년 동안 세계는 점점 더 복잡해지고 급속한 변화를 경험하고 있으며, 청소년들이 경험하는 자극과 스트레스의 양도 급속도로 증가하였다. 아담스는 그의 주장의 근거로서, 전세계의 어느 지역에서나 도시에 거주하는 소녀들이 시골지역 소녀들보다 더 일찍 초경을 경험한다고 지적하였다. 또한 그는 장녀보다는 차녀가, 차녀보다는 막내가 더 어린 연령에서 초경을 경험한다고 주장하고 그 이유는 형제자매들로부터 더 많은 자극과 긴장을 경험하기 때문이라고 설명하였다.

③ 가족갈등 가설

가족간의 갈등이나 가난 혹은 가정 내의 문제로 아동이 지각하는 스트레스가 클수록 초경이 빠르다. 3세부터 시작하여 16세까지의 아동과 청소년들을 대상으로 수행된 종단연구(Moffitt 등, 1992)에서 아버지가 부재하고 가족간의 갈등이 큰 가정의 소녀들이 더 일찍 초경을 경험하였다. 갈등이 많은 가정의 소녀들은 빨리 성장하여 일찍 가정을 떠나고 싶은 욕구를 지니고 있기 때문에, 더 일찍 초경을 경험한다. 신재철 등(1996)도 부모가 없거나 이혼한 경우 또는 가정불화가 있을 경우에 초경연령이 낮았고 특히 가정불화가 있는 경우에 평균 초경연령이 유의하게 낮다고 보고하였다.

Ⅲ. 청년기의 성적 변화

성장급등과 함께 2차적 성특징(secondary sex characteristics)들이 나타나기 시작한다. 2차적 성특징은 남녀의 체격 발달, 가슴 발육, 체모의 분포 및 음성 변화 등으로 남성과 여성을 구별짓는 특성일 뿐 생식에 필수적 요소는 아니다. 반면, 생식에 필수적 요소인 1차적 성특징(primary sex characteristics)들은 2차적 성특징들보다 조금 늦게 성숙하기 시작한다. 남성의 고환과 음경, 여성의 난소와 자궁 등은 대표적인 1차적 성특징들이다.

소녀의 초경과 소년의 사정은 성적 성숙의 지표인 동시에 사춘기의 실질적 시작으로 평가된다. 그러나 소녀들은 초경 후 보통 12-18개월 동안 불임상태에 있고, 소년들은 초기의 사정시에 정액을 방출할 뿐 정자를 포함하고 있지 않기 때문에 초경과 사정을 생식 능력의 지표로 사용하는 것은 바람직하지 못하다. 최초의 사정은 소녀의 초경만큼 분명한 사건은 아니며, 자위행위나 몽정(noctural emission, wet dream)을 통해 이루어진다.

1. 사춘기의 호르몬 변화

대뇌의 시상하부(hypothalamus)는 성적 성숙이 시작될 때, 바로 밑에 위치한 뇌하수체에 신호하여 사춘기 성장에 필요한 호르몬 분비를 활성화시킨다. 뇌하수체는 전엽, 중엽 및 후엽의 세 부분으로 구성되며, 각기 상이한 종류의 호르몬을 분비한다. 특히, 뇌하수체 전엽은 여섯 가지 종류의 호르몬을 분비하는 가장 다산(多産)의 구조물이다. 그림 3-8에 제시한 여섯 개의 호르몬 중 성장 호르몬, 여포자극 호르몬, 황체형성 호르몬은 사춘기의 성장에 필수적인 호르몬들이다.

그 중에서도 성장 호르몬(growth hormone: GH)은 여섯 개의 뇌하수체 전엽 호르몬 중 유일하게 신체 조직에 직접적으로 작용하는 호르몬으로서 일반적인 성장을 촉진시킨다. 시상하부의 명령에 의해 사춘기 직전에 활성화되며 성장급등을 일으킨다.

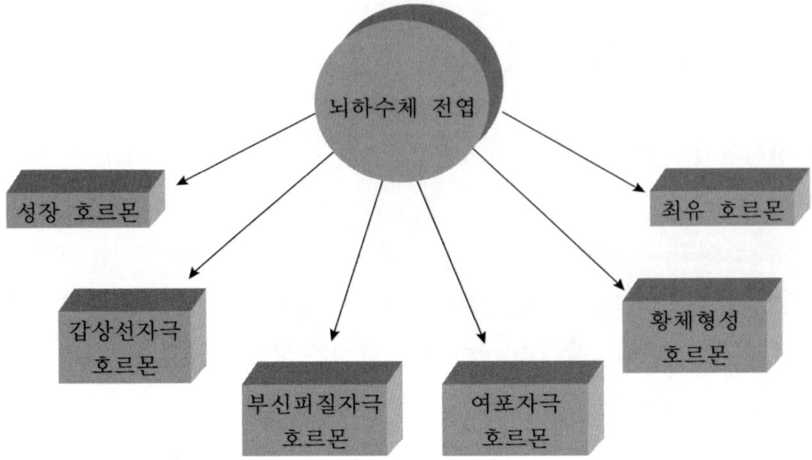

그림 3-8 뇌하수체 전엽 호르몬

여포자극 호르몬(follicle stimulating hormone: FSH)과 황체형성 호르몬(luteinizing hormone: LH)은 생식선자극 호르몬으로서 남녀의 생식선을 자극한다. 남성의 경우 FSH와 LH는 고환의 성장을 자극하고 남성 호르몬인 안드로겐(남성 호르몬의 총칭)을 생산하도록 한다. 특히 FSH는 정자의 성숙을 촉진시키는 역할을 하는 반면, LH는 고환 내의 세포들을 자극하여 가장 대표적인 남성 호르몬인 테스토스테론을 분비하게 한다.

여성의 경우 FSH와 LH는 난소의 활동을 자극하고 특히 FSH는 난소 내에서의 난자의 성숙을 촉진시킨다. 또한 LH는 두 개의 여성 호르몬(에스트로겐과 프로제스테론) 중의 하나인 에스트로겐이 난소로부터 분비되는 것을 촉진시킨다. 그러나 안드로겐과 에스트로겐의 수준은 앞에서 설명한 시상하부, 뇌하수체 그리고 생식선으로 구성되는 피드백 체계에 의해 조절된다.

2. 남성의 성적 성숙

남성의 성적 성숙은 남성 생식선인 고환의 성장으로 시작된다. 고환은 음낭 속에 들어 있는 두 개의 달걀 모양의 기관으로 신체 외부에 노출되어 있는 구조

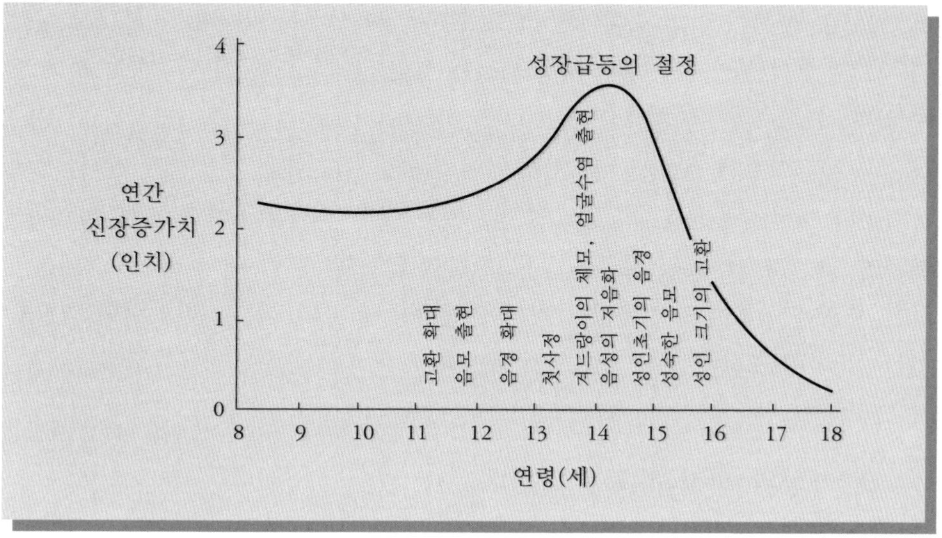

그림 3-9 사춘기 동안 소년의 신체변화 시기와 순서

물이다. 정자를 생성하는 세포들은 정상적 체온에서는 정자 생산이 불가능하므로 고환을 신체 외부에 노출시킴으로써 다른 부분보다 2°C 정도 낮은 체온을 유지하게 한다.

고환의 기능은 여성의 난자와 수정할 성숙한 정자를 만드는 것과 남성 호르몬인 테스토스테론을 분비하는 일이다. 고환은 사춘기까지는 기능하지 않고 잠재해 있으며 생식선자극 호르몬(FSH와 LH)의 출현에 의해 활동하기 시작한다.

고환에서 분비된 테스토스테론은 남성 특유의 성적 발달을 지시한다. 음경과 음낭을 확대시키고 어깨뼈를 발육시킨다. 또한 목소리의 저음화와 성적 충동의 발달을 가져온다. 테스토스테론을 포함하는 남성 호르몬인 안드로겐은 신체 각 부위의 체모를 발달시키며, 근육을 재배치함으로써 넓은 어깨, 좁은 엉덩이를 갖는 남성 고유의 체격을 형성한다.

사춘기 동안 분비되는 여성 호르몬과 안드로겐의 증가 때문에 남성들도 일시적으로 유방의 확대를 경험한다. 이 시기 동안 유두가 커지고 유두 주위의 검은 부분이 확대된다. 그림 3-9는 사춘기 동안 소년의 성장급등과 성적 발달의 시기와 순서를 제시한다. 신체 발달의 시기는 개인에 따라 차이가 있음에도 불구하고, 발달의 순서는 어느 문화에서나 일정하다. 즉 11세경에 고환의 확대가 시작되고 13세경에 사정할 수 있으며 16세경에 성인 크기의 고환에 도달하는 것을 알 수 있다.

사춘기 이후에 테스토스테론이 어떤 기능을 하는지는 분명하지 않다. 성적 능력이나 성적 충동은 한 번 발달된 이후에는 심리적 조건에 따라 크게 좌우되기 때문에, 테스토스테론의 역할을 필요로 하지 않는다. 혈액 내의 테스토스테론의 양은 사춘기 이후에도 변함없이 거의 일정하게 유지되지만 그것이 어떤 역할을 하는지는 아직도 분명하게 알려지지 않았다.

3. 여성의 성적 성숙

사춘기 동안 생식선자극 호르몬(FSH와 LH)은 난소의 활동을 자극한다. 여성의 복부 아랫 부분의 양쪽에 하나씩 위치한 난소는 호두 크기 정도의 구조물로서 두 가지 중요한 역할을 한다.

첫째, 난소는 정자와 수정될 수 있는 성숙한 난자를 생성한다.

출생시에 난소는 약 40만 개의 미성숙란을 가지고 있다. 두 개의 난소는 한 달에 한 번씩 교대로 난자를 방출하지만, 사춘기 이후부터 난자의 방출이 중지되는 폐경기(45-50세경)까지 약 300-400개의 성숙한 난자를 방출할 뿐이다. 이것은 남성들의 정자 생성이 사춘기부터 사망시까지 계속되는 것과는 좋은 대조를 이룬다.

둘째, 난소는 여성 호르몬인 에스트로겐과 프로제스테론을 분비한다.

에스트로겐은 난소의 여포에서 분비되기 때문에 일명 여포 호르몬이라고 불린다. 한 달 주기로 분비되는 에스트로겐은 자궁과 나팔관 등의 1차적 성특징들이 정상적 크기와 기능을 유지할 수 있도록 하며, 임신이 가능하도록 자궁의 내벽을 준비하는 역할을 한다. 동시에 유방의 발육, 허벅다리와 엉덩이의 지방질 배치, 음모의 생성, 성적 충동의 발달과 같은 2차적 성특징의 발달에 기여한다. 그러나 유방의 발육에는 프로제스테론도 관여한다.

프로제스테론은 난소의 황체에서 분비되기 때문에 황체 호르몬이라고 불리며, 임신과 관련된 호르몬이라는 뜻으로 임신 호르몬(pregnancy hormone)이라고도 불린다. 배란 후 약 13일 동안 분비되는 프로제스테론은 태아가 성장하기에 적절한 자궁 환경을 만드는 역할을 한다. 즉 자궁이 영양 물질을 분비할 수 있도록 하고 혈액 공급을 증가시키며 유방을 확대시키고 유선을 자극한다. 그러나 임신되지 않으면 에스트로겐과 함께 프로제스테론의 수준은 급격히 감소되며 수정되지 못한 난자는 월경으로 배출된다. 따라서 사춘기 동안의 1차적 및 2차적 성 특징의 발달에 기여하는 호르몬은 에스트로겐이며 프로제스트론은 단지 보조적 역할을 수행할 뿐이다.

남성 호르몬인 테스토스테론도 여성의 성적 성숙에 기여한다. 여성의 부신에서 분비되는 테스토스테론은 사춘기 동안 조금 증가하며 성적 각성 능력의 발달을 돕는다.

그림 3-10은 사춘기 동안 소녀의 성장급등과 성적 성숙의 시기와 순서를 제시한다. 10세경에 유방이 발육하기 시작하여 15세경에 유방 발육이 끝난다. 13세경에 첫 배란이 이루어지고 13-14세경에 음모가 발달한다. 소녀들은 2차적 성특징의 발달 직전에 성장급등 현상을 경험하는 반면, 소년들은 성장급등 현상이 나

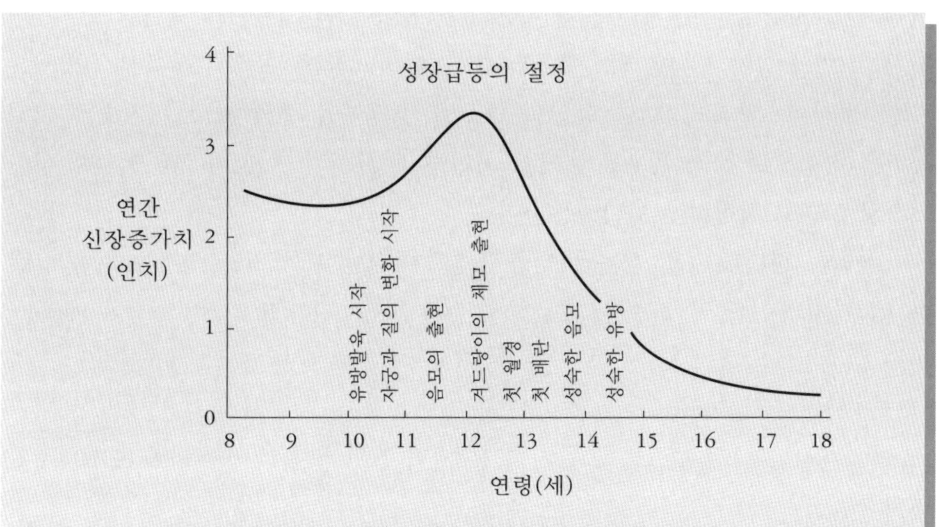

그림 3-10 사춘기 동안 소녀의 신체변화 시기와 순서

타나기 1년 전쯤에 성적 성숙을 경험한다.

4. 성욕의 발달

어린 아동들도 성기에 관심을 보이고 성기의 자극으로부터 기쁨을 경험하기 때문에, 성욕은 청년기에 처음으로 나타나는 문제는 아니다. 그럼에도 불구하고 우리는 청년기가 성욕의 발달에 중요한 시기라는 것을 부정하지 않는다. 그 이유는 다음과 같은 두 가지 문제로 정리될 수 있다.

첫째, 사춘기 이전에도 성행동이 가능하지만 생식은 불가능하다. 그러나 사춘기에 이르면 남성은 정액을 사정할 수 있고 여성은 배란을 시작함으로써 생식이 가능해진다. 생식이 가능하다는 것은 성행동의 본질과 의미를 현저하게 변화시킨다.

둘째, 청년기의 인지적 변화는 성행동의 변화된 본질에 기여한다. 아동의 성적 놀이(sexual play)와 청소년의 성적 활동(sexual activity)의 두드러진 차이는 아동은 성적 행동에 대해 특별히 내성적이거나 반성적이지 않다는 것이다. 그러나 청년기 동안의 성은 때로는 고통스러운 추측(그녀는 할 것인가, 하지 않을 것인가)과 힘든 의사결정(나는 해야만 하는가, 하지 않아야만 하는가)을 해야 하고, 가설적 사고(만약 그가 오늘밤 하기를 원한다면)와 자의식적 관심(나는 충분이 멋있는가)을 불러일으킨다. 청년기 동안의 중요한 발달과업 중의 하나는 확장된 지적 능력을 바탕으로 성적 욕구를 어떻게 처리하고, 사회적 관계 내에서 어떻게 성공적으로 그리고 적절하게 통합하는가이다.

따라서 청년기 동안 성욕을 성공적으로 처리할 수 있기 위해서는 다음과 같은 네 가지의 발달적 도전을 해결하지 않으면 안 된다(Brooks-Gunn & Paikoff, 1993):

① 자신의 신체 모습이나 크기 혹은 매력 정도에 대해 편안하게 느낄 수 있어야 한다.

② 성적 각성의 감정을 정상적이고 적절한 것으로 수용할 수 있어야 한다.

③ 건강한 성적 발달은 자신은 물론 파트너에게도 자발적 활동이라는 것을 인식해야 한다.

④ 건강한 성적 발달은 임신이나 성병을 피할 수 있는 안전한 성을 전제로 해야 한다.

Ⅳ. 신체성장의 영향

사춘기 동안의 급속한 신체성장과 성적 성숙은 청소년의 건강 상태는 물론 그들의 심리적 및 사회적 발달에 영향을 준다. 외견상으로 이미 성인같이 보이는 청소년들에 대해 부모나 주위 성인들은 아동기와는 다른 사회적 표준을 적용한다.

1. 신체변화에 따른 심리적 변화

사춘기의 급격한 신체변화는 청소년들의 심리상태에 변화를 가져온다. 활발하고 가족이나 또래와 잘 어울리던 아동이 갑자기 방문을 잠그고 혼자 있으려 하고 대화하기를 거부하면, 부모들은 당황하고 힘든 날이 시작되었음을 실감한다. 일찍이 헐록(Hurlock, 1975)은 사춘기의 급속한 신체변화는 다음과 같은 심리적 변화를 일으킨다고 제안하였다.

첫째, 고립의 욕구가 증대된다. 10대의 청소년들은 가족이나 동년배 집단으로부터 떨어져 혼자 있기를 원할 때가 많다. 그들은 프라이버시를 중요시하고 때때로 백일몽을 꾼다.

둘째, 정서성(emotionality)이 증대된다. 청소년들은 쉽게 노하거나 뾰로통해지고 울기를 잘한다.

셋째, 지나치게 수줍어한다. 급격한 신체변화는 청소년의 신체에 대한 민감성을 증가시키고 조그만 일에도 당황하게 만든다.

넷째, 불안감이 증대된다. 청소년들의 고양된 불안은 자신감의 감소로 나타난다.

청년초기 청소년들의 또 다른 두드러진 특징은 강하고 변화가 심한 정서를 경험한다는 것이다. 사랑은 쉽게 증오로 변하고 자랑스러움은 수치심으로 급변한다. 신체변화는 물론 복잡한 적응 문제들이 청소년의 정서를 극단적으로 변하게 하는 원인으로 생각된다. 일반적으로 소녀들이 소년들보다 더 일찍 사춘기의 변화를 경험하기 때문에, 급격한 정서변화로부터 더 빨리 회복되고 더 일찍 안정된 행동패턴을 확립한다.

2. 사춘기의 호르몬 변화와 청소년의 행동

사춘기의 호르몬 변화와 청소년의 행동 사이에 어떤 관계가 있는지에 대해서는 학자들 사이에 논란이 많다. 부룩스-건과 그 동료들(Brooks-Gunn, Graber, & Paikoff, 1994)은 사춘기의 호르몬 변화가 그림 3-11과 같이 세 가지 경로를 따라 청소년의 행동에 영향을 준다고 제안하였다. 이 그림에서 제일 첫 경로는 사춘기의 호르몬 변화가 직접적으로 청소년의 행동에 영향을 준다는 것을 보여 준다.

그 예로서 사춘기 동안 테스토스테론 수준의 증가는 청소년 남아의 성적 동기와 성적 활동을 증가시키고(Halpern, Udry, & Suchindran, 1996) 높은 수준의 안드로겐은 청년기 소년의 폭력행동 및 외재화 문제와 연합되며(Van Goozen 등, 1998), 높은 수준의 에스트로겐은 청년기 소녀의 우울증과 연결되어 있었다(Angold, Costello, & Worthman, 1999). 또한 높은 수준의 아드레날 안드로겐*은 소녀의 부정적 정서와 연합된다(Susman & Rogol, 2004). 특히 조숙한 소녀들이 높은 수준의 아드레날 안드로겐을 지닐 때, 그들은 다른 소녀들도다 더 강한 정서적 각성과 우울정서를 경험하였다(Graber, Brooks-Gunn, & Warren, 2006).

두 번째 경로는 사춘기의 호르몬 변화가 청소년의 외모에 변화를 가져오고 그것이 다시 자기상의 변화를 일으키며, 결국 청소년이 어떻게 행동하는지에 영향을 준다는 것을 보여 준다. 예를 들면 이제 막 사춘기에 진입한 청소년은 옷을 입거나 목욕할 때 혹은 혼자 방에 있을 때, 프라이버시를 중요시하고 타인이 노

* 아드레날 안드로겐(adrenal androgen): 부신에서 분비되는 부신피질 호르몬 중의 하나이다.

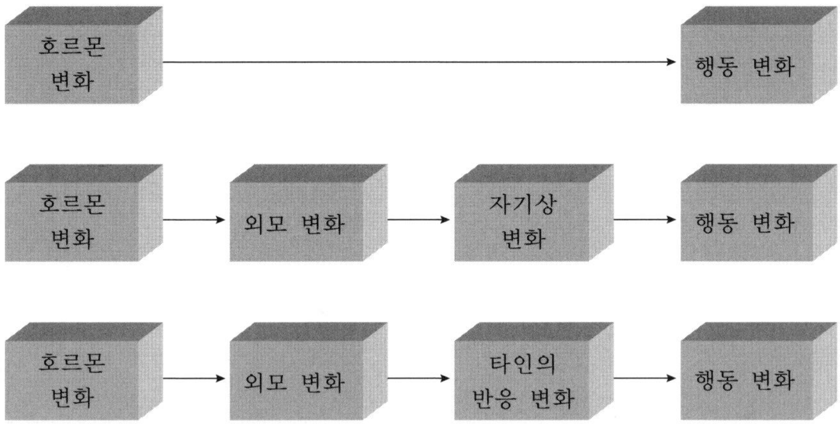

그림 3-11 호르몬 변화의 영향
출처: Brooks-Gunn, Graber, & Paikoff, 1994.

크 없이 방에 들어오면 불쾌감을 나타낸다. 이러한 청소년의 행동에 반응하여, 부모는 그의 방에 들어갈 때 노크를 할 것이고 응답이 있을 때까지 기다리게 될 것이다.

마지막 경로는 사춘기의 호르몬 변화가 청소년의 외모를 변화시키고 그것은 다시 청소년에 대한 타인의 반응을 변화시키며 변화된 타인의 반응에 의해 청소년의 행동이 변화한다는 것을 나타낸다. 그러나 청소년에 대한 타인의 반응과 거기에 대한 청소년의 반응 모두 더 큰 사회적 맥락의 영향을 받는다. 특히 TV나 신문, 잡지 혹은 영화와 다른 대중매체들의 청소년에 대한 묘사는 청소년과 타인 모두의 반응에 영향을 주므로 호르몬의 변화만으로 청소년의 행동변화를 설명하는 것은 한계가 있다.

더욱이 테스토스테론 수준과 위험행동 사이에 직접적 연결을 발견하지 못했다는 연구가 있는가 하면(Booth 등, 2003) 부정적인 생활사건들이 호르몬과 공격성 사이를 매개한다는 연구도 있어(Graber, Brooks-Gunn, & Warren, 2006) 청소년의 행동에 미치는 호르몬의 영향은 실제로 그렇게 크지 않을 수 있음을 짐작할 수 있다.

3. 외모와 체중이상

1) 외 모

청소년들이 지니고 있는 개인적 신체 특징들은 동년배 집단에 수용되기 위한 중요한 요인들이다. 청소년들은 자신이 동년배 집단과 유사한 속도로 성장하고 있는지 근심하며 얼굴 모습에 대해 과도한 관심을 나타낸다. 너무 큰 코나 지나치게 작은 코, 비뚤어진 치아는 청소년들을 고민에 빠지게 하고 피부에 돋아나는 여드름은 청소년들을 우울하게 만든다.

또한 너무 살찌거나 지나치게 마른 외모, 너무 크거나 작은 가슴, 너무 많거나 적은 음모 등은 모두 청소년들을 고민하게 하는 중요한 요인들이다. 더욱 문제가 되는 것은 청소년들이 자신의 신체 크기를 실제와 다르게 지각한다는 것이다. 특히 여자 청소년들은 자신의 신체 크기보다 더 마르고 큰 키의 체형을 이상형으로 지각함으로써 자신을 실제보다 더 뚱뚱하다고 판단하는 경향이 있다(이미숙, 2000; Jacobi & Cash, 1994). 가벼운 체중의 키가 큰 소녀들은 자신의 외모를 높게 평가하고 자신을 긍정적으로 지각하였다(조선명, 2000).

일반적으로 소녀들은 소년들보다 더 부정적인 신체상을 지니고 있고 사춘기 변화가 진행될수록 자신의 신체에 대해 점점 더 불만족스러워하는 반면, 소년들은 그 반대의 경향을 보인다(Bearman 등, 2006). 아마도 소녀들은 체지방의 증가 때문에 자신의 외모에 대한 불만이 높아지고 소년들은 근육양의 증가로 자신을 더 바람직하게 생각할 것으로 예상된다.

소년소녀들이 불만족스러워하는 신체 부위에도 차이가 있다(한춘상, 이춘화, 윤옥경, 2000). 남자 청소년들이 불만족스러워하는 신체 부위는 치아, 몸무게, 키, 얼굴 피부, 가슴 순이었으나 여자 청소년들은 다리, 배, 몸무게, 키, 엉덩이 순으로 불만족을 나타내었다. 또한 소녀들은 소년들보다 외모를 더 중요시하고, 가능하다면 외모를 변화시키고 싶어하였다. 한국의 중 · 고등학교 여학생들의 75%와 중학교 남학생의 37% 그리고 고등학교 남학생의 66.4%가 외모를 변화시키고 싶다고 응답하였다(장휘숙, 1998).

2) 체중이상

급속한 신체 성장을 경험하는 청소년들은 신체의 영양 요구에 적절한 식욕을 갖는다. 많이 먹고 잘 먹는 청소년들은 정규 식사 외에 청량음료나 아이스크림 혹은 감자튀김과 같이 영양분은 적고 칼로리가 많은 식품들을 선호한다. 그러나 이러한 간식들은 체중 증가의 원인이 되기 때문에 문제가 된다.

청소년들은 신체가 요구하는 영양분을 섭취하기 위하여 음식물을 먹기도 하지만, 자신의 정서적 요구나 사회적 압력 때문에 자주 음식을 먹는다. 어떤 청소년들은 화가 나거나 슬플 때 음식을 먹고 자신의 심리적 문제나 사회적 적응 문제를 해결하려고 한다. 특히 청년초기 동안 비슷한 연령의 동년배 집단은 청소년 행동의 기준이 되고 사회적 압력으로 작용하므로 음식물 섭취는 동년배 집단에 수용되는 하나의 수단이다. 동년배 집단과 좋아하는 음식물을 함께 먹을 때, 청소년들은 동년배 집단과 동일시되고 집단 구성원으로서의 자격을 획득한다.

(1) 비 만

청년기 동안의 지나친 체중 증가는 비만을 초래한다. 일반적으로 이상적 체중의 20%를 초과할 때 우리는 비만이라고 부른다(Gans, 1990). 대부분 비만 아동들이 비만 청소년이 되고 비만 성인이 되기는 하지만, 청년기 동안 발생하는 비만은 자주 심리적 원인 때문에 일어난다.

개인의 심리적 문제나 사회적 적응 문제를 해결하는 수단으로 먹는 행동을 선택하는 청소년들은 쉽게 비만해진다. 그들은 화가 나서 먹고, 먹고 살이 찌면 다시 화가 나서 먹는 악순환을 반복한다. 그렇다고 해서 정규 식사시에 살찐 청소년들이 반드시 더 많이 먹는 것은 아니다. 분명한 것은 그들이 지나치게 활동하기를 싫어한다는 것이다. 비만 청소년들은 운동에 의해 소모하는 칼로리가 적기 때문에, 여분의 칼로리는 축적될 수밖에 없다.

청년기 동안의 비만은 고혈압이나 높은 콜레스테롤 수준 혹은 당뇨병과 같은 각종 성인병을 유발하며, 청소년의 자기존중감을 손상시킨다. 급격한 신체변화를 경험하는 청소년들은 자신의 신체에 대해 강한 자의식을 갖는다. 특히 살찐 청소년들은 강한 자의식으로 인해 위축되고 열등감을 느끼며 동년배 집단과 어울리지 못한다.

(2) 저 체 중

청소년의 저체중도 문제가 된다. 저체중의 원인은 질병이나 의학적 이상을 제외하고 대부분 까다로운 식습관에 기인한다. 청년기 동안 저체중 현상은 빈번하게 일어나지는 않지만, 지나친 저체중은 청소년의 자기존중감을 손상시킨다. 저체중 청소년들은 정상 체중 청소년들보다 동년배 집단과의 사회적 접촉을 회피하고 위축된다.

〈신경성 식욕부진증〉

개인의 불안이나 불만을 해소하기 위한 목적으로 지나치게 많이 먹고 비만해지는 청소년들과 유사하게, 개인적 불안이나 정서를 지나치게 통제한 결과로 음식물을 회피하는 청소년들이 있다. 소위 저체중 장애인 신경성 식욕부진증(anorexia nervosa)은 생명을 위협할 정도의 심각한 체중 손실을 초래하는 질환이다(그림 3-12 참조).

anorexia란 '열망이 없는' (without a longing)이란 뜻의 희랍어로서 윌리엄 길경(Sir William Gil)이 음식물을 혐오하고 먹지 않는 증후군을 기술하기 위하여 1874년에 최초로 사용하였다. 신경성 식욕부진증 환자의 거의 대부분이 여성들이고 전체 청소년 인구의 약 3%가 이 장애로 고생하며 이 중 20% 정도는 사망에 이른다(Steinberg, 1999).

그림 3-12 신경성 식욕부진증 소녀

신경성 식욕부진증 환자의 특징을 정리하면 다음과 같다:

① 신경성 식욕부진증은 25세 이전에 발병하고 대부분의 환자들이 10대들이다.

② 신경성 식욕부진증 환자들은 원래 체중의 25% 이상을 상실한 상태에 있다.

③ 그들은 배고픔과 갈증을 무시하고 섭식이나 체중에 대한 뿌리깊은 왜곡된 태도를 지니고 있다.

④ 알려진 정신장애는 없다.

⑤ 체중 손실을 설명할 수 있는 어떤 질병도 확인되지 않고 있다.

⑥ 신경성 식욕부진증 환자들은 다음과 같은 증상 중 적어도 두 가지 증상을 나타낸다; 월경의 중지, 아름답고 부드러운 머리카락, 비정상적으로 느린 심장박동, 일시적인 식욕의 이상 증진, 과활동성의 기간, 구토.

일반적으로 신경성 식욕부진증은 소심하고 복종적이며 정서 표현에 어려움을 겪는 소녀들에게서 많이 나타나지만 발병 원인은 분명하지 않다. 가늘고 날씬한 사람을 바람직하게 생각하는 사회문화적 요인, 문제 있는 가족력, 신체상의 혼란, 자기효능감의 결여, 성숙에 대한 공포 등 심리적 요인과 유전적 요인이 가장 가능성 있는 원인으로 논의되고 있다. 리온과 그 동료들(Lyon 등, 1997)은 정상 청소년과 비교하여 신경성 식욕부진증 청소년들은 가족 중에 우울증 환자가 있고, 알코올이나 약물 남용 혹은 개인적 무가치감과 의존성의 역사를 지니고 있다고 보고하였다.

그러나 많은 연구들(Casper & Jabine, 1996; Rastam, Gillberg & Gillberg, 1996)은 신경성 식욕부진증이나 다음에 설명할 신경성 폭식증(bulimia)을 보이는 여성들이 여러 가지 다른 심리적 문제들도 함께 지니고 있다는 점을 강조한다. 그러므로 섭식장애는 하나의 독립된 장애가 아니라 다양한 방식으로 표현되는 내재화 장애로서 일반적인 심리적 문제의 특별한 표현이라는 것이다.

(3) 신경성 폭식증

신경성 폭식증 환자들은 겉으로 보기에는 정상적인 체중을 지니고 있는 것처럼 보이고 다른 사람들이 보는 앞에서는 아무 문제가 없는 것처럼 음식물을 잘 먹기 때문에, 섭식문제가 쉽게 노출되지 않는다. 신경성 식욕부진증보다 더 흔하다고 생각되는 신경성 폭식증의 특징들을 정리하면 다음과 같다(미국정신의학회, 1994):

① 적어도 일주일에 두 번 이상 게걸스럽게 많이 먹는다.

② 음식을 먹는 동안 자기통제가 결여되어 있다.

③ 먹은 음식물을 고의로 토하거나 하제 혹은 이뇨제를 사용하여 무리하게 배출한다.

④ 고의로 음식물을 배출하는 행동을 스스로 부끄럽게 여긴다.

⑤ 자신의 신체모습이나 체중에 지나치게 관심을 갖는다.

미국정신의학회(1994)는 청소년들의 약 3%가 신경성 폭식증을 지니고 있다고 보고하였다. 신경성 폭식증에 관한 20개 이상의 연구 결과를 평균하였을 때 전체 인구의 7-8%가 이 장애를 지니는 것으로 추정된다(Schlundt & Johnson, 1990). 그러나 더 나이 많은 연령집단에서의 이환율은 이 수치보다 더 낮을 것이고, 발레리나나 여자 대학생을 포함하는 더 어린 연령에서는 이 수치보다 더 높을 것이다.

앞서 설명한 신경성 식욕부진증 환자들은 그들의 신체 상태에도 불구하고, 자신의 문제를 인식하지 못한다. 그러나 신경성 폭식증 환자들은 지나치게 많이 먹고 토하는 그들의 행동을 문제로 지각하므로 자신의 증상을 숨기고 감춘다. 그들은 정상적 체중을 유지하고 있음에도 살이 쪘다고 생각하고 음식물과 영양 섭취에 대한 심각한 오해를 지니고 있다. 먹은 음식물을 강제로 배출하다 보니 그들은 식도나 잇몸, 입술에 상처를 입기도 하고 체액과 전해질의 불균형으로 심각한 질환을 초래하기도 한다.

흥미롭게도 신경성 식욕부진증 환자의 1% 정도가 남성인 것과는 대조적으로 신경성 폭식증 환자의 10% 이상이 남성들이다. 특히 경마의 기수와 같이 엄격한 체중 통제가 요구되는 직업에 종사하는 남성들이나 동성애 남성들이 신경성 폭식증에 더 취약하다(Balk, 1995).

신경성 폭식증 환자들은 자주 대인관계 문제와 낮은 자기존중감을 지니고 있고 높은 수준의 불안을 나타낸다. 그들은 강박적 행동을 하기도 하고 자기비난이나 죄책감으로 고통을 겪기도 한다. 또한 그들은 우울증을 함께 나타내는가 하면 알코올이나 흡연 혹은 암페타민 같은 약물을 남용하고 충동적으로 타인의 물건을 훔치기도 한다(Rolfes & DeBruyne, 1990). 이러한 증상은 섭식장애가 하나의 독립적 장애가 아니라 여러 가지 방식으로 표현되는 내재화 장애임을 분명히 나타내준다.

신경성 식욕부진증이나 신경성 폭식증 같은 섭식장애에 이환되는 비율은 남성들보다 여성들이 10배 정도 더 높다. 한 연구(Swarr & Richards, 1996)에 의하면, 조숙하고 일찍 데이트를 시작하는 소녀들이 자신의 신체에 대해 더 큰 불만족을 느끼고 섭식장애를 가질 더 큰 위험성을 갖는다. 또한 섭식과 다이어트에 대한 소녀들의 태도는 그들의 부모나 친구의 태도에 의해 큰 영향을 받는다(Mukai, 1996).

4. 조숙과 만숙

사춘기 시작 연령은 개인에 따라 차이가 있다. 일찍 성숙하기 시작하여 일찍 성장을 끝내는 청소년들도 있고, 늦게 성숙하기 시작하기 때문에 성숙의 종결도 늦은 청소년들이 있다. 소위 조숙아(early maturer)와 만숙아(late maturer)들은 그들의 성숙 속도에 따라 서로 다른 심리적 및 사회적 환경을 경험하고 각기 다른 행동을 할 것으로 기대된다.

그러나 실제로 중요한 것은 얼마나 빠르게 혹은 느리게 발달하는가보다는 청소년들이 자신의 발달 속도를 어떻게 지각하는가이다. 자신의 신체 발달 속도에 대한 청소년들의 지각에 따라 그들의 생각이나 느낌은 달라진다(Dubas, Graber, & Petersen, 1991). 일반적으로 조숙과 만숙은 여아보다는 남아의 발달에 더 큰 영향을 준다.

1) 소년의 조숙과 만숙

조숙한 소년들은 동년배들보다 키가 더 크고 강하고 체중도 무거우며, 더 어린 연령에서 성인 체격에 도달한다. 그들은 만숙아보다 운동 능력, 지도성 및 사교성에서 더 우월하다. 조숙아들은 뛰어난 운동기술을 바탕으로 능동적으로 운동경기에 참여하며 대부분 학생집단의 지도자 역할을 하므로 만숙아들보다 긍정적 정서를 더 많이 경험하고 주의집중도 잘 하며 더 일찍 이성교제를 시작한다(Richards & Larson, 1993). 조숙아에 비해 체격이 왜소하고 힘과 운동기술이 부족한 만숙한 소년들은 대인관계에서 위축됨으로써 오히려 혼자 책을 읽고 지적 호기심을 충족시키기 위해 몰두할 수 있다.

그러나 더 어린 연령에서 성인과 유사한 체격을 갖는 조숙한 소년들은 만숙한 소년들보다 더 일찍 성인의 책임을 부여받기 때문에 더 적은 지적, 사회적 탐색 기회를 갖게 됨으로써 저조한 인지능력과 사회적 대처기술을 지니게 된다. 결국 그들의 부족한 인지능력과 대처기술은 무단 결석과 학교 부적응 문제를 일으키고 반사회적 행동이나 일탈행동에 가담하게 하며 알코올과 약물 사용 및 성행동을 포함하는 위험행동을 저지르게 한다(Orr & Ingersoll, 1995).

만숙한 소년들이 조숙한 소년들보다 더 나은 대처기술을 지닐 수 있는 이유는 그들이 상대적으로 더 긴 청년기 이전의 시기를 갖기 때문이다(Steinberg, 1999). 이 시기 동안 만숙아들은 심리적으로 사춘기를 준비할 수 있는 더 많은 시간을 가질 수 있다. 실제로 아동중기와 청년기 이전의 시기는 대처기술의 발달에 중요한 기간이므로 상대적으로 더 긴 사춘기 이전의 시기는 개인의 대처기술을 더 많이 발달시킬 수 있도록 한다.

그렇다면 조숙한 남아와 만숙한 남아 중 누가 더 유리한가? 중년기에 이르렀을 때 조숙한 남아들이 만숙한 남아들보다 더 성공적이었고 알코올을 섭취하거나 흡연할 가능성도 더 적었다는 보고도 있지만, 현재로서 분명한 것은 적어도 청년기 동안은 만숙한 소년들보다 조숙한 소년들이 더 유리하다는 것이다(Graber, Brooks-Gunn, & Warren, 2006).

2) 소녀의 조숙과 만숙

조숙한 소녀들은 동일 연령의 소녀들은 물론 소년들보다도 신체적으로 더 성숙하기 때문에 조숙한 소년들이 갖는 사회적 이점을 경험하지 못한다. 그들은 만숙한 소녀들보다 침착하지 못하고 자신감을 결여하며 복종적이고 철회적인 성격특성을 지니고 있어 친구들 사이에서 인기도 없다. 일반적으로 소녀에게 만숙은 초경 시작의 평균 연령인 약 13세까지 초경에 도달하지 못했다는 것을 의미한다.

조숙한 소녀들은 평균적 혹은 만숙한 소녀들보다 문제행동에 더 취약하다(Deardorff 등, 2007; Graber, 2007; Graber, Brooks-Gunn, & Warren, 2006). 조숙한 소녀들은 일찍부터 부모로부터 독립하기를 원하고 음주와 흡연을 하며 우울장애와 섭식장애를 가질 뿐 아니라 더 나이 많은 친구와 사귀는 경향이 있다. 중요한 것은 그들이 더 어린 연령에서 성에 눈뜨고 여성의 성적 측면만을 중요시한다는 것이다. 동년배의 남아들은 아직도 미성숙하기 때문에 조숙한 소녀들은 연상의 남성들과 데이트를 시작한다. 문제는 조숙한 소녀들이 신체적으로 성숙하다고 할지라도 심리적, 정서적으로는 아직도 미숙한 상태에 있으므로 연상의 남성과의 사귐으로 발생되는 문제를 처리할 능력이 없다는 것이다.

특히 사춘기 이전에 문제행동의 역사가 있는 소녀들이 조숙의 부정적 영향에 더 큰 취약성을 나타낸다. 카스피와 모피트(Caspi & Moffitt, 1991)는 소녀의 초경 연령을 기준으로 조숙아, 평균아 그리고 만숙아를 구분하였을 때, 단순히 신체적 조숙과 만숙이 문제행동에 영향을 미치는 것이 아니라고 보고하였다. 오히려 그들이 9세 아동이었을 때, 얼마나 많은 문제행동을 저질렀느냐에 따라 문제행동 비율에 차이가 있었다. 그림 3-13은 9세에서 문제행동이 많은 집단과 적은 집단을 구분하고 13-15세 때의 문제행동 점수에서의 변화를 조사한 결과이다. 연구자들은 단순히 빠른 성숙이 청년기 동안의 문제행동을 증가시키는 것이 아니라 빠른 성숙은 청년기 이전에 존재했던 개인들간의 차이를 확대시키는 역할을 한다고 주장하였다.

이외에도 조숙한 소녀들이 남녀 공학 고등학교에 재학할 때만 비행이나 문

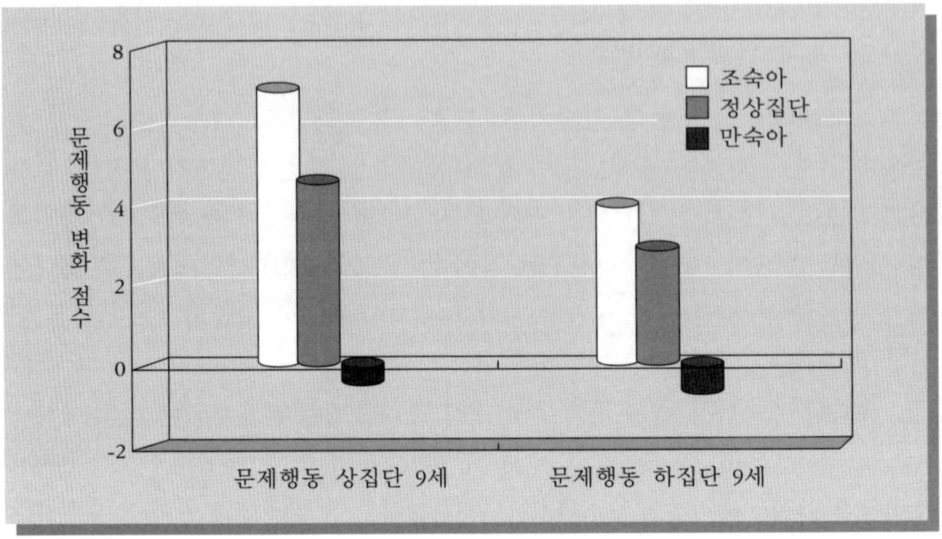

그림 3-13 9세에서의 문제행동 상·하집단에 따른 조숙한, 평균적, 만숙한 소녀들의 13-15세에서의 문제행동 비율의 변화

출처: Caspi & Moffitt, 1991.

제행동을 저지른다는 연구도 있고(Caspi 등, 1993), 문화가 청소년의 성욕에 대해 어떤 태도를 취하느냐에 따라 조숙과 만숙의 영향은 달라진다는 연구도 있다(Brooks-Guun & Reiter, 1990). 중요한 것은 전생애 동안의 발달과 적응을 고려할 때, 다른 발달단계와 비교하여 사춘기 동안의 변화가 그렇게 극적 효과를 나타내지는 않는다는 것이다. 더욱이 사춘기 동안에도 생물학적 변화 외에 인지적, 사회적 혹은 환경적 변화가 함께 일어나기 때문에 조숙과 만숙의 효과는 우리가 생각하는 것만큼 그렇게 크지 않다는 것이 연구자들의 공통적 견해이다(Sarigiani & Petersen, 2000).

04장 지적 · 인지적 변화

Adolescent Psychology

제4장 지적 · 인지적 변화

청년기 동안 급격한 신체발달과 함께 지적, 인지적* 영역에서도 현저한 변화가 일어난다. 개인이 청년기에 이르면 아동기에서보다 더 많은 것을 알고 있을 뿐 아니라 더 유능하고 효과적으로 사고한다. 이 장에서는 청년기 동안의 대뇌발달과 함께 세 가지 이론적 조망 —심리측정적 조망, 인지발달적 조망, 정보처리적 조망— 을 소개하고 심리적 발달이나 사회적 관계와의 관련성도 논의한다.

I. 대뇌발달

지금까지 청년기 동안의 대뇌발달에 관한 연구는 거의 이루어지지 못하였다. 그러나 최근 이 분야의 연구자들은 청년기의 대뇌가 아동기 대뇌와 다를 뿐 아니라 청년기 동안에도 대뇌발달이 활발하게 이루어진다는 것을 확인하였다(Toga, Thompson, & Sowell, 2006).

* 인지란 지각, 추리, 학습, 기억 등을 포괄하는 개념으로 우리가 사고하고 행동하는 기본 과정에 해당하며, 지능이라는 개념과 자주 비교된다. 지능은 주로 지능검사의 제작과 실시에 관심을 갖는 심리측정적 견해를 지지하는 연구자들에 의해 사용되는 개념인 반면, 인지는 피아제(Piaget) 이론에 근거한 인지발달적 견해를 지지하는 연구자들이 사용하는 개념이다.

1. 뉴런과 시냅스의 변화

뉴런은 신경계의 기본단위로서, 세포체(cell body), 수상돌기(dendrite), 그리고 축색돌기(axon)로 구성된다. 그림 4-1에 제시된 바와 같이, 세포체는 세포의 유지에 필요한 영양물질을 합성하고, 수상돌기는 다른 뉴런으로부터 들어오는 정보를 받는 기능을 하며, 축색돌기는 세포체에서 다른 뉴런으로 정보를 보내는 기능을 한다. 축색돌기의 바깥에는 수초(myelin sheath)라고 불리는 지방세포 층으로 둘러싸여 있다. 모든 축색돌기가 수초를 포함하는 것은 아니지만, 수초는 절연물질로서 정보처리의 속도와 효율성을 증가시킨다. 지방세포 층이 축색돌기

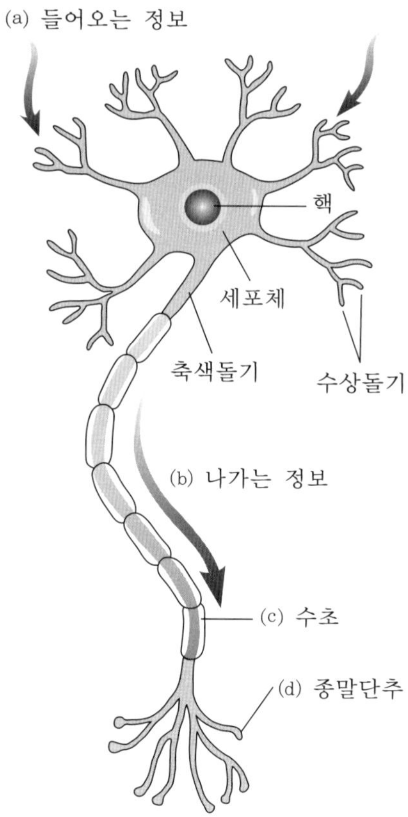

(a) 세포체의 수상돌기가 다른 뉴런이나 근육 혹은 선(腺)으로부터 정보를 받는다.
(b) 모든 축색돌기들은 세포체로부터 들어온 정보를 전달한다.
(c) 대부분의 축색돌기를 싸고 있는 수초는 정보 전달 속도를 빠르게 한다.
(d) 축색돌기의 끝부분에 종말단추가 있다.

그림 4-1 뉴 런

를 싸는 이러한 수초화(myelination) 과정은 청년기 동안에도 계속된다(Giedd 등, 2006).

대뇌발달의 또 다른 중요한 측면은 신경충동이 전달되는 메커니즘인 시냅스 연결이다. 뉴런과 뉴런을 연결하는 시냅스는 축색돌기 끝부분에 있는 종말단추(terminal button)와 다른 뉴런의 수상돌기의 끝부분 및 그들 사이의 틈(synapse cleft: 연접열구)의 세 부분을 포함한다. 뉴런의 수상돌기와 세포체를 거쳐 축색돌기를 따라 내려온 신경충동은 종말단추를 터뜨려 특정한 신경전달물질(neurotransmitter)을 방출하고 이 물질들이 연접열구에 퍼져 인접한 뉴런의 수상돌기의 막에 전기적 변화를 일으켜 신경충동이 전달될 수 있도록 한다. 이러한 시냅스 연결의 생성은 영아기에서 시작하여 청년기 동안에도 계속된다.

시냅스 연결은 실제로 사용될 수 있는 양보다 두 배 정도 더 많이 만들어지므로(Huttenlocher & Dabholkar, 1997), 사용되지 않는 연결은 다른 경로로 대치되거나 사라진다. 그림 4-2는 학습, 기억 그리고 추론 같은 고차적 인지기능에 중

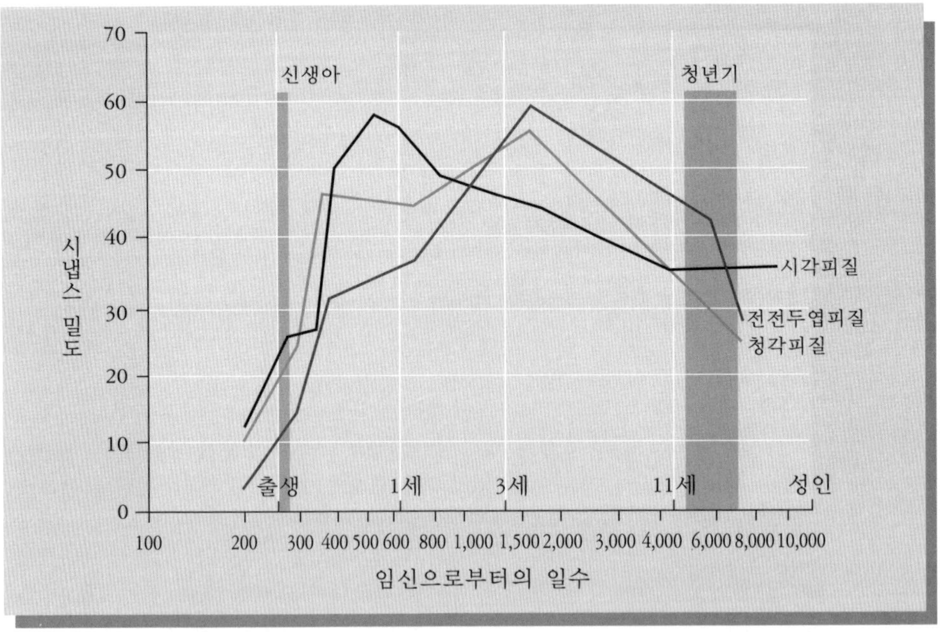

그림 4-2 영아기부터 성인기까지 대뇌의 시냅스 밀도에서의 변화

시냅스 밀도(synaptic density)는 뉴런들간의 연결정도를 나타내는 중요한 지표이다.

출처: Huttenlocher & Dabholkar, 1997.

요한 시각, 청각 그리고 전전두엽 피질에서의 연령에 따른 시냅스 연결의 변화를 보여 준다.

우리는 이 그림을 통해 대뇌 부위마다 시냅스 연결이 생성되고 사라지는 시기가 다르다는 것을 알 수 있다. 우선 시각피질에서의 시냅스 생성은 임신 제 4분기에 절정에 달하고 이후 점차 감소하며, 듣기와 언어처리 중추인 청각피질의 시냅스 생성은 5세경에 절정에 도달하고 이후 급격히 감소한다. 또한 고차적 사고와 자기조절이 이루어지는 전전두엽피질에서의 시냅스 생성 역시 5세경에 절정에 도달하지만 청년후기까지도 성인의 시냅스 밀도에 도달하지는 못한다.

2. 대뇌구조의 변화와 가소성

청년기 동안 대뇌구조에서도 변화가 일어나며, 특히 뇌량(corpus callosum)과 전전두엽(prefrontal cortex) 및 편도핵(Amygdala)에서의 변화가 두드러진다(Keating, 2007; Toga, Thompson, & Sowell, 2006).

뇌량은 좌반구와 우반구를 연결하는 신경다발로서 청년기 동안 더 두꺼워져 좌우반구의 소통을 원활하게 함으로써, 정보처리 능력을 개선시킨다(Giedd, 2004). 또한 추론과 의사결정 및 자기통제를 담당하는 전전두엽의 발달은 25세 혹은 그 이후까지도 계속되지만, 정서처리 영역에 해당하는 변연계(limbic system)의 일부인 편도핵은 전전두엽보다는 훨씬 더 일찍 성숙을 완료한다(Steinberg, 2007).

편도핵의 성숙은 청소년들이 강한 정서를 생성하게 하지만, 전전두엽피질의 미성숙으로 효과적인 정서통제는 이루어지기 어렵다(Nelson, 2003; Nelson, Thomas, & de Haan, 2006). 다시 말하면 청소년들의 강한 정서나 동기는 전전두엽피질과 편도핵 발달에서의 시간차에 그 원인이 있으므로 전전두엽피질이 발달하면 청소년들의 정서문제는 점차 완화될 수 있다는 것이다.

청년기 동안에도 대뇌는 가소성(可塑性, plasticity)을 지니는가? 대답은 '그렇다' 이다(Kolb & Gibb, 2007). 가소성이란 특정 부위의 대뇌세포에 손상이 일어나면 대뇌의 다른 부위가 손상된 기능을 대신 담당하는 능력을 의미한다. 그러나 대뇌손상의 발생은 빠르면 빠를수록 더 잘 회복될 수 있으므로 청년기 동안에도 대뇌가 상당한 가소성을 보유하고 있다고 할지라도, 어린 연령에서만큼 크지는 않다. 7세부터 15세까지의 아동을 연구한 슬로민과 그 동료들(Slomine 등, 2002)은 대뇌손상이 더 이후에 일어나면 날수록 언어과제나 인지과제의 수행이 효과적으로 이루어지지 못한다는 것을 확인하였다.

20세기 말까지만 하더라도 과학자들은 인간의 대뇌가 아동초기 이후에는 새로운 뉴런을 생성할 수 없다고 생각하였으나, 최근에 와서는 전생애 동안 새로운 뉴런이 생성될 수 있음이 확인되고 있다(Sun & Bartke, 2007). 여기서 더 나아가 과학자들은 운동과 풍요로운 환경적 경험에 의해 새로운 뉴런들이 생성될 수 있음도 확인하였다(Mora, Segovia, & Del Arco, 2007).

Ⅱ. 지적 발달의 심리측정적 조망

심리측정적 조망(psychometric perspective)의 이론가들은 지적 능력에서의 개인차를 연구한다. 그들은 지능검사에 의해 계산된 점수를 바탕으로 개인이 지니고 있는 지적 능력의 양을 측정하고 각 개인들간의 차이가 얼마나 크고 작은지를 확인하려고 한다. 동시에 지적 능력에서의 차이는 왜 발생하고, 어떤 방식으로 일어나는지를 규명하기 위하여 지적 성장을 가속시키거나 감속시키는 환경적 조건에 대한 연구도 중요시한다.

심리측정적 조망의 장점은 엄격한 과학적 방법론을 적용하여 검사를 구성하기 때문에, 지적 성장에 대한 신뢰성 있고 타당한 증거를 제공할 수 있다는 것이다. 그러나 매우 빈약한 이론적 배경을 지니고 있다는 것이 단점으로 지적된다.

1. 지 능

지능(intelligence)이 무엇인가에 대한 사회과학자들의 견해는 매우 다양하고 그에 상응하게 지능을 측정하는 방법 또한 다양하다. 일반적으로 지능은 ① 추상개념을 다루고 이해하는 능력, ② 경험으로부터 새로운 지식을 얻고 학습하는 능력, ③ 지각적, 정신적 및 사회적 문제를 새로운 상황에서 해결하는 능력을 포함한다.

심리측정적 조망의 연구자들은 지적 능력에서의 개인차를 측정하기 위해 다양한 지능검사를 사용한다. 그러나 제작된 지능검사들이 실제로 어떤 심리적 특성을 측정하는지 그리고 그것이 과연 개인의 지적 능력을 측정할 수 있는 타당한 도구인지에 대해서는 지금도 논쟁이 계속되고 있다.

일찍이 스피아맨(C. Spearman)이나 고다드(H. H. Godard) 같은 초기 연구자들은 g 요인이라고 알려진 단일차원적인 일반능력이 지능검사에 의해 측정될 수 있다고 주장한 반면, 길포드(J. P Guilford, 1967)는 100가지 이상의 능력들이 측정될 수 있다고 주장하였다.

만약 단일차원적 지능이론을 수용한다면 하나의 전체적인 지능검사가 요구되는 반면, 중다차원적 이론을 수용하면 지극히 복잡하고 다요인을 측정할 수 있는 지능검사가 제작되어야 할 것이다. 지능이 중다차원으로 인식되는 정도에 따라 IQ와 같은 단일차원적 점수의 유용성은 감소할 것이다.

2. 지능검사

지능검사에는 집단 지능검사와 개별 지능검사가 있다. 집단 지능검사는 한 번에 많은 수의 개인들에게 실시할 수 있는 지필검사이므로 실시와 채점이 용이하지만, 개별 지능검사만큼 개인의 지능을 정확하게 측정해 내지 못하는 단점이 있다.

반면, 개별 지능검사는 전문적으로 훈련받은 검사 요원에 의해 한 번에 한 사람씩 개별적으로 실시된다. 개별 지능검사는 집단 지능검사보다 실시와 채점 및 해석에 더 많은 시간을 필요로 하지만, 개인의 지능을 측정하는 더 민감한 도구로 알려져 있다.

가장 빈번하게 사용되는 지능검사에는 스탠포드-비네 검사와 웩슬러 검사가 있다. 스탠포드-비네 지능검사(Stanford-Binet Intelligence Test)는 미국 스탠포드 대학교의 터만(Lewis Terman, 1937, 1960, 1972) 교수가, 프랑스의 비네(A. Binet)와 사이몬(Simon)이 지체아동을 변별하기 위하여 제작한 비네 검사를 미국 실정에 맞게 개작한 검사이다. 일차적으로 아동에게 사용하기 위하여 설계된 비네 검사는 개별 지능검사로서 언어 능력에 기초한 연령별 하위검사를 포함한다.

한편, 웩슬러 검사는 뉴욕 벨레뷰 병원의 심리학자인 웩슬러(Wechsler, 1939, 1955)에 의해 제작된 검사로서 여섯 개의 언어성 검사(verbal scale)와 다섯 개의 동작성 검사(performance scale)로 구성되어 있다. 아동용 웩슬러 지능검사(Wechsler Intelligence Scale for Children)는 $6\frac{1}{2}$세부터 $16\frac{1}{2}$세까지의 아동을 위해 설계된 반면, 성인용 웩슬러 지능검사(Wechsler Adult Intelligence Scale: WAIS)는 16세 이상부터 65세까지의 연령 집단을 위해 제작되었으며 모두 개별 지능검사들이다.

IQ 검사에서 개인의 수행은 원점수로 계산되는 것이 아니라 보통 동일 연령의 다른 개인들의 점수와 비교한 상대적 점수로 제시된다. 비교점수는 최신의 대표 집단으로부터 도출된 타당한 지수일 수 있도록 주기적으로 수집된다. IQ 검사에서 100의 점수는 중간점을 나타내고 100 이하의 IQ 점수는 비교 집단의 1/2보다 더 보잘것 없는 검사수행을 그리고 100 이상의 IQ 점수는 비교 집단의 1/2보다 더 우수한 수행을 하였음을 의미한다. 다시 말하면 개인의 IQ 점수가 높으면 높을수록, 동일한 검사에서 더 우수한 수행을 보이는 동년배의 수가 적어진다는 것이다.

비록 지능검사 점수가 개인의 전체적 IQ 점수로 계산된다고 할지라도, 지능검사는 여러 가지 소검사들을 포함하고 있으므로 개별영역의 수행을 비교하는 것도 가능하다. 예를 들면 WISC-R과 WAIS-R은 기본 지식, 숫자 외우기, 어휘 문제, 산수 문제, 이해 문제 그리고 공통성 문제를 포함하는 언어성 검사와 빠진 곳 찾기, 차례 맞추기, 토막 짜기, 모양 맞추기, 바꿔 쓰기 등의 동작성 검사를 포함하므로 언어성 지능점수와 동작성 지능점수가 계산될 수 있다.

실제로 IQ 검사는 청소년의 지능을 평가하는 여러 가지 방법 중 단지 하나의 방법에 지나지 않는다. 인간의 능력은 훨씬 더 많은 중다의 요인들을 포함하므로 우리는 다음에 설명할 스턴버그의 이론이나 가드너의 이론에 주목하지 않을 수 없다.

3. 다중지능

1) 스턴버그의 지능의 삼원이론

로버트 스턴버그(Robert, J. Sternberg, 2002, 2008)는 지능을 분석적 지능(analytical intelligence)과 창의적 지능(creative intelligence) 및 실용적 지능(practical intelligence)으로 구분하는 지능의 삼원이론(triarchic theory of intelligence)을 제안하였다. 스턴버그에 의하면, 분석적 지능은 분석하고, 판단하고, 평가하고, 비교하고, 그리고 대조하는 능력에 해당한다. 따라서 높은 분석적 지능을 지니고 있는 아동은 전통적인 학교 수업에 잘 적응하고 좋은 성적을 얻는 학생으로 전통적인 지능검사 점수가 높고 이후에 좋은 대학에 진학할 수 있다.

창의적 지능은 창조하고, 설계하고, 새롭게 고안하고, 발명하고, 그리고 상상하는 능력으로, 높은 창의적 지능을 지니는 아동들 중에는 학교성적에서 상위집단에 속하지 못하는 아동들이 많이 있다. 그들은 교사의 기대에 일치하지 못하고 기발한 질문과 답변을 함으로써 자주 교사의 꾸중을 듣는다. 불행하게도 교사들은 아동의 지식을 발달시키려는 자신의 의도와는 다르게 자주 창의적 아동의 기발한 생각과 행동을 억압한다.

한편, 실용적 지능은 아이디어를 사용하고, 적용하고, 응용하고 실행하는 능력으로 이 지능을 지닌 아동들 역시 학교에 잘 적응하지 못하므로 학교 성적도 다른 아동들보다 크게 두드러지지 않는다. 그들은 뛰어난 사회적 기술과 좋은 상식을 지니고 있으므로 성인이 되면 성공적인 경영인, 기업인, 혹은 정치인이 될 수 있다.

2) 가드너의 다중지능

가드너(Howard Gardner, 2002)는 지능에 대한 전통적 견해는 합리성을 지나치게 강조하고 학교에서의 수행만을 중요시한다고 비판한다. 그는 전통적 지능검사의 광범위한 인기에 의해 각 문화에서 중요시하는 지적 과정들이 무시되고

Robert J. Sternberg
예일대학교 심리학과 교수

Howard Gardner
하버드대학교 교육학과 교수

오로지 전통적 지능검사에서 측정하는 언어 능력과 수리 능력만이 마치 인간의 유일한 지적 능력인 것처럼 생각하게 되었다고 지적한다.

가드너는 사람의 마음은 다음과 같은 비교적 독립적으로 존재하는 8개의 지능을 지니고 있으므로 인간은 다중지능(multiple intelligences)을 지닌다고 주장하였다.

① 언어적 지능(linguistic intelligence): 작가나 대중연설자에게서 탁월하게 나타나며, 아동부터 성인까지 가장 광범위하게 공유되는 지능이다. 모든 사람들은 정보를 학습하고 기억할 때, 그것을 다른 사람에게 전달할 때, 그리고 타인을 설득할 때 언어적 지능을 활용한다.

② 음악적 지능(musical intelligence): 연주자와 작곡자에서 두드러지게 발견되는 지능으로, 다른 어떤 지능보다 가장 일찍 나타나는 지적 능력이다. 그것은 다양한 양식으로 발달하고 모든 문화의 개인들에게 활용될 수 있다. 음악적 지능의 핵심은 리듬, 고저, 음색과 음질에 대한 민감성이다.

③ 수학적-논리적 지능(mathematical-logical intelligence): 과학자, 논리학자 혹은 수학자들에 의해 성취되는 능력으로, 피아제는 수학적-논리적 지능이 요구

되는 개인의 문제해결능력 발달을 연구한 사람으로 유명하다. 이 지능의 핵심은 추상 능력과 일반화 능력으로, 특히 수학자들에게 있어서 이 지능은 30세 이전에 이미 절정기를 맞는다. 대조적으로 언어적 지능, 시각적-공간적 지능 그리고 음악적 지능 등은 더 오랫동안 지속되고 노년기까지 계속해서 좋은 작품들을 만들 수 있도록 한다.

④ 시각적-공간적 지능(visual-spatial intelligence): 건축가, 조각가, 화가는 물론 기술자와 장기, 바둑 전문가들에게서 발견되는 능력으로 형태의 차이나 유사성을 인지하는 능력에 해당한다. 물론 기하학에서도 시각적-공간적 지능이 요구된다.

DNA 분자구조를 발견한 왓슨과 크릭(James Watson & Francis Crick)은 시각적-공간적 지능의 탁월한 소유자들이었으며 희랍의 파르테논 신전, 파리의 노트르담 사원 및 미켈란젤로의 다비드상은 모두 이 지능의 결정체들이다.

⑤ 신체운동 지능(bodily-kinesthetic intelligence): 무용가, 운동선수, 서커스 단원, 배우나 무언극 배우들은 뛰어난 신체운동 지능을 지니고 있는 사람들이며 음악가는 물론 외과의사에게도 이 지능이 요구된다. 신체운동 지능이란 분화되고 숙련된 방식으로 신체 부위를 사용하고 대근육 기술과 소근육 기술을 요구하는 과제를 능숙하게 수행하는 능력을 의미한다. 매일의 생활에서 글씨를 쓰고, 걷고, 계단을 올라가는 행동(대근육 기술)은 물론 타자를 치고 피아노를 칠 때(소근육 기술)도 신체운동 지능이 요구된다.

그러나 전통적인 지능검사들은 개인의 정신적인 측면만을 중요시하고, 신체운동 지능에 해당하는 개인의 능력들은 지능이 아니라 단지 하나의 반사적, 습관적 행동에 지나지 않는다고 주장한다.

⑥ 개인적 지능(personal intelligence): 개인적 지능은 자기이해에 해당하는 개인 내적 지능(intra-personal intelligence)과 타인이나 사회적 관계를 이해하는 사회적-대인관계적 지능(social-interpersonal intelligence)으로 구분된다. 자기에 대한 일관성 있는 느낌과 타인의 조망을 고려할 수 있는 발달된 개인적 지능은 청년기의 발달과업을 성취하기 위하여 반드시 요구되는 능력이다.

• 개인 내적 지능

자신의 기쁨과 고통을 식별할 줄 아는 것은 물론 미묘하고 복잡한 자신의 정서를 인식하고 정서적 반응을 할 줄 아는 개인의 능력에 해당한다. 소설가, 심리치료가 혹은 현명한 노인들은 발달된 개인 내적 지능을 소유하고 있는 사람들이다.

• 사회적-대인관계적 지능

사회적 지능(social intelligence)이라고도 불리는 이 지능은 타인의 기분, 기질, 동기 및 의도를 이해할 수 있는 능력을 의미한다. 발달된 사회적-대인관계적 지능을 지니고 있는 사람들은 타인을 동기 유발시킬 수도 있고 타인에게 영향을 주는 방법까지도 알고 있다. 종교 지도자, 정치가, 부모, 상담자, 광고 전문가, 교사들은 모두 사회적 지능을 필요로 하는 역할들이다. 또한 다른 사람의 정서상태를 대리적으로 경험하는 감정이입(empathy)은 사회적 지능의 한 가지 형태에 해당한다.

⑦ 자연현상분석 지능(naturalist intelligence): 자연세계의 독특성을 발견할 수 있는 능력이다. 이 지능이 발달한 개인은 주위의 자연 현상과 인간 삶의 상호작용을 인식할 수 있는 예리한 관찰력을 지니고 있으며, 식물학자나 동물학자, 물리학자들이 여기에 해당하는 사람들이다. 그들은 풀 한 포기 나무 한 그루는 물론 주변의 다양한 사물을 세밀하게 관찰하고 공통점과 차이점을 인식하고 분석할 수 있는 탁월한 능력을 지니고 있다. 진화론을 연구한 다윈과 같은 사람이 여기에 해당한다.

⑧ 실존 지능(existentialist intelligence): 초기에는 영적 지능(spiritual intelligence)으로 불렸던 개인의 능력으로 인간의 존재 이유와 생과 사(死)의 문제, 인간 본성, 가치 등 철학적이고 어떤 의미에서는 종교적인 사고를 할 수 있게 하는 능력이다. 실존 지능은 뇌에 해당 부위가 없을 뿐 아니라 아동기에는 이 지능이 거의 나타나지 않기 때문에 가드너는 실존 지능을 반쪽 지능으로 분류하였다.

가드너는 정상적인 개인들은 여덟 가지 지능 모두를 어느 정도 소유하고 있으며, 특정 영역에서는 탁월한 재능을 발휘할 수 있다고 주장하였다. 그럼에도 불구하고 가드너를 비판하는 사람들(Eisner, 1994; Scarr, 1985)은 가드너의 다중지능이 개인의 다른 재능이나 성격특성과 구별되기 어렵다고 비판한다. 또한 다중지능을 측정할 수 있는 객관화된 검사가 없다는 것도 또 다른 비판의 대상되고 있다.

그러나 가드너는 다중지능을 객관화된 검사로 측정한다면 개인의 완전한 능력을 측정하기 어려우므로 실제 활동을 통해 측정해야 한다고 주장한다. 예를 들면 신체운동 지능을 측정하려고 한다면 직접 운동활동을 하도록 해야 할 것이고 시각적-공간적 지능을 측정하려면 실제로 그림을 그려 보게 해야 한다는 것이다. 다시 말하면 일상생활에서 발견되는 개인의 모든 행동이 다중지능을 평가할 수 있는 대상물이라는 것이다.

문제는 아직도 많은 심리학자들이 스피어맨의 'g' 요인(일반지능)을 지지한다는 것이다. 특히 브로디(Brody, 2007) 같은 연구자는 공간능력이나 기계능력과 같은 전문화된 능력의 존재를 인정하면서도 한 유형의 지적과제를 잘 수행할 수 있는 사람들은 다른 과제도 잘 수행할 수 있으므로 일반지능이 존재한다고 주장한다. 브로디에 의하면, 일반지능은 추상적 추론이나 사고, 지식획득능력, 문제해결 능력 등을 포함한다.

3) 정서지능

정서지능이란 샐로베이와 메이어(Salovey & Mayer, 1990)가 공동으로 집필한 "정서지능"(Emotional Intelligence)이라는 논문에서 유래한다. 그들은 EI가 지능에 속하는 개념이라고 강조하고 능력(competence)이나 특성(characteristics) 혹은 특질(trait)과는 다른 개념이라고 주장하면서 다음과 같이 정의하였다:

"정서지능이란 사회지능의 한 가지 하위요인으로 자신과 타인의 감정과 정서를 점검하고 그것들의 차이를 변별하며 생각하고 행동하는 데 이런 정보를 활용할 줄 아는 능력이다."(문용린, 1998 재인용)

그러나 정서지능에 대한 대중들의 관심을 불러일으킨 사람은 뉴욕 타임즈(The New York Times)의 과학 담당 기자인 골만(D. Goleman)이다. 그는 샐로베이와 메이어의 이론은 물론 가드너와 스턴버그가 제안한 지능이론을 기초로 「정서지능」(Emotional Intelligence, 1995)이라는 단행본을 출판하였다.

흥미롭게도 우리가 사용하는 EQ(Emotional Quotient)라는 용어는 타임지 기자인 낸시 깁스(Nancy Gibbs)에 의해 처음으로 사용되었다. 깁스는 골만의 저서에 수록된 내용을 미국의 시사주간지인 타임지(The Times, 1995. 10. 9일자)에 대대적으로 소개하면서 EI를 측정한 수치를 EQ(Emotional Quotient)라고 명명하였고, 이후 EI 대신에 EQ가 정서지능을 의미하게 되었다.

정서지능의 개념은 1997년도에 샐로베이와 슬루이터(Salovey & Sluyter, 1997)에 의해 표 4-1과 같이 다시 한 번 수정되었다. 4영역 4수준 16요소 모형이

표 4-1 정서지능의 4영역 4수준 16요소 모형

영 역	수 준
영역 Ⅰ 정서의 인식과 표현	수준 1 자신의 정서를 파악하기
	수준 2 자신 외부의 정서를 파악하기
	수준 3 정서를 정확하게 표현하기
	수준 4 표현된 정서를 구별하기
영역 Ⅱ 정서의 사고촉진	수준 1 정서 정보를 이용하고 사고의 우선 순위 정하기
	수준 2 정서를 이용하여 판단하고 기억하기
	수준 3 정서를 이용하여 다양한 관점을 취하기
	수준 4 정서를 활용하여 문제해결을 촉진하기
영역 Ⅲ 정서지식의 활용	수준 1 미묘한 정서들간의 관계를 이해하고 명명하기
	수준 2 정서 속에 담긴 의미를 해석하기
	수준 3 복잡하고 복합적인 감정을 이해하기
	수준 4 정서들간의 전환을 이해하기
영역 Ⅳ 정서의 반성적 조절	수준 1 정적 · 부적 정서들을 모두 받아들이기
	수준 2 자신을 정서로부터 분리하거나 반성적으로 바라보기
	수준 3 자신과 타인의 관계 내에서 정서를 반성적으로 들여다보기
	수준 4 자신과 타인의 정서를 조절하기

출처: Salovey & Sluyter, 1997.

라고 불리어지는 1997년도판 정서지능의 정의는 정서와 사고를 관련짓고 EI와 지능간의 공통성을 부각시키는 동시에 일반지능과의 변별성도 강조하고 있다. 그러나 이 모형의 타당성 여부는 더 많은 연구를 통하여 검증될 수 있어야 할 것이다.

4. 청년기 지능발달에 영향을 주는 요인

청년기 동안 급속한 지능발달을 경험하는 청소년들이 있는가 하면 지능의 발달을 경험하지 못하거나 오히려 지적 감퇴를 경험하는 청소년도 있다. 청년기 동안 어떤 환경적 요인들이 개인의 지능발달에 영향을 주는가? 개인의 지적 능력은 단순히 개인의 인지적 성숙의 함수로 발달하는 것이 아니며, 매일매일 해결해야 하는 문제들에 반응한 결과이므로(Rogoff, 1997) 성장하는 환경이 어느 정도로 지적 행동을 요구하고 학습할 기회를 제공하는지와 관련된다.

환경적 요인 중 공식적 학교 교육은 청년기 지능발달에 영향을 주는 중요한 요인이다. 학교에 재학한 기간이 길면 길수록 더 높은 지능을 지니고 있어(Ceci & Gilstrap, 2000), 교육기간은 개인의 지능에 영향을 주는 한 요인이다. 가족의 사회경제적 지위(socio-economic status: SES) 또한 IQ와 정적 상관을 보인다. 부모가 지적 과제의 수행을 격려하고 지적 성취를 중요시하는 중류계층 가정의 아동과 청소년들이 지능검사 점수에서 높은 증가를 나타낸 반면, 문화적으로 박탈된 저소득계층 출신의 아동과 청소년들은 지능검사 점수의 변화가 없거나 오히려 크게 감소하였다(김수정, 최민호, 1993; Brody, 2000).

성에 따라서도 지적 성장에 차이가 있다. 그러나 그것은 생물학적 차이라기보다 사회화의 결과이다. 그 증거로서 재크린(Carol Jacklin)은 1974년 연구에서 정신능력에서 유의한 성차가 있다고 보고하였으나 1980년 말에 이루어진 연구(Jacklin, 1989)에서는 남성과 여성의 수행 차이가 완전히 사라졌거나 상당히 감소했다고 보고하였다. 이러한 경향은 각종 성취도 검사는 물론 지능검사의 언어영역과 수리영역에서도 분명하게 나타났으며, 최근의 연구들은 훨씬 더 작은 성차를 보고한다.

현재까지 확인된 청년기 동안의 성차는 공간능력에서만 나타난다(Casey 등, 1995). 공간능력은 10세 이전부터 남성들의 우세가 분명하게 나타나고 청년기 동안 일관성 있게 지속되기 때문에, 청년기만의 문제로 볼 수는 없다(Voyer, Voyer, & Bryden, 1995). 그에 따라 수리능력에서의 성차는 전적으로 공간능력의 성차에 기인한다고 주장하는 연구자도 있지만(Casey 등, 1995), 물론 공간능력에서의 성차도 점차 감소하는 추세에 있다(Voyer, Voyer, & Bryden, 1995).

K-WAIS(한국판 성인용 지능검사)를 사용하여 16세부터 64세 사이의 한국 남녀를 일곱 개 집단으로 구분하고 지능에서의 성차를 연구한 박영숙 등(1992)은 언어성 지능과 동작성 지능 및 전체 지능지수에서 20-34세 집단을 제외하고, 모든 연령에서 여성 집단이 남성 집단보다 유의하게 낮은 점수를 얻었다고 보고하였다. 소검사별로 분석했을 때, 모든 연령 집단의 여성들은 남성들보다 기본 지식과 빠진 곳 찾기에서 더 낮은 점수를 얻었고 바꿔 쓰기에서만 16-19세 여성 집단이 남성 집단보다 더 높은 점수를 얻어 서구 연구와는 차이를 나타내었다.

IQ 점수와 개인의 성격 특성간에도 높은 상관이 있다. 청년기 동안 대인관계에서 어느 정도의 거리를 유지하고 냉정하며 내성적(introversive)인 청소년들의 IQ 점수가 더 현저하게 증가한다(Adams & Gullotta, 1989). 또한 아동기 동안의 IQ 증가는 독립성, 경쟁성, 주도성 및 문제해결을 지향하는 성격 특성들과 높은 상관이 있었다.

비록 오래된 연구 결과이기는 하지만, 부모와 아동의 상호작용 경험은 상이한 성격특성을 형성하게 하고 상이한 지적 능력을 발달시킨다는 연구 결과가 있다. 언어 능력이 우수한 청소년 남아와 수학 능력이 우수한 청소년 남아의 성격 특성을 비교한 결과에 의하면(Viernstein, McGinn & Hogan, 1977), 언어 능력이 우수한 청소년들이 수학 능력이 우수한 청소년들보다 더 독립적이고 생각이 깊으며 보다 더 성숙한 특성을 지니고 있었다. 다시 말하면 빈번한 의사소통과 언어적 상호작용이 이루어지는 부모-자녀관계는 자녀의 언어 능력을 향상시키고, 의사소통이 빈번하지 않은 아동들과는 다른 성격 특성을 갖게 함으로써 지적 능력의 발달에도 차이를 가져온다는 것이다.

Ⅲ. 지적 발달의 인지발달적 조망

인지발달적 조망은 문제를 해결하는 개인의 독특한 방식에 초점을 맞추고 성장함에 따라 이루어지는 사고 과정의 질적 변화에 관심을 갖는다. 지능검사를 통해 개인이 특정한 문제를 풀 수 있는지 없는지를 알 수 있기는 하지만, 그가 어떻게 그와 같은 해답에 도달하였는지는 알지 못한다. 인지발달적 조망은 정답이나 오답을 도출한 개인의 사고 과정을 중요시하며 사고 과정의 본질에 접근하려고 한다.

인지발달적 조망에 의하면, 지능에 관한 연구는 곧 사고(thinking)에 대한 연구를 의미한다. 이 조망의 이론가인 피아제(Jean Piaget)와 인헬드(Barbel Inhelder)는 그들의 저서 「아동기에서 청년기까지 논리적 사고의 발달」(the Growth of Logical Thinking from Childhood to Adolescence, 1958)을 통하여 지적 성장의 인지발달적 조망에 대한 사람들의 관심을 불러일으켰다.

이 조망의 장점은 물리적 및 사회적 세계를 이해하기 위한 개인의 능력이 어떻게 발달하는지에 대해 체계적 이론을 제공했다는 것이다. 이 조망은 우리의 주위 세계를 알게 되고 이해하게 되는 방식이 개인의 연령에 따라 계속적으로 변화한다는 것을 강조한다.

1. 인지발달을 위한 필수 요소

피아제와 인헬드(Piaget & Inhelder, 1958)는 인지발달 과정에 필수적인 네 가지 요소를 제시하였다. 즉, 신경계의 성숙, 물리적 환경 내에서의 사물과의 상호작용, 사회적 상호작용 그리고 평형(equilibrium) 혹은 인지 재조직화의 자기규제 과정이 개인의 인지발달을 가능하게 하는 기본요소라는 것이다.

개인의 인지발달을 이해하기 위해서는 네 가지 요소 중 평형 혹은 인지 재조직화의 의미를 먼저 이해할 필요가 있다. 그러나 평형이라는 개념의 이해는 동화(assimilation)와 조절(accommodation)의 상보적 과정에 대한 이해를 전제로 한다.

Jean Piaget

동화란 개인이 이미 가지고 있는 기존의 인지구조에 일치하는 정보를 받아들이는 과정인 반면, 조절이란 기존의 인지구조와 경험이 일치하지 않을 때 구조 자체를 변형시키는 과정이다. 인지적 성장은 동화와 조절 과정에 의해 이루어지지만, 인지구조 자체를 변형시켜야만 하는 조절 과정은 더 큰 지적 성장을 이룰 수 있게 한다.

그러나 조절이 일어나는 과정은 인지적 긴장과 갈등을 수반하기 때문에, 유기체를 불평형(disequilibrium) 상태에 처하게 한다. 인지적 불평형 상태는 유기체를 평형 상태로 회복하기 위하여 노력하게 하며 그 결과 기존의 인지구조를 변화하게 한다. 그러므로 개인이 그의 사고를 수정하는 것은 적응을 위한 하나의 방편으로 평형 상태로의 회복은 곧 개인적 적응을 의미한다. 피아제는 지능을 환경에 대한 개인의 적응 능력이라고 정의하였다.

2. 형식적 조작능력의 출현

피아제는 개인이 성장함에 따라 질적으로 변화하는 인지발달의 단계를 제시하고(표 4-2 참조), 청년기 동안 형식적 조작능력이 출현한다고 제안하였다. 조작(operation)이란 정보의 전환을 이해하는 정신 능력으로 추리의 출발점으로 되돌아갈 수 있는 가역적 사고 능력이다. 가역적 사고는 지능을 구성하는 가장 중요한 요소 중의 하나이다.

피아제가 제시한 인지발달의 각 단계마다 상이한 논리적 조작능력이 출현하므로, 형식적 조작능력은 구체적 조작능력과는 질적으로 다른 사고를 가능하게 한다. 형식적 조작능력에 의해 청년기 개인들의 인지적 활동 범위는 현저히 확대된다. 그것의 대표적 특징들을 정리하면 다음과 같다:

표 4-2 피아제의 인지발달 단계

단 계	대략적 연령	특 성
감각운동기 (sensory-motor stage)	0-2세	환경과 상호작용하기 위하여 신체 감각이나 지각 혹은 신체 활동에 의존한다. 이 시기의 지능을 피아제는 감각운동적 지능이라고 불렀다.
전조작기 (preoperational stage)	2-6,7세	언어와 같은 상징적 기호를 사용함으로써 사고능력에서 큰 진보를 이룬다. 그러나 그들의 사고는 직관적이고 전조작적이기 때문에 논리적 사고가 결여되어 있다. 아동은 단순히 현재의 보고 듣는 것을 바탕으로 판단한다.
구체적 조작기 (concrete operational stage)	6,7-11,12세	구체적 사물을 사용한 논리적 조작이 가능하다. 보존개념을 획득하고 사물들 사이의 관계를 이해한다.
형식적 조작기 (formal operational stage)	12세 이후	추상개념을 사용하여 논리적 사고를 할 수 있다. 가설을 설정하고 체계적으로 검증하며 모든 가능한 해답을 논리적으로 검토할 수 있다.

1) 추상적 개념에 대한 사고

청소년들은 구체적 사물에 한정되지 않고 추상적 개념을 다룰 수 있다. 따라서 현재뿐 아니라 과거와 미래의 사건을 생각할 수 있으며, 대상물이 제시되지 않고 언어적 진술문만으로 구성된 문제도 해결할 수 있다. 예를 들면, "현주는 민희보다 무겁고, 현주는 경자보다 가볍다고 할 때, 셋 중에서 누가 가장 무거운가?"라는 질문을 했다고 하자. 구체적 조작기의 아동들은 이와 같은 언어적 문제를 해결하는 데 어려움을 느끼지만, 형식적 조작기의 청소년들은 쉽게 해결할 수 있다.

추상개념의 사용과 함께 실제적이고 구체적인 것과 추상적이고 가능한 것을 구별할 수 있는 청소년들은 관찰가능한 세계와 가능성의 세계 모두에 대해 흥미를 나타낸다.

2) 가능성에 대한 사고

청소년들은 현실보다는 가능성의 세계를 중요시하므로 가설적 사건을 다룰 수 있고 사실과 반대되는 가정을 수용할 수 있다. 예를 들면, "눈(雪)이 검다고 가정해 보라"라고 논의를 시작한다면, 구체적 조작기의 아동들은 눈은 희기 때문에 생각해 볼 필요가 없다는 반응을 보인다. 그러나 형식적 조작이 가능한 개인들은 이 전제로부터 논리적 추론을 시작하여 결론을 도출할 수 있다.

그림 4-3은 세 개의 눈을 가진 인물화를 자유롭게 그리게 했을 때, 9세 아동과 11세 아동이 서로 다른 위치에 여분의 눈을 배치한 그림들이다. 9세의 구체적 조작기 아동의 그림은 여분의 눈을 실제 눈의 위치와 나란히 배치함으로써 지극히 사실적인 특성을 나타낸다. 대조적으로 11세의 아동들은 머리 위나 손바닥에 여분의 눈을 배치함으로써 가능성의 세계를 중요시하는 형식적 조작사고의 특성을 보여 준다.

청년기의 가설적 추리는 과학적 추론을 가능하게 한다. 즉, 가설을 설정하고 검증과정을 통하여 그것의 진위여부를 확인한다. 만약 설정된 가설이 지지될 수 없는 것이라면, 청소년들은 자신이 설정한 가설을 기각하고 새로운 가설을 모색

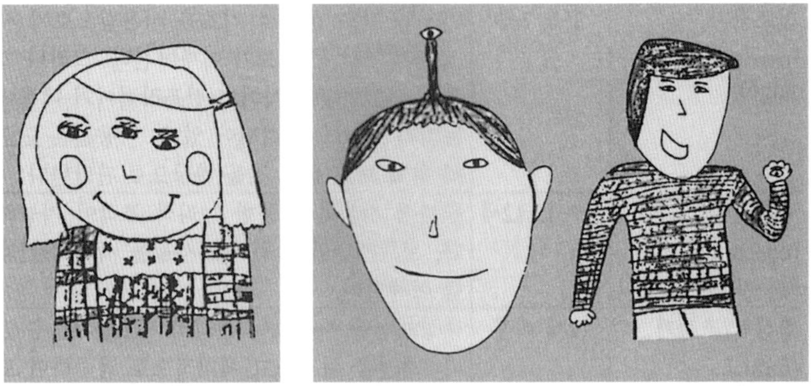

그림 4-3 구체적 조작기와 형식적 조작기의 인물화 비교
왼편 그림은 9세 아동의 그림이고 오른편 그림은 11세 청소년의 그림이다.
출처: Sigelman & Shaffer, 1991.

하는 전형적인 과학적 추리를 수행할 수 있다.

3) 사고에 대한 사고

청소년들은 사고(thinking)에 대한 사고가 가능하다. 사고에 대한 사고란 소위 상위인지(metacognition) 능력으로 어떤 것을 기억하기 위해서 언제, 얼마나 많은 시간을 투자하며 어떤 기억전략을 사용해야 하는지와 같이, 사고과정 동안 자신의 인지활동을 모니터하는 것을 의미한다. 상위인지 능력은 청소년을 효과적인 문제해결자가 될 수 있도록 하기 때문에(Chalmers & Lawrence, 1993), 청소년은 아동보다 자신의 사고 과정을 더 잘 알고 있고 다른 사람에게 자신의 사고 내용을 더 잘 설명할 수도 있다.

발달된 상위인지 능력은 청소년들의 내성(內省, introspection)과 자의식(自意識, self-consciousness)을 증가시키고 사유(思惟, intellectualization)를 촉진시킨다. 내성은 우리가 자신을 깊이 들여다 볼 수 있도록 하는 반면, 자의식은 다른 사람이 우리를 어떻게 생각하는지에 관심을 갖게 한다. 또한 사유는 우리가 자신의 생각이나 사고에 대해 깊이 생각하는 것으로 내성이나 자의식과 함께 청소년들의 정체감 형성에 중요한 자기성찰(自己省察, self-examination)을 가능하게 한다.

형식적 조작능력이 세련되어감에 따라 정치, 종교, 도덕, 이념 문제 등으로 청년기의 사고는 확장되므로 정체감 획득이 용이해진다.

4) 중다차원적 사고

청년기에 이르면 사물을 중다차원적 방식으로 생각하는 능력이 출현한다. 아동은 한 번에 단지 하나의 측면만을 생각할 수 있는 반면, 청소년들은 중다의 측면에서 사물을 바라볼 수 있다. 예를 들어, 이승엽 선수가 언제 400호 홈런에 도달할 수 있을지를 추론할 때, 초등학교 아동들은 투수가 누구든 무조건 이승엽 선수가 홈런을 칠 수 있을 것으로 기대하고 홈런수를 계산하지만, 청소년들은 특정 투수의 구질과 이승엽 선수의 기록을 비교하여 홈런의 가능성을 추론한다.

청소년들의 중다차원적 사고 능력은 다양한 상황에서 발휘된다. "한국 전쟁은 왜 일어났는가?" "한국 청소년들의 빈번한 폭력 행동은 어디에서 연유하는

가?"와 같은 질문에 대답할 수 있기 위해서도 여러 가지 차원들을 동시적으로 사고하지 않으면 안 된다.

또한 중다차원적 사고 능력은 청소년들이 보다 더 분화되고 복잡한 용어로 자신과 타인을 기술할 수 있게 하고 중다의 조망에서 문제를 검토할 수 있도록 한다. 중다차원적 사고의 결과로, 청소년들은 개인의 성격이 하나의 측면으로만 구성되는 것이 아닐 뿐 아니라 사람에 따라 동일한 사회적 상황이 다르게 해석될 수 있음을 이해하게 되므로 타인과 훨씬 더 세련되고 복잡한 관계를 형성할 수 있다.

중다차원적 사고 능력은 풍자나 은유를 이해할 수 있도록 한다. 강의를 듣고 있으면서, 옆 사람에게 "이렇게 흥미로운 강의는 난생 처음이야"라고 말한다면 청소년들은 실제로는 그 반대의 의미라는 것을 이해할 수 있다. 물론 이 말을 이해할 수 있기 위해서는 강의 내용은 물론 맥락과 억양에 주의를 기울여야만 할 것이다. 다시 말하면 언어의 중다차원적 요소에 동시적으로 주의를 기울일 수 있어야만 진지한 말과 풍자(sarcastic)를 구별할 수 있다는 것이다. 풍자에 대한 이해는 9세와 13세 사이에 증가하고 청년기 동안 계속해서 발달한다(Demorest 등, 1984).

5) 상대주의적 사고

청소년과 아동은 사물을 바라보는 방식에서 차이가 있다. 아동은 사물을 절대적 특성을 지니는 영원한 대상물로 보는 경향이 있으나 청소년들은 사물을 상대적으로 바라볼 수 있다. 그들은 자주 타인의 주장에 의문을 제기하고 어떤 사실을 "절대적 진실"로 받아들이려고 하지 않는다.

상대주의적 사고(relativistic thinking)는 자주 부모를 화나게 한다. 그들은 청소년 자녀가 오로지 논쟁을 벌이기 위해 매사에 의문을 제기한다고 생각한다. 부모와 청소년 자녀간의 어려움은 아동기 동안 절대적으로 옳다고 생각한 부모의 가치관(예를 들면 도덕적인 사람은 결혼전에 성행동을 하지 않는다)을 청소년들이 상대적 시선으로 바라볼 때 시작된다.

이제 청소년들은 세상에 존재하는 모든 것이 상대적이라고 생각하므로 주위에서 일어나는 사건이나 사물에 대해 지극히 회의적인 태도를 취한다. 그들은 이전에 영원하다고 믿었던 모든 것이 불확실하다고 느끼고 어떤 지식도 완전하게 믿을 수 없다는 태도를 취한다. 일부의 이론가들은 청소년들이 복잡한 지식에 대한 보다 세련된 이해에 도달할 수 있기 위해서는 이러한 극단적 회의주의를 통과해야만 한다고 주장한다.

3. 형식적 조작능력의 부정적 영향

형식적 조작능력의 획득은 청년기 동안 중요한 변화를 예고한다. 우선 청소년들은 계획을 세우고 인과관계에 대한 탐색을 통하여 미래에 대해 생각할 수 있다. 그러나 현재, 과거, 미래에 대한 시간조망의 확대는 청소년들에게 미래에 대한 기대와 함께 불안을 가중시킨다. 청소년들은 자신의 미래에 대해 근심하고 공상하느라고 많은 시간을 허비한다. 다양한 대안의 모색은 청소년들을 더욱 더 혼란에 빠뜨리고 불안하게 만든다.

또한 이상주의를 추구하는 청소년들은 세상의 결점과 논리적 모순을 발견하고 부모나 사회에 반항한다. 그들은 자주 현실적 문제를 고려하지 못하고 사회변화에 대한 실제적 장벽을 간과한다.

이와 함께 형식적 조작능력은 자신과 타인의 사고와 감정을 구별짓지 못하는 청소년의 자아중심성(egocentrism)을 부추긴다. 아동의 자아중심성은 타인이 자신과 상이한 조망을 갖는다는 것을 알지 못하기 때문에 일어나는 반면, 청소년의 자아중심성은 자신의 사고나 상위인지에 대해 사고할 수 있는 발달된 능력 때문에 초래된다.

1) 청소년의 자아중심성

형식적 조작기의 논리적 추리는 주체와 객체의 분화를 가능하게 하기 때문에, 타인의 사고로부터 그들 자신의 사고를 개념화할 수 있고 사실에 대한 반대명제를 구성할 수 있으며 그것에 대해 추론할 수 있다. 그러나 이 시기의 특징적인 자아중심성은 사회인지 능력에서의 결함으로 일어난다. 사회인지(social cognition)란 자신과 타인의 역할이나 관계는 물론 타인의 생각과 감정, 의도 등을 관찰하고 추론하고 개념화하는 개인의 능력이다(Lapsley, 1990).

자아중심성(egocentrism)은 원래 피아제가 제안한 개념으로 자신과 타인의 조망을 구별하지 못하는 현상을 의미한다. 인지적 왜곡의 한 형태인 자아중심성은 공간조망수용 능력(spatial perspective taking ability)을 획득하지 못한 전조작기의 아동들이 테이블 위에 놓인 세 개의 산(山)모형을 바라보면서, 아동의 맞은편에 앉은 인형도 자신과 동일할 모습의 산을 바라본다고 추론한 데서 기원한다.

문제는 초보적인 형식적 조작사고가 가능한 청년초기의 청소년들은 타인의 사고를 추론하는 과정에서 특징적인 인지적 결함을 나타낸다는 것이다. 자신의 신체와 행동에 몰두해 있는 청소년들은 타인들도 자신과 똑같이 자신의 생각과 행동에 몰두해 있다는 잘못된 가정을 함으로써 자기중심적 사고를 한다. 청소년들의 인지적 성장은 계속되고 있기는 하지만, 이 시기 특유의 자아중심성은 사회인지 능력의 발달을 방해한다.

2) 자아중심적 행동 특성

청소년의 자아중심성은 특징적 행동으로 표출된다. 엘킨드(Elkind, 1967)는 상상의 청중(imaginary audience)과 개인적 우화(personal fable)라는 현상으로 청소년의 자아중심성을 설명하였다.

(1) 상상의 청중

청소년들은 자신을 마치 상상의 청중 앞에서 있는 존재로 지각하고 행동하는 경향이 있다. 청소년 자신은 무대 위에서 스포트라이트를 받고 서 있는 배우이며, 타인들은 자신에게 주의집중하고 있는 청중들이다. 청소년들은 자신이 타인의 관심의 초점이 된다고 생각하기 때문에 강한 자의식(self-consciousness)을 갖는다.

David Elkind

상상의 청중현상은 청소년들의 죽음에 대한

상상에서도 나타난다. 때때로 자신이 죽는다면 다른 사람들이 어떤 반응을 보일 것인지를 상상하는 청소년들은, 그가 유능하고 훌륭한 사람이라는 것을 뒤늦게 알게 된 사람들이 그의 죽음을 애석해하는 장면을 떠올리며 흐뭇해 한다.

(2) 개인적 우화

상상의 청중에서 이미 지적한 것처럼, 자신이 타인의 관심의 대상이 된다고 생각하는 청소년들은 자신을 매우 중요한 존재로 지각하므로 자신의 감정이나 욕구는 타인과 비교될 수 없는 독특한 것이라는 개인적 우화를 만들어 낸다. 개인적 우화현상에 의해 청소년 자신의 사고는 성인들의 사고와는 비교될 수 없으며, 성인들이 청소년 자신을 이해하는 것은 불가능한 일이라고 생각한다. 엘킨드는 개인적 우화를 '청소년이 이야기하는 사실이 아닌 이야기'라고 정의하였다.

개인적 우화현상은 청소년 자신을 예외적인 존재로 지각하게 한다. 다른 사람들이 모두 죽더라도 자신은 죽지 않을 것이라고 생각하는 청소년들은 무모한 행동을 서슴없이 감행한다. 남자 청소년들 사이에서 빈번하게 발생하는 사고에 의한 사망이나 상해 혹은 약물중독 등은 개인적 우화의 전형적 예들이다.

여자 청소년들에게서 나타나는 개인적 우화현상의 예는 10대의 임신이 있다. 다른 소녀들이 모두 임신한다고 할지라도 자신은 아닐 것이라고 생각하는 여

개인적 우화현상에 의해 청소년들은 위험한 행동을 서슴없이 감행한다.

자 청소년들은 피임약을 사용할 필요가 없다고 생각한다. 물론 개인적 우화에 기인된 각종 사고는 여자 청소년들보다 남자 청소년들에서 훨씬 더 빈번하게 나타난다.

(3) 이상주의적 경향

청소년의 자아중심성은 현실을 개혁하려는 이상주의적 경향에서도 나타난다. 청소년들은 기성 세대가 확립한 가치관이나 사회 제도의 모순을 지적하면서 개혁을 주장한다. 그들은 사람들의 다양한 견해를 존중함이 없이 자신의 요구만을 관철시키려고 한다. 자신의 생각을 검증해 볼 기회를 갖지 못한 청소년들은 편협한 이상주의자들이다. 그렇다고 해서 청소년들이 주장하는 이상주의가 무조건 나쁘다는 것은 아니며, 때로 그들의 이상주의는 사회에 유용하게 활용될 수도 있다.

청소년의 자아중심성은 사회적 및 지적 경험을 통하여 점차적으로 감소된다. 타인과의 사회적 상호작용 경험은 그들이 우리와 다른 견해를 갖는다는 것을 인식하게 하므로 상상의 청중 현상을 약화시킬 수 있다. 동시에 개인적 우화는 특별한 타인과 깊은 개인적 정서를 교류함으로써 극복될 수 있다. 청소년들은 점차적으로 타인의 감정을 자신의 감정에 통합시킬 수 있고 그들 자신의 한계를 인식할 수 있다.

4. 형식적 조작능력의 발달에 영향을 주는 요인

청소년들은 형식적 조작능력을 발달시킬 수 있는 잠재능력을 지니고 있으며 그것은 연령에 따라 차이를 보인다. 피아제는 그의 초기 연구를 바탕으로 11세에서 15세 사이에 형식적 조작능력이 획득된다고 주장하였지만, 피아제 이후의 연구자들은 15세에도 완전한 형식적 조작능력을 획득할 수 있는 것은 아니라고 보고한다(Markovits 등, 1996). 청소년들은 어떤 과제에는 형식적 조작을 사용할 수 있지만 다른 과제에는 사용하지 못하기 때문에, 15세가 되어도 형식적 조작 전략을 모든 문제에 일관성 있게 적용하지는 못한다. 물론 청년후기의 대학생이나 성인들도 형식적 조작사고를 개인의 일반적인 추론 방식으로 통합하지 못하며 성인들의 30%만이 완전한 형식적 조작능력을 획득할 수 있다는 보고도 있다(Markovits & Valchon, 1990).

형식적 조작능력의 발달과 관련된 변인으로 IQ가 있다. 일반적으로 높은 IQ를 지닌 청소년들이 평균적 IQ의 청소년들보다 더 높은 수준의 형식적 조작능력을 획득하며, 지체된 아동들(IQ 60-80)은 형식적 조작능력을 발달시키지 못한다(Keating, 1990). 또한 기초적인 인지능력을 더 많이 지니고 있는 청년후기 청년들이 청년초기나 중기의 청소년들보다 더 발달된 형식적 조작능력을 지니고 있었다(Ward & Overton, 1990).

형식적 조작사고는 해결해야 할 과제가 물리적, 수학적 사고를 요구하는지 혹은 대인관계적, 사회적 사고를 요구하는지에 따라 다르게 발달한다(Keating, 1990). 일반적으로 대인관계나 사회적 관계를 다루는 과제보다는 물리적 혹은 수학적 과제에 대한 형식적 조작추리가 더 쉽고, 더 어린 연령에서 가능하다.

흥미로운 것은 형식적 조작능력의 발달과 부모-자녀간의 관계의 질 사이에 높은 상관이 있다는 것이다. 제이콥슨과 그 동료들(Jacobsen, Edelstein, & Hofmann, 1994)은 아동일 때 부모와 안정된 애착관계를 형성한 청소년들이 불안정한 애착관계를 형성한 또래들보다 형식적 조작사고를 지닐 가능성이 더 많다고 밝혔다. 그 이유는 안정된 아동들은 더 큰 자신감을 지니고 있기 때문이다.

그렇다면 형식적 조작능력은 어느 문화에서나 발견될 수 있는 보편적 현상인가? 가설연역적 추론이 요구되지 않는, 기술적으로 발달되지 못한 사회에서는 형식적 조작능력이 발달하기 어렵다. 동시에 아동을 양육하는 상이한 사회화 기법(socialization practices)은 형식적 조작능력의 발달에 차이를 가져온다. 그 증거로서 보통 남성들이 여성들보다 더 우수한 형식적 조작능력을 지니고 있고 동양문화권에서보다 서양문화권에서 더 높은 수준의 형식적 조작능력이 나타난다(Balk, 1995).

다행스럽게도 청소년들이 경험하는 다양한 환경 조건들은 형식적 조작사고를 자극하기에 충분하다. 아동기를 벗어나면서 청소년들의 경험 세계는 확대되고 수행해야 할 역할들이 증대되기 때문에, 청소년들은 다양한 역할들의 요구를 조작하고 균형을 이룰 수 있어야 한다. 청소년들은 자녀 역할과 친구 역할, 학생 역할, 제자 역할, 특정 종교의 교인 역할 등, 다양한 역할을 성공적으로 수행하기 위하여 한 번에 두 개 이상의 역할을 정신적으로 조작해야 하므로 형식적 조작사고를 발달시킬 수 있다.

특히 가설연역적 추론을 요구하는 고등학교 수준의 과학, 수학 및 언어 학습은 청소년들의 형식적 조작사고 발달을 촉진시킨다. 또한 청소년들은 동년배와의 상호작용 경험을 통하여 자신의 가치관을 평가하고 미래에 대한 기대를 수정하며 타인의 관점을 고려할 수 있는 조망수용능력을 획득함으로써 보다 발달된 형식적 조작사고 수준에 도달할 수 있다.

Ⅳ. 정보처리적 조망

지능에 대한 정보처리적 조망(information-processing perspectives)은 컴퓨터를 뇌의 모델로 활용한다. 이 조망에서는 인간의 뇌도 컴퓨터처럼 하드웨어와 소프트웨어로 구성되어 있다고 가정한다. 하드웨어는 뇌의 세포와 기관에 해당하고 소프트웨어는 정보처리를 위한 학습된 전략을 의미한다. 컴퓨터는 정보를 입력하고 입력된 정보에 어떤 조작을 가한 후에, 그것을 저장하며 출력을 생성한다. 인간의 뇌도 컴퓨터와 같이 정보에 대해 선택적으로 주의를 기울이고 지각하며 그것을 연합하거나 조작한다.

따라서 정보처리 이론가들은 컴퓨터 과학자들이 프로그램을 짤 때 사용하는 동일한 기법을 인간의 사고를 이해하는 데 적용한다. 그들은 인간의 사고를 구성요소(component)로 세분하고 각 구성요소들이 결합되는 방식에 따라 문제해결방식이 결정된다고 가정한다. 만약 이 구성요소들 중의 어떤 기능이 결핍될 때 정확한 문제해결은 방해를 받는다.

1. 정보처리에서의 인지적 자원

정보처리능력에서의 발달적 변화는 정보처리의 용량과 속도의 증가에 의해 영향을 받는다. 용량과 속도 양자는 자주 인지적 자원(cognitive resources)으로 분류되고 기억과 문제해결에 영향을 주는 중요한 요인으로 인식된다. 청년기 동안 인지적 자원을 의식적으로 통제하고 의도적인 방식으로 배치하는 능력이 발달한다. 앞에서 설명한 것처럼, 인지적 자원의 발달은 뇌구조에서의 뉴런 연결의 증가와 감소 및 수초화에 기초한다(Giedd 등, 2006; Nelson, Thomas, & de Haan, 2006).

대부분의 정보처리 이론가들은 용량에서의 증가가 정보처리능력을 개선시킨다고 주장한다(Halford, 2004). 예를 들면 보다 더 큰 정보처리 용량을 지니고 있는 청소년들은 한 번에 하나 이상의 문제나 주제를 다룰 수 있는 반면, 정보처리 용량이 적은 아동들은 단지 하나의 문제에만 집중하는 경향이 있다. 정보처리 속도 또한 사고능력과 연결되므로(Bjorklund, 2005), 정보처리 속도가 빠른 청소년들은 더 많은 양의 정보를 기억할 수 있고 인지과제를 더 유능하게 수행할 수 있다.

2. 청년기 동안 정보처리능력의 변화

정보처리적 관점에서, 개인의 지능은 장기기억의 용량과 인지전략의 선택, 정보처리의 속도 및 자아 메커니즘에 의한 정보 활동으로 평가된다(Sternberg & Powell, 1983). 그러므로 장기기억 속에 저장된 지식이 많을수록, 효과적인 인지전략을 사용할수록, 정보처리의 속도가 빠를수록 그리고 자아 메커니즘에 의한 정보처리 활동의 통합 역할이 효과적일수록 머리가 좋은 청소년이다. 스턴버그와 파우월은 특히 어떤 주어진 과제에 정신적 과정과 자원을 할당하고 조절하는 개인의 자아 메커니즘의 역할이 지능의 핵심이라고 강조하였다.

그렇다면 청년기 동안 정보처리의 어떤 구성요소들에서 변화가 일어나는가? 정보처리능력에서의 발달 결과로 청소년들은 아동과는 다르게, 추상적으로 사고할 수 있고 다차원적 사고와 가설적 사고가 가능하다. 그 이유는 청년기 동안 다음과 같은 다섯 가지 영역에서 진보하기 때문이다.

첫째, 청년기 동안 주의(attention)를 기울이는 능력이 발달한다. 주의력에서의 발달은 선택적 주의(selective attention)와 분할된 주의(divided attention) 양자에서 일어난다. 선택적 주의란 여러 개의 자극이 존재하는 데도 하나의 자극에 선택적으로 집중할 수 있는 능력인 반면, 분할된 주의란 동시에 두 가지 자극에 주의를 기울일 수 있는 능력에 해당한다.

아동에 비해 청소년들이 주의를 분산시키는 시끄러운 환경에서도 자신이 하고 있는 일에 더 잘 집중할 수 있는 것은 선택적 주의력이 발달된 결과이며 음악을 들으면서 공부를 할 수 있는 것은 분할된 주의력의 증가 때문이다. 주의력에서의 개선은 청소년이 아동보다 복잡한 과제에 더 잘 집중할 수 있고 더 잘 이해할 수 있다는 것을 의미한다(Casteel, 1993).

둘째, 청년기 동안 기억 능력이 개선된다. 기억 능력의 개선은 작동기억(working memory)과 장기기억(long-term memory) 모두에서 일어난다(Pressley & Hilden, 2006). 우리가 문제해결에서 기억의 중요성을 이야기할 때, 우리는 전형적으로 장기기억의 한 측면인 기억한 사실을 인출하는 것만을 생각하기 쉬우나 30초 정도 보유되는 작동기억도 문제해결에서 중요한 역할을 한다.

한 예로서 사지선다형 문항을 풀어야 할 때 방금 읽은 문항들을 잠시 동안 기억하고 있지 못한다면 현재 읽고 있는 문항과 비교해 볼 수 없을 것이다. 작동기억의 용량이 클수록 문제해결에 필요한 정보를 많이 보유할 수 있으므로 청소년이 아동보다 더 유능한 문제해결자일 수 있는 것도 이 때문이다. 작동기억은 8세부터 24세까지 계속해서 발달하므로 청년기는 작동기억의 발달에서 매우 중요한 시기이다(Swanson, 1999). 작동기억에서의 증가는 청년기 동안 읽기 기술의 발달에 크게 기여한다(Siegel, 1994).

셋째, 청년기 동안 정보처리 속도도 증가한다(Kail, 2000). 인지과제의 유형과는 상관없이 나이 많은 청소년이 어린 청소년보다 더 빠르게 정보를 처리하고 어린 청소년은 아동보다 더 빠르게 정보를 처리한다. 정보처리 속도는 아동기와 청년기 사이에 극적으로 증가하고 청년기 동안에도 계속해서 증가한다(Kail & Miller, 2006). 일반적으로 15세경에 이르면 성인초기 젊은이들만큼 빠른 정보처리가 가능해진다.

넷째, 개인의 체제화 전략(organizational strategies)에서 진보가 이루어진다(Drumm & Jackson, 1996). 체제화 전략이란 기억을 촉진시키기 위하여 항목들을 의미있는 집단이나 청크(chunk)*로 분류하는 방식에 해당하는 발달된 기억전략이다. 청소년은 아동보다 더 계획적이고 마음 속에 적절한 정보처리 전략을 가지고 문제에 접근하기 때문에 더 빠르고 정확하게 문제를 해결할 수 있다.

다섯째, 청년기 동안 자신의 사고과정에 대한 지식인 상위인지(metacognition) 능력이 발달한다(Flavell, Miller, & Miller, 2002; Kuhn & Franklin, 2006). 청소년들은 발달된 상위인지 능력을 바탕으로 그들 자신의 사고에 대해 더 잘 생각할 수 있고, 자신의 학습과정도 훨씬 더 잘 검색할 수 있으며, 쉬운 과제냐 어려운 과제냐에 따라 학습 속도도 조절할 수 있다. 그러나 발달된 상위인지 능력은 자신을 지나치게 의식하게 하는 자의식(self-consciousness)을 증가시켜 타인들 앞에서의 수행을 방해한다.

3. 청년기의 의사결정능력

정보처리의 중요성은 청년기의 의사결정능력(decision-making competence)에서 뚜렷하게 나타난다. 이 시기의 의사결정 능력은 청년기 발달과업의 성취를 위한 바탕이 되며 교육적, 직업적 선택은 물론 정체감 형성과 가치관의 선택에서 특히 중요한 역할을 한다.

개인의 의사결정은 다음과 같은 일련의 과정을 거쳐 이루어진다.

① 어떤 대상물에 대해 평가하고 광범위한 대안을 모색한다
② 대안들의 긍정적 결과와 부정적 결과를 고찰한다.
③ 부가적 정보가 요구될 때, 그것을 구하거나 요구한다.
④ 수집된 정보를 바탕으로 이전의 결과와 비교 검토한다.
⑤ 의사결정이 이루어지면 그것을 행동으로 실행한다.

* 청크(chunk): 작동기억을 촉진시키기 위해 개인에 의해 활용되는 최대 유의미 묶음 단위.

개인의 의사결정 능력은 고등학교 시기는 물론 대학연령에서도 계속해서 발달하므로(Halpern-Felsher & Cauffman, 2001), 각 개인은 점점 더 독립적으로 행동할 수 있게 된다. 일찍이 루이스(Lewis, 1981)는 12세부터 18세까지의 청소년들을 대상으로 성형수술을 받을 것인지 아닌지를 결정하게 하고, 다음과 같은 다섯 가지 차원에 따라 청소년들의 반응을 평가하였다. 즉 ① 의사결정의 잠재적 위험을 인식하는 정도, ② 미래에 나타날 결과를 고려하는 정도, ③ 부모나 동년배 혹은 다른 전문가의 조언을 구하는 정도, ④ 새로운 정보에 맞추어 태도를 수정하는 정도 그리고 ⑤ 조언자의 의도나 편견을 인식하고 거기에 대응하는 정도가 그것이다.

그림 4-4는 7-8학년과 10학년 그리고 12학년의 세 집단에서 나타난 의사결정 능력에서의 차이를 보여 준다. 연구자가 설정한 다섯 가지 차원 중 네 가지 차원에서 연령에 따른 차이가 있었으며, 더 나이 많은 청소년들이 더 발달된 의사결정 능력을 지니고 있었다. 다시 말하면 더 나이 많은 청소년들은 어린 청소년들보다 위험을 더 잘 인식하고 미래의 결과를 고려하며 전문가의 조언을 구하는가 하면 조언자의 의도나 편견을 더 잘 판단할 수 있었다.

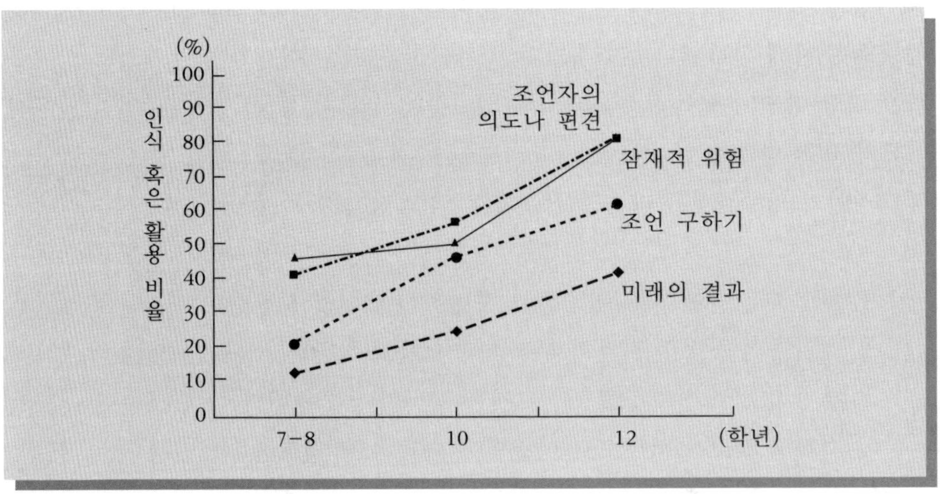

그림 4-4 의사결정 능력의 변화

출처: Lewis, 1981.

카우프만과 스타인버그(Cauffman & Steinberg, 2000)도 청년기 동안 의사결정 능력이 발달하고 대학 연령에 이르면 성인수준의 성숙한 의사결정 능력을 획득한다고 보고하였다. 일반적으로 19-20세 이후에는 의사결정 능력에서 큰 변화가 없으며 여성들이 남성들보다 일관성 있게 더 높은 수준의 의사결정 능력을 지니고 있다. 실제로 평균 20세의 젊은이들이 15세의 청소년보다 더 유능한 의사결정을 할 수 있지만, 15세 청소년 중에서도 성숙한 의사결정이 가능한 사람이 있고 독자적인 의사결정이 불가능한 무책임한 20세 청년도 있어 큰 개인차가 있다.

V. 사회적 맥락에서 인지의 역할

청년기 동안의 발달된 인지능력은 청소년들의 매일의 사고와 행동에 영향을 준다. 청년기 동안 획득한 명제적 논리나 정보처리능력에서의 발달이 청소년들의 실제 생활에 주는 영향을 설명한다.

1. 사회인지능력의 변화

추상적 사고와 가능성에 대한 사고 및 중다차원적 사고가 가능한 청소년들은 사회적 문제에 관해 추론해야 할 때 보다 더 세련된 방식의 추론을 할 수 있다. 아동과 비교하여, 대인관계에 대한 청소년들의 개념은 보다 더 성숙되고 인간행동에 대한 그들의 이해는 보다 더 발달되어 있으며, 타인의 생각을 추론하고 이해하는 능력은 훨씬 더 정확하다. 청년기 동안의 사회인지능력의 발달은 청년기의 중요한 발달과업들 —정체감, 자율성, 친밀성, 성취, 성욕— 을 성공적으로 성취할 수 있도록 한다.

청년기 동안의 사회인지능력에 대한 연구는 개인이 타인을 판단하는 인상형성(impression formation) 문제와 타인의 사고와 감정을 평가하는 사회적 조망수용능력(social perspective taking abilities)으로 요약될 수 있다.

1) 인상형성

청년기 동안 타인에 대한 인상을 형성하는 방식은 다음과 같은 다섯 가지 방향으로 발달한다(Hill & Palmquist, 1978; Santrock, 2008).

첫째, 인상의 형성은 점진적으로 분화된다. 청소년은 아동보다 자신을 포함하여 타인에 대해 보다 더 세분화되고 더 협의로 정의된 범주로 기술할 수 있다. 아동이 성별이나 연령과 같은 특성에 한정된 개인의 전체적 인상을 기술한다면, 청소년은 흥미나 성격 특성과 같은 개인의 속성을 바탕으로 사람을 기술한다.

둘째, 점차적으로 자아중심성이 감소된 인상을 형성한다. 청소년은 타인에 대한 개인의 인상이 그의 주관적 판단에 기초한다는 것을 알기 때문에, 어떤 사람에 대한 자신의 인상과 타인의 인상이 불일치할 수 있다는 것을 인식한다.

셋째, 타인에 대한 인상은 보다 더 추상적이 된다. 신체적 특성이나 개인적 소유물같은 구체적 속성을 바탕으로 타인을 기술하는 아동기 방식에서 점차 벗어나서 태도나 동기와 같은 추상적 요인에 더 많이 의존하는 인상을 형성한다.

넷째, 타인에 대한 인상을 형성할 때 추론(inference)을 더 많이 사용한다. 구체적인 정보가 부재할 때도 청소년은 아동보다 타인의 감정을 해석하고 타인의 동기와 신념 및 감정을 더 잘 추론할 수 있다.

다섯째, 타인에 대한 청소년들의 인상은 점점 더 조직화된다. 청소년은 아동보다 개인의 성격 특성과 그것이 표현되는 상황을 연결지어 타인을 판단하기 시작한다("그 청년은 다른 사람들과 함께 일할 때 몹시 성급하다").

이와 같은 발달된 인상형성 능력은 청년후기와 성인초기의 친밀한 관계를 형성할 때 중요한 역할을 한다.

2) 사회적 조망수용능력

청년기 동안 인상형성능력의 획득과 함께 타인의 조망에서 사건을 바라볼 수 있는 능력이 발달한다. 조망수용능력의 발달에 관해 광범위하게 연구한 셀만(Selman, 1980)은 사회적 조망수용능력은 자신에서 타인으로의 관점의 이동이라는 피아제식 설명 이상의 것이라고 강조한다. 셀만에게 있어서 사회적 조망수용은 단순히 두 사람이 상이한 견해를 갖는다는 것을 인식하는 것이 아니라 양자가 어떤 관련성을 가지고 있고 조화된 견해를 유지하기 위해 어떻게 행동해야 하는지를 아는 것이다.

제2장에서 이미 설명한 것처럼, 청년기는 셀만이 제시한 조망수용 단계의 3단계(10-15세)와 4단계(12세 이후)에 해당한다. 이 시기의 개인들은 제 3자의 입장에서 자신과 타인의 관계를 고려하기 시작한다. 동시에 개인의 성격을 복잡하고 완전한 발달역사를 갖는 자아체계로 인식하고 가치, 신념, 특성 및 태도의 종합적 산물로 이해한다. 그 결과 4단계의 개인들은 자신과 타인이 갖는 다양한 수준의 이해 관계에 대해 추상적으로 사고할 수 있고 그 자체로서 수용할 수 있다.

궁극적으로 조망수용능력의 발달은 의사소통능력의 발달을 가져온다. 청소년들은 타인의 견해가 자신과 다르다는 것을 이해함으로써 자신의 주장을 조절할 수 있다. 그들은 새로운 스테레오를 사고 싶을 때도 "내 스테레오를 갖고 싶다"고 부모에게 주장하기보다는 "내가 스테레오를 갖는다면, 어머니는 시끄러운 음악소리 때문에 더 이상 괴로움을 당하지 않아도 될 것이다"와 같은 방식으로 어머니를 설득할 수 있다.

청년기 동안 어휘의 증가와 함께 진보된 인지능력은 추상개념과 은유 및 유추를 이해할 수 있도록 돕는다. 동시에 그들은 이중적 의미를 내포하는 말이나 풍자 혹은 애매한 농담을 이해할 수 있고 청자의 입장에 맞추어 언어를 구사할 수 있어 그들의 사회적 능력은 계속해서 발달해 간다.

2. 청년기의 위험감행 행동

청년기 동안의 사고발달과 관련된 또 다른 연구분야로 위험감행(risk-taking) 행동이 있다. 성인들이 볼 때 당연히 사고를 불러일으킬 수 있는 행동임에도 불구하고, 청소년들은 자주 무모한 행동을 저지른다. 약물남용, 무모한 운전과 과속의 질주 혹은 피임을 하지 않은 성행동과 같은, 사전에 예방될 수 있는 행동의 결과로 청소년들의 건강은 심각한 위협을 받는다. 그렇다면 청소년들은 왜 이와 같은 위험한 행동을 저지르는가? 인지능력이 부족하기 때문인가?

연구자들(Fischoff & Quadrel, 1995)은 소위 행동결정 이론(behavioral decision theory)의 조망에서 청소년들의 위험감행 행동을 설명하려고 한다. 이 이론에 의하면, 모든 행동은 다음과 같은 일련의 과정을 거쳐 이루어진다.

① 대안적 선택을 확인하기
② 각 선택의 결과를 비교하기
③ 결과들의 바람직함을 평가하기
④ 결과들의 가능성을 평가하기
⑤ 어떤 결정 규칙에 따라 이 모든 정보를 결합하기

행동결정 이론에 따라 한 여자 대학생이 술취한 남자 친구가 차로 데려다 주겠다는 제의를 받아들일 것인지 아닌지를 결정하는 과정을 예로 들어 보자. 이러한 의사결정 과정은 그림 4-5와 같이 그려질 수 있다.

① 대안적 선택의 확인: 차로 데려다 주는 것을 받아들일 것인가 아닌가.
② 선택결과의 비교: 친구의 차를 타고 사고를 당한다면, 나는 크게 다칠 것

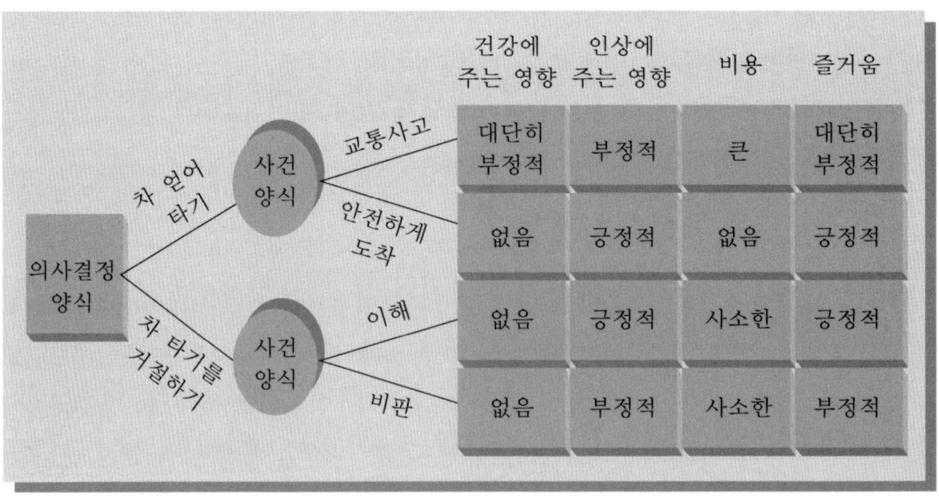

그림 4-5 행동결정 이론에 따른 의사결정 과정

출처: Fischoff & Quadrel, 1995.

이다; 그러나 만약 내가 차로 데려다 주는 것을 거절한다면, 친구와의 관계가 소원해질 위험이 있다.

③ 결과의 바람직함 평가: 사고를 당한다는 것은 무서운 일이며, 나는 그와 같은 무서운 일을 당하고 싶지 않다. 그러나 친구와의 관계가 소원해지고 친구를 잃는다는 것은 나쁜 일이기는 하지만 무서운 일은 아니다.

④ 결과의 가능성 평가: 친구는 내가 차타기를 거절했다고 해서 나에 대한 태도를 바꾸지는 않을 것이다. 나는 친구의 호의를 거절하였으므로 미안한 마음을 갖지만, 어쨌든 친구는 나와의 관계를 끊지는 않을 것이다.

⑤ 여자 대학생은 어떤 결정 규칙에 따라 이상의 모든 정보들을 결합할 것이다.

행동결정 이론의 조망에서 중요한 것은 청소년들이 대안적 행동을 선택하고 결과를 비교, 추정 그리고 평가하는 과정에서 성인과 상이한 의사결정 과정을 경험하는지 아닌지이다. 만약 위험한 결정이 잘못된 정보처리의 결과라면, 청소년의 위험감행 행동을 감소시키는 수단으로 기본적인 인지능력을 훈련시키면 될 것이다.

그러나 이 분야의 많은 연구들은 청소년들은 성인과 동일한 인지과정을 거쳐 의사결정을 한다고 밝힌다. 임신을 종결지을 것인지 아닌지와 같은 복잡한 문제를 결정할 때도 청소년들은 성인과 동일한 의사결정 과정을 경험하며, 개인적 우화에 의해 영향받을 가능성도 성인들보다 더 많지 않았다(Quadrel, Fischoff, & Davis, 1993).

청소년과 성인의 유일한 차이는 결과의 바람직함을 평가할 때 서로 다른 방식을 사용한다는 것이다. 그 예로서 친구와 불법적 약물을 복용할 것인지 아닌지를 결정하는 과정에서 청소년과 성인들은 약물을 복용했을 때의 결과를 동일하게 고려할 수 있다. 그러나 성인들은 약물 복용에서 오는 건강의 위험을 중요시하는 반면, 청소년들은 복용하지 않았을 때 친구로부터 배척당하는 것을 더 중요시한다.

일반적으로 성인들은 청소년의 행동을 비합리적이라고 주장하고 청소년들 역시 성인의 결정을 이해할 수 없다고 생각한다. 그러나 행동결정 이론은 설령 그것이 위험한 결정이라고 할지라도 행동의 다양한 과정을 평가하는 방식 자체가 합리적이기 때문에 모든 행동은 합리적이라고 설명한다.

문제는 행동결정 이론이 주장하는 것처럼 청소년이나 성인들의 모든 결정이 항상 합리적인 것은 아니라는 것이다. 그럼에도 불구하고 이 접근은 위험한 결정을 비합리적인 잘못된 판단으로 보는 대신에 청소년들이 어디에서 어떻게 그와 같은 결론에 도달했는지를 이해하려고 함으로써 청소년의 위험감행 행동에 대한 새로운 시각을 제공했다는 점에서 중요시된다.

그러나 개인의 행동결정에는 인지적 요인만 영향을 미치는 것은 아니다. 우리는 정서적 요인이나 맥락적 요인들도 청소년들의 위험감행 행동에 영향을 준다는 것을 기억할 필요가 있다. 동년배 압력에 대한 민감성과 충동성 혹은 즐거움 추구나 감각추구 경향성과 함께 청소년들의 소망, 흥미, 동기 등도 위험감행 행동에 영향을 줄 수 있다(Steinberg & Cauffman, 1996). 만약 부모나 주위 성인들이 청소년들의 위험행동을 철저하게 감시하고 사회적, 법적 혹은 제도적 수단을 동원하여 위험한 행동을 할 기회를 차단한다면, 청소년들의 위험감행 행동은 그에 상응하게 감소할 것이다.

05장 자기이해의 발달과 정체감 탐색

Ⅰ. 자기이해의 발달
  1. 아동기와 청년기의 자기이해
  2. 자기개념과 자기존중감
  3. 자기존중감 발달의 연령차와 성차
  4. 자기존중감 발달에 영향을 주는 요인
  5. 자기존중감의 예언효과

Ⅱ. 정체감 탐색
  1. 에릭슨의 8단계와 정체감 위기
  2. 청년기와 정체감
  3. 정체감 획득과 사회적 맥락

Ⅲ. 정체감 상태
  1. 마샤의 정체감 상태
  2. 정체감 상태에서의 발달적 변화
  3. 정체감 발달과 관련요인

Ⅳ. 정체감 형성과 성역할
  1. 성역할 고정관념과 성역할 정체감
  2. 청년기 동안의 성역할 사회화
  3. 정체감 발달의 성차
    1) 남성의 정체감 발달
    2) 여성의 정체감 발달

Ⅴ. 직업선택
  1. 직업선택의 발달적 특성
  2. 직업선택에 영향을 주는 요인
    1) 직업선택과 개인의 성격특성
    2) 직업선택과 정체감 발달
    3) 직업선택과 부모의 영향
    4) 성역할 정체감과 그 외의 요인

Adolescent Psychology

제5장 자기이해의 발달과 정체감 탐색

청년기는 “나는 누구인가?” “나는 무엇을 할 수 있는가?”에 대해 의문을 제기하고 그 해답을 얻기 위하여 노력하는 시기이다. 일찍이 에릭슨(E. Erikson)은 그의 저서 「정체감: 청년과 위기」에서 자아정체감 발달에 관해 광범위하게 논의하고, 청년기는 자기정의와 자기존중감의 문제가 중요해지는 시기이므로 이 시기의 젊은이들은 정체감 위기에 처한다고 주장하였다. 그러므로 이 장에서는 청년기의 정체감 발달과 관련된 자기이해의 발달을 먼저 설명하고 청년기 핵심과업인 정체감 형성과정을 논의한다. 또한 개인의 정체감 형성은 성역할 정체감이나 직업선택 문제와 밀접한 관련이 있으므로 이 장에서 함께 설명한다.

Ⅰ. 자기이해의 발달

자기이해(self-understanding)란 개인의 자기에 대한 인지적 표상으로 자기개념의 본질이나 내용에 해당한다. 청년기 동안의 인지적 변화는 자신을 생각하는 방식에 변화를 가져오므로 이 시기의 자기이해의 발달은 매우 복잡하고 중다의 측면을 포함하며(Harter, 2006), 그것은 정체감 형성을 위한 기초를 제공한다.

1. 아동기와 청년기의 자기이해

아동기와 청년기의 자기이해에서의 차이를 설명하면 다음과 같다(Harter, 2006).

① 자기이해의 내용에서 차이가 있다. 구체적 조작기 아동의 자기에 대한 기술은 비교적 간단하고 구체적 사물에 한정되어 있다. 그러나 형식적 조작능력을 획득한 젊은이들의 자기에 대한 기술은 복잡하고 추상적이며 심리적인 측면을 포함하므로 개인적 신념이나 동기에 대한 언급은 물론 대인관계에 대한 설명도 이루어진다.

② 자기이해의 구조에서 차이가 있다. 청년기 동안의 자기에 대한 이해는 구조적으로도 더 분화된다. 그 예로서 "내가 누구인가?"라는 질문에 대답하게 하면 아동과 청소년의 차이가 쉽게 드러난다. 아동은 "나는 멋진 사람이다" "나는 친절하다"와 같이 자신의 전체적 특성을 기술하는 반면, 청소년은 "나는 기분이 좋을 때는 멋진 사람이다" "나는 예전에 만난 적이 있는 사람들과 함께 있을 때는 친절하다"와 같이 구체적 상황에서의 자신의 특성이나 속성을 기술한다.

분화의 증거는 자신에 대한 청소년 자신의 견해와 타인들의 견해를 구별할 때도 나타난다. 다른 사람과 함께 있을 때 어떻게 행동하는지를 기술하게 하면, 청소년들은 "나는 수줍음을 탄다" 혹은 "나는 사교적이다"라고 말하는 대신에, "사람들은 내가 전혀 수줍어하지 않는다고 생각하지만, 사실 나는 사람을 처음 만날 때마다 신경과민이 된다"라고 말한다. 또한 청소년들은 "부모님은 나를 조용한 사람이라고 생각하지만, 친구들은 내가 그렇지 않다는 것을 잘 안다"와 같이 서로 다른 사람들이 자신을 다르게 볼 수 있다는 것도 인식한다.

③ 조직화와 통합에서 차이가 있다. 아동은 다소 분리된 별개의 특성으로 자신을 기술하지만, 청소년은 보다 더 논리적이고 일관성 있는 전체로서 자신의 상이한 측면들을 통합한다. 예를 들면 아동은, "나는 친절하다" "나는 수줍음을 탄다"로 자신을 기술하는 반면, 청소년들은 "나는 사람을 처음 만날 때 수줍음을 타지만, 그 사람을 알게 되면 나는 매우 친절하게 행동한다"와 같이 기술한다.

④ 청소년들은 자신의 실제적 자기(actual self: 현재의 자기)와 이상적 자기(ideal self: 되고 싶어하는 자기) 그리고 두려워하는 자기(feared self: 청소년들이 되기를 두려워하는 자기)를 구별할 수 있다. 자기에 대한 세분화는 청소년들이 두려워하는 자기를 회피하고 이상적 자기를 향해 노력할 수 있도록 한다.

이상적 자기와 두려워하는 자기 사이에 균형을 이룰 때 우리는 자기에 대한 건강한 이해가 이루어졌다고 이야기한다. 정상 청소년과 비교하여 비행 청소년들은 범죄자가 되는 것을 두려워하면서도 이러한 두려움과 균형을 이룰 긍정적인 이상적 자기를 지니고 있지 않았다(Oyserman & Markus, 1990). 또한 청소년들은 현재와 과거의 자기보다는 현재와 미래의 자기 사이에 더 큰 유사성이 있다고 지각하였다(Hart, Fegley, & Brengelman, 1993).

거짓의 자기(false-self)도 존재한다. 청소년들은 다른 사람들이 싫어하는 자신의 측면을 감추기 위하여 거짓의 자기(false-self)를 보여 주는 행동도 한다. 그들은 친한 친구와 함께 있을 때보다는 부모와 함께 있을 때 혹은 데이트할 때 자주 거짓의 자기로서 행동한다. 하트 등(Hater, Waters, & Whitesell, 1996)에 의하면, 부모나 친구로부터 정서적 지원을 적게 받는다고 지각하는 청소년들과 낮은 자기존중감을 지니고 있는 청소년들 그리고 우울하고 무력하다고 느끼는 청소년들이 더 자주 거짓의 자기로서 행동하였다.

⑤ 청소년은 아동보다 더 자의식적이고 자기 자신에 더 많이 몰두한다. 그러나 청소년들의 자기이해는 사회와 고립되어 이루어지는 것이 아니므로, 시간이 지나면 점차 자의식에서 벗어날 수 있다. 특히 친구는 청년초기 청소년들이 자의식에서 벗어날 수 있도록 돕는 사회적 거울(social mirror)의 역할을 한다.

자의식은 공적 자의식과 사적 자의식으로 구분될 수 있다. 13세부터 18세까지 청소년들의 자의식 발달을 종단적으로 연구한 랜킨과 그 동료들(Rankin 등, 2004)에 의하면, 외모, 행동, 언어와 같이 타인에게 보여 주는 자기의 측면에 해당하는 공적 자의식(public self-consciousness)은 13세부터 16세까지 매우 강하고 안정적인 수준을 유지하였고 이후 약간 감소하였으며, 소녀들이 소년들보다 더 강한 공적 자의식을 지니고 있었다. 그러나 사고, 정서, 태도와 같은 숨겨진 자기의 측면을 포함하는 사적 자의식(private self-consciousness)은 남녀 모두 13세부터 18세까지 계속 증가하였다.

이외에도 청소년은 아동보다 자신을 평가할 때 사회적 비교(social comparison)를 더 많이 사용한다. 그러나 어느 사회에서나 사회적 비교는 바람직하지 않다고 생각되기 때문에 청소년들의 사회적 비교는 청년기 동안 점차 감소한다.

2. 자기개념과 자기존중감

개인의 자기에 대한 이해는 자주 자기개념(self-concept)이나 자기존중감(self-esteem)이라는 용어로 설명된다. 그렇다면 자기개념과 자기존중감은 무엇이고 어떤 차이가 있는가? 우선 자기개념이란 학업능력, 운동능력, 신체외모와 같은 구체적 영역에 대한 자기평가로서 자기에 대한 영역-특징적(domain-specific) 평가에 해당한다. 예를 들어, 어떤 청소년이 학교에서 공부를 잘 하지 못하기 때문에 부정적인 학업적 자기개념을 지니고 있지만, 그는 우수한 수영선수이기 때문에 긍정적인 운동적 자기개념을 갖는 것이 여기에 해당한다.

이와는 달리 자기존중감은 자기가치(self-worth)나 자기상(self-image)에 해당하며, 자기에 대한 전체적인 평가를 의미한다. 그 예로서 어떤 소녀는 자신을 단순히 사람으로 생각하는 것이 아니라 좋은 사람이라고 생각함으로써 높은 자기존중감을 갖는다. 그러나 모든 청소년들이 자신에 대해 전체적인 긍정적 상을 갖는 것은 아니므로 어떤 청소년들은 자신을 나쁜 사람이라고 생각하고 낮은 자기존중감을 갖기도 한다.

이와 같이 최근의 많은 연구자들(Santrock, 2008; Dusek & McIntyre, 2003; Harter, 2006)은 자기존중감을 전체적인 자기에 대한 평가로 그리고 자기개념을 영역특징적 자기에 대한 평가로 정의하지만, 모든 연구자들이 여기에 동의하는 것은 아니다. 어떤 연구자들은 자기존중감과 자기개념을 분명하게 구별하지 않기도 하고 때로 서로 혼용해서 사용하기도 한다. 또한 로젠버그(Rosenberg, 1985) 같은 연구자는 긍정적 자기개념은 항상 높은 자기존중감을 포함한다고 주장함으로써 자기존중감을 자기개념의 하위요소로 설명하였다.

아동과 성인의 자기존중감이나 자기개념을 측정하는 척도들은 많이 있으나 청소년이나 대학생을 위한 척도는 드물다. 하트(Harter, 1989)는 청년기 동안의 자기개념과 자기존중감을 측정하기 위하여 자기 지각 프로파일(Self-Perception Profile for adolescent)을 개발하였다. 이 척도는 학업능력, 운동능력, 사회적 능력, 신체외모, 품행, 우정, 낭만적 매력 그리고 직업능력의 8가지 영역과 함께 전체적인 자기가치를 측정한다.

일부의 연구자들은 자기존중감을 측정하기 위해서는 한 가지 이상의 방법이 사용되어야 한다고 주장한다. 즉 자기보고 방식은 물론 친구나 교사, 부모 혹은 모르는 타인들에 의한 평정과 다양한 상황에서의 행동관찰이 이루어질 때 보다 더 정확한 자기존중감을 측정할 수 있다는 것이다. 이외에도 청소년의 얼굴표정과 자신에 대한 만족 정도 그리고 미소짓거나 행복해하는 정도 모두 젊은이들이 자신을 바라보는 좋은 지표일 수 있다.

그러나 개인이 지니고 있는 자기존중감은 항상 자신의 실제 모습만을 반영하는 것은 아니다(Baumeister 등, 2003). 그러므로 어떤 사람이 높은 자기존중감을 지니고 있다고 할 때, 그것은 자기가치에 대한 개인의 정확한 지각일 수도 있지만 동시에 타인에 대한 오만하고 과장된 우월감에 지나지 않을 수도 있다. 마찬가지로 낮은 자기존중감은 자신의 단점이나 결점에 대한 정확한 지각일 수 있지만, 동시에 왜곡되고 병리적인 열등감이나 불안정성의 표현일 수도 있다.

3. 자기존중감 발달의 연령차와 성차

초등학교에서 중학교로 진학할 때 자기존중감이 감소한다고 주장하는 연구자들이 많이 있다(Twenge & Campbell, 2001). 그러나 개인의 자기존중감은 전생애 동안 많은 변화가 일어나는 과도기나 그 직후에 감소하므로 중학교에서 고등학교 그리고 고등학교에서 대학교로 진학할 때 자기존중감이 감소할 수 있다.

9세부터 90세까지 326,641명을 대상으로 횡단적으로 연구한 로빈스와 그 동료들(Robins 등, 2002)은 "나는 높은 자기존중감을 지니고 있다"라는 문항에 대해 5점 척도상(1점: 강하게 부정, 5점: 강하게 긍정)에 응답하게 하였다.

이 연구에서 개인의 자기존중감은 그림 5-1과 같이 청년기 동안 하락하고 20

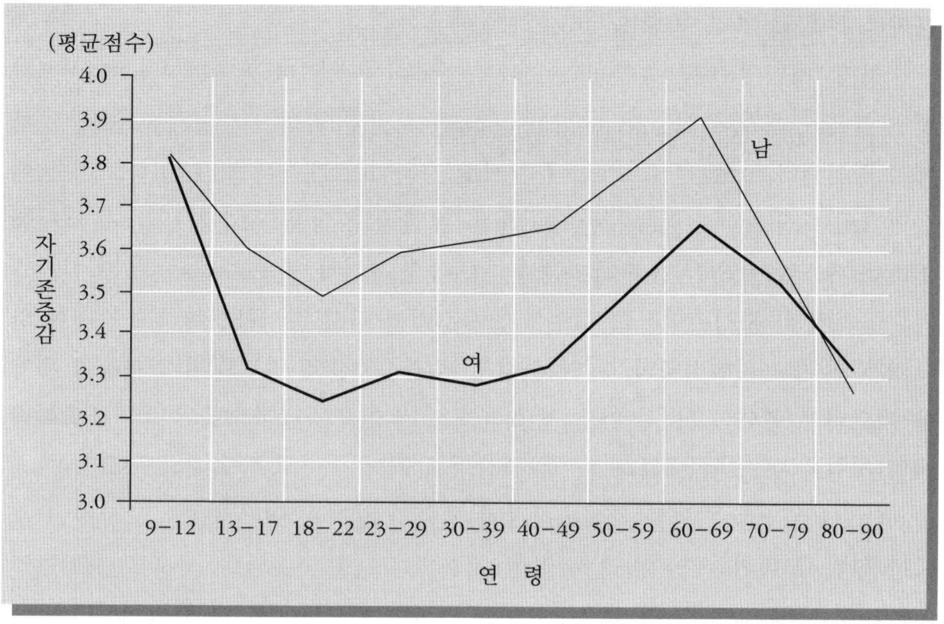

그림 5-1 전생애 동안 자기존중감의 변화
출처: Robins 등, 2002.

대에 증가하여 30대에는 큰 변화 없이 그대로 유지되다가 40대부터 60대 중반까지는 증가하였으며, 그 이후부터 급격하게 하락하는 양상을 나타내었다. 또한 거의 모든 연령에서 남성들이 여성들보다 더 높은 자기존중감을 지니고 있었다. 레티 등(Raty 등, 2005)의 연구에서도 여자 청소년들이 남자 청소년들보다 더 낮은 자기존중감을 지니고 있었고 그들의 낮은 자기존중감은 부적응과 연합되어 있었다.

물론 일부의 연구자들(Harter, 2002; Hyde, 2005, 2007)은 청년기 동안 자기존중감이 하락한다고 할지라도 하락 폭은 매우 적다고 주장한다. 그림 5-1에서도 소녀들의 자기존중감 점수가 하락하기는 하지만 어느 연령에서나 평균점(3.0) 이상이 유지되고 있으므로 하락폭이 크지 않은 것은 분명하다.

청년초기 여자 청소년들의 자기존중감이 더 많이 하락하는 이유는 무엇일까. 어떤 연구자들은 여자 청소년들이 남자 청소년들보다 사춘기 변화 동안 더 부정적인 신체상을 갖기 때문이라고 주장한다(Harter, 2006). 또 다른 연구자는 소녀들이 소년들보다 사회적 관계에 더 큰 관심을 갖지만 성공적이지 못하기 때문이라고 주장하기도 한다(Santrock, 2008).

4. 자기존중감 발달에 영향을 주는 요인

어떤 요인들이 개인의 자기존중감 발달에 영향을 주는가? 드보이스 등(DuBois 등, 1994)은 그림 5-2와 같이 스트레스 사건과 보잘 것 없는 사회적 지원이 청소년들의 자기존중감을 훼손시키고 그것이 다시 정서문제와 행동문제를 일으키게 한다고 설명하였다. 실제로 낮은 자기존중감은 일부의 청소년들을 비행에 가담하게 한다. 그러나 어떤 청소년들은 비행에 가담함으로써 동년배로부터 승인을 얻을 수 있어 오히려 자기존중감이 높아지는 결과를 초래하므로(Dishion, Andrews, & Crosby, 1995) 자기존중감과 행동의 관계는 연구자들이 보고하는 것보다 훨씬 더 복잡하다.

자기존중감의 발달에 영향을 주는 요인들을 개인적 요인과 맥락적 요인으로 나누어 정리하면 다음과 같다(Dusek & McIntyre, 2003; Harter, 2006; Raty 등, 2005).

(1) 개인적 요인

첫째, 청년초기 소녀들이 소년들보다 신체적 매력이나 동년배 수용에 더 많

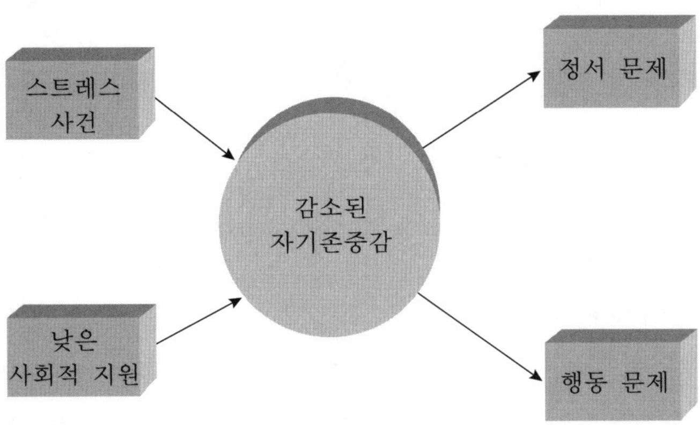

그림 5-2 자기존중감의 선행요인과 결과요인

출처: DuBois 등, 1994.

은 관심을 갖기 때문에 더 낮은 자기존중감을 갖는다.

둘째, 청년기 동안 자아발달 수준이 낮고 신체적 질병이 있을 때 자기존중감이 낮아진다.

셋째, 청년기 동안 경험하기 쉬운 불안이나 불확실 혹은 심리적 불쾌감은 자기존중감 수준을 저하시킨다.

넷째, 타인의 비판이나 평가에 지나치게 민감한 청소년들은 자기존중감의 손상을 경험하기 쉽다. 타인의 평가에 취약한 청소년들(vulnerable adolescents)은 타인에 대해 자신이 행한 부적절한 행동이나 자기통제의 부족 혹은 분별없는 말에 의해 수치심과 죄책감을 경험하며, 이러한 부정적 정서상태는 개인의 자기존중감을 훼손시킨다.

다섯째, 유전이 개인의 자기존중감 수준에 영향을 줄 수 있다. 맥콰이어 등(McGuire 등, 1994)은 개인이 높고 낮은 자기존중감을 가질 수 있는 유전인자를 물려받기보다는 우리가 자신을 평가하는 방식에 영향을 주는 몇 가지 요인들이 유전된다고 제안하였다.

(2) 맥락적 요인

가족과 동년배 그리고 학교와 같은 사회적 맥락들이 청소년의 자기존중감 발달에 영향을 준다. 그 중에서도 부모는 청소년의 자기존중감 발달에 영향을 주는 가장 중요한 인물이다. 특히 부모의 직업과 교육 정도 혹은 수입에 의해 결정되는 가족의 사회경제적 수준은 청소년 자녀의 자기존중감을 결정하는 역할을 한다. 일반적으로 중류계층 청소년들이 동년배들보다 더 높은 자기존중감을 지니며, 그들의 자기존중감은 청년중기와 청년후기로 갈수록 동년배들보다 더 높아지므로 연령이 증가할수록 계층간 차이는 더 커진다.

부모와 자녀가 상호작용하는 방식도 자녀의 자기존중감 발달에 영향을 준다. 일반적으로 따뜻하고 수용적이며 지원적인 부모(중류계층 부모들의 전형적 특성이다)의 자녀들이 더 높은 자기존중감을 갖는다. 특히 자녀의 행동에 대한 확고한 한계를 설정하고 왜 그렇게 행동해야 하는지를 설명하는 유도기법(induction)을 사용하는, 권위적(authoritative) 부모의 자녀들이 가장 높은 자기존중감을 지

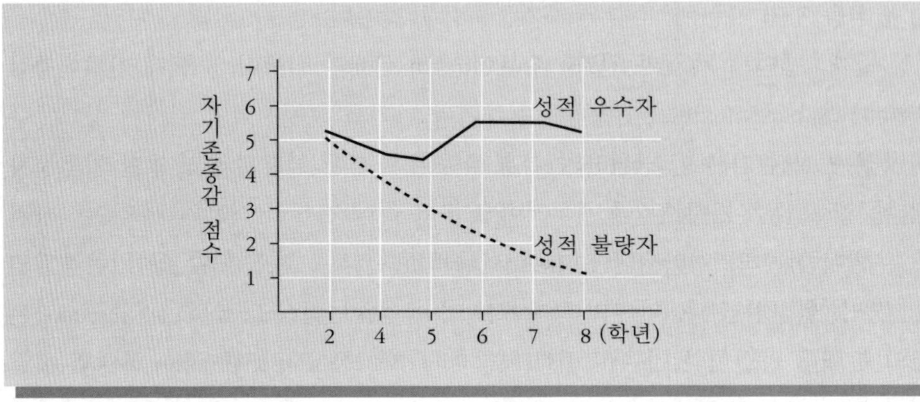

그림 5-3 학업성적에 따른 자기존중감 점수의 변화

출처: Kifer, 1978.

닐 수 있다. 또한 청소년들이 가족의사결정에 참여하고 부모와 긍정적 의사소통을 하며 가족과 함께 하는 시간이 많을 때 청소년들의 자기존중감은 높아진다(Baldwin & Hoffman, 2002).

동년배 승인(peer approval)과 자기존중감 사이에도 높은 상관이 있다(Harter, 1999). 그러나 친한 친구들보다는 일반적인 또래집단으로부터의 지원이 청소년들의 자기존중감을 더 많이 증가시킨다. 물론 동년배의 승인이 중요하다고 해서 부모의 승인(parental approval)보다 더 중요하다는 것은 아니며, 부모의 승인은 청년기 동안 계속해서 자기존중감과 연결되어 있었다.

학교에서의 성공이 청소년들의 자기존중감을 증진시킨다는 것은 카이퍼(Kifer, 1978)의 고전적 연구에 의해 널리 알려진 바 있다(그림 5-3 참조). 특히 고등학교 시기 동안 우수한 성적을 획득한 학생들은 높은 자기존중감을 지니고 있었고 그 효과는 학교 졸업 후에도 계속되었다. 그들은 대학에 진학하여 계속적으로 공부하였고 직업역할에서도 성공적이었으며 높은 자기존중감을 갖는 성인으로 성장하였다. 뉴질랜드에서 수행된 종단연구(Trzesniewski 등, 2006)에서도 청년기에 낮은 자기존중감을 지녔던 사람들은 성인기에 더 보잘 것 없는 정신적 건강과 신체적 건강을 나타내고 경제적으로 가난하였으며 더 많은 범법행동을 하는 것으로 밝혀졌다.

5. 자기존중감의 예언효과

자기존중감을 통해 개인의 성격특성이나 사회적 행동을 예언할 수 있다. 예를 들면, 높은 자기존중감을 지니고 있는 사람들은 어떤 일을 솔선해서 수행하고 타인과 친밀한 관계를 유지하며 좋은 정신건강 상태를 유지한다.

현실적으로 자기존중감의 예언기능을 확인하고 그것을 활용하기 위해서는 개인의 자기존중감 수준을 인위적으로 조작해야만 한다. 그러나 낮은 자기존중감은 성격적 결함과 높은 상관이 있기 때문에, 자기존중감 수준의 조작은 윤리적 문제를 불러일으킨다.

자기존중감의 수준을 조작하지 않고 자기존중감이 행동에 미치는 영향을 추정할 수 있는 교차지연 사각형 모형설계(cross-lagged panel design)가 있다. 그림 5-4와 같이 이 기법은 관련되어 있다고 생각되는 두 개의 상이한 변인을 상이한 시기에 평정한다.

이 기법에서는 세 개의 상관이 계산된다. 즉, 자동 상관(autocorrelation), 동시적 상관(synchronous correlation) 및 교차지연 상관(cross-lagged correlation)이 그것이다. 자동 상관은 시간경과에 따른 행동의 안정성을 측정하는 반면, 동시적 상관은 두 변인 사이의 관계를 평가한다. 대조적으로 교차지연 상관은 시기 2에

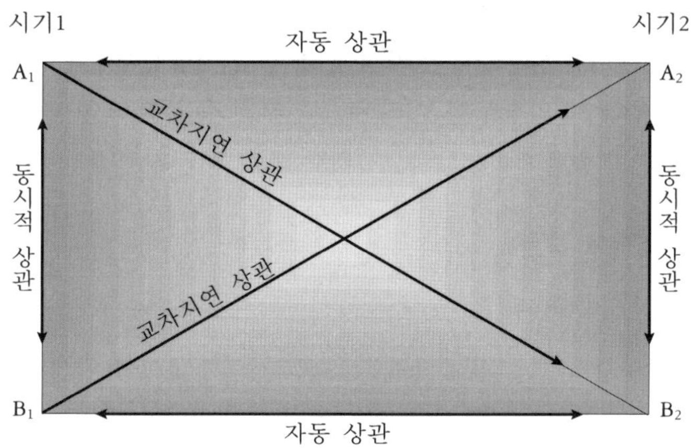

그림 5-4 교차지연 사각형 모형설계

서의 한 변인과 시기 1에서의 다른 한 변인의 관계를 평가한다. 예를 들면 A_1을 자기존중감이라고 하고 B_1을 정신병질적 경향이라고 할 때, A_1과 B_2의 상관이 B_1과 A_2의 상관보다 더 높다면, 정신병질적 경향이 더 낮은 자기존중감을 예언하는 것이 아니라 낮은 자기존중감이 정신병질적 경향을 예언한다고 가정할 수 있다.

정신분석 이론에 의하면, 자기존중감은 개인의 동기를 자극하는 역할을 한다. 타인으로부터 존경을 받거나 긍정적 평가를 유지하려는 욕구를 바탕으로 하는 자기존중감은 개인의 바람직한 행동을 자극하므로 그것은 개인의 심리적 행복과 밀접한 관련이 있다. 선행연구 결과에 의하면(Donnellan 등, 2005; Donnellan, Trzesniewski, & Robins, 2006), 낮은 자기존중감은 우울장애와 자살, 신경성 식욕부진증, 비행 및 다른 적응문제와 연결되는 반면, 높은 자기존중감은 인생에 대한 만족감, 행복감, 자신의 생활에 대한 자신감과 정적 상관이 있었고 적절한 정도의 모험을 감행하게 하였다.

Ⅱ. 정체감 탐색

정체감(identity) 혹은 자아정체감(ego identity)이란 에릭슨의 주장에 의하면, 우리 자신의 독특성에 대해 비교적 안정된 느낌을 갖는 것으로 행동, 사고 그리고 감정의 변화에도 불구하고 우리 자신에 대해 갖는 일관성이다. 에릭슨은 자신이 누구인지에 대한 개인의 느낌은 타인이 우리를 보는 견해와 일관성이 있어야 한다고 강조하였다. 즉, 자아와 다른 사람과의 관계는 정체감의 의미 있는 측면이라는 것이다.

자신이 누구인지와 함께 무엇을 할 수 있는지의 문제 역시 정체감의 중요한 측면이다. 그 속에는 개인의 자기이해와 그가 수용한 집단의 규준, 성역할 동일시 및 개인적 이념과 함께 아동기 동안 중요한 사람들과의 동일시에 대한 해석과 미래에 대한 방향감각, 헌신적 수행 및 개인적 이상이 포함된다. 그러므로 정체감은 개인의 과거에 대한 역할상(役割像)인 동시에 현재에 의미를 부여하고 미래의 행동을 지도하는 역할을 한다.

동시에 정체감은 성격의 핵심요소로서 내가 누구인가에 대한 탐색을 시도하게 하고 현실의 의미와 미래의 방향을 설정하는 자아구조의 기능을 한다. 여기에 덧붙여 정체감은 여러 가지 대안들 중에서 선택하게 하기 때문에, 개인적 통제의 느낌이나 자유의지를 경험하게 하며 개인의 가치와 신념 및 수행을 통합하는 역할을 한다. 또한 정체감은 미래의 방향과 목표를 설정하게 하므로 개인의 잠재능력을 실현할 수 있도록 돕는 역할도 함께 수행한다.

1. 에릭슨의 8단계와 정체감 위기

청년기 동안 각 개인은 내·외적 환경변화로 일어난 정체감 위기를 경험하지만, 위기의 성공적 해결은 그렇게 쉬운 일이 아니다. 에릭슨이 제시한 여덟 개의 발달단계 각각은 심리사회적 위기(psychosocial crisis)를 지니고 있다. 매 단계에서의 위기를 어떻게 해결하느냐에 따라 각 개인의 독특한 성격이 형성된다. 제2장에서 설명한 것처럼, 에릭슨은 청년기의 심리사회적 위기를 정체감 대 역할혼란이라고 가정하고 위기의 긍정적 해결은 정체감 획득을 가져오는 반면, 부정적 해결은 역할혼란에 빠지게 한다고 가정하였다.

그러나 정체감 대 역할혼란 위기의 해결은 '이것 아니면 저것' 식의 양극단적 해결방식을 지향하는 것은 아니다. 심리사회적 위기의 이상적 해결은 양극단 사이에서 긍정적 극단 편에 가까운 해결을 지향한다. 즉 부정적인 측면보다 긍정적 측면을 보다 많이 포함할수록 바람직하다는 것이다.

청년기 동안 정체감 획득이 이루어지면 성인기의 역할수행은 보다 더 용이하게 이루어질 수 있다. 그러나 정체감 획득이 이루어지지 않는다고 할지라도 이후의 발달이 불가능한 것은 아니다. 성인기 동안에도 성장을 촉진시킬 수 있는 경험들이 많이 있고 다양한 선택의 기회들(직업선택, 친구선택, 배우자선택)이 제공되기 때문이다.

에릭슨이 11, 12세부터 21, 22세까지를 청년기로 명명하고 정체감 획득의 위기를 가정한 것과는 대조적으로 뉴만과 뉴만(B. Newman & P. Newman, 1984)은 청년기를 두 개의 발달단계로 구분하였다. 그들은 개인적 정체감이 확립되기 위해서는 집단정체감 확립이 선행되어야 한다고 주장하였다. 그들에 의하면 사춘기부터 18세까지의 시기는 급속한 신체변화가 일어나고 동년배의 승인이 중요시되기 때문에 집단정체감 대 소외(group identity versus alienation)의 심리사회적 위기가 해결되어야 한다. 반면, 18세부터 21, 22세까지는 가족으로부터 자율성을 획득하고 개인적 정체감을 확립하는 개인적 정체감 대 역할혼란의 심리사회적 위기를 해결해야 한다.

정체감 형성의 문제는 뉴만과 뉴만(Newman & Newman, 1984)의 제안대로 청년초기보다는 청년후기의 중요한 발달과업이다. 그 이유는 청년초기 청소년들은 형식적 조작능력의 발달이 이제 막 이루어지기 시작한 단계에 있으므로 자신과 세계에 대한 추상적 사고능력이 부족하며 급속한 신체변화에 압도되어 자신의 신체 모습에 몰두하기 때문이다. 동시에 약 11-12세부터 15-16세까지의 청소년들은 동년배 집단으로부터의 수용을 중요시하므로 가족과 동년배 집단으로부터 자율성을 획득해야 하는 개인적 정체감의 확립은 이루어지기 어렵다.

2. 청년기와 정체감

에릭슨이 청년기를 정체감 대 역할혼란의 위기를 해결해야 하는 시기로 가정하기는 하였지만, 개인의 정체감 획득은 영아기부터 시작하여 전생애 동안 계속되며, 성인후기의 자아통합과 절망의 위기를 해결함으로써 종결된다(Cote, 2006; Kroger, 2007). 그럼에도 불구하고, 우리가 유독 청년기의 정체감 변화에 관심을 갖는 이유는 무엇일까? 그 이유는 정체감과 관련된 변화가 얼마나 중요한지를 충분히 인식할 수 있는 지적 능력을 갖게 되는 바로 그 시기인, 청년기에 자기에 대한 느낌의 재조직화나 재구조화가 일어나기 때문이다. 이외에도 다음과 같은 변화들이 젊은이들을 정체감 문제에 몰두하게 한다.

첫째, 청년기의 신체적, 생리적 변화가 정체감 확립에 대한 관심을 고조시킨다. 내적 · 생리적 혁명이라고 해도 과언이 아닌 청년기의 신체 성숙과 성적 발달은 신체에 대한 강한 자의식과 성욕을 출현시킨다. 특히 한 번도 경험해 본 일이 없는 성적 충동은 청소년들이 대처해야 하는 가장 어려운 문제이다. 극적으로 변화하는 사춘기의 신체변화들은 청소년들의 자기상과 자기평가에서 동요를 일으키므로 그들은 정체감 문제에 몰두하지 않을 수 없다.

둘째, 청년기 인지 능력의 발달은 정체감 확립을 촉진시킨다. 형식적 조작능력을 획득하기 시작한 청소년들은 보다 넓은 조망에서 사물을 바라볼 수 있고 더 융통성 있는 사고를 할 수 있다. 그들은 자신의 문제를 검토함으로써 자신의 역할이나 능력 혹은 가능성을 탐색하고 가치관과 도덕성 및 종교와 정치에 대한 신념을 발달시킨다. 이와 같은 자기탐색 과정은 정체감 확립을 위한 필연적 요인이다.

셋째, 청년기가 갖는 과도기적 특성 때문에, 젊은이들은 자신의 지위와 역할을 규정하려고 노력한다. 청년기는 아동기와 성인기 사이의 과도기로서 젊은이들은 아동도 아니고 그렇다고 성인도 아니다. 레빈(Kurt Lewin, 1948)의 주장대로, 다수파나 소수파에 분명히 속하지 못하는 소수집단 구성원들과 유사하게 젊은이들이 처한 주변인적 지위가 그들을 상충된 역할요구에 직면하게 한다.

그들은 신체적으로는 이미 성인으로 성장하였지만, 경제적으로는 아직도 부모에게 의존한다. 사회는 그들에게 의젓하고 책임 있는 행동을 요구하면서도 사회 문제에 대한 그들의 관심을 제한하므로 젊은이들은 자신의 모호성에서 벗어나기 위해 노력하지 않을 수 없고, 자신의 정체감에 의문을 제기하지 않을 수 없다.

넷째, 정체감의 중요한 기능 중의 하나는 여러 가지 대안 중에서 선택하게 하는 것이다. 청년기 동안 젊은이들은 진로 문제, 이성 문제, 교우 관계 등 스스로의 선택이 요구되는 상황에 직면한다. 이제 전적으로 부모나 주위의 성인들에게 의존할 수 없는 젊은이들은 스스로 선택하기 위해 자기 자신에 대해 심각하게 고뇌하고 갈등한다.

3. 정체감 획득과 사회적 맥락

청년기의 정체감 확립은 어느 문화에서나 발견될 수 있는 보편적 현상은 아니며, 문화의 특성에 따라 청년기의 길이는 달라진다. 일반적으로 아동기와 성인기 사이에 계속성이 적고 문화적 불연속성이 클수록 청년기는 길어진다.

예를 들면, 샤이엔 인디언(Cheyenne Indian) 문화에서는 아동이 들소를 잡을 수 있을 때 성인지위를 부여받는다. 출생 직후에 장난감 활을 선물받는 남아들은 일찍부터 사냥하는 방법을 배우고 실습한다. 쉽게 잡을 수 있는 새나 동물에서 출발하여 결국 들소를 잡게 될 때 성인기에 들어간다. 샤이엔 인디언 문화에서는 아동기와 성인기가 계속성을 지니고 있고 문화적 불연속성이 존재하지 않기 때문에 청년기가 존재하지 않는다.

대조적으로 기술적으로 진보된 사회일수록 아동기에 획득한 기술은 성인기에 유용하게 사용될 수 없으므로, 성인의 역할을 수행하기 위한 특별한 준비기간을 필요로 한다. 특히 고도의 전문기술을 요하는 과학기술 사회는 성인기를 위한 연장된 훈련기간을 요구한다. 부모의 농사일을 그대로 물려받는 농경사회의 젊은이들과는 달리 현대사회의 젊은이들은 직업 계획은 물론 가치관이나 삶의 양식 혹은 결혼 문제같은 더 복잡한 문제에 직면한다.

그러므로 정체감 발달과정은 문화에 따라, 동일한 사회에서도 서로 다른 하위문화에 따라 그리고 역사적 시기에 따라 달라진다. 그 예로서 여성들의 직업선택 문제는 지난 30년 동안 극적으로 변화하였다. 과거에는 대부분의 여성들이 그들의 성인 정체감을 결혼과 가족생활에 한정하고 오로지 자녀양육과 남편의 내조에만 전념하였으나 오늘날에는 더 많은 대안적 정체감들이 여성들 앞에 펼쳐져 있다. 그들은 평생동안 직업인으로 생활하기 위하여 독신의 삶을 선택할 수도 있고 결혼을 한다고 할지라도 자녀를 출산하지 않는 삶을 선택할 수도 있다. 일반적으로 젊은 사람들이 활용할 수 있는 대안이 많아지고 의사결정할 수 있는 영역이 다양할수록 정체감 확립은 어려워진다.

보다 연장된 청년기를 갖는 사회는 각 개인이 아동기에서 벗어나서 성인기로 진입할 수 있도록 역할실험을 허용하는 교육적, 사회적 환경을 제공한다. 젊은이들은 역할실험을 통하여 자신의 독특성을 인지하고 타인의 견해를 이해하며 세계에 대한 지식을 획득할 수 있다. 에릭슨은 정체감이 확립되기 이전의 역할실험 기간을 심리사회적 유예기간(psychosocial moratorium)이라고 명명하였다.

이 기간 동안 젊은이들은 사회적 의무와 책임감에 구애받지 않고 어떤 역할이든 자유롭게 시작하고 중지할 수 있다. 그러나 역할실험을 해볼 충분한 기회를 갖지 못한다면, 젊은이들은 활용할 수 있는 대안을 철저하게 탐색해 볼 수 없으므로 정체감 확립에 도달하기 어렵고 후속적인 친밀성과 생산성 및 자아통합의 위기를 해결하기 어렵다.

Ⅲ. 정체감 상태

1. 마샤의 정체감 상태

에릭슨이 정체감 획득과 정체감 혼란으로 개인의 정체감 상태를 기술한 것과는 대조적으로 마샤(Marcia, 1980)는 그림 5-5와 같이 위기(crisis)와 전념(commitment)의 두 가지 차원을 가정하고 네 가지 정체감 상태를 기술하였다. 위기란 의미 있는 대안들 중에서 어느 것을 선택할까 고심하는 단계인 반면, 전념은 행동을 수행하기 위한 의미 있는 선택을 이룬 단계이다. 마샤에게 있어서 정체감을 획득한다는 것은 직업목표를 설정하고 정치적 및 개인적 이념을 확립하는 것을 의미한다.

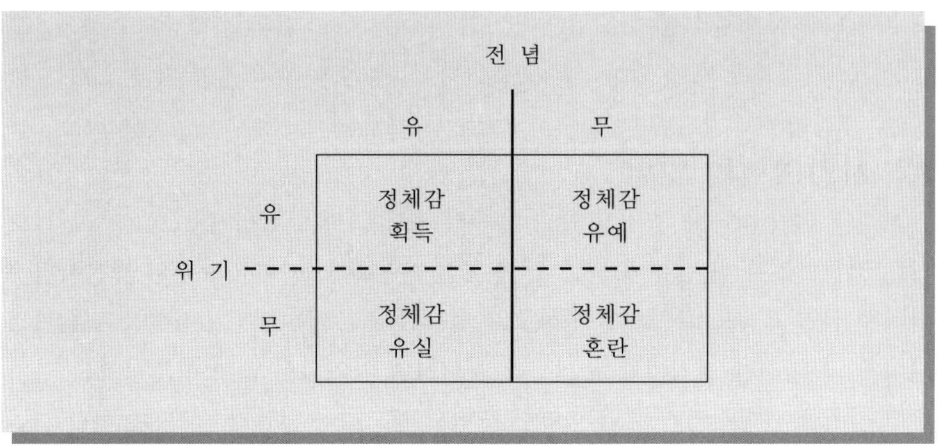

그림 5-5 마샤의 척도로부터 도출된 정체감 상태범주

마샤가 제시한 네 가지의 정체감 상태를 간략하게 설명하면 다음과 같다.

① 정체감 획득

위기를 성공적으로 극복하고 확고한 신념 체계를 확립한 사람들은 정체감 획득(identity achievement)으로 분류된다. 그들은 직업을 선택하고 정치적, 개인적 이념체계를 확립한 사람들이다.

② 정체감 유실

정체감 유실(identidy foreclosure) 상태에 있는 청년들은 직업 선택과 개인적 신념을 확립하기 위해 노력하기보다는 부모와 같은 의미 있는 다른 사람들의 가치와 기대를 무조건 수용하고 채택한다. 독립적인 의사결정은 이루어지지 않으며 위기는 회피된다. 그들은 광범위한 대안들을 탐색함이 없이 때 이르게 전념할 역할을 선택하였으므로 심리사회적 유예기간을 경험한 적도 없다. 따라서 정체감 유실은 정체감 발달과정의 중단으로 평가되며 개인의 완전한 잠재능력의 발현을 방해한다.

③ 정체감 유예

자기정의(self-definition)를 획득하기 위하여 열심히 노력하는 젊은이들이 정체감 유예(identity moratorium)에 해당한다. 그들은 방학 동안 아르바이트를 하기도 하고 광범위한 독서를 하며 백일몽을 꾸거나 전공 학문에 대해 회의하기도 함으로써 다양한 역할실험에 몰두한다. 또한 이성 교제, 결혼 문제, 종교 문제, 도덕 문제 및 정치 문제에 대해 심사숙고한다. 그들은 현재 위기에 처해 있기는 하지만, 그것을 해결하기 위해 노력하고 있는 사람들이다.

④ 정체감 혼란

현재 위기 상태에 있지도 않고 개인적 해답을 얻기 위한 필요성을 느끼지도 않는 젊은이들이 이 범주에 속한다. 정체감 혼란(identity diffusion)의 젊은이들은 확고한 신념 체계도 확립하지 못하고 직업 역할을 수행하지도 못한다. 그들은 일관성 있고 완전한 자기이해를 이루지 못했으며 자기의심에 빠져 있음에도 불구하고 상황을 변화시키기 위한 어떠한 노력도 시도하지 않는다. 그들은 시간 개념이 결여되어 있어 어떤 일이 시급하고 어떤 일이 더 시간적 여유가 있는지를 인식하지 못한다. 과도한 자의식에 빠져 있는 이 유형의 젊은이들은 직업이나 성취 지향적 활동을 하지 못하고 타인과도 친밀한 관계를 형성하지 못한다. 정체감 혼란은 정체감 문제는 물론 자율성과 친밀성, 성욕 및 성취의 영역에도 그대로 반영된다.

네 가지 정체감 상태 외에 부모나 사회의 가치와 정반대되는 신념 체계를 확립한 사람들은 부정적 정체감(negative identity)의 소유자로 분류된다. 경찰서장의 딸이 반복적으로 비행을 저지르고 성공한 부모의 아들이 대학진학을 거부하며 성직자의 자녀가 자신을 무신론자라고 주장하는 경우가 모두 여기에 해당한다. 부정적 정체감을 선택한다는 것은 수용가능한 정체감 확립을 어렵게 하는 환경 내에서 가짜의 자기정의를 시도하는 한 방편이기도 하다.

부정적 정체감은 자신의 삶에서 중요한 사람들로부터 인정받기 위해 반복적으로 노력했음에도 불구하고 실패했을 때 자주 나타난다. 한 남자 청소년은 원래 착하고 성실한 학생이었으나 사회적으로 성공한 부모의 과도한 요구를 충족시키기에는 역부족이었다. 결국 부모의 요구를 충족시킬 수 없다고 판단한 아들은 부모가 심하게 반대하는 보컬그룹의 일원이 되어 기타치고 노래 부름으로써 학교에서 낙제하는 경우가 여기에 해당한다.

2. 정체감 상태에서의 발달적 변화

대부분의 젊은이들은 청년기 동안 정체감 혼란이나 유실 혹은 유예의 상태에 처해 있지만, 청년후기에 이르면 정체감 상태에서 중요한 변화가 일어난다. 워터맨(Waterman, 1999)은 고등학교에서 대학교까지 정체감 획득의 젊은이들이 증가하고, 정체감 혼란의 젊은이들은 감소한다는 것을 확인하였다. 특히 대학 상급학생들은 대학 1학년이나 고등학생들보다 정체감 획득에 이를 가능성이 훨씬 더 많았다.

그러나 청년후기의 젊은이들도 발달의 모든 측면에서 정체감 획득상태에 도달할 수 있는 것은 아니다. 일반적으로 직업에 대한 정체감이 가장 먼저 획득되고, 종교적 정체감이나 정치적 정체감의 획득은 훨씬 더 이후에 이루어진다. 대학생들은 종교적 신념과 정치적 이념에서는 유실이나 혼란상태에 처해 있었다 (Harter, 1990a, b).

그렇다면 하나의 정체감 상태에서 다른 정체감 상태로 이동하게 하는 요인은 무엇인가? 마샤(Marcia, 1996)는 부모의 지원과 근면성의 확립 그리고 미래에 대한 자기반성적 자세가 정체감 형성에 중요하다고 주장하였다. 또한 코트(Cote, 2006)는 청년후기의 정체감 발달을 위해 자기수양(slef-discipline)과 계획성(planning)이 중요하다고 주장하고, 교육수준이 높은 사람들이 낮은 사람들보다 더 긍정적인 정체감 경로를 따라갈 수 있다고 강조하였다. 교육수준이 낮은 사람들은 정체감 탐색을 위해서가 아니라 오로지 교육 수준이 높은 사람을 선호하는 사회에서 생계를 유지하기 위해 자주 직업전환을 시도하므로 정체감 획득상태에 도달하기 어렵다.

정체감이 획득되면 정체감 공고화(consolidation)가 일어난다. 정체감 공고화란 청년후기에 획득한 정체감을 다듬고 향상시키는 것으로 공고화 과정은 성인초기를 거쳐 성인중기 초반까지도 계속될 수 있다(Kroger, 2007). 한 연구(Pulkkinen & Kokko, 2000)는 남녀 모두 27세부터 36세까지 더 강한 전념의 방향으로 이동하고 있어 정체감 공고화 과정이 계속되고 있음을 밝히고, 유예나 혼란의 정체감보다는 획득과 유실의 정체감 상태로 더 자주 이동한다는 것을 확인하였다.

더욱이 청년후기에 정체감 획득상태에 도달했다고 할지라도, 전생애 동안 그대로 유지될 수 있는 것은 아니다. 개인적 변화나 가족변화 혹은 사회적 변화가 새로운 대안과 전념을 요구하면, 개인의 정체감은 MAMA(moratorium-achievement-moratorium-achievement: 유예-획득-유예-획득)의 주기를 따라 변화한다 (Archer, 1989). MAMA란 정체감 획득상태에서 유예상태로 변화하고 정체감 획득을 위해 노력함으로써 다시 정체감 획득상태에 이르는 과정을 반복하는 것을 의미한다. 최근 마샤(Marcia, 2002)도 성인기의 삶이 고달프고 불평형 상태가 초래되면 개인의 정체감 상태는 혼란과 유실, 유예 그리고 획득의 상태를 반복할 수 있으므로 최초의 정체감 상태를 최종적인 정체감 상태로 평가해서는 안 된다고 주장하였다.

3. 정체감 발달과 관련요인

개인의 정체감 상태는 부모역할 양식(parenting style)과 높은 상관이 있다(Goossens, 2006). 그 예로서 민주적인 부모들은 청년기 자녀를 가족 의사결정에 참여하도록 함으로써 자녀들이 정체감 획득을 이룰 수 있도록 하는 반면, 자녀 스스로 모든 것을 결정하게 하는 허용적 부모들은 정체감 혼란을 초래하였다. 또한 자녀의 행동은 물론 강한 심리적 통제를 행사하는 독재적인 부모들은 자녀들의 정체감 탐색을 억압하여 정체감 유실 상태에 이르게 하였다.

또한 어머니와 청년기 자녀 사이의 부정적 의사소통이나 의사소통의 부족은 긍정적 정체감 발달을 방해하였고, 친구와의 지속적 갈등 역시 정체감 발달을 저해하였다(Reis & Youniss, 2004). 국내 연구에서도 부모와의 의사소통 방식이 개방적이면 고등학교 청소년들의 정체감 획득이 촉진되었고, 문제형 의사소통은 정체감 획득을 방해하는 것으로 밝혀졌다(김성일, 김남희, 2001).

그러므로 자녀의 건강한 정체감 발달을 이룰 수 있게 하는 부모는 자녀와 온정적이면서 과도하게 강압적이거나 억압적이 아닌 관계를 형성하며, 자녀들은 자신의 개별성을 주장하면서도 가족과 강하게 연결되어 있다. 일반적으로 부모의 온정 부족은 전념에서 문제를 일으키는 반면, 개별성에 대한 부모의 격려 부족은 지나치게 광범위한 탐색에 가담하게 함으로써 분명한 선택을 어렵게 한다.

아버지와 어머니 및 형제자매를 포함하는 가족의 사회적 지지 역시 정체감 획득과 정적 상관이 있다(최성열, 2001). 장휘숙(2000a, b)의 연구에서도 부모에게 안정형 애착을 형성한 대학생들이 불안정한 애착을 지니고 있는 학생들보다 더 높은 정체감 획득점수를 나타내었다. 또한 어머니와 아버지 및 동년배 중에서 대학생들의 정체감 발달에 가장 큰 영향을 주는 사람은 어머니였고, 그 다음이 동년배였으며 아버지는 가장 영향력이 적은 인물이었다.

정체감 상태와 성격특성도 서로 관련되어 있다(Fulton, 1997). 정체감 획득자들은 심리적으로 더 건강하고 성취동기와 도덕적 추론 능력, 동년배와의 친밀성, 사려성 및 직업 성숙도에서 가장 높은 점수를 얻었다. 부모와 지나치게 가까운 관계를 유지하는 정체감 유실의 개인들은 가장 권위주의적이었고 가장 많은 편견을 지니고 있었으며, 강한 사회적 승인 욕구와 낮은 수준의 자율성을 지니고 있었다. 또한 정체감 유예의 개인들은 불안 척도에서 가장 높은 점수를 얻고 권위에 대해 가장 높은 수준의 갈등을 나타내었으며 가장 반권위주의적이었다. 한편 정체감 혼란 상태의 개인들은 높은 수준의 심리적, 대인관계적 문제를 지니고 있었고 사회적으로 위축되어 있었으며 동년배에게 가장 낮은 친밀성을 나타내었다.

정체감 상태와 5요인 성격특성간의 관계를 연구한 클랜시와 돌링거(Clancy & Dollinger, 1993)는 정체감 획득자로 분류된 청소년들이 높은 외향성과 낮은 정서적 불안정성을 지니고 있었고, 정체감 유실의 청소년들이 낮은 수준의 개방성을 지니고 있음을 확인하였다. 또한 정체감 혼란 상태의 청소년들은 정서적으로 더 불안정하고 경험에 대한 개방성과 호감성이 매우 낮은 경향이 있었다. 그러나 이 연구는 서로 다른 성격 특성이 상이한 패턴의 정체감 발달을 이루게 하는지 아니면 서로 다른 정체감 발달 패턴이 후속적인 성격 발달에 영향을 주는지 분명하게 제시하지 못한다.

한편 미국 가정에 입양된 한국 아동들의 민족적 정체감을 연구한 허남순(1997)에 의하면, 입양부모나 그 사회가 입양 아동의 민족성을 존중하고 중요시하면 아동의 민족적 정체감은 높아지고 통일된 정체감이 형성될 수 있었다. 반면 입양부모가 아동의 민족성을 무시하고 소극적 관심을 보이면 아동은 한국 문화에 무관심해지고 자신의 한국적 특성을 부인함으로써 청년초기에 심한 정체감 혼란을 경험하였다.

Ⅳ. 정체감 형성과 성역할

개인의 정체감은 그의 성역할 정체감을 바탕으로 한다. 성역할 정체감이란 사회가 각 성에 적절하다고 규정하는 태도, 특성, 흥미 등을 동일시함으로써 형성된 결과로, 개인의 성별 특징적 행동을 결정하는 역할을 한다. 일반적으로 사회는 의식적, 무의식적으로 여성에게는 전형적인 여성 성역할을 그리고 남성에게는 전형적인 남성 성역할을 요구하지만, 남성 성역할이나 여성 성역할과 연합된 특성들을 동일시하는 정도는 개인에 따라 차이가 있다.

1. 성역할 고정관념과 성역할 정체감

어느 사회에나 남성과 여성의 신체적, 심리적, 지적, 사회적 특성에 대한 정형(stereotype)이 존재한다. 전통적으로 남성들은 공격적, 독립적, 객관적, 지배적, 능동적, 경쟁적, 논리적일 것으로 생각되는 반면, 여성들은 감정적, 주관적, 복종적, 수동적, 의존적, 비경쟁적일 것으로 기대된다. 이와 같이 성에 대한 고정관념은 여성적인 것과 남성적인 것을 엄격하게 이분하며, 보통 남성적 특성들은 도구성(instrumentality)으로 그리고 여성적 특성들은 표현성(expressiveness)으로 명명된다.

오랫동안 개인의 성역할 정체감은 그 사회의 성에 대한 고정관념에 기초한다고 생각되었다. 즉, 남성은 남성적 성역할만을 동일시하고 여성은 여성적 성역할만을 동일시한 결과로 개인의 성역할 정체감은 남성성(masculinity)과 여성성(feminity)으로 이분된다는 것이다. 그러나 양성성 이론을 제안한 벰(Bem, 1975)과 스펜스 등(Spence & Helmreich, 1978)은 남성성과 여성성 외에도 양성성(androgyny)과 미분화의 차원이 존재한다고 주장하였다.

Sandra Lipsitz Bem

양성성이란 남성적 특성인 도구성과 여성적 특성인 표현성이 모두 높은 집단인 반면, 미분화는 양자의 특성이 모두 낮은 집단에 해당한다. 원래 양성성이라는 개념은 희랍어의 남성이라는 의미의 andro와 여성이라는 의미의 gyn에서 유래된 용어로서 전통적인 남성적 특성과 전통적인 여성적 특성을 공유한 성역할 정체감을 의미한다. 한편 미분화는 자신을 남성적이라거나 여성적이라고 명확하게 평정하지 못하는 사람들의 성역할 정체감에 해당한다.

일찍이 벰(Bem, 1975)은 양성적인 남성이나 여성들은 남성적 혹은 여성적인 개인들보다 더 융통성이 있고 정신적으로 더 건강하다고 주장한 바 있으며, 스테이크(Stake, 2000) 역시 양성적인 사람들이 더 낮은 수준의 스트레스를 경험하고 높은 안녕감을 경험한다고 보고하였다.

2. 청년기 동안의 성역할 사회화

아동기 동안에도 성역할 정체감은 자기개념의 중요한 일부였으나 청년기에 이르면 그것은 개인적 정체감의 더 중요한 측면이 된다. 성에 적절한 방식으로 행동하라는 압력은 청년기 동안에도 계속되며, 소년들보다 소녀들이 더 큰 압력을 받는다(Crouter, Manke, & McHale, 1995).

힐과 린치(Hill & Lynch, 1983)가 제안한 성별강화가설(gender intensification hypothesis)에 의하면, 사회는 소년과 소녀에게 각기 다른 성역할을 제시함으로써 남성은 전통적인 남성으로 그리고 여성은 전통적인 여성으로 성장하도록 강요한다. 청년기 동안 성역할에 대한 개인의 사고는 보다 더 큰 융통성을 지니게 되지만, 사회적 압력은 10대들이 성역할 고정관념적으로 행동할 수밖에 없도록 한다(Alfieri, Ruble, & Higgins, 1996).

청년초기에 이르면 성역할 태도나 남성성의 표현정도에서 남녀간의 차이는 더 커진다. 그 이유는 청년초기에 요구되는 많은 행동들이 성적으로 더 분화된 행동을 자극하기 때문이다. 그 예로서 청소년들이 데이트를 시작하면 동년배들은 성역할 기대와 일치하는 방식으로 행동할 것을 기대하고 요구한다. 따라서 남성적이지 못한 소년이나 여성적으로 행동하지 않는 소녀들은 인기가 없고 동성은 물론 이성의 동년배로부터 배척당하기 쉽다. 일반적으로 성역할 고정관념의 강화는 성이 다른 형제자매가 있는 가정에서 더 강하게 일어난다(Crouter, Manke, & McHale, 1995).

애니 로저스(Annie Rogers, 1993)나 길리건(Gilligan, Lyons, & Hanmer, 1990) 같은 연구자들은 청년기가 여성의 심리적 발달에 결정적인 전환점이 된다고 주장한다. 청년기 소녀들은 바람직한 행동에 대한 일관성 없고 혼합된 메시지 때문에 혼란스러워하고 아동기 동안 보상받아온 관계지향성이 남성 지배적 사회에서는 중요하지 않다는 것을 깨닫기 시작한다. 이제 소녀들은 성에 적절하다고 학습한 여성적 특성(양육적, 순종적)과 사회적으로 중요시되는 남성적 특성(자기주장성, 독립성) 사이에서 갈등을 겪지 않을 수 없으므로 자신에 대한 확신감이나 자신감을 갖기 어렵다. 어떤 심리학자들은 이러한 갈등이 청년기와 성인기 여성들이 남성들보다 우울증후를 더 많이 경험하는 이유라고 설명하기도 한다.

한편, 페미니스트 이론가인 밀러(J. B. Miller, 1986)는 정신건강을 정의하는 현재의 방식이 심리적 발달의 한 측면에만 관심을 갖게 한다고 주장한다. 다시 말하면 자기주장적이고 독립적인 행동(남성적 특성)을 하는 사람을 유능하고 건강한 사람으로 평가함으로써, 개인의 심리적 성장이 타인과의 관계형성(여성적 특성)에 의해 어떻게 촉진되는지에 대한 이해 또한 중요하다는 것을 간과했다는 것이다.

그렇다면 성별강화가설이 적용되는 사회에서 여성적 소녀와 남성적 소년이 양성적인 소년이나 소녀들보다 자신을 더 바람직하게 지각하는가? 청년기 동안의 성역할 정체감에 관한 최근 연구들은 이 질문에 대한 정답이 남성과 여성에서 다르다고 보고하고 남녀 청소년들의 자기상에 미치는 양성성의 상대적 이점은 소년들보다 소녀들 사이에서 더 크게 나타난다고 주장한다. 즉 양성성의 남성적 측면이 청년기의 더 나은 정신건강과 연합되어 있기 때문에, 양성적인 소녀와 오히려 남성적인 소년들이 자신을 더 바람직하게 지각한다는 것이다.

문제는 남성성이 남녀 청소년들의 정신건강을 예언하는 중요한 요인이기는 하지만, 양성적인 소년들은 남성적 소년들보다 더 낮은 수준의 자기수용을 나타낸다는 것이다. 대조적으로 양성적 소녀들은 남성적 혹은 여성적 소녀들보다 자신을 더 긍정적으로 지각함으로써 양성성의 이점을 분명하게 보여 준다(Orr & Ben-Eliahu, 1993). 비록 남성성이 청소년들에게 더 적응적인 성역할 정체감이라고 할지라도, 남성적 소년들은 다양한 유형의 문제행동에 가담할 가능성이 크기 때문에 남성성은 청년기 소년들에게 반드시 이점만 제공하는 것은 아니다.

흥미롭게도 소녀들이 소년들보다 성역할 규준에 일치하라는 압력을 더 크게 받지만, 모든 남성적 특성을 버리라는 압력을 받지는 않는다. 그러나 소년들은 아주 어린 연령에서부터 여성적 특성을 채택하지 말라는 압력을 받을 뿐 아니라 여성성의 징후를 나타내면 일탈되었다는 비판을 받기까지 한다. 그러므로 청년기 동안의 성역할 사회화는 소녀들만큼 소년들에게 강하게 지각되지도 않으며 양성적 특성에 대한 선호도 강하게 나타나지 않는다. 그러나 소녀들에게 양성성은 배타적 여성성에 대한 가능한 대안이기 때문에, 양성적 소녀들이 가장 적응적 특성을 지닐 수 있다.

3. 정체감 발달의 성차

정체감 발달에 관한 초기 연구들은 남자 대학생들을 대상으로 연구하였다. 연구자들은 정체감 발달을 남녀가 공통적으로 경험하는 문제이거나 아니면 여성들에게는 특별히 중요한 문제가 아니라고 생각하였다.

남녀의 성역할 표준이 변화되고 있음에도 불구하고, 사회가 성인 남성과 여성에게 기대하는 역할은 서로 다르다. 전형적으로 남성들은 남편이나 아버지의 역할보다는 그들의 직업과 동일시하도록 기대되고, 여성들은 가정 바깥의 일보다는 아내와 어머니 역할과 동일시하도록 기대된다. 이와 같은 사회적 기대의 차이는 남녀의 정체감 획득의 본질과 과정에 차이를 가져온다.

1) 남성의 정체감 발달

남성을 여성보다 더 가치롭게 생각하고 남성에게 더 높은 지위를 부여하는 사회에서 생활하는 남성들은 자신의 인생을 스스로 통제할 수 있다는 기대를 가지고 성장한다. 그들은 여성들보다 인생에 대해 더 큰 자신감을 가지며 가정문제보다는 정치, 사회문제를 지향하도록 양육된다.

또한 그들은 어떤 종류의 직업을 갖고 어느 정도의 수입을 얻을 것인지에 관심을 갖는다. 그들은 한 여성에게 인생의 동반자가 되어 주도록 요청하고 그녀가 자녀양육의 책임을 맡을 것으로 기대한다. 직업 선택과 이데올로기 문제가 남성

표 5-1 남자 대학생의 정체감 상태와 개인적 특성의 관계

개인적 특성	정체감 상태			
	획득	유실	유예	혼란
자기존중감 수준	고	저	고	저
도덕적 추론 능력	고	저	고	저
안정성	고	저	고	저
자율성	고	저	고	저
대인관계	친밀한	정형화된	친밀한	정형화된
권위주의적 경향	저	고	저	고
인지체계	적당히 복잡한	단순한	적당히 복잡한	가장 복잡한

출처: Marcia, 1980.

정체감의 중요한 요소라는 에릭슨의 지적대로, 청년기 남성들은 가족으로부터 독립하고 직업을 선택하며 정치적, 사회적 신념을 확립하려고 노력한다.

마샤의 네 가지 정체감 상태에 따라 분류된 남녀 대학생들의 특성을 비교하면 정체감 발달의 성차를 확인할 수 있다. 표 5-1과 같이 정체감 획득과 유예 집단의 남자 대학생들은 혼란과 유실 집단의 남학생들보다 더 높은 수준의 자기존중감과 안정성, 도덕적 추론 능력 및 자율성을 지니고 있었고 반권위주의적이었으며 친밀한 대인관계를 유지하고 있었다. 또한 획득과 유예 집단의 남학생들이 적당히 복잡한 인지체계를 지니고 있는 것과는 대조적으로, 정체감 혼란 집단은 가장 복잡한 인지체계를 그리고 유실집단은 가장 단순한 인지체계를 지니고 있었다. 아마도 지나치게 복잡한 인지체계는 개인의 정체감 획득을 방해하고 특징적인 혼란과 무질서를 초래할 것이다.

2) 여성의 정체감 발달

앞에서도 설명한 것처럼 여성과 남성은 각기 상이한 과정을 거쳐 성역할을 학습한다. 아동기 동안 부모는 여아보다는 남아에게 보다 더 엄격한 성역할 표준을 적용한다. 성역할 표준이란 그 문화가 남성과 여성에게 기대하는 적절한 행동

을 의미한다. 아동기 동안 남아의 여성적 행동은 비난이나 처벌의 대상이 되지만, 여아의 남성적 행동은 묵인되는 경우가 많다.

그러나 청년기가 시작되면, 부모는 소녀의 남성적 행동을 엄격하게 제한하고 여성적 행동을 강요하기 시작하므로 소녀들은 독립적인 정체감을 확립한 유능한 개인과 전통적인 여성 성역할을 수용해야 하는 문제 사이에서 갈등한다. 그 결과 표 5-2에 제시된 바와 같이 여성들의 정체감 상태와 개인적 특성의 관계는 남성들과는 차이를 나타낸다.

즉, 정체감 획득과 유실 집단의 여학생들은 유예와 혼란 집단의 여학생들보다 더 높은 수준의 자기존중감과 남성성 혹은 양성성을 소유하고 있었으며 비동조적이었다. 또한 정체감 획득자들은 높은 성취동기와 성공공포를 지녔으며 가장 어려운 학과목을 선택하였다.

높은 성취동기와 높은 성공공포의 조합은 전통적으로 남성적 역할인 성취지향적 목표를 추구하는 여성들이 직면하는 성취-여성성 갈등으로 해석된다. 성취동기 수준이 낮은 유실과 혼란 집단의 여학생들은 더 낮은 수준의 성공공포를 경

표 5-2 여자 대학생의 정체감 상태와 개인적 특성의 관계

개인적 특성	정체감 상태			
	획득	유실	유예	혼란
자기존중감 수준	고	고	저	저
도덕적 추론 능력	고	저	고	저
남성성이나 양성성 소유 정도	고	고	저	저
동조성	저	저	고	고
성공공포	높다	낮다	높다	가장 낮다
성취동기	높다	낮다	높다	낮다
대인관계	친숙한	정형화된	친숙한	정형화된
전공선택	가장 어려운 학과목 선택	가장 쉬운 학과목 선택	중간 수준의 학과목 선택	가장 쉬운 학과목 선택

출처: Fitch & Adams, 1983; Kacerguis & Adams, 1980.

험하였다.

흥미롭게도 남자 대학생들 사이에서는 정체감 획득과 유예 집단이 유사한 특성을 지니는 것과는 달리 여자 대학생들 사이에서는 정체감 획득과 유실 집단의 여학생들이 유사한 특성을 지니고 있었다. 그 이유는 무엇일까? 아마도 정체감 위기를 경험하지 않는 유실 집단의 여학생들은 사회가 규정하는 역할을 선택함으로써 심리적 안정감을 얻을 수 있고 그 결과 높은 자기존중감을 지니며 동조에 저항적일 수 있을 것이다. 사실 정체감 유실은 전통적으로 여성의 성역할 규준과 가장 조화를 이루는 정체감 상태이다.

그러나 대학을 졸업한 많은 여성들은 점점 더 취업하기를 원하며 직업 선택을 위해 노력한다. 그들은 배우자를 선택할 때도 보호자의 역할을 하는 남성보다는 협조적인 남성을 선택함으로써 동반자로서의 결혼관계를 원하므로, 21세기의 여자 대학생들을 연구한다면 남성들과 유사한 결과를 나타낼 것으로 전망된다.

표 5-2에서 성공공포(fear of success)란 여성들이 직업 세계에서 높은 성취를 이루기 원하면서도, 사회적 성공은 여성다운 매력을 잃게 하므로(사회적 성공은 전통적으로 남성의 성역할이다) 성공하기를 두려워하는 것을 의미한다. 1970년대의 연구자들(Hoffman, 1974; Tresemer, 1974)은 남성들은 성공을 위한 자신의 노력이 실제로 가치있는 일인지 아닌지를 의심하고 두려워하는 반면, 여성들은 성공함으로써 사회적으로 거부당할 것을 두려워한다고 주장하였다. 다시 말하면 여성의 사회적 성공은 전통적 성역할에 위배되므로, 여성적 매력의 상실을 두려워하는 여성들은 성공을 두려워하고 회피한다는 것이다.

그러나 바소우(Basow, 1992) 같은 연구자는 성공공포는 남성에 적합하다고 인식되는 영역에서 높은 성취동기를 나타내는 여성들 사이에서 나타나는 현상이라고 주장하였다. 그러나 국내에서 수행된 연구(유계식, 이재창, 1997)에서는, 남녀 대학생들간에 성공공포 수준에서 차이가 없었고, 오히려 성역할 정체감에 따라 유의한 차이가 있었다. 즉 남녀 모두 남성적 그리고 양성적 성역할 정체감을 지니고 있는 학생들이 가장 낮은 성공공포를 나타내었고 여성적 그리고 미분화의 성역할 정체감을 지니고 있는 학생들은 가장 높은 성공공포를 나타내었다. 그러므로 성공공포는 성차의 문제가 아니라 성역할의 문제로서, 남녀 모두 여성적 성역할 정체감과 미분화의 정체감을 지니고 있을 때 가장 높은 성공공포를 지니고 있다는 것이다.

V. 직업선택

장래의 직업을 위해 준비하고 특정 직업을 선택하는 문제는 개인의 정체감 확립을 위한 전제조건이다. 마샤에게 있어서 직업 목표의 설정은 정체감 형성의 핵심요인이었다. 지금까지 직업선택과 준비는 남성들만의 문제였으나 최근에 와서 여성들도 직업선택을 그들 인생의 중요한 문제로 인식하기 시작하였다.

1. 직업선택의 발달적 특성

직업선택 과정은 정적인 과정이 아니며 연령에 따라 변화하는 역동적 과정이다. 실제로 개인의 흥미, 동기, 기술, 상황 등이 시간 경과에 따라 변하기 때문에 개인의 직업선택은 인생의 독특한 사건이라기보다 하나의 발달과정으로 간주된다. 일찍이 수퍼(Super, 1967)와 긴쯔버그(Ginzberg, 1972)는 직업선택이 연령에 따라 변화하는 발달적 결과라고 주장하고 표 5-3과 같은 직업선택 과정 모델을 제시하였다. 개인의 직업선택 과정과 자기개념 발달이 밀접하게 연결되어 있다고 가정한 수퍼는 14세부터 시작하여 5개의 단계를 포함하는 직업적 자기개념 이론(career self-concept theory)을 제안한 반면, 직업선택을 개인적 선호를 최적

표 5-3 수퍼와 긴쯔버그의 직업 발달이론

수퍼의 이론	긴쯔버그의 이론
1. 직업개념 형성 단계(14-18세)	1. 환상기(출생-11세)
2. 직업세분화 단계(18-21세)	2. 시험기(11-18세)
3. 직업수행 단계(21-24세)	3. 현실기(18-22세)
4. 안정화 단계(24-34세)	
5. 공고화 단계(35세 이후)	

화하는 과정으로 규정한 긴즈버그는 출생부터 22세까지 3개의 단계를 포함하는 발달적 직업선택 이론(developmental career choice theory)을 제안하였다.

수퍼가 제안한 다섯 개의 발달단계 중 처음 세 개의 단계가 청년기에 포함되므로 직업선택은 청년기 동안의 중요한 발달과업임을 알 수 있다. 수퍼는 청년초기에 이르면 자신의 능력에 대한 현실적 평가를 기초로 직업계획을 세울 수 있다고 주장하였다.

청년기 이전의 아동들은 직업에 대한 흥미를 나타내기는 하지만, 그것은 현실적으로 성취가능한 계획이기보다는 환상이나 공상에 지나지 않는다. 긴쯔버그는 이 시기를 환상기로 명명하였다. 아동은 자신의 특성과는 상관없이 교사나 경찰관, 야구선수, 탤런트 등 친숙하고 매력적으로 보이는 직업을 갖겠다고 응답한다.

대조적으로 보다 발달된 사고능력과 경제적 문제나 실제적 문제를 인식하는 청년초기 청소년들은 보다 체계적인 방식으로 직업생애의 대안들을 고려하기 시작하므로 수퍼는 이 시기를 개념형성 단계와 직업세분화 단계로 구분한 반면, 긴쯔버그는 시험기와 현실기로 구분하였다.

청소년들은 자신이 관심갖는 직업에 적합한 교육이나 일을 계획하고 장 · 단기적 결과를 바탕으로 직업계획을 세운다. 그들은 단순히 멋지고 흥미로운 직업에 매료되기보다는 생계유지와 같은 현실적인 문제를 생각하며 그들의 흥미나 가치관 혹은 능력에 따라 선택의 폭을 좁히기 시작한다. 이 시기에 청소년들은 그들이 잠정적으로 선택한 직업에 대한 정보를 수집하고 미래를 위한 계획을 세운다. 수퍼가 제안한 직업수행 단계에 이르면 직업훈련과 교육을 마치고 직업세계에 들어갈 수 있다.

그러나 수퍼나 긴쯔버그가 제안한 각 발달단계에 해당하는 연령은 대략적인 지침에 지나지 않는다. 그 이유는 그들의 연구 이후 이미 오랜 시간이 흘렀을 뿐 아니라 이제 많은 젊은이들이 대학에 진학하고 그 이상의 교육을 받는 경우도 많아, 개인의 직업생애 발달이 상당히 늦어지고 있기 때문이다. 더욱이 한국의 남성들은 군복무를 해야 하기 때문에 20대 중반 이후에도 직업세계에 들어가기 어렵다. 이와 같이 젊은이들이 성장하는 더 넓은 사회적 맥락이 개인의 직업계획

발달과정에 영향을 주므로 직업생애의 발달연령은 사회에 따라 그리고 시대에 따라 달라질 수 있다.

2. 직업선택에 영향을 주는 요인

1) 직업선택과 개인의 성격특성

사람들은 왜 각기 다른 직업 분야에 종사하는가? 홀랜드(Holland, 1985)는 개인의 성격요인(특성, 흥미, 가치 등)과 조화를 이루는 직업이 우선적으로 선택되므로, 사람마다 다른 직업을 갖게 된다고 주장하였다.

각 개인이 선택하는 직업과 그의 개인적 성격 요인들의 관계를 광범위하게 연구한 홀랜드는 개인이 선택하는 직업은 그의 기본적 성격 양식을 반영한 결과라고 주장하였다. 홀랜드의 모델에서 성공적인 직업선택은 특정한 성격 특성과 이 특성들이 표현될 수 있는 직업과의 조화를 필요로 한다. 이를 위해 홀랜드는 여섯 개의 기본적인 성격유형 — 현실적 유형, 탐구적 유형, 예술적 유형, 사회적 유형, 기업가적 유형 및 관습적 유형 — 을 측정하는 SDS(Self-Directed Search)를 개발하고, 표 5-4와 같이 각 성격유형과 상응하는 직업환경을 제시하였다.

그러나 홀랜드가 제안한 것처럼, 성격 요인만을 기초로 직업선택이 이루어진다면, 다음과 같은 두 가지 문제점이 나타난다.

첫째, 개인의 흥미와 능력은 청년후기나 성인초기 이후에도 계속 발달하고 변화한다. 그러므로 청년기의 직업선택에서 중요한 것은 개인의 성격 요인이 아니라 일 그 자체이다. 특정한 성격 요인을 강조하는 직업에 종사하다 보면, 개인은 그 직업이 요구하는 방향으로 변화하게 된다. 직업 시장은 제한되어 있고 취업하기 어려운 때일수록 직업 특성에 따라 개인이 변화하지 않을 수 없다. 따라서 성인초기에 바람직하지 않다고 생각되던 직업이 결국 그 개인과 가장 잘 조화를 이루는 직업이 될 수 있는 것도 개인이 직업 환경에 반응하여 성장하고 변화한 결과이다.

둘째, 성격 요인만을 중요시하다보니 개인의 직업 결정에 영향을 주는 다른 요인들의 중요성을 과소평가한다. 개인이 의학에 관심과 흥미를 가지고 있다고

표 5-4 개인의 성격유형과 직업의 관계

성격유형	성격특성	추천할 수 있는 직업
현실적 유형	돈이나 지위, 권력을 중요시한다. 기계적 수공능력이 뛰어나고 발달된 운동능력을 지니고 있으나 대인관계 기술은 부족하다고 느낀다.	사물이나 도구, 기계 혹은 동물을 다루는 직업을 선호한다. 건축 근로자, 농장이나 주유소 경영
탐구적 유형	새로운 아이디어를 도출할 수 있는 능력을 지니고 있고 과학적 활동을 중요시한다. 수학과 과학능력은 뛰어나지만, 지도자의 자질은 부족하다고 느낀다.	학문 연구
예술적 유형	음악, 미술, 연극, 문학작품으로 자신의 느낌을 표현하기를 좋아한다. 스스로 직관적이고 동조하기를 싫어하는 사람으로 지각한다.	시각예술, 청각예술, 행위예술
사회적 유형	다른 사람과 함께 일하는 것을 좋아하고 스스로 타인을 이해하고 돕는 능력을 지니고 있다고 판단한다.	사회복지사, 교사, 상담원
기업가적 유형	경제적 성공을 이루고 조직적 목표를 달성하기 위하여 다른 사람들을 다루는 직업을 선호한다. 사교적이고 리더십이 있으며 뛰어난 언어구사력을 지니고 있다고 판단한다.	사업가, 기획자, 부동산업
관습적 유형	구조화된 환경을 선호하고 질서정연하고 체계적으로 정리하기를 좋아한다. 동조적 성격과 우수한 사무 능력을 소유하고 있다고 지각한다.	회계사, 은행원, 회사원

할지라도, 부모가 의과대학 학비를 낼 경제력을 지니고 있지 않다면 의사가 될 수 없을 것이다. 또한 건축 분야에 흥미와 특성을 지니고 있는 학생이라 할지라도 이 분야에 취업할 수 없다면 그의 개인적 특성은 아무 소용이 없다.

결론적으로 직업선택은 개인적 특성이나 선호만으로 이루어지는 것이 아니라 그것들과 사회적 영향들 사이의 복잡한 상호작용 결과이다.

2) 직업선택과 정체감 발달

직업선택을 위한 계획과 결정은 정체감 획득상태와는 정적 상관을 이루고, 정체감 유예나 혼란상태와는 부적 상관을 이룬다(Wallace-Broscious, Serafica, &

표 5-5 정체감 상태의 발달(단위: %)

정체감 영역	정체감 상태	학 년		
		중학교 2학년	고등학교 1학년	고등학교 3학년
직업적	유 예	33.5	38.0	42.1
	획 득	13.5	13.5	19.6
이념적	유 예	25.5	27.8	36.4
	획 득	5.1	11.2	5.6
종교적	유 예	14.6	15.6	20.0
	획 득	5.6	7.8	5.4
생활양식적	유 예	14.0	18.9	15.6
	획 득	3.6	6.5	4.6
정치적	유 예	11.3	13.8	11.2
	획 득	3.1	4.8	6.5

출처: Skorikov & Vondracek, 1998.

Osipow, 1994). 정체감 획득의 과정에 있는 젊은이들은 직업선택을 위해 장·단기적 목표를 세우고 그 목표를 달성하기 위해 노력하는 반면, 유예나 혼란 상태의 젊은이들은 직업계획을 세우지도 못하거나 직업계획은 세웠으나 직업선택을 하지 못하고 우왕좌왕하는 상태에 있다.

직업적 정체감은 다른 유형의 정체감보다 더 일찍 획득된다. 중학교 1학년부터 고등학교 3학년까지 1,099명의 청소년들을 연구한 결과에 의하면(Skorikov & Vondracek, 1998), 표 5-5와 같이 고등학교 3학년 학생의 약 20%가 직업적 정체감을 획득하였으나 이념적, 종교적, 생활양식적, 정치적 정체감을 획득한 사람은 5-6%에 지나지 않았다. 에릭슨(Erikson, 1968)의 주장과 일치되게 직업적 정체감은 개인의 자아정체감 발달을 선도하는 역할을 하는 것이 분명하였다.

3) 직업선택과 부모의 영향

부모는 자녀의 직업역할 모델이다. 어릴 때부터 아동은 부모의 직업에 대해 보고 들으면서 성장한다. 부모가 그들의 직업에서 열심히 일하고 그 일을 자랑스러워할 때 청년기 자녀들은 일하는 것이 가치롭다는 것을 학습할 수 있다(Young,

1994). 류와 몰티머(Ryu & Mortimer, 1996)는 이성의 부모보다 동성의 부모를 통해 직업가치가 전달된다고 주장하고 어머니-딸의 관계보다 아버지-아들의 관계에서 직업가치의 전달이 더 많이 이루어진다고 주장하였다.

부모-자녀관계의 질적 특성 또한 직업선택에 영향을 준다. 아버지와 아들의 관계가 애정적이고 친밀할 때 그리고 아버지의 사회적 지위가 높을 때, 아버지는 영향력 있는 직업역할 모델의 기능을 한다. 따라서 하류 계층의 아버지보다 중류 계층의 아버지들이 아들의 직업선택에 더 큰 영향을 준다. 또한 아내의 직업활동에 대해 긍정적 태도를 지니고 있는 아버지의 딸들은 결혼 생활과 직업 역할을 만족스럽게 수행할 수 있다. 특히 아버지가 딸을 한 사람의 '여성'으로 수용하고 딸의 독립과 성취를 격려할 때, 딸은 성취지향적 개인으로 성장한다.

또한 부모는 자녀를 규칙적으로 도서관이나 박물관에 데려감으로써 직업에 관한 직접적 정보를 제공하기도 하고 특정한 유형의 직업을 선택하라는 압력을 가하기도 한다(Hargrove, Creagh, & Burgess, 2003). 한국의 많은 부모들은 자녀의 직업으로 의사나 법관, 대학교수 등을 선호한다.

4) 성역할 정체감과 그 외의 요인

부모의 양육방식도 중요하지만, 부모가 자녀에 대해 갖는 성역할 기대는 자녀의 직업선택에 결정적 영향을 준다. "너는 남자니까 이렇게 행동해야 하고 너는 여자니까 저렇게 행동해야 한다"는 부모의 성역할 고정관념은 자녀의 성역할 정체감 형성과 직업선택에 영향을 준다. 따라서 많은 여성들은 직업선택을 위해 광범위한 탐색을 시도하지 않으며, 주로 성역할 고정관념과 일치하는 직업에만 관심을 갖는다(Betz, 2006; Gates, 2001). 남녀의 직업에 대한 동기가 동일할 때조차도 여성들은 전형적인 여성적 직업에 한정된 선택을 한다.

더욱이 여성들은 직업생활과 가정생활을 병행하는 문제로 고민한다(Carlson 등, 2006; Smith, 2007). 여성들은 먼저 직업에서 자리를 잡은 후에 결혼하고 출산해야 하는지 혹은 직업과 결혼 그리고 자녀출산을 병행할 수 있을 것인지로 갈등한다. 20세기 동안 여성들의 가족역할은 항상 직업역할을 우선하였지만, 이제 가족역할보다는 직업역할을 우선하는 여성들이 증가하고 있다(Sax & Bryant, 2006).

그들은 자녀를 출산하고 양육하기 위해 직장을 그만두기보다는 직업역할에서 자리를 잡은 후에 자녀를 출산하는 삶의 방식을 선택한다.

개인의 직업선택이 성별보다는 성역할 정체감의 영향을 받는다는 연구들이 많이 있다. 기아나코스(Gianakos, 1995)는 미분화의 정체감을 지니고 있는 사람들은 유의하게 낮은 진로 의사결정 효능감을 지니고 있다고 밝혔다. 진로 의사결정 효능감이란 개인이 자신의 진로 목표를 달성할 수 있는지 아닌지에 대한 신념이나 확신감을 의미한다.

마쯔이(Matsui, 1994)도 도구성은 남성지배적 직업과 여성지배적 직업 모두에 대한 자기효능감과 밀접한 관련이 있고 표현성은 여성지배적 직업 자기효능감과만 유의한 관련이 있다고 보고하였다. 또한 그는 진로 의사결정 효능감은 성별보다는 성역할 정체감과 관련되어 있다고 주장하였고 한국의 중 · 고등학교 청소년들을 연구한 조아미(2002) 역시 진로 의사결정 효능감과 진로 의사결정 능력 및 진로 성숙도에 영향을 미치는 변인은 개인의 성이 아니라 성역할 정체감이라고 보고하였다.

성역할 정체감 외에도 성취동기와 성공공포가 개인의 진로 결정이나 진로 선택에 영향을 준다. 특히 성취동기는 성역할 정체감보다 개인의 진로 결정이나 선택에 더 큰 영향을 주며, 높은 성취동기를 지니고 있는 사람들은 보다 더 합리적인 진로결정이 가능하다. 또한 남녀 대학생 모두 성공공포 수준이 낮을수록 더 합리적이고 효과적인 진로결정을 할 수 있었다(유계식, 이재창, 1997).

06장 가치관의 확립: 도덕성 발달과 정치적 및 종교적 가치관의 발달

Adolescent Psychology

제6장 가치관의 확립: 도덕성 발달과 정치적 및 종교적 가치관의 발달

청년기 동안 이루어지는 형식적 조작능력의 발달은 사고의 융통성을 증가시키고 행동을 평가하기 위한 새로운 인지 능력을 발달시키기 때문에 가치관을 확립할 수 있도록 한다. 이 장에서는 먼저 가치관을 설명하고 어떤 과정을 거쳐 가치관이 확립되는지를 이해할 수 있도록 가치관의 중심요인인 도덕성 발달과 정치적 및 종교적 가치관의 발달을 함께 설명한다.

I. 가 치 관

1. 가치관의 정의

가치관이란 태도나 가치와는 구별되는 개념이다. 여기서 태도는 특정 대상에 초점을 맞춘 몇몇 신념의 지속적인 조직으로서 개인의 선호 방식을 결정하는 역할을 한다. 인지적, 정의적, 행동적 요소를 포함하는 태도는 일정한 방향으로 행동하기 위한 준비성으로 정의된다. 다시 말해 태도는 항상 구체적인 행동과 일치하지는 않지만 최소한 행동에 영향을 미칠 수 있는 중요한 매개변인으로 행동을 동기화하는 기능을 한다. 대조적으로 가치는 어떤 특수 대상이나 상황을 초월하여 행위의 양식을 결정하고 존재의 목적을 반영한다.

그러므로 태도는 특수 대상이나 사태에 국한되어 있는 반면, 가치는 그것을 초월해 있다는 차이가 있다. 그러나 가치관은 태도나 가치보다 더욱 일반화되고 조직화된 개념으로 인간 행동과 사고에 질서와 방향을 부여하는 원칙인 동시에 중심적 신념이다(Rokeach, 1973). 따라서 가치관은 다음과 같은 세 가지 기능을 한다.

① 인지적 판단의 타당성, 자료의 적절성 그리고 문제의 중요성을 검토하는 인지적 기준

② 만족을 얻기 위해 대상의 적절성을 검토하는 평가적 기준

③ 행동의 결과를 검토하는 도덕적 기준

이와 같이 가치관은 행동의 표준이나 지침, 선호의 기준 및 평가의 기능을 한다. 청년기 동안 개인의 가치관을 구성하는 핵심요인인 도덕적, 정치적, 이념적, 종교적 문제에 대한 사고에서 큰 진보가 이루어진다. 이 시기 동안 가치관과 관련된 문제에 대해 사고하는 방식은 점차 추상적으로 변화하고 보다 일반적 원리에 기초한 사고가 가능해진다. 물론 젊은이들의 사고는 부모나 다른 권위인물에 의해 전달된 가치체계가 아닌 그들 자신의 가치체계를 바탕으로 한다.

2. 가치관의 변화

지난 20-30년 동안 청소년이나 대학생들의 가치관은 크게 변화하였다. 과거보다 자신의 개인적 안녕에 대한 젊은이들의 관심은 크게 증가하였으나 타인의 안녕에 대한 그들의 관심은 오히려 감소하였다(Pryor 등, 2005). 또한 그들은 인생의 의미를 추구하기보다는 부자가 되는 것을 삶의 제1 목표로 삼는다. 그림 6-1은 미국 대학 1학년 학생들을 대상으로 인생의 목표를 조사한 결과이다. 1970

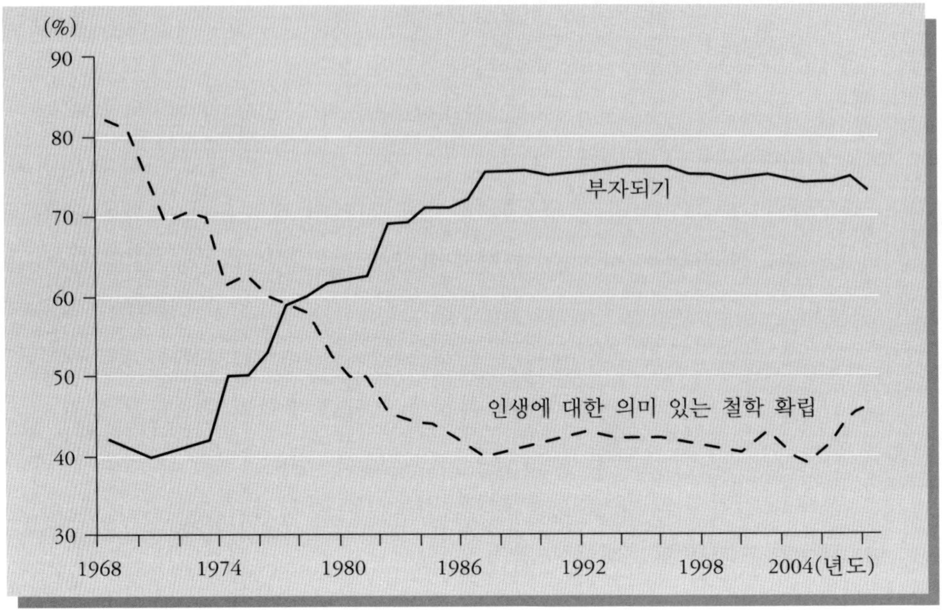

그림 6-1 인생 목표의 변화

출처: Pryor 등, 2005.

년대 중반 이후로 돈을 벌어 부자가 되는 것을 인생의 목표로 삼는 사람들이 극적으로 증가하였음을 알 수 있다.

흥미롭게도 한국 사회의 가치관을 전통적 가치, 정치적 가치, 경제적 가치 및 법/제도적 가치로 구분하여 신세대와 기성세대를 비교한 결과에 의하면(박희봉, 이희창, 전지용, 2008), 가족주의와 권위주의 가치의 급격한 감소로 전통적 가치가 크게 감소하였다. 정치적으로는 평등주의 가치가 크게 증가하였고, 경제적으로는 물질주의에서 탈물질주의 가치로 변화하고 있으며 남녀 구별없이 준법의식의 감소로 법/제도적 가치에서 큰 변화가 일어나고 있다.

비록 물질주의에서 탈물질주의 가치로의 변화가 인생에서의 의미추구에 더 큰 가치를 부여하기 시작했다는 의미로 해석될 수 있기는 하지만, 준법의식의 감소는 사회혼란을 초래하므로 우리 사회는 모든 면에서 불안정한 면모를 나타낼 수밖에 없다. 결국 이러한 결과들은 우리 사회가 안정되고, 국가 발전을 이룰 수 있기 위해서는 청소년들이 개인적 성취를 중요시하면서도 타인의 안녕에 대해 관심과 배려를 갖도록 하는 동시에 준법정신을 지닐 수 있도록 하는 것이 무엇보다 중요하다는 것을 시사한다.

Ⅱ. 도덕성 발달

도덕성은 가치관을 구성하는 중요한 요소로서 행동의 결과를 평가하는 기준이다. 다시 말하면 도덕성(morality)이란 사회적 행동이나 대인관계의 행동을 평가하는 일반적 지침으로 무엇이 정당하고 정당하지 않은지를 결정한다. 그러므로 도덕성은 광범위한 인간 정의의 문제와 관련된 행동이나 판단에 해당되기 때문에 일반화될 수 있고 보편타당성을 지닌다.

동시에 도덕성은 민주주의 사회가 유지될 수 있도록 하는 중요한 개인의 특성이기도 하다. 개인적 삶을 위해서는 물론 시민으로서의 역할을 수행하기 위해 각 개인은 정의를 지지하고, 사회정의와 평등 그리고 민주주의 발전을 촉진시키는 정부 제도, 법률, 규범 등이 유지될 수 있도록 행동해야만 한다. 따라서 도덕적으로 성장하는 청년기 젊은이들은 사회질서를 유지하고 증진시키는 방식으로 사고하고 행동할 수 있어야만 한다.

도덕성 발달을 설명하는 이론에는 양심의 발달을 중요시하는 정신분석 이론과 도덕적 추론과 판단에 관심을 갖는 인지발달 이론 그리고 도덕적 행동에 초점을 맞춘 사회학습 이론 등이 있다. 그러나 청년기 동안의 도덕성은 아동초기의 초자아 발달을 중요시하는 정신분석 이론이나 관찰학습에 기초한 사회학습 이론보다는 인지발달 이론에 의해 더 잘 설명될 수 있다.

그러므로 이 장에서는 인지발달 이론을 중심으로 도덕성 발달을 설명한다. 또한 지금까지의 도덕성 연구들이 주로 규칙을 어기는 상황을 중심으로 이루어지기는 하였지만, 실제로 개인의 도덕성 발달에서 무엇보다 중요한 것은 친사회적으로 사고하고 행동하는 능력을 획득하는 것이므로 이 분야에 관한 최근의 연구결과들도 함께 소개한다.

1. 정신분석 이론

프로이트를 중심으로 하는 정신분석 이론가들은 초자아(superego)의 발달을 도덕성 발달로 보고 초자아의 강도가 양심의 강도를 결정한다고 주장하였다. 그들은 3세부터 6세까지 발달하는 초자아를 성격의 도덕적 측면으로 규정하고 이 시기 동안 아동은 에디푸스 갈등과 엘렉트라 갈등을 해결한 결과로써 초자아를 획득한다고 설명하였다.

아동은 초자아 획득을 위한 중요한 메커니즘인 동일시과정을 통하여 부모의 가치를 내면화한다. 초자아의 가장 주된 목표는 옳고 그름을 구별하여 그 결과를 자아에게 전달하는 것이며, 자아는 원초아를 조절함으로써 부모와 사회의 승인을 획득한다.

초자아는 두 개의 중요한 체계 즉, 자아이상(ego-ideal)과 양심으로 구성되어 있다. 자아이상은 무엇이 옳고 도덕적이며 무엇이 나쁘고 비도덕적인지에 대한 부모의 견해를 아동이 지각한 결과이다. 반면, 양심은 죄책감을 불러일으켜 수용될 수 없는 행동을 처벌하는 것이다. 그러므로 초자아를 획득한 아동들은 부모의 표준과 반대되는 행동을 할 때 죄책감을 느낌으로써 자신을 처벌할 수 있다.

프로이트의 정신분석 이론은 기본적으로 개인의 중요한 발달이 대부분 인생의 초기 5-6년 동안 이루어진다고 가정하기 때문에, 청년기의 도덕성 발달에 관한 연구는 거의 이루어지지 않았다. 그러나 아버지 지그문트 프로이트(Sigmund Freud)와는 달리 그의 딸 안나 프로이트(Anna Freud)는 양심의 발달을 청년기의 심리역동적 변화로 설명하려고 하였다.

그녀는 사춘기의 시작과 함께 남근기 동안 해결되었다고 생각되던 에디푸스 갈등의 재각성에 의해 청소년들은 본능적 욕구와 자아(ego)메커니즘 사이의 평형상태가 무너지는 경험을 한다고 가정하였다. 그녀의 주장에 의하면, 에디푸스 갈등의 재각성과 함께 이전에 무의식적으로 작용했던 신념과 가치를 의식적으로 재형성한 결과로 양심의 발달이 이루어진다.

양심의 발달에 관한 정신분석 이론의 가장 큰 약점은 여성들이 남성들보다 더 낮은 수준의 도덕성을 소유한다는 것이다. 정신분석 이론가들의 설명에 의하면, 에디푸스 갈등을 해결하기 위한 남아의 동기는 거세불안(casteration anxiety)에 의해 동기화되기 때문에 강력하고 극적인 반면, 여아의 남근선망(penis envy)은 보다 더 약한 동기를 유발시키기 때문에 여아의 초자아는 약하다는 것이다. 남성과 여성 중 누가 더 도덕적인지는 후속적으로 이루어진 많은 연구들에서도 중요한 주제로 다루어지고 있다. 뒤에 설명될 워크의 종단연구에서 성차에 관한 구체적 예가 제시될 것이다.

2. 인지발달 이론

인지발달 이론에서는 개인의 도덕적 판단능력이나 추론능력의 발달을 연구한다. 청년기 동안 형식적 조작능력이 발달함에 따라 청소년들은 점점 더 발달된 도덕적 추론이 가능하다. 피아제도 도덕적 추론능력의 발달을 연구하였으나 그것은 아동의 도덕성 발달에 적용되므로, 이 절에서는 청년기 도덕적 추론능력의 발달을 설명한 콜버그(Lawrence Kohlberg)의 이론과 함께 콜버그 이론에 대한 대안으로 제시된 길리건(Carol Gilligan)의 연구 및 콜버그와 길리건을 비교한 워크(Walker)의 종단연구를 차례로 설명한다.

1) 콜버그의 도덕성 발달 이론

로렌스 콜버그(Lawrence Kohlberg)는 1960년대 후반부터 1987년 초 사망할 때까지 하버드 대학교의 교수로서 그리고 도덕성 발달 및 도덕교육 센터(Center for Moral Development and Moral Education)의 소장으로서 도덕적 추론능력의 발달을 연구하였다. 콜버그는 도덕성 발달에 관한 단계이론을 제시했을 뿐 아니라 후속적인 인지발달 이론가들 —투리엘(Turiel, 1989; Nucci & Turiel, 1993), 레스트(Rest, 1975), 길리건(Gilligan, 1979, 1982)— 의 연구를 자극하는 역할을 하였다.

(1) 콜버그의 도덕성 발달단계

콜버그는 개인의 도덕적 추론능력을 평가하기 위하여 가설적인 도덕적 갈등상황(moral dilemma)을 고안하였다. 다음에 제시한 '하인츠의 딜레마'와 유사한 아홉 개의 딜레마를 가지고 10세부터 16세까지의 청소년들을 대상으로 면접한 결과, 3수준 6단계의 도덕성 발달단계를 확인할 수 있었다.

Lawrence Kohlberg(1927-1987)

〈하인츠의 딜레마〉

하인츠의 부인이 암에 걸려 죽어가고 있었다. 그녀를 살릴 수 있는 방법은 같은 마을에 사는 어느 제약사가 발명한 라듐 종류의 약뿐이었다. 그 약은 원가가 매우 비싸게 먹힌 데다가 제약사는 약값을 원가의 100배로 정하였다. 그 제약사는 200달러에 구입한 라듐을 20,000달러를 부른 것이다. 하인츠는 돈을 구하기 위하여 아는 사람을 모두 찾아다녔으나 그 약값의 절반인 10,000달러밖에 구할 수 없었다.

하인츠는 제약사에게 자기 부인이 죽음 직전에 있다는 것을 설명하고 그 약을 싸게 팔거나 아니면 외상으로라도 구입할 수 있도록 해달라고 간청하였다. 그러나 그 제약사는 "안 됩니다. 그 약은 내가 발명한 것이니, 나는 그 약으로 돈을 벌어야겠습니다"라고 대답했다.

절망에 빠진 하인츠는 마침내 약방을 부수고 들어가 자기 부인을 위하여 약을 훔쳐낸다. 하인츠는 정당한 일을 하였는가, 부당한 일을 하였는가? 만약 정당하다면, 어째서 정당한가? 부당하다면, 왜 그런가?

개인의 도덕성 발달단계를 평가하기 위하여 콜버그가 관심을 가진 것은 이야기 속 주인공이 옳은 행동을 했는지 옳지 못한 행동을 했는지가 아니라 도덕적 선택 이면의 추리의 질적 특성이다. 다시 말하면 각 개인이 그의 판단을 정당화하기 위해 어떤 이유를 제시하는가이다. 특히 사건의 의도나 결과를 어떻게 이해하며 인습적 규칙과 추상적 원리를 어떻게 적용하는지가 중요시된다.

여기서 인습(convention) 혹은 사회적 인습(social convention)이란 이전부터 전해 내려오는 습속이나 습관으로 식탁에서의 예절에서부터 의복, 머리모양, 인

사예절, 성역할 등에서 나타나는 그 사회 특유의 합의된 행동규범을 의미한다. 그러므로 인습은 그 사회가 정한 규칙이나 금지규정으로 규정이 달라지면 언제나 변할 수 있는 특성을 지닌다.

콜버그는 인습의 이해수준에 기초하여 표 6-1과 같이 전인습적 수준, 인습적 수준 그리고 후인습적 수준으로 구분하고 각 수준마다 2개의 단계를 포함하는 도덕성 발달단계를 제시하였다. 수준 1의 사회적 인습을 이해하지 못하는 전인습적 수준(preconventional level)의 아동들은 기쁨을 얻고 고통을 회피하려는 이기적 소망을 기초로 도덕적 추리를 한다. 그러나 수준 2의 인습적 수준(conventional level)의 개인들은 사회적 인습을 중요시하고 가족이나 사회 혹은 국가의 기준에

표 6-1 콜버그의 도덕성 발달 단계

수준 1: 전인습적 수준
외부적 요인에 의해 옳고 그름을 판단한다. 구체적 조작 수준의 도덕적 판단 양식이다.
단계 1: 벌과 복종 지향
보상을 받느냐 처벌을 받느냐를 기준으로 행동을 판단한다.
단계 2: 도구적 상대주의 지향
자신이나 사랑하는 사람을 만족시켜 주고 이익이 되는 정도에 의해 행동을 판단한다.
수준 2: 인습적 수준
사회적 질서를 유지하고 타인의 기대에 부응하는 정도에 의해 행동을 판단한다. 형식적 조작수준의 아동이나 청소년의 도덕적 판단양식이다.
단계 3: 착한 소년, 소녀 지향
권위적 인물의 승인이나 불승인을 바탕으로 행동을 판단한다.
단계 4: 법과 질서 지향
사회가 정한 법률이나 규칙을 준수하느냐 위반하느냐에 따라 행동을 판단한다.
수준 3: 후인습적 수준
단순히 사회 질서를 유지하기 위한 도덕성이 아니라 개인 자신의 이데올로기의 일부로서 도덕원리를 수용한다. 이론적으로는 형식적 조작능력을 지닌 청년들이 이 수준에 도달할 수 있으나, 현실적으로 여기에 도달할 수 있는 사람은 대단히 제한되어 있다.
단계 5: 사회계약 지향
개인의 권리를 존중하고 사회계약을 유지하는 정도에 따라 행동을 판단한다.
단계 6: 보편적 원리 지향
시간과 문화를 초월하여 적용될 수 있는 보편적 원리를 바탕으로 행동을 판단한다.

맞추어 행동하며 사회질서를 적극적으로 유지하려고 한다. 도덕성 발달의 최상의 단계인 수준 3의 후인습적 수준(postconventional level)에 이르면, 개인은 자신이 소속한 집단의 인습적 규칙에서 벗어나서 추상적이고 이타적이며 보편적인 규칙을 바탕으로 도덕적 추리를 한다.

(2) 청년기의 도덕성 발달

콜버그가 고안한 가설적인 도덕적 갈등상황들은 너무 복잡해서 어린 아동들은 이해하기 어려우므로 청년이나 성인들의 도덕적 추론능력을 평가할 때 유용하다. 일반적으로 도덕성에 대한 자아중심적 조망을 갖는 초등학교 연령의 아동들은 보상받는 행동을 옳은 행동, 처벌받는 행동을 나쁜 행동이라고 판단하고 도덕적 영역과 사회인습적 영역을 구분하지 못하므로 콜버그 단계의 전인습적 수준에 머문다.

청년기의 시작과 함께 10대 청소년들의 도덕적 추론능력은 급속히 발달한다. 콜버그(Kohlberg, 1963)가 초기에 연구했던 10세, 13세 그리고 16세의 남자

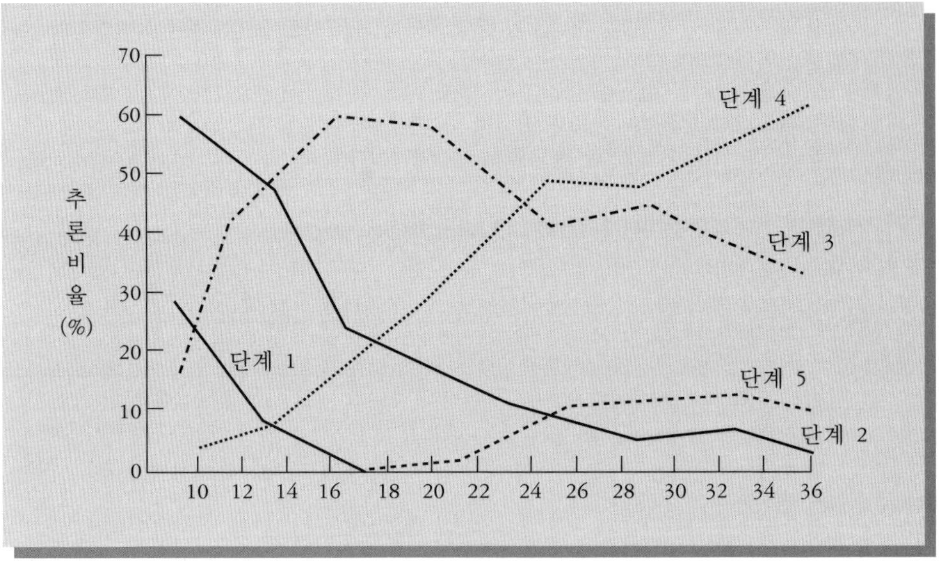

그림 6-2 10세부터 36세까지 남성들의 도덕적 추론 비율
출처: Colby 등, 1983.

청소년들을 대상으로 20년간 종단연구를 실시한 콜비 등(Colby 등, 1983)은 그림 6-2와 같은 결과를 제시하였다.

이 그림에서 10세경에 우세하게 나타났던 전인습적 추론은 이후 급격히 감소되며 단계 3과 단계 4의 인습적 추론이 청년기 동안 우세해진다. 사회화의 영향으로 청소년들은 인습을 인식하고 이에 동조하려는 경향을 보인다. 따라서 13, 14세경의 도덕적 추론은 단계 2나 단계 3에 머무르지만 16-18세경에 이르면 50% 이상이 단계 3의 추론을 하고 20% 정도는 단계 4의 추론을 한다.

그렇다면 얼마나 많은 젊은이들이 콜버그 도덕성 발달의 최종 단계인 후인습적 수준에 도달할 수 있는가? 후인습적 도덕성 발달수준에 이른 사람들은 인습적 판단으로부터 점진적으로 분화하여 탈인습적 도덕추론이 가능해야 한다. 그들은 특정 사회가 기대하는 역할이나 규범, 관습, 법률 등에 대한 동조적 판단으로부터 벗어나 모든 인간에 공통적인 권리, 가치, 존엄성, 정의 등을 고려하는 보편적 기준에 따를 수 있어야 한다.

콜버그는 초기 연구에서 적은 비율의 젊은이들이 사회적 인습에서 벗어나서 후인습적 수준의 도덕적 추론을 할 수 있다고 주장하였으나 실제로 단계 6의 추론은 성인기까지 전혀 나타나지 않았고 단계 5의 추론이 가능한 성인들의 비율도 10% 정도에 지나지 않았다. 그러므로 청년기 동안의 도덕적 추론능력은 전인습적 추론에서 인습적 추론으로의 전환이 이루어지므로 단계 3과 단계 4의 추리가 우세하다는 결론을 내릴 수 있다.

(3) 콜버그 이론의 문제점

콜버그의 이론이 많은 후속 연구를 자극하고 도덕성 발달에 관한 관심을 고조시켰음에도 불구하고, 다음과 같은 몇 가지 이유 때문에 비판의 대상이 된다.

첫째, 딜레마 상황에 대한 연구대상자의 반응을 분석할 객관적 척도가 없다.

둘째, 남성만을 연구대상으로 하였기 때문에, 여성의 특성을 전혀 고려하지 못했다.

셋째, 콜버그는 개인의 도덕성 발달이 1단계부터 6단계까지 불변적 순서로 진행되며 한 단계라도 건너뛰거나 후퇴하는 일 없이 이루어진다고 하였다. 그러나 개인에 따라서는 단계를 건너뛰거나 앞 단계의 추리 수준으로 후퇴하기도 하였다(Walker, 1989).

넷째, 75명의 연구대상자들에게 다섯 개의 상이한 도덕적 갈등상황을 제시했을 때, 어떤 사람도 다섯 개의 갈등상황 모두에 대해 동일한 추리 수준을 나타내지 않았다(Fishkin, Keniston & Mackinnon, 1973).

다섯째, 콜버그의 이론은 상황적 요인이 개인의 도덕적 판단과 행동을 결정할 수 있다는 사실을 간과하였다.

여섯째, 콜버그는 인습에 대한 이해를 기준으로 도덕성 발달단계를 구분하였으나 영역 구분 모형(domain distinction model)을 제안한 투리엘과 그 동료들(Turiel, Smetana, & Killen, 1991; Turiel, 1989)은 개인의 도덕성을 개인적 영역과 인습적 영역 그리고 도덕적 영역으로 구분하고 이 세 가지 영역은 도덕성 발달의 초기 단계부터 각기 상이한 유형으로 발달한다고 주장하였다.

문제는 투리엘의 주장대로 어린 아동들도 타인의 권리와 행복을 배려할 수 있고 정의나 공정성과 같은 도덕적 사태에 대해 보편적 도덕률을 인식할 수 있다는 것이다. 그러나 인습적 영역은 특정한 인습구조를 수용하거나 배척하는 동요과정을 거쳐 발달하므로 도덕적 영역보다는 다소 이후에 발달한다. 연구자들에 의하면, 이러한 동요과정은 6-7세경에 시작하여 청년후기인 19-25세까지 계속되며 결국 사회적 상호작용을 통합하는 기능으로서의 인습개념에 도달하게 되므로 도덕성과 인습을 혼합한 콜버그의 이론에 문제가 있다는 것이다.

일찍이 콜버그의 제자인 레스트(Rest, 1975)는 콜버그 이론에 대한 비판의 대부분이 검사 실시와 채점 방법의 객관성 부족에 있다고 가정하고 도덕성 발달 수준을 측정하기 위한 표준화 검사(Defining Issues Test: DIT)를 개발하였다. 그러나 DIT와 콜버그의 인터뷰 방법이 매우 유사했음에도 불구하고 동일한 결과가 나타나지 않았다.

DIT를 사용하여 연구한 결과에 의하면(Rest, Davison, & Robbins, 1978), 콜버그가 제안한 연령보다 일관성 있게 더 어린 연령에서 도덕적 추리가 가능하고 고등학교와 대학교 연령에서 가장 큰 변화를 보이며 20세 이후에는 큰 변화가 일어나지 않았다.

2) 길리건의 연구

캐롤 길리건(Carol Gilligan, 1979, 1982)은 하버드 대학교의 교수로서 콜버그와 도덕성 발달에 관한 여러 프로젝트를 함께 수행하였다. 그러나 길리건은 1970년대 후반과 1980년대 초반에 콜버그의 도덕성 발달 이론에 대해 의문을 제기하고 콜버그 이론은 남성 연구대상자만을 연구함으로써 도덕성 발달에 존재하는 성차를 무시했다고 주장하였다.

길리건이 제기한, 콜버그 이론의 구체적 문제점들은 다음과 같다.

첫째, 사람은 가설적 딜레마와 실제 딜레마에 아주 다르게 반응한다. 그럼에도 불구하고 콜버그는 가설적 딜레마에 대한 반응만으로 개인의 도덕적 추리 능력을 평가하고 있다. 길리건은 콜버그가 사용한 가설적 딜레마는 일상생활과 관련이 없고 진실과 분리되어 있는 가상적 상황 조건에 지나지 않는다고 비판하고, 임신한 여성들이 낙태를 할 것인지 아닌지의 실제적 딜레마를 연구함으로써 이 문제에 대한 증거를 제시하려고 하였다.

둘째, 여성들은 남성들과는 상이한 도덕적 추론을 한다. 남성들이 개인적 권리나 사회적 정의의 실현과 관련된 추론을 하는 것과는 대조적으로, 여성들은 보살핌이나 동정과 같은 대인관계와 관련된 추론 원리를 사용한다. 길리건은 콜버그의 도덕성 발달단계에서 더 높은 수준의 도덕적 추론일수록 전통적인 남성적 가치를 강조한다고 비판한다. 그러므로 여성들의 도덕적 수준은 낮을 수밖에 없다는 것이다.

Carol Gilligan(1936-)

길리건에 의하면, 전형적인 여성의 도덕성 발달단계로 평가되는 단계 3의 추론은 타인의 행복이나 동정 혹은 애착과 같은 전통적인 여성적 가치를 지향한다. 콜버그는 여성들의 도적적 판단에서 나타나는 대인관계적 요소를 평가절하함으로써 도덕적 추론에서 여성의 목소리를 무시했다는 것이다.

셋째, 콜버그의 점수체계는 여성을 기껏해야 도덕성 발달의 3단계에 위치하게 한다. 콜버그의 도덕적 갈등상황을 사용하여 성인 남녀의 도덕성 수준을 검사하면, 남성들은 사회적 질서유지를 지향하는 단계 4의 추론을 하는 반면, 여성들은 타인을 기쁘게 하기 원하는 단계 3의 추론을 한다. 결국 콜버그의 점수체계는 여성이 단계 3에서 단계 4로 이동할 수 있도록 하는 사회도덕적 대인관계 경험을 무시함으로써 여성을 단계 3에 머무르게 하는 결과를 가져왔다는 것이다.

길리건은 콜버그가 사용한 추상적 추론은 남성적 성역할과 일치하기 때문에, 타인과의 관계 형성을 중요시하는 여성들의 도덕성 수준은 낮아질 수밖에 없다고 주장한다. 다시 말하면 여성들의 낮은 도덕성 수준은 콜버그의 점수체계가 여성들이 사용하는 다른 목소리(different voice)를 듣지 못하고 그것을 미성숙한 것으로 분류한 결과라는 것이다.

(1) 길리건의 도덕성 발달 단계

길리건(Gilligan, 1982)은 가상적인 도덕적 딜레마 상황을 사용한 콜버그와는 달리, 실제로 도덕적 딜레마 상황에 처해 있는 여성들의 도덕성 수준을 연구하였다. 현재 임신한 상태에 있으나 낙태를 해야 할 필요가 있는 스물아홉 명의 여성들을 대상으로 면접을 실시한 결과, 표 6-2와 같은 세 개의 도덕성 발달 단계와 두 개의 과도기를 확인할 수 있었다.

여성들은 낙태할 것인지 말 것인지를 결정하려고 할 때 이기주의와 책임감 사이에서 갈등하였고, 그들의 도덕적 관심은 타인을 돌보고 해치는 것을 피하는 데 있었다. 길리건은 여성들이 콜버그의 도덕성 발달 단계에서 남성들보다 낮은 단계 3에 머무르는 것은 남성과 여성들이 도덕적 추론문제에 각기 다르게 접근하기 때문이라고 주장하고, 콜버그는 남녀 모두 도덕성 발달을 이루지만 서로 다른 순서로 성취한다는 것을 인식하지 못했다고 지적하였다.

표 6-2 길리건의 도덕성 발달 단계

단계	도덕성 발달
제1단계: 개인적 생존지향(Orientation to individual survival)	
	자기중심적이고 실용적 관점에서 도덕적 문제를 해결하려고 한다. '내가 원하니까', '내가 필요로 하니까' 아기를 낳거나 낙태시키겠다고 응답한다.
제1과도기: 이기주의에서 책임감으로(From selfishness to responsibility)	
제2단계: 자기희생으로서의 선(善) 지향(Goodness as self-sacrifice)	
	타인에 대한 책임을 인식하고 타인을 돌보고 보호하려고 한다. 자신을 돌보는 것은 타인에게 해가 될 수 있고 비판의 대상이 되거나 버림받을 수 있다고 생각되기 때문에 위험한 것으로 판단된다.
제2과도기: 선에서 진실로(From goodness to truth)	
제3단계: 비폭력의 도덕성 지향(Orientation to morality of nonviolence)	
	자신과 타인 양자에게 최선이 될 수 있는 방법을 모색한다. 타인은 물론 자신에 대한 책임의 중요성을 인식하고 자신과 타인 모두에게 상처를 주지 않는 방안을 모색한다.

(2) 여성의 관계편견과 도덕성 발달

관계편견(relational bias)이란 개인의 도덕성 문제를 개인 자신의 문제가 아니라 타인과의 관계 내에서의 자신의 문제로 인식하는 경향성이다. 길리건이 제안한 여성의 도덕성 발달 과정은 기본적으로 여성의 관계편견을 반영한다.

그 결과 소녀들은 소년들보다 타인과의 좋은 관계를 지향하는 콜버그의 단계 3에 더 일찍 도달하고 더 오랫동안 머무른다. 일반적으로 소녀들은 사회적 관계나 행위의 사회적 결과에 더 많은 관심을 가지고 감정이입 능력과 동정심을 갖는 반면, 소년들은 도덕성의 개인적 차원보다는 법과 질서 유지에 더 많은 관심을 갖는다.

길리건에 의하면, 남성과 여성은 그들의 성역할 정체감에 따라 도덕적 문제에 접근하는 차이를 보인다. 여성의 관계편견은 발달적 결함이 아니라 남성과 상이한 사회적, 도덕적 이해를 반영한 결과이다. 길리건은 성역할에서의 양성성 개념과 유사하게 도덕성 문제에 대한 남성적 지향과 여성적 지향이 통합될 수 있을 때 최상의 인간다움이 발휘될 수 있다고 가정하였다. 즉 도덕적으로 성숙한 사람은 남녀 모두 높은 수준의 정의 지향적 도덕성과 돌보기 지향적 도덕성을 함께 지니고 있으며, 이러한 결과는 국내 연구에서도 경험적으로 확인된 바 있다(박병춘, 1999).

그러나 여성의 도덕성 발달에 관한 길리건의 연구도 비판을 받지 않는 것은 아니다. 우선 여성이 도덕적 추론에서 다른 목소리(different voice)를 사용한다는 그녀의 가설을 검증하기 위하여 주의깊게 설계된 연구를 수행하지 않았다는 것이다. 그녀는 사례연구에만 의존하였고 콜버그처럼 종단연구를 수행하지 않음으로써 여성의 도덕적 추론발달 수준을 나타내는 시기나 연령규준을 확인하지 못하였다.

또한 콜버그가 남성만을 연구대상자로 사용한 것을 비판하면서도, 길리건은 여성 연구대상자만을 연구함으로써 역시 비판의 대상이 되고 있다. 길리건은 연구를 통하여 남녀를 직접 비교하지 않았기 때문에 실제적인 딜레마 상황에서 남성들이 여성들과 다르게 추론한다는 결론을 내리기는 어렵다.

3) 워크의 종단연구: 콜버그와 길리건의 비교

워크(Walker, 1989)는 도덕적 추론에 관한 콜버그와 길리건의 구성개념을 비교하기 위하여 2년간에 걸쳐 종단연구를 수행하였다. 어머니, 아버지 그리고 한 명의 자녀로 구성되는 80가족(전체 240명)을 대상으로 하였고 연구 시작시의 자녀들의 학년은 1, 4, 7, 10학년이었다. 일곱 명의 개인이 연구를 끝내지 못했으므로 최종분석대상자는 233명이었다.

연구 도구로는 콜버그의 세 개의 가상적 딜레마 상황이 사용되었고 연구대상자 각자의 생활에서 경험하고 있는 딜레마를 보고하게 하여 그것을 실제 생활 딜레마로 활용하였다. 연구대상자들은 면접을 통하여 먼저 세 개의 가상적 딜레마 상황에 응답하고 뒤이어 실제적 딜레마 상황에 응답하였다. 가상적 딜레마에 대한 응답은 콜버그(Colby & Kohlberg, 1984)의 채점절차를 따라 점수화되었고, 실제 생활 딜레마에 대한 응답은 도덕적 지향 점수를 계산하기 위하여 길리건의 제자가 고안한 채점 체계(Lyons, 1983)가 활용되었다.

분석 결과 콜버그의 주장대로 도덕적 추론의 발달은 불변적 순서로 이루어져 한 단계라도 건너 뛴 연구대상자는 아무도 없었다. 그러나 거의 동수의 남성(8명)과 여성(6명)들이 도덕적 추론의 전단계로 후퇴함으로써 도덕성 발달에서 진보만 일어나고 후퇴는 없다는 콜버그의 주장과 일치하지 않았다.

중요한 것은 연령에 따라 도덕적 추론 능력이 발달하였으나 성차가 나타나지 않았다는 것이다. 남성과 여성이 서로 다른 도덕적 지향을 사용한다는 길리건의 주장은 입증되지 않았고, 남녀 모두 연령이나 성별과 관계없이 중다의 지향(multiple orientations)을 사용하고 있음이 밝혀졌다. 다시 말하면 길리건이 구분한 남성 특유의 정의와 권리 지향적 추론과 여성 특유의 돌보기와 배려 지향적 추론은 딜레마의 종류와 관계없이 모든 연구대상자들에 의해 사용되고 있었다.

3. 사회학습 이론

사회학습 이론가들은 도덕적 판단보다는 도덕적 행위의 발달에 관심을 갖는다. 그들은 도덕적 행동도 다른 사회적 행동과 동일한 방식으로 학습된다고 믿는다. 전통적 학습이론가들이 보상과 처벌에 의해 도덕성 발달이 이루어진다고 주장하는 것과는 대조적으로 사회학습 이론가들은 타인의 행동을 관찰한 결과로서 도덕적 행동을 학습한다고 주장한다.

대표적인 사회학습 이론가인 반두라(Bandura, 1986, 1991)에 의하면, 아동은 모델의 행동을 관찰함으로써 도덕적 행동을 학습한다. 소위 관찰학습(observational learning)을 통하여 아동은 어떤 행동이 도덕적이고 어떤 행동이 금지된 것인지를 학습한다.

따라서 관찰학습은 관찰자(아동이나 청소년 혹은 성인)와 함께 관찰 대상이 되는 모델의 존재를 요구한다. 일반적으로 부모가 도덕적 규칙과 조정의 모델이 되며 아동은 궁극적으로 그것을 내면화한다. 아동은 내면화된 도덕적 규칙에 어긋난 행동을 하게 될 때 자기멸시(自己蔑視)를 경험하기 때문에 도덕적으로 행동하려고 노력한다.

아동이 성장함에 따라 모델은 형제자매, 교사, 또래 등으로 확대되며 TV나 영화 혹은 이야기책 속의 주인공들도 모델이 된다. 특히 사회적으로 보상받는 모델의 행동은 반복되기 쉬운 반면, 처벌받는 모델의 행동은 반복될 가능성이 적다. 우리 사회에서 유명한 영화배우나 탤런트, 개그맨, 혹은 운동선수 등이 청소년들에게 영향력 있는 모델일 수 있는 것도 바로 이 때문이다.

사회학습 이론가들은 콜버그가 제안한 도덕성 발달단계는 지나치게 획일적이고 단순화되어 있다고 주장한다. 현실적으로 도덕적 판단과 행동은 반드시 일치하는 것은 아니다. 인간의 행동은 타인의 존재나 행동의 결과와 같은 상황적 요인들의 영향을 받기 때문에, 광범위한 장면에서 일관성 있는 행동을 할 것으로 기대하기 어렵다. 실제로 확고한 도덕적 원칙을 지니고 있는 사람도 상황에 따라 도덕적 원칙에 어긋나는 행동을 한다. 많은 비행 청소년들은 자신의 행동이 나쁘다는 것을 알면서도 동년배의 압력이나 집단 분위기에 밀려 비행을 저지른다.

상황적 요인의 영향력은 특정 상황에서 개인이 어느 정도의 자기효능감(self-efficacy)을 갖는지에 따라 달라진다. 제2장에서 설명한 것처럼, 인지적 의사결정 과정에 해당하는 개인의 자기효능감은 관찰한 행동의 실행 여부를 결정한다. 청년기에 들어오면 청소년들은 동년배의 행동을 그대로 반복하는 것이 아니라 관찰한 행동 중에서 성공할 수 있다는 확신을 가질 수 있는 행동만을 선택적으로 반복한다. 비록 동년배의 행동이 반사회적이고 일탈적이라고 할지라도 그 행동에 대해 성공할 수 있다고 확신하는, 높은 수준의 자기효능감을 갖는 청소년들은 그것을 그대로 행동으로 옮긴다. 반두라(Bandura, 1997)의 주장대로, 관찰자의 인지적 의사결정 과정은 아동기보다 청년기의 행동을 설명하기에 더 적합한 개념임이 분명하다.

사회학습이론은 인간행동이 단계적으로 발달한다고 가정하지 않는다. 오히려 고전적 조건화와 조작적 조건화(전통적 학습이론) 및 관찰학습의 원리로써 모든 연령에서의 인간 행동을 설명할 수 있다고 주장한다. 그러므로 도덕적 행동은 개인의 특성이나 발달단계의 영향을 받는 것이 아니라 개인이 처해 있는 상황과 그 상황에 대한 해석의 영향을 받는다는 것이다.

4. 친사회적 추론과 행동의 발달

Nancy Eisenberg
현재 아리조나 주립 대학교 심리학과 교수이며, 친사회적 추론 능력과 행동의 발달을 광범위하게 연구하고 있다.

도덕적 추론에 관한 대부분의 연구들이 규칙을 어기는 상황에 초점을 맞추는 것과는 대조적으로 최근의 많은 연구자들은 친사회적 상황에서의 도덕적 추론을 연구한다. 친사회적 행동(prosocial behavior)이란 도움주기나 나누어 갖기 혹은 친절하기와 같이 사람들 사이의 우호관계를 촉진시키거나 유지하는 긍정적인 사회적 행동을 의미하며, 민주시민 사회의 유지를 위해 반드시 요구되는 능력이기도 하다. 일반적으로 여성들이 남성들보다 더 높은 수준의 친사회적 추론 능력을 지니고 있으며(Eisenberg 등, 1995), 그것은 청년후기 동안 더 세련된다(Fabes & Eisenberg, 1996).

친사회적 추론 능력이 발달한 사람은 실제 생활에서 자주 친사회적 태도나 행동을 나타낸다. 낸시 아이샌버그와 그 동료들(Eisenberg 등, 1995)은 높은 수준의 친사회적 추론 능력을 지니고 있는 개인들이 더 큰 동정심을 지니고 있고 감정이입적이라는 것을 확인하였다. 특히 상황에 대한 인지적 이해 능력과 타인의 조망을 고려하는 능력을 지니고 있는 청소년들이 더 친사회적으로 행동하였으며, 성인보다는 아동이 도움을 필요로 할 때 청소년들은 더 친사회적이었다(Eisenberg & Fabes, 1998). 또한 열심히 자원봉사 활동을 하는 모범적인 청소년들은 동년배들보다 더 발달된 친사회적 추론 능력을 지니고 있었다(Yates & Youniss, 1996). 청년기 동안의 친사회적 행동은 성인기에도 그대로 계속되며 자원봉사활동을 포함한 여러 가지 도움행동으로 표출된다.

Ⅲ. 도덕성 발달에 영향을 주는 요인

청소년의 도덕성 발달에 영향을 주는 요인들은 많이 있다. 부모와 동년배 그리고 학교가 청소년들에게 큰 영향을 주기는 하지만, 청소년들은 국가적인 사건이나 정치상황 혹은 사회적 갈등과 같은 더 큰 사회적 맥락으로부터도 영향을 받는다.

1. 부모의 영향

부모는 언어를 이해할 수 있는 어린 연령에서부터 훈육을 통해 자녀에게 해야만 하는 것과 하지 않아야만 하는 것을 가르친다. 부모가 자녀에게 훈육할 때 어떤 훈육기법을 사용하는지 그리고 훈육이 일관성 있게 실시되는지가 중요하므로 이 절에서 함께 설명하는 동시에 다양한 가족요인이 청년기 자녀의 도덕성 발달에 주는 영향도 고찰한다.

1) 훈육기법

부모가 사용하는 훈육기법에는 물리적 방법에 의한 훈육(power assertion)과 애정철회(love withdrawal) 및 유도(induction) 기법이 있다.

① 물리적 방법에 의한 훈육

물리적 힘에 의해 청소년을 통제하는 훈육기법이다. 신체적 처벌을 가하거나 언어적 폭력을 행사하며, 때로는 특전이나 재원을 박탈하겠다고 위협한다.

자녀가 성장함에 따라 물리적 방법에 의해 자녀를 통제하는 부모의 수가 감소하지만, 지나친 물리적 처벌은 청소년의 분노를 자극하고 폭력적 행동을 불러일으킬 수 있다. 물리적 방법에 의해 통제되는 청소년들은 유혹에 저항하는 힘이 약하고 비행을 범한 후에 죄책감을 느끼거나 잘못을 고백할 가능성이 적다. 그들은 외적 단서에 의해 행동을 통제하기 때문에, 내면화된 도덕적 표준보다는 처벌받을 것인지 아닌지에 따라 행동한다.

② 애정철회 기법

바람직하지 못한 행동에 대해 애정이나 관심을 보내지 않고 무시하며 의사소통을 거절하는 훈육방법이다. 이 기법은 분노의 표현을 억압할 수는 있으나 강한 불안을 느끼게 하므로 지나치게 위협적이고 처벌적일 수 있다. 애정철회 기법이 아동이나 청소년의 도덕성을 발달시킨다는 증거는 없다. 이 기법은 성인의 권위에 무조건 복종하는 불안하고 의존적인 사람을 양성할 뿐이다.

③ 유도기법

왜 어떤 행동은 할 수 있고 어떤 행동은 할 수 없는지를 설명해 주고 추론하게 하는 훈육방법이다. 이 기법은 행위의 결과에 의해 다른 사람이 받게 될 영향을 설명해 줌으로써 청소년의 감정이입을 불러일으키고 페어플레이 정신에 호소한다. 유도기법은 도덕적 표준의 내면화를 가능하게 하는 가장 바람직한 훈육방법이다.

애정적이고 수용적인 가정분위기 내에서 사용되는 유도기법은 가족구성원간의 의사소통을 자극하기 때문에, 이 기법으로 양육된 청소년들은 발달된 언어능력을 지니고 있다. 또한 그들은 자신을 신뢰하고 자율적이며 책임감이 강한가 하면 타인의 입장도 고려할 수 있다.

유도기법으로 성장한 청소년들이 타인의 입장을 고려할 수 있다는 것은 조망수용능력(perspective taking ability)을 획득했다는 것을 의미한다. 개인의 조망수용 능력은 자신과 타인과의 차이점을 인식할 수 있도록 하기 때문에 도덕성 발달을 촉진시킨다. 조망수용능력과 함께 감정이입(empathy)능력 역시 도덕성 발달을 촉진시키는 중요한 요인이다. 감정이입이란 다른 사람의 정서상태를 대리적으로 경험하는 것으로, 자기와 타인간의 유사성을 인식할 수 있도록 돕는다. 결론적으로 부모가 사용하는 유도기법은 감정이입 능력과 조망수용능력의 발달을 자극하고 그 결과 도덕성 발달을 이룰 수 있도록 한다.

훈육기법도 중요하지만, 훈육의 일관성도 그에 못지않게 중요하다. 부모가 사용하는 훈육방법이 일관성이 없을 때, 자녀의 도덕성 발달은 손상을 받는다.

동일한 행동이 부모의 기분에 따라 묵인되기도 하고 처벌받기도 할 때, 청소년들은 혼란과 불복종을 경험하고 적대감을 느끼며 때로 비행을 저지른다. 또한 부부 사이의 훈육의 불일치도 부적응 행동을 일으키고 공격적 행동이나 일탈 행동을 조장하기 때문에, 청소년의 도덕성 발달을 저해한다. 특히, 청소년 남아들이 청소년 여아들보다 훈육의 불일치 영향을 더 크게 받는다.

그렇다고 해서 부모의 훈육기법에 의해서만 자녀의 도덕성 발달이 이루어진다는 것은 아니다. 그 외에도 바람직한 행동에 대한 부모의 강화는 물론 부모의 행동을 모방하거나 관찰한 결과로써 청소년들의 행동은 보다 바람직한 방향으로 수정될 수 있다.

2) 도덕성 발달과 관련된 가족요인

일반적으로 도덕적 아동이나 청소년들의 부모는 다음과 같은 특성을 지니고 있다(Eisenberg & Valiente, 2002).

① 처벌적이기보다는 온정적이고 지원적이다.

② 훈육기법으로 유도기법을 사용한다.

③ 다른 사람의 조망과 감정을 학습할 기회를 준다.

④ 가족이 도덕적 문제를 포함하여 다양한 의사결정을 할 때, 자녀를 포함시킨다.

⑤ 부모가 도덕적 행동과 사고의 모델이 되고 자녀가 그렇게 행동할 기회를 준다.

⑥ 어떤 행동이 예상되고 그 이유는 무엇인지에 대한 정보를 제공한다.

⑦ 외재적 도덕보다는 내재적 도덕을 가르친다.

청년기 자녀의 도덕성 발달수준은 부모의 도덕적 판단 수준과 높은 상관이 있다. 부모는 물론 친구들이 청소년들에게 소크라테스식* 질문을 하고 더 높은

* 소크라테스식 질문: 문답으로 학습의욕을 높이고, 학생 스스로 진리를 발견할 수 있도록 유도하는 교수방법

수준의 도덕적 추론 능력을 지니고 있을 때 그리고 청소년과 지원적 상호작용을 할 때, 청소년들은 높은 도덕성 발달을 이룰 수 있다(Walker, Henning, & Krettenaucer, 2000). 흥미롭게도 부모의 도덕적 판단 수준은 청년기 소년보다 소녀의 도덕적 추론 능력과 더 높은 상관을 나타내었다(Speicher, 1994).

특히 부모의 코쿠닝(cocooning)은 청소년들의 도덕성을 증진시키는 효과적인 방법이다. 코쿠닝이란 누에가 고치를 만드는 것처럼 부모가 청소년들을 보호하고 감독하는 전략으로 청소년들이 시간을 보내는 맥락을 감독하고 일탈 동년배와의 상호작용을 제한함으로써 부모가 청소년 자녀의 도덕성 발달수준을 높이는 것을 의미한다. 최근의 한 연구는 행동제한에 대해 설명을 제공하지 않는 통제적 코쿠닝(controlled cocooning)보다 이유를 설명하는 설득적 코쿠닝(reasoned cocooning)이 더 효과적이라고 주장하였다(Padilla-Walker & Thompson, 2005).

가족의 신앙심 또한 청소년의 도덕적 추론과 행동에 영향을 준다. 그 증거로서 가족이 강한 신앙심을 지니고 있으면 있을수록 청소년의 불법적 약물사용(Bahr 등, 1998)과 일탈행동에의 가담비율은 감소하고(Litchfield, Thomas, & Li, 1997), 위험행동의 가능성 역시 감소하였다(Brewster 등, 1998).

대학생 자녀들은 부모의 도덕적 판단뿐 아니라 부모가 실제로 어려운 이웃에 관심을 기울이고 필요한 도움을 제공하며 자녀에게 공동체 규범을 잘 전달할 때, 부모의 도덕성 수준을 높게 인식하고 높은 시민적 자질을 지닐 수 있다(강완숙, 1998). 다시 말하면 대학생은 부모의 도덕성을 높게 지각할수록, 부모가 불우한 이웃을 많이 도울수록 그리고 공동체 규범에 대해 부모가 훈육을 많이 할수록 높은 시민적 자질을 지니고 있다는 것이다.

한국사회의 도덕성 문제를 연구한 결과들에 의하면, 청소년의 비행과 범죄는 가정의 빈곤과 부모의 부재같은 구조적 결함과 관련되어 있을 뿐 아니라 부모의 낮은 교육수준과 적절한 양육행동의 부재, 부모-자녀간의 의사소통의 부족 및 낮은 가족 응집성과 관련되어 있었다(정유미와 김득성, 1998).

문제는 한국의 부모들이 다른 나라 부모들과 비교하여 자녀들에게 공공질서와 시민의식에 대한 교육을 적게 실시하고(한국갤럽조사연구소, 1991), 부모의 교육수준이 높을수록 이웃에 대한 관심이 적으며 어려운 이웃을 돕는 데 참여하지 않는다는 것이다(강완숙, 1998). 더 나아가 가족의 생활 수준이 높을수록 물질만능 사상을 자녀에게 심어주고 이웃과 더불어 살아가야 할 민주 시민으로서의 교육을 소홀히 한다(이효재, 1994). 불행하게도 많은 한국 부모들은 경쟁에서 이기기 위해 공부만 잘 하면 된다고 생각하고 자주 자녀의 잘못을 묵인하거나 훈육을 포기함으로써 민주시민으로서 수행해야 할 역할과 그와 관련된 규범이나 태도를 가르치지 않는다(김희복, 1992).

2. 학교의 영향

중고등학교는 청소년들의 도덕성을 발달시킬 수 있는 중요한 맥락이다. 학교에서 실시될 수 있는 청소년의 도덕교육 방법에는 어떤 것이 있는가?

1) 인성교육

인성교육(character education)이란 중고등학교 청소년들의 부도덕한 행동과 자신이나 타인에게 피해를 주는 행동을 막기 위하여 기본적인 도덕교육을 실시하는 전통적 도덕교육 방식이다. 인성교육을 통해 청소년들은 거짓말하기, 훔치기, 속이기 등이 나쁜 행동이라는 것을 학습한다.

인성교육은 주로 수업시간에 이루어지는 토론과 역할놀이 그리고 도덕적 행동에 대한 보상을 통해 이루어진다. 중요한 것은 학생들에게 도덕적 행동과 비도덕적 행동을 분명하게 제시하고 비도덕적 행동을 할 때에는 제재가 따른다는 것을 분명히해야 한다는 것이다.

연구자들은 인성교육 프로그램이 청소년들의 도덕적 사고와 친사회적 행동의 개선은 물론 폭력과 물질남용의 빈도를 감소시킨다는 것을 확인하였다(Berkowitz 등, 2006). 워크(Walker, 2002) 같은 연구자는 교실의 벽면에 도덕적 행동목록을 단순히 게시하기보다는 가치관에 대한 비판적 토론을 포함하는 것이 도덕교육을 위해 더 중요하다고 주장하였다. 토론을 통해 아동과 청소년들은 매일의 생활 속에 도덕적 가치를 어떻게 통합할 것인지를 깊이 생각해볼 수 있다는 것이다.

2) 인지적 도덕교육

콜버그의 이론에 기초하는 인지적 도덕교육(cognitive moral education)은 청소년들의 도덕적 추론능력의 발달에 맞추어 다양한 도덕적 문제를 제시함으로써 더 높은 단계의 도덕적 추론을 할 수 있도록 유도하는 접근 방법이다. 다시 말하면 이 접근 방법은 도덕적 갈등상황을 제시하고 집단 토의를 하게 하여 높은 수준의 도적적 추론을 하도록 자극한다. 보통 콜버그 연구에서 사용되었던 갈등상황들이 수업 상황에 그대로 사용된다.

집단 토의 과정은 청소년들을 인지적으로 진보된 다양한 견해에 노출시키고 도덕적 딜레마에 대한 다양한 해결을 경험하게 함으로써 인지적 불평형 상태에 처하게 한다. 인지적 평형 상태를 유지하려는 선천적 경향성을 지니고 있는 인간은 인지적 불평형 상태에서 평형 상태로 회복하는 과정에서 도덕적 추론능력의 발달을 이룬다.

콜버그(Kohlberg, 1986)는 인지적 도덕교육이 효과적이기 위해서는 학교의 분위기가 민주적이어야 한다고 주장하였다. 히긴스 등(Higgins, Power, & Kohlberg, 1983)의 연구에서도 인지적 도덕교육 접근방식은 권위주의적인 학교에서는 효과가 없으며 민주적인 학교에서만 청소년들의 도덕적 사고를 발달시킬 수 있었다.

3) 봉사학습

봉사학습(service learning)이란 사회적 책임감과 지역사회에 대한 봉사를 증진시키는 교육방법이다. 청소년들은 방과후 학습지도나 노인돕기, 병원에서 일하기, 혹은 청소하기 등 다양한 유형의 봉사활동을 한다. 봉사학습의 중요한 목적은 청소년들이 자아중심성에서 벗어나 타인을 적극적으로 도울 수 있도록 하는 것이다(Hart, Atkins, & Donnelly, 2006). 봉사학습이 효과적이기 위해서는 청소년들에게 자신이 참여할 봉사활동을 어느 정도 선택할 수 있도록 하고, 자신의 봉사활동에 대해 스스로 생각할 기회를 주어야 한다(Nucci, 2006).

봉사학습은 도움을 받는 사람은 물론 봉사를 제공하는 청소년들이 자기에 대한 이해를 높이는 계기가 된다. 그 예로서 방과후 학습지도에 참여한 한 청소년은 자신이 부모로부터 얼마나 큰 혜택을 받았는지를 알게 되었다고 말하면서 지금까지 알지 못했던 자신의 측면을 이해하게 되었다는 반응을 보였다. 일반적으로 외향적이고 타인에게 헌신적이며 높은 자기이해가 가능한 청소년들이 자원봉사활동을 더 많이 하며, 남자 청소년보다는 여자 청소년들이 더 많은 봉사활동을 하는 경향이 있다(Eisenberg & Morris, 2004).

최근에는 도덕적 인성교육을 실시할 때, 콜버그 이론에 기초한 도덕적 사고를 격려하고 정의를 지향하도록 강조하는 통합적 접근 방식이 활용되기도 한다(Narvaez, 2006). 또한 도덕교육을 위해 가치 명료화(values clarification) 과정이 선행되어야 한다고 주장하는 연구자도 있다. 가치 명료화란 각 개인에게 중요한 것, 일할 가치가 있는 것 혹은 삶의 목적이 무엇인지를 분명히 하는 것을 의미한다. 가치 명료화는 청소년들이 자신의 가치관을 정의하고 타인의 가치관을 이해하는 것을 도우므로 도덕교육을 위해 반드시 요구된다는 것이 이 분야 연구자들의 주장이다(Williams 등, 2003).

중고등학생들과는 달리 대학생들은 비판적으로 사고하고 반성적(reflective) 판단을 할 수 있으므로 더 높은 수준의 도덕적 추론이 가능하다. 특히 대학환경은 서로 다른 가치에 대해 더 많은 관대함을 지닐 수 있도록 하므로(Pascarella & Terezini, 1991) 도덕적 추론능력의 발달을 이룰 수 있도록 한다.

3. 전쟁이나 사회적 갈등의 영향

지역 사회나 더 큰 사회적 맥락이 파괴적이고 갈등적일 때 청년기의 도덕적 추론능력과 행동은 위협을 받는다. 특히 전쟁이나 연장된 사회적 갈등의 기간은 젊은이들의 도덕성 발달을 손상시킨다.

150명의 팔레스타인 젊은이들을 대상으로 전쟁과 행동문제간의 관계를 연구한 결과(Garbarino & Kostelny, 1996), 전쟁에 기인한 위험의 수가 많으면 많을수록 젊은이들은 더 많은 행동문제를 나타내었다. 특히 정치적 폭력이나 사회적 갈등이 많은 지역에서는 소녀보다는 소년들이 그리고 청년들보다는 어린 청소년

사회적 맥락이 파괴적이고 갈등적일 때, 청년기의 도덕적 추론능력과 행동은 위협을 받는다.

들이 위험한 행동을 저지를 가능성이 더 많았다.

위험한 사회적 맥락들은 정신병리적 문제의 발생 가능성도 증가시킨다. 그 예로서 10-16세의 레바논 청소년들을 대상으로 전쟁 경험과 청소년의 심리사회적 발달의 관계를 연구한 결과(Macksoud & Aber, 1996)에 의하면, 전쟁과 사랑하는 사람의 죽음, 부모로부터의 분리, 재정착, 고문, 상해와 같이 전쟁에 기인한 사건들이 외상적일수록 청소년들은 외상후 스트레스 장애나 우울증과 같은 정신건강 문제를 더 많이 나타내었다. 캄보디아 젊은이들의 표본에서도 전쟁외상과 외상후 스트레스 장애 사이에 높은 상관이 있었다(Sack, Clarke, & Seeley, 1996).

이와 같이 지역 사회 내의 폭력이나 갈등이 청년기의 적응에 의미있는 영향을 주기는 하지만, 국가가 어떤 정책을 지향하느냐에 따라 청소년들의 태도는 달라진다. 만약 미국과 같이 중재자 정책을 지향한다면 청소년도 동일한 태도를 보일 것이고 캐나다와 같이 평화유지를 강조하는 정책을 편다면, 청소년들도 그와 유사한 태도를 지니게 될 것이다.

Ⅳ. 정치적 및 종교적 가치관

1. 정치적 가치관

정체감 획득의 중요한 지표 중의 하나인 정치나 이념에 대한 추론은 사회 내에서의 개인의 위치에 대한 이해를 넓히기 때문에 청년기 발달의 중요한 한 부분이다. 문제는 청년기 동안의 정치적 사고나 가치관의 발달에 관한 연구가 많지 않다는 것이다.

그럼에도 불구하고 청년기 동안 발달하는 정치적 가치관은 개인의 일반적인 인지발달의 소산인 동시에 이 시기동안 더 많은 정치적 정보나 아이디어에 노출된 결과이다. 성장과 함께 청소년들은 정치에 관한 실제적인 전문지식을 점점 더 많이 획득할 수 있게 되므로 보다 더 원칙주의적이고 추상적이며 더 독립적인 정치적 가치관을 형성할 수 있다(Torney-Purta, 1992).

청년기 동안 이루어지는 정치적 사고의 변화를 구체적으로 설명하면 다음과 같다.

첫째, 정치적 사고는 보다 더 추상적으로 변화한다. 12-13세의 청소년들과 더 나이 많은 청소년들에게 "법은 왜 존재하는가?"라는 질문에 대답하게 하면 뚜렷한 차이를 보인다. 12-13세 청소년들은 "법이 있어야만 사람을 죽이거나 물건을 훔치지 않는다" "사람들이 상처입지 않는다"와 같이 구체적으로 대답한다. 그러나 더 나이 많은 청소년들은 "국민의 안전을 보장하고 국가 발전을 이루기 위하여" "법은 기본적으로 사람들을 위한 지침이다"와 같이 보다 더 추상적이고 일반적으로 진술한다(Torney-Purta, 1990).

둘째, 청년기 동안 정치적 사고는 권위주의적 색채가 감소하고 더 큰 융통성을 보인다(Flanagan & Galay, 1995). 어린 청소년들은 정부에 대해 무비판적, 복종지향적, 권위지향적, 순종적 자세를 취하지만, 10대 후반의 청소년들은 법률도 수정되거나 재검토될 수 있다고 생각한다. 어린 청소년들일수록 독재적이고 비민주적 규칙을 선호할 가능성이 많고 소수의 권리에 관심을 보이지 않으며 개인적 자유를 중요시하지 않는다.

셋째, 청년중기와 후기 동안 보다 포괄적이고 일관성 있는 정치적 태도가 발달한다. 이 시기 동안 시민의 권리와 언어의 자유 그리고 사회적 평등을 포함하는 광범위한 문제에 대한 관심이 나타난다(Helwig, 1995).

일반적으로 10세부터 17, 18세 사이에 정치적, 사회적 태도의 근간이 형성된다. 정치적 사고에서의 변화는 구체적 조작사고에서 형식적 조작사고로 이동하는 청년초기에서 시작되고 청년중기 이후에 정치적 가치관의 기초가 확립된다.

1) 정치적 가치관의 발달

(1) 청년초기의 발달

초등학교 고학년에 해당하는 10세경부터 정치사회화가 본격적으로 시작된다(Greenstein, 1965). 정치사회화란 한 개인이 정치체제의 규범과 가치를 내면화하는 과정 또는 정치적, 사회적 가치가 한 세대로부터 다음 세대로 전해지는 과정으로 정의된다.

청년초기의 정치사회화는 청년중기나 후기의 사회화와 비교했을 때 매우 빠른 속도로 이루어지며, 가정과 학교 및 각종 종교가 청소년들을 정치사회화시키는 대리인의 역할을 한다. 청년초기 동안에는 긍정적인 정치사회화가 이루어지므로 초등학교 고학년이나 중학생들은 고등학생들보다 태극기, 애국가, 무궁화와 같은 국가적 상징에 대해 긍정적인 태도를 보이고 대통령이나 경찰관 같은 공권력 대행자에 대해서도 긍정적인 태도를 나타낸다(최경규, 1985; Eastern & Dennis, 1969). 그러나 청년중기에 이르면 개인의 정치사회화는 부정적, 회의적 색채를 띠기 시작한다.

(2) 청년중기 및 후기의 발달

형식적 조작능력이 발달하는 청년중기 이후부터 개인의 정치적 사고는 독특한 모습으로 분화되고 결정화(crystalization)된다. 이 시기 동안 정치 기관이나 권위 집단에 대한 태도는 비판적이고 냉소적으로 변한다. 특히 대학생들의 정치적 태도는 성인 집단에 비해서 더 부정적이다. 그들은 정치인들의 능력과 의도를 부정적으로 지각하고 정당선호에서는 다른 연령 집단보다 무소속에 더 많은 관심을 보인다(문용린, 1987; Merelman, 1975).

왜 이 시기 젊은이들의 정치적 및 사회적 사고가 부정적이고 냉소적인지에 대해서는 의견이 분분하다. 어떤 사람들은 젊은이들이 부모와 정치에 대해 거부하고 반항하는 것은 어느 시대, 어느 나라에서나 공통적 현상이라고 주장한다. 또 다른 사람들은 젊은이들의 급진적이고 반기성세대적인 과격 행위는 내적으로 포화된 개인적 욕구불만 예컨대, 부모에 대한 욕구불만의 해소책이라고 주장하기도 한다. 현재로서 어떤 주장이 더 타당한지는 분명하지 않지만, 형식적 조작능력의 발달이 정치와 사회에 대한 비판 능력을 증가시켰을 것으로 생각된다.

이 시기 동안 정치효능감도 발달한다. 정치효능감이란 "나도 정치에 중요한 역할을 할 수 있다"는 주관적 느낌과 인식을 의미한다(문용린, 1987). 일반적으로 15세까지는 정치효능감의 발달이 매우 미미하지만, 민주적 의사결정이 어느 정도 가능한 고등학교 시기나 그 이후에 크게 신장된다. 그러나 정치효능감은 대통령이나 정당에 대한 태도보다는 늦게 형성되기 시작한다.

청년기의 극단적 이데올로기(이념) 형성은 다양한 정보의 유입을 방해하기 때문에 바람직하지 못하다. 이데올로기란 세계를 간결하게 그리고 일관성 있게 볼 수 있도록 하는 지도와 같은 것으로 행동을 위한 안내자의 역할을 한다(Deutsch, 1980). 이 시기의 젊은이들은 아직도 많은 정치적, 사회적 및 일상 생활의 경험을 해야 하기 때문에, 새롭고 유익하며 모순된 각종 정보에 자유롭게 접촉하고 사고할 수 있어야 한다. 지나친 이념적 몰두는 개인을 변화에 무감각하게 만들고, 기존의 인지체계에 부합되지 않는 유용한 정보들을 차단하므로 청년들의 사고나 가치관의 발달을 방해한다.

일반적으로 청년기의 정치적 행동 발달에 가장 중요한 영향을 미치는 것은 개인이 생활하는 지역사회는 물론 더 큰 사회적 환경이나 역사적 환경과 같은 맥락적 특성이다(Torney-Purta, 1990). 또한 개인이 특정한 맥락적 상황을 어떻게 지각하는지도 정치적 행동에 영향을 준다. 미국에서 소수민족 집단의 청소년들은 백인 동년배들보다 정치에 대해 더 냉소적이었고, 독일에서는 부모나 사회가 갖는 특성이 청소년들을 진보파나 보수파로 만들 가능성이 있었다(Noack, Kracke, & Hofer, 1994).

요약하면 개인의 정치적 태도는 그 개인의 심리사회적 환경과 밀접한 관련이 있을 뿐 아니라 개인의 정치적 태도가 정치적 행동으로 표출되기 위해서는 또다시 그가 살고 있는 사회맥락의 영향을 받는다는 것이다. 따라서 한 개인의 정치적 행동을 이해하기 위해서는 그가 살고 있는 정치체제의 역사적 배경에 대한 분석과 함께 성장과정과 사회문화적 환경에 대한 분석이 이루어져야 한다.

2) 정치적 사고의 발달에 관한 아델슨의 고전적 연구

아델슨(Adelson, 1971)의 연구는 정치사회화의 한 획을 긋는 연구이기 때문에 여기에 소개하려고 한다. 연구 내용 자체가 심층적인 정치 성향을 다루고 있으며 연구방법이 매우 참신하다는 특징을 지니고 있다.

아델슨은 12세부터 16세까지의 미국, 영국, 독일의 남녀 청소년들을 대상으로 정치적 사고를 연구하였다. 그는 다음과 같은 가상적 이야기를 학생들에게 들려 주고 왜 정부를 세워야 하는지, 법을 제정할 필요가 있는지, 정치에 꼭 정당이 필요한지, 국가에 대한 국민의 의무와 권리를 무엇으로 해야 하는지, 죄를 지은 사람에게 왜 벌을 주어야 하는지 등의 질문을 중심으로 면접을 실시하였다.

> "자, 여기 천여 명이 넘는 사람들이 모여 있다고 상상하자. 그 안에는 남녀노소는 물론 온갖 직종의 사람들이 골고루 섞여 있다. 이들은 이상적인 사회를 건설하기 위하여 남태평양에 있는 한 무인도에 모여들었다. 국가를 세우기 위해서 새로운 정치 제도와 법을 만들려고 한다. 그러나 그들은 새로운 나라의 수립에 따르는 여러 가지 난관에 봉착한다. 도대체 어떤 종류의 정당을 만들어야 할까? … "

연구결과, 정치 성향과 정치 의식에서 남녀간의 차이는 나타나지 않았으나 연령간 그리고 국가간에 의미 있는 차이가 있었다. 즉, 연령이 증가함에 따라 정치적 권위에 대한 존경심이 감소하고 보다 합리적이고 일관성 있는 정치적 이데올로기를 형성하였다. 연령에 따른 변화 중 가장 흥미로운 것은 16세를 전후하여 합리적이고 일관성 있는 정치적 이데올로기가 구축되기 시작한다는 것이다. 즉, 정치를 보는 안목이 12, 13세에는 즉흥적이고 충동적이며 비논리적이지만 16세에 이르면 사색적이고 논리적이며 일관성 있는 원리에 입각한 사고 형태를 취하게 된다.

그러나 한국의 고등학생들은 대학 진학을 위한 입시 교육으로 다양한 활동이나 광범위한 대인관계를 경험할 수 없으므로 정치적, 사회적 가치관 발달을 위한 기회를 갖지 못한다. 우리 사회는 구조적으로 청소년들의 참여 경험을 제한함으로써 그들이 정치적, 사회적 태도를 형성하는 것을 지연시킨다. 그에 따라 서구 사회보다는 다소 늦은 연령인 대학교 1, 2학년 학생들이 정체감 형성의 일환으로 정치적, 사회적 문제에 관심을 가지고 현실 정치를 비판하는 일에 매력을 느낀다. 가치관을 확립하는 과정에서 대학생들은 때때로 과격한 행동이나 시위 행동을 하기도 하지만, 끊임없는 사고와 비판을 통하여 그들의 가치관을 확립해 간다.

2. 종교적 가치관

1) 청년기의 종교적 가치관

종교적 가치관 역시 개인적 정체감을 형성하는 중요한 요인이다. 청년기의 인지적 변화와 다양하고 광범위한 견해에의 노출은 아동기보다 더 추상적이고 더 원칙주의적이며 더 개인적 관점에서 종교를 생각하도록 자극한다.

청년기에 이르면 종교 집단이나 종교 의식에의 참여는 점차 감소한다. 아동이나 중학생과 비교하여 고등학생들은 외현적 종교 행위를 중요시하지 않으며, 오히려 종교의 내적 측면인 종교적 전념 정도를 더 중요시한다. 보통 청년초기의 중학생들은 종교를 중요시하고 규칙적으로 종교집회에 출석한다. 그러나 고등학생들은 대학생들보다는 더 많은 빈도로 그리고 중학생들보다는 더 적은 빈도로 종교집회에 출석한다(Benson, Donahue, & Erickson, 1989).

일부 연구들은 종교를 가지고 있는 청년초기나 중기의 청소년들이 우울 증상을 더 적게 나타내고 혼전 성교나 물질 사용 혹은 일탈 행동에 가담할 가능성이 더 적다고 보고함으로써(Piko & Fitzpatrick, 2004; Wills, Yaeger, & Sandy, 2003), 종교에 대한 중요성의 감소가 청소년들의 문제행동을 부추길 가능성이 있음을 시사하였다.

종교적 정체감의 발달을 위해 가장 의미있는 시기는 청년후기이다(Fowler, 1996). 이 시기에 이르면, 개인은 종교를 더 이상 중요시하지 않으며, 지금까지 신봉해온 신념이나 가치를 재검토하고 재평가하기 시작한다. 청년후기의 젊은이들은 개인적 신념을 확립하기 위한 첫 시도로서 절대적이고 무조건적인 종교 행위를 거부한다. 그러나 아직까지 대안적 신념이나 가치는 형성하지 못한 상태에 있다.

2) 정체감 상태와 종교적 가치관

마샤(Marcia, 1980)가 분류한 정체감 상태에 따라 개인의 종교적 가치관은 차이를 보인다. 부모나 사회의 가치를 그대로 채택하는 정체감 유실의 젊은이들은 부모의 종교적 신념을 무조건 수용한다. 정체감 유예의 젊은이들은 정체감 획득을 위해 능동적 탐색을 시도한다. 그들은 아직까지 종교적 가치관을 확립하지는 못했지만 종교문제에 대해 의문을 갖고 종교교리에 대해 심사숙고한다.

한편, 정체감 혼란의 젊은이들은 정체감 획득을 위해 어떤 노력도 기울이지 않으며 종교문제에 대한 의문조차 갖지 않는다. 또한 어떤 사람들은 의문을 제기하지만, 만족스러운 해답을 얻지 못하고 정신적 소외를 경험한다. 대조적으로 성공적으로 정체감을 성취한 정체감 획득 젊은이들은 종교적 가치관을 확립하고 인생의 안내자로서의 종교를 수용한다.

한국의 고등학교 남녀 학생들을 대상으로 종교와 자아정체감의 관계를 연구한 오경애와 권민희(1999)는 종교 유무와 종교의 유형 및 종교적 신념에 따라 자아정체감에서 의미있는 차이를 발견하지 못하였다. 이러한 결과는 종교적 정체감 확립을 위해 중요한 시기는 고등학교 시기인 청년중기가 아니라 대학 및 그 이상의 시기를 포함하는 청년후기 혹은 그 이후라는 서구의 연구결과를 뒷받침하였다.

3) 파울러의 종교적 신념 발달 이론

James W. Fowler(1940-)

파울러(Fowler, 1996; Fowler & Dell, 2006)는 피아제, 콜버그 그리고 에릭슨의 이론을 바탕으로 종교적 신념발달의 7단계를 제시하였다. 그는 면접방법을 사용하여 신념발달의 다양한 단계들을 확인하였고 각 단계의 특징을 나타내는 반응들을 추려서 반응 예도 제시하였다. 종교적 신념발달은 지극히 개인적인 문제이므로 여기에 제시한 각 단계별 연령은 어디까지나 대략적인 연령에 지나지 않는다.

파울러의 신념발달 단계는 다음과 같다.

단계 0: 원시적 혹은 미분화적 신념(Primal or undifferentiated faith: 출생부터 2-3세까지)

언어를 사용하기 이전에 나타나는 원시적 혹은 미분화적 신념은 파울러의 면접 방식으로 분류될 수 없는 신념발달 단계이다. 생후 첫 2년 동안 영아가 불신(nontrust)보다는 신뢰(trust)하는 개인으로 성장한다는 에릭슨의 주장을 바탕으로, 최초의 신뢰 획득이 곧 초보적인 종교적 신념을 구성하는 것으로 간주된다. 이러한 원시적인 신념은 인생 초기의 분리불안에 대처할 수 있도록 한다.

단계 1: 직관적-투사적 신념(Intuitive-projective faith: 4세 이후)

피아제의 전조작기에 해당하는 이 단계의 아동들은 환상이나 상상 혹은 상징에 의해 사물이나 사건을 이해하기 때문에 세상을 신비한 것으로 경험한다. 그들은 부모의 힘보다 더 강한 힘에 의해 죽음이나 질병 혹은 액운이 발생한다고 생각한다. 이 과정에서 부분적으로는 부모와 다른 중요한 사람들과의 매일의 경험에 의해 또 부분적으로는 아동이 지니고 있는 상징주의와 교회의 가르침에 의해, 아동은 신(神)에 대한 정신적 이미지를 형성한다. 아동에게 신은 하늘에 거주하면서 세계를 지배하는, 인간의 속성을 갖는 어떤 존재이다.

단계 2: 신화적-사실주의적 신념(Mythical-literal faith: 6-11, 12세 이후)

구체적 조작사고가 가능한 이 단계의 아동들은 환상이나 상상 혹은 가장과 실제를 구분할 수 있다. 이제 그들은 산타클로스의 존재를 믿지 않으며 종교적 기적에 대해서도 의문을 제기한다. 그럼에도 불구하고 이 단계의 많은 아동들은 여전히 세계를 지배하고 자비심 많은 현명한 성자로서의 신에 대한 이미지를 가지고 있다. 일부의 청소년과 성인들조차도 이 단계의 신념을 오랫동안 유지한다. 그들은 규칙을 절대시하며, 규칙을 어기면 신의 처벌을 받고 규칙을 지키면 신으로부터 보상을 받는다고 생각한다. 콜버그의 전인습적 수준의 도덕성을 생각나게 하는 이 단계의 개인들은 "눈에는 눈, 이에는 이"와 같은 방식으로 신이 인간을 다룬다고 생각한다.

단계 3: 종합적-관습적 신념(Synthesizing-conventional faith: 청년기 및 그 이후)

이 단계의 청소년들은 사회적, 법적, 종교적 관습에 뿌리를 둔 신념을 형성한다. 그들은 특정 집단의 신념을 무비판적으로 수용하고 그것과 일치하지 않는 정보는 무조건 무시한다. 이제 개인의 신념은 그들의 생활에 일관성과 의미를 부여한다. 비록 단계 3의 종교적 신념을 거의 영구적으로 지니는 개인들이 있기는 하지만, 연령증가와 함께 이 단계의 종교적 신념도 점진적으로 감소한다.

이 단계의 개인들은 자신에게 "나는 누구인가?"라고 질문하는 것처럼, 신에 대해서도 "신은 누구인가?" "신과 나는 어떤 관계가 있는가?" "신은 나를 사랑하는가?" "신은 나를 지켜보는가?"와 같은 질문을 제기한다. 이러한 탐색적 질문은 신과의 새로운 개인적 관계를 형성하기 위한 노력의 일환으로 이루어지며 개인의 종교적 정체감 형성을 촉진시킨다.

단계 4: 개별적-반성적 신념(Individuating-reflexive faith: 성인초기와 그 이후)

이 단계의 청년이나 성인들은 관습이나 인습에서 벗어난 종교적 신념을 형성한다. 형식적 조작사고가 가능한 이 연령의 개인들은 자신의 경험과 가치관을 바탕으로 종교의 교리나 주의를 평가하고 비판할 수 있다. 그들은 가까운 사람이나 외적 권위에서 벗어나서 사회적 역할에 따라 방해받지 않는 자기(self)와 직면하고 일종의 존재론적 벌거숭이 상태에 이른다.

그 예로서 "부모의 아들이나 딸로서 정의되지 않을 때, 나는 누구인가?" "누구의 배우자로서 정의되지 않을 때, 나는 누구인가?" "내가 수행하는 일로써 정의되지 않을 때, 나는 누구인가?"와 같은 질문을 자신에게 던진다. 이제 그들은 삶의 무의미함이나 죽음의 문제와 같은 존재론적 질문이나 영적 질문에 직면한다.

단계 5: 역설적-통합적 신념(Paradoxical-consolidative faith: 성인중기와 그 이후)

이 단계의 성인들은 많은 중요한 문제에 대한 중다의 조망을 수용하고 통합하며 중다차원적, 변증법적 그리고 역동적 방식으로 진실을 추구한다. 반대파와 양극성 및 역설을 인정하며, 이제 신은 더 이상 모든 사람에게 공정하고 정당한 단일 차원적인 아버지 인물이 아니다. 신의 본질을 정의하는 것은 어렵고 때로 모순이나 해결되지 못한 역설로 가득차 있다는 인식이 나타난다. 이 단계에 이른 개인들은 사람은 누구나 인간 사회의 보편적 구성원이라는 것을 인식하고 영혼의 문제나 내세에 대한 접근 방법들이 모두 타당할 수 있다고 인정한다. 동시에 그들이 신봉하는 종교가 다른 종교에 의해 비판받을 수 있다는 것도 안다. 물론 이 단계에 도달할 수 있는 사람의 수는 그렇게 많지 않다.

단계 6: 보편적 신념(Universalizing faith)

이 단계에 도달할 수 있는 개인들은 매우 드물며, 전체인구 중 단지 1% 미만의 사람들만이 여기에 도달한다. 그들은 역설이나 양극성을 넘어서, 존재의 힘과 하나가 될 수 있으므로 그들이 생활하는 하나의 실체로서 신의 왕국을 경험한다. 이 단계의 신념을 갖는 사람들은 모든 것을 신뢰할 수 있고 수용할 수 있는 사람으로, 독일의 개혁주의자 마틴 루터(Martin Luther), 미국의 마틴 루터 킹 목사

(Martin Luther King), 독일의 본회퍼(Dietrich Bonhoeffer), 인도의 마하트마 간디(Mahatma Gandhi), 테레사 수녀(Mother Theresa) 등이 여기에 도달한 사람이라는 평가를 받는다. 이 단계의 종교적 신념이 과연 실제로 존재할 수 있고 도달 가능한지에 대해 비판하는 사람도 있으나, 분명한 것은 특정한 종교적 임무에 전념하고 그들의 삶을 신에 귀의하는 소수의 선택받은 지도자들만이 이 단계에 도달할 수 있다는 것이다.

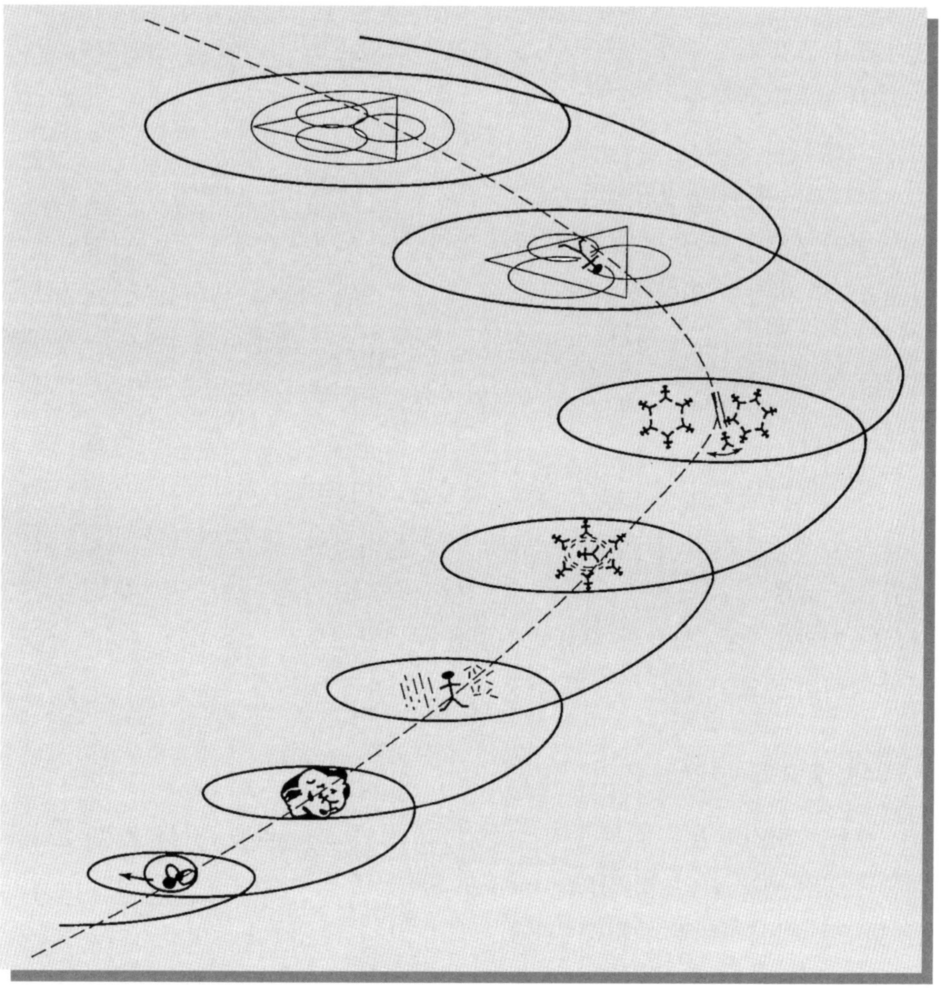

그림 6-3 신념발달의 단계(단계 0부터 단계 6까지)

출처: Fowler, 1996.

파울러는 그가 제시한 신념발달의 단계들이 위계적 방식으로 연속적으로 진행된다고 제안하였다. 그림 6-3에 제시된 바와 같이 개인의 신념은 더 낮은 수준의, 더 작은 크기의 신념에서부터 점점 더 높은 수준의, 더 큰 신념으로 나선형 형태를 취하면서 역동적으로 발달해간다.

후속 단계의 신념발달은 이전 단계를 바탕으로 하면서도 그것과 상호연결되어 있다. 비록 후속단계가 새로운 수준의 복잡한 문제를 다룬다고 할지라도, 신념은 반복되는 인생문제를 다루어야 하므로 나선형의 이동은 부분적으로 서로 중복되고 분화와 통합을 반복한다. 나선형은 또한 외부 방향으로 이동하며 그것은 단계 4에서 절정을 이룬다. 그리고 마지막 두 개의 단계 동안 내부 방향으로의 선회를 보여 준다.

청년기 동안 신념발달에서 중요한 변화들이 일어난다. 일반적으로 청년초기 동안 단계 2에서 단계 3으로의 이동이 일어나고 청년후기에 이르면 단계 3에서 단계 4로의 이동이 일어나며 그것은 곧 성인기로의 이동을 의미한다. 대부분의 개인들은 단계 3까지 도달할 수 있으며 소수의 성인들만이 단계 4에서 단계 5로 이동할 수 있기 때문에, 중요한 규범적인 신념 변화는 아동후기와 성인초기 사이에 일어난다.

따라서 대부분의 청소년과 청년, 심지어 성인들까지 파울러가 제시한 신념발달의 단계 3인 종합적-관습적 수준의 신념을 지니며, 단지 일부의 개인들만이 개별적-반성적 신념 단계에 도달할 수 있다. 종합적-관습적 신념단계의 개인들은 부모나 가까운 다른 사람의 종교적 신념을 무비판적으로 수용하기 때문에, 극단적인 사이비 종교의 맹신자가 될 수 있다.

4) 종교적 편견

종교적 편견이란 일종의 종교적 신념으로서 종교에 의해 조장되는 타집단에 대한 부정적 태도를 의미한다(Hansberger, 1995). 우리 사회에는 공식적인 규범이나 지식에 배치되는 종교적 세계관과 사회가 요구하는 국가관이나 직업윤리관과는 다른 종교적 이데올로기, 기복적 주술을 강요하는 상식과 배치되는 신념 및 종교적 민족주의 등 다양한 편견들이 존재한다(정순일, 한내창, 1997). 이러한 편견은 집단간 균열을 조장하고 사회의 주류 문화에 대해 배타적 태도를 갖게 하는가 하면 건전한 상식과 지식을 배척하게 하여 국가나 사회가 요구하는 적응 양식을 파괴한다.

이 분야의 많은 연구자들은 일관성 있게 종교인들이 비종교인들보다 더 많은 편견을 지니고 더 독단적, 권위적, 민족 중심적이라고 보고한다(Griffin, Gorsuch, & Davis, 1998). 실제로 종교적 편견은 종교를 잘못 믿는 사람들 때문이 아니라 종교 그 자체가 종교적 사회화 과정을 통하여 배타적인 신념을 조장하고 사회의 분열을 촉진시킨다.

한국의 중 · 고등학교 남녀 학생들과 그들의 어머니를 대상으로 연구한 한내창(2000)도 종교를 가지고 있는 청소년들이 종교가 없는 청소년들보다 더 강한 종교적 편견을 지니고 있음을 확인하고 종교 그 자체가 종교적 편견을 조장한다고 주장하였다. 이 연구에서 청소년들이 종교를 그들의 인생의 목적으로 생각할수록 더 강한 종교적 편견을 지니고 있었으며, 종교적 편견은 개인의 자기존중감과 부적 상관관계를 나타내었다. 또한 청소년들의 종교적 편견은 어머니의 종교적 신념과 직접적으로 연결되어 있어 부모의 사회화 과정을 통하여 세대를 통하여 전달되고 있음도 확인될 수 있었다.

그렇다면 종교의 어떤 측면이 종교적 편견을 조장하는가? 일반적으로 종교는 절대적인 진리와 권위에의 복종 및 민족주의를 강조하고 교인들간의 결속력을 중요시하면서 타집단에 비해 자신들의 종교가 더 우월하다는 것을 강조하기 때문에 편견을 조장하기 쉽다(Eisinga, Felling, & Peters, 1990). 실제로 특정 종교가 편협한 신념을 강조할수록 교인들의 종교적 편견 수준은 높아지므로, 개인이 어떤 종교를 갖느냐에 따라 그가 갖는 종교적 편견의 정도는 달라진다.

07장 정서, 성격 및 대처양식의 변화

Ⅰ. 청년기 동안의 정서변화
1. 정서연구의 흐름
2. 청년기의 정서조절 지표
   1) 정서조절의 적응적 지표
   2) 정서조절의 부적응적 지표
3. 청년기 정서변화의 원인
4. 청년기의 대표적 정서
   1) 긍정적 정서
   2) 부정적 정서

Ⅱ. 청년기 동안의 성격변화
1. 5요인 모델-성격에 대한 차원적 접근
2. 레빙거의 자아발달 단계-성격에 대한 유형학적 접근
   1) 자아발달과 도덕성발달의 관계
   2) 청년기 자아발달에 관한 연구 결과
3. 기질과 적합도
4. 청년기의 대표적 방어기제

Ⅲ. 대처양식의 변화
1. 스트레스 유발 사건
2. 대처양식의 유형
   1) 한국의 청년기 남녀가 사용하는 대처양식
   2) 무스의 대처모델
3. 대처양식에 영향을 주는 요인

Adolescent Psychology

제7장 정서, 성격 및 대처양식의 변화

청년기 동안의 신체변화와 인지발달 그리고 경험 세계의 확대는 청소년들의 정서나 성격 혹은 대처양식에 변화를 일으킨다. 연령 증가와 함께 청소년들은 점차적으로 자신의 정서를 인식할 수 있고 언어나 행동으로 자신의 정서 경험을 적절하게 표현할 수 있으며 효과적으로 정서를 조절할 수도 있다.

정서발달과 함께 청소년의 기질과 외부환경과의 상호작용은 성격특성에서도 변화를 일으킨다. 또한 청년기 동안의 예상된 상실이나 분리 혹은 예기치 못한 위기적 사건에 대한 대처기술의 발달은 청소년들이 성인기에 이르러 보다 성숙한 성인이 될 수 있도록 한다. 이 장에서는 청년기 동안의 정서, 성격 및 대처양식에서의 변화를 설명하고 세 변인들간의 관계도 고찰한다.

Ⅰ. 청년기 동안의 정서변화

정서란 개인에게 중요하거나 그의 안녕에 영향을 주는 상황에서 경험되는 기분이나 감정상태로서 기쁨이나 불유쾌, 공포, 분노 등으로 표출된다(Campos, Frankel, & Camaras, 2007). 우리는 자주 정서를 부정적이고 불합리한 행동의 근원으로 생각하지만, 최근의 연구자들은 정서가 개인의 심리적 기능을 붕괴시키기도 하고 증진시키기도 하며 적응을 돕는 역할도 할 수 있음을 강조한다.

1. 정서연구의 흐름

청년기의 정서변화에 관심을 갖는 연구자들은 다음과 같은 세 가지 방향에서 연구를 수행한다.

첫째, 스탠리 홀의 질풍노도 가설(storm and stress hypothesis)에 기초하여 정서나 기분 상태에서의 변화를 연구한다. 일찍이 홀은 청년기를 급격한 호르몬 변화에 기인된 정서적 혼란의 시기로 가정하였다. 그러나 청년기 이전의 아동과 청년초기 청소년들을 대상으로 1주일 동안 매 시간마다 기분 변화를 기록한 결과, 두 집단간에 차이가 없었다. 단지 청소년이 아동보다 부정적인 기분을 약간 더 많이 경험하고 극단적인 긍정적 정서를 더 적게 경험할 뿐이었다(Larson & Lampman-Petraitis, 1989).

둘째, 청년기의 호르몬 수준과 공격성 혹은 우울증과의 직접적 관련성을 연구한다. 그러나 호르몬이 정서변화에 직접적으로 주는 영향은 매우 적다(Susman & Rogol, 2004). 어떤 연구자는 호르몬이 행동에 직접적으로 영향을 주는 것이 아니라 호르몬이 신체 변화에 영향을 주고 그것이 다시 청소년의 반응이나 타인들의 반응에 영향을 주기 때문에, 호르몬은 청소년들의 정서상태에 간접적 영향을 준다고 주장한다(Richards & Larson, 1993).

셋째, 정서조절(emotion regulation)을 연구한다. 정서조절이란 개인이 적응적 기능을 수행하기 위하여 정서경험을 사용하는 독특한 방식으로 결과와 과정변인 양자를 포함한다. 정서조절의 결과변인은 정서통제 대 정서적 반응성의 정도로 정의되기 때문에(Maedgen & Carlson, 2000), 이 분야의 연구자들은 정서적 불안정성이나 부적응적 정서 표현 혹은 정서적 기분 상태를 주로 연구한다.

정서조절의 과정변인은 정서반응을 수정하기 위하여 개인이 사용하는 대처전략에 해당한다(Contreras 등, 2000). 과정변인을 연구하는 사람들은 개인이 정서경험을 어떻게 처리하는지에 관심을 갖기 때문에 괴로움의 조절은 물론 중요한 대인관계 문제를 해결하기 위하여 긍정적 정서를 자극하거나 정서적 각성 상태를 개선시키려는 시도에 주의를 기울인다.

청년기 동안 효과적인 정서조절이 가능하기 위해서는 다음과 같은 능력이 요구된다.

① 변화하는 상황적 요구에 대한 반응성과 융통성
② 자신의 정서 상태에 대한 인식
③ 타인의 정서를 탐지하는 능력
④ 정서의 문화적 표현 규칙에 대한 인식
⑤ 타인과 감정이입하는 능력

아동기 동안 사회화 과정을 통하여 학습한 정서조절 방식들이 내면화됨에 따라, 아동은 사회가 수용하는 방식으로 정서를 조절하기 시작한다. 청년기에 이르면 자신의 정서를 조절하는 하나의 방법으로 주위 환경을 구조화하고 다른 사람의 견해를 수용하거나 재구성하는, 보다 세련된 정서조절 전략을 사용할 수 있다. 그러나 개인의 정서조절 능력은 안정된 특성이기보다는 오히려 맥락 의존적이라고 강조하고 최적의 정서조절 방식은 상황 조건에 따라 달라진다고 주장하는 사람도 있다(Thompson, 1994).

2. 청년기의 정서조절 지표

지금까지 정서조절에 관한 연구들은 주로 영아와 어린 아동을 연구하였으나 최근의 연구자들은 정서조절에 기초하여 청년기의 심리적 안녕을 설명하려고 한다. 예를 들면 심리적 안녕의 대표적 지표인 자기존중감이나 긍정적 기분은 성공적 정서조절이나 적응적 정서기능의 예로서 정서조절의 조망에서 해석될 수 있다. 대조적으로 우울증 같은 심리적 괴로움은 부적응적 정서조절의 예가 될 것이다.

1) 정서조절의 적응적 지표

우리는 청년기 동안 적응적 정서조절이 이루어지고 있음을 어떻게 확인할 수 있는가? 다음의 일곱 가지 지표에서 높은 점수를 얻는 사람들은 성공적인 정서조절이 가능한 사람들이다(장휘숙, 1997; Greenberger & McLaughlin, 1998; Haney & Durlak, 1997). 그들은 청년기 동안 중요한 발달과업을 성취할 수 있음은 물론 성인기 동안 성공적 적응을 이룰 수 있는 사람들이기도 하다.

① 높은 자기존중감
② 긍정적 자기개념과 안정된 정체감
③ 높은 수준의 자기이해의 발달
④ 사회적 유능성
⑤ 긍정적 기분이나 정서
⑥ 성실한 학교출석과 우수한 학업수행
⑦ 부모와 친구에 대한 높은 애착

2) 정서조절의 부적응적 지표

부적응적 정서조절 혹은 정서 역조절(emotion dysregulation)이란 제한된 혹은 융통성 없는 정서적 반응을 보이는 것으로, 정서의 강도나 기간을 조절하지 못하고 정서의 문화적 표현 규칙과 일치하지 못하며 혼합된 정서를 통합하지 못하는가 하면 정서에 대해 생각하지도 이야기하지도 못하는 것이 여기에 해당한다.

그러므로 부적응적 정서조절은 정서를 조절하지 못한다는 의미가 아니라 분노나 철회와 같이 장기적으로 최적의 발달을 방해하는 정서를 표출하는 것을 의미한다. 물론 부적응적 정서도 단기적으로는 적응적일 수 있으나 시간 경과와 함께 그것은 특징적인 대처양식으로 발전하고 내재화 장애(internalizing disorder)나 외재화 장애(externalizing disorder)로 발달할 수 있는 취약성을 지닌다.

3. 청년기 정서변화의 원인

청년기 동안 호르몬의 변화와 인지적 성숙 그리고 아동기에서 경험하지 못했던 다양한 사건들은 이 시기의 정서 경험 범위를 확대시키고 감정의 깊이도 깊어지게 한다. 연령 증가와 함께 정서에 대한 인식은 물론 언어나 행동으로 정서를 표현할 수 있는 능력도 증가한다.

청년기 정서변화를 일으키는 특징적인 사건들을 정리하면 다음과 같다.

첫째, 청년초기의 급속한 신체 발달과 호르몬 변화이다. 청년초기의 신체적 변화나 생리적 변화는 청소년이 경험하는 정서의 강도에 영향을 준다. 청년초기의 청소년들은 청년후기의 청년들보다 동일한 사건을 더 즐겁게, 더 슬프게 혹은 더 수치스럽게 느낀다.

둘째, 인지적 변화로서 형식적 조작능력의 획득이다. 형식적 조작능력을 획득하기 시작한 청소년들은 그들이 경험하는 감정과 그것의 의미에 대해 생각할 수 있다.

셋째, 자기이해의 발달이다. 그것은 청소년 자신에 대한 그들의 느낌과 타인의 느낌 및 타인에 대한 그들의 느낌을 인식할 수 있도록 돕는다.

넷째, 사회적 역할의 확대와 그에 따른 복잡한 적응 문제이다. 청소년들은 아동기까지 경험하지 못했던 확대된 교우 관계, 이성 문제, 진로 문제 등 다양한 정서적 경험을 야기시키는 상황에 대처해야 한다.

이상과 같은 네 가지 사건 외에도 청년기 동안의 보잘것 없는 영양 섭취와 극심한 피로는 청소년들의 정서성(emotionality)을 증가시킨다. 우리의 기대와는 다르게, 이 시기의 급속한 신체 성장과 자제할 줄 모르는 극단적 행동은 영양 부족과 극심한 피로를 초래한다. 그러나 다양한 정서변화를 경험한다고 해서, 홀(G. S. Hall)의 주장대로 청년초기가 질풍노도(storm and stress)의 시기라는 것은 아니다.

그 이유는 여러 가지 사건들이 청년기 동안 일어나기는 하지만 모든 사건들이 한꺼번에 출현하는 것은 아니므로, 청소년들은 개별적 사건을 효과적으로 처리할 수 있는 여유를 가질 수 있기 때문이다. 그림 7-1은 부모와의 갈등, 친구 집단으로부터의 거부에 대한 공포 및 이성관계에 대한 불안이 남녀 모두 서로 다른 시기에 절정에 도달한다는 것을 보여 준다.

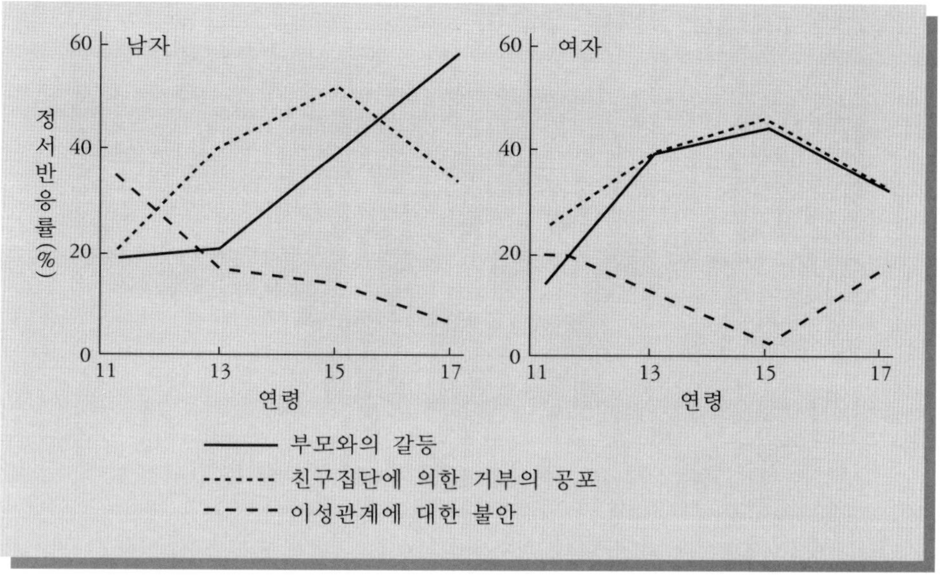

그림 7-1 서로 다른 사건에 대한 남녀 청소년들의 정서반응
출처: Coleman, 1978.

4. 청년기의 대표적 정서

청년기는 부정적 정서가 증가하는 시기이다. 정서발달에 관한 연구들은 일관성 있게 청년기 이전과 비교하여 청년기 동안 부정적 정서가 증가한다고 보고한다(Dorn 등, 2006). 특히 우울한 기분은 청년초기에 증가하기 시작하여 청년중기에 절정에 이르고 청년후기부터 점차 감소하며, 정신과적 장애의 발생비율도 15세부터 24세 연령집단에서 가장 높다.

1) 긍정적 정서

청년기 동안 경험되는 대표적인 긍정적 정서에는 행복과 기쁨 및 사랑과 애정의 감정이 있다. 청소년들은 자연의 아름다움, 우정의 순수함과 진실함 그리고 사랑이 가져다 주는 생생한 행복감을 경험한다. 그러나 청소년들은 순수한 사랑과 풋사랑을 구별하지 못하고 성적 충동과 순수한 사랑을 혼동하기도 한다.

청소년들은 등하교 길에서도 친구들끼리 재잘거리면서 웃고 즐거워한다.

2) 부정적 정서

청년기에 경험하는 대표적인 부정적 정서에는 우울, 공포와 불안, 외로움, 죄책감, 분노 등이 있으며, 정서적 특성에 따라 성차를 나타낸다. 일반적으로 울음은 여성에서 더 많고 직접적인 분노의 표현은 남성에서 더 많이 나타난다.

① 우 울

심리학자들은 극단적 슬픔이나 무감각의 상태가 상당기간 지속될 때, 우울장애로 진단한다. 일반적으로 기대가 좌절될 때 우울한 감정을 경험한다. 보잘것없는 학업 수행과 이성 친구와의 이별, 운동경기나 과외활동의 일원으로 선발되지 못했을 때, 청소년들은 우울해하므로 청년기는 우울증후에 매우 취약한 시기이다(Hankin 등, 1998).

일반적으로 여성들이 남성들보다 임상적 우울증에 더 취약하다(Leadbeater 등, 1999). 우울증에서의 성차는 청년기 이전에는 존재하지 않으며, 청년초기에 처음 나타나고 청년중기부터 청년후기까지 극적으로 증가한다. 청년중기에 이르면 여성들은 남성들보다 두 배 이상 더 많은 임상적 우울증을 나타내며, 여기에 관한 자세한 설명은 12장에 수록되어 있다.

② 공포와 불안

공포란 확인될 수 있는 특정 대상물에 대해 위험이나 위협을 느끼는 정서 상태이다. 우리는 특정한 사건이나 상황과 연합된 강하고 불합리한 공포를 공포증(phobia)이라고 부른다. 일반적으로 개인이 경험하는 공포는 그것을 일으키는 상황이나 사건을 회피하도록 함으로써 공포를 영속시킨다. 시험 전에 배가 아프거나 머리가 아픈 것은 시험 상황을 회피하기 위한 무의식적 행동이다. "정서적 여성"과 "강하고 과묵한 남성"의 고정관념적 성역할과 일치되게 소녀들이 소년들보다 더 자주 공포를 표현한다.

한편, 불안은 막연하게 두려움이나 위협을 느끼는 정서 상태로서 불안을 일으키는 대상물을 찾을 수 없다는 것이 그 특징이다. 일반적으로 청소년들의 불안은 강박적 행동이나 상황에 대한 부적절한 정서반응 혹은 독단적 행동 등으로 표현된다.

③ 외 로 움

청소년들은 빈번하게 외로움을 느낀다. 자신의 생각은 성인들과 다르다고 생각하는 청소년들은 주위의 성인들이 자신을 이해할 수는 없다고 생각한다. 소위 그들이 지니고 있는 개인적 우화는 부모나 주위의 다른 성인들과의 접촉을 회피하게 함으로써 청소년들을 외롭게 만든다. 또한 동년배 집단의 수용을 중요시하는 청소년들은 동년배 집단으로부터 소외될 때 버림받은 느낌을 경험한다.

④ 죄 책 감

죄책감이란 개인이 '나쁜' 일이라고 학습한 어떤 것을 생각하거나 수행할 때 느끼는 감정이다. 청년기의 다양한 경험들은 젊은이들을 상이한 가치관에 노출시키고 자주 죄책감에 빠지게 한다.

청년기의 시작과 함께 청소년들은 보다 더 다양한 사람, 다양한 생각 그리고 다양한 상황을 경험하므로 그들은 아동기까지 부모와 학교를 통해 내면화한 가치관과는 다른 가치에 자주 노출된다. 그들은 지금까지 옳지 못하다고 배운 행동을 스스럼없이 수행하는 친구들을 만나기도 하고 거기에 가담하기도 함으로써 죄책감을 경험한다.

죄책감은 사회적, 개인적 통제를 위한 내적 수단이기 때문에 유용한 기능을 하지만, 지나친 죄책감은 개인적, 사회적 발달을 방해한다. 특히 이 시기의 과도한 자위행위는 자주 죄책감을 유발하고 청소년들을 우울하게 만든다. 청년기 동안 죄책감의 지배를 약화시키고 '해야 하는 것'과 '하지 말아야 하는 것'을 자기 주도적으로 결정할 수 있어야 한다.

⑤ 분 노

분노는 좌절의 결과로 일어난다. 분노는 사람이나 사물에 대한 위협이나 언어적 공격 혹은 신체적 공격으로 표출된다. 청소년들은 분노에 대한 반응으로 점차 신체적 공격을 감소시키고 언어적 공격을 더 자주 사용한다. 그들은 정서적 긴장을 해소하기 위하여 운동이나 일에 몰두한다. 청소년들이 분노를 일으키는 이유는 타인의 위선이나 무례한 행동, 타인의 부당한 대우와 무시, 가족의 편애 및 자신에 대한 실망 때문이다.

이상의 다섯 가지 정서 외에도 청소년들은 자주 수줍음이나 수치심을 경험한다. 자의식이 강한 청소년들은 조그만 실수에 대해서도 수치심을 느끼고, 타인의 시선이 집중되면 수줍음을 느낀다.

청년기 동안 획득해야 하는 중요한 발달과업 중의 하나는 자신의 정서를 인식하고 감정을 이해하며 수용할 수 있어야 한다는 것이다. 특히 강하고 변화가 심한 극단적 정서를 경험하는 청소년들은 청년기를 통하여 언제, 어떻게 감정을 표현하고 그들의 행동이 자신과 타인에게 어떤 결과를 가져올 것인지를 학습해야만 한다. 청소년들은 아동기 동안 학습한 정서적 억압을 느슨하게 하는 동시에 융통성 있는 통제 능력을 발달시킴으로써 그들의 정서를 조절할 수 있다.

청소년들이 조절하기 가장 어려운 정서는 성적 충동과 관련된 정서이다. 일부의 청소년들은 성적 충동을 효율적으로 조절하지 못하고 지나치게 성적 만족을 추구하거나 아니면 지나친 억압이나 금욕주의자가 됨으로써 성과 관련된 문제행동을 일으킨다.

Ⅱ. 청년기 동안의 성격변화

청년기 동안의 성격변화를 이해하기 위해서는 먼저 성격이 무엇인지를 정의해야 한다. 그러나 성격이라는 단어만큼 다양한 정의를 가진 심리학적 용어도 드물다. 어떤 사람들은 '성격'이라는 단어의 뜻이 성격을 정의하려는 사람만큼 다양하다고 하지만, 성격은 인생초기에 나타나는 기질적 특성이 시간경과와 함께 독특한 특성으로 구조화된 결과이다(Caspi, 1998, 2000).

기질이란 개인의 행동양식과 특징적인 반응양식으로 많은 연구자들은 기질이 성격의 기초를 형성한다고 주장한다(Galambos & Costigan, 2003). 성장 과정 동안 개인의 기질은 환경과 상호작용함으로써 정교화되고 독특한 성격특성으로 구조화된다.

피터 브로스(Peter Blos, 1976)는 아동과 청소년에 대한 심리치료 경험을 바탕으로 청년기의 성격변화에 영향을 주는 네 가지 전제조건을 제시하였다.

첫째, 이미 형성된 애착 대상과의 유대를 느슨하게 하는 것이 요구된다. 사춘기의 시작과 함께 청소년들은 부모와의 관계를 재형성해야 한다. 사춘기 이전까지 아동은 부모에게 순종하고 부모는 가장 중요한 동일시 대상이었다. 그러나 청소년들은 부모로부터 점진적으로 독립하고 그들과 새로운 관계를 형성함으로써 새로운 동일시 대상을 발견해야만 한다.

둘째, 심리적 외상(trauma) 경험이 필요하다. 그 이유는 외상적 경험을 통하여 자아는 바람직하지 못한 심리사회적 상황에 대처할 수 있는 적응력을 획득하기 때문이다. 심리적 외상을 이미 경험한 청소년들은 정서적 애착을 상실할 때 혹은 자기존중감의 감퇴를 가져오는 사건에 직면할 때 대처할 수 있는 힘을 갖는다.

셋째, 긍정적 성격 형성을 위해 과거와 현재가 연결될 수 있는 자아의 계속성이 유지되어야 한다. 그 이유는 가까운 과거와 함께 조상으로부터 물려받은 특성들을 지각하고 자신과 사회와의 연결성을 인식할 수 있어야만 미래에 대한 설계를 할 수 있기 때문이다. 이 시기의 청소년들이 자신의 뿌리에 관심을 갖고, 특히 외국으로 입양된 청소년들이 자신의 뿌리를 찾기 위해 고국을 방문하게 되는 것도 이 때문이다.

넷째, 이성과의 관계 형성을 열망하는 이성 지향성의 확립이 필요하다. 개인의 이성 지향성은 성적 모호성을 감소시키고 성역할 정체감을 획득할 수 있도록 한다.

이와 같이 브로스는 자아기제에서의 변화가 성격변화를 일으킨다고 주장하지만, 피아제같은 인지발달이론가들은 인지능력에서의 변화가 청년기 성격변화의 원인이라고 주장한다. 피아제에 의하면, 형식적 조작능력의 발달은 이 시기의 젊은이들이 세상을 지각하는 방식에 구조적 변화를 일으키고 그것이 성격변화를 일으킨다는 것이다.

중요한 것은 청년기 동안 성격특성에서 변화가 일어나는가 아닌가이다. 일찍이 네슬로드와 발테스(Nesselroade & Baltes, 1974)는 13세와 18세 사이의 청소년들을 2년 이상 연구하고 성격특성에서 연령에 따른 변화와 출생동시집단 효과를 확인하였다. 이러한 결과는 청년기 동안 성격변화가 일어나는 동시에 상이한 출생동시집단들은 서로 다른 성격특성을 지니고 있음을 의미한다.

그러나 18세부터 26세까지의 젊은이들의 성격특성을 연구한 한 종단연구(Roberts, Caspi, & Moffitt, 2001)는 이 기간 동안 성격특성이 변화하기보다는 점차 안정되는 경향을 보인다고 보고하여 18세 이후에는 성격특성에서 큰 변화가 일어나지 않는다는 것을 시사하였다. 이 연구에서 성격특성이 변화한 사람들은 통제력을 발휘할 수 있으면서도 자신만만하고 화를 잘 내지 않는 성숙한 성인으로 성장하였다.

성격변화를 설명하는 두 가지 접근법으로 성격의 5요인 모델에 기초한 차원적 접근과 성격에 대한 유형학적 접근인 레빙거의 자아발달이론을 설명한다.

1. 5요인 모델— 성격에 대한 차원적 접근

최근의 많은 연구자들은 성격특성의 차원에 관심을 갖고 코스타와 맥크래(Costa & McCrae, 1994)가 제안한 5요인 모델(Five-Factor Model)을 사용하여 성격

특성을 연구한다.

5요인 모델은 인간의 성격을 다음과 같은 다섯 개의 차원(Big Five이라고 불리어진다)으로 구분한다.

① 정서적 불안정성(neuroticism) 차원: 얼마나 불안하고 긴장하는지 혹은 얼마나 안정되어 있는지

② 외향성(extraversion) 차원: 얼마나 사교적이고 적극적인지 혹은 얼마나 내성적인지

③ 경험에 대한 개방성(openness to experience) 차원: 얼마나 호기심이 많고 상상력이 풍부한지 혹은 변화없이 동일한 것을 선호하는지

④ 호감성(agreeableness) 차원: 얼마나 친절하고 감정이입적인지 혹은 의심이 많고 비협조적인지

⑤ 성실성(conscientiousness) 차원: 얼마나 책임감이 있고 진지하며 조직화되어 있는지 혹은 책임감이나 진지함이 부족한지

이 모델은 처음에 성인을 대상으로 연구되었음에도 불구하고, 청소년들에게도 적용될 수 있는 성격차원들임이 확인되었다. 그 증거로서 외재화 문제를 갖는 비행청소년들은 동년배들보다 외향성 차원에서 더 높은 점수를 얻고 호감성과 성실성 차원에서 더 낮은 점수를 얻는 반면, 학업성적이 우수한 청소년들은 성실성과 경험에 대한 개방성 차원에서 동년배들보다 더 높은 점수를 얻었다. 대조적으로 내재화 장애를 갖는 청소년 남아들은 높은 정서적 불안정성과 낮은 성실성을 지니고 있었다(John 등, 1994).

5요인 모델을 사용하여 개인의 성격특성을 연구한 많은 연구자들은 유전적 요인과 환경적 요인 양자가 개인의 성격특성에 영향을 준다고 강조한다. 특히 유전된다고 알려진 인생초기의 기질적 경향성은 시간경과와 함께 점점 더 현저해지고 부분적으로 환경에 반응하면서 개인의 성격특성으로 통합되어간다. 우리 모두는 각자가 지니고 있는 기질적 특성을 보상하고 강화하는 환경 내에서 성장하는 경향이 있기 때문에, 기질적으로 적극적이고 사교적인 아동은 그에 상응한

보상을 받게 되고 시간이 경과할수록 외향적인 개인으로 성장한다(Guerin 등, 2003).

따라서 충동성이나 수줍음같은 많은 핵심적 성격 특성들은 아동기와 청년기 사이에 그리고 청년기와 성인초기 사이에 상당히 안정된다. 비록 이러한 특성들의 표현 방식이 연령 증가와 함께 변한다고 할지라도(예, 개인의 불안은 아동초기에는 야뇨증으로 그리고 청년기에는 신경과민적 수다로 나타난다), 기본적 특성들은 시간경과에도 불구하고 큰 변화 없이 개인의 성격특성으로 고정된다.

카스피나 하트같은 연구자들(Caspi, 1998; Hart 등, 1997)도 영아기 동안 부정적 정서를 더 많이 나타내고, 아동기 동안 자주 화를 내며, 더 높은 수준의 공격성을 나타내는 아동들이 공격적 청소년으로 성장하기 쉽다고 보고하였다. 유사하게 초등학교 입학 이전에 저조한 충동 통제능력을 지니고 있었던 아동들은 청년기나 성인초기에 이르면 충동적이고 공격적이며 자주 위험행동을 저지르는 반면, 내성적이고 나태한 아동들은 불안하고 우둔하며 수줍어하는 10대로 성장한다. 물론 초등학교 입학 이전에 잘 적응하는 아동은 청년기에 이르면 탄력적이고 유능한 개인으로 성장할 수 있다(Hart 등, 1997).

우리는 자주 한 세대 전의 청소년들과 오늘날의 청소년들이 다르다는 이야기를 많이 한다. 그 이유는 무엇일까? 분명한 것은 출생동시집단에 따라 청소년들의 특성에서 차이가 있다는 것이다. 오늘날의 청소년들이 독립적이고 자기주장적이라면 50-60대의 중년 세대들이 청소년이었을 때는 보다 더 의존적이고 순종적이었다는 것이다. 그러므로 개인의 기본적 성격특성은 시간경과와 함께 거의 변하지 않는다고 할지라도, 충동통제 능력이나 방어기제의 사용에서 변화할 수 있을 뿐 아니라 각 개인은 자신이 소속한 출생동시집단의 성격특성을 공유한다.

2. 레빙거의 자아발달 단계 — 성격에 대한 유형학적 접근

제인 레빙거(Jane Loevinger)는 자아발달(ego development)에서의 변화를 바탕으로 청년기의 성격발달을 설명하려고 하였다. 그녀는 자신이 고안한 문장완

참고: 레빙거가 사용한 문장완성 검사

문 항

1. 아동이 집단활동에 참여하지 않을 때 __________
2. 가족을 형성할 때 __________
3. 내가 비판을 받을 때 __________
4. 남성의 직업은 __________
5. 다른 사람과 함께 있다는 것은 __________
6. 내가 나를 좋아하는 점은 __________
7. 나의 어머니와 나는 __________
8. 나를 성가시게 하는 것은 __________
9. 교육은 __________
10. 사람이 무기력할 때 __________
11. 여성들은 __________ 때문에 행운이다.
12. 좋은 아버지란 __________
13. 소녀는 __________ 할 권리를 갖는다.
14. 사람들이 성에 대해 이야기할 때, 나는 __________
15. 아내는 __________ 해야만 한다.
16. 나는 __________ 에게 미안함을 느낀다.
17. 남성은 __________ 일 때 기분좋게 느낀다.
18. 규칙은 __________
19. 범죄와 비행은 __________ 라면 망설여질 수 있다.
20. 남성은 __________ 때문에 행운이다.
21. 나는 __________ 한 사람을 참을 수 없다.
22. 때때로 그녀(그)는 __________ 에 대해 걱정한다.
23. 나는 __________
24. 여성은 __________ 일 때 기분좋다고 느낀다.
25. 나의 주된 문제점은 __________
26. 남편은 __________ 할 권리를 갖는다.
27. 여성(남성)이라서 가장 나쁜 점은 __________
28. 훌륭한 어머니는 __________
29. 내가 남성(여성)과 함께 있을 때 __________
30. 때때로 그녀(그)는 __________ 를 원한다.
31. 내 아버지는 __________
32. 내가 원하는 것을 얻을 수 없다면, 나는 __________
33. 보통 그녀(그)는 성(sex)이 __________ 라고 느낀다.
34. 여성에게 직업이란 __________
35. 내 양심은 내가 __________ 한다면 나를 괴롭힌다.
36. 여성(남성)은 항상 __________ 해야만 한다.

성 검사(Sentence Completion Test: SCT)를 사용하여 독창적인 자아발달 이론을 확립하였다.

Jane Loevinger(1918-)

레빙거의 문장완성 검사는 36개의 불완전한 문장으로 구성되어 있으며 처음에는 성인 여성과 여자 청소년용으로 개발되었으나 후에 문장 속의 단어를 바꾸어 성인 남성과 남자 청소년들에게도 사용될 수 있도록 하였다.

이 이론에서 자아는 세계에 대한 이해를 제공하는 개인의 심리적 메커니즘으로 연령에 따라 변화한다. 자아발달의 정도는 개인에 따라 그리고 연구대상에 따라 다소 차이가 있으나 개인의 자아 수준은 청년초기부터 빠르게 증가하기 시작하여 청년기가 끝날 무렵에 이르면 자아발달의 속도는 점차적으로 감소한다(Muuss, 1996).

그러므로 레빙거의 자아발달은 전생애 동안 개인의 성격발달을 특징짓는 의미의 틀(framework of meaning)에서의 변화로 설명될 수 있다. 자아나 자아기능의 핵심은 일관성 있는 의미의 탐색이다(Loevinger, 1993). 연령증가와 함께 점점 더 세련된 수준의 의미 탐색이 가능해진다. 보다 성숙된 자아발달 수준은 내면화와 객관성, 추상개념 그리고 모호함에 대한 인내를 증가시키고 타인에 대한 의존으로부터 자유로울 수 있도록 한다.

레빙거는 다음과 같이 세 개의 과도기를 포함하는 일곱 개의 자아발달 단계를 제시하였다. 각 개인은 연령에 따라 상이한 발달 단계를 거쳐 간다. 자아발달의 각 단계는 부분적으로 연령과 독립적인 심리적 구성개념으로서 독특한 성격유형을 반영한다. 그러므로 레빙거가 제안한 자아발달의 단계는 하나 하나가 곧 독립적인 성격유형으로 그것은 행동을 조절하고 경험에 의미를 부여하며 정보를 여과하는 역할을 하는 정신구조에 해당한다. 따라서 한 개인의 자아발달 단계로써 그가 가지고 있는 독특한 행동 경향성이 예측될 수 있다.

레빙거의 자아발달 단계는 다음과 같다.

제 1 단계: 전 사회적인 공생적 단계(Presocial symbiotic stage)

가장 낮은 자아발달 단계로서 자신의 욕구 충족에만 관심을 갖는다. 어머니와 공생적(共生的) 관계에 있는 이 단계의 개인들은 자신을 어머니와 분리된 실체로 인식하지 못한다.

제 2 단계: 충동적 단계(Impulsive stage)

언어를 사용하기 시작하고 초보적 추론이 가능한 이 단계의 개인들은 육체적 욕구의 만족을 추구하고 공격적 충동을 표현한다. 동시에 지극히 자아중심적이며 규칙에 따라 행동하지 못한다. 그들은 처벌받는 행동은 나쁜 행동이고 보상받는 행동은 좋은 행동이라고 생각한다.

제 3 단계: 자기보호 단계(Self-protective stage, 초기에는 기회주의 단계로 명명됨)

규칙이 존재한다는 것을 인식하지만 자신에게 이익이 될 때만 규칙에 복종한다. 자기보호적 성격은 자신의 이익을 위하여 타인을 속이고 이용한다. 이 단계를 표현하는 형용사로 '용의주도한', '불평불만이 많은', '냉소적', '조작적', '착취적', '권력지향적' 등이 있다. 일반적으로 고등학교를 졸업하기 이전에 이러한 방어적 자기보호 경향은 약화된다.

제 3 단계와 4 단계 사이에 제 1 과도기(Delta/3 단계)가 온다. 때때로 이기주의적 관점에서 규칙에 복종하기는 하지만, 이 시기의 특징은 구체적이고 정의 가능한 속성을 찾기가 어렵다는 것이다. 또한 연구대상자의 반응은 동조자 단계라고 보기에는 충분한 발달을 이루지 못한 상태이다.

제 4 단계: 동조자 단계(Conformist stage)

행동은 엄격하고 정형적이다. 이 단계의 개인들은 규칙을 어긴 후의 비난이나 수치심 때문에 규칙을 중요시한다. 또한 그들은 외모, 명성, 지위, 물질 등을 중요시한다.

제 4 단계와 제 5 단계 사이에 제 2 과도기(자기인식 단계)가 온다. 이 시점에서 자기인식 능력이 발달하고 자기비판이 가능해지며 행위의 인과관계나 동기를 추론하기 시작한다. 자기 자신의 개별성과 개인차를 인식하기 시작하고 대인관계에 보다 민감해진다.

제 5 단계: 양심적 성격(Conscientious character)

이 단계의 개인은 행동을 일으키는 개인의 감정이나 동기를 인식할 수 있고 의무나 이상 혹은 탁월함에 대한 내적 표준을 형성한다. 그들은 더 이상 기회주의적이 아니며 내재적 규칙과 죄책감에 의해 행동을 조절한다. 이 단계에 도달한 개인들은 사람이 서로 다른 욕구를 가지고 다양한 행동 패턴을 나타내며 독특한 특성을 갖는다는 것을 이해한다. 대인관계에서도 행위보다는 감정이나 동기를 더 중요시한다.

제 5 단계와 제 6 단계 사이에 제 3 과도기(개인주의적 단계)가 온다. 개성을 존중하고 서로 다른 유형의 사람들에 대한 인내심이 증가하며 각기 다른 사람들은 각기 다른 역할을 수행한다는 인식도 가능하다. 개인의 심리적 메커니즘이 보다 더 복잡해짐에 따라 사회적 관계를 양극관계로서가 아니라 하나의 연속체(continuum)로 이해하기 시작한다. 청년후기의 성숙한 개인들은 이 수준의 자아발달에 도달할 수 있다.

제 6 단계: 자율적 성격(Autonomous character)

이 단계의 개인들은 내적 갈등과 욕구 그리고 이상 사이의 균형을 유지하려고 노력한다. 그들은 갈등을 인간 조건의 불가피한 측면으로 이해하고 갈등을 무시하거나 다른 사람들에게 투사하기보다는 갈등을 수용하고 대처할 수 있는 용기를 가지고 있다. 그들은 인생이 얼마나 복잡한지를 이해하며 자신과 상이한 견해에 대해서도 지극히 관대하다. 또한 개별성과 자율성을 중요시하고 자기실현에 몰두한다.

제 7 단계: 통합된 전체(Integrated wholeness)

어느 사회에서나 이 단계에 도달할 수 있는 개인은 1% 미만에 지나지 않는다. 그들은 매스로우(Maslow)가 제안한 "진정으로 자기실현한" 사람으로 자신의 내적 갈등을 자유롭게 조절할 수 있다. 그들은 자신이 설정한 인생 목표에 도달할 수 없다고 판단되면 과감히 포기한다. 단순히 개인차를 인내하기보다는 오히려 그것을 소중히 여긴다. 그들은 현명하고, 감정이입적이고, 내적 갈등을 조절할 수 있으며 개성을 중요시한다.

레빙거에 의하면, 각 발달 단계는 연속적 패턴으로 진행되고 불변의 위계적 순서를 포함한다. 네 개의 종단적 표본을 대상으로 각각 1.5년, 2년, 3년 그리고 6년 동안 연구한 결과, 그림 7-2에 제시된 바와 같이 이전 단계와 이후 단계가 서로 정적 상관을 이루고 있음이 분명하였다. 따라서 10세에 자아발달 수준에서 저조한 사람들은 14세, 16세 혹은 18세에서도 여전히 저조한 상태를 유지하기 쉽다.

개인이 경험하는 심리적 위기나 외부 환경적 영향은 개인의 자아발달 단계

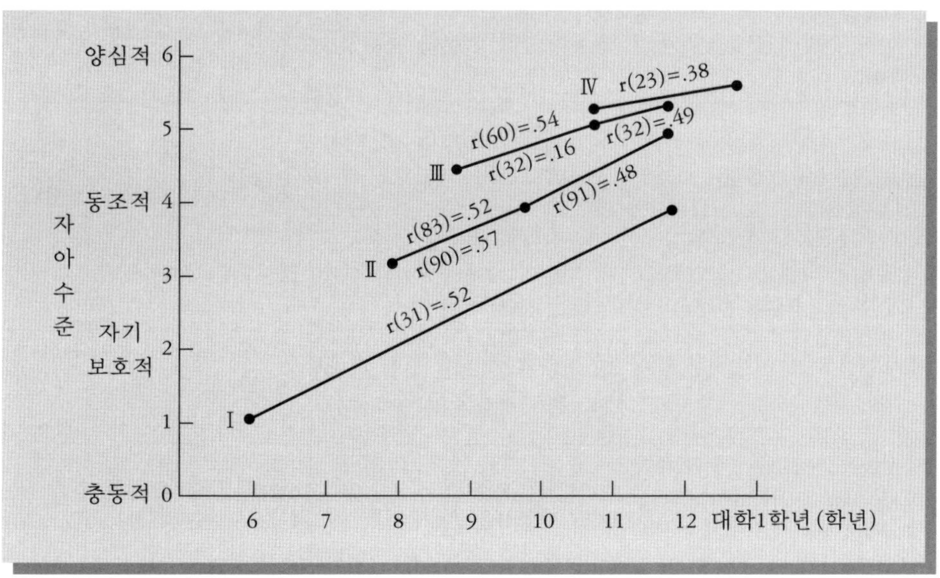

그림 7-2 학년별 평균 자아 수준과 1.5년, 2년, 3년, 6년 동안의 종단연구에서 나타난 상관값

출처: Redmore & Loevinger, 1979.

를 변화시킨다. 특히 자아에 대한 탐색으로 많은 시간을 보내는 청년기 동안 현저한 자아발달이 이루어진다. 오랜 시간의 산책, 끝날 줄 모르는 친구와의 대화, 가족 구성원과의 갈등이나 대결은 청년기의 자아탐색 과정에서 나타나는 특징적 행동들이다.

1) 자아발달과 도덕성발달의 관계

개인의 자아발달과 도덕적 추론 능력은 유사한 단계를 거쳐 발달한다(Gfellner, 1986). 표 7-1은 레빙거의 자아발달 단계와 콜버그의 도덕성발달 단계의 관계를 보여 준다. 충동적이고 자기보호적 자아가 자율적이고 통합적 자아로 발달하는 것과 동일하게 자기보호적이고 외부 세계 지향적 도덕원리는 상호적 · 보편적 도덕원리로 발달한다. 자아발달 단계와 여섯 개의 도덕성판단 단계가 대

표 7-1 자아발달 단계와 도덕성 추리 단계

도덕성판단 단계	자아발달 단계	조망간의 공통적 특징
1. 복종과 처벌(다른 사람의 힘이나 권위에 복종, 문제의 회피)	충동적(공포, 의존성, 충동성)	외적 요인, 나쁜 행동, 자아중심적 가치를 지향한다.
2. 순수한 이기주의(자신의 만족만을 중요시한다)	자기보호적(방어적이고 착취적이며 조작적이다)	신체적 욕구와 보호에 바탕을 둔 가치를 지향하며 타인의 의도를 충분히 이해하지 못한다.
3. 착한 소년, 소녀 도덕성(승인욕구, 타인을 기쁘게 하고 도우려는 시도를 한다)	동조주의적(규칙에 동조하고 규칙을 어길 때 수치심과 죄책감을 느낀다)	정형화된 가치에 동조한다.
4. 권위와 사회적 질서유지(권위에 대한 존경)	양심적(자기평가, 책임 및 의사소통에 관심을 갖는다)	규칙을 존중하고 착한 혹은 올바른 역할에 순종하는 가치를 갖는다.
5. 상호성, 법률존중주의(계약에 의한 동의, 타인의 뜻을 저버리지 않는다)	자율적(대인관계를 소중히 여기고 자율성을 존중한다)	표준의 상호간 공유를 지향하는 가치관을 갖는다.
6. 보편적 도덕원리(상호적 존경과 신뢰를 중요시한다)	통합적(개별성과 내적 갈등의 조절을 중시하고 통합된 자아 정체감을 갖는다)	상호간의 공유, 존경 및 신뢰에 바탕을 둔 가치관을 갖는다.

략적으로 일치하지만, 개인의 도덕성발달은 자아발달보다 다소 느린 속도로 진행된다.

2) 청년기 자아발달에 관한 연구 결과

청년기 동안 개인의 자아는 계속적으로 발달하지만, 고등학교를 졸업할 무렵에 이르면 발달 비율이 감소하기 시작한다. 그러나 대학 환경은 다양한 경험과 역할실험의 기회를 제공함으로써 각 개인이 효과적인 자아발달을 이룰 수 있도록 돕는다(Santrock, 2008). 개인의 자아발달 단계는 지능이나 사회경제적 수준과 정적 상관이 있어, 머리가 좋을수록 그리고 가정의 사회경제적 수준이 높을수록 더 높은 자아발달을 이룰 수 있다. 또한 중 · 고등학교 시기 동안 소년들보다 소녀들의 자아발달이 더 빠르게 진보하였다(Cohn, 1991).

개인의 자아발달 수준과 인지양식 그리고 충동통제 방식은 서로 연결되어 있다(Hauser 등, 1991). 자아발달 수준이 낮은 사람은 높은 사람보다 더 충동적이며 정신병이나 건강염려증(hypochondriasis)에 걸릴 확률이 더 높다. 반면 자아발달 수준이 높은 사람들은 더 적은 권위주의적 태도를 지니고 더 발달된 도덕적 추론이 가능하며, 더 높은 수준의 정체감 발달을 이룬다. 또한 그들은 과활동성, 공격성 및 잔인성 수준이 낮고 높은 수준의 자기충족감과 자기존중감을 지니고 있다.

부모의 양육방식이나 부모-자녀간의 상호작용 방식이 개인의 자아발달 수준을 결정한다는 증거도 있다. 부모가 유도적 훈육방법을 사용할 때 자녀의 자아발달이 효과적으로 이루어진다(Parikh, 1980). 또한 어머니가 청소년 자녀의 자유와 독립을 허용하고 아버지가 청소년 자녀를 칭찬하고 격려할 때 자녀의 자아발달 수준은 높아지는 반면, 아버지의 통제와 제재는 자녀의 자아발달을 억압하였다.

특히 가족구성원의 개별성이 존중되고 구성원들이 상호연결되어 있을 때 청소년들의 자아발달이 증진된다(Cooper, Grotevant, & Condon, 1983). 따뜻하고 지원적인 가족 분위기는 청소년의 자기표현을 격려하고 개별성을 인정함으로써 가족의 응집성을 증대시키며, 그 결과 청년기 자녀의 자아발달에 기여한다. 따라서 가족구성원들 사이의 정서적 긴장이나 갈등, 의사소통의 거부 및 행동의 억제는 청년기 자녀의 자아발달을 방해하는 중요한 요인들이다.

3. 기질과 적합도

지금까지 성격 연구들은 주로 성인을 연구하였고 기질 연구는 영아나 어린 아동을 대상으로 이루어졌지만, 최근에 와서 성격 연구와 기질 연구는 통합되는 추세에 있다. 기질 연구자들의 일관성 있는 주장은 기질에서의 개인차가 부모-아동 관계와 또래 관계는 물론 이후의 정서적 안녕을 지각하는 정도에서 차이를 가져온다는 것이다.

비록 인생초기의 기질과 이후의 성격특성이 서로 연결되어 있기는 하지만, 기질은 개인이 생활하는 맥락을 검토함으로써 가장 잘 이해될 수 있다. 기질의 적합도 모델(the goodness of fit model)에 의하면, 개인의 발달에 미치는 기질의 영향은 그것이 사회맥락적 요구와 얼마나 조화를 이루는가에 따라 달라진다

청소년의 성격특성은 인생초기의 기질적 특성과 높은 상관이 있다.

(Matheny & Phillips, 2001; Chess & Thomas, 1999).

기질이 맥락적 요구와 조화를 이룰 때 개인의 발달은 바람직하게 이루어질 수 있는 반면, 두 변인 간의 보잘것 없는 적합도는 후속적인 심리사회적 적응을 위태롭게 한다. 그러므로 청년초기나 중기의 청소년들은 부모는 물론 동년배와 좋은 적합을 이룰 때 바람직하게 성장할 수 있다(East 등, 1992).

흥미롭게도 부모와 청소년 자녀는 보완적 기질이나 갈등적 기질 중 하나를 바탕으로 서로 상호작용한다. 만약 부모와 청소년 자녀의 기질적 특성이 서로 보완적 관계를 이룰 수 있다면, 바람직한 성장이 이루어질 수 있을 것이다. 그러나 양자가 서로 조화를 이루지 못할 때는 서로에게 무리한 요구를 하게 될 것이고 갈등적 혹은 적대적 관계가 형성될 것이다(Kawaguchi 등, 1998). 예를 들면, 새로운 상황에 잘 적응하지 못하는 엄격한 청소년들은 유사한 기질을 갖는 부모보다는 오히려 융통성 있는 부모와 더 조화로운 관계를 형성할 수 있다.

갤럼보스와 터너(Galambos & Turner, 1999)는 7학년 청소년들과 그들의 부모를 대상으로 적응성과 활동성 수준에서 기질의 조화 정도를 연구하였다. 연구결과 어머니와 아들 사이의 갈등은 적응성이 낮은 어머니와 활동성이 낮은 청소년 쌍에서 가장 높았고 어머니와 딸 사이의 갈등은 적응성이 낮은 어머니와 활동성이 높은 딸 사이에서 가장 높았다. 흥미롭게도 어머니들은 전통적 성역할 고정관념과 일치하지 않는, 아들의 낮은 활동성과 딸의 높은 활동성에 대해 부정적 태도를 지니고 있었다. 반면, 아버지와 딸 사이의 갈등은 적응성이 낮은 아버지와 적응성이 낮은 딸 사이에서 가장 높았다.

4. 청년기의 대표적 방어기제

방어기제(defense mechanism)란 불안을 회피하고 자존심을 유지하기 위하여 자신의 욕망이나 목표 행동을 속이면서 좌절과 갈등에 반응하는 개인의 대처양식이다. 아래에 제시한 신경증적 방어기제들은 청년초기 동안 빈번하게 사용되지만, 연령증가와 함께 점차 감소되고 승화와 같은 보다 바람직한 방어기제로 대치된다. 정신분석학자들에 의하면, 신경증적 방어기제들은 특히 개인의 무의식적 욕구와 불안의 표현을 방해한다.

① 반동형성

반동형성(reaction formation)은 자신의 느낌이나 생각과 정반대로 표현하고 행동하는 방어기제이다. 예를 들면 어머니를 지극히 사랑하고 어머니로부터 정서적 지원을 구하는 청소년 남아가 어머니의 관심에 대해 오히려 적개심을 표현하고 반항하는 행위가 여기에 해당한다. 청소년 남아는 반동형성을 통하여 어머니로부터 독립하지 못하는 자신의 무의식적 공포를 표출하고 있다고 해석된다.

② 치 환

치환(displacement)은 충족될 수 없는 무의식적 욕구를 다른 대상물을 통하여 충족시킴으로써 긴장을 완화시키는 방어기제이다. 즉, 대리적 충족을 통하여 내적 갈등을 회피하는 신경증적 반응양식이다.

아동기 동안 아버지로부터 학대받은 한 청소년 남아가 아버지가 사용하는 지팡이에 대해 강한 혐오를 나타내었다. 외출시에 아버지가 지팡이를 사용하려고 하면 그 청소년은 완강하게 반대하였고 지팡이를 증오하였다. 그 청소년은 아버지를 증오함으로써 겪게 될 심리적 긴장을 회피하기 위하여 아버지 대신 아버지가 사용하는 지팡이를 증오한 것이다.

③ 억 압

수치심, 죄책감 혹은 증오를 불러일으키는 생각을 무의식 속으로 밀어넣음으로써 심리적 긴장으로부터 벗어나려고 하는 방어기제이다. 억압은 충동이나 외상적 사건의 인식을 무의식적 수준에서 거부하는 경우(repression)와 그것들을 인식하지 않으려고 의식적으로 노력하는 경우(suppression)로 구분될 수 있다. 전자의 억압은 일종의 기억상실증의 형태로 나타나고 자신도 모르는 사이에 일어난다. 싫어하는 사람과의 약속 날짜를 잊어버리거나 자신에 대한 타인들의 불유쾌한 이야기를 기억하지 못하는 것은 청소년들 사이에서 발견되는 억압 현상들이다.

④ 주 지 화

주지화(intellectualization)는 개인이 갈등을 경험하고 있는 문제에 대해 지적 토론을 벌임으로써 불안을 회피하려는 방어기제이다. 이것은 문제의 정서적 측면이나 실용적 측면을 부정하고 순수하게 지적 조망에서 문제를 분석하려고 한다. 주지화는 문제에 대해 토론하고 분석하는 동안 내적 갈등이나 위협적인 감정과 자신을 분리시킬 수 있기 때문에, 청년기에 빈번하게 사용된다.

⑤ 금욕주의

금욕주의(asceticism)는 일종의 자기부정으로, 본능적 충동의 노예가 될지도 모른다는 공포 때문에 성적 소망과 무의식적으로 연합된 행동을 거부하는 자아방어기제이다. 청소년의 금욕주의는 음식물이나 알코올 음료의 섭취 거부, 수면 거부, 춤추기 혹은 성적 활동을 거부하는 행위로 표현된다. 청년기에 나타나는 신경성 식욕부진증(anorexia nervosa)은 금욕주의의 한 예다.

안나 프로이트(Anna Freud, 1958)는 주지화와 금욕주의가 청년기 동안 성적 긴장에 대처하기 위하여 가장 빈번하게 사용되는 메커니즘이라고 주장하였다.

Ⅲ. 대처양식의 변화

대처(coping)란 스트레스를 유발하는 요인들을 약화시키고 스트레스 경험에 수반된 정서적 각성상태를 수정하기 위하여 개인이 사용하는 인지와 행동으로 정의된다(Billings, Cronkite & Moos, 1983). 그러므로 대처는 문제해결을 이루고 외적 위협을 감소시키기 위해 자원을 배치하는 기능을 할 뿐 아니라 외적 위협에 의해 야기된 긴장과 각성을 완화시키는 기능도 한다(장휘숙, 2000b). 물론 바람직한 대처양식이 사용된다면, 개인의 심리적 안녕이나 신체적 건강은 증진될 수 있다. 그러나 부적절한 대처양식의 사용은 정신적 고통이나 정신병리를 초래하기 때문에, 최근에 많은 연구자들은 개인의 대처양식에 관심을 갖는다.

청년기 동안 개인은 급격한 신체적, 인지적, 사회적 변화를 경험하는 동시에 정체감을 확립하고 자율성을 획득해야 하므로 다양한 스트레스에 직면하지 않을 수 없다. 심각한 갈등이나 지속적인 스트레스는 청년기 개인의 신체적, 심리적 건강을 손상시킬 수 있으므로 스트레스에 대한 대처양식의 발달 또한 청년기의 중요한 발달과업이다.

1. 스트레스 유발 사건

스트레스란 일상생활에서 개인의 안녕을 위협하고 개인이 가진 자원 이상을 요구하는 상황과 개인 사이의 특정한 관계로 정의된다(Lazarus & Folkman, 1984). 라자러스와 포크만은 스트레스 사건이 개인의 부적응에 직접적으로 영향을 주는 것이 아니라, 개인이 특정한 사건을 어떻게 지각하고 해석하는가에 따라 스트레스를 경험하는 정도가 달라진다고 주장하였다.

어떤 사건들이 청년기 동안 스트레스를 불러일으키는가? 한국의 중고등학교 청소년들은 진로문제, 학업문제, 용모나 외모문제, 성격문제, 부모와의 갈등, 친구와의 갈등문제로 스트레스를 경험하지만, 그 중에서도 공부와 진학문제가 청소년들에게 가장 큰 스트레스를 일으키는 요인이다(이미리, 2002; 이경주, 신효식, 김효심, 1998). 그 결과 그들이 경험하는 주관적 행복도도 낮아, 모든 연령층 중에서 고등학생들이 가장 낮은 행복점수를 나타내었다.

스트레스를 대인관계 문제, 자신문제, 가정경제 문제, 환경문제, 그리고 학교생활 문제로 구분했을 때, 한국의 대학생들은 자신문제로 가장 큰 스트레스를 느끼고 있었고 그 다음이 대인관계 문제, 환경문제, 가정경제 문제 그리고 학교생활 문제의 순이었다(최외선, 오미나, 1998).

그렇다면 남녀 청소년들 중 누가 스트레스를 더 많이 경험하는가? 스트레스의 성차를 비교한 연구들은 일관성 있게 여자 청소년들이 남자 청소년들보다 스트레스를 더 많이 경험한다고 보고한다. 그 예로서 남녀 중학생들을 대상으로 연구한 이기숙과 박소영(2000)은 스트레스를 가족관련 스트레스, 친구관련 스트레스, 교사관련 스트레스, 학업관련 스트레스 및 신체관련 스트레스로 구분하였을 때, 여자 중학생이 스트레스의 모든 하위영역에서 남자 중학생들보다 더 높은 점수를 얻는다고 보고하였다.

Richard Lazarus
University of California,
Berkeley 심리학과 교수

여자 고등학생들 역시 남자 고등학생들보다 신체적 건강, 정신적 건강 그리고 형제관계에서 더 큰 스트레스를 경험하였으나 이성친구 관계에서는 남학생이 여학생보다 더 많은 스트레스를 경험하였다(강영자, 최용주, 1996). 대학생들의 경우에도 스트레스를 자신, 학교, 가정 및 사회관계의 네 가지 영역으로 구분하였을 때(정현희, 최경순, 1999), 여자 대학생들이 남자 대학생들보다 자신에 대한 스트레스를 더 많이 경험하였고 나머지 세 가지 영역에서는 성에 따른 차이가 없었다.

그렇다면 청년기 동안 여성들이 남성들보다 스트레스를 더 많이 경험하는 이유는 무엇일까? 두 가지 이유로 설명될 수 있다. 첫째, 사춘기 변화와 관련한 사회적 변화가 여자 청소년들에게 더 큰 압력과 상처를 주기 때문이다(Seiffge-Krenke, 1995). 남성들보다 더 일찍 사춘기에 진입하는 여성들은 사회로부터 성역할 고정관념에 일치되게 행동하라는 압력을 받고 더 많은 행동제한을 당하므로 더 큰 스트레스를 경험한다. 둘째, 여성들이 남성들보다 대인관계를 더 중요시하도록 사회화되기 때문에 이와 관련된 스트레스를 더 많이 경험한다. 따라서 여성들은 남성들보다 친구관련 스트레스와 대인관계 스트레스에 특히 민감한 반응을 보인다(de Anda 등, 2000).

대조적으로 미국 청소년들이 가장 대처하기 어려운 사건은 죽음이나 이별과 관련된 사건들이며, 가족문제, 학교문제 그리고 법률문제도 청소년들에게 높은 수준의 스트레스를 불러일으키는 사건들이었다. 그 외에 형제자매간의 싸움, 새로운 친구 사귀기, 부모와의 말다툼 등은 스트레스 수준이 그렇게 높지는 않았지만 스트레스를 일으키는 공통적 사건들이었다.

스트레스를 유발하는 사건 들 중에서 미국 청소년들에게 가장 큰 스트레스를 일으키는 사건은 부모의 죽음이다. 한두 과목의 낙제나 학교에서의 낙제가 미국 청소년들에게도 스트레스를 일으키지만, 우리나라의 청소년들처럼 공부나 진학문제로 큰 고통을 겪지는 않는다. 오히려 정상적인 삶에서 일어나는 다양한 분리와 이별이 미국 청소년들에게 가장 큰 스트레스를 유발하는 사건들이었다.

2. 대처양식의 유형

라자러스와 포크만(Lazarus & Folkman, 1984)은 개인의 대처전략을 문제집중적 대처(problem-focused coping)와 정서집중적 대처(emotion-focused coping)로 구분하였다. 전자는 스트레스 상황 자체를 변화시킴으로써 스트레스를 감소시키려는 전략인 반면, 후자는 상황을 변화시키거나 수정하려는 노력 없이 스트레스 상황에 대해 생각하고 평가하는 방식을 변화시키려고 시도한다. 다시 말하면 문제집중적 대처는 도구적이고 과제지향적인 반면, 정서집중적 대처는 개인의 정서상태를 조절하려는 시도로서 유해한 자극을 단순히 회피함으로써 심리적 불편을 감소시키려는 전략에 해당한다.

따라서 문제집중적 대처는 정보나 충고를 구하기, 사회적 지원을 수용하기, 문제를 해결하려고 노력하기 등의 행동을 포함하는 반면, 정서집중적 대처는 철회나 부정, 회피, 숙명론적 태도 혹은 거리두기같은 전략을 사용하는 것을 의미한다(Seiffge-Krenke, 1995). 그 결과 정서집중적 대처는 주로 정신병적 문제를 가진 아동이나 청소년들은 물론 우울증상을 나타내고 낮은 자기존중감을 지니며 사회적 지원을 거의 받지 못하는 청소년들과 사회적 적응능력이 저조한 청소년들사이에서 자주 발견된다. 그러나 라자러스와 포크만(Lazarus & Folkman, 1984)은 어떤 대처양식이 다른 대처양식보다 더 좋다거나 나쁘다고 말할 수는 없다고 주장하였다. 그들은 두 가지 대처양식 모두 개인의 적응에 기여할 수 있음을 강조하였다.

스트레스에 대처하는 방식은 적극적 대처와 소극적 대처로 구분되기도 한다. 전자는 문제에 대해 생각하는 방식을 변화시키려는 인지적 시도와 문제를 직접적으로 처리함으로써 사건을 해결하려고 하는 행동적 시도를 포함한다. 반면 후자는 위협을 부인하거나 최소화하려는 인지적 시도와 상황을 회피하거나 부정적 정서를 표출함으로써 긴장을 완화시키려는 행동적 시도를 포함한다. 따라서 적극적 대처는 문제집중적 대처와 유사하고 소극적 대처는 정서집중적 대처와 유사하다. 물론 타인으로부터 도움을 구하는 행위는 적극적 대처방식에 그리고 개인의 소망적 사고는 소극적 대처방식에 해당할 것이다.

1) 한국의 청년기 남녀가 사용하는 대처양식

연구자에 따라 조금씩 차이가 있기는 하지만, 한국의 중 · 고등학교 청소년들이 사용하는 대처양식 중 적극적 대처양식에는 반성하기, 설득하기, 상담전화 이용하기, 직접적으로 문제해결하기, 도움 요청하기 등이 있고 소극적 대처양식에는 잠자기, 편지쓰기, 음악듣기, 혼자 생각하기 등이 포함된다.

그들은 스트레스의 유형과 상관없이 음악듣기와 혼자 생각하기의 소극적 대처방식을 가장 많이 사용하고 타인에게 도움을 요청하거나 긍정적으로 생각하기 혹은 반성하기와 같은 적극적 대처방식의 사용 빈도는 매우 낮았다. 청소년들은 상황에 따라 효과적인 대처전략을 사용하지 못하고 부모나 형제자매, 친구 혹은 교사와 같은 유의미한 타인들의 지지와 지원을 필요로 하였다(김만지, 2002).

스트레스의 지각정도에서 성차가 있는 것과 동일하게 대처전략의 사용에서도 성차가 있다. 조학래(1997)의 조사에 의하면, 과반수 이상의 고등학교 남학생들이 혼자서 해결방안을 찾는다(64.0%), 책을 읽거나 음악을 듣는다(60.2%), 잠을 잔다(53.3%), 시간이 지나 잊혀지기를 바란다(53.1%) 등의 대처방식을 사용하고 있었다. 대조적으로 과반수 이상의 여자 고등학생들은 친구와 잡담하거나 의논한다(65.1%), 잠을 잔다(62.5%), 운다(62.3%), 책을 읽거나 음악을 듣는다(60.4%), 시간이 지나 잊혀지기를 바란다(58.7%), 혼자서 해결방안을 찾는다(58.2%) 등의 대처방식을 사용하여 남학생들과는 차이를 보였다.

중요한 것은 청소년들이 자신의 고민이나 걱정거리를 주로 소극적 대처방식으로 해결하고, 그 중에서도 '혼자서 해결방안을 모색하는' 대처전략을 가장 많이 사용한다는 것이다. 청소년들 주위에 전문가나 교사, 혹은 부모와 같은 경험많은 성인들이 존재함에도 불구하고, 청소년들은 적절한 지원인물을 찾지 못하고 동년배 친구들은 여학생들에게만 약간의 도움이 될 수 있을 뿐이었다. 결론적으로 한국의 청소년들은 스트레스에 효과적으로 대처하지 못하고 지원인물도 부재한 상태에 있으므로 그들을 도와줄 수 있는 대처프로그램의 개발이 시급하였다.

2) 무스의 대처모델

무스(Moos, 1986)의 대처모델은 대부분의 한국 학생들이 경험하는 학업에 대한 스트레스의 대처에도 적용될 수 있지만, 개인이 경험하는 상실과 분리에 대처하는 데 더 적합한 모델이다. 개인이 경험하는 상실과 분리는 발달의 한 부분인 동시에 인간 존재의 일부분이다.

그 예로서 청년기 동안의 신체발달과 인지발달은 자기개념에서의 변화를 가져오고 변화된 자기개념에 의해 아동기의 순진함과 의존성을 버리고 자율성과 책임감을 지니는 개인으로의 성장이 이루어진다. 이와 같이 성장한다는 것은 곧 이전 단계의 특성들을 상실한다는 것을 의미하기 때문에, 상실은 삶의 불가피한 일부분이다.

에릭슨의 심리사회적 발달모델에 의하면, 성장은 곧 자율성을 획득하는 것을 의미하므로 이전 단계의 미성숙한 행동들을 상실하지 않으면 안 된다. 즉, 자율성을 획득하기 위해 우리는 아동기부터 성인후기까지 몇 가지의 예상된 분리를 경험해야만 한다. 예를 들면, 5세경에 유치원 갈 때 우리는 최초로 가정으로부터의 분리를 경험해야 하고 청년초기에 이르러 중학교에 진학할 때 익숙해진 초등학교 교실의 안정감으로부터 분리되어야 한다. 또한 18, 19세경에 대학에 진학하고 군대에 가고 결혼할 때 우리는 부모의 가정으로부터 분리되지 않으면 안 된다.

이와 같은 유형의 분리는 정상적인 발달적 변화의 결과로서 이미 예상된 분리이기 때문에 대부분의 개인들은 큰 문제 없이 대처할 수 있다. 물론 잘 적응하지 못하는 청년기 개인들은 중재 프로그램의 도움을 받아야 할 것이다.

예상된 분리 외에, 청소년들은 부모나 형제자매의 죽음 혹은 친구의 사고사와 같은 예상하지 못한 상실이나 분리를 경험할 수 있다. 예상하지 못한 사건들이 발생할 때 우리는 위기(crisis)를 경험한다. 위기적 사건들은 개인의 심리적 그리고 사회적 균형 감각을 위협하고 지금까지 사용해 오던 대처기술(coping skill)을 쓸모없게 만든다. 그러나 사람은 이와 같은 심각한 위기적 사건에 대처하지 않을 수 없으므로 새로운 대처기술을 발달시켜야 하고 이를 통해 더 큰 성장을 이룰 수 있어야 한다. 위기적 사건들은 궁극적으로는 개인의 발달에 도움을 주기는 하지만, 모든 사람들이 위기를 적응적으로 해결할 수 있다는 보장은 없다. 위기는 곧 "위험한 기회"임이 분명하다.

무스가 제안한 인생 위기에 대한 대처모델은 그림 7-3과 같다. 이 그림에서 사건 발생 당시의 개인적 요인들과 배경 요인들은 개인의 성별, 기질, 종교 및 자기개념을 포함하며, 사건 관련적 요인들은 위기가 예상될 수 있는 정도와 개인이 그 위기에 책임이 있는 정도에 해당한다. 또한 물리적 및 사회환경적 요인들은 가족 관계의 질과 가족과의 접촉 정도, 상담의 이용 가능성 그리고 친구의 지원 정도를 포함한다.

위기의 기간 동안 동원되거나 획득될 수 있는 자원으로 무스는 사건의 지각된 의미에 해당하는 인지적 평가를 중요시하였다. 인지적 평가는 개인의 배경이나 개인적 요인들, 사건관련적 요인들 및 환경적 요인들의 영향을 받으며 적응적 과업과 대처기술을 유발한다. 인지적 평가와 적응적 과업 및 대처기술은 위기의 해결을 가져오는 매개요인들(mediating factors)이다. 인지적 평가를 뒤따르는 다섯 개의 중요한 적응적 과업들이 있다. 이러한 적응 과업들을 이해하기 위하여 친구의 죽음을 하나의 위기적 사건으로 가정해 보자.

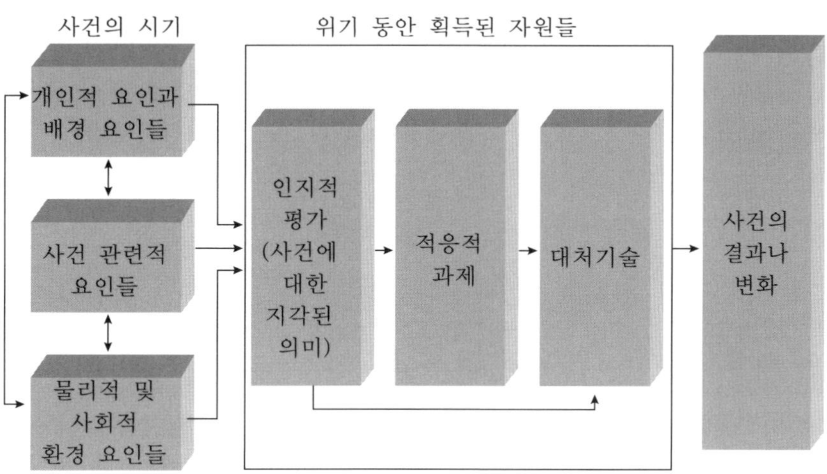

그림 7-3 무스의 대처모델
출처: Moos, 1986.

① 사건의 의미를 파악하고 그것의 개인적 중요성을 이해한다.

가까운 친구의 죽음을 경험한 청소년은 그와 같은 상실을 지적으로 수용하고 상실은 삶의 필연적 결과임을 인식해야 한다.

② 현실에 직면하고 상황적 요구에 반응한다.

청소년은 장례식에 참석할 계획을 세우고 친구의 부모님께 어떤 말을 할 것인지를 생각한다.

③ 대인관계를 유지한다.

사회적 지원은 위기에 처한 개인을 효과적으로 도울 수 있다. 가까운 친구의 죽음으로 위기에 처한 청소년들은 다른 친구나 가족구성원과 친밀한 관계를 유지해야 한다. 가까운 사람들과 감정을 공유하고 생각을 서로 교환할 수 있을 때, 청소년들은 유의미한 상실에 쉽게 대처할 수 있다.

④ 정서적 균형(emotional balance)을 유지한다.

상실은 고통과 혼란된 정서를 경험하게 한다. 친구의 죽음은 청소년들을 분노하게 하고 혼란과 공포 및 절망과 같은 극단적인 정서를 경험하게 하지만, 그래도 삶에 대한 희망이 유지될 수 있어야 한다.

⑤ 만족스러운 자기개념과 자기효능감을 유지한다.

유의미한 상실은 개인의 자기상과 자기효능감을 손상시킨다. 친구의 죽음은 청소년들이 자신은 무능하고, 어떤 희망도 남아 있지 않다는 생각을 하게 할 수 있지만, 개인적 통제감과 자신의 능력에 대한 자신감이 유지될 수 있어야 한다. 긍정적인 위기 해결은 긍정적 자기상을 형성할 수 있도록 하므로, 청소년들이 위기를 통하여 오히려 긍정적 자기상을 형성할 수 있도록 청소년 자신은 물론 주위 사람들도 노력해야 한다.

3. 대처양식에 영향을 주는 요인

개인의 성격특성은 대처양식의 사용과 밀접한 관련이 있으므로 대처양식의 선행요인이라고 해도 과언이 아니다(Vollrath, Torgensen & Alnas, 1995). 아이셍크의 성격검사(Eysenck EPQ)에서 정서적 불안정성은 자기비난이나 철회, 우유부

단함 혹은 도피적 백일몽 같은 미숙한 대처양식과 관련이 있는 반면, 외향성은 이성적 행동과 긍정적 사고 및 억제와 같은 문제집중적 대처양식과 관련되어 있다. 높은 외향성을 지니고 있는 사람들은 타인과 상호작용하려는 동기가 강하므로 적극적인 문제집중적 대처양식을 사용할 수 있으며, 이러한 경향성은 12-13세 이상의 청소년 집단에서도 그대로 반복되었다(이옥주, 2002; Kardum & Krapic, 2001).

또한 성격의 5요인 모델 중 성실성에서 높은 점수를 얻는 사람들은 문제집중적 대처전략을 사용하고 부적응적인 회피적 대처를 자제하였다(Vollrath, Torgensen, & Alnas, 1995). 흥미롭게도 아이생크 성격검사의 정서적 불안정성과 외향성 및 5요인 모델의 성실성과 대처양식간의 관계를 연구한 결과(Vollrath & Torgensen, 2000)에 의하면, 정서적 불안정성이 낮고 성실성 점수가 높을 때 스트레스를 적게 경험하고 바람직한 대처전략을 사용하였다. 그러나 정서적 불안정성과 성실성 점수가 모두 높을 때는 스트레스에 취약할 뿐 아니라 부적인 정서와 역기능적 대처양식을 사용하였다.

기질과 대처양식 사이에도 밀접한 관련이 있다. 그 예로서 융통성 있는 기질을 지니고 있는 청소년들은 적극적 대처전략(active coping stretagy)을 사용하는 반면, 그 반대의 기질을 갖는 청소년들은 회피적 대처전략(avoidant coping strategy)을 사용하여 차이를 보인다(Lengua 등, 2000).

자기존중감이나 통제감의 수준도 대처양식과 유의한 상관이 있다. 높은 자기존중감이나 높은 통제감의 소유자들은 문제집중적인 능동적 대처전략을 사용하는 반면, 낮은 자기존중감을 지니고 있는 개인들은 정서집중적인 수동적 대처전략을 많이 사용한다(Thoits, 1995). 중학교 2학년과 고등학교 2학년 청소년들을 대상으로 연구한 두몬트와 프로보스트(Dumont & Provost, 1999)도 자기존중감과 정서중심적 대처전략간에 유의한 부적 상관이 있음은 물론 잘 적응하는 청소년들은 문제집중적 대처양식에서 유의하게 높은 점수를 얻는다는 것을 확인하였다. 다시 말하면 높은 자기존중감을 지니고 있는 청소년들은 문제집중적 대처전략을 선호하고 정서집중적, 회피적 대처전략을 사용하는 일이 거의 없다는 것이다.

애착양식과 대처전략도 서로 관련되어 있다. 안정형 애착은 지원추구나 능동적인 문제집중적 대처양식과 정적 상관을 이루고, 어머니와 아버지 및 친구에 대한 애착이 강할수록 문제집중적 대처양식을 사용하였다(장휘숙, 2000; Greenberger & McLaughlin, 1998). 걸프 전쟁이라는 스트레스 상황을 직접 경험한 학생과 그렇지 않은 학생들을 비교한 연구(Mikuliner, Florian & Weller, 1993)에서도, 안정형 애착을 지니고 있는 사람들은 지원추구 전략을 더 많이 사용하였고, 불안/양가형 애착을 지니고 있는 사람들은 더 많은 정서집중적 대처전략을 그리고 회피형 애착양식의 소유자들은 거리두기 대처전략을 유의하게 더 많이 사용함으로써 애착양식에 따른 차이를 나타내었다.

대처양식은 개인의 정체감 상태에 따라서도 차이가 있다(장휘숙, 2000; Berzonsky, 1992). 정체감을 획득한 대학생들은 문제집중적 대처양식을 더 많이 사용하는 반면, 정체감 혼란상태에 있는 대학생들은 정서집중적 대처양식을 더 많이 사용한다. 또한 정체감 유예상태의 대학생은 적극적 대처양식에 해당하는 문제중심적 대처와 사회적 지지추구를 많이 사용하면서도 소극적 대처양식인 소망적 사고를 많이 사용하였다.

흥미롭게도 개인의 대처전략은 학업 성적과도 유의한 상관이 있다. 고등학교 학생들을 대상으로 연구한 신현숙(2001)은 학업 성적이 높은 학생들이 낮은 학생들보다 스트레스 상황에서 타인으로부터 사회적 지지를 구하고, 문제해결을 위해 열심히 노력한다고 밝혔다. 또한 그들은 사회활동을 통하여 적극적으로 타인의 도움을 구하는가 하면 신앙심이나 명상을 통하여 스트레스에 대처하려는 강한 경향성도 지니고 있었다.

03부

청년기의 맥락

Adolescent Psychology

03부 | 청년기의 맥락

청년기는 인생의 어느 단계에서보다 맥락의 영향을 크게 받기 때문에 청년기 발달에 영향을 주는 중요한 맥락들을 설명한다. 최근 발달된 전자매체들이 청년기 발달에 큰 영향을 주고 있으므로 전자매체가 주는 영향과 그것의 문제점도 심도 있게 논의된다. 어느 연령단계에서나 개인이 맥락과 좋은 적합도를 이룰 때 바람직하게 성장할 수 있으므로 청년기 발달에 영향을 주는 여러 맥락에 대한 연구는 이 시기의 문제를 해결할 수 있는 중요한 시사점을 제공할 것이다.

제 3 부는 두 개의 장으로 구성된다.

제 8 장에서는 청년기 맥락으로 가족관계의 변화를 그리고
제 9 장에서는 동년배 관계, 학교 및 전자매체의 영향을 고찰한다.

제 3 부를 통하여 청년기 발달에 미치는 맥락의 영향이 얼마나 중요하며, 그것이 어떻게 청년기 문제행동을 예방하는 효과적인 변인인지 확인될 수 있을 것이다.

08장 청년기의 맥락 Ⅰ: 가족관계의 변화

Ⅰ. 청년기와 가족생활주기
  1. 가족생활주기 모델
  2. 가족생활주기와 부부의 만족
Ⅱ. 가족의 기능
  1. 가족체계 조망과 순환모델
  2. 가족기능의 변화
  3. 가족구조의 변화
    1) 이혼과 재혼의 영향
    2) 어머니 취업의 영향
    3) 가난의 영향
Ⅲ. 부모-청소년의 관계
  1. 청년기 자녀를 둔 부모
  2. 부모에 대한 애착과 분리
    1) 부모에 대한 애착
    2) 부모로부터의 분리
  3. 부모-자녀 관계의 구체적 양상
    1) 부모-자녀 관계에 대한 부모와 청소년의 기대
    2) 부모-청소년의 갈등
  4. 부모역할 양식
    1) 바움린드의 부모역할 양식
    2) 마코비와 마틴의 부모역할 양식
    3) 직접적 부모통제 양식
Ⅳ. 청년기 동안의 형제자매 관계
  1. 형제자매들은 얼마나 유사한가
  2. 형제자매 관계의 질적 특성

Adolescent Psychology

제8장 청년기의 맥락 I : 가족관계의 변화

가족은 개인의 발달에 영향을 주는 가장 중요한 사회적 기관이다. 부모는 아동의 역할 모델로서, 표준의 제시자로서 그리고 강화와 처벌의 제공자로서 기능한다. 청년기의 시작과 함께 청소년들은 부모와 가족으로부터 점차적으로 독립하여 자율성을 획득하려고 하므로 아동기의 부모-자녀 관계와는 질적으로 다른 관계가 형성되지 않으면 안 된다.

그러나 청년기 자녀의 자율성 획득은 불가피하게 가족간에 갈등을 일으킨다. 이 시기의 성공적 적응은 부모로부터 분리-개별화를 이루는 동시에 아동기와 비교하여 다소 변형되기는 하지만 부모-자녀간에 애정적 유대가 유지되는 것이다. 청년기 동안의 형제자매 관계도 청소년의 사회적 발달에 영향을 주므로 이 장에서는 부모-자녀관계와 형제자매 관계를 함께 설명한다.

I. 청년기와 가족생활주기

가족생활주기(family life cycle)란 가족체계 내에서의 발달적 변화과정으로, 가족의 구성원들과 그들이 수행하는 역할 모두가 시간경과에 따라 변한다고 가정한다(장휘숙, 2008; Cowan, 1991). 개인이 전생애 동안 여러 개의 발달단계를 따라 변화하는 것과 동일하게 가족도 예상되는 몇 개의 단계를 거치면서 변화를 거듭한다.

예를 들면, 첫아이의 출생, 자녀의 청년기 진입, 청년후기의 자녀들이 가정을 떠나는 것과 같은 사건들은 개인과 가족 모두에게 영향을 주는 예정된 생활 변화들이다. 대다수의 사람들이 경험하는 이와 같은 규범적 생활 변화들은 사전에 예상될 수 있으므로 우리는 충분한 준비를 갖출 수 있다.

1. 가족생활주기 모델

가족이 경험하는 가족생활주기의 구체적 단계들은 연구자에 따라 차이를 나타낸다. 가족생활주기의 다양한 단계들은 그 자체의 특징적 사건과 발달과업을 지니고 있으므로 가족생활의 어떤 측면을 중요시하는지에 따라 단계의 수가 달라질 수 있다. 각기 상이한 단계로 구성되는 가족생활주기의 세 가지 모델을 표 8-1에 제시하였다.

표 8-1 가족생활주기의 세 가지 모델

맥골드릭과 카터의 모델	미네소타 모델	스트롱과 드볼트의 모델
단계 1: 아직 애착을 형성하지 못한 성인들	단계 1: 자녀 없는 젊은 커플	단계 1: 가족의 시작
단계 2: 새롭게 결혼한 커플	단계 2: 출산하는 가족과 취학전 아동이 있는 가족	단계 2: 분만하는 가족
단계 3: 어린 아동이 있는 가족	단계 3: 초등학교 아동이 있는 가족	단계 3: 취학전 아동이 있는 가족
단계 4: 청소년 자녀가 있는 가족	단계 4: 가정에 청소년 자녀가 있는 가족	단계 4: 초등학교 아동이 있는 가족
단계 5: 자녀를 독립시키기	단계 5: 자녀가 독립하는 가족	단계 5: 10대 자녀가 있는 가족
단계 6: 텅빈 보금자리 가족	단계 6: 텅빈 보금자리 가족	단계 6: 진수(進水) 센터로서의 가족
	단계 7: 은퇴한 가족	단계 7: 중년기 가족
		단계 8: 노화하는 가족

우선 맥골드릭과 카터(McGoldrick & Carter, 1982)의 모델은 아직 애착을 형성하지 못한 젊은 성인들에서 가족생활주기가 시작되고 자녀들이 떠난 후 노년기의 가족으로 가족생활주기가 끝나는 6단계로 구성되어 있다. 이 모델에서 청소년 자녀가 포함되는 가족은 단계 4에 해당하며 독립된 발달단계를 구성한다.

미네소타 모델(Minnesota Model)은 미네소타 대학교의 연구자들에 의해 제안된 가족생활주기로서 7단계로 구성되어 있다. 자녀 없는 젊은 커플에서 시작하여 은퇴의 가족으로 끝나는 이 모델은 취학전 아동 가족과 초등학교 아동 가족을 구분하고 있으며, 청소년 자녀가 있는 가족은 단계 4를 구성한다. 이 모델도 가족의 요구는 아동의 발달과 함께 변한다는 것을 전제로 한다.

세 번째의 가족생활주기는 8단계로 구성된 스트롱과 드볼트(Strong & DeVault, 1989)의 모델이다. 첫아이의 성장에 기초한 두발(Duvall & Miller, 1985)의 가족생활주기를 바탕으로 하는 이 모델은 분만하는 가족을 독립된 발달단계로 구분함으로써 위의 미네소타 모델보다는 한 단계가 더 많은 특징을 지니고 있다. 청소년 자녀에 해당하는, 10대 자녀가 있는 가족은 단계 5를 형성한다.

이와 같은 세 가지 유형의 모델은 단계의 수와 명칭의 차이에도 불구하고 서로 큰 유사성을 지니고 있다. 세 가지 모델 모두 가족 생활의 시작에서 출발하여 아동의 발달 연령과 관련된 단계를 기술한다. 또한 각 모델은 청소년 자녀가 있는 가족단계를 포함하며, 청년후기와 성인초기에 자녀들이 부모의 가정을 떠나는 시기 및 자녀들이 떠난 후의 중년기 및 노년기 부모의 삶을 포함한다.

2. 가족생활주기와 부부의 만족

가족생활주기의 각 단계에 따라 부부의 생활만족 정도는 변화한다. 결혼 생활에 대한 부부의 만족 정도에 영향을 주는 요인에는 여러 가지가 있으나 자녀의 존재 유무는 가장 큰 영향을 주는 요인으로 알려져 있다. 어린 자녀들은 부부가 함께 할 수 있는 시간을 빼앗아 가고 생활비 부담을 증가시키며 여러 가지 생활긴장을 불러일으킨다. 특히 부모로부터 독립하기 원하는 청소년 자녀들은 때로 부모를 당황하게 만들고 가족갈등을 일으키기 때문에, 전 세계의 어떤 부모들도

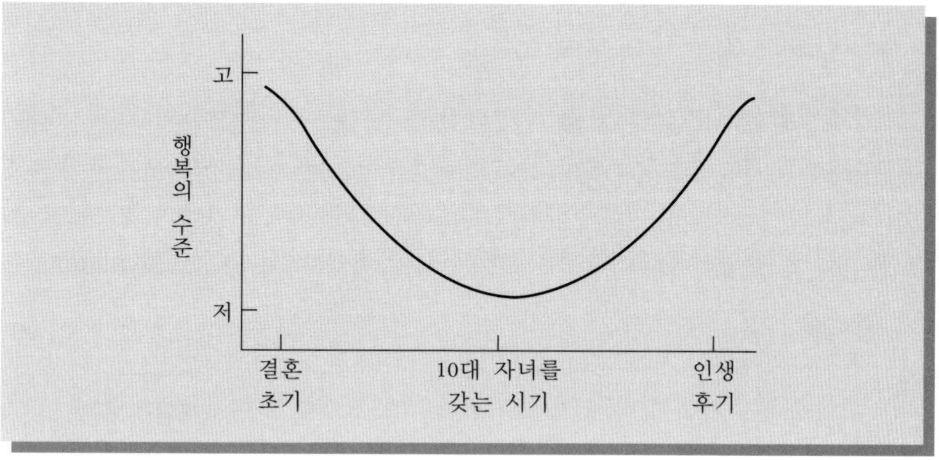

그림 8-1 가족생활주기와 부부만족의 관계
출처: Cole, 1984.

청소년 자녀가 있는 가족단계를 가장 싫어한다(Fingerman, 2006).

그림 8-1은 가족생활주기와 부부만족의 관계를 제시한다. 첫아이의 탄생과 함께 부부의 만족은 감소하기 시작한다. 부모와 자녀의 갈등이 커지는 청년초기에 이르면 부부만족은 최저점에 도달하고 자녀들이 가정을 떠나기 시작할 무렵부터 부부만족은 다시 증가한다. 이를 통해 청년기는 부모와 자녀 모두에게 힘든 시기임을 짐작할 수 있다.

Ⅱ. 가족의 기능

가족생활주기의 각 단계들은 가족구성원들 사이의 상호작용을 포함한다. 가족구성원들 사이에 긍정적 상호작용이 이루어지는지 아니면 부정적 상호작용이 이루어지는지에 따라 가족 기능이 달라진다. 이와 같은 가족 기능은 체계조망(systems perspective)에 의해 가장 잘 설명될 수 있다.

1. 가족체계 조망과 순환모델

가족체계 조망은 가족을 상호 관련된 부분이나 하위체계들의 조직으로 본다(장휘숙, 2008). 즉 배우자 하위체계(spousal subsystem), 부모-자녀 하위체계(parent-child subsystem), 부모 하위체계(parental subsystem: 자녀의 부모로서 서로 관련을 맺는 남편과 아내) 그리고 개인적 하위체계(personal subsystem)로 구성된다.

각 하위체계들이 서로 분리되어 있을 때 가족은 바람직하게 기능할 수 있다. 만약 하위체계들 사이의 경계가 희미해진다면, 하나의 하위체계의 갈등이 다른 하위체계로 흘러 들어가 문제를 일으킬 수 있다. 예를 들면 근친상간은 배우자 하위체계의 갈등이 부모-자녀 하위체계로 흘러 들어간 결과이다.

가족체계 조망에서는 가족구성원들 사이의 상호작용을 중요시한다. 각 가족 구성원들은 다른 구성원들에게 영향을 주고 그들로부터 또한 영향을 받는다. 각기 다른 가족은 상이한 상호작용 패턴을 형성하며 그것은 가족 관계의 질을 결정한다. 이와 같이 가족은 상호작용 체계를 형성하므로 아동이나 청소년들은 부모가 그들을 사회화하는 것과 똑같이 부모를 사회화한다(Grusec & Davidov, 2007; Maccoby, 2007).

청년기 동안 가족체계 내에서의 상호작용이 중요하기는 하지만, 이 시기의 청소년 자녀들은 가족 이외의 다른 체계들과 접촉할 수 있는 증가된 기회를 갖는다. 가족 외에 청소년들에게 영향을 주는 다른 체계로는 동년배 집단, 학교, TV와 같은 대중매체 혹은 직업 세계 등이 있으나 가족체계만큼 개인의 발달에 큰 영향을 주지는 못한다.

가족체계 이론을 바탕으로 가족기능을 설명하는 하나의 접근방법으로 순환모델(circumplex model)이 있다. 올슨과 그 동료들(Olson 등, 1989)에 의해 제안된 이 모델은 그림 8-2와 같이 응집성(cohesion)과 적응성(adaptability)의 두 가지 차원을 포함한다. 네 가지 수준의 응집성과 네 가지 수준의 적응성은 16개의 조합을 만들어 내고 이 조합들은 다시 세 개의 전체적 가족유형(균형 가족, 중간범위 가족, 극단 가족)을 생성한다.

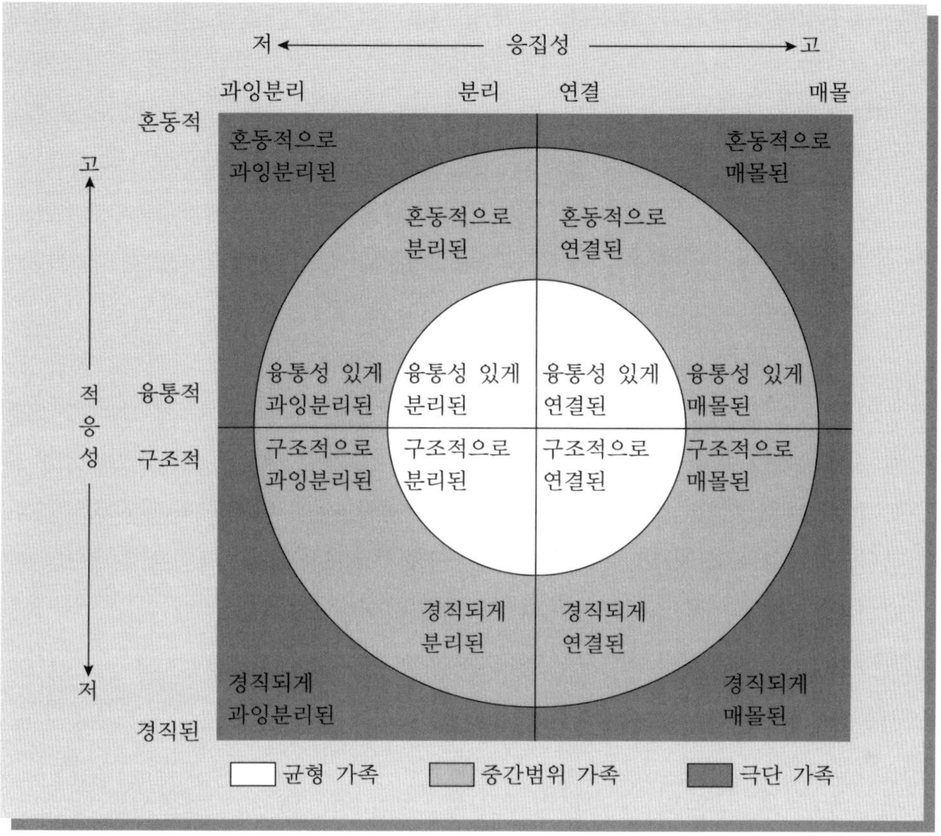

그림 8-2 가족체계의 순환모델

이 모델에서 응집성이란 가족구성원들이 서로 정서적으로 얼마나 애착되어 있고 어느 정도의 개별적 자율성이 허용되는지에 해당한다. 과잉분리, 분리, 연결 그리고 매몰의 네 가지 수준을 포함하는 응집성은 하나의 연속체로서 한쪽 극단은 가족구성원들과 과도한 동일시를 요구함으로써 자율성을 극도로 제한하는 반면, 반대편 극단은 가족에 대한 극단적 무관심으로 나타난다. 그러므로 효율적인 가족은 개인적 발달을 격려하고 개별적 자율성을 증진시킬 수 있는 정도의 적절한 정서적 애착을 발달시킬 수 있어야 한다.

대조적으로 적응성이란 상황적 혹은 발달적 긴장에 반응하여 가족이 변화할 수 있는 능력으로 가족의 규칙이나 힘의 구조 혹은 상호작용 방식을 변화시킬 수 있는 융통성에 해당한다. 혼동적, 융통성 있는, 구조적 그리고 경직된의 네 가지 수준을 포함하는 적응성 역시 하나의 연속체로 가정될 수 있다. 따라서 적응성의 한 극단은 모든 변화에 저항하는 경직된 가족일 것이고 다른 한 극단은 항상적으로 변화할 수 있는, 안정성이 결여된 가족으로 나타날 것이다. 가족이 균형적 적응성을 지닐 수 있기 위해서는 융통성 있는 부모의 지도방식과 가족구성원 각자의 요구를 성공적으로 협상할 수 있는 능력 및 가족규칙에 대한 신뢰와 구성원들이 수용하는 역할이 설정될 수 있어야 한다.

순환모델에서 또 다른 중요한 요인은 의사소통이다. 가족의 의사소통은 응집성과 적응성을 촉진시키거나 저해하는 역할을 한다. 의사소통 방식이 긍정적이면 가족구성원들 사이에 이해와 감정이입이 이루어질 수 있으나, 의사소통이 부정적이면 비판이나 비난이 자주 나타남으로써 가족의 응집성과 적응성을 감소시킨다. 특히 자녀의 청년기 동안 가족은 긍정적 의사소통을 바탕으로 응집성과 적응성의 양 차원에서 융통성 있게 대처할 수 있어야 한다.

2. 가족기능의 변화

청년기 동안 부모와 청소년 자녀의 상호작용 빈도는 점차 감소한다. 그러나 부모의 청소년 자녀에 대한 영향력이 그와 동일한 정도로 감소하는 것은 아니다. 부모는 청소년 자녀의 동년배 지향성을 허용하고 그들의 독립을 격려하지만, 가족은 응집성과 적응성을 바탕으로 청년기 동안에도 여전히 개인의 발달에 영향을 준다. 그러나 가족은 시간 경과와 함께 변화하므로 어떤 가족 형태가 균형 가족이고 중간범위 가족이며 극단 가족인지는 가족 발달 단계에 따라 달라진다.

순환모델에 의하면, 가족은 청년기 동안 동년배 집단이나 다른 사회적 기관에 의해 대치될 수 없는 다음과 같은 세 가지 기능을 한다(Olson 등, 1989).

첫째, 가족은 응집성 혹은 결속감을 제공한다. 가족 내의 응집성은 정서적 유대로서 구성원의 동일시를 유발하는 중요한 요인이다. 가족구성원들은 물리적 가까움은 물론 감정적, 정서적 가까움을 경험한다.

둘째, 가족은 적응성(adaptability)을 위한 모델 기능을 한다. 즉, 가족은 힘의 구조가 어떻게 변화될 수 있고, 역할관계가 어떻게 발달되며, 관계 형성이 어떻게 이루어질 수 있는지를 예시해 준다. 적응성이 적은 완고한 가족을 갖는 청소년들은 엄격한 상호작용 양식을 내면화하는 반면, 지나치게 많은 적응성은 혼란된 양식을 내면화하게 한다.

셋째, 가족은 개인의 언어기술과 상호작용 방식 및 타협을 가르치는 의사소통 경험의 연결망을 제공한다. 청소년들은 가족구성원들과의 상호작용 경험을 통하여 타인과 의사소통하고 경쟁, 협동, 타협하는 방식을 학습한다.

그러나 가족의 영향이 지나치게 크거나 적을 때, 청소년들의 지적, 사회적 발달은 지장을 받는다. 앞에서 지적한 것처럼 지나치게 많거나 적은 적응성이 청소년의 상호작용 양식을 왜곡시키는 것과 동일하게, 지나치게 적거나 많은 응집성도 청소년의 발달을 방해한다. 지나치게 적은 응집성은 가족구성원에 대한 정서적 유대를 경험하지 못하게 하는 반면, 지나치게 많은 응집성은 청소년을 가족 속에 묶어 두어 가족으로부터의 독립을 방해한다. 그러므로 중간 정도의 적응성과 중간 정도의 응집성이 청년기 자녀가 있는 가족이 균형 가족이 될 수 있도록 한다.

3. 가족구조의 변화

가족의 구조적 특성은 시대변화와 함께 변화해 왔다. 현재 우리 사회에는 핵가족, 확대가족, 입양가족, 독신가족 등 다양한 형태의 가족이 존재하며 이 중에서 두 사람의 생물학적 부모와 한두 자녀로 구성되는 핵가족이 우리 사회의 표준적 가족구조이다.

가족의 구조적 변화를 이해하는 것은 부모역할 방식과 그것의 영향 및 부모-청소년 관계의 본질에 관한 이해를 제공해 주므로 청년발달에서 중요시된다. 더욱이 부모-자녀 관계에 대한 이해는 청소년과 형제자매 관계 혹은 조부모를 포함하는 다른 가족구성원들과의 관계는 물론 친구관계와 같이 가족이 아닌 다른 사람들과의 관계를 이해하는 데도 도움을 주기 때문에 자세한 고찰이 필요하다.

최근 한국사회에는 가족구조의 변화를 가져오는 많은 사건들이 일어나고 있다. 평균 초혼연령이 증가하고, 여성이 일생동안 출산하는 자녀의 수는 크게 감소하였으며 결혼하는 두 쌍 중 거의 한 쌍 이상이 이혼한다. 그 결과 결혼하는 10쌍 중 1쌍은 남녀 모두 재혼이며, 남녀 모두 초혼인 결혼의 비중은 매년 감소하고 있다. 이와 같은 가족구조의 변화로 이 시대의 청소년들은 편부모 가정이나 재혼가정에서 성장할 가능성이 많아졌고, 더 적은 수의 형제자매를 가지며 취업한 어머니와 생활하는 청소년들은 크게 증가하였다. 청년기 가족기능에 영향을 주는 중요한 구조적 요인으로 이혼과 재혼, 어머니의 취업 그리고 가난의 영향을 설명한다.

1) 이혼과 재혼의 영향

결혼하는 두 쌍 중 거의 한 쌍이 이혼하는 오늘날의 청소년들은 부모의 이혼에 의해 자주 부정적 영향을 받는다. 이 분야의 많은 연구들은 부모의 이혼이 성 행동의 이른 시작을 포함하여 청소년 자녀의 개인적, 사회적 적응 문제나 학업 문제와 관련이 있다고 보고하고 특히 자기존중감의 저하를 지적한다(Amato, 2006; Clarke-Stewart, 2006; Hetherington, 2006; Kelly, 2007). 국내 연구에서도 이혼 가정의 청소년들은 높은 수준의 우울과 불안 및 분노를 나타내어 정서적으로 더 불안정하였고 낮은 자기존중감으로 고통을 겪고 있었다(이삼연, 2002).

일반적으로 이혼한 가정의 부모-자녀관계는 상하간의 위계가 결여되고 자녀들은 빨리 성장하라는 압력을 받는다(Smetana, 1993). 그 결과 어머니와 청소년간에 자주 불일치가 일어나고 자녀에 대한 부모의 감독이 소홀하며 부모와 청소년 사이의 상호작용 횟수도 감소한다. 특히 갈등적이고 적대적 상호작용을 계속하는 이혼한 부모 사이에서 청소년들은 큰 스트레스를 경험한다.

부모의 이혼은 소녀들보다 소년들에게 더 심각하고 오래 지속되는 문제를 일으킨다(Beaty, 1995). 부모가 별거하기 이전에는 소녀들이 소년들보다 더 부정적으로 반응하지만, 이혼 후에는 소년들보다 더 잘 적응한다. 물론 이혼한 가정의 소녀들 중에는 자주 성문제를 일으키고 일찍 결혼하려고 하며 임신한 상태에서 미성숙한 남성과 결혼하는 소녀들도 있다.

이혼은 자녀의 성인기까지 영향을 준다. 이혼한 가정의 자녀들은 이혼하지 않은 가정의 자녀들보다 안정적인 낭만적 애착을 잘 형성하지 못하며, 자주 정신장애로 고통을 겪는다(Chase-Lansdale, Cherlin, & Kiernan, 1995). 물론 모든 사람들이 부모의 이혼 후에 심각한 정서장애를 경험하는 것은 아니지만, 그와 같은 문제가 일어날 가능성은 부모의 이혼 후에 크게 증가한다.

부모의 이혼 후 청년초기 청소년의 정서적 적응을 예측할 수 있는 가장 중요한 요인은 이혼 후 경과한 기간과 부모의 양육태도 그리고 이혼 후 부모 중 누구와 함께 생활하는지이다(이삼연, 2002). 청소년들은 이혼 후 경과한 시간이 짧을수록, 부모의 양육태도가 애정적이지 않을수록 그리고 동성의 부모와 함께 생활할수록 정서적 적응에서 더 큰 어려움을 나타낸다.

재혼 또한 청소년들에게 부가적 문제를 일으킬 수 있다. 남녀 청소년 모두 계부모와의 상호작용에서 어려움을 겪고 특히 소녀들의 어려움은 더 심각하다. 그들은 부모의 재혼 후 2년 혹은 그 이상이 경과하여도 여전히 문제를 일으켰고 계부모와의 관계도 개선되지 않았다. 흥미롭게도 계모와 함께 생활하는 것보다는 계부와 함께 생활하는 것이 남녀 청소년들의 더 높은 자기존중감과 연결되어 있었다(Fine & Kurdeck, 1992).

2) 어머니 취업의 영향

결혼한 여성들 중 취업한 여성들이 증가하고 있다. 그들은 개인적, 사회적 그리고 경제적 이유로 취업하지만, 어머니의 취업 자체는 청소년들의 개인적 혹은 사회적 발달에 유해한 영향을 주지 않는다. 그 예로서 어머니의 취업은 청소년의 적응과 어머니-청소년 관계의 본질(Galambos & Maggs, 1990), 청소년의 책임감과 자기관리(Keith 등, 1990) 및 청소년의 성적 태도나 행동(Wright, Peterson, & Barnes, 1990)에 변화를 일으키지 않는다. 또한 어머니가 전일제 직업을 갖느냐 아니면 파트타임 직업을 갖느냐에 따라서도 차이가 없다. 물론 편모 가정의 취업한 어머니들이 청소년 자녀와 더 많은 갈등을 경험하지만, 그것은 어머니 취업의 영향이기보다는 편모 가정이 갖는 문제점 때문이었다.

그러나 어머니의 직업조건이 좋지 않아 어머니가 역할긴장(role strain)을 경험하면, 청소년들은 저조한 학업수행과 많은 행동문제를 일으킬 수 있다(Clarke-

Stewart, 2006). 긴 근무시간과 잦은 초과 근무, 직업 자체에 기인한 과다한 스트레스, 직장에서의 자율성 부족 등은 어머니가 가정에서 더 신경과민적으로 행동하게 하고 효과적인 부모역할을 방해하므로 청소년은 부정적 영향을 받지 않을 수 없다. 아버지가 동일한 상황에 처할 때도 청소년과 아버지는 더 갈등적 관계를 형성하였다(Crouter 등, 2001).

가족이 어머니의 취업을 어떻게 지각하느냐에 따라서도 청소년들이 받는 영향은 달라진다. 어머니가 행복하게 일하고 있다고 지각하는 청소년들은 어머니가 일하기를 좋아하지 않는다거나 불행하게 일하고 있다고 지각하는 청소년들보다 더 큰 자신감과 독립심을 지니고 있었고 더 적은 행동문제를 나타내었다(Galambos 등, 1995). 즉, 어머니가 행복하게 일하고 스트레스를 느낄 만큼 어머니의 일이 많지 않으며 배우자와 가족이 어머니의 일을 인정할 때, 청소년 자녀들은 잘 자랄 수 있었다.

3) 가난의 영향

가족이 경험하는 경제적 어려움은 청소년의 건강과 행동에 부정적 영향을 준다. 가난한 가정의 청소년들은 자주 불안과 우울증후를 보이고 더 잦은 품행문제를 일으키며 보잘것 없는 학업수행으로 학교에서 실패한다(Felner 등, 1995).

가난의 영향은 청소년 자녀의 성별에 따라 크게 달라진다. 일반적으로 가족의 경제적 어려움은 청년기 딸들이 성숙한 행동을 하도록 하고 가족에 대한 책임감을 증가시키는 반면, 청년기 아들에게 가난은 아버지와 더 잦은 갈등을 빚게 한다(Flanagan, 1990). 아들은 가장으로서의 책임을 다하지 못하는 아버지를 존경할 수 없기 때문에 자주 아버지의 권위에 도전하지만, 딸은 고달픈 어머니를 대신하여 기꺼이 가사일을 맡는다. 따라서 가난에 기인한 가족기능의 붕괴는 청년기 소녀들보다 소년들이 더 많은 문제 행동을 일으키고 무책임한 행동을 하도록 한다.

실제로 청년기 발달에 미치는 가난의 부정적 영향은 부모가 경험하는 경제적 압박감에서 시작된다. 매달 지불해야 하는 공과금을 지불할 수 없는 가난한 부모들은 우울증에 빠지고 사기가 저하된다. 가족이 경험하는 경제적 압박감은 부부갈등을 초래하고 효과적인 부모역할을 불가능하게 하며 결국 청소년 자녀의 알코올남용이나 반사회적 행동, 우울증, 불안 혹은 적대감과 같은 문제행동을 불러일으킨다.

콩거와 그 동료들(Conger 등, 1993)은 경제적 어려움이 청소년의 적응에 미치는 영향을 그림 8-3과 같은 경로모델로 설명하였다. 즉, 경제적 어려움은 부모의 우울 감정을 증가시키고 부부의 결혼 생활을 악화시키며 금전 문제로 부모와 청소년 사이에 잦은 갈등을 빚게 한다. 그에 따라 부모는 더 과민해지고 바람직한 부모역할이 불가능해져 청소년 자녀들은 문제행동을 일으킨다. 일반적으로 경제적 어려움을 겪는 부모들은 자녀에게 관심이 적고 애정적이지 못하며 거칠고 일관성 없는 훈육을 실시한다.

청소년들이 해결될 수 없는 부부갈등에 반복적으로 노출될 때, 그들은 공격적으로 행동하고 우울장애를 가질 위험성이 커진다(Cummings 등, 1991). 또한 공격적 부모역할에 자주 노출된 청소년들은 형제자매 관계는 물론(Conger, Con-

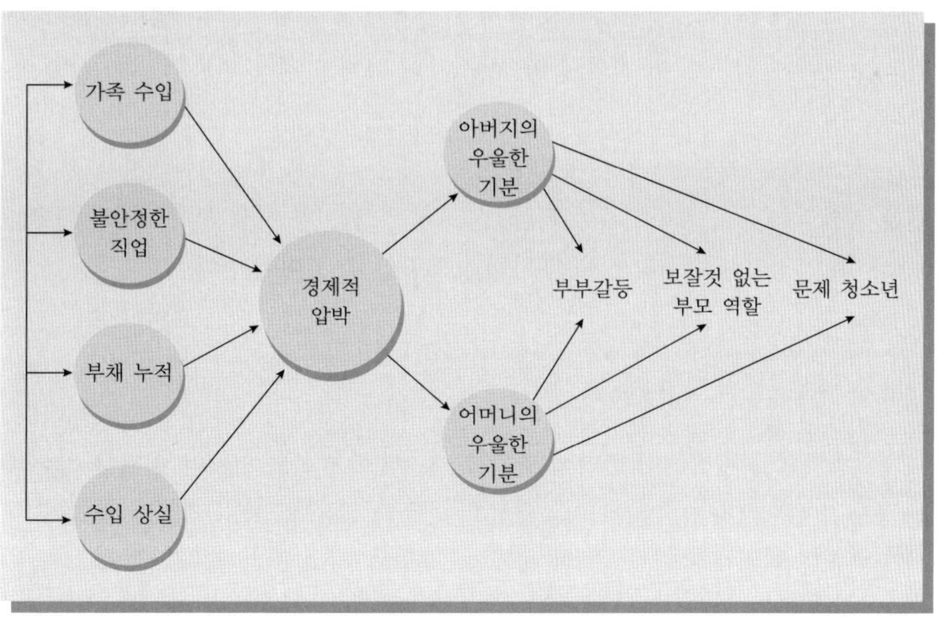

그림 8-3 경제적 어려움이 청소년의 적응에 미치는 영향
출처: Conger 등, 1993.

ger, & Elder, 1994) 결혼 후의 부부관계(Strauss & Yodanis, 1996)나 자녀와의 관계(Simons 등, 1991)에서도 공격적 행동을 그대로 반복한다.

그러나 사회적 지원을 받을 수 있거나(Taylor & Roberts, 1995) 종교기관과 강한 유대를 형성하고 있는(Brody, Stoneman, & Flor, 1996) 가족들은 가난의 부정적 효과를 완화시킬 수 있다. 물론 가난한 환경에도 불구하고 부모가 효과적인 자녀 양육을 실시하면서 자녀를 가정 바깥의 긍정적 활동에 참여하게 하고 위험한 주변 환경에의 노출을 최소화한다면, 청소년 자녀들은 바람직하게 성장할 수 있다.

Ⅲ. 부모-청소년의 관계

부모로부터 독립하고 자율성을 획득해야 하는 청년기 동안, 부모-청소년 관계는 아동기의 부모-자녀 관계의 수정을 요구한다. 청소년의 급속한 신체 성장은 부모의 물리적 처벌이나 통제를 불가능하게 한다. 또한 형식적 조작사고의 발달은 부모가 제시하는 규칙이나 가치관의 논리적 모순을 발견하고 그것에 대한 설명을 요구하게 하므로 이 시기 동안 부모-자녀 관계는 질적 변화를 겪지 않을 수 없다.

청소년들은 부모에 대한 애정과 의사소통을 유지하면서 점차적으로 부모에 대한 정서적 의존을 감소시켜야 한다. 동시에 부모는 청소년 자녀에 대한 통제를 감소시키고 적절한 수준의 정서적 지원을 제공할 수 있어야 한다.

1. 청년기 자녀를 둔 부모

일반적으로 자녀가 청년기에 도달할 때, 부모 자신도 정체감 위기를 경험하는 중년기에 이른다. 이 시기의 부모들은 다음과 같은 몇 가지 점에서 청년기 자녀와 대조를 이룬다.

첫째, 부모와 청소년 자녀 모두 신체적 변화를 경험하지만 변화의 방향은 정반대이다. 이 시기에 이르면 성인들은 서서히 체력의 저하를 실감하고 신체적 매력이나 성적 매력이 감소되지 않을까 조바심한다. 그러나 청소년 자녀들은 빠른 신체적 성장과 성적 성숙으로 일생에서 가장 매력적으로 보일 수 있는 시기에 도달해 있다.

둘째, 시간조망에서도 대조를 보인다. 청소년들이 미래에 대한 계획을 세우고 다양한 가능성을 탐색하는 바로 그 시점에 부모들은 그들의 미래가 제한되어 있고 변화의 폭이 크지 않다는 것을 자각한다. 동시에 중년기의 성인들은 그들의 노화한 부모를 바라보면서 자신에게 남아 있는 시간이 어느 정도인지를 가늠하기 시작한다.

셋째, 힘이나 지위와 같은 요인에서도 대조를 보인다. 청년기의 개인들이 지위를 얻고 힘을 축적해가고 있다면, 이 시기의 성인들은 힘과 지위를 점차적으로 잃어가는 시점에 있다. 그 증거로서 대부분의 성인들은 중년기 동안 직업적 고원(occupational plateau) 상태에 도달한다. 그들은 젊은 날의 포부나 계획과 실제적 성취 사이에 존재하는 차이를 인식하고 그것을 극복할 수 있는 대안을 찾으려고 노력한다. 그러나 청년들 앞에는 직업선택과 배우자 선택이 기다리고 있으므로 그들에게 선택은 무한한 것처럼 보인다. 이 시기는 청년기 자녀들에게는 무한한 가능성의 시기이지만 부모에게는 젊은 날에 선택한 결과를 감수하지 않으면 안 되는 시기이다.

이와 같이 맞물리는 정체감 문제는 청소년과 부모 사이의 불일치를 증가시킨다. 각자 자신의 문제에 사로잡혀 있는 부모와 청소년 양자는 서로 상대편이 자신을 이해하려고 노력하지 않는다고 불평한다. 이 시기 동안 부모-자녀간의 불일치는 청소년 자녀보다는 부모들의 정신건강을 더 크게 위협하고, 청소년 자녀와 동성인 부모들이 더 많은 어려움을 겪도록 한다(Steinberg & Steinberg, 1994). 즉 딸의 어머니와 아들의 아버지가 더 큰 심리적 괴로움을 겪고 결혼생활에 대한 더 적은 만족을 경험하며 더 강한 정체감 위기에 직면한다.

그러나 자신의 직업에 몰두하고 만족하는 부모나 행복한 결혼생활을 하고 있는 부모들은 이러한 문제에 어느 정도 잘 대처할 수 있다(Steinberg & Steinberg, 1994). 특히 높은 자기존중감을 지니고 있는 부모들은 청소년 자녀에게 더 많은 자율성을 부여하고 더 효과적인 의사소통을 할 수 있으므로 자녀에게 더 큰 만족을 줄 수 있다. 청소년들이 부모가 허용하는 자율성의 정도에 만족할 때, 부모에 대한 도전이나 반항은 현저하게 감소되므로 부모는 가정에서 더 적은 스트레스를 경험한다.

2. 부모에 대한 애착과 분리

1) 부모에 대한 애착

애착이란 관계를 지속하기 원하는 특정한 두 사람 사이의 정서적 유대관계를 의미한다. 애착이론에 의하면, 생후 6, 7개월경에 양육자에게 애착을 형성한 영아는 애착인물을 환경탐색을 위한 안전기지(secure base)로 활용한다.

그러나 모든 애착관계가 진정한 안전기지의 역할을 할 수 있는 것은 아니다. 안정된 애착을 형성한 아동들은 정서적 강도를 효과적으로 조절하고 부정적 정서와 긍정적 정서의 균형을 이룰 수 있으므로 타인과 원만한 상호작용을 할 수 있다. 그러나 불안정한 애착을 지니고 있는 아동들은 제한된 범위의 정서를 보이거나 지나치게 강한 정서를 표출함으로써 성공적인 대인관계를 형성하기 어렵다.

영아기에 형성된 애착의 질적 특성은 내적 작동모델(internal working model)의 형태로 구조화되고 자아와 세계에 대한 신념을 형성하게 하여 전생애 동안 계속된다. 일찍이 볼비(Bowlby, 1982)는 양육자의 접근 가능성과 반응성에 대해 영아는 내적으로 표상된 기대세트를 형성하며 이 조직화된 기대가 내적 작동모델로 기능한다고 주장하였다. 비록 성장과정 동안의 상황적 변화에 의해 개인의 내적 작동모델에서 변화가 일어날 수 있기는 하지만, 그것은 인생초기의 애착의 질적 특성을 바탕으로 하기 때문에 큰 변화가 일어나기를 기대하기는 어렵다.

그러나 영아기의 애착행동과 청년기의 애착행동에는 차이가 있다. 영아기 동안에는 애착인물에 대한 신체적 근접이 애착행동의 목표였으나 청년기에는 애착인물의 정서적 활용가능성이 더 중요한 목표가 된다. 청소년들은 부모를 직접 만나지 못하더라도 부모에게 전화를 걸거나 편지를 씀으로써 그들의 불안을 완화시킬 수 있다. 청소년이 지니고 있는 애착의 내적 작동모델은 다양한 맥락에서 청소년들이 성공적으로 탐색할 수 있도록 하고 타인과의 관계형성은 물론 훌륭한 양육자가 될 수 있도록 준비하게 한다.

애착의 내적 작동모델은 청년기 동안 친구들을 선택하고 그들과 상호작용하는 방식에도 영향을 준다(Kerr 등, 2003). 보통 불안정한 애착의 내적 작동모델을 지니고 있는 청소년들은 자신과 타인의 정서를 잘 이해하지 못하고 모호한 상황을 적대적으로 해석하는가 하면 관계의 붕괴를 막을 수 있을 때에도 잘못 이해하고 방치한다(Kobak & Cole, 1994). 그들은 점차 적대적이고 공격적으로 변하며 친구로부터 철회하거나 건강한 관계형성이 불가능한 상태에 이름으로써 물질남용이나 품행장애와 같은 문제행동으로 발전하기도 한다.

청년기 동안 부모에 대한 애착이 아동기와 동일한 정도로 유지될 수 있는지에 대해서는 연구자에 따라 다소 차이나는 결과들을 제시한다. 청년기 동안 부모에 대한 애착이 친구에 대한 애착보다 일관성 있게 높게 유지된다는 결과(Paterson 등, 1995)가 있는가 하면, 청년기의 시작과 함께 부모에 대한 애착은 약화되고 친구에 대한 애착이 커진다는 연구결과(Steinberg & Silverberg, 1986)도 있다.

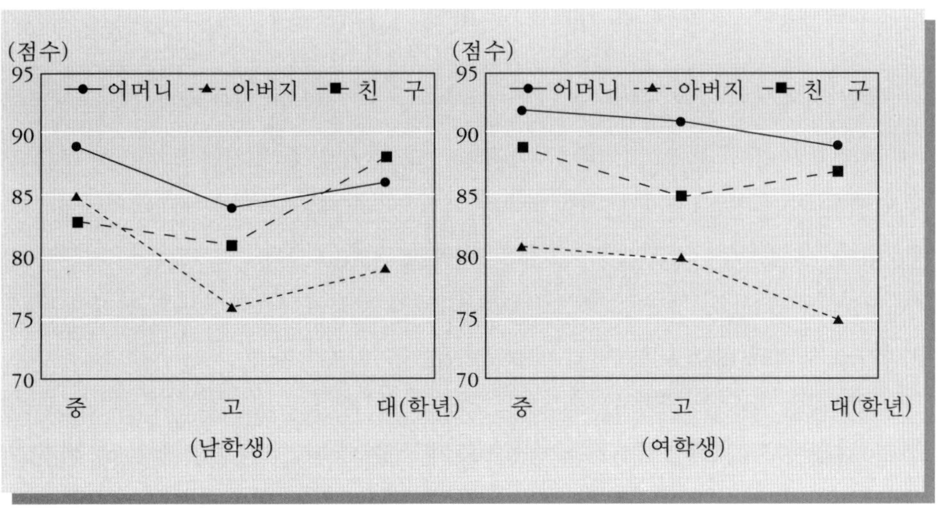

그림 8-4 남녀 학생들의 학년별 애착점수

출처: 장휘숙, 1997.

한국의 중 · 고등학생과 대학생들을 대상으로 연구한 장휘숙(1997)의 연구에서는 청년기 여성들이 남성들보다 부모에 대해 일관성 있게 더 높은 애착을 지니고 있었고 학년별 변화양상에서도 남녀간에 차이가 있었다. 또한 친구에 대한 애착점수는 성과 학년에 따라 차이가 있었다.

그림 8-4에 제시된 바와 같이 남성들은 중학교 연령에서 부모에 대한 애착이 가장 높고 고등학교 연령에서 낮아지며 대학연령에서 다시 회복되는 양상을 나타낸 반면, 여성들의 부모에 대한 애착은 중학교에서 고등학교를 거쳐 대학연령까지 점진적으로 감소하였다. 또한 친구에 대한 애착은 중학생이 고등학생보다 그리고 대학생이 고등학생보다 더 높았으며, 여성들은 대학연령을 제외하고 남성들보다 친구에 대해 더 높은 애착을 지니고 있었다.

흥미롭게도 남녀 학생들의 어머니에 대한 애착은 남자 대학생의 경우를 제외하고 중, 고, 대학연령 모두에서 일관성 있게 아버지와 친구에 대한 애착점수보다 더 높았다. 그러나 아버지에 대한 애착은 남자 중학생을 제외하고 모든 연령에서 친구에 대한 애착보다 더 낮았으며 남자 대학생의 경우에는 친구에 대한 애착이 어머니에 대한 애착보다 더 높기까지 하였다. 이러한 결과는 청년기가 애착대상에서 변화가 일어나는 시기이며, 친구에 대한 애착이 부모에 대한 애착보다 점진적으로 더 중요해지는 시기라는 것을 의미한다.

2) 부모로부터의 분리

부모로부터의 분리나 독립은 청년초기나 중기보다는 청년후기의 청년들과 더 밀접한 관련이 있다. 청년기의 분리나 독립은 정체감 형성과 관련된 문제이지만, 이 분야의 많은 연구들은 그것을 개별화(individuation)의 문제로 간주한다(Quintana & Kerr, 1993). 여기서 개별화란 더 큰 자율성과 더 증가된 능력감을 발달시키고 자신의 삶에 대해 책임을 질 수 있음을 의미한다.

개별화는 이중적 측면을 갖는다. 그것의 한 측면은 청년후기에 부모로부터 더 큰 자율성과 독립을 획득하는 것이며, 또 다른 측면은 개인적 존경에 기초된 애착을 바탕으로 그들의 부모와 애정적 관계를 유지하는 것이다. 다시 말하면 청년기 개인들은 부모와 정서적으로 가깝고 따뜻한 관계를 유지하면서 부모로부터 분리될 수 있어야 한다는 것이다.

부모로부터의 분리는 다음과 같은 특징을 지닌다.

첫째, 이 시기의 청년들이 부모로부터의 분리를 해석하는 방식은 그들의 심리적 안녕과 직접적으로 연결된다. 그 증거로서 부모에 대한 애착을 유지하면서 성공적으로 분리할 수 있는 청년들은 더 높은 자기존중감과 학업적/직업적 자기효능감을 지니고 있었다(장휘숙, 1997).

둘째, 남성과 여성은 부모에 대한 분리를 다르게 경험한다. 많은 남성들은 부모로부터 독립된 생활을 하고 있으면서도 부모를 그리워하고, 낮은 자기존중감을 나타내며 더 큰 외로움을 경험한다. 그러나 여성들은 독립된 생활을 할 때 부모로부터 정서적으로 분리될 수 있고 더 적은 외로움과 더 큰 자기존중감 및 더 큰 인생만족을 경험한다(Moore, 1987).

셋째, 청년기의 자율성 발달이 방해를 받으면 청소년이나 청년들은 우울증에 걸릴 위험에 처하고, 가족과의 연결감을 경험하지 못하는 청소년들은 행동문제를 일으키기 쉽다(Allen 등, 1994).

요약하면 청소년들은 가족구성원들 사이에 가까운 유대가 형성되어 있으면서도 개별성의 발달이 허용될 때 가장 잘 성장할 수 있다. 이러한 가정에서는 청소년들이 정서적 애착을 단절해야 할 필요가 없이 자신의 생각을 자유롭게 표현할 수 있기 때문에, 부모-청소년간의 갈등은 오히려 청소년의 사회적, 인지적 발달을 촉진시킨다.

3. 부모-자녀 관계의 구체적 양상

청년기 자녀와 부모는 다양한 행동과 정서를 교환한다. 양자 간에 이루어지는 교환 중에는 긍정적이고 건강한 행동이 포함되기도 하지만 그렇지 못한 경우도 많이 있다. 어떤 젊은이들은 개인적, 사회적 성공을 거두고 좋은 적응을 할 수 있으나 어떤 젊은이들은 보잘것 없는 적응과 발달문제로 고통을 겪는다. 인간발달의 모든 측면이 그러한 것처럼, 청년기 동안의 부모와 자녀 관계도 그것의 본질이나 양상은 매우 다양하다.

1) 부모-자녀 관계에 대한 부모와 청소년의 기대

부모가 청소년 자녀에게 기대하는 것이 있는 것처럼 청소년 자녀 또한 부모에 대한 기대를 갖는다. 부모와 청소년 양자는 젊은이는 자율적이어야 하고 자신의 행동에 대해 스스로 결정하고 책임질 수 있어야 한다고 생각하면서도 청소년의 행동에 대한 부모의 결정권을 언제부터 청소년에게 이양해야 하는지에 대해서는 서로 다른 견해를 갖는다.

청소년들은 스스로 잠자는 시간을 결정하고 친구와 통화할 수 있는 시간의 길이는 물론 귀가시간조차도 스스로 결정하려고 한다. 특히 이성친구와 일 대 일의 데이트를 시작하는 시기에 대해 부모와 청소년은 큰 견해 차이를 보이지만, 데이트 시기는 부모의 의견보다 점차 청소년들의 의견에 따라 결정되는 추세에 있다. 10세부터 17세까지의 청소년과 그들의 어머니를 연구한 콜린스와 그 동료들(Collins 등, 1997)은 청소년들이 자율적 결정권을 갖는 문제로 부모와 가장 큰 불일치를 일으키는 시기는 13-15세라고 밝혔다.

청년기의 시작과 함께 부모의 통제하에 있다고 생각되는 문제보다 청소년 자신의 통제 내에 있다고 생각되는 문제들이 점차 증가하기 때문에, 청소년들은 자주 부모와 갈등하고 부모가 요구하는 규칙을 재협상해야 하는 상황에 처한다. 이 시기 동안 부모는 자녀들이 학교의 과제를 충실히 수행하고, 정해진 귀가시간과 취침시간이 유지될 수 있도록 함으로써 체계적인 가족환경을 유지할 수 있어야 한다(Taylor & Lopez, 2005).

2) 부모-청소년의 갈등

청년기 동안의 부모-자녀 관계의 질적 변화는 자주 청소년과 부모 사이에 갈등을 일으킨다. 청소년들은 부모가 정서적 지원을 제공해 주지 않는다고 느낄 때, 부모가 자신들의 기대를 충족시키지 못한다고 생각할 때, 그리고 가족가치관이나 사회적 가치관에 대해 부모와 불일치할 때 갈등이 일어난다고 보고한다(Fisher & Johnson, 1990).

어느 문화에서나 부모-청소년 갈등의 대부분은 청소년의 늦은 귀가시간과 긴 전화통화, 의복 스타일, 머리 모양 그리고 음악 기호와 같은 사소한 문제에서 발생한다(Collins & Steinberg, 2006). 이러한 결과는 약 30년 전에 이루어진 연구 결과와도 유사하기 때문에, 부모와 청소년 자녀가 서로 갈등하는 이유는 시간 경과에도 불구하고 크게 변하지 않는다는 것을 알 수 있다.

부모와 청소년의 갈등은 표 8-2와 같이 청년초기까지 증가하고 이후 감소한다. 부모에 대한 의존이 감소하고 독립이 증가할 무렵에는 부모-자녀의 갈등이 증가하지만, 부모로부터 높은 독립을 이룬 청년후기와 성인초기에는 오히려 갈등이 감소하는 양상을 나타낸다.

그러나 금전 문제에 대한 갈등은 청소년의 연령증가와 함께 오히려 증가하고, 자녀들은 부모의 의견이나 주장을 더 이상 수용하려고 하지 않는다. 금전 문제에 대한 부모-자녀간의 갈등은 청년기 남아가 있는 가족에서 특히 심각하고, 갈등은 해결되지 않은 채 그대로 남게 된다(Smetana, Yau, & Hanson, 1991).

중요한 것은 가족갈등이 청소년으로 하여금 자신에 대해 더 부정적으로 지각하도록 하고 우울장애를 일으키며(Conger, Conger, & Scaramella, 1997) 자살에 대해 생각하거나(Shagle & Barber, 1993) 외재화 문제를 일으키도록 한다는 것이다(Mason 등, 1996). 이와 같이 부모-청소년간의 갈등은 청소년의 문제 행동을 일으키고, 그것은 다시 부모-청소년의 갈등을 증가시키는 악순환을 초래한다.

표 8-2 부모-자녀간의 의존과 독립 및 갈등에서의 변화

단 계	시 기	갈 등
부모에 대한 높은 의존	아동초기	낮음
부모에 대한 의존 감소	아동후기	증가
독립의 증가	청년초기	증가
높은 독립	청년후기	감소
	성인초기	감소

출처: Lefrancois, 1990.

(1) 갈등의 원인

청소년-부모의 갈등을 초래하는 구체적 원인들을 정리하면 다음과 같다.

① 애착에서의 변화

청년기의 시작과 함께 청소년들은 부모에 대한 애착을 약화시키고 동년배 집단에 의존하기 시작한다. 가족으로부터 멀어져가는 자녀를 바라보면서 부모들은 자녀의 성장을 기뻐하는 한편, 자녀로부터 거부당한다는 느낌을 떨쳐버릴 수 없다. 아버지보다는 어머니들이 그리고 직업을 가진 어머니보다는 직업을 갖지 않은 어머니들이 멀어져 가는 자녀의 행동을 수용하지 못한다.

어떤 부모들은 청소년 자녀들이 부모에게 의존하도록 강요하거나 그들을 거부함으로써 부정적인 결과를 초래한다. 청년기 동안 오히려 부모에게 더 의존적으로 변화하는 청소년들은 적절한 사회적 기술을 학습하지 못하고 스스로 책임을 질 수 있는 개인으로 성장하지 못한다. 반면, 부모로부터 거부당하는 청소년들은 정서적 지원을 얻기 위해 동년배 집단에 과도하게 의존한다.

② 힘의 균형 변화

청소년들의 신체 성장은 부모의 물리적 처벌이나 통제를 불가능하게 만들고 가정 내에서 청소년의 발언권을 증가시킨다. 그에 따라 부모의 권위는 도전을 받고 부모가 행사해온 지도 방식이나 통제 방식을 수정해야 하는 상황이 벌어진다.

부모는 여러 해 동안 사용해 온 자녀양육 방식을 포기하고 청소년 자녀와 새로운 상호작용 방식을 확립해야 하기 때문에 어려움을 겪는다. 청소년들은 부모가 그들의 생활에 관심을 보이면 지나친 간섭이라고 매도하고, 관심이 없다고 생각되면 무관심하다고 부모를 비난한다.

③ 가치관의 충돌

형식적 조작사고가 가능한 청소년들은 부모의 가치관에 대해 논리적 모순을 발견하고 그것에 대해 의문을 제기한다. 청소년 자녀의 비판이나 의문 제기에 대해 어떤 부모들은 방어적으로 대하거나 화를 내기도 한다.

④ 진로선택

청소년 자녀를 둔 부모들은 연령적으로 자신의 인생을 뒤돌아보고 젊은 날에 설정한 목표를 성취할 수 있을까 생각하며 주어진 시간이 길지 않음을 절감한다. 그들은 진실로 행복하기 위하여 어떻게 생활을 변화시켜야 할지 고심한다.

그러나 자신의 진로를 선택해야 하는 청소년들은, 부모와는 다르게, 그들이 인생에서 무엇을 할 수 있을지 심사숙고한다. 그들은 뒤돌아보고 망설이며 변화를 시도하는 부모의 생활 스타일을 비판한다. 어떤 부모들은 자신이 이룰 수 없다고 생각하는 것을 자녀에게 강요함으로써 부모-자녀간의 갈등을 초래하기도 한다. 부모를 행복하게 해주기 위하여 부모의 소망을 따르는 청소년들이 있는가 하면, 가정이나 학교를 떠남으로써 부모의 압력에 대항하는 청소년들도 있다.

⑤ 신체조건의 변화

청년기의 신체적 및 성적 성숙은 청소년의 신체적 매력과 체력을 증가시킨다. 그러나 노화의 증후들이 나타나기 시작하는 부모들은 자신이 늙어가고 있음을 분명하게 지각한다. 정신분석학자들은 청소년과 부모의 갈등은 청소년 자녀의 젊음과 아름다움에 대해 부모들이 무의식적 수준에서 질투를 느끼거나 화를 내기 때문이라고 설명한다. 특히 가정생활에 만족하지 못하는 부모들은 자녀를 지나치게 처벌하거나 활동을 제한하여 자녀의 노여움을 불러일으킨다.

(2) 세대차이는 존재하는가?

세대차이(generation gap)란 상이한 세대의 구성원들이 각기 다른 가치관과 생활 철학을 지니기 때문에 일어나는 의미있는 차이를 말한다. 일반적으로 세대차이는 연령차이보다는 세대간의 문화적 차이에 기인되며, 그 외에 교육 기회와 직업 선택에서 큰 세대차이가 있을 때, 청소년-부모의 갈등은 커진다.

오늘날의 빠른 사회적 변화는 청소년에 대한 부모의 영향력을 약화시킨다. 부모는 자신이 성장했던 시대와는 극적으로 다른 환경 조건에서 생활하는 청소년 자녀들에게 적절한 충고를 제공하기 어렵다. 청소년들은 해결하기 어려운 문제가 있을 때, 부모나 주위의 성인들보다는 동년배 집단에게 더 많이 의존한다.

일반적으로 청소년과 부모는 빠른 사회적 변화에 의해 영향을 받는 성문제, 약물 사용문제, 정치적 태도 및 종교적 가치에서 큰 견해 차이를 나타낸다. 청소년들은 이러한 문제에 대해 진보적이고 개방적인 반면, 부모들은 보수적 태도를 나타낸다. 물론 부모와 비교하면 청소년들이 더 진보적이기는 하지만, 청소년들 사이에서도 더 진보적인 청소년들도 있고, 더 보수적인 청소년들도 있다.

한국 고등학교 청소년들의 경우(조미숙, 오선주, 1999), 결혼관, 성역할관, 부모관 그리고 자녀관에서 남자 청소년들이 여자 청소년들보다 더 보수적이었고, 남녀 모두 성역할관에서 가장 진보적인 경향을 보였으며 부모에 대한 효의식이나 부모부양 의식에서는 아직도 전통적인 경향을 나타내었다.

흥미롭게도 청소년과 부모의 차이는 세대차이에 대한 그들의 지각에서 나타난다(Noller & Callan, 1991). 청소년은 부모와의 세대차이를 과대평가하는 반면, 부모는 청소년과의 세대차이를 과소평가한다. 그러나 현실적으로 세대차이는 청소년이 지각하는 것만큼 크지도 않고 부모가 생각하는 것만큼 작지도 않다. 부모를 구식이라고 생각하는 청소년들은 부모와의 대화를 기피하거나 거부함으로써 세대차이에 대한 왜곡된 견해를 지속시킨다.

4. 부모역할 양식

부모는 청소년 자녀가 성장하여 사회적으로 성숙한 개인이 되기를 소망하므로 그들의 행동을 조절하기 위한 여러 가지 역할기법을 사용한다. 일찍이 바움린드(Baumrind, 1967)는 세 가지 유형의 부모역할 양식 모델을 제안하였고, 후에 마코비와 마틴(Maccoby & Martin, 1983)은 바움린드의 모델에 기초한 수정 모델을 제시하였다. 또한 부모가 직접적으로 청소년들을 감독해야 한다고 주장하는 직접적 부모통제 모델도 있다.

1) 바움린드의 부모역할 양식

유아원 아동을 종단적으로 연구한 바움린드는 사회적 적응능력에 따라 아동을 분류하고 권위적(authoritative) 부모, 독재적(authoritarian) 부모, 허용적(permissive) 부모로 명명된 세 가지 유형의 부모역할 양식을 확인하였다.

우선 권위적 부모들은 규칙을 부과하고 왜 규칙에 따라야만 하는지를 설명해 준다. 이 유형의 부모들은 아동의 욕구에 반응적이고 아동의 견해에 귀기울이며 자유에는 한계가 있다는 것을 가르친다. 또한 부모의 통제는 일관성이 있으며 아동의 발달수준에 맞는 통제를 실시하기 때문에 융통성이 있다.

반면, 독재적 부모들은 아동에게 규칙을 부과하고 무조건 순종하기를 강요한다. 규칙의 목적이나 규칙을 부과하는 이유를 설명하는 일도 없고 자주 신체적 처벌을 사용한다. 아동양육에서 부모의 통제가 무엇보다 중요하다고 생각한 바움린드는 권위적 부모와 독재적 부모가 사용하는 통제 전략에서의 차이를 강조하였다. 한편 허용적 부모들은 규칙을 부과하지도 않고 자유방임적이다. 규칙을 부과한다고 할지라도 일관성이 없으며 아동에게 확고한 통제를 행사하지 않는다.

표 8-3은 바움린드의 부모역할 양식에 따른 아동의 행동 특성을 제시한다. 권위적 부모의 아동들이 가장 바람직한 특성을 지니고 있고, 독재적 및 허용적 양식을 사용하는 부모의 자녀들은 여러 가지 행동 문제를 일으키기 쉽다.

바움린드(Baumrind, 1991)에 의하면, 부모역할 양식에 따른 행동특성에서의 차이는 이 아동들이 청년초기에 이르렀을 때도 그대로 유지되고 있었다. 즉, 독재적 부모와 허용적 부모들은 청년초기 청소년들의 자율성 발달을 방해하였고 반응적 부모(responsive parent: 바움린드는 권위적 부모를 최근에 이렇게 부른다)의 청소년들은 독립적이고 개인적 정체감을 형성할 수 있었다.

표 8-3 부모역할 양식에 따른 아동의 행동

권위적 부모	독재적 부모	허용적 부모
자기신뢰적	소심한	반항적
자기통제적	걱정이 많은	낮은 자기통제
밝고 명랑한	우울한	낮은 자기신뢰
성인에게 협조적	불행한	충동적
호기심이 많은	쉽게 화내는	공격적
목적의식이 뚜렷한	목적의식이 없는	오만한
성취지향적	불친절한	목적의식이 없는
스트레스에 잘 대처하는	스트레스에 취약한	낮은 성취

2) 마코비와 마틴의 부모역할 양식

바움린드의 연구를 바탕으로 마코비와 마틴(Maccoby & Martin, 1983)은 부모역할 양식을 부모의 반응성(애정)과 요구(통제)의 두 가지 차원을 기준으로 그림 8-5와 같이 네 가지 유형으로 구분하였다. 여기서 반응성(responsiveness)이란 부모가 수용적이고 지원적인 방식으로 아동의 요구에 반응할 수 있는 정도에 해당하며, 요구(demandingness)는 부모가 아동에게 성숙하고 책임 있는 행동을 하도록 기대하고 요구하는 정도를 의미한다. 부모의 반응성과 요구는 서로 독립적인 요인들이어서 어떤 부모가 반응적이지만 요구적이 아닐 수 있는 것처럼 어떤 부모는 반응적이지는 않지만 요구적일 수 있다.

마코비와 마틴이 분류한 네 가지 부모역할 양식과 청소년 자녀의 특성을 정리하면 다음과 같다.

① 권위적(authoritative) 부모

따뜻하고 애정적이며 자녀의 행동을 위한 확고한 표준을 설정한다. 자녀의 발달단계에 적절한 요구와 기대를 가지며 자녀의 자발성과 자율성의 발달을 중

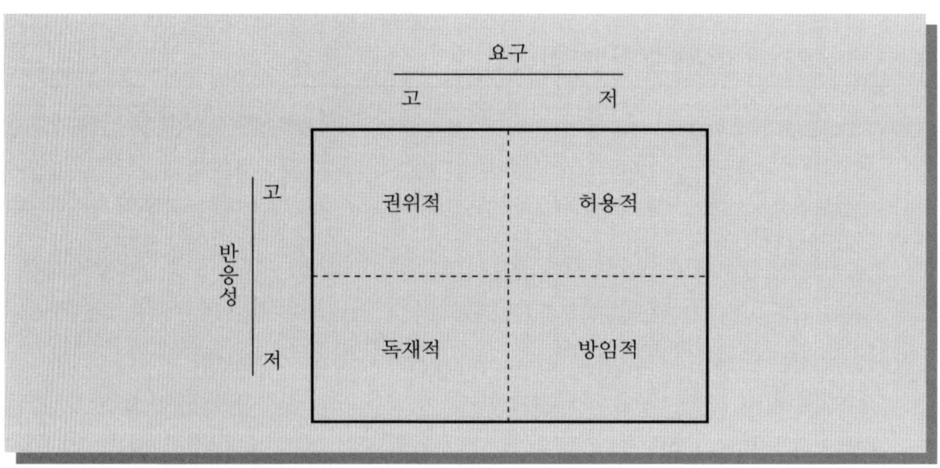

그림 8-5 마코비와 마틴의 부모역할 양식 모델

출처: Maccoby & Martin, 1983.

요시한다. 그들은 자녀의 행동에 대한 최종적 책임을 지며 존중, 감사, 온정 및 수용의 가정 분위기를 형성한다. 이 유형의 부모들은 자녀와 훈육 문제에 대해 자주 의논하고 훈육 방식에 대해 설명하기도 한다. 따라서 권위적 가정에서 양육된 청소년들은 책임감이 있고 자신감이 있으며 적응적이고 창조적이다. 그들은 학교에서 성공적이며 사회적으로도 유능하다.

② 독재적(authoritarian) 부모

복종과 일치를 중요시하는 이 유형의 부모들은 처벌적이고 강압적 훈육 방식을 사용한다. 자녀의 독립적 행동을 격려하는 일도 없고 오히려 자율성의 발달을 제한한다. 이 유형의 가정에서 양육된 청소년들은 의존적이고 수동적이며 자신감과 지적 호기심이 부족한 것은 물론 사회적으로도 적응적이지 못하다. 특히 부모의 물리적 처벌과 박탈 그리고 위협의 사용은 청소년 자녀의 공격성과 적대감을 자극하고 비행을 불러일으킨다.

③ 허용적(indulgent) 부모

자녀에게 요구하는 일이 거의 없으며 자녀가 원하는 대로 행동하도록 많은 자유를 허용한다. 이 유형의 부모들은 훈육 문제에 지극히 수동적이며 통제는 자녀의 건강한 발달을 방해한다고 생각한다. 허용적 부모의 청소년 자녀들은 미성숙하고 책임감이 없으며 동년배 집단에 더 많이 일치하는 경향이 있으므로 집단의 지도자가 되기는 어렵다.

④ 방임적(indifferent) 부모

이 유형의 부모들은 부부중심적 생활을 하며 자녀와의 상호작용을 최소화한다. 자녀와 대화하는 일도 거의 없고 의사결정시에 자녀의 견해를 고려하는 일도 없다. 그들은 자녀가 가정에서, 학교에서 그리고 친구와 무엇을 하며 지내는지를 알려고 하지도 않는다. 이 유형의 가정에서 성장한 청소년들은 충동적이어서 자주 비행을 저지르고 때이른 성적 접촉을 일삼으며 약물사용에 가담한다.

종합하면, 권위적 부모역할 양식은 건강한 청소년 발달을 가능하게 한다 (Mayseless, Scharf, & Sholt, 2003). 그 이유는 권위적 부모들은 청소년의 자율성과 제한의 정도를 균형 있게 조절할 수 있기 때문이다. 그들은 청소년이 자기신뢰를 발달시킬 기회를 제공하고 청소년에게 필요한 표준과 한계를 분명히 설정해 준다. 그들의 훈육 방식은 융통성이 있어 청소년들의 변화하는 요구와 능력에 맞게 조절될 수 있으며 자녀와 빈번한 의사소통은 자녀의 지적 발달은 물론 심리사회적 능력이 발달될 수 있도록 한다.

그림 8-6은 부모역할 양식이 고등학교 학생들의 심리사회적 발달과 학교에서의 수행에 미치는 영향을 연구한 결과이다(Lamborn 등, 1991). 그림에서 알 수 있는 것처럼, 권위적 부모의 청소년들이 일관성 있게 자신감과 학업성적에서 가

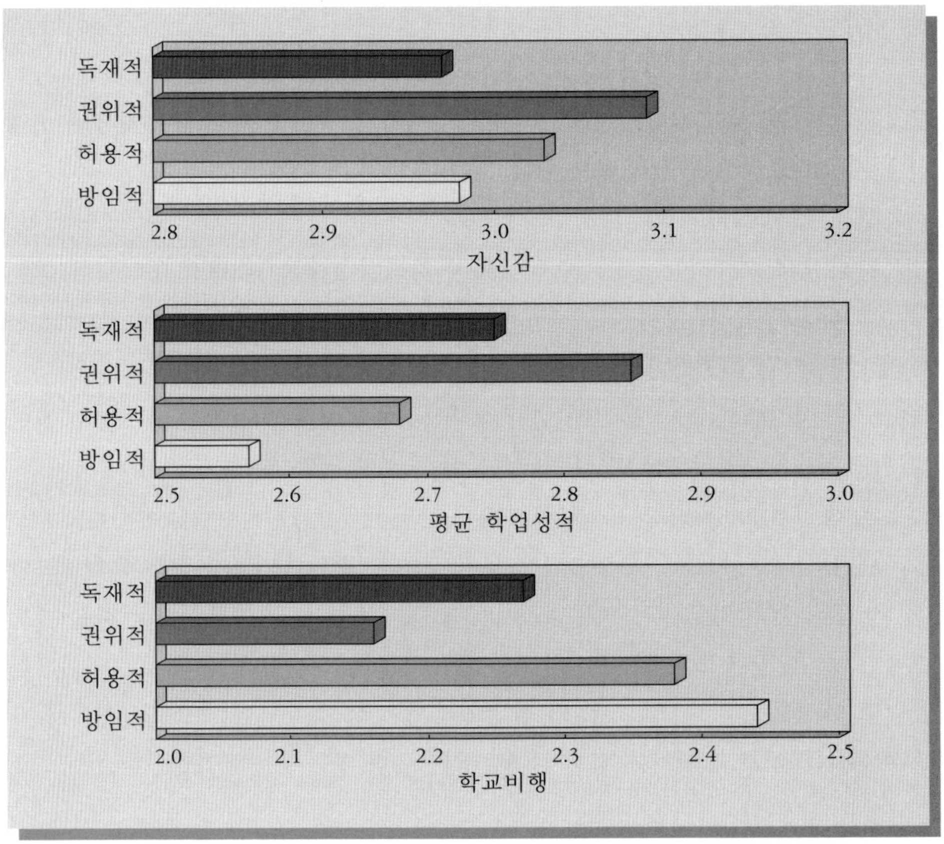

그림 8-6 부모역할 양식에 따른 청소년의 자신감과 학업성적 및 학교 비행의 관계(위의 그림에서 숫자가 클수록 더 높은 수준의 자신감과 더 많은 학교 비행을 나타내며, 평균 학업성적 그림에서 4=A, 3=B, 2=C, 0=F를 의미한다)

출처: Lamborn 등, 1991.

장 높은 점수를 얻고 비행에서는 가장 낮은 점수를 얻었다. 그러나 방임적 부모의 청소년들은 자신감 점수도 낮았을 뿐 아니라 가장 낮은 학업성적과 가장 높은 비행점수를 나타내었다. 또한 독재적 부모와 허용적 부모의 청소년 자녀들은 세 가지 측정치에서 대략 중간 정도의 점수를 획득함으로써 부모역할 양식에 따른 분명한 차이를 보여 주었다.

그러나 부모역할 양식에 관한 연구들의 가장 두드러진 특징 중의 하나는 미리 인과관계를 가정하고 연구한다는 것이다. 이러한 유형의 연구들이 보고한 상관관계로는 변인들간의 인과관계를 입증할 수 없음에도 불구하고, 연구자들은 부모가 아동에게 일방적으로 영향을 주고 부모의 태도나 행동에 따라 아동의 특성이 형성된다고 해석한다. 따라서 부모는 독특한 아동을 만들어 내는 인과적 대리인이라는 것이다. 바움린드에서 시작된 이와 같은 인과관계의 가정은 이후 부모역할 양식에 대한 종단적 연구들이 많이 이루어졌음에도 불구하고, 그대로 계속되었고 시간 경과와 함께 더 확고해졌다.

해리스(Harris, 1998) 같은 연구자는 이와 같은 일방적인 방향성 가정을 강하게 비판하고, 부모역할 양식과 아동의 적응 사이에는 오히려 역전된 인과관계가 존재할 수 있다고 주장하였다. 다시 말하면 아동의 특성이 부모에게 영향을 줌으로써 부모역할 양식이 결정된다는 것이다. 해리스의 설명에 의하면, 서구문화의 부모들은 부모가 자녀에게 어떻게 행동해야 하는지를 잘 알고 있기 때문에 처음에는 권위적 양육을 실시하려고 노력한다. 이때 아동이 잘 적응하면 부모는 역할양식을 바꿀 필요가 없으나 만약 아동이 잘 적응하지 못하면 부모는 보다 더 통제적이고 더 독재적으로 변화해야만 한다는 것이다.

행동유전학적 연구들도 단일 방향적 가정에 의문을 제기하고 아동의 유전적 특성이 다음과 같은 두 가지 방향에서 부모역할 양식에 영향을 줄 수 있다고 제안하였다(Reiss 등, 2000). 첫째, 아동의 기질적 특성과 같은 유전적 구성이 특정한 부모역할 행동을 야기시키고 그것은 다시 아동의 적응에 영향을 준다. 둘째, 아동의 유전적 구성은 그의 적응에 직접적 영향을 줄 뿐 아니라 부모가 아동에게 어떻게 반응하는지에도 영향을 준다.

분명한 것은 아동이 지니고 있는 개별적 특성이 부모역할 행동에 영향을 주기 때문에, 부모역할 양식 모델은 아동의 사회화를 위한 정적, 단일 방향적 모델에 지나지 않는다는 것이다. 그렇다고 해서 아동이 부모에게 주는 영향에 의해서만 부모역할 양식이 결정된다는 것은 물론 아니다. 발달하는 개인과 분리된, 부모역할 양식은 존재할 수 없으므로 앞으로의 연구에서는 청소년에 대한 부모의 영향이나 부모에 대한 청소년의 영향이라는 단일 방향적 모델에서 벗어나서 부모와 청소년이 서로에게 영향을 주는 양방향적 모델이 연구될 수 있어야 할 것이다.

3) 직접적 부모통제 양식

직접적 부모통제 양식은 부모의 직접적인 감독과 통제에 의해서만 청소년의 행동이 조절될 수 있다고 가정한다. 즉 부모가 청소년들을 추적하고 그들의 행동을 통제하면 청소년들의 문제행동은 예방되고 일탈행동을 조장하는 동년배들과도 멀어질 수 있기 때문에, 부모의 적극적 노력이 필요하다는 것이다.

이 분야의 연구들(Leibner & Wacker, 1997)은 높은 수준의 부모감독은 일관성 있게 더 낮은 수준의 비행과 일탈 동년배와의 접촉, 더 적은 양의 흡연이나 약물과 알코올 사용, 그리고 유의하게 적은 위험한 성행동과 연결되어 있다고 보고한다. 최근까지 연구된 비행관련 연구나 청소년의 약물사용 및 그 외의 다른 문제행동에 관한 모든 연구들이 이 모델에 기초하여 수행되었다.

직접적 부모통제 양식에 기초한 연구들은 다음과 같은 두 가지 가정을 전제로 한다.

첫째, 부모는 감시 · 감독을 통해서만 청소년 자녀의 행동을 알아낼 수 있다.

둘째, 부모가 자녀의 행동에 대해 알고 있다는 것은 청소년 자녀의 문제행동을 감소시키고 더 나은 적응을 가능하게 한다. 만약 청소년 자녀가 어떤 행동을 하고 있는지를 부모가 알아낼 수 있다면, 부모는 자녀가 사소한 규칙위반 행동을 하고 있는지 아닌지를 알 수 있을 것이므로 그것들이 심각한 범죄행위로 발전하기 전에 멈추게 할 수 있다.

문제는 청소년들이 집을 떠나 부모와 신체적으로 접촉할 수 없을 때에는 청소년에 대한 부모의 직접적 통제가 불가능하므로, 직접적 부모통제 양식은 적용될 수 없다는 것이다. 또한 많은 부모들은 직접적인 감독이나 감시에 의해서가 아니라 청소년들이 자발적으로 제공해 주는 자신의 생활에 대한 이야기를 통하여 청소년의 행동에 대한 정보를 얻는다.

컬과 스타틴(Kerr & Stattin, 2000)의 연구에서도 매일의 활동에 대한 청소년들의 적극적 자기노출은 반사회적 행동에의 더 적은 가담과 더 적은 학교 부적응, 낮은 수준의 우울, 높은 자신감, 양쪽 부모와의 더 나은 관계 및 바람직하지 못한 친구와 더 적은 관련성이 있었다. 이 연구자들은 청소년의 행동을 통제하려는 부모의 적극적 노력은 적응과 상관이 없었으며, 청소년들이 과도하게 통제 받는다는 느낌만 갖게 할 뿐이라고 밝혔다. 그러므로 자신의 신상이나 활동 혹은 교우관계에 대해 부모에게 솔직하게 이야기하는 청소년들이 더 잘 적응한다는 것이다.

그렇다면 부모가 청소년의 행동에 대해 알고 있다는 것은 실제로 얼마나 중요한 일인가? 그것은 청소년의 적응에서 어떤 인과적 역할을 하는가? 그리고 인과관계를 명백하게 나타내 주는 제3의 변인이 존재하는가 등 앞으로 연구해야 할 과제는 너무나 많다. 현재까지의 연구를 종합해 볼 때 부모가 청소년 자녀의 행동에 대해 알고 있다는 것은 중요하지만, 그것은 직접적 부모통제 양식을 지지하는 연구자들의 주장과는 다른 이유 때문이다. 즉 부모가 알고 있다는 것은 청소년 자녀에 대한 신뢰의 기초가 되고 신뢰는 부모와 청소년 자녀의 양방향적 상호작용에서 긍정적 역할을 하기 때문에 중요하다는 것이다.

Ⅳ. 청년기 동안의 형제자매 관계

청년기의 형제자매 관계는 부모-청소년의 관계나 동년배 관계만큼 많은 연구가 이루어지지는 못한 분야이다. 청년기 동안 형제자매 관계는 보다 더 평등해지지만, 더 소원해지고 정서적 강도도 다소 약화된다(Anderson & Starcher, 1992). 그럼에도 불구하고 형제자매들은 서로에게 막역한 친구로서 행동하고 경험을 공유하며 문제가 있을 때 서로 돕는다. 또한 충고자나 안내자의 역할도 하며 때로 경쟁하고 질투심을 느끼는 대상이기도 하다. 더욱이 형제자매간의 가까운 관계는 학교에서 친구를 사귀지 못하는 데서 오는 부정적 영향을 어느 정도 개선시켜 주므로(East & Rook, 1992), 청소년들의 사회적 발달에도 긍정적 영향을 준다.

청년기 동안 형제자매 관계가 변한다고 할지라도, 아동기와 청년기 사이에 그것의 질적 특성이 크게 변한다는 의미는 아니다. 그러므로 아동중기까지 가까운 관계를 형성했던 형제자매들은 청년초기에도 비교적 가까운 관계를 유지할 수 있다(Dunn, Slomkowski, Beardsall, 1994).

1. 형제자매들은 얼마나 유사한가

일반적으로 형제자매들은 많은 유사한 특성을 지니고 있을 것으로 기대된다. 그들은 유전적 영향과 환경적 영향의 일부를 공유하기 때문에 타인과는 달리 서로 상당히 유사할 것이라는 것이다. 그러나 형제자매들은 그들이 성장하는 환경을 아주 다르게 경험하기 때문에, 성격특성은 물론 많은 개인적 특성에서 상당한 차이를 보인다(Plomim 등, 1997).

행동유전학자들은 환경적 영향을 공유 환경(shared environment)과 비공유 환경(nonshared environment)으로 구분한다. 전자는 형제자매들이 공통적으로 경험하는 환경적 요인들로서 성격이나 행동을 유사하게 만드는 반면, 후자는 형제자매들을 다르게 만드는 환경적 요인들을 의미한다.

이 분야의 연구자들(Pike 등, 1996; McGue, Sharma, & Benson, 1996)은 청년기 동안 공유 환경으로부터 받는 영향이 아동기와 유사하게 지속되지만, 비공유 환경의 영향은 두드러지게 커진다고 강조한다. 그들은 다음과 같은 이유로 형제자매들이 가족경험을 매우 다르게 경험한다고 주장한다.

첫째, 부모는 아동에 대한 의식적, 무의식적 선호를 갖기 때문에, 아동의 기질에서의 차이 때문에, 혹은 시간경과에 따른 부모의 양육 철학의 변화 때문에, 자녀들을 매우 다르게 취급한다.

둘째, 형제자매들이 성장할 때 가족은 각기 상이한 가족 발달단계에 처하므로 그들은 각기 다른 영향을 받는다. 예를 들면, 가족 역사에서 젊은 부모에 의해 양육된 자녀와 더 나이 많은 부모에 의해 양육되는 자녀들은 부모로부터 각기 다른 취급을 받고 서로 다른 양육환경에 노출된다.

셋째, 형제자매들이 성장한 시기의 가족환경의 차이들이 그들의 양육에 영향을 준다. 재정적으로 어려운 시기에 양육된 자녀와 풍요로울 때 양육된 자녀들은 매우 다른 경험을 하게 된다.

2. 형제자매 관계의 질적 특성

형제자매들은 서로 애정을 나누고 서로의 요구를 충족시키는 역할을 하지만, 6년 이상의 연령차이가 있을 때는 이와 같은 효과는 사라진다(Rice, 1998). 그러나 6년 이하의 연령 차이가 있을 때는 서로에 대해 더 많이 질투하며, 연령차이가 적을수록 상호작용도 더 많고 흥미나 관심도 유사하여 갈등이 더 많아진다. 박혜원과 김은지(1997)는 2년의 연령 터울에서 가장 높은 갈등을 경험한다고 보고하였다.

형제자매간의 질투나 경쟁은 아동기부터 청년기까지 증가하고 그 이후부터 점차 감소한다. 청년초기의 청소년들은 다른 어떤 관계에서보다 형제자매 관계에서 더 큰 갈등을 경험한다. 형제자매간의 갈등의 증가는 우울증의 증가와 연결되고, 형제자매간의 친밀성 증가는 그들의 사회적 능력의 발달과 관련이 있으며, 소녀들의 우울증 감소와도 높은 상관이 있었다(Kim 등, 2007). 특히 형제자매간의 갈등이 효과적이지 못한 부모역할과 결합될 때 청소년들은 반사회적 행동을 일삼고 부정적 또래관계를 형성하였다(Bank, Burraston, & Snyder, 2004).

그림 8-7은 청소년들이 경험하는 부모와의 관계, 형제자매 관계, 친구 관계 및 조부모와의 관계를 청소년들에게 평정하게 한 결과이다(Furman & Buhrmester, 1985). 제시된 여덟 개의 그림을 살펴보면, 형제자매 관계는 동료애와 중요성 차원에서 부모와의 관계와 유사하였으나 애정과 도움 및 관계의 만족 정도에서는 우정과 유사한 특성을 지니고 있었다. 특히 형제자매 관계는 다른 어떤 유형의 관계보다 더 많은 갈등을 내포하고 있음을 알 수 있다.

실제로 형제자매들은 가까운 생활공간 내에서 함께 생활하기 때문에 서로

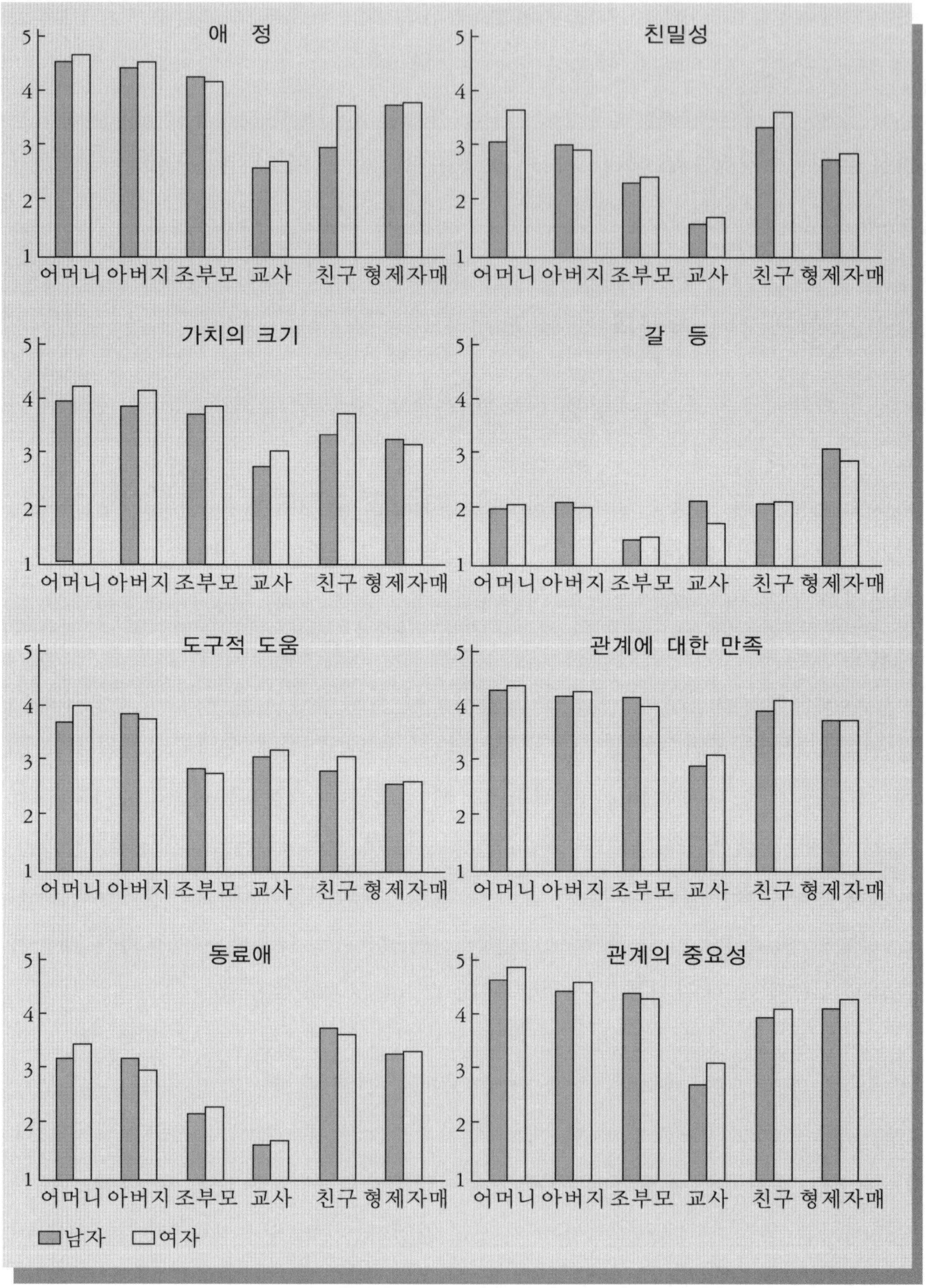

그림 8-7 여러 가지 관계유형에 대한 청소년의 지각

출처: Furman & Buhrmester, 1985.

긍정적 상호작용이나 부정적 상호작용을 할 기회가 많으며 이를 통해 청소년들은 많은 것을 학습한다. 흥미롭게도 형제자매 관계는 부모와 자녀가 상호작용하는 방식으로부터 영향을 받고 그것은 다시 가정 바깥에서 친구와 상호작용하는 방식에 영향을 준다(장휘숙, 2008; Brody, Stoneman, & McCoy, 1994). 특히 부모가 형제자매를 편애할 때, 사랑을 적게 받는다고 지각하는 형제자매들은 슬픔을 경험하고 낮은 자기존중감을 갖는다(Shebloski, Conger, & Widaman, 2005).

형제자매간의 부정적 상호작용은 경제적으로 어려운 가정에서 흔하게 나타난다(Conger, Conger, & Elder, 1994). 가난한 가정의 부모들은 생계 문제로 자주 집을 비우기 때문에 형제자매간의 공격적 상호작용을 제지하지 못한다. 부모의 감독이 이루어지지 않는 상황에서 형제자매간의 공격적 상호작용은 반사회적 행동을 학습하고 연습할 수 있는 기회를 제공한다. 불행하게도 청년기 동안의 형제자매 관계가 거부적이고 적대적이면 성인기에도 적대적 관계가 지속되기 쉽다.

일반적으로 손위의 형제자매들은 동생들의 놀이 친구나 막역한 친구가 되어주고 양육 제공자나 대리 부모로서의 역할을 한다. 그들은 동생들을 돌봄으로써 성인의 책임과 역할을 학습한다. 그러나 소년소녀 가장처럼 지나치게 많은 책임이 주어지고 부모가 제공해야 하는 보살핌의 대부분을 동생들에게 제공해야 한다면, 청년기 동안 성취해야 할 발달과업들을 포기해야 하는 결과가 초래되므로 바람직하지 못하다.

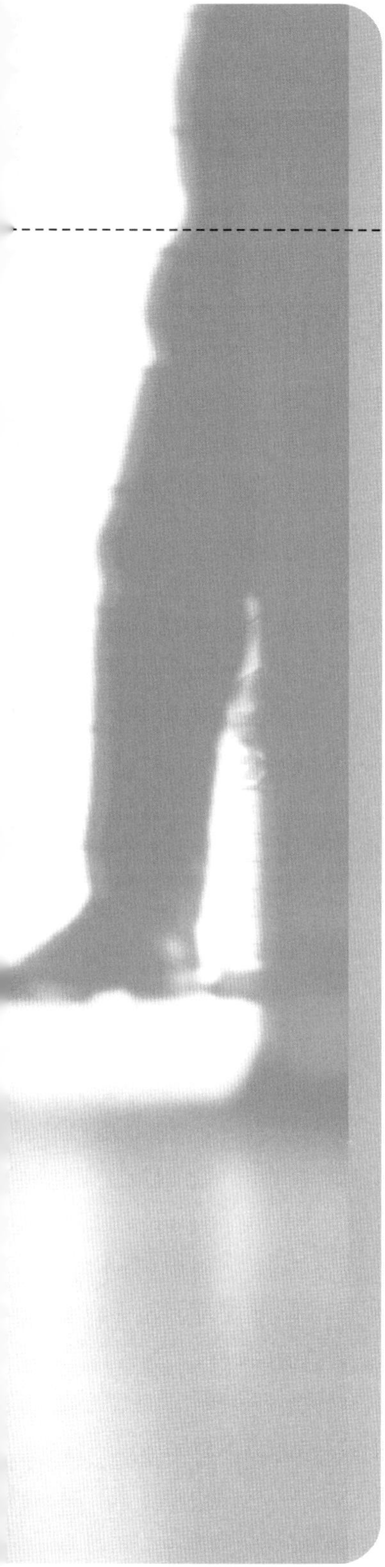

09장 청년기의 맥락 II: 동년배 관계, 학교 및 전자매체의 영향

Adolescent Psychology

제9장 청년기의 맥락 II: 동년배 관계, 학교 및 전자매체의 영향

청년기의 시작과 함께 개인의 사회적 관계는 급속도로 확대된다. 가족체계 내에서의 상호작용도 중요하지만 가족 외의 다른 체계들과의 접촉이 증가하기 시작한다. 특히 동년배 집단은 청년초기와 중기 동안 중요한 사회적 맥락을 형성한다. 학교에서 보내는 시간이 길어지면서 청소년들은 학교로부터 더 많은 영향을 받게 되며, 다양한 전자매체들은 청소년들에게 영향을 주는 또 다른 맥락들이다.

I. 동년배 관계

청소년들은 동년배 집단을 중심으로 특유의 문화를 형성한다. 동년배 집단은 청년 문화의 창시자인 동시에 전달자로서 청소년들의 발달에 영향을 준다. 오늘날의 청소년들은 과거와 비교하여 동년배 집단과 더 많은 시간을 보내고 그들로부터 더 많은 영향을 받는다.

청소년들은 어떤 사람을 친구로 선택하는가? 그들은 자주 태도나 행동에서 자신과 유사한 사람을 친구로 선택한다(Hartup, 1996). 그러나 자신과 다르다고 할지라도, 존경할 수 있는 사람, 자신이 갖지 않은 재능을 가진 사람, 서로 대화를 나누고 배울 것이 있는 사람 혹은 자신과는 다른 분야에 관심이 있는 사람들이 청소년의 친구로 선택된다.

어느 사회에서나 부모는 학업 성취를 중요시하지만, 동년배 집단은 역사적 시기나 성별 혹은 그들이 처해 있는 상황에 따라 독특한 가치를 창출한다. 그들은 학업 성취보다는 개인의 외모나 성격 혹은 운동 능력을 더 중요시하고 비행이나 범죄, 약물사용 혹은 혼전임신과 같은 행동에 영향을 주기도 하므로 성인들에게는 자주 부정적으로 지각된다. 전생애를 통하여 동년배 집단의 영향력이 가장 큰 시기는 집단정체감을 형성하는 청년초기와 중기의 중 · 고등학교 시기이다.

1. 애착대상의 변화

1) 부모에서 동년배로

청년기의 시작과 함께 가정 바깥에서 많은 시간을 보내는 청소년들은 친구를 만나 이야기를 나누고 전화로 대화하며 함께 운동하는 일에 많은 시간을 할애

청소년들은 친구들과 함께 운동을 함으로써 갈등이나 불안을 해소한다.

한다. 이제 친구들은 이전에 가족에 의해 제공되었던 정서적 지원의 일부를 제공한다.

연령에 따른 정서적 지원자의 변화를 연구한 결과(Furman & Buhrmester, 1992)에 의하면, 초등학교 3학년에서 가장 빈번한 지원 제공자는 부모였으며 7학년 무렵에 부모와 동일한 정도의 지원적 인물로 지각된 사람은 동성의 친구들이었다. 그러나 10학년에서는 친구들이 가장 빈번한 지원 제공자들이었고 이후 이성 파트너의 지원 순위가 점점 높아지기 시작하여 대학 연령에서는 친구와 어머니 및 이성 파트너의 지원 정도가 거의 유사하였다.

그렇다고 해서 청소년들이 부모에 대한 애착을 약화시키고 무조건 동년배 집단의 가치에 동조하는 것은 아니다. 그들은 의복 스타일이나 음악 기호 혹은 여가 활동과 같은 매일 단위의 단기적인 사회적 문제를 해결하기 위해서는 동년배 집단에 의존하지만, 교육 문제나 직업 문제와 같은 장기적 문제나 도덕적 문제, 가치관 문제 혹은 종교 문제에 직면하면 여전히 부모나 주위 성인들에게 더 많이 의존한다(Steinberg, 1999).

일찍이 콜만(J. C. Coleman, 1978)은 청소년들의 이러한 경향성을 초점 이론(focal theory)으로 설명하였다. 초점 이론이란 청소년의 행동에 미치는 부모와 동년배의 영향이 연령에 따라 그리고 해결해야 할 문제에 따라 달라진다는 것이다. 콜만에 의하면, 약 15-16세경에 동년배의 영향력이 최고조에 달하기 때문에, 이 시기 이전이나 이후에는 오히려 부모의 영향력이 동년배의 그것보다 더 크다.

흥미롭게도 부모와 긍정적 상호작용을 하는 청소년들은 동년배 집단과도 긍정적 상호작용을 한다(Gauze 등, 1996). 동년배 집단과 부모 양자는 긍정적 상호작용의 근원인 동시에 청소년의 건강한 발달을 지원하는 역할을 한다. 따라서 부모와 동년배 집단 중 어느 한편에 문제가 있을 때, 양자는 문제 있는 한편을 지원한다. 즉 어머니의 반응성과 아버지의 감독은 물질사용 동년배에 대한 청소년들의 지향성은 물론 물질사용 그 자체를 감소시킬 수 있다. 또한 친한 친구가 없을 때에도, 애정적이고 적응적 가족을 가지고 있는 청소년들은 건강한 적응을 이룰 수 있으며, 가까운 친구 역시 가족의 적응성과 응집성이 낮을 때 청소년들의 건강한 적응을 돕는다.

물론 부모와 동년배 중 더 중요한 역할을 하는 사람은 부모이다. 그 이유는 청소년-부모관계의 질적 특성은 청소년의 행동에 미치는 동년배의 영향을 결정하는 중요한 요인이기 때문이다. 부모가 애정적이고 지원적일 때 청소년들은 낮은 수준의 동년배 지향성을 보이는 반면, 부모가 거부적이고 자녀의 의견에 귀를 기울이지 않을 때 청소년들은 동년배 가치에 대한 높은 의존을 보인다.

그러므로 권위적 부모의 자녀들은 비행이나 물질 사용문제를 일으키는 일이 거의 없으며 학교에서의 부적응 행동 비율도 매우 낮다. 반면 독재적 혹은 방임적 양육방식은 부모 지향성보다는 동년배 지향성을 증가시키고 청소년들의 부적응적 행동을 촉진시킨다. 이와 같이 청소년의 동년배 집단 참여 정도는 집단 자체의 매력보다는 부모의 지원 정도에 의해 결정된다.

2) 동성에서 이성으로

청년기는 동년배의 영향이 증가하는 시기인 동시에 동성에서 이성으로 애착 변화가 일어나는 시기이다. 오스트레일리아 청소년들을 대상으로 현장관찰 연구(field-observation study)를 수행한 던피(Dunphy, 1963)는 그림 9-1과 같이 단계적으로 이성교제가 이루어진다고 설명하였다.

청년초기의 소년, 소녀들은 동성의 도당(cliques)을 형성한다. 도당이란 약 5-6명 정도의 가까운 친구들로 구성된 동년배 집단으로 모든 구성원들이 가까운 관계를 유지하는 소규모 집단이다. 그림 9-1의 단계 1과 같이, 청년초기에는 남녀 모두 서로 다른 도당을 형성하고 동성간의 상호작용만을 시도한다.

이 동성의 도당들은 곧 상호작용하기 시작하여 동아리(crowd)를 형성한다. 동아리란 도당들의 집단으로서 약 20명의 구성원을 갖는다. 보통 세 개 정도의 도당으로 구성되는 동아리는, 도당과 같이 구성원들 모두가 반드시 가까운 관계를 유지하는 것은 아니다. 도당이 서로 대화를 나누는 집단이라면, 동아리는 사교적 활동을 도모하는 집단이다. 단계 2의 이성간의 동아리 형성은 집단별 이성교제가 시작되었음을 의미한다.

단계 3에서 도당의 대표나 동아리의 간부들 사이에 커플이 형성된다. 이어서 단계 4에 이르면, 동아리는 작은 도당이나 커플로 붕괴되기 시작하며 각 커플

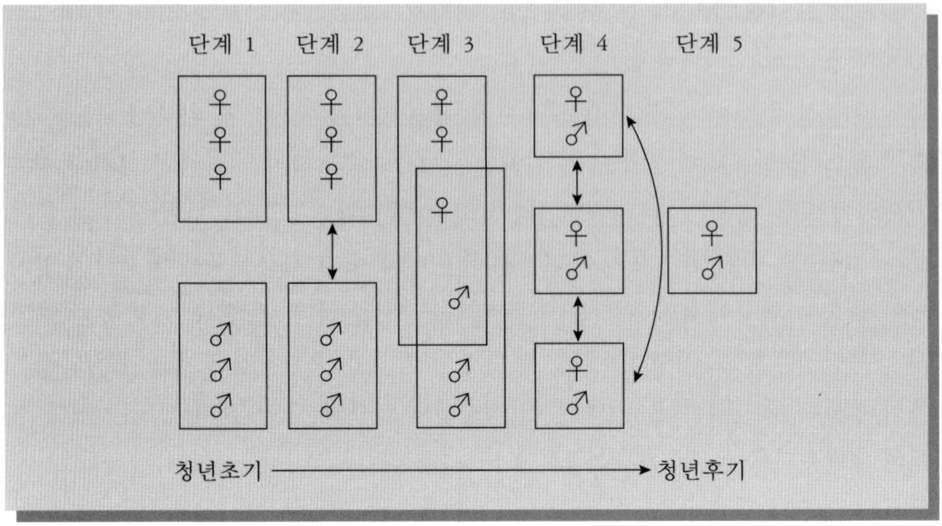

그림 9-1 도당, 동아리 그리고 커플의 발달과정
양방향의 화살표는 상호작용을 의미하며 단계 3의 중복되는 남녀 세트는 그들만의 상호작용이 이루어진다는 것을 의미한다.

간의 상호작용이 이루어진다. 청년후기에 이르면 남녀간의 이성교제는 집단이 아닌 개별적 사귐으로 발전한다.

던피의 단계가 시사하는 것은 동년배 집단이 이성과의 개별적 사귐을 위한 수단으로서의 기능을 한다는 것이다. 설리반(Sullivan, 1953)도 아동기 동안 경험하는 동성의 우정은 이성 관계의 발달을 위한 필수적 요소라고 지적한 바 있다. 청소년들은 동년배 집단과의 상호작용을 통하여 가정 내에서 경험할 수 없는 독특한 정서적 경험을 하며 타인과의 사귐을 위한 기본요소를 학습한다.

2. 동년배 집단의 특성

청년기로 이동하는 과정에서 청소년들이 부모와 함께 보내는 시간은 크게 감소하고 대신 혼자 있거나 친구와 함께 하는 시간이 큰 폭으로 증가한다. 청소년들이 학교에서 보내는 시간까지 감안한다면, 그들은 깨어 있는 시간의 50% 이상을 동년배와 보내고 부모나 다른 성인과는 단지 15% 정도의 시간만을 함께 할 뿐이다(Larson & Richards, 1991).

청소년들에게 인생에서 의미있는 타인(significant others)을 말하라고 하면, 청소년들이 언급하는 사람들의 50%는 친구들이 차지한다. 부모를 제외한 다른 성인들은 청소년들이 중요시하는 사회적 연결망의 25%에도 미치지 못한다(Steinberg, 1999). 청년후기의 대학생들 사이에서도 친구관계는 그들의 사회적 관계의 75%를 차지하였다(이은혜, 고윤주, 1999).

아동기의 친구관계는 주로 너와 나 혹은 소수의 친구 집단에 한정되었으나 청년기 동안 친구 집단의 크기가 증가하고 더 많은 수의 동년배로 구성되는, 소위 동아리(crowds)가 형성된다. 일반적으로 동아리들은 그들 특유의 문화를 가지고 있고 독특한 의복 스타일이나 말하기 방식 혹은 행동 방식을 지니고 있다.

그렇다면 청소년들은 왜 동년배 집단에 강한 애착을 나타내는가? 청소년들의 동년배 집단 지향성은 어떤 동기에서 유래하는가? 에릭슨(Erikson, 1968)은 그의 생애-위기(life-crisis)조망에서 동년배들이 자기정의(self-definition)와 함께 전념(commitment)에 대한 건설적 피드백과 정보를 주기 때문이라고 지적하였다.

그러므로 동년배 집단은 정체감 형성을 위한 필수 요소인 역할실험을 가능하게 하고 청소년들의 정체감 형성을 촉진시킨다. 청소년들은 가정에서보다 동년배 집단 내에서 서로 다른 역할과 성격을 경험하고 다양한 정체감을 실험해 볼 수 있다. 청년초기를 집단정체감 대 소외의 위기를 해결하는 시기로 가정한 뉴만과 뉴만(Newman & Newman, 1976)의 주장대로, 집단정체감의 형성은 청년후기의 개인적 정체감(personal identity)형성의 전제조건이므로 청소년들의 동년배 집단 참여는 그들의 궁극적인 개인적 정체감 형성을 촉진시킨다.

그러나 무엇보다 중요한 것은 청소년들이 동년배 집단의 일원이기를 원한다는 것이다. 청소년들은 동년배 집단과의 상호작용을 통하여 사회화되고 동년배 집단은 청소년들을 지원하고 지도하는 역할을 한다. 어떤 연구자는 청소년들에게 지지적인 친구가 부족하고 동년배로부터 거부당하는 것을 사회생활의 위기로 간주하였다(Hodges, Malone, & Perry, 1997).

1) 동년배 집단의 기능

청소년 동년배 집단은 다음과 같은 기능을 한다(Bagwell, Newcomb, & Bukowski, 1998).

① 지원과 안정감의 제공

청소년들은 부모로부터 독립하기를 원하면서도 부모를 대신해서 그들을 지원해 줄 어떤 대상을 필요로 한다. 이때 동년배 집단은 청소년을 지원할 뿐 아니라 친구들도 자신과 유사한 느낌과 갈등을 경험한다는 것을 인식할 수 있도록 하므로 청소년들은 동년배 집단으로부터 안정감을 얻을 수 있다.

② 사회적 지위의 제공

동년배 집단은 구성원들에게 사회적 지위를 제공한다. 집단의 구성원이 아니라는 것은 청소년들을 불안하게 하고 소외감을 느끼게 한다.

③ 자기존중감의 근원

동년배 집단의 구성원인 청소년들이 구성원이 아닌 청소년들보다 더 높은 자기존중감을 지닌다.

④ 모델링과 행동표준의 근원

동년배 집단은 청소년의 의사결정에 영향을 주고 행동 모델의 기능을 한다. 특히 부모-청소년 관계가 갈등적이거나 부모가 부재할 때, 청소년에 대한 동년배 집단의 영향력은 그에 상응하게 증가한다.

⑤ 역할 수행의 기회와 피드백의 제공

집단 활동에의 참여와 구성원들 사이의 자유로운 토론은 청소년들이 서로 다른 역할을 실험해 볼 수 있도록 하고 성인기에 필요한 기술을 연습할 수 있도록 한다. 동시에 청소년 자신의 생각이나 느낌 혹은 행동이 다른 사람에게 어떤 영향을 주는지에 대한 피드백도 제공받을 수 있다.

⑥ 아이디어의 교환과 친밀한 자기노출

동년배 집단은 서로의 아이디어를 교환하고 두려움 없이 자신을 노출할 수 있는 기회를 제공한다.

⑦ 여가시간과 오락

동년배 집단은 여가시간을 함께 보내고 오락을 할 수 있는 기회를 제공한다.

2) 동 조 성

동조성(conformity)이란 개인의 태도와 행동이 다른 사람들에 의해 영향받는 정도에 해당한다. 청소년들은 아동이나 성인보다 동년배 압력에 더 민감하게 반응하고 쉽게 동조한다. 그들은 친구들이 어떻게 생각하는지에 관심이 많고 그들로부터 거부당하는 것을 싫어하기 때문에 동년배 집단에 쉽게 동조한다. 동년배 집단에 대한 동조는 청년초기와 중기 동안 가장 강하며, 속이기나 훔치기 혹은 침입하기와 같은 반사회적 행동에서 매우 강하게 나타난다(Brown, 1990). 동조성에서 성차가 없다고 알려져 있지만, 반사회적 행동에 대한 동조경향성은 소녀들보다 소년들 사이에서 더 높게 나타난다.

청년기 동안 성인의 권위에 대한 청소년들의 반응도 변화한다. 청년기 이전의 아동들은 문제해결 상황이나 의사결정 상황에서 부모나 교사의 권위를 인정하고 그들의 지시나 가르침을 무조건 따른다. 그들은 성인이 만든 규칙은 모두 중요하고 옳다고 생각하기 때문에, 그것을 위반하는 것은 나쁜 일이라고 평가한다. 그러나 청년기에 이르면 청소년들은 점차 성인의 권위를 의문시하고 지금까지 성인의 결정에 따르던 문제조차도 개인적 문제로 평가한다. 이제 그들은 동년배와의 우정을 의사결정의 중요한 결정인자로 활용하기 시작한다(Smetana & Bitz, 1996).

그러나 청년초기나 중기 동안 나타나는 동년배에 대한 높은 동조성은 부모로부터 정서적 독립을 획득하는 과정에서 나타나는 일시적 현상이다. 궁극적으로 개인적 독립을 원하는 청소년들은 동년배 집단에 일시적으로 의존함으로써 정서적 안정감을 얻고 편안한 상태에서 정체감 탐색을 계속할 수 있다.

청소년들의 동년배 압력에 대한 동조성과 부모 압력에 대한 동조성 및 동년배 압력에 대한 지각된 강도를 제시하면 그림 9-2와 같다. 청년기 동안 동년배 집단의 압력은 계속해서 증가하는 반면, 부모에 대한 동조성은 계속해서 감소하고 동년배 집단에 대한 동조성은 처음에는 증가하다가 점차 감소하는 양상

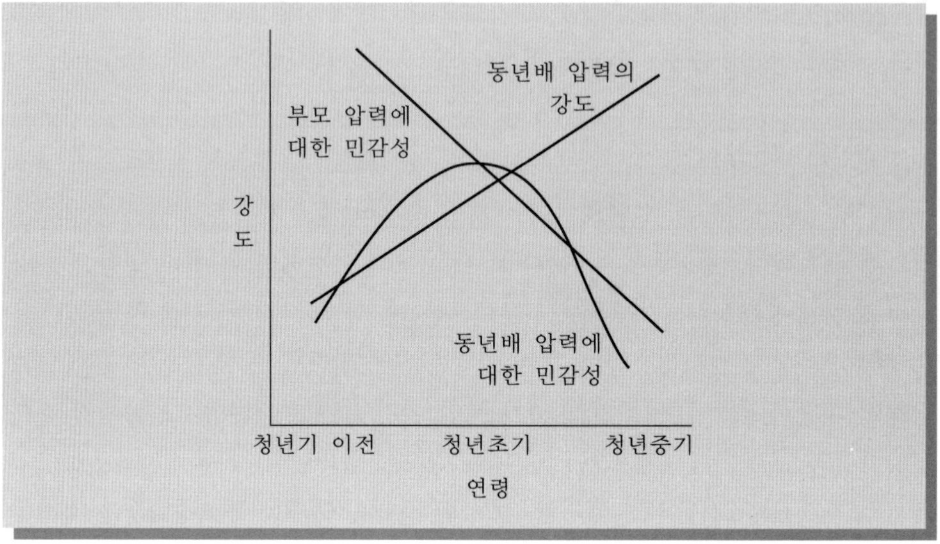

그림 9-2 동년배 집단에 대한 동조성, 부모에 대한 동조성 및 청소년이 지각한 동년배 압력의 강도간의 관계

출처: Steinberg, 1999.

을 보인다.

동년배 집단에 대한 동조는 청소년의 자율성 발달을 방해하기 때문에 문제가 된다. 특히 동년배 집단이 반사회적이고 불법적 행위를 격려하고 강요할 때, 구성원들은 일탈 청소년이 되기 쉽다. 어떤 청소년이 학교에서의 성공을 경시하고 낙제를 바람직한 행동으로 받아들이도록 강요하는 동년배 집단을 가질 때, 그는 집단에 일치하기 위하여 학교를 떠나거나 집단을 탈퇴하거나 해야 한다. 물론 동년배 집단의 규준이 일탈되어 있으면 있을수록 탈퇴는 용이하지 않다. 집단으로부터의 탈퇴를 배신으로 규정하는 구성원들은 탈퇴하려는 청소년들을 위협하고 때로 폭력을 행사한다.

그러나 동일 연령의 10대 청소년들 사이에서도 친구나 주위의 상황 변화에 거의 영향을 받지 않는 자율적인 청소년들이 있는가 하면 조그만 외부적 영향에 의해서도 쉽게 영향을 받는 청소년들이 있다. 또한 청년기 동안에도 동년배보다는 부모의 영향에 더 민감한 청소년들도 있다. 어떤 요인들이 청소년들의 동조성에 영향을 주는가?

부모가 애정적이고 적절한 통제를 가하는 권위적 가정의 청소년들이 가장 자율적으로 성장할 수 있다. 여기서 자율성은 동조성과는 반대 개념으로 높은 동조성은 곧 낮은 자율성을 의미한다. 권위적 가정의 청소년들은 반사회적 동년배 압력에는 매우 저항적이지만 긍정적 동년배 영향에 대해서는 오히려 강한 동조 경향을 보인다. 그들은 약물을 사용하는 친구로부터 영향을 받는 일이 거의 없으며, 공부 잘하고 적응적인 학생에 대해서는 지극히 동조적이었다(Mounts & Steinberg, 1995). 반면 방임적, 독재적 혹은 무관심한 부모를 갖는 청소년들은 반사회적이고 일탈 행동을 일삼는 동년배들에게 강한 동조경향을 나타내었다.

그러나 부모의 양육방식은 제8장에서 설명한 것처럼 일방적일 수는 없다. 만약 어떤 아동이 강한 책임감과 독립적인 특성을 지니고 있다면 그는 부모로부터 애정적이고 민주적인 양육행동을 이끌어 내는 반면, 자율성이 낮은 아동들은 더 거친 훈육방식이나 부모의 무관심을 초래할 수 있기 때문에 부모역할 양식과 동조경향 사이에도 양방향적 상호작용이 이루어진다.

3) 동년배 집단의 수용과 거부

모든 연령의 개인들과 동일하게, 청소년들은 타인의 인정과 사랑을 받기를 원하며 또한 그렇게 될 필요가 있다. 부모로부터 독립하여 정체감을 획득하려고 노력하는 동안, 동년배 집단은 성인 문화에 소속하지 못하는 청소년들에게 일시적인 중간문화(interimculture)를 제공하므로 동년배 집단 내에서의 인기는 특히 중요하다. 일반적으로 소녀들이 소년들보다 동년배 집단의 인기에 더 큰 관심을 보인다.

(1) 인기 있는 청소년

어떤 청소년들이 친구들 사이에서 인기가 있는가? 인기를 결정하는 가장 중요한 요인은 청소년들의 사회적 기술(social skill)이다. 인기 있는 청소년들은 친구들의 눈에 적절한 행동을 하는 사람으로 비치고 타인의 욕구를 지각하고 충족시키는 기술이 있으며 우쭐대지 않으면서 자신만만하게 보인다. 또한 인기 있는 청소년들은 친절하고, 명랑하고, 유머 감각이 있으며 부정적 정서를 잘 통제할 뿐 아니라 우수한 지적 능력을 지니고 있다(Rubin, Bukowski & Parker, 1998). 실제로 우수한 지적 능력은 타인이 자신에게 호감을 가질 수 있게 하는 방식을 찾아낼 수 있도록 하므로 인기에 필수적이다. 동시에 인기 있는 청소년들은 더 높은 수준의 자아발달을 이루고 안정된 애착을 지니고 있으며 어머니 및 친한 친구와 더 긍정적 상호작용을 한다(Allen 등, 2005). 흥미롭게도 미모나 멋진 체격과 같은 신체적 매력과 활발한 과외활동도 인기를 얻게 하는 중요한 요인 중의 하나였다.

국내 연구(황혜정, 2002)에서도 친구를 좋아하는 이유로서 친구가 자신에게 관심을 가져주고 돌보아 주기 때문에 그리고 친구가 착하고 순수하기 때문이라는 이유가 가장 많았고 외모가 멋지기 때문이라는 이유도 있어 서구의 인기 있는 친구의 특성과 대체로 일치하였다.

중요한 것은 동년배 집단의 인기를 얻는 데 영향을 미치는 요인은 남녀 간에는 물론 청소년들의 연령에 따라서도 큰 차이가 없다는 것이다. 사람은 누구나 자신을 기분좋게 해주는 사람, 즐거운 시간을 가질 수 있도록 해주는 사람 그리고 즐겁게 대화할 수 있는 사람을 좋아한다. 인기 있는 청소년들이나 만족스러운 우정을 형성한 청소년들은 인기 없는 청소년들보다 친구를 사귀고 우정을 유지하는 방법을 잘 알고 있었다(Jarvinen & Nicholls, 1996).

물론 인기가 있다는 것과 가깝고 친밀한 우정을 형성하는 것은 별개의 문제이기는 하지만, 인기와 우정은 자주 함께 일어난다. 인기가 없는 청소년들과 비교하여 인기 있는 청소년들은 더 자주 친밀한 우정을 형성하고 동년배들과의 사회적 활동에 더 많이 참여하며 사회적 인정을 받기 때문에 집단의 지도자로 선택될 가능성도 더 많다.

(2) 거부당하는 청소년

친구들 사이에서 거부당한다는 것은 청소년들에게 우울증은 물론 문제 행동이나 학습부진을 일으키므로 관심을 갖지 않을 수 없다(Bukowski, Brendgen, & Vitaro, 2007; Dodge, Dishion, & Lansford, 2007). 청년초기나 중기의 청소년들은 청년후기의 청년들보다 다소 더 불안정하기 때문에 동년배의 거부나 조롱에 의해 더 쉽게 그리고 더 크게 상처를 입는다. 일반적으로 거부당하는 청소년들은 다음과 같은 세 가지 유형으로 구분될 수 있으며, 각 유형은 각기 다른 행동문제를 나타낸다.

① 공격(aggressive) 유형: 이 유형의 청소년들은 친구들과 싸우고 반사회적 활동에 가담하며 약한 친구를 못살게 군다. 그들은 자주 다른 공격적 청소년들과 집단을 형성하고, 품행문제를 일으키거나 반사회적 행동을 할 위험이 있으며, 친구의 행동이 고의적이거나 적대적이 아닐 때에도 자주 적대적으로 해석한다(Crick & Dodge, 1996). 예를 들면 줄을 서서 기다리는 상황에서 뒤에 서 있는 사람이 우연히 밀게 되면, 이 유형의 청소년들은 뒷사람이 고의로 밀었다고 생각하고 보복을 감행한다.

② 철회(withdrawn) 유형: 이 유형은 과도하게 수줍어하고 겁이 많고 내성적이다. 그들은 낮은 자기존중감과 저조한 사회적 능력을 지니고 우울증으로 고통을 겪는다. 또한 그들은 친구들의 대화나 행동을 어떻게 중단시키고 어떻게 참여해야 할지 알지 못하고 단지 친구들 주위를 맴돈다. 이 유형의 청소년들은 주저하고 자신감이 결여되어 있으므로 약자를 괴롭히는 동년배들의 희생자가 되기 쉽다(Hoza 등, 1995).

③ 공격-철회 유형(aggressive-withdrawn): 공격 유형의 청소년들과 동일하게 이 유형의 청소년들은 적대감을 통제하는 방법을 알지 못하고 지나치게 공격적이면서도, 철회 유형의 청소년들과 같이 우정을 형성하는 방법을 알지 못한다. 그들은 친구와 접촉하면 겁을 먹고 불안해한다.

동년배 관계에 대한 대부분의 연구들은 외현적으로 공격적인 청소년에 초점을 맞추기 때문에 거부당하는 남자 청소년들의 사회적 관계에 큰 관심을 갖는다. 그러나 강한 관계적 공격성(relational aggression)을 나타내는 여자 청소년들 역시 친구로부터 거부당하는 주 대상들이다. 관계적 공격성이란 사회적 관계나 사회적 지위를 교묘하게 조작하여 친구를 사회적 활동으로부터 제외시키거나 명예를 훼손시키고 관심과 우정을 철회함으로써 타인에게 상처를 입히는 행위에 해당한다(Crick, 1996). 관계적 공격성은 싸우거나 소리지르는 것보다 더 은밀하지만, 친구들로부터 거부당하는 중요한 요인이다.

거부당하는 청소년들의 사회적 기술을 개선시키기 위해 다음과 같은 세 가지 유형의 프로그램이 사용되고 있다.

첫째, 사회적 능력 훈련 프로그램(Social competence training program)이 있다. 이 프로그램은 인기 없는 청소년들에게 자기표현 능력이나 지도성과 같은 사회적 기술을 직접적으로 가르친다. 연구자들은 이 프로그램이 친구들과 잘 지낼 수 있는 능력을 개선시킨다고 보고한다(Repinski & Leffert, 1994).

둘째, 심리학자의 감독하에 인기 없는 청소년들이 인기 있는 청소년들과 같이 집단활동에 참여하도록 설계된 프로그램도 있다. 이 유형의 프로그램은 인기 없는 청소년들의 자기개념을 개선시키고 타인들에 의한 수용을 촉진시킨다(Bierman & Furman, 1984).

셋째, 행동 능력과 인지 능력을 조합시킨 프로그램으로 웨이스버그와 그 동료들(Weissberg, Caplan, & Sivo, 1989)이 개발한 사회적 문제해결 프로그램(social problem-solving program)도 자주 사용된다. 이 프로그램은 사회적 상황을 판단하는 능력을 기르고 친구들에게 수용될 수 있는 행동방식을 추론할 수 있도록 하는 것이 목적이므로, 문제가 있을 때 먼저 화가 난 마음을 가라앉히고 행동하기 전에 생각하도록 가르친다. 즉 문제가 무엇이고 자신이 목표로 하는 것이 무엇인지를 추론하게 하며 그 목표에 도달하는 긍정적 접근 방식에 대해 생각하게 한다.

한 청소년이 농구하려고 농구장에 갔으나 락커룸에 있는 마지막 농구공을 다른 친구가 가지고 가버리는 상황이 발생했다고 가정하자. 이때 그 친구를 때리려고 달려나가는 대신에 먼저 마음을 가라앉히고 자신이 원하는 것이 무엇인지(농구를 하는 것)를 생각하게 한 다음, 게임을 하고 있는 친구들에게 접근하여 게임에 참여하게 해달하고 간청하는 방법을 가르치는 것이 이 프로그램의 접근 방식이다.

3. 우정의 본질

우정은 청소년들이 형성하는 집단 내의 특별할 유형의 관계로서 유사한 생태학적 조건 내에서 흥미와 활동을 공유하는 개인들 사이의 사회적 연합을 의미한다. 일반적으로 서로 우정을 나누는 청소년들은 거의 동일한 지역에 거주하고 동일한 집단의 회원들이며 동일한 학교나 학급에 출석하는 동일 연령의 학생들이다. 주로 동성이나 동일한 민족성을 갖는 사람들 사이에 형성되는 우정은 적어도 다음과 같은 네 가지 특성을 지니고 있다(Rubin, Bokowski, & Parker, 1998).

첫째, 우정은 관련된 사람들이 인정하는 상호적 관계를 포함한다.

둘째, 우정에는 상호적 애착이 포함되어 있다.

셋째, 우정은 개인들간의 자발적인 연합이며, 어떤 사람의 친구가 되어야 한다는 의무는 없다.

넷째, 우정은 동년배들의 도당이나 동아리 혹은 가족관계와 같은 다른 관계망 내에 존재한다.

우정의 본질은 청년기 동안 변화한다. 아동은 우정의 조건으로 함께 놀이하는 것을 중요하게 여기지만, 청년기에 이르면 친밀성과 충성심 및 가치나 태도를 공유하는 문제를 중요시한다. 이와 함께 청년기 동안 가까운 친구에 대한 민감성이 점점 더 증가하므로 두 사람 사이의 상호성(mutuality)이 매우 중요해진다.

1) 우정형성과 관련된 요인

우정은 개인적 선택에 의해 이루어지는 관계임에도 불구하고, 부모는 청년기 동안에도 청소년의 친구 선택과 우정 형성에 영향을 준다(Grotevant, 1998). 부모는 사회화 과정을 통하여 친구 선택에 영향을 주는 가치와 태도를 가르치고 직접적으로 자녀의 친구 관계를 감독함으로써, 청소년의 친구 관계는 물론 우정 형성에 큰 영향력을 행사한다. 여기서는 청소년 개인과 관련된 요인들을 주로 설명한다.

(1) 사회적 침투이론

우정의 형성을 설명할 수 있는 이론으로 사회적 침투이론(social penetration theory)이 있다. 사회적 침투이론이란 알트만과 테일러(Altman & Taylor, 1973)에 의해 제기된 이론으로 대인관계의 형성과 발전 과정을 설명하는 일반 모형이다. 이 이론에 의하면, 두 사람의 인간 관계는 진전됨에 따라 보다 더 깊어지고 넓어지므로, 양자가 점차 많은 양의 행동을 교환하게 되고 교환되는 행동의 질적 특성도 긴밀한 내용으로 바뀌게 된다는 것이다.

따라서 친교의 초기에는 두 사람 사이에 피상적인 수준의 인간 관계가 이루어지고 약간의 감정이 교환되는 정도에 지나지 않지만, 친교 기간의 경과와 함께 두 사람은 보다 깊은 관계로 발전한다. 시간이 지남에 따라 두 사람 사이의 거리감은 감소되고 결국 사생활까지도 공개하는 관계로 변화된다.

사회적 침투이론은 우정 관계의 형성 과정을 설명하는 이론 중 가장 주목받는 이론으로 대인 매력의 형성과 발전은 시간에 따라 진전되는 현상이기 때문에 변화를 전제로 한다고 가정한다. 사회적 침투이론의 유용성을 연구한 한덕웅(1985)은 14개월 동안의 종단연구를 통하여 친교 기간의 경과에 따라 두 사람이 교류한 행동이 변화되었으며 변화의 크기는 친교 후기보다 초기에 더 크다고 밝혔다.

(2) 자기노출

자기노출(self-desclosure)은 우정 관계의 형성과 유지의 기본 요소로서 각자의 비밀이나 감정을 상대편에게 털어놓는 것을 의미한다. 여성들이 남성들보다 자기노출을 더 많이 한다고 알려져 있으나 자기노출의 내용에는 성차가 있다(Rubin, Bukowski, & Parker, 1998). 일반적으로 여성들은 타인에게 개인적인 정보나 선호 여부를 쉽게 노출하지만, 성문제에 관해서는 노출을 꺼린다. 반면, 남성들은 성이나 생식에 관한 개인적 정보를 여성들보다 더 쉽게 털어놓음으로써 뚜렷한 성차를 나타낸다.

자기노출이 친밀한 관계의 형성을 촉진시킬 수 있기 위해서는 적절한 속도와 순서를 거쳐 이루어져야 한다. 두 사람 사이의 신뢰감이 형성되기 이전의 너무 이른 자기노출은 오히려 우정의 지속을 방해한다. 물론 두 사람 사이의 우정 관계가 지속되기 위해서는 친구 두 사람이 서로 비슷한 정도의 자기노출을 해야 한다는 전제조건이 있다.

(3) 조망수용능력과 갈등해결 전략

발달된 조망수용능력은 청년기 동안의 우정 형성을 위해 중요하다(Vernberg 등, 1994). 타인의 입장이나 관점, 기분 혹은 감정상태를 이해할 수 있는 청소년들은 동년배들이 좋아하는 행동 양식에 맞추어 행동할 수 있다. 그들은 친구를 사귀는 데 적절한 전략은 무엇이고 적절하지 못한 전략은 무엇인지를 알기 때문에 긍정적 친구 관계를 형성할 수 있다. 또한 친구 관계의 붕괴를 막는 갈등처리 방식 역시 우정형성과 지속에 중요한 역할을 한다(Kolaric & Galambos, 1995).

(4) 우정형성의 성차

전통적으로 여성들은 관계 형성의 기술이나 능력을 중요시하는 성역할 사회화를 경험하므로, 청년초기부터 동성간의 개별적 우정에 관심을 갖고 친구로부터 거부당하거나 배척당하는 것을 걱정한다. 그러나 남성들은 능력과 독립을 중요시하고 친밀한 정서적 관계의 발달을 경시하도록 사회화되므로 남성들의 개별적 우정은 청년후기에 이르러야 가능하다. 그 때까지 남성들은 개별적 우정보다는 집단으로 상호작용하는 것을 선호한다. 그들은 정서적 지원이나 가까움 혹은 안정감을 우정의 중요한 측면으로 생각하지 않으며, 단지 문제가 있을 때 친구가 그냥 옆에 있어 주기를 기대할 뿐이다.

청년기 동안 동성은 물론 이성간의 우정도 형성될 수 있다. 일반적으로 남녀간의 우정은 지속될 수 없고 결국 애정으로 발전된다고 생각되지만, 실제로 남녀간의 우정관계가 유지되는 경우도 있다. 이성간의 우정은 동성간의 우정보다 자신에 대한 정보를 더 많이 노출하고 더 많은 활동을 공유하며 상호이익을 더 많이 교환하는 특징이 있다. 특히, 남성들은 동성보다는 이성에게 더 쉽게 자기노출을 한다.

2) 우정형성의 영향

타인과의 우정이 긍정적이고 건강한 행동으로 이루어질 때, 청년기 동안 그에 상응하는 행동과 발달이 이루어진다(Wentzel, Barry, & Caldwell, 2004). 우선 타인과의 가까운 우정은 청소년의 사회적 기술을 증진시키며, 그것이 안정적으로 유지될 때 청소년들은 긍정적 자기존중감을 발달시킬 수 있다. 낮시간의 대부분을 학교에서 보내는 청소년들이 학교에서 긍정적 우정을 형성할 수 있을 때, 청소년들의 학업수행은 증진되고 친사회적 행동은 증가한다.

대조적으로 청년기 동안 인기가 없거나 보잘것 없는 친구 관계를 형성한 개인들은 더 낮은 수준의 학업 수행을 보이고 낙제하기 쉬우며 비행에 가담하기 쉽다. 특히 친한 친구가 반사회적 행동이나 파괴적 행동을 일삼을 때, 청소년들은 친구의 행동을 그대로 모방한다(Berndt & Keefe, 1995).

베그웰과 그 동료들(Bagwell, Newcomb, & Bokowski, 1998)은 청년기 동안 안정되고 상호적인 친구관계를 경험한 성인초기 성인들과 단짝 친구가 없었던 성인들을 대상으로 우정의 효과를 연구하였다. 연구자들은 청년기 동안의 우정이 성인기에서 더 높은 수준의 자기가치감과 연결되어 있음을 확인하였다.

그러나 청소년들이 형성하는 모든 우정이 안정적이지 않을 뿐 아니라 특히 청년초기의 우정은 심하게 동요하므로 청소년들의 적응은 자주 방해를 받는다. 청년기 동안 친한 친구가 없거나 문제 있는 친구를 가지고 있을 때, 청소년들은 성인기에 이르러 심리적 문제를 일으킬 수 있다.

4. 동년배 관계 연구의 문제점

미래의 연구방향을 설정하기 위해 지금까지 이루어진 동년배 관계에 관한 연구들의 문제점을 정리한다.

첫째, 1970년대와 1980년대에 이루어진 수백 개의 연구 논문들은 동년배 집단의 수용이나 거부(인기 있는, 인기 없는, 거부당하는)가 청소년의 사회적 기술과 능력, 학교 적응과 성취, 대처와 문제 행동, 성격, 정서, 고독 및 친사회적 행동과 어떤 관계가 있는지를 연구하였다. 연구자들은 청소년들의 인기 여부와 학교에서의 행동이 서로 관련되어 있고 이후의 학교 탈락이나 비행 혹은 정신건강 문제와 연관이 있다고 밝혔다.

문제는 이러한 연구들이 동년배 집단에서의 인기 여부(원인)가 후속적 발달(결과)에 영향을 주는 단일방향적 견해를 제시한다는 것이다. 다시 말하면 횡단연구에서 얻어진 청소년과 동년배들이 나타내는 행동 특성들간의 상관관계를 마치 인과관계가 존재하는 것으로 해석한다는 것이다. 이러한 문제를 해결하기 위해서는 무엇보다 종단연구가 요구된다.

둘째, 청소년들이 동년배로부터 받는 영향은 주로 청소년들의 자기보고에 의해 측정된다. 물론 비행을 일삼는 친구의 존재가 청소년 비행에 영향을 준다는 것도 청소년들의 자기보고 결과이다. 그러나 많은 연구들은 친구의 일탈 행동에 대한 청소년들의 자기보고가 친구의 비행보다는 청소년 자신의 비행 행동과 더 강하게 연결되어 있다고 보고한다(Iannotti, Bush, & Weinfurt, 1996). 이러한 결과는 청소년 발달에 미치는 동년배의 역할이 과장되었음을 의미하는 것으로 앞으로의 연구에서는 청소년들의 친구에 대한 지각을 측정함은 물론 자연관찰이나 친구들에게 직접 질문하는 방법을 함께 사용하여 청소년은 물론 친구의 일탈 여부를 확인하는 작업이 이루어져야 할 것이다.

셋째, 현재까지 이루어진 친구 관계 연구의 대부분은 교실이나 학교 상황에서의 친구 집단만을 연구하였다. 그러나 학교는 행정체계이기 때문에 학생들은 완전히 자유로운 상태에서 친구를 선택할 수 없다. 학교 맥락은 아동기부터 청년 후기까지 친구 관계 형성을 위한 중요한 장소이기는 하지만, 실제로 방과 후에 청소년들이 만나는 친구들은 급우가 아닌 경우도 많이 있다.

학교 바깥의 친구들은 학교 친구들보다 연령이나 성에서 더 이질적이며 그들은 학교를 중요시하지 않는다. 일반적으로 인기 없는 청소년들은 그렇지 않은 청소년들보다 학교 바깥의 친구를 더 많이 가지고 있다. 최근에는 인터넷을 통한 접촉도 증가하고 있으므로(서주현과 유안진, 2001; 윤영민, 2000), 학교에 한정된 친구 관계 연구만으로 청소년들을 이해하기는 어렵다. 앞으로의 연구에서는 청소년들의 학교 바깥의 친구 관계나 인터넷을 통한 친구 접촉을 체계적으로 연구할 수 있어야 한다.

넷째, 청소년 비행에 관한 연구들은 비행을 일삼는 동년배들 때문에 10대 청소년들이 비행을 저지른다고 일관성 있게 보고한다. 그러나 이러한 생각은 비행 문제를 지나치게 단순화한 결과이며, 오히려 문제를 일으킬 소지가 있는 청소년들이 능동적으로 일탈 친구들을 선택하고 그들과 함께 비행을 저지를 수 있음을 간과하고 있다(Conger & Rueter, 1996). 즉 문제 행동의 역사를 가지고 있는 청소년들이 일탈 친구와 상호작용을 시도하고 그것이 청소년들의 비행을 촉진시키므로 이전의 비행경험과 현재의 비행이 어떻게 관련되고 양자가 어떻게 상호작용하는지 규명될 수 있어야 한다.

다섯째, 청소년들은 그들이 살고 있는 지역 사회의 특성에 맞추어 여가나 오락을 선택하고 친구들과 접촉하므로 청소년들의 문제 행동은 지역사회 특징적인 경향이 있다. 지역 사회가 달라지면 동년배 집단의 접촉 방식이나 여가 활동의 양상도 달라지므로 한 지역의 동년배 집단 특성을 다른 지역에 일반화하거나 한 지역에서의 문제해결 방식을 다른 지역에 그대로 적용하는 것은 바람직하지 못하다.

여섯째, 청소년들은 동년배 집단은 물론 가족을 포함한 중다의 맥락 속에서 생활하고 있다. 문제는 이러한 맥락들이 서로 연결되어 있고 각 맥락은 청소년들에게 서로 다른 영향을 준다는 것이다. 지금까지 어떤 연구도 청소년들의 개인적, 사회적 적응을 이해하기 위해 맥락의 역할을 동시적으로 연구한 일이 없으므로(Eccles 등, 1997), 앞으로의 연구에서는 중다의 맥락들이 어떻게 상호작용하고 그것들이 청소년의 발달에 어떤 영향을 주는지 규명되어야 할 것이다.

Ⅱ. 학교의 영향

청소년들은 하루 시간의 대부분을 학교에서 보낸다. 아동기에도 학교는 아동의 발달에 중요한 장소였으나 청년기만큼 큰 영향을 주지는 못하였다. 학교는 청소년들의 학업 능력을 증진시키는 외에도 동년배나 성인들과의 사회적 상호작용 능력을 개선시키고 운동 능력이나 건강유지 능력도 증진시킨다.

청년기 동안 학교교육을 통한 학업적, 사회적, 신체적 성장의 결과로 청소년들의 자기존중감이나 능력에 대한 개인적 지각도 변화한다. 대학생들도 학교로부터 많은 영향을 받지만, 그들은 이미 청년기의 집단 정체감으로부터 벗어나기 시작함으로써 영향 받는 내용이나 강도에서 청소년들과는 차이가 있다.

청년기에 이르면, 청소년과 부모의 상호작용은 감소하고 청소년과 학교, 청소년과 교사 및 청소년과 친구의 상호작용이 급격히 증가한다. 하루의 긴 시간을 학교에서 보내는 청소년들에게, 학교는 아동기에서의 부모의 역할과 유사한 일차적 사회화 대리인의 기능을 한다.

1. 학교의 기능

학교의 사회화 기능은 전통적으로 다음과 같이 요약될 수 있다.

① 학생들을 보살피고 관리하기.
② 각 연령 수준에서 요구되는 지식과 기술을 가르치기.
③ 문화적 가치, 신념 및 전통을 전달하기.
④ 학생들을 평가하기.

이와 같이 학교의 기능은 다양하고 복잡하다. 학교는 상이한 성장과정과 가족 배경 및 각기 다른 능력과 성격 특성을 지닌 학생들을 대상으로 그들이 최적의 발달을 이룰 수 있도록 도와주는 역할을 하기 때문에, 그 기능이 복잡할 수밖에 없다. 학교의 사회화 기능을 설명하면 다음과 같다.

첫째, 학교는 학생들에게 애정을 갖고 그들의 나쁜 습관이나 바람직하지 못한 행동을 바로잡아 주는 역할을 한다. 학교는 개인의 행동규범은 물론 집단이나 단체 내에서의 행동규범을 제시하고 지도한다.

둘째, 학교는 학생들에게 지식이나 기술을 가르침으로써 개인적 기능을 발달시키고 대인관계 기술을 획득할 수 있도록 도와준다. 개인적 기능의 발달은 각종 학습 교재나 현장 실습에 의한 정보의 획득은 물론 자기개념, 성취, 만족의 지연, 통제의 소재, 독립적 행동과 책임지기 그리고 포부나 열망 등의 발달을 포함한다. 또한 학생들은 동년배 집단 내에서의 상호작용을 통하여 혹은 교사의 직접적 지도에 의해 대인관계를 형성하는 기술을 학습하므로 집단의 응집성과 결속에 기여하는 능력이 발달하고 더 나아가 사회에 기여할 수 있는 능력이 획득된다.

셋째, 학교는 그 사회의 다양한 역사적 및 문화적 환경과의 접촉을 격려함으로써 문화유산과 전통 및 그 사회의 가치체계를 학생들에게 전달하는 기능을 한다.

넷째, 학생을 평가하는 것도 학교의 중요한 기능이다. 그러나 단순히 학생을 분류하고 등급을 매기기 위하여 학생들을 평가하는 것이 아니라, 평가 결과를 바탕으로 다음 학습의 방향을 설정하기 위하여 평가를 실시한다. 즉, 평가의 결과는 교육의 전체과정에 반영되어 교육의 질적 개선을 위한 기초 자료로 활용된다.

이외에도 학교는 학생들에게 일과 직업 세계에 관심을 갖게 하고 직업생애를 설계할 수 있도록 직업 교육을 실시해야 한다. 그러나 학교가 담당해야 하는 더 중요한 역할은 학생들의 학습 속도나 이전의 성취와 상관없이 모든 학생들이 성공 경험을 할 수 있도록 도와야 한다는 것이다. 이를 위해서는 학생들의 요구에 적합한 교육 프로그램이 구성되어야 하므로 다음과 같은 세 가지 방법이 추천되고 있다(Hamburg, 1992).

첫째, 학생들의 능력에 따라 능력별 집단을 구성하고, 협동 학습이나 상급학생이 하급생을 개인지도하는 것같은 교수 전략을 활용한다.

둘째, 학생들이 깊이 있게 학습할 수 있도록 학습 계획을 융통성 있게 운영한다.

셋째, 방과후 학습, 여름이나 주말의 특별학습, 교사의 개별지도 및 부모가 청소년의 학습에 참여할 수 있도록 하는 등의 다양한 학습 기회를 제공한다.

2. 교사의 역할과 기대

학교 교육이 성공적으로 이루어질 수 있도록 하기 위해 무엇보다 중요한 사람은 교사이다. 교사는 명백하게 학교 맥락의 중요한 일부로서, 그들의 행동과 태도 및 기대는 교사 자신의 실력과 상관없이 청소년들의 행동과 발달에 영향을 준다. 250명의 6-8학년 청소년들을 대상으로 종단연구를 수행한 웬첼(Wentzel, 1997)에 의하면, 교사가 관심을 가지고 지켜보고 있다고 지각할 때, 청소년들은 바람직한 학업 수행과 긍정적인 사회적 결과를 획득하려는 강한 동기를 나타내었다.

웬첼의 연구에서 학생들에게 관심을 갖는 교사들은 권위적 부모와 유사한 속성을 지니고 있었다. 그들은 민주적 상호작용 방식을 사용하고 학생들의 개별적 특성에 기초한 기대를 가지고 있으며 학생들에게 건설적인 피드백을 제공하였다.

특히 학생에 대한 교사의 기대는 학생들의 학업 수행을 증진시킨다. 교사가 학생에게 많은 것을 기대할수록 학생은 실제로 더 많이 학습하였으며, 교사의 기대가 적을 때는 학생의 학습량도 감소하였다. 이러한 현상은 타인이 개인에게 기대하는 행동을 선택하거나 거기에 맞추어 행동하는 소위 자기충족적 예언(self-fulfilling prophecy)에 기인한다.

학업수행에 미치는 자기충족적 예언의 효과를 종단적으로 연구한 자스심과 에클레스(Jussim & Eccles, 1992)는 학생 성적의 약 80%는 성적에 대한 교사의 정확한 지각에 기인하는 반면, 약 20%는 자기충족적 예언의 효과라고 보고하였다. 자기충족적 예언은 학습 능력이 저조한 학생들 사이에서 더 강하게 나타나고 그들의 수행은 교사의 기대와 높은 상관이 있다.

자기충족적 예언의 효과가 비교적 작다고 할지라도, 여러 해 동안 누적된다면 그 효과는 상당히 커진다. 만약 교사의 기대가 이전의 학업 성적에 기초하는 것이 아니라 성별이나 사회경제적 배경과 같은 부당한 특성을 바탕으로 한다면, 교사의 낮은 기대에 기인된 장기적인 부정적 효과는 개인의 발달을 심각하게 손상시킬 것이다. 연구자들은 상당수의 교사들이 사회경제적 배경을 바탕으로 학생들에 대한 기대를 구성한다고 주장한다. 불행하게도 교사들이 부유한 학생들을 가난한 학생들보다 더 많이 호명하고 부유한 학생들의 반응에 더 큰 관심을 보인다면, 가난한 학생들의 자기개념은 손상되고 학교에 대한 흥미는 크게 감소할 것이다.

3. 학업 수행에 영향을 주는 요인

학교 외에도 청년기의 학업 성취에 영향을 주는 요인들은 많이 있다. 가족의 사회경제적 지위와 부모의 특성, 동년배 집단, 및 지능의 영향을 차례로 설명한다.

1) 가족의 사회경제적 지위

일반적으로 중류계층 가족들이 청년기 자녀의 학업성취를 격려하고 성인 사회에서의 성공을 중요시한다(Sarigiani 등, 1990). 사회경제적 지위가 낮은 하류계층의 가족들은 의식주 문제와 건강 문제 그리고 높은 수준의 생활 긴장을 경험하기 때문에, 자녀의 학업 수행에 관심을 가질 여유가 없다. 그들은 낮은 교육 경력을 지니고 있고 학교에서의 학업 수행이 자녀에게 도움을 줄 수 있을 것으로 믿지 않기 때문에, 자녀의 학업 수행을 그다지 중요하게 여기지 않는다. 그에 따라 하류계층 청소년들은 초등학교 수준에서 이미 학습 결손을 보이고 낮은 교육적 포부 수준을 갖는다.

2) 부모의 특성

성공과 성취에 높은 가치를 두고 자녀의 정서적 독립을 격려하는 부모들은 우수한 학업 수행과 높은 포부 수준을 지니고 있는 청소년 자녀를 갖는다. 이러한 청소년들은 부모의 훈육이 지나치게 엄격하지도 제한적이지도 않으며 부모가 그들을 이해하고, 신뢰하고, 여가도 함께 공유한다고 보고한다. 특히 청소년 자녀에게 따뜻하고 수용적인 가정 환경을 구성해 주고 정서적 지원을 제공할 수 있는 부모들은 학교에서의 불안유발적 경험들을 완충하는 역할을 한다.

레비트 등(Levitt, Guacci-Franco, & Levitt, 1994)의 연구에서도 부모의 지원은 청소년들의 우수한 학업 성적과 높은 표준화 성취도 검사 점수 및 바람직한 교사 평정 점수와 연결되어 있을 뿐 아니라 청소년들의 학교에 대한 높은 관심이나 학교 활동에의 적극적 참여와도 높은 상관이 있었다. 또한 어머니가 수학 과목에 대해 긍정적 태도를 지닐 때 여자 중학생들은 수학 과목에 흥미를 보였고 수학 점수도 증가하였다(Klebanov & Brooks-Gunn, 1992). 이와 함께 부모가 독서를 생활화하고 도서관이나 문화 행사에 자녀를 동반하며 대학 진학을 격려할 때, 자녀를 높은 수준의 학업 성취를 지향하는 청소년으로 성장시킬 수 있다.

3) 동년배 집단

청소년들의 학업 수행은 동년배 집단에 의해 증가되기도 하고 감소되기도 한다. 동년배 집단이 학업 성취를 중요시하면 청소년들의 학업 성적은 물론 학교에서의 수행이 증가하는 반면, 학업 수행을 경시하고 일탈 행동을 일삼는 동년배 집단의 존재는 청소년들을 학교에서 실패하게 하고 부적응을 초래한다. 또한 동년배 집단에 수용되지 못하는 청소년들도 학교에서 낙제하고 비행이나 범죄를 저지르며 보잘것 없는 개인적 적응을 보인다(Hartup & Overhauser, 1991).

4) 지 능

개인의 지능지수와 학업수행간에 높은 상관이 있다는 것은 이미 오래 전부터 알려진 사실이다. 여학생들 사이에서는 다소 예외가 있기는 하지만, 높은 지능지수를 갖는 학생들이 더 높은 교육적 포부 수준을 나타낸다(O' Sullivan, 1990).

그러나 우수한 지능을 지니고 있다고 해서 반드시 학교에서 우수한 수행을 보이는 것은 아니다. 지능지수는 다소 낮으면서도 더 우수한 학업 수행을 보이는 학생들이 있기 때문에, 가족의 사회경제적 지위, 부모와 교사 및 동년배의 영향, 자기존중감, 성취동기, 성역할 기대 그리고 불안 통제와 같은 성격요인들도 함께 고려되어야 한다.

4. 학습과 관련된 문제

학습과 관련된 문제로서 학습장애(learning disability)와 학습부진(academic underachievement) 청소년을 설명한다.

1) 학습장애

학습장애란 정상 혹은 그 이상의 지능을 지니고 있으면서도 하나 이상의 학습 분야에서 어려움을 겪는 증상으로, 정신지체와 같이 정확하게 진단될 수 있는 문제를 갖지 않는 것이 그 특징이다. 일반적으로 학습장애 청소년들은 읽기 문제를 가장 많이 나타내며 그 외에 말하기, 듣기, 생각하기, 집중하기 등의 문제를 갖는다(Bursuck & Damer, 2007; Raymond, 2004).

최근에 높은 비율로 증가하는 주의력결핍 과잉행동장애(attention deficit hyperactivity disorder: ADHD)도 학습장애로 분류된다. 이 장애를 갖는 청소년들은 수년 동안 계속적으로 부주의함이나 과활동성 혹은 충동성의 증상을 보인다. 일반적인 학습장애 소년들이 소녀들보다 3배 이상 더 많은 것과는 대조적으로 ADHD 소년들의 비율은 소녀들보다 4-9배 더 높다. 분명한 것은 ADHD 청소년들의 약 1/3은 시간경과와 함께 호전되지만, 그 나머지는 성인기 동안에도 ADHD 증상이 계속된다는 것이다(Faraone, Biederman, & Mick, 2006).

어떤 연구자는 소년들이 더 큰 생물학적 취약성을 갖기 때문에 학습장애를 더 많이 갖는다고 주장하지만(Liederman, Kantrowitz, & Flannery, 2005), 그 원인은 분명하지 않다. 주의력결핍 과잉행동장애가 큰 폭으로 증가하는 이유에 대해서도 단순히 장애에 대한 인식이 높아졌기 때문이라고 주장하는 사람이 있는가 하면, 전형적인 남성적 행동(부주의함과 높은 활동수준)을 주의력결핍 과잉행동장애로 잘못 진단한 결과라고 주장하는 사람도 있다(Pollack, 1999).

학습장애와 관련된 대뇌영역을 찾아내기 위해 자기공명영상(magnetic resonance imaging)기법이 자주 사용된다(Berninger, 2006). 연구자들은 학습장애가 대뇌의 특정한 한 부위의 문제가 아니라 중다의 영역에서 나온 정보를 통합하는 능력에서의 결함 때문이거나 아니면 대뇌구조와 기능에서의 미묘한 문제 때문에 발생한다고 추정한다.

2) 학습부진

학습부진이란 자신이 가진 능력 이하의 학업 성적을 발휘하는 것을 의미한다. 전국적 자료가 없어 정확한 비율을 알 수는 없지만, 대구시내 인문계 고등학교 교사 120명을 대상으로 조사한 결과에 의하면(이상원, 2000), 학습부진 학생의 비율은 약 18.4%였다. 그러나 미국 학생들의 학습부진 비율은 이보다 더 높아 82,000개의 미국 공립 초·중·고등학교에 재학하는 학생들의 약 25%가 학습부진으로 밝혀졌다(Dryfoos, 1994).

학습부진은 청소년들의 성행동이나 알코올과 약물의 사용 혹은 비행을 촉진시킨다(Lerner & Galambos, 1998). 그 결과 중·고등학교에서의 학습부진은 대학 진학의 기회를 차단하고 높은 수준의 임금을 받을 수 있는 직업에 접근할 수 없도록 하기 때문에 그 사회의 전형적인 하류계층을 형성하게 한다.

학습부진에 영향을 주는 요인으로 개별적 특성과 맥락적 특성을 구분하여 설명한다.

(1) 개별적 특성

학습능력이나 문제해결 능력이 부족한 청소년들이 학습부진을 보이고 학교에서 탈락한다는 것은 주지의 사실이다. 또한 학교를 중요시하지 않고 학교에 대해 부정적 태도를 지니며 교육적 포부 수준이 낮은 청소년들이 학습부진을 나타낸다(Rumberger, 2001). 성격 특성에서도 학습부진 학생들은 인내심이 부족하고 주의가 산만하며 끈기가 없다. 그들은 규칙적으로 공부하지 않을 뿐 아니라 조직적인 학습 방법을 알지 못하고 평가에 대해서도 민감한 반응을 보이지 않는다(이상원, 2000).

학습부진은 성별에 따라 차이가 있다. 일반적으로 남자 청소년들의 학습부진 비율이 여자 청소년들보다 훨씬 더 높다(Hawkins 등, 2000). 그러나 학습부진을 보이는 여자 청소년들은 더 높은 수준의 스트레스와 우울증후를 경험한다는 점에서 남자 청소년들과 차이가 있다.

그 외에 낮은 자기존중감을 지니고 있는 청소년, 학교 활동에 대한 관심이나 흥미가 부족한 청소년, 학교 활동에의 참여가 적은 청소년들이 학습부진을 보인다(Rumberger, 2001). 또한 여자 청소년의 혼전 임신은 학습부진의 중요한 선행요인이었으며(Perry, 2000), 반사회적 행동과 비행 및 알코올과 약물의 사용은 학습부진이나 학교 탈락과 높은 상관이 있었다(Hawkins 등, 2000).

(2) 맥락적 특성

지원적인 부모를 가지고 있고 부모와 여러 가지 문제를 상의할 수 있는 소위 권위적 부모의 청소년 자녀들이 학습부진을 보이는 일은 거의 없다(Steinberg, & Darling, 1993). 그러나 교육 수준이 낮은 부모를 가지고 있는 청소년들은 학습부진을 보이고 학교에서 낙제하기 쉽다. 또한 자녀 수가 많고 사회경제적 수준이 낮은 가난한 가정의 청소년들도 자주 학습부진을 보인다(Rumberger, 2001).

미국 교육청(2000) 조사에 의하면, 하류계층 청소년들은 중류계층 청소년들보다 학교에서 낙제할 가능성이 세 배 더 많았고, 상류계층 청소년들보다는 아홉 배 더 많은 낙제율을 나타내어 학습부진과 낮은 사회경제적 수준이 서로 연결되어 있음을 보여 주었다.

학교 분위기도 청소년들의 학습부진에 기여한다. 경쟁을 중요시하고 능력별 반편성을 강조하며 학생에 대한 교사의 기대가 낮은 학교가, 협동을 격려하고 지원적인 교사가 있는 학교보다 학습부진 학생을 더 많이 배출한다(Rumberger & Thomas, 2000). 특히 친한 친구의 학교에 대한 부정적 태도는 청소년의 학습부진을 촉진시켰다(Wang, Haertel, & Walberg, 1999).

중류계층의 자녀들 중에도 학습부진을 나타내거나 폭력행동이나 비행으로 부모나 사회를 놀라게 하는 청소년들이 증가하고 있다. 보통 다음과 같은 네 가지 유형의 중류계층 부모들이 청소년의 학습부진에 기여한다.

첫째, 갈등하는 부모: 아버지와 어머니가 아동양육 방식에 대해 불일치하고 부부싸움이 잦다.

둘째, 무관심한 부모: 부모가 일관성 있는 한계나 표준을 설정하지도 않고 자녀들에게 거의 관심을 보이지 않는다.

셋째, 과보호하는 부모: 부모가 완벽주의자이고 과도하게 지배적, 지시적, 제한적이며 더 잘하라고 끊임없이 잔소리하고 간섭한다.

넷째, 계층 상승을 위해 노력하는 부모: 좋은 성적을 얻도록 청소년을 비판하고 압력을 가한다.

Ⅲ. 전자매체의 영향

전자매체에는 여러 가지 종류가 있으나 여기서는 청소년들이 많이 활용하는 인터넷과 게임에 대해 설명한다.

1. 인 터 넷

한국방송통신위원회와 한국인터넷진흥원이 2008년 6월 1일부터 7월 30일까지 만 3세 이상 41,499명을 조사한 결과에 의하면, 남성의 인터넷 이용률은 81.6% 그리고 여성의 이용률은 71.5%였으며, 이 중 10대의 99.9%와 20대의 99.7%가 인터넷을 사용하여 거의 모든 젊은이들이 인터넷을 사용하는 것으로 밝혀졌다.

인터넷은 커뮤니케이션 도구로서, 없어서는 안 될 생활 수단으로 자리잡은 지 이미 오래다. 그것은 청소년들의 정보 검색과 학습 활동을 위해서는 물론 토론의 장으로, 전자상거래나 주식거래로 그리고 각종 단체의 결속을 위한 매체로서 기능한다. 또한 인터넷은 다양한 국적, 성격, 취미, 가치관을 가진 사람들을 만날 수 있게 하고 부모와 가족에서 벗어나 더 넓은 공동체를 경험할 수 있도록 한다. 더욱 중요한 것은 사이버 공간에서 얻을 수 있는 풍부한 정보는 세상에 대한 이해의 폭을 넓힐 수 있게 한다는 것이다.

그러나 인터넷이 갖는 다양한 긍정적 기능에도 불구하고, 인터넷의 부정적 영향이나 부작용을 무시할 수는 없다. 인터넷은 그것의 고유한 특성인 익명성, 탈개인화, 접근의 용이성, 자료 보관의 반영구성 때문에, 청소년들을 여러 가지 부정적 행위에 노출되게 한다. 그 예로서 청소년들은 거의 무방비 상태로 인터넷 상에서 유통되는 음란물이나 자살 사이트에 접속하고, 인터넷을 통한 성매매, 음란 스팸메일, 사이버 범죄 등에 노출된다. 문제는 사이버 세계에 한 번 빠져들면 헤어나기 어려울 정도로 중독성이 강하다는 것이다.

1) 인터넷 중독

정보통신부가 운영하는 사이버 중독센터(www.cyadic.or.kr)는 사이버 중독 혹은 인터넷 중독을 "정보 이용자가 지나치게 컴퓨터에 접속하여 일상생활에 심각한 사회적, 정신적, 육체적 및 금전적 지장을 받고 있는 상태"라고 정의한다. 다시 말하면 인터넷 중독(internet addiction)이란 병리적이고 강박적인 인터넷 사용으로(Goldberg, 1996) 약물중독과 유사한 의존, 내성, 금단 증상을 보이며 개인의 정상적 생활 — 학문적, 사회적, 경제적, 직업적 — 을 어렵게 한다.

인터넷 중독에서 의존 증상은 마음이 복잡하거나 허전할 때 자신도 모르게 인터넷에 접속하여 시간을 보내면서 마음의 위안을 얻으려는 현상에 해당하며, 내성 증상은 인터넷에 매달려 컴퓨터를 끄고 빠져 나오기가 점점 힘들어지는 상태를 말한다. 또한 금단 증상은 인터넷을 떠나 있으면 왠지 불안하고 무슨 중요한 일이 인터넷 상에 일어날 것 같은 생각이 들며, 어떤 이메일이 와있을까 지나치게 궁금해하는 현상에 해당한다(김혜원, 2001). 일부 연구자들(Goldberg, 1996)은 인터넷 중독의 심각성을 고려하여 인터넷 중독을 인터넷 중독장애(internet addiction disorder)라고 명명하기도 한다.

중학생 1,014명(남: 523명, 여: 491명)과 초등학교 4, 5, 6학년 479명(남: 248명, 여: 231명)을 대상으로 인터넷 중독 실태를 조사한 김병성 등(2008)은 중학생 중에서 일반사용자 비율은 88.3%(895명), 잠재적 위험사용자 10.4%(105명) 그리고 고위험사용자는 1.4%(14명)라고 보고하였다. 그러나 초등학생들의 일반사용자 비율은 74.8%(333명), 잠재적 위험사용자 20.2%(90명) 그리고 고 위험사용자 4.9%(22명)여서 중학생들보다 초등학교 고학년들이 인터넷 중독 위험성이 더 심각한 것으로 나타났다. 또한 여자 청소년보다 남자 청소년들의 인터넷 중독 비율이 2배 이상 더 높았고 중독 청소년들의 대부분은 인터넷을 게임용으로 사용하고 있었다.

인터넷 중독을 충동 조절 문제가 포함된 장애로 보는 양(Young, 1999)은 인터넷 중독을 다음과 같이 다섯 가지 하위영역으로 구분하였다.

① 사이버 성중독(cyber sexual addiction): 사이버 상에서 성적 욕구를 충족시키는 증상으로 성인 사이트나 대화방을 통하여 음란물을 감상하고 사이버 섹스를 즐긴다.

② 사이버 관계 중독(cyber relationship addiction): 온라인 상에서의 사회적 관계에 몰입하는 증상으로 채팅이나 머드(MUD) 게임을 통하여 심리적 지지를 얻고 친밀감을 경험하려고 한다.

③ 네트워크 강박증(net compulsions): 충동적이고 강박적으로 온라인 도박을 하고 쇼핑이나 경매를 포함하는 사이버 매매에 매달리는 증상에 해당한다.

④ 정보 과부하(information overload): 강박적으로 웹 서핑이나 자료검색에 몰입하는 증상이다.

⑤ 컴퓨터 중독(computer addiction): 새로운 프로그램이나 컴퓨터 게임에 강박적으로 몰입하는 증상을 의미한다.

그렇다면 청소년들은 왜 인터넷에 몰입하게 되는가? 다음과 같은 네 가지 이유로 정리될 수 있다(Suler, 1999).

첫째, 사이버 공간을 통하여 자아정체감을 실험하고 탐색할 수 있으므로 나는 누구인가에 대한 불안감을 통제할 수 있다.

둘째, 친밀감과 소속감을 얻을 수 있다. 인터넷을 통하여 자신을 드러냄이 없이 여러 유형의 사람들을 자유롭게 만나고 소속감도 느낄 수 있다.

셋째, 부모나 가족으로부터 독립하고 싶은 욕구를 충족시킨다. 인터넷은 청소년들이 물리적으로 가족을 떠나지 않고도 가족으로부터 벗어날 수 있도록 해준다.

넷째, 인터넷을 통한 빠른 반응과 공격적 충동의 자유로운 분출은 청소년들의 스트레스나 좌절감을 발산할 수 있도록 도와준다.

2) 인터넷 중독과 관련된 요인

모든 청소년들이 인터넷에 중독되는 것은 아니다. 이 분야의 연구자들은 인터넷에 중독되는 청소년들은 몇 가지 두드러진 개인적 특성을 지니고 있다고 가정하며, 사회문화적 요인도 어느 정도 영향을 준다고 보고한다.

우선 인터넷 중독과 개인의 우울이나 내향성간에 높은 상관이 있다(남영옥, 2002; Young, 1997, 1998). 물론 우울이나 내향성이 인터넷 중독의 선행요인인지 아니면 결과요인인지는 분명하지 않다. 그 이유는 실제로 인터넷 사용 시간이 길어질수록 사회적 고립이 증가하고 이것이 우울을 야기시키기도 하지만, 원래 우울한 사람들이 자신을 드러내지 않은 상태에서 타인과의 접촉이 가능한 인터넷에 쉽게 중독될 수 있기 때문이다.

인터넷 중독을 보이는 사람들은 인터넷 사용을 조절하거나 통제할 수 없다는 점에서 충동조절 장애자로 불리기도 한다(Young, 1999). 소위 자기통제력이 낮은 충동적 청소년들은 오랫동안 기다려서 얻을 수 있는 미래의 큰 만족을 추구하기보다는 가상세계에서 즉각적인 만족을 구하려고 하므로 인터넷 중독에 빠지기 쉽다. 국내 연구에서도 자기통제력은 인터넷 중독과 높은 상관을 이루는 성격 특성이었다(남영옥, 2002).

인터넷 중독자의 상당수가 낮은 자기존중감을 지니고 있어(남영옥, 2002; 김혜원, 2001; Young, 1999), 자기존중감 또한 인터넷 중독과 관련 있는 개인적 특성이다. 청소년들은 실제적인 대인관계에서 나타나는 그들의 낮은 자기존중감을 회복하기 위하여 인터넷 상의 대인관계에 쉽게 몰입된다.

개인적 특성 외에도 가족구성원들이 서로 냉담하고 지원적 관계를 형성하지 못할 때, 청소년들은 가족 내에서 고립감을 느끼고 그들의 억압된 감정을 표출하는 하나의 방법으로 인터넷에 중독될 수 있다. 또한 학교생활에 잘 적응하지 못하거나 교사로부터 관심을 받지 못할 때 그리고 친구가 없거나 친구가 적은, 외로운 청소년들이나 집단 따돌림을 당하는 청소년들이 인터넷 중독에 더 취약하다. 중요한 것은 인터넷의 사용 목적이다. 인터넷을 정보수집보다는 통신용으로 사용할수록 그리고 통신보다는 오락용으로 사용할수록 더 심한 중독증세를 보인다(윤영민, 2000).

3) 인터넷 중독의 영향

인터넷 중독으로 일어나는 문제 행동을 정리하면 다음과 같다(정영숙, 2000; Young, 1998; Kraut, 1998).

① 팔과 어깨에 이상이 생기고 시력이 저하되며 소화불량, 수면부족, 두통 등이 일어난다. 운동량의 부족으로 전반적인 건강이 나빠진다.

② 정체감 혼란을 경험할 수 있다. 익명으로 이루어지는 대화를 통하여 청소년들은 자신의 실체를 숨기고 자유롭게 정체를 변화시킬 수 있으므로 결국 정체감 혼란이 일어난다. 발달단계적으로 정체감을 확립해야 하는 시기에 중다의 정체성은 청소년들의 바람직한 발달을 방해할 수 있다.

③ 대인관계가 손상된다. 가까운 친구 관계에서부터 연인 관계, 부부 관계, 부모자녀 관계에서 갈등이 증가하고 대인관계가 위축된다. 온라인 상의 교류에 많은 시간을 할애하다 보니 현실적으로 사교성이 결여되며 사회적 고립이 불가피해진다.

④ 사회 활동에 대한 흥미가 감소하여 전반적인 사회 활동 참여가 감소한다.

⑤ 학업 성적이 저하되고 학습 흥미가 상실된다.

⑥ 우울과 외로움이 증가하고 충동성이 조장된다. 청소년들은 인터넷 상에서 자신이 원하는 정보를 즉각적으로 얻을 수 있고 원하지 않으면 대화하던 중이라도 언제든 중단할 수 있기 때문에 욕구 만족을 지연시키거나 자신의 욕구를 절제할 필요가 없다. 이와 같이 인터넷 상에서는 누구나 즉각적인 반응을 얻을 수 있기 때문에, 여기에 익숙해진 사람들은 성급하고 충동적인 성격으로 변화할 수 있다.

⑦ 인터넷 상에서 사용되는 언어는 주로 약어나 특징적인 기호들이다. 시간 절약 차원에서, 긴 메시지는 한 화면을 넘어가 대화가 유지되기 어렵고 대화자가 빠져 나가버리거나 다른 사람이 대화에 들어올 수 있기 때문에, 짧고 간결한 언어의 사용은 불가피하다. 그러나 문법에 전혀 맞지 않는 줄임말(시험 → 셤; 짜증

나 → 짱나)이나 모음의 생략(감사 → ㄱㅅ; 축하해 → ㅊㅋㅊㅋ) 혹은 소리나는 대로 기록하는 것(좋다 → 조타; 많아지며 → 마나지며) 모두 언어파괴 현상이 분명하다. 여기서 중요한 것은 언어가 개인의 사고에 영향을 준다는 것이다. 사이버 공간에서의 이와 같은 파괴된 언어의 계속적 사용은 청소년의 사고를 왜곡시킬 수 있다.

4) 사이버 성중독

최근 청소년들이 음란 사이트에 접속하고 음란 채팅과 사이버 성폭력을 일삼으며 통신을 매개로 한 성매매에 가담함으로써 심각한 사회문제를 일으키고 있다. 중고등학교 청소년 690명을 대상으로 연구한 구현영과 김성숙(2007)은 조사 대상자의 6.7%가 사이버 성중독 상태에 있다고 보고하였다.

사이버 성중독이란 인터넷 상에서 음란물을 보거나 성인 채팅방을 통하여 사이버 섹스에 몰입하는 것으로 인터넷 중독의 특수한 형태로 분류된다. 실제로 인터넷 중독자 다섯 명 중 한 명이 여기에 해당한다(Young, 1999).

인터넷 성중독이 심각한 청소년일수록 성에 대해 개방적 태도와 왜곡된 사고를 지니고 있다. 그들은 여성을 오로지 성적 대상물로 인식하고 강간 신화를 수용하며 사이버 성폭력을 저지르기 쉬웠다(구현영, 김성숙, 2007; 이세용, 2000). 또한 사이버 성에 중독된 청소년들은 인터넷 중독자와 동일하게 낮은 자기존중감과 높은 수준의 우울 및 충동성을 지니고 있으며, 친구나 교사와 부정적 관계를 형성하고 있었다. 그들의 부모는 갈등이 많았고 지나치게 독재적이거나 허용적인 양육방식을 사용하였다. 특히 부모와의 관계가 친밀할수록 그리고 부모의 관리 · 감독이 엄격할수록 음란표현물 접촉 경험이 적은 반면, 친구들의 인터넷 사용 압력이 강할수록 음란표현물 접촉은 더 빈번하였다(남영옥, 2002; 이세용, 2000).

인터넷 상에서 성적으로 왜곡된 행동이 일어나는 이유는 무엇인가?

첫째, 인터넷 상에서는 자신의 정체가 드러나지 않기 때문에 일상생활에서 억압된 성적 환상이 손쉽게 재현된다. 소위 인터넷이 갖는 익명성이 왜곡된 성적 행동을 부추긴다는 것이다.

둘째, 누구나 쉽게 사이버 포르노 사이트나 성인 채팅 사이트에 접근할 수 있다는 편리성이 사이버 성중독을 부추긴다.

셋째, 인터넷 상에서의 성적 경험이 현실 생활에서의 긴장을 해소시켜 줌으로써 현실탈출이 가능하다.

2. 게 임

게임이란 모니터 상에 나타나는 대상물을 조작하고, 통제하고 거기에 의미를 부여하여 재미를 느끼는 것을 의미한다. 과거에는 게임을 즐기는 주된 연령층이 청소년들이었으나 최근에는 초등학생과 대학생은 물론 일반 성인들도 게임을 즐기는 추세에 있다. 게임의 보편화로 기존의 PC 게임방과는 다르게 게임 전용기로 비디오 게임을 하는 플스 방(play station에서 유래함)이 생겨났고 휴대폰을 사용하는 모바일 게임도 출현하였다. 이제 게임은 단순한 오락기능을 넘어 엄청난 상금이 걸린 게임 리그가 이루어지고 프로게이머와 게임방송 그리고 게임구단을 출현하게 함으로써 게임은 E-스포츠(electronic sports)로서 자리를 잡고 있다.

청소년들이 많이 이용하는 게임에는 FPS(First Person Shooter)와 MMORPG (Massively Multiplayer Online Role-Playing Game), 시뮬레이션, 캐쥬얼 게임 등이 있다. 우선 FPS는 총이나 칼을 이용해 상대팀을 전멸시키는 게임으로 서든 어택(Sudden Attack)과 카운터 스트라이커(Counter striker) 게임이 여기에 해당한다. 또한 MMORPG는 게이머가 하나의 역할을 맡아 다양한 방식으로 게임에 참여하는 특징을 지니고 있으며 널리 알여진 WOW(World of Warcraft)와 리니지 2가 여기에 포함된다.

시뮬레이션 게임은 실제 인간이 경험할 수 없는 상황이나 비용이 많이 드는 상황을 미리 예측하여 대처하는 게임으로서 스타크래프트(Starcraft)와 워크래프트(Warcraft)같은 게임이 여기에 해당한다. 한편 캐쥬얼 게임의 대표격인 카트라이더(Cart Rider)는 귀여운 캐릭터들이 카트를 타고 경주를 펼치는 게임으로 쉬운 조작과 짧은 게임시간을 특징으로 한다.

게임의 가장 큰 문제점은 중독성이다.

대다수의 게임들은 커뮤니티 기능의 길드(Guild)와 클랜(Clan)같은 사용자 공동체를 가지고 있어 게임 내에서 인간관계를 형성하도록 하며, 특히 파티(Party) 시스템은 사용자들간의 협동 플레이를 유도한다. 그러나 이러한 온라인 게임들의 공통적 문제점은 강한 중독성으로 게임을 즐기는 청소년들의 일상생활을 파괴함으로써 심각한 적응문제를 일으킨다.

15세부터 19세까지의 청소년 스스로가 인지한 게임 중독 비율은 약 25%에 이르며, 그 중 남자 청소년들의 비율이 여자 청소년들의 비율보다 현저하게 더 높다(유승호와 정의준, 2001). 특히 게임의 스포츠화는 청소년들의 게임 이용시간을 증가시켰고 중독현상의 심화를 가져오는 결과를 초래하였다.

게임에 중독된 청소년들은 정상적인 생활을 하지 못한다. 그들은 밤을 새워 게임을 하고 낮에 졸거나 수업시간에 집중하지 못하며, 어떤 청소년들은 수업 시간 중에 학교를 빠져나가 게임에 매달리는가 하면 심지어 게임을 하기 위해 학교를 자퇴하는 청소년들도 있다.

더 큰 문제는 게임에 중독된 청소년들이 게임을 하기 위해 범죄도 서슴지 않는다는 것이다. 최근 온라인 게임관련 범죄건수가 기하급수적으로 늘고 있는 것이 그 증거일 것이다(2002년 32,743건이 2007년 88,847건으로 증가하였다). 게임 중독 청소년들은 게임 요금을 결제하기 위해 부모 몰래 돈을 훔치고 집 전화를 통해 요금을 결제하기도 한다. 그렇다고 해서 인터넷 게임이 오로지 부정적 영향만을 주는 것은 아니므로 게임 중독의 원인과 주요증상 및 게임이용의 영향을 고찰할 필요가 있다.

1) 게임 중독의 원인과 주요 증상

게임은 마약이나 도박같은 다른 중독증과 같이 현실에서는 만족할 수 없는 욕구를 충족시킬 수 있도록 한다. 게임을 통한 이와 같은 대리만족은 게임 자체의 속성이라기보다는 인터넷의 속성인 익명성에 기초한다. 사람들은 자신이 드러나지 않는 상황에서 적극적으로 자기를 표출할 수 있는 게임을 현실보다 더 선호하고 결국 거기에 중독된다. 문제는 게임에 한번 중독되면 치료하기 어렵고 재발 가능성이 높다는 것이다.

물론 게임을 하는 모든 사람들이 게임에 중독되는 것은 아니다. 일반적으로 현실에서 사회적 만족을 얻지 못하는 소위 사회성이 부족한 사람들이 현실에 대한 대리만족으로 게임에 빠져든다. 게임 중독 청소년들은 다음과 같은 네 가지 증상 중 하나 이상의 증상을 나타낸다(유승호, 정의준, 2001).

① 게임을 하지 않을 때는 기분이 우울하고 신경질적으로 변하지만, 막상 게임을 하게 되면 이런 모든 증상들이 사라진다(금단 증상).

② 게임을 하지 않을 때도 계속 게임에 대한 생각이나 상상을 하면서 게임을 할 수 있는 때를 기다린다(내성 증상).

③ 게임 시간을 줄이려고 노력하지만 실패한다(조절 능력의 상실).

④ 게임에 지게 되면 억울하고 화가 나서 다른 일이 손에 잡히지 않는다(강박적 의존).

한편 문화체육관광부는 청소년들의 일상적인 행동 특성을 바탕으로 다음과 같은 게임 중독의 주요 증상을 기술하였다. 이 기준을 적용하면 제삼자가 게임 중독 청소년을 쉽게 식별할 수 있는 이점이 있다.

① 지각이나 결석을 자주 한다.

② 거짓말이 늘고 자주 귀가 시간이 늦어진다.

③ 가족과의 대화가 단절되고 짜증이 많아진다.

④ 수면이 부족하고 눈이 충혈되며, 학교생활에 지장이 온다.

⑤ 실제 돈을 주고 사이버 머니나 아이템을 산다.

⑥ 게임을 하지 않으면 안절부절 못하고, 평소 가지고 있던 정서문제가 악화된다.

2) 게임의 영향

게임의 영향을 긍정적 영향과 부정적 영향으로 구분하여 설명한다.

(1) 긍정적 영향

첫째, 게임은 스트레스를 해소시키고 카타르시스(정화작용)를 경험하게 한다. 공격적 모델을 관찰하면 오히려 공격성이 감소한다는 주장과 일치되게, 폭력적이고 공격적 게임은 청소년의 분노나 좌절 혹은 공격성을 해소시키므로 일상생활에서의 공격적 행동을 감소시킬 수 있다. 또한 청소년들은 게임을 하는 동안 학업에서 오는 스트레스를 잠시 잊을 수 있어 정서적 해방감도 맛볼 수 있다.

둘째, 자신감과 집중력을 향상시킨다. 게임은 강한 집중력을 요구할 뿐 아니라 게임에서의 승리를 통하여 자신감을 얻을 수 있도록 한다. 따라서 많은 청소년들은 게임을 통해 심리적 만족을 얻고 그것을 일상 생활에서의 활력소로 활용한다.

셋째, 교육 능력과 학습 능력을 증진시킨다. 일찍이 그린필드(Greenfield, 1984)는 게임이 ① 테크놀로지에 친숙하게 하여 하이테크 세계에 대한 접근을 유도하고 ② 게임과의 상호작용으로 발견을 통한 학습 능력이 향상되며 그리고 ③ 컴퓨터를 사용하는 직업에 필요한 능력 개발에 기여한다고 주장하였다. 그린필드 외에도 여러 연구자들은 게임이 인터넷 활용 능력을 향상시키고 과학 기술의 변화에 대한 인식을 높이며 운동 신경의 발달에도 도움이 된다고 주장한다. 또한 게임은 기억 능력을 증진시키고 논리적 사고력을 발달시키며 빠른 의사결정과 비교/대응 처리 능력을 향상시키는 동시에 손과 눈의 협응 능력을 개선시킨다는 주장도 있다.

넷째, 게임은 청소년들의 사회적 상호작용을 촉진시키고 사회적 기술을 검증해볼 수 있도록 하며 사회적 위계를 구축할 수 있는 장을 제공한다(Glenn, 1997). 이제 게임은 청소년 하위문화를 형성하는 주체로서 성인 세대와는 독립된 문화공간으로서의 역할을 한다. 특히 온라인 상에 만들어진 특정한 집단은 그들만의 커뮤니티를 형성하고 서로 생각과 관심을 공유한다. 그들은 실제로 오프라인 상에서 만나기도 하고 물건을 살 때 공동구매하기도 한다. 특히 게임은 사회적으로 소외된 청소년들의 전자친구(electronic friends)가 되어 준다.

다섯째, 게임은 또 다른 게임의 구상이나 제작을 가능하게 한다. 게임을 많이 하는 청소년들은 수동적으로 기존의 게임만을 이용하는 것이 아니라 직접 새로운 게임을 만들어 내는 작업도 한다.

(2) 부정적 영향

첫째, 게임은 강한 중독성을 지니고 있다.

둘째, 게임은 폭력성과 공격성을 조장한다. 습관적으로 게임을 하는 사람들이 실제 생활에서 폭력을 행사하기 쉬우며, 폭력적인 TV나 영화와 같이 폭력적 게임은 폭력이나 공격을 문제해결의 정당한 방법으로 인식하게 한다.

셋째, 컴퓨터와 마찬가지로 오랜 시간 동안 게임을 하면 시력 저하는 물론 운동 부족에 기인한 근육통이나 두통을 일으킨다.

넷째, 현실 인식 능력과 사회적응 능력을 저하시킨다. 게임은 가상공간에서 개인적 욕구를 충족시킬 수 있도록 하므로 실제 생활에서 정상적인 사회적 관계를 형성하거나 유지하는 것을 방해한다. 특히 청소년들은 게임에 과도한 시간을 할애함으로써 학교 공부를 소홀히 하고 학교생활에 적응하지 못한다.

비록 게임이 많은 긍정적 이점을 지니고 있다고 할지라도, 중독성이 지나치게 강하여 청소년들이 게임을 통해 경험할 수 있는 모든 긍정적 영향을 무효화시킬 수 있는 문제점이 있다. 일반적으로 게임에 대한 이해도가 낮은 부모의 자녀일수록 게임 중독 현상이 심각하므로, 부모나 교사 스스로 게임을 알고 이것을 적절하게 통제하는 방법을 청소년들에게 가르칠 수 있어야 할 것이다.

04부

청년기의 문제

Adolescent Psychology

04부 | 청년기의 문제

청년초기나 중기 동안 청소년들은 하나 이상의 문제행동을 저지르지만, 대부분은 큰 문제 없이 성인기로 진입한다. 그러나 일부의 청소년들은 문제행동을 반복함으로써 일탈성인으로 성장한다. 세 개의 장을 포함하는 제 4 부는 청년기 동안의 문제행동을 차례로 고찰하고 각 문제행동의 원인과 진행과정 및 결과를 설명한다.

제10 장에서는 이성에 대한 관심과 성행동
제11 장에서는 청년기 문제행동의 특징과 물질남용 그리고
제12 장에서는 청년기의 문제행동: 외재화 장애와 내재화 장애를 고찰한다.

제 4 부를 통하여 청년기 문제행동의 특징과 양상은 물론 한국 청소년들이 경험하는 문제행동의 실상을 정확하게 파악함으로써 효과적인 대처방안이 모색될 수 있을 것이다.

10장 이성에 대한 관심과 성행동

Adolescent Psychology

제10장 이성에 대한 관심과 성행동

사춘기의 시작과 함께 호르몬 분비의 변화는 성에 대한 청소년의 관심을 불러일으킨다. 청소년들은 학교의 체육 시간이나 단체 활동을 통하여 동년배 친구들의 신체 변화를 확인하고 서로의 신체를 비교해 보며 매력을 평가한다. 이 연령의 청소년들 사이에서 이루어지는 대화는 이성교제와 데이트는 물론 성기관의 발달과 성적 감정 및 성충동의 문제에 집중된다.

청년기의 중요한 발달과업 중의 하나는 자아를 향상시킬 수 있으면서 사회적으로 수용가능한 방식으로 성적 충동과 감정을 처리하는 방법을 배우는 것이므로 이 장에서는 청년기의 이성교제와 성에 대한 태도와 행동 및 그 결과를 설명한다.

I. 이성교제

데이트 시작연령의 연소화로 일부의 중 · 고등학교 청소년들은 이성과 지속적인 데이트를 한다. 청년기의 이성교제는 이 시기의 중요한 발달과업인 이성과의 친밀감 형성에 필요한 사회적 기술을 습득하게 하고 지속적인 관계를 형성 · 유지하는 방식을 배울 수 있도록 하지만, 때 이른 성행동으로 후속적 발달에 지장을 주기도 한다.

1. 이성교제의 특성

오늘날 많은 한국 청소년들은 이성교제를 한다. 전국 인문계 및 실업계 남녀 고등학생 2,049명을 대상으로 분석한 결과, 조사대상 남학생의 55.5%와 여학생의 59.5%가 이성교제 경험이 있다고 보고하였다(김혜원, 이해경, 2002). 그렇다면 이성교제를 시작하는 시기는 언제인가? 일반적으로 중학교 2학년 무렵이 이성교제를 시작하는 시점으로 추정되지만 최근에는 초등학교 고학년에서 이미 이성교제가 이루어지고 있다고 이야기하는 사람들도 많다.

그러나 이 시기의 이성교제는 지속 기간이 짧은 것이 그 특징이다. 그들은 자주 만나고 강한 접촉을 원하면서도 그들의 관계는 오래 지속되지 못한다. 문제는 이른 이성교제가 다양한 성문제와 연결되므로, 청소년들은 이성교제 과정에서 성병에 감염되고 임신과 낙태를 경험하며 성폭력이나 성희롱을 당하기도 한다는 것이다(Marin 등, 2006).

2. 데이트의 기능

오늘날의 데이트는 이제 결혼의 전제로서가 아니라 이성에 대한 사회화의 한 방법으로 생각된다. 젊은이들은 왜 데이트를 하는가? 선행연구 결과를 바탕으로 데이트의 기능을 정리하면 다음과 같다(Rice, 1998).

① 사회화 기능: 데이트는 타인과의 상호작용 방식을 학습하게 하고 사회적 기술과 예의를 발달시킨다.

② 오락기능: 데이트는 기쁨과 즐거움의 근원이다.

③ 독립의 획득: 데이트는 부모나 다른 성인들로부터 자율성을 획득하는 수단이다. 부모가 반대하는 사람과 데이트함으로써 성인의 권위에 도전하는 젊은이도 있다.

④ 친밀성 획득: 데이트는 성인초기의 친밀감 확립을 위한 기초를 형성한다. 각 개인은 데이트 과정을 통하여 신뢰, 존경, 애정 등 가깝고 헌신적 관계를 경험할 수 있기 때문에, 데이트는 성인초기의 심리사회적 위기를 성공적으로 해결할 수 있도록 한다.

⑤ 성적 만족과 실험: 데이트는 성적 친밀감을 확인하기 위한 기회를 제공한다.

⑥ 데이트는 개인의 정체감 형성과 발달에 기여한다. 즉 데이트는 청년기 개인의 정체감을 분명히 하고 가족과 분리되는 것을 돕는다.

⑦ 배우자 선택: 데이트는 배우자 선택을 위한 기회를 제공한다.

일반적으로 소녀들은 이성 관계의 질적 특성을 중요시하는 반면, 소년들은 신체적 매력의 중요성을 강조한다(Feiring, 1996). 따라서 개인의 신체적 매력은 청년기 여성의 데이트 빈도와 높은 상관이 있으나 청년기 남성의 데이트 빈도와는 거의 관련이 없다. 소위 매력편견(attractiveness prejudice)은 여성들에게만 적용되는 개념으로, 데이트 시작시에 여성의 신체적 매력이 중요한 요인으로 작용한다는 것을 의미한다. 이성과의 사귐에서 각 개인이 갖는 성격특성이 중요하지 않은 것은 아니지만, 그것은 서로 사귀게 된 이후에 중요해진다.

Ⅱ. 청년기 문제로서의 성욕

청년기는 성욕의 발달에서 전환점을 이룬다. 그 이유는 청소년 자신은 물론 타인들도 청소년을 성적 존재로 인식할 뿐 아니라 신중한 성적 행동이 시작되는 시점이기도 하기 때문이다. 청년기 이전에도 성적 놀이(sex play)가 없었던 것은 아니지만, 그것은 진정한 성욕이기보다는 단순한 호기심과 연결된 행위였다.

1. 성적 감정의 기원

인간은 성적 감정을 가지고 태어나는 것이 아니라 그것을 발달시키는 잠재 능력을 지니고 태어난다. 출생 직후부터 남녀가 다르게 취급되고 사회가 규정한 상이한 성역할을 학습하기 때문에, 개인의 성은 자아의 가장 영향력 있는 특성으로 작용한다. 사회화 과정을 통하여 성역할 정체감(gender identity)의 확립이 이루어지는 것과 병행하여 성 호르몬 분비의 증가는 남녀의 성적 감정을 발달시키는 계기가 된다. 성 호르몬은 인간이나 영장류의 성적 감정이나 욕구를 촉발시키는 중요한 요인으로, 유기체가 하등할수록 호르몬의 영향은 더 커진다. 사춘기 이전에 인간이나 동물의 성선을 수술로 제거하면 성적 감정과 욕구는 발달하지 못한다.

그러나 인간의 성적 감정이나 욕구는 전적으로 성 호르몬의 존재에 의존하는 것은 아니다. 인간의 경우, 호르몬 물질 자체가 성적 목표 대상물을 선택하는 것이 아니므로 감정이나 욕구는 여러 가지 방법으로 조건화될 수 있다. 만약 문화가 성적 감정의 표현을 자극하지 못한다면 성행동을 위한 개인의 충동은 일생 동안 잠복될 수도 있다.

우리는 성적으로 이분화된 사회에서 계속적으로 조건화되기 때문에, 개인은 사춘기 변화가 일어날 때, 쉽게 이성애를 지향한다. 비록 소수의 개인들이 동성애나 양성애 지향성을 보이기는 하지만, 대부분의 사람들이 갖는 이성애 지향성은 사춘기에 시작되어 일생 동안 계속된다.

성역할 정체감과 성적 선호의 의미를 구별할 필요가 있다. 성역할 정체감(sex-role identity)이란 개인이 성역할 학습과정을 통하여 사회가 규정하는 남성적 성역할이나 여성적 성역할을 취사 선택하는 정도에 해당한다. 이와는 달리 성적 선호(sexual preferenc)란 성숙한 성적-정서적 관계를 형성하기 위하여 동성이나 이성 혹은 양성 중 어느 성을 파트너로 선택하는지를 의미한다. 따라서 성적 선호는 각각 동성애, 이성애 혹은 양성애로 기술된다.

2. 성욕의 성차

사춘기의 시작과 함께 남녀 청소년들은 동일하게 성적 욕구를 경험하지만 사회적 및 해부학적 이유 때문에 그들은 서로 다른 의미의 성욕을 경험한다. 일반적으로 남녀 모두 약 10세까지 자위행위를 한다. 그러나 10세 이후부터 대부분의 소녀들이 자위행위를 억누르는 것과는 달리, 소년들은 청년기 동안에도 자위행위를 계속한다. 이와 같은 남녀 차이는 부분적으로 성역할 고정관념에 일치하라는 무언의 압력에 기인한다.

사춘기의 시작과 함께 남성 호르몬의 증가는 이 시기 소년들의 관심을 성기에 집중시키고 억제할 수 없는 발기를 일으킨다. 자발적 발기는 소년들의 관심을 생식기에 집중시키고 만지는 행위를 자극하므로 소년들은 소녀들보다 성에 관한 이야기를 더 많이 나누고 자신의 성기를 자랑하며 서로 모여 함께 자위행위를 하기도 한다.

동시에 사회는 남성들에게 공격적이고 정복지향적 성을 격려하는 경향이 있다. 남성에게 있어서 성욕은 그들의 사회적 지위를 확인하는 수단으로 사용된다. 특히 청소년의 친구들은 서로서로 성적 실험을 격려하고 성적 능력을 확인할 수 있도록 돕는다. 그러므로 애정이나 사랑 없이도 남성들의 성행동은 이루어질 수 있다.

청년기 소녀들의 성욕은 생식기 지향적이 아니라 낭만적 사랑을 추구하며, 동년배 집단은 소녀들의 낭만주의를 자극한다. 성숙의 생물학적 지표인 초경은 성적 의미보다는 생식의 의미를 지니기 때문에, 여성들은 성적 경험이 이루어질 때까지 자신을 성적인 존재로 지각하지 못한다. 그러므로 여성의 성적 활동을 촉진시키는 사람은 동년배 집단이 아니라 성적 파트너이다.

청년기 여성의 성욕은 반대감정병존(ambivalence) 현상으로 설명될 수 있다. 그들은 생리와 연합된 고통과 불편, 임신의 공포 그리고 어머니로부터 전해들은 남성의 부정적 측면 등에 기인된 부적 감정과 이성에 대한 정서적 친밀감의 정적 정서가 결합된 양가감정을 경험한다. 따라서 데이트하는 청년기 남녀는 자주 서로 다른 기대를 가지고 성적 행동을 시도한다.

3. 건강한 성적 발달

청년기 동안 성적 문제를 성공적으로 해결할 수 있기 위해서는 다음과 같은 네 가지 발달적 도전을 처리하지 않으면 안 된다(Brooks-Gunn & Paikoff, 1993).

첫째, 변화하는 신체 —형태, 크기, 매력— 에 대해 편안하게 느낄 수 있어야 한다.

둘째, 자신이 경험하는 성적 각성을 정상적이고 적절한 느낌으로 수용할 수 있어야 한다.

셋째, 성적 활동에 가담할 것인지 아닌지를 편안하게 선택할 수 있어야 한다. 성은 자신이나 타인 모두에게 자발적인 행위라는 것을 이해할 필요가 있다.

넷째, 임신이나 성병의 위험을 피할 수 있는 안전한 성(safe sex)을 추구해야 한다.

Ⅲ. 성에 대한 태도와 행동의 변화

1. 성의 개방화 추세

청소년들의 성에 대한 태도와 행동은 과거와 비교해 볼 때 크게 변화되었고, 1970년대 이후부터 성의 자유화 물결은 전 세계적 추세로서 보편화되었다. 오늘날의 청소년들은 부모 세대보다 성을 더 많이 즐기고 성행동에 대해 죄책감도 더 적게 느낀다. 또한 과거보다 더 어린 연령에서 성경험이 이루어지고 여성들의 혼전 성경험도 증가하였다. 이와 같은 현상을 성혁명이라고 주장하는 사람도 있지만, 단순히 건강한 방향으로의 변화라고 주장하는 사람도 있다.

청소년들의 성행동에서의 변화는 더 어린 연령에서의 사춘기 시작과 피임약의 보편화가 중요한 원인이지만, 성에 대한 사회 전반적인 태도의 변화를 무시할 수 없다. 사회는 성에 대해 보다 자유롭게 논의하고 성을 개인의 행복추구권의 일환으로 인식한다. 대중매체들은 윤리적으로 문제가 있는 성행동에 대해서도 사랑을 전제로 하기만 한다면 크게 비난받을 일이 아니라는 태도를 취한다.

일찍이 쥬리히와 쥬리히(Jurich & Jurich, 1974)는 혼전성교가 어떤 기준하에서 이루어지는지에 대해 다음과 같은 다섯 가지 기준을 제시하였다.

① 전통적 기준: 결혼 전에 남녀 모두 성교를 절제한다.

② 이중적 기준: 결혼 전의 성교는 남성에게는 허용되지만 여성에게는 허용되지 않는다.

③ 애정을 바탕으로 한 허용: 두 사람이 사랑한다면 결혼 전에도 성교가 가능하다.

④ 애정 없는 허용: 두 사람이 서로 좋아하든 좋아하지 않든 결혼 전에 성교를 허용한다.

⑤ 동의에 의한 허용: 사랑의 감정을 포함하든 포함하지 않든 두 사람이 상호동의하면 결혼 전에 성교가 가능하다.

쥬리히와 쥬리히의 연구에서 여성들은 전통적 기준을 선호하고 남성들은 이중적 기준이나 애정 없는 허용기준 중 하나를 선호하였다. 그러나 1980년대에 조사된 드레이어(Dreyer, 1982)의 자료는 대부분의 청소년들이 애정을 바탕으로 한 허용기준을 선호한다고 응답하였다. 한국 대학생들을 대상으로 혼전성교에 대한 태도를 조사한 장휘숙(1995)의 결과에 의하면, 남성들의 48.18%가 두 사람이 사랑한다면 결혼 전에 성교가 가능하다고 응답하고 여성들의 54.32%는 결혼 전에 남녀 모두 성교를 절제해야 한다고 응답함으로써 여성들이 혼전성교에 대해 더 보수적 태도를 지니고 있음을 보여 주었다. 그러나 최근에는 상호적 이해와 동의가 있다면 사랑의 감정과 상관없이 혼전성교가 가능하다는 응답비율이 크게 증가하여 성자유화가 급속도로 진행되고 있음을 알 수 있다.

2. 이중기준의 변화

문화에 따라 차이가 있기는 하지만, 한국이나 서구 사회에서는 성에 대한 이중기준(double standard)이 존재한다. 이중기준이란 남성들이 결혼 전이나 결혼 후에 여러 여성들과 성관계를 갖는 것은 있을 수 있는 일이지만, 여성들은 결혼 전까지 순결해야 하고 결혼 후에도 남편과의 성관계만을 가질 수 있다는 것이다. 그에 따라 여성들은 불가항력적 상황에서 일어난 성적 접촉에 대해서도 비난을 받고 불이익을 당하는 일이 많았다. 부부의 부정 행위에 대해 여성에게만 가혹한 사회의 편견은 이중기준의 단적인 예이다.

그러나 성의 개방화 추세는 이중기준의 약화를 촉진시켜, 1970년대 초기 이후로 미국의 젊은이들은 양성에 대해 단일적 행동 표준을 적용하기 시작하였다. 여러 명의 여성들과 동거하는 남성들을 부도덕하다고 지각하는 사람들이 증가하기 시작한 반면, 여러 명의 남성들과 동거하는 여성들에 대한 부정적 시각은 오히려 완화되기 시작하였다. 남녀에 대한 평등주의적 가치관이 이중기준을 대치하게 됨으로써 이중기준을 주장하는 사람들의 수는 점차 감소하였다.

이중기준의 존재는 남성의 지배를 정당화하고 여성을 예속화하였으며 인신매매와 성폭력 등의 범죄 행위를 유발하였다. 최근의 여성해방운동과 남녀 평등 사회의 지향은 남존여비 사상이 뿌리 깊은 한국 사회의 이중기준을 급속하게 약화시키고 있다.

3. 남성의 성과 여성의 성: 성의 심리사회적 의미

이중기준의 약화에도 불구하고 청년기 남성과 여성들은 성에 대해 매우 다른 사회적 태도에 직면한다. 사회는 암암리에 남성들보다는 여성들에게 정서적 개입이나 애정 없는 성적 활동을 하지 못하도록 제한한다. 혼전성교의 결과로 소녀들은 임신할 수 있기 때문에 사회는 소녀들의 성적 활동을 더 많이 감독하고 조심스럽게 성에 접근할 것을 당부한다. 그에 따라 소녀들은 스스로를 성적인 존재로 지각하면서도 성적 욕구를 통제해야 한다고 학습한다(Tolman, 2002).

그러므로 청년기 동안 경험하는 남성과 여성의 성행동은 실제로 매우 다른 의미를 지닌다. 우선 청년초기에 남성들이 경험하는 최초의 성행동은 대인관계 맥락에서가 아니라 주로 자위행위를 통해 이루어진다. 남성들은 이성과 데이트를 시작하기 이전에 이미 오르가슴을 경험하고 자신을 성적으로 각성시키는 방법을 알고 있다. 그러므로 청년기 남성들의 성적 발달은 그들이 이미 가지고 있는 성적 능력과 이성과 친밀한 관계를 형성하는 능력을 통합시키는 방향으로 이루어진다.

일반적으로 남성들은 첫 성교시에 성과 사랑을 분리하고, 자주 첫 성교의 파트너를 우연한 데이트 상대자였다고 보고한다. 그들은 순결하지 않은 여성보다 순결한 여성들에게 더 많은 사랑을 느꼈다고 보고하지만, 첫 성교에서 남성 자신의 순결 상실여부는 상대 여성에 대한 애정의 강도와는 전혀 상관이 없다. 이와 같이 남성들의 이른 성적 경험은 친밀감이나 정서적 몰입의 결과가 아니기 때문에 자주 오락의 일환으로 인식된다. 따라서 첫 성교를 경험한 청년기 남성들의 반응은 흥분과 만족, 행복감이 주를 이룬다(Oswald, Bahne, & Feder, 1994).

소년들과는 달리 소녀들의 자위행위는 빈번하지도 않고 규칙적으로 이루어지지도 않기 때문에, 소녀들의 첫 성경험은 이성과의 관계 내에서 일어난다. 그러므로 여성들의 성은 이성과의 성적 활동과 이미 가지고 있는 친밀감이나 정서적 개입을 통합하는 것이므로 남성들과는 차이가 있다. 그들에게 성교는 처음부터 로맨스, 사랑, 우정, 친밀감 등과 연합되므로 여성들은 최초의 성적 파트너를 사랑한다고 자주 보고한다(Hendrick & Hendrick, 1994).

그러나 성적 욕구를 통제해야 한다고 학습한 소녀들은 첫 성교를 경험한 후, 소년들처럼 흥분하고 행복해 하면서도, 강한 죄책감과 두려움을 느낀다(Oswald, Bahne, & Feder, 1994). 그들의 행동은 부모나 사회의 가르침에 위배될 뿐 아니라 친한 친구조차도 자신의 성경험을 비난하기 때문에 그들은 우울하지 않을 수 없다. 더욱이 임신할지도 모른다는 두려움은 첫 성교를 경험한 소녀들을 더욱 불안하게 만든다.

4. 성행동을 부추기는 위험요인

위험요인(risk factor)이란 질병이나 장애와 같은 부정적 결과에 대한 개인의 취약성을 증가시키는, 개인적 혹은 환경적 조건들을 의미한다. 위험요인의 존재가 반드시 부정적 결과를 가져오는 것은 아니지만, 부정적 결과의 발생 확률을 높인다는 점에서 문제가 된다. 그 예로서 흡연이 반드시 폐암을 일으키지는 않지만, 모든 조건이 동일할 때 흡연자가 비흡연자보다 더 높은 폐암 발생 위험성을 갖는 것이 여기에 해당한다. 위험요인은 또한 누적적으로 작용한다. 단 하나의 암 발생 위험요인을 가진 사람보다는 흡연, 가족력, 고지방의 식사와 같이 암발생과 관련된 중다의 위험요인을 가진 사람들이 암에 걸릴 확률이 더 높다.

청소년의 위험행동은 누적적 위험요인 모델(cumulative risk factor model)로 설명될 수 있다. 이 모델은 문제의 행동이 중다의 원인을 가지고 있을 때 효과적이므로 어떤 청소년이 성병이나 AIDS 감염 혹은 약물남용의 위험에 처해 있는지를 확인할 수 있다. 그 예로서 스몰과 라스터(Small & Luster, 1994)는 청소년의 성행동에 누적적 위험요인 모델을 적용하여, 청년기 성행동과 관련된 위험요인들을 설명하였다.

그들은 그림 10-1에 제시된 바와 같이 개인적 수준, 가족 수준 그리고 가족외적 수준 모두가 청소년의 성행동에 영향을 준다고 가정함으로써 맥락의 영향을 중요시하였다. 특히 어떤 위험요인이 성적 행동을 예언하는 요인인지를 확인하기 위하여 각각의 잠재적 위험요인과 성적 행동의 관계를 연구하였다.

연구결과 지속적인 이성 친구의 존재와 규칙적인 알코올 복용, 성에 대해 허용적인 부모의 존재 및 미래의 직업 기회에 대한 걱정 등이 청소년의 성행동을 예언할 수 있는 중요한 위험요인들로 밝혀졌다. 또한 위험요인의 수가 많아질수록 청소년들은 성적으로 더 능동적으로 변화하였고, 위험요인의 수가 동일할 때에는 소년들이 소녀들보다 더 많은 위험행동을 하는 경향이 있었다. 이와 함께 청년기 소년들보다는 소녀들의 성적 행동을 예측할 수 있는 위험요인들이 더 많았다. 예를 들면 부모로부터 지원을 받지 못하는 것은 소녀들에게는 위험요인이었으나 소년들에게는 위험요인으로 작용하지 않았다.

그림 10-1 청년기 성행동의 위험요인에 관한 생태학적 모델
출처: Small & Luster, 1994.

스몰과 라스터의 연구는 청소년의 성행동을 예방하기 위해서는 하나의 요인 이상에 초점을 맞추어야 한다는 것을 시사한다. 다시 말하면 청소년들이 노출되어 있는 맥락의 다양한 수준에 산재해 있는 위험요인들의 수를 감소시키려고 노력해야만, 위험한 성행동이 예방될 수 있다는 것이다.

Ⅳ. 청년기의 성행동

1. 최초의 성행동 — 성적 환상과 자위행위

일반적으로 청소년들이 경험하는 최초의 성경험은 성적 환상(sexual fantasy)

과 자위행위(masturbation)이며, 때로 몽정도 포함한다. 성적 환상은 TV나 영화의 주인공들을 대상으로 주로 청소년 혼자서 흥분하고 성적 쾌감을 느끼는 자기색정적 행동으로 10대의 약 75%가 이 경험을 한다. 또한 생식기의 자기자극에 의해 오르가슴에 도달하는 자위행위는 약 12-13세에 시작되고 이후 전생애 동안 계속된다(Santrock, 2008). 몽정(wet dream, nocturnal orgasm) 또한 그 횟수는 많지 않지만, 많은 청소년들이 경험하는 성행동이다.

특히 자위행위는 다른 성문제보다 중요하게 취급되지 않는 경향이 있다. 그러나 1950년대에 이루어진 킨제이(Kinsey)의 조사에 의하면, 20세까지 남성의 92%가 자위행위를 한다고 보고하여 자위행위는 남성들의 보편적인 성행동임을 보여 주었다. 그러나 여성들은 표집된 대상자의 단지 20% 정도가 15세까지 오르가슴을 위한 자위행위를 하고 19세까지 단지 33%가 자위행위를 경험한다고 보고함으로써 자위행위 비율에서 큰 성차가 있음을 보여 주었다.

한국 청소년들의 자위행위는 보통 중학교에서 시작되어 연령과 함께 점차 증가한다. 김현실(2001)의 조사에 의하면, 중학교 1학년부터 고등학교 3학년까지 학생 청소년들의 자위행위 경험률은 69.72%인 반면, 비행청소년들의 경험률은 91.45%로 큰 차이를 나타내었다. 또한 남자 청소년들의 88.18%와 여자 청소년들의 59.79%가 자위행위를 함으로써 남자 청소년들의 자위행위 경험률은 킨제이 시대와 유사하지만, 여자 청소년들의 자위행위 비율은 20% 이상 증가하였음을 보여 주었다.

자위행위는 19세기까지 정신이상, 장님, 여드름 혹은 성적 무기력을 가져온다고 생각되었으나 이 분야의 전문가들은 자위행위가 신체적 이상을 초래하지 않는 정상적 활동이라는 데 동의한다. 그러나 자위행위는 성욕 해결의 정상적 방법이 아니며, 불안이나 죄책감을 일으키기 때문에 문제가 된다. 특히 성에 대해 지나친 관심을 갖도록 유도하는 과도한 자위행위와 불안이나 일상 생활에서의 실패(학업부진, 친구관계 등)를 잊기 위한 도피 수단으로서의 자위행위는 부모나 교사의 적극적인 지도를 필요로 한다.

2. 혼전성교

혼전성교는 소위 성혁명의 지표로서 그 사회의 성자유화 정도를 반영한다. 그러나 이 시대 청소년들의 혼전성교에 대한 자료는 연구마다 다르고 조사연도나 지역에 따라서도 달라서 정확한 실상을 알기 어렵다. 더욱이 청소년들은 자신의 성행동을 정직하게 보고하지 않을 뿐 아니라 남성들은 자신의 성경험을 과장하고 여성들은 축소하는 경향이 있으므로 혼전성교의 실태를 정확하게 파악하기는 어렵다. 분명한 것은 과거보다 더 어린 연령에서 혼전성교를 경험한다는 것이다(Brooks-Gunn & Paikoff, 1993). 청소년들의 성행동에 관한 연구들은 다음과 같은 경향을 보고한다.

① 모든 연령의 여성들은(남성들은 아니다) 과거보다 더 빈번하게 혼전성교를 경험한다.

② 하류계층의 청소년들이 중류계층이나 상류계층의 청소년들보다 더 빈번하게 그리고 더 어린 연령에서 혼전성교를 경험한다.

③ 혼전성교는 백인보다 흑인 남녀 사이에서 더 빈번하게 이루어진다. 그 이유는 흑인 청소년들은 뒤에 설명하게 될 이른 성적 활동의 위험요인에 해당하는 편모가정에서 성장하고 가난한 이웃을 가지고 있기 때문이다.

1) 혼전성교의 비율

혼전성교에 관한 연구들은 일관성 있게 남자 청소년들이 여자 청소년들보다 혼전성교를 더 많이 경험한다고 보고지만, 차이의 정도에서는 연구마다 차이가 있다. 예를 들면 남자 청소년들의 혼전성교 경험이 여자 청소년들보다 약 1.5-2배 가량 많다는 연구도 있고(김혜원과 이해경, 2002), 4배 이상 더 많다는 연구도 있다(2000 MBC 청소년백서). 분명한 것은 실업계 고등학생들이 인문계 고등학생들보다 그리고 대학생들이 중 · 고등학교 청소년들보다 훨씬 더 많은 혼전성교를 경험하고 모든 연령에서 여학생보다는 남학생이 그리고 저학년보다는 고학년이 더 높은 비율의 혼전성교를 한다는 것이다. 또한 계층별로는 하류계층 청소년의

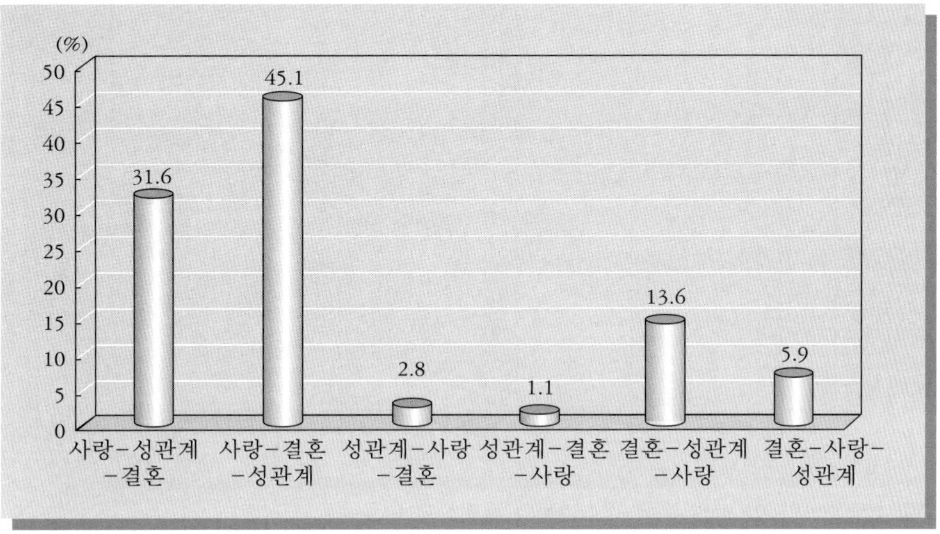

그림 10-2 성, 사랑, 결혼의 순서
출처: 이동원 등, 2001.

성교 경험률이 중류계층과 상류계층 청소년의 경험률보다 더 높다(이종원 등, 2001).

그림 10-2는 혼전 성관계의 보편화 정도를 확인하기 위해 전국 1,532명의 기혼 남녀를 대상으로 "결혼, 사랑 그리고 성관계가 어떤 순서로 이루어졌는지"를 질문한 결과이다(이동원 등, 2001). 가장 높은 응답은 사랑-결혼-성관계로서 "사랑하는 사람과 결혼해서 성관계를 가졌다"(45.1%)였다. 그 다음이 "사랑하는 사람과 성관계를 가진 후 결혼했다"(31.6%)로서 3쌍 가운데 1쌍은 결혼 전에 배우자 될 사람과 혼전성교를 한 것으로 나타났다.

그러나 미국 청소년들의 혼전성교 비율은 그림 10-3에 제시된 바와 같이 15세까지 모든 미국 남성의 약 33%와 여성의 25%가 혼전성교를 경험하고, 19세까지 대다수의 남성과 여성들이 혼전성교를 경험하여 우리 사회와는 비교가 되지 않게 혼전성교가 빈번함을 보여 주었다.

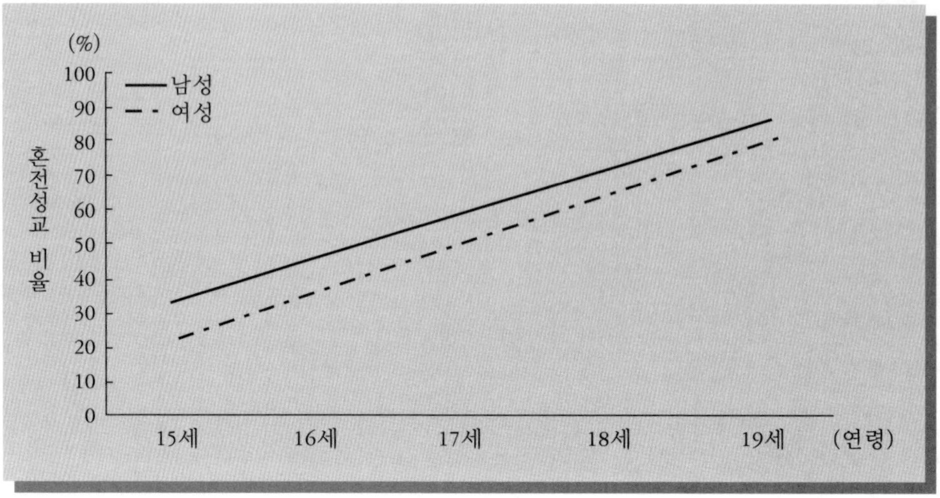

그림 10-3 연령에 따른 미국 청소년들의 혼전성교 비율

출처: Miller & Moore, 1990.

2) 혼전성교의 경험시기, 상대자, 이유

한국 청소년들의 첫 혼전 성경험은 주로 고등학교 때 일어나고 그 다음이 중학교 때이지만, 12세 이하에서 첫 성교를 경험하는 청소년들도 있다(2000 MBC 청소년 백서). 그들의 상대자는 현재 사귀고 있거나 과거에 사귀었던 사람이 압도적으로 많은 비율을 차지하고 그 다음이 안면 있는 또래들이다(김혜원과 이해경, 2002). 놀라운 것은 남학생들의 혼전성교 상대자 중 '모르는 사람'의 비율이 약 20%에 이르고 여학생들의 9%가 동일한 응답을 하였다는 것이다. 혼전성교의 상대자는 혼전성교의 이유나 동기와 연결되기 때문에 주의깊게 살펴볼 필요가 있다.

연구자에 따라 다소 차이가 있기는 하지만, 혼전성교의 이유로서 남학생은 '성충동 때문에', '호기심으로', '술이나 약물의 영향으로', '분위기에 휩쓸려서' 라는 응답을 많이 하였고 '자신이 원해서' 라고 응답한 사람도 있었다. 그러나 여학생들은 '상대의 요구로', '사랑하므로', '술이나 약물의 영향으로', '분위기에 휩쓸려서' 라는 응답이 많았다. 이러한 결과는 여학생들의 혼전성교는 주로 '상대 남성의 요구'에 의해 이루어진다는 것을 보여 주며, 남학생들의 '성충동 때문에' 라는 응답은 그들의 첫 성교의 상대가 '모르는 사람' 일 수 있음을 나타내준다.

3) 혼전성교와 관련된 요인

청소년들의 혼전성교는 여러 가지 요인들과 관련되어 있다. 개인적 요인과 맥락적 요인으로 나누어 설명한다.

(1) 개인적 요인

일반적으로 소년들이 소녀들보다 더 어린 연령에서 성교를 경험하고, 특히 동년배들보다 더 일찍 성적 성숙을 이루는 남녀 청소년들이 더 일찍 성교를 시작한다. 문제는 성교의 시작 연령이 빠르면 빠를수록 피임 방법과 성에 대한 지식이 부족하여, 임신을 하거나 상대에게 임신을 시키고 성병에 감염되기 쉽다는 것이다.

가정의 낮은 사회경제적 지위 또한 청소년 자녀의 이른 성적 활동을 예측할 수 있는 중요한 변인이다. 그 외 보잘것 없는 학업 수행과 낮은 교육적 열망도 어린 연령에서 성교를 시작하게 하며, 종교가 있을 때보다 없을 때 더 이른 연령에서 성적 활동을 시작하는 경향이 있다(Perkins 등, 1998). 중요한 것은 이른 혼전성교가 알코올 사용이나 무단결석과 같은 위험행동과 연결되어 있거나 이러한 위험행동을 촉진시킨다는 것이다(Perry, 2000).

혼전성교와 개인의 자기존중감 사이의 관계에 대해서는 논란이 많다. 청년기의 성적 활동과 자기존중감간에 관련이 없다는 연구도 있지만(Perkins, 1995), 올 등(Orr 등, 1989)은 혼전성교와 자기존중감의 관계는 성별에 따라 달라진다고 주장하였다. 즉, 높은 자기존중감을 지니고 있는 남자 청소년들은 빈번하게 혼전성교를 하는 반면, 여자 청소년들의 경우에는 오히려 그 반대라는 것이다.

(2) 맥락적 요인

청소년들의 이른 성적 활동을 차단할 수 있는 가장 중요한 사람은 부모이다. 부모로부터 지원(의사소통이나 접근가능성)을 받고 있고 부모가 철저히 자신을 감독하고 있다고 지각하는 청소년들은 어린 연령에서 성교를 경험하는 일이 거의 없다(Meschke, Bartholomae, & Zentall, 2000). 그러나 한부모와 함께 생활하는 청소년들은 양편 부모와 함께 생활하는 청소년들보다 성교에 더 많이 가담한다. 실제로 한부모 가족은 경제적으로 어려운 가정이 많기 때문에, 적은 수입과 낮은 사회경제적 지위가 청소년의 혼전성교에 영향을 줄 것으로 생각될 수 있으나 가정의 수입을 통제했을 때도 한부모 가족은 청소년들의 혼전성교에 영향을 주는 중요한 요인이었다(Benson & Roehlkepartain, 1993).

친구 관계 역시 청소년의 혼전성교에 영향을 준다(Masten & Coatsworth, 1998). 친한 친구가 성적으로 개방적이고 적극적이라고 지각하는 청소년들이 성적으로 더 능동적이고 개방적이었다. 그러나 친구의 성행동에 대한 청소년의 지각과 실제 성행동간에는 유의한 상관이 발견되지 않음으로써, 친구는 혼전성교에 대한 청소년들의 지각에 영향을 줄 뿐, 실제적인 성행동에는 영향을 주지 않는 것으로 밝혀졌다.

3. 동 성 애

성 개방화 추세가 한국의 젊은이들에게 큰 영향을 주고 있다고 할지라도, 유교 전통의 문화유산이 아직도 우리의 뿌리를 구성하고 있기 때문에, 미국이나 서구의 다른 나라들만큼 성의 자유화 물결은 급속하지 않다. 따라서 동성애가 문제가 되는 경우도 거의 없었다. 그러나 1995년 대학가에서 스스로를 동성애자라고 밝히고 동성애자들의 모임을 결성함으로써 우리 사회에서도 동성애 문제가 거론되기 시작하였다.

동성애자들은 동성애가 정신질환이 아닐 뿐 아니라 사회적 능력이나 도덕성 등 모든 부분에서 이성애자와 다를 바 없으며 그들이 동성애자인 것은 어쩔 수 없는 운명이라는 입장을 취한다. 그들은 '일반적 존재'가 아니라 주변적인 존재라는 의미에서, 다를 '이'(異)자를 사용하여 스스로를 '이반'이라고 부르고 자신을 드러내는 '커밍아웃'(coming out)을 통하여 자신의 정체를 긍정적으로 인식하는 동시에 다른 동성애자들에게도 알리려고 한다. 1995년 이후 스스로를 동성애

인권운동가로 칭하고 각 대학을 돌면서 동성애자들이 자신의 성정체를 긍정적으로 볼 수 있도록 노력하는 사람도 있다.

1) 동성애의 기원

일생동안 지속적으로 동성 파트너와 성적 관계를 갖는 배타적 동성애자는 약 2-6%에 이른다. 동성애의 선행요인에 관심을 갖는 연구자들은 동성애의 발달에 영향을 주는 생물학적 요인과 사회적 요인을 확인하려고 한다.

동성애가 생물학적 요인에 의해 부분적으로 결정된다고 주장하는 근거는 다음과 같은 두 가지 사실에 기인한다.

첫째, 호르몬의 영향이다. 사춘기 동안의 호르몬 변화는 성행동을 활성화하지만, 활성화되는 성행동의 패턴은 인생초기에 이루어지는 뇌의 호르몬 경로가 조직화되는 방식에 따라 달라진다. 그러므로 게이와 레즈비안들은 태내기 동안의 뇌조직화 과정에서 성행동 패턴에 영향을 주는 어떤 호르몬에 노출되었다는 것이다(Meyer-Bahlburg 등, 1995).

둘째, 동성애는 강한 유전적 경향성을 갖는다. 우선 먼 친척보다는 가까운 친척들의 성적 지향성이 더 유사하고 이란성 쌍생아보다는 일란성 쌍생아의 성적 지향성이 더 유사하다(Savin-Williams, 1988). 또한 동성애는 여성보다 남성들 사이에서 세 배 정도 더 흔하게 발견되기 때문에, 연구자들은 동성애와 관련된

국내의 동성애자들은 스스로를 '이반' 이라고 부른다.

유전자의 존재에 관심을 갖는다. 물론 환경적 요인들이 동성애 발달에 영향을 줄 수 있다고 할지라도, 적어도 동성애 지향적으로 발달하는 경향성은 유전될 것이라는 것이다.

대조적으로 벰(Daryl Bem, 1996)은 동성애 발달이 생물학적 특성과 환경적 요인간의 복잡한 상호작용에 의해 이루어진다고 가정하고 그림 10-4와 같이 생물-환경 상호작용 모델(biological-environmental interaction model)을 제안하였다. 이 모델에 의하면, 개인이 지니고 있는 생물학적 경향성은 개인을 동성애자로 발달하게 하는 놀이나 사회적 관계형성의 독특한 패턴으로 표출된다. 즉 성호르몬은 공격적 행동의 선호 여부에 영향을 주고 그것은 결국 고정관념적 남성 행동이

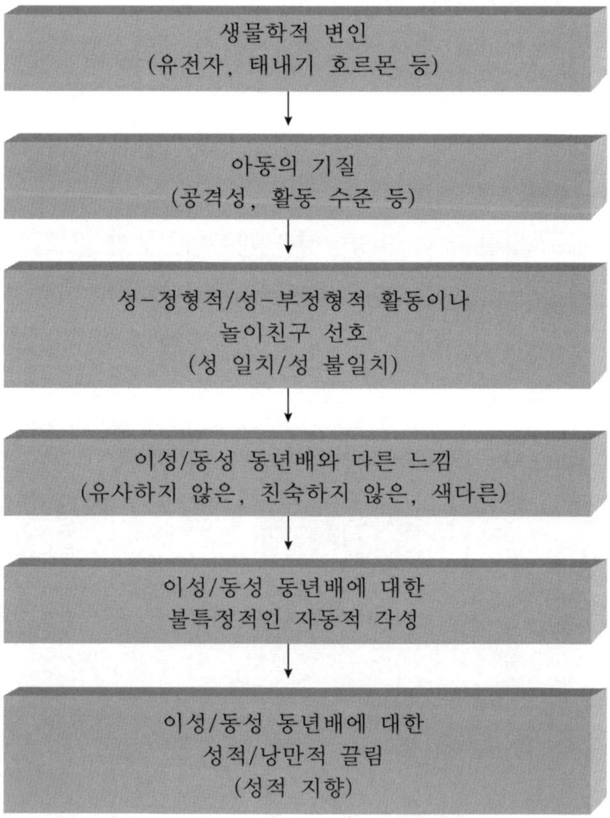

그림 10-4 개인의 성적 지향성의 발달

출처: Bem, 1996.

나 여성 행동에 대한 선호와 관련된다는 것이다. 그리하여 생물학적으로 소심하고 수줍어하며 겁이 많은 소년들은 어린 아동일 때 거친 놀이를 싫어하고 점차 전형적인 소녀의 활동을 추구하게 된다. 물론 이러한 행동적 선호는 동성애 지향의 발달을 증가시키는 방식으로 부모-아동 관계에 영향을 준다는 것이 이 모델의 주장이다.

어떤 연구자들은 동성애자들이 이성애자들보다 인생초기에 더 많은 가족 문제를 경험하고 특히 동성 부모와의 관계에 문제가 있다고 주장한다. 그들에 의하면, 자녀와 냉담하고 소원한 관계를 형성하는 동성 부모들이 자녀를 동성애자로 만들기 쉽다는 것이다.

실제로 많은 게이 남성들은 이성애를 추구하는 남성들보다 어머니와 더 가깝고 긍정적인 관계를 형성하는 반면, 레즈비안들은 이성애 지향적 여성들보다 어머니를 냉담하고 불쾌한 사람이라고 더 자주 기술한다. 그렇다고 해서 부모-자녀 관계의 붕괴가 동성애 발달의 일차적 요인이라고 말할 수는 없다(Golombock & Tasker, 1996). 오히려 게이 남성들이 나타내는 여성적 활동에 대한 생물학적 선호가 그들을 아버지나 또래 친구로부터 멀어지게 하였을 수도 있기 때문이다.

연구자들 중에는 아동초기의 성역할 불일치가 성인 동성애의 중요한 예언요인이라고 주장하는 사람도 있다(Bem, 1996). 그러나 아동초기에 성역할 불일치를 보이고 아버지와 소원한 관계를 가졌던 모든 남성들이 동성애자가 되는 것은 아니며, 긍정적 가족 관계를 갖는 동성애자도 많이 있기 때문에, 이것만이 동성애 발달의 원인이라고 말할 수는 없다.

2) 동성애 정체감의 발달과 특성

발달심리학자들은 남녀 모두 사춘기 이전에 동성과 성적 놀이를 한다고 보고한다. 물론 성적 놀이는 소녀들보다는 소년들 사이에서 더 빈번하게 발견된다. 킨제이와 그 동료들(Kinsey 등, 1953)에 의하면, 소년의 57%와 소녀의 33%가 사춘기 이전에 적어도 한번 이상 동성과 성적 놀이를 한다. 동성과의 성적 놀이는 대부분 단순히 성기를 보이거나 만지는 행위로 이루어진다.

청년초기에 이르면 남자 청소년들은 아동기 성적 놀이의 연장으로서 탐색적 동성애(exploratory homosexual behavior)를 추구한다. 그것은 본질적으로 자기과시적이고 자위행위적이며 야외의 스카우트 활동이나 학교에서 동성의 친구들이 모여 있는 상황에서 자주 일어난다. 그들은 단순한 호기심 때문에 혹은 자신의 성욕에 대한 불안 반응으로서 탐색적 동성애를 시도한다. 그러나 이러한 행동은 장기적인 동성애 지향의 신호가 아니며 보통 연령 증가와 함께 감소된다. 물론 소년들보다 소녀들 사이에서 훨씬 더 현저한 감소가 일어난다.

동성애 정체감은 이성애 정체감의 발달과 같이 여러 해에 걸쳐 점진적으로 형성된다. 동성애자들의 회상에 의하면, 그들은 아동초기부터 성인기까지 계속해서 동성애적 특성을 지니고 있었다. 다시 말하면 인생초기의 동성애 감정이 궁극적인 성적 취향에 결정적 역할을 한다는 것이다.

일반적으로 동성애자들은 청년초기까지는 자신을 동성애자로 생각하기보다 다른 사람과 무엇인가 다르다는 느낌을 경험했다고 보고한다. 동성애자로서의 인식은 보통 10-18세 사이에 이루어지며, 친한 친구에게 이 사실을 제일 먼저 털어놓는다(Savin-Williams & Cohen, 2007). 동성애자들은 자신의 성적 지향성을 확인하게 되면 갈등하고 죄책감을 느끼며 남이 알까 두려워하면서 이성애자로 살기 위해 노력한다. 그들이 자신의 동성애 지향성을 수용할 수 있기 위해서는 적어도 청년후기나 성인초기에 이르러야 한다.

많은 게이와 레즈비안 청소년들은 성장 과정 동안 친구나 주위 성인들로부터 신체적, 언어적 학대를 당한 경험을 가지고 있다(Hershberger & D' Augelli, 1995). 그들은 학업에서도 실패하고 자주 자살을 기도하며 약물 남용에 빠지거나 가출하기도 한다(Morrison & L' Heureux, 2001; Savin-Williams & Joyner, 2008). 분명한 것은 동성애가 정신병리나 심리적 혼란의 지표가 아니라는 것이다. 동성애 발달에 기여하는 생물학적 요인과 사회적 요인간의 상호작용에 관해 더 많은 연구가 이루어지면, 동성애에 대한 우리의 태도는 보다 긍정적으로 변화될 것이고 동성애에 대한 불합리한 공포와 왜곡된 지각인 소위 동성애 공포증(homophobia)도 완화될 것이다.

V. 청년기의 성행동과 관련된 문제

1. 10대의 임신, 피임, 낙태

어떤 연령에서의 임신이든, 임신은 발달적 변화를 일으키며, 특히 임산부가 미성숙할 때 임신은 발달적 위기를 초래한다. 그 이유는 출산과 부모역할은 10대에게 위기적 상황이며 태어나는 아기에게도 위험을 줄 수 있기 때문이다. 어린 연령에서의 분만은 산모의 철분결핍 빈혈증과 임신중독증을 일으키고 분만 시간을 연장시키며 산모와 태아의 사망률을 증가시킨다. 이때 태아는 조산되기 쉽고 뇌성마비나 정신지체 혹은 간질에 걸릴 위험성이 커진다.

10대의 임신은 계속 증가하고 있고, 미혼모의 연령은 점점 낮아지는 추세에 있다. 그러나 전국적인 조사가 실시되지 않았기 때문에 그 정확한 실상을 알 수는 없다. 비록 부분적인 자료이기는 하지만, 1998년 미혼모 보호시설인 애란원에 입소한 사람의 55%가 10대였고 홀트 아동복지회에 입양을 의뢰한 미혼모 중 20세 이하가 61%를 차지하고 있어 10대 미혼모의 비율이 크게 증가하고 있음을 추정할 수 있다.

실제로 확인된 청소년 임신 경험자 수는 연구자에 따라, 지역에 따라 그리고 시기에 따라 큰 차이가 있다. 어떤 연구에서는 성관계의 경험이 있는 청소년(여: 130명, 남: 80명) 중 임신경험이 있다고 응답한 사람은 여자 청소년의 38%와 남자 청소년의 10.6%였고(김혜원, 이해경, 2002), 또 다른 연구에서는 전체 조사대상 청소년의 0.4%(김상원, 1996) 혹은 7.4%(김태근, 1997)가 임신경험이 있다고 응답하여 정확한 실상을 알 수가 없다.

미국은 전세계에서 청소년 임신과 출산율이 가장 높은 나라 중의 하나이다(Centers for Disease Control and Prevention, 2003). 그림 10-5에 제시된 바와 같이 미국 청소년 임신율은 1990년 이후로 감소하고 있기는 하지만, 캐나다와 영국보다는 거의 2배 더 높다. 또한 스웨덴을 포함하여, 이 그림에 제시되지 않은 독일이나 일본보다는 무려 4배 정도 더 높아 미국 정부는 10대 출산율을 감소시키기

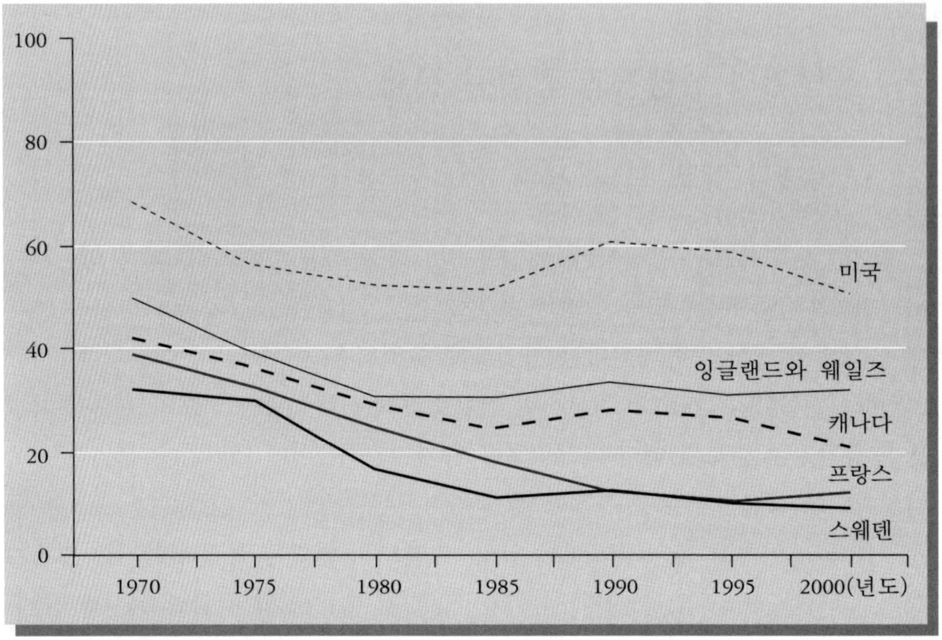

그림 10-5 청소년 임신율 비교

출처: 미국 질병통제 및 예방국, 2003.

위해 노력하고 있다.

그렇다면 10대 청소년들이 높은 임신율을 나타내는 이유는 무엇인가?

첫째, 과거보다 어린 연령에서의 사춘기 시작은 청년기를 연장시키고 가임 연령을 하향시켰다. 더욱이 성자유화의 사회적 분위기는 10대의 성행동을 자극하는 역할을 하였다.

둘째, 저소득계층 출신의 10대들은 미래에 대한 비전이나 희망을 갖지 못하기 때문에, 지위를 획득하고 자기를 표현하는 하나의 방법으로 아기를 갖는다. 그들은 더 높은 교육이나 더 나은 직업 혹은 더 많은 수입에 의한 중류계층으로의 지위상승 기회를 갖지 못한다고 지각하고 16세에 아기를 갖든 26세에 아기를 갖든 차이가 없다고 생각한다(Morrison, 1990).

셋째, 임신하는 10대들은 피임방법을 모르거나 피임을 하지 않거나 하며, 피임방법을 알고 있다고 할지라도 일관성없이 사용한다(Davies 등, 2006).

사춘기 시작 연령의 저하와 함께 성교육의 부족과 특히 피임에 대한 무지는 저소득계층 10대들의 임신율을 증가시킨다. 첫 성교를 경험한 미국 청소년들 중 항상 피임을 사용한다는 응답은 남자 청소년들의 47%와 여자 청소년들의 28%에 지나지 않아(National Center for Health Statistics, 2004), 우리보다 성교육이 앞선 미국에서도 피임하지 않는 청소년들이 매우 많다는 것을 알 수 있다.

한국 청소년들에게 피임하지 않는 이유를 질문하였을 때, '귀찮아서' 혹은 '피임도구를 사는 것이 부끄러워서' 라는 응답이 가장 많았다(김혜원과 이해경, 2002; 박현이, 2000). 그러나 청년기 소녀가 피임하지 않는 가장 중요한 이유는 파트너를 잃을지도 모른다는 두려움 때문이다(Rimsza, 2003). 놀랍게도 소녀들은 임신의 위험이나 성병의 감염보다 파트너를 잃는 것을 더 두려워하였다.

더욱이 10대의 성행동은 미리 예측하지 못한 상태에서 일어나고 피임의 사용은 곧 사전에 성행동을 계획했다는 의미를 지니므로 소녀들은 피임하려고 하지 않는다(Miller & Moore, 1990). 특히 이성과의 성교에 대해 양가적이고 죄책감을 느끼는 여자 청소년들은 남자 청소년들보다 피임에 대해 더 무관심한 태도를 보인다.

국내 연구(김혜원, 이해경, 2002; 최인화, 1999)에서 성행위시 피임을 사용했다고 응답한 남학생들의 비율이 여학생들보다 더 높다는 연구결과도 이러한 사실을 뒷받침한다. 이 연구들에서 한국 청소년들이 자주 사용하는 피임방법으로 남자 청소년들은 콘돔과 질외 사정법을 그리고 여학생들은 콘돔, 먹는 피임약, 월경 주기법을 많이 사용하고 질외 사정법도 사용하는 것으로 나타났다.

또한 혼전성교의 결과 임신이 확인되면 많은 수의 한국의 10대들이 낙태를 선택하는 것으로 밝혀졌다. 고등학교 남학생 중 상대가 임신한 경험이 있는 응답자의 78.4%가 낙태로 문제를 해결했다고 보고하고 그들 중 30% 정도는 낙태비용을 부담했다고 응답하였으며, '나와는 무관하다' (15%), '그 여자와 연락하기가 꺼려졌다' (5%)는 응답도 있었다.

2. 성 병

한 때 STD(sexually transmitted disease) 혹은 VD(venereal disease)라고 불리던 성병은 최근에 STI(sexually transmitted infections)로 자주 명명된다. 성병은 주로 성교에 의해 감염되는 병으로서 심각한 후유증을 남기는 전염성 질환이다. 전세계적으로 성병은 15세부터 30세 사이의 사람들에게서 높은 비율로 발생하고 여성보다 남성에게서 훨씬 더 높은 비율로 나타난다. 그러나 성병은 쉽게 드러나지 않는 질병이기 때문에 정확한 감염사례를 파악하기 어렵다.

에이즈 때문에 주춤하던 성병이 1990년대 중반 이후 한국은 물론 전세계적으로 증가하고 있다. 국내 전염병 웹통계(2008)에 의하면, 2004년부터 2007년까지 임질을 제외한 거의 모든 성병 감염자들이 증가하였고, 성병 감염이 가장 많은 연령층은 25-29세였으며, 그 다음은 30-34세, 20-24세, 40-44세, 45-49세 그리고 15-19세 집단 순이었다.

그러나 미국 만성질병 예방 및 건강증진청(National Center for Chronic Disease Prevention and Health Promotion, 2005)은 2004년 한 해 동안 감염된 성병 사례는 약 1천9백만 건이며, 그 중 15-24세 젊은이들의 성병 감염 사례는 약 9백만 건에 이른다고 보고하였다. 우리나라도 15-19세 집단과 20-24세 집단을 합산하면 30-34세 연령 집단보다 감염자가 더 많아 청년기의 성병감염이 심각함을 알 수 있다.

젊은이들의 성병 증가는 다음과 같은 세 가지 원인에 기인한다.

첫째, 사춘기의 이른 도래와 함께 성교를 하는 젊은이들이 증가하였다.

둘째, 구강 피임약의 증가와 함께 콘돔 사용이 감소되었다.

셋째, 페니실린이나 항생제에 대한 성병의 내성이 증가되었다.

청소년들이 감염되는 성병은 박테리아 감염에 의한 성병과 바이러스에 의한 성병으로 구분될 수 있다.

1) 박테리아의 감염에 의한 성병

박테리아의 감염에 의한 성병에는 임질, 매독, 클라미디아 감염증을 포함한다.

(1) 임 질

가장 흔한 성병인 임질은 임균 박테리아에 의해 감염되며 신체 부위의 각종 점막을 통해 다른 사람에게 전염된다. 임질에 감염되면 남성은 성기에 통증을 느끼고 소변시에도 통증으로 고통을 겪는다. 그러나 남성의 10%와 여성의 90%는 자각증상이 없으므로 자신도 모르는 사이에 임질을 전염시킨다.

항생제로써 치료될 수 있는 임질은 치료되지 않고 방치되면 남녀 모두에게 불임을 일으키고 관절염, 심장병 및 뇌손상을 초래한다. 또한 임질에 감염된 남성은 정상 남성보다 전립선암에 걸릴 확률이 1.4배 더 높고, 여성은 자궁암과 불임증에 걸릴 위험성이 증가한다. 이 여성에게서 태어난 아기는 쉽게 질병에 감염되고 치료받지 않으면 장님이 될 수 있다.

임질은 분비물 검사로써 감염 여부를 쉽게 확인할 수 있다. 많은 청소년들은 피임약을 먹으면 임질도 예방할 수 있다고 잘못 생각하나, 임질은 성교시 콘돔을 사용하거나 성교 후 살균성의 비누로 씻으면 쉽게 예방될 수 있다. 최근 항생제에 대한 내성의 증가로, 불완전하게 치료된 환자들이 임균을 전염시키고 있다.

(2) 매 독

매독은 임질보다 감염자 수가 적지만 훨씬 더 심각한 성병이다. 매독 트레포네마(Treponema pallidum)라는 병원체에 의해 감염되는 이 만성 전염병은 주로 매독 환자와의 성교나 입맞춤으로 감염되며 간혹 모체로부터 태아에게 전염되기도 한다.

매독의 위험성은, 병이 진행됨에 따라 증상도 변한다는 데 있다. 매독에 감염된 최초 2-4주 후 성기에 딱딱하고 둥근 종기가 돋아나지만 몇 주 지나면 사라진다. 사람들은 이때 치료되었다고 생각하고 그대로 방치하기 때문에 심각한 후유증을 일으킨다. 치료가 끝난 후에도 주기적인 검사를 통하여 치료 여부를 확인해야 한다.

치료되지 않은 매독은 여러 신체기관 즉, 간장, 눈, 심장 및 뇌에 손상을 일으키며, 매독에 걸린 남성은 전립선암에 걸릴 확률이 정상인보다 2.3배 더 높다. 매독은 혈액검사로써 확인될 수 있고 감염되었다고 할지라도 초기에 항생제 치료를 받으면 완치될 수 있다. 콘돔으로 예방될 수 없기 때문에, 매독을 예방하는 가장 효과적인 방법은 성적 파트너의 수를 제한하는 것이다.

(3) 클라미디아 감염증

클라미디아란 약 15가지 유형으로 구분될 수 있는 미생물로서 성행위에 의해 감염되고 비임균성 요도염을 일으킨다. 임신 중에 감염되면 신생아에게 무열성(無熱性) 폐렴이나 눈의 결막에 염증을 일으킬 수 있다. 이 질환에 감염된 여성들은 자각증상이 없으며 남성들도 극히 가벼운 증상을 경험할 뿐이어서 치료하지 않은 채 방치하기 쉽다. 더욱이 클라미디아는 임균(0.6-1㎛)과는 달리 크기가 0.3㎛ 밖에 되지 않아 발견되기도 어렵다. 이 질환에 감염된 남성들은 요도염이나 부고환염에 걸리고 여성들은 자궁염에 걸려 불임상태에 이른다.

2) 바이러스에 의한 성병

(1) 에 이 즈

1981년에 미국에서 최초로 확인된 에이즈(AIDS: Acquired Immune Deficiency Syndrome)는 매년 놀라울 정도로 증가하고 있다. 에이즈란 인체면역 결핍 바이러스인 HIV(human immunodeficiency virus)에 의해 면역력이 저하됨으로써 발생한다.

1980년대 말에는 수십만 명이 에이즈로 사망하였고 수백만 명이 감염되었으며, 1997년까지 에이즈로 사망한 전세계 환자의 수는 640만 명에 이르렀다. 2003년 한 해 동안에도 새로운 에이즈 감염자는 약 500만 명이었고 에이즈로 사망한 사람은 300만 명 정도였으며, 전세계의 HIV 양성 반응자는 무려 4,000만 명에 이르렀다. 더욱 놀라운 것은 13-24세의 미국 젊은이들의 HIV 감염도 매년

15,000건 정도로 발생하고 있다는 것이다(Weinstock, Berman, & Cates, 2004).

한국인의 에이즈 감염은 다른 나라와 비교할 때 아직은 높은 편이 아니다. 국립보건원에 따르면, 그림 10-6에 제시된 바와 같이 현재 에이즈 감염자는 5,323명으로 2007년 한해 동안 744명이 새로 감염되었다. 비록 2006년도보다 2007년도 감염자 수가 더 적기는 하지만, 우리 사회에 성 개방 풍조가 확산되고 성 매매가 빈번하게 일어나고 있기 때문에 에이즈 감염은 점점 더 증가할 것으로 예상된다.

HIV에 감염된 개인들의 약 25%는 5년 내에 합병증을 일으키고 심한 경우 사망한다. 실제로 HIV 감염과 에이즈 발병 사이에는 최대 10년까지 긴 기간이 소요되기 때문에, 성인초기에 에이즈로 진단받은 대부분의 사람들은 이미 청년기에 에이즈 바이러스에 감염되었을 것으로 추정할 수 있다.

HIV는 정액과 질점액 및 혈액으로 감염되므로 남성들의 동성 성교와 양성 성교 및 약물 주사는 물론 이 바이러스에 이미 감염된 이성과의 성교에 의해서도 에이즈에 감염된다. 또한 HIV는 모체로부터 태아에게 전달되고 감염된 모유를 먹은 아기들 중에도 에이즈 바이러스에 감염된 사례들이 많이 있다. 특히 피임하

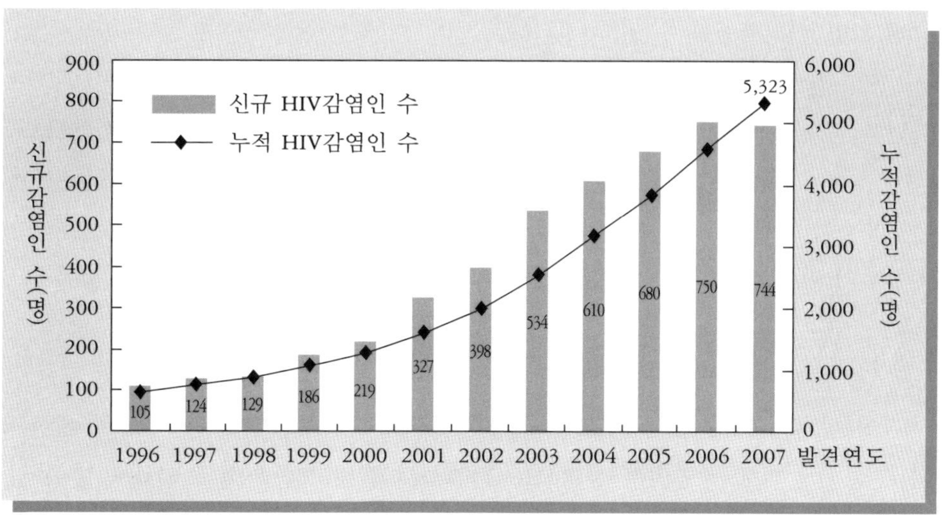

그림 10-6 연도별 내국인 HIV 감염인 수

출처: 전염병 웹통계, 2008.

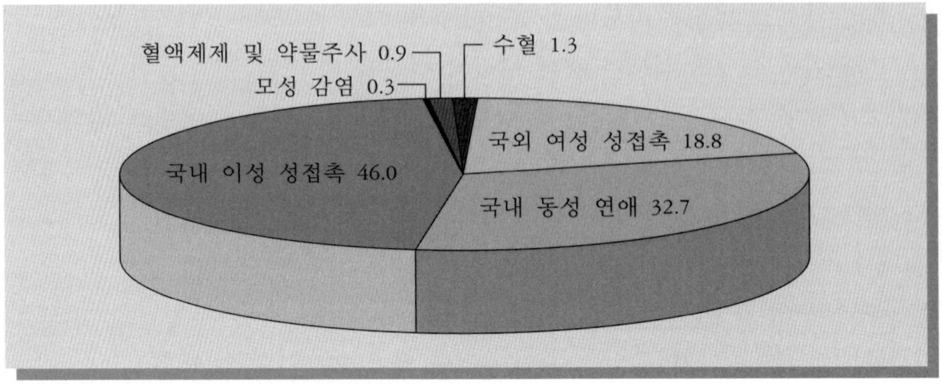

그림 10-7 한국인의 에이즈 감염 경로(단위: %)
출처: 국립보건원, 2003.

지 않은 채 성교를 하고 여러 명의 성적 파트너를 갖거나 성적 학대경험이 있는 사람 혹은 임질과 같이 이미 다른 성병에 감염된 사람들이 HIV에 감염되기 쉽다(Hein 등, 1995).

국립보건원이 제시한 국내 에이즈 감염 경로는 그림 10-7과 같다. 감염 경로가 확인된 1,966명을 대상으로 조사한 결과, 이성과의 성접촉에 의한 비율이 가장 높고 그 다음이 동성연애이며 국외 여성과의 성접촉에 의해서도 에이즈에 감염되고 있음을 확인할 수 있다.

에이즈의 주된 증상은 고열과 구토, 설사, 가려움증 및 관절비대 등으로 나타난다. 중증 에이즈 환자들은 특히 폐렴과 전신에 나타나는 흑갈색 반점으로 고통을 겪는다. 수많은 치료약들이 개발되고 있으나 아직까지 그 효과가 의문시된다. 더욱이 에이즈 예방 백신의 개발은 아직 이루어지지 않은 상태이므로 철저한 예방만이 에이즈를 막을 수 있는 유일한 방법이다.

(2) 음부 헤르페스

이 성병은 50여 종의 헤르페스 바이러스 중 헤르페스 단순 바이러스 유형 1과 유형 2에 의해 발병되는 성병으로 전염성이 강하고 근본적인 치료 방법이 없는 것이 특징이다. 극심한 아픔과 생식기 여러 부위에 수포로 발진하는 이 질환은 병원의 처치를 받으면 아픔과 고통은 감소될 수 있다. 그러나 증상이 사라졌다고 할지라도 완전히 치료된 것이 아니며 보균자가 피로하거나 스트레스 혹은 질병으로 저항력이 떨어질 때 다시 나타나는 재발성을 지니고 있다.

임산부의 감염은 유산이나 미숙아를 출산할 위험을 증가시키고 아기에게 뇌손상을 일으킬 위험이 있다. 분만시에 아기에게 헤르페스를 감염시킬 확률은 40-60% 정도이며(Bettoli, 1982), 이 성병을 갖는 여성들이 자궁경부암에 걸릴 확률은 정상여성들보다 여덟 배 정도 더 높다(Adams & Gullotta, 1989).

3. 성행동과 다른 위험행동의 관계

위험행동(risk behavior)이란 개인의 생물학적, 심리사회적 발달을 손상시킬 수 있는 행동을 의미한다. 위험행동에 가담하는 것은 다음과 같은 여섯 가지 영역의 발달을 위태롭게 한다. 즉, ① 선체적 성장과 건강, ② 정상적 발달과업의 성취, ③ 기대되는 사회적 역할의 수행, ④ 필요한 기술의 획득, ⑤ 적절감의 성취와 능력의 발달, ⑥ 후속 발달단계를 위한 준비 등이 그것이다.

퍼킨스와 보덴(Perkins & Borden, 2003)은 10대의 성행동, 알코올과 약물 사용, 비행과 반사회적 행동 그리고 학업실패 등을 청년기 발달에 영향을 주는 결정적 위험행동으로 제시하였다. 중요한 것은 이 네 가지 위험행동 모두 청년기의 정상적 발달을 방해하고 동시적으로 이환(罹患)되는 특성을 지니고 있다는 것이다.

그 예로서 1,000명의 고등학교 학생들을 대상으로 연구한 하비와 스피그너(Harvey & Spigner, 1995)는 혼전성교를 경험한 청년기 남성들이 혼전성교 경험이 없는 남성들보다 더 자주 알코올을 사용하고 폭력적 싸움에 가담하며 에이즈 감염의 우려가 더 크다고 보고하였다. 이와 유사하게 혼전성교를 경험한 청년기 여성들은 그렇지 않은 여성들보다 음주와 흡연을 더 많이 하고 더 높은 수준의 스트레스를 경험하였다.

흥미롭게도 규범을 거부하는 비관습적 행동을 일삼는 사람들이 더 일찍 혼전성교를 경험한다. 중·고등학교 학생 1,300명을 대상으로 수행된 종단연구(Costa 등, 1995)에서 사회적 규범을 거부하고 비동조적 경향을 보이는 비관습적 청소년들이 더 어린 연령에서 혼전성교를 경험하였다. 이 외에도 비행이나 반사회적 행동, 저조한 학업수행 그리고 이른 알코올 사용은 이른 혼전성교와 연결되어 있는 반면, 청소년이 지니고 있는 높은 수준의 불안은 첫 성교를 지연시켰다 (Capaldi, Crosby, & Stoolmiller, 1996).

결론적으로 청년기 위험행동들은 서로 연결되어 있고 동시적으로 나타나는 경향이 있으므로 청소년의 성행동을 교정하기 위한 중재 프로그램은 성행동만이 아니라 이러한 위험행동군에 초점을 맞추어 제작될 수 있어야 한다.

4. 청소년을 위한 성교육

청소년들은 부모 세대와는 다른 경제적, 사회적 및 문화적 환경에서 성장하고 있다. 그들은 과거보다 더 어린 연령에서 사춘기를 경험하고 좋은 영양과 위생적 환경에서 성장하므로 성적으로 일찍 조숙해진다. 최근의 성 자유화, 개방화 분위기는 청소년들을 성적으로 자극할 뿐 아니라 청소년 성범죄의 증가는 청소년들을 위한 성교육이 시급히 실시되어야 함을 말해 준다.

그러나 부모 세대들은 성을 억압하고 성에 대한 논의 자체를 금기시하던 시대에 성장하였기 때문에, 자녀들의 성에 대한 진보적 태도나 행동을 수용하기 어렵다. 비록 부모 자신이 개인적으로 성에 대해 진보적 태도를 지니고 있다고 할지라도, 자녀에게는 전통적이며 보수적 태도를 견지한다. 많은 어머니들이 딸의 월경에 대비한 교육을 하고 아버지들이 아들에게 성적 성숙에 대한 일반적 정보를 제공하지만, 청소년들이 진정으로 알고 싶어하는 내용과는 상당한 거리가 있다.

학교 또한 효과적인 성교육을 실시하지 못하고 있다. 916명의 남자 고등학생들을 대상으로 연구한 결과에 의하면(박현이, 2000), 연구대상 학생의 94.4%가 학교에서 성교육을 받은 적이 있다고 응답하였다. 그러나 이 학생들과 성교육을 받은 일이 없는 학생들을 비교한 결과, 성교육을 받은 학생들이 약간 더 많은 성지식(남녀의 신체구조나 생리적 특성에 관한 내용들)을 지니고 있었을 뿐 성적 갈등을 해결하는 방법이나 성태도에서는 두 집단간에 차이가 없었다. 이러한 결과는 학생들이 학교의 성교육을 통하여 자신의 성문제를 해결할 수 있는 효과적인 도움을 받지 못하고 있음을 의미한다.

청소년들이 성에 관한 정보를 얻는 곳은 다양하다. TV와 비디오, 영화, 만화, 잡지를 통해 선정적인 성 정보를 얻고 음란 CD를 구입하여 서로 돌려보는가 하면 인터넷을 통해 음란물을 보고 성인 채팅방을 통해 음란 채팅을 함으로써 다양한 성정보를 획득한다. 그러나 성정보의 소재에 대한 정보의 대부분을 친구로부터 얻기 때문에 한국 청소년들은 성지식에서 높은 동년배 의존을 보인다. 청소년들은 친구들끼리 서로 이야기를 나누고 함께 보고 듣고 행동함으로써 성에 대한 지식을 얻고 있어 청소년들이 가지고 있는 성지식 중에는 잘못된 지식이 많이 있다.

그러므로 성교육은 청소년들이 잘못 알고 있는 성지식이나 성에 대한 왜곡된 태도를 수정하면서도 그들이 진정으로 필요로 하는 정보를 제공할 수 있어야 한다. 지금까지 중 · 고등학교의 성교육은 남녀 모두 사춘기의 신체, 심리적 변화에 관한 내용을 가장 많이 포함하였고 그 다음이 임신과 피임, 이성교제, 성태도 및 가치관에 관한 내용으로 이루어졌다(김혜원, 이해경, 2000).

그러나 성의 자유화 시대에 청소년들이 효과적으로 대처할 수 있도록 하기 위해, 성교육은 남녀 청소년들의 성에 대한 욕구나 관심이 어느 정도인지를 먼저 파악하고 구체적으로 필요로 하는 정보가 무엇인지를 확인한 후에, 그에 적절한 교육이 실시되어야 한다. 이제 성적 현상보다는 성적 욕구를 처리하는 문제를 포함하여 청소년들의 실제적 성행동에 도움을 줄 수 있는 살아 있는 성교육이 이루어져야 할 것이다.

11장 청년기 문제행동의 특징과 물질사용

Ⅰ. 청년기 문제행동의 특징
  1. 문제행동의 전반적 현황
  2. 문제행동의 분류
  3. 문제행동 증후군
Ⅱ. 탄력성
  1. 탄력성의 정의
  2. 위험요인과 보호요인
    1) 위험요인
    2) 보호요인
  3. 탄력적 청소년의 특징
  4. 컴퍼의 탄력성 모델
Ⅲ. 청년기의 물질사용
  1. 물질사용의 일반적 특징
    1) 용어의 정의
    2) 물질사용과 관련된 요인
  2. 남용물질
    1) 담 배
    2) 알코올
    3) 본드와 가스
    4) 약
    5) 대 마
    6) 메스암페타민
    7) 마 약
  3. 물질남용의 예방과 처치
    1) 청소년 물질남용의 예방
    2) 청소년 물질남용의 처치

Adolescent Psychology

제11장 청년기 문제행동의 특징과 물질사용

대부분의 청소년들은 큰 어려움 없이 청년기를 거쳐 성인기로 발달해 간다. 그러나 일부 청소년들은 그들에게 주어지는 새로운 역할에 적응하지 못하고 좌절과 갈등을 경험하며 자신은 물론 부모나 가족구성원들의 삶을 붕괴시킬 정도의 문제행동을 일으킨다. 이 장에서는 청년기 문제행동의 일반적 경향과 문제행동에 대한 보호요인으로 개인의 탄력성 및 청년기 물질사용에 대해 설명한다.

I. 청년기 문제행동의 특징

대중매체들은 우리가 살고 있는 세상의 극단적 모습을 제시하기 좋아한다. 특히 10대의 문제행동을 이야기할 때 대중매체들이 지니고 있는 과장된 시각은 우리를 불안하게 만든다. TV는 청소년이 흡연하면 마약중독자가 될 것 같은 생각을 부추기고 이성 친구와의 결별은 자살을 기도하게 할지도 모른다는 생각을 하게 한다. 또한 학업 실패는 범죄자의 삶을 살게 하고 이성과의 단순한 성행동은 미혼모가 되게 할 것이라는 우려를 갖게 한다.

그러나 청년기의 문제행동은 다음과 같은 이유로 일시적 현상일 수 있다.

첫째, 청년기 동안 나타나는 일시적 문제행동과 지속적 문제행동을 구별해야 한다. 그 예로서 대부분의 청소년들은 고등학교를 졸업하기 전에 자주 술을 마시고 때로 만취하지만 이후에 알코올 중독자가 되는 일은 거의 없으며 음주 때문에 학교 생활이나 개인적 관계가 부정적 영향을 받는 일도 거의 없다. 또한 대부분의 10대들이 청년기 동안 한번 이상 법률에 위배되는 행동을 하나 성장하여 범죄자가 되는 사람도 매우 드물다.

둘째, 청년기에 시작되고 그 원인이 청년기에 있는 문제행동과 청년기 이전의 원인에 기인된 문제행동을 구별할 필요가 있다. 상당수의 청소년들이 청년기 동안 범죄나 비행을 저지르기 때문에 우리는 비행하면 쉽게 청소년을 떠올린다. 그러나 반복적으로 법률 문제를 일으키는 대부분의 10대들은 이미 청년기 이전에 가정이나 학교에서 문제행동의 징후를 나타내었다(Hingson, Heeren, & Winter, 2006).

실제로 청년기에 우울증을 보이는 많은 청소년들은 아동기에 이미 지나친 불안같은 다른 유형의 심리적 괴로움을 경험하고 있었다. 그러므로 어떤 문제행동이 청년기에 나타난다고 할지라도 그것이 반드시 청년기 문제는 아니다.

셋째, 청소년들이 경험하는 많은 문제행동들은 본질적으로 일시적이며 성인기가 시작되면 사라질 것이라는 것을 기억할 필요가 있다. 알코올과 약물을 남용하고 비행을 저지르는 청소년들도 직업을 갖고 법률을 준수하는 성인으로 성장할 수 있다. 성인기에도 문제행동을 계속하는 사람은 문제 있는 청소년이었을 뿐 아니라 이미 문제 있는 아동이었다. 물론 청년기 문제가 일시적이라고 해서 그것이 중요하지 않다는 것은 결코 아니다.

넷째, 청년기 동안의 문제행동은 무엇인가 잘못되었다는 표시이며, 정상적인 규범적 변화에 기인된 결과는 아니다. 어떤 연구자는 호르몬 변화 때문에 청소년들이 문제행동을 저지른다고 주장하고 또 다른 연구자는 청소년의 문제행동은 권위에 반항하는 그들의 내적 욕구의 표현이라고 주장한다. 그 외에 정체감 위기 때문에 청소년들이 기괴한 행동을 한다고 주장하는 사람도 있으나 어느 주장도 과학적 연구에 의해 입증되지 못하였다.

현시점에서 분명한 것은 청년기 문제행동은 정상적 발달의 결과는 결코 아니며, 무엇인가 잘못되었다는 지표로 활용되어야 한다는 것이다.

1. 문제행동의 전반적 현황

전세계의 많은 청소년들이 청년기의 심리적 문제나 사회적 문제로 고통을 겪는다. 청소년들이 어떤 문제를 가지고 있고 그 문제들이 국가에 따라 어떤 차이가 있는지를 확인하기 위한 조사가 이루어졌다. 22개국을 대상으로 실시된 결과에 의하면(Hurrelman, 1994), 전체 22개국 중 한 나라만을 제외한 모든 나라들이 비행을 보고하였고, 두 나라를 제외한 모든 나라들이 약물남용을 보고하였다(표 11-1 참조). 또한 폭력은 22개국 중 약 1/3에 해당하는 국가들이 청소년 문제로 보고함으로써 비행, 약물남용 그리고 폭력이 전세계적으로 가장 흔한 청소년 문제행동으로 밝혀졌다.

표 11-1에 의하면, 한국 청소년들의 문제행동은 상당수의 여러 나라들과 유사하게 비행, 약물남용 그리고 폭력행동이었다. 이와는 달리 일본 청소년들은 불안, 비행, 섭식장애, 자살 그리고 폭력문제를 그리고 중국 청소년들은 비행문제만을 나타내었다. 이 조사에서 선진국들이 개발도상국들보다 더 많은 청소년 문제를 지니고 있었으나 미국과 같은 선진국이면서도 핀란드나 스웨덴 청소년들은 다른 선진국의 청소년들과 비교하여 심리적, 사회적 문제가 적은 것이 그 특징이었다.

2. 문제행동의 분류

청년기 문제행동은 다음과 같은 세 가지 유형으로 구분될 수 있다.

① 물질남용: 알코올이나 니코친같은 합법적 약물과 마리화나, 코카인 혹은 LSD와 같은 불법적 약물 및 흥분제나 진정제 같은 처방 약물을 포함하는 약물의 부적응적 사용을 물질남용(substance abuse)이라 한다.

② 외재화 장애: 액팅 아웃(acting out)이라고도 불리는 외재화 장애(externalizing disorders)는 개인의 문제가 외부로 표출되는 문제행동을 의미한다. 그것은 다른 사람이나 사회적 맥락으로 향하는 문제 행동으로서 청년기의 대표적 문제

표 11-1 22개국 청소년들의 심리적, 사회적 문제들

	불안	비행	우울	섭식장애	정치적 과격파	임신	가출	약물 남용	자살	실업	폭력
네덜란드		○	○				○	○	○		
노르웨이		○	○					○	○	○	
독일	○	○	○	○				○			○
러시아	○	○						○			
멕시코		○				○	○	○			
미국		○	○	○				○	○		○
브라질		○			○		○	○			
스웨덴		○	○						○		
스페인		○	○			○		○	○		○
싱가포르	○	○	○					○	○		
아르젠틴		○						○		○	○
영국		○	○					○			○
인도		○			○			○			
일본	○	○		○					○		○
중국		○									
체코슬로바키아		○			○			○			
칠레		○						○	○		
캐나다		○	○	○		○		○	○		
폴란드	○	○	○					○	○		
핀란드			○					○	○		
헝가리		○	○		○			○	○		
한국		○						○			○

출처: Hurrelmann, 1994.

행동인 비행, 반사회적 공격 및 무단결석 등이 여기에 해당한다.

③ 내재화 장애: 이 장애는 개인의 문제가 개인 자신에게로 향하는 문제행동으로 개인의 인지적, 정서적 기능에 영향을 준다. 대표적인 내재화 장애(internalizing disorders)로는 우울증, 불안, 공포증 등이 있다.

실제로 청소년의 물질남용은 자주 반사회적 행동을 동반하기 때문에, 일부 연구자들은 그것을 외재화 장애로 분류하지만, 최근의 연구들은 물질남용이 외재화 장애 외에도 우울증이나 다른 내재화 장애를 동반할 수 있다고 주장한다. 그러나 약물을 실험하는 모든 청소년들이 반드시 내재화 장애나 외재화 장애를 갖는 것은 아니므로 물질남용을 두 가지 장애의 하위범주로 생각하기보다는 독립적 문제행동으로 분류하는 것이 더 바람직하다.

청소년들 중에는 두 가지 이상의 문제행동을 함께 나타내는 청소년들이 많이 있다. 어떤 청소년은 비행을 저지르면서도 우울증으로 고생하는가 하면(Hinden 등, 1997), 비행 청소년이나 우울한 청소년들도 알코올과 약물을 남용한다(Henry 등, 1993). 따라서 문제 청소년을 구분할 때, 청소년이 가지고 있는 문제의 수를 고려하여 분류하는 것이 더 바람직할 수 있다.

즉, 오로지 하나의 문제를 나타내는 청소년(다른 외재화 문제나 내재화 문제 없이 우울한 청소년)과 동일한 범주 내에서 하나 이상의 문제를 갖는 청소년(폭력적인 비행 청소년 혹은 불안하고 우울한 청소년) 및 외재화 문제와 내재화 문제를 모두 갖는 청소년(우울한 비행 청소년)으로 구별한다는 것이다. 일반적으로 중다의 문제를 갖는 청소년들이 단지 하나의 문제를 갖는 청소년들보다 훨씬 더 유해한 가족 환경에 노출된 역사를 가지고 있다(Aseltine & Gore, 1994).

3. 문제행동 증후군

문제행동 증후군(problem behavior syndrome)이란 다양한 외재화 행동들이 자주 함께 나타나기 때문에, 이러한 외재화 행동들을 통틀어 부를 때 사용되는 용어이다. 비행은 자주 무단 결석과 반항 행동, 성적으로 문란한 행동, 학업 문제 및 폭력 행동과 함께 일어난다(Resick & Blum, 1994; Luster & Small, 1994). 이러한 행동 유형들은 모두 충동 통제능력이 부족할 때 나타나며 소위 저통제자(undercontrolled persons)의 전형적 증상들이므로 문제행동 증후군으로 명명될 수 있다. 우리가 청소년의 문제행동을 외재화 장애와 내재화 장애로 구분하는 이유도 각 범주 내의 문제행동들이 서로 함께 나타나는 일이 빈번하기 때문이다.

문제행동 증후군이 존재하는 이유를 설명하는 세 가지 이론이 있다.

① 문제행동 이론

일찍이 사회심리학자 제스와 그 동료들(Donovan & Jessor, 1985; Jessor & Jessor, 1977)은 문제행동 증후군을 설명하기 위하여 문제행동 이론(problem behavior theory)을 제안하였다. 이 이론에 의하면, 청년기 동안 외재화 문제는 청소년의 성격과 사회환경 내에 존재하는 비관습성(unconventionality)에 기인한다. 즉 비관습적 환경 내에 있는 비관습적인 개인들이 여러 종류의 위험행동에 가담하기 때문에 문제행동 증후군이 발생한다는 것이다.

일반적으로 비관습적인 개인들은 일탈에 관대하고 학교나 종교 집단과의 유대가 취약하며 사회적으로 자유주의적인 태도를 지니고 있다. 그들은 불법적 약물을 시도하고 피임을 하지 않은 상태에서 성행동을 하는가 하면 비행을 저지르고 자동차나 오토바이로 위험한 질주를 벌이는 등 다양한 위험행동을 감행한다(Jacobsen 등, 1997).

그렇다면 개인의 비관습성은 어디에서 연유하는가? 어떤 연구자들은 비관습성이나 위험감행의 생물학적 기초를 강조하고 일탈 경향성이 유전된다고 주장하고(Rowe 등, 1989), 또 다른 연구자들은 개인에 따라 각성 상태나 감각 추구에서 생물학적 차이가 있다고 주장한다(Juckerman, 1983). 대조적으로 개인이 양육되는 가족 맥락을 중요시하고 적대적 환경에 대한 일종의 적응 반응으로 비관습성이 나타난다고 주장하는 연구자도 있다(Belsky, Steinberg, & Draper, 1991).

② 칸델과 그 동료들의 이론

칸델과 그 동료들(Kandel, Raveis, & Davies, 1991)은 상이한 유형의 일탈 행동은 서로 다른 원인에 기인한다고 주장하고 특정한 문제행동에 가담하는 것 자체가 두 번째 문제행동에 가담하도록 한다고 주장한다. 그들에 의하면, 청소년의 문제행동은 비관습성과 같은 개인적 특성 때문이 아니라 약물 사용과 같은 하나의 문제행동이 또 다른 문제행동에 가담하도록 인도한다. 그러므로 불법적 약물을 사용하는 것 자체가 청소년이 혼전 임신이나 자살을 하게 할 기회를 증가시키므로 문제행동 증후군이 존재한다는 것이다.

③ 사회통제 이론

사회통제 이론(social control theory)은 가족이나 학교 혹은 직장과 같은 사회기관이나 제도와 강한 유대를 형성하지 못한 개인이 일탈적, 비관습적으로 행동한다고 주장한다. 이 이론은 서로 다른 문제행동이 함께 나타나는 것은 선천적인 비관습성이나 생물학적 경향성과 같은 개인 내적 문제 때문이 아니라 청소년과 사회간의 약화된 유대에 그 원인이 있다고 설명한다.

이 이론에 의하면, 사회와의 약한 유대는 청소년들이 비관습적 태도를 갖게 하고 비관습적 동년배 집단에 가담하게 하며 연쇄적으로 문제행동을 일으키게 한다. 사회통제 이론은 도시 빈민가의 가난한 소수 집단 청소년들이 왜 더 많은 문제행동을 저지르는지를 설명할 수 있도록 한다.

문제행동 증후군의 존재 자체를 부정하는 연구자도 있다(Resnicow, Ross-Gaddy, & Vaughan, 1995). 그들은 하나의 문제행동에 가담하는 것이 다른 문제행동에 가담할 가능성을 증가시키기는 하지만, 여러 가지 문제행동들이 동일한 강도로 동시에 나타나는 것은 아니라고 주장한다. 비행자들이 때때로 약물을 사용하지만, 그들은 결코 심각한 약물 사용자는 아니므로 청소년의 문제행동을 문제행동 증후군으로 과장하는 것은 잘못이라는 것이다.

그렇다면 내재화 장애들은 어떠한가? 외재화 장애와 마찬가지로 여러 가지 내재화 문제들이 자주 함께 발생한다. 예를 들면 우울한 청소년들은 불안, 공황, 공포증, 강박적 사고, 자살생각, 섭식장애 및 다양한 심리신체적 장애 중 일부를 함께 지닐 수 있다(Hinden 등, 1997; Petersen 등, 1993). 실제로 이러한 모든 장애들은 괴로움의 표현이기 때문에, 이 장애를 갖는 청소년들은 과통제자(over-controlled persons)로 명명된다.

다양한 외재화 문제들이 반사회적 증후군을 형성하는 것과 동일하게 내재화 문제의 다양한 지표들 역시 부정적 정서성(negative affectivity)의 상이한 표현이다(Lonigan, Carey, & Finch, 1994). 높은 부정적 정서성을 지니고 있는 사람들은 우울장애와 불안장애는 물론 다양한 내재화 문제를 함께 나타낼 수 있다. 생물학적 원인과 환경적 원인 양자에 기인하는 개인의 부정적 정서성은 시간 경과에도 불구하고 내재화 문제가 지속될 수 있도록 한다.

Ⅱ. 탄 력 성

조그만 역경에도 쉽게 행동이 흐트러지고 정상적 궤도에서 이탈하는 청소년들이 있는가 하면 심각한 스트레스를 초래하는 사건에도 불구하고 정상적으로 성장할 수 있는 청소년들이 있다. 이때 우리는 탄력성(resiliency)을 가정한다.

1. 탄력성의 정의

탄력성은 발달정신병리학자들이 관심을 갖는 중요한 연구 주제이다. 발달정신병리학은 정신병리를 종래의 정신의학이나 임상심리학적 시각에서가 아니라 발달적 조망에서 이해하고 설명하며 진단하는 동시에 예방과 치료방법을 모색하는 새로운 학문영역이다(장휘숙, 2005). 발달정신병리학자들은 문제행동이나 병리적 행동을 정상적 발달과정으로부터의 일탈이나 왜곡으로 인식하고 일탈을 초래하거나 일탈에 저항하는 개인적 요인에 관심을 갖는다.

그들은 높은 위험에 처한 개인들이 예상외로 심리적 괴로움을 나타내지 않는다는 사실에서 탄력성의 개념을 가정한다. 그러므로 탄력성이란 높은 위험 상태나 만성적 스트레스 혹은 그에 뒤따르는 연장된 혹은 심각한 외상에도 불구하고 성공적 적응을 이룰 수 있는 능력으로 정의된다(장휘숙, 2001 참조; Masten, 2001; Garmezy, 1993).

다시 말하면 탄력성은 변화하는 환경이나 스트레스를 포함하는 환경(예를 들면, 사고, 사랑하는 사람의 죽음, 전쟁과 가난 등) 혹은 매일의 생활 압력(부정적 동년배 압력과 저조한 학업 성적 등)에 잘 적응할 수 있는 유기체의 능력을 의미한다. 그것은 개인이 스트레스나 위험에 처했을 때 발휘될 수 있기 때문에 이 분야의 연구자들은 구체적인 위험 지표를 선택하고 위험 상황에 처한 개인을 추적하여 연구한다.

불행하게도 우리는 스트레스가 우리의 탄력성 수준을 초과하면 스트레스에 저항하지 못한다. 물론 스트레스에 대한 개인의 저항은 그의 기질적 특성과 환경적 상황 요인 양자의 상호작용에 달려 있기 때문에, 스트레스에 대한 저항 정도는 동일한 개인 내에서도 시간에 따라 그리고 상황에 따라 변화한다(Masten, 2001; Luthar, Cicchetti, & Becker, 2000). 그러므로 탄력성은 개인의 특별한 능력이기보다는 하나의 과정(process)으로 이해되어야 한다고 많은 연구자들은 주장한다.

2. 위험요인과 보호요인

탄력성은 항상 위험요인이나 보호요인과 함께 연구된다. 장휘숙(2001)에 의하면, 위험요인이란 문제행동이나 정신병리가 발달할 가능성을 증가시키거나 원하는 수준의 능력에 도달하지 못하게 하는 어떤 조건이나 상황에 해당한다. 반면, 보호요인은 탄력성의 상관물로서 위험에 처한 개인들이 적응적 발달을 이룰 수 있도록 하거나 적응적 결과와 상관이 있는 개인적 혹은 환경적 특성들을 의미한다. 위험요인과 보호요인은 정반대의 개념인 동시에 동전의 양면처럼 항상 붙어다니는 개념이기도 하다.

1) 위험요인

위험요인의 존재가 반드시 부정적 결과나 부적응을 초래하는 것은 아니지만 그것을 발생하게 할 가능성을 증가시킨다. 위험요인의 중요한 특징은 그 효과가 누적적이라는 것이다. 만약 아동이 단지 하나의 위험요인을 지니고 있다면 장애발달의 가능성은 그다지 높지 않으나 위험요인이 두 개로 증가하면 장애발달의 가능성은 네 배로 증가하고 위험요인이 네 개가 되면 장애발달의 가능성은 기하급수적으로 증가한다(장휘숙, 2001).

가난은 아동의 발달에 장기적인 부정적 영향을 미치는 대표적인 위험요인이다(Masten, 2001). 가난한 가정에서 성장하는 아동들은 영아기에 양육자와 보잘것 없는 관계를 형성하고, 아동초기 동안 행동 문제를 나타내며 초등학교에서는 저조한 학업 수행과 사회적, 정서적, 행동적 문제를 나타낸다. 가난의 부정적 효과는 누적적일 뿐 아니라 어머니의 낮은 교육 정도나 스트레스가 많은 생활 환경과 밀접하게 연결되기 때문에, 가난한 가정의 아동들이 문제행동이나 장애를 나타낼 위험성은 점점 커진다.

가난 외에도 전쟁이나 정치적 혼란과 같은 역사적인 외상적 사건도 위험요인으로 작용한다. 또한 시설 기관과 비행 가정에서의 성장, 아동학대 경험, 입양, 부부의 갈등이나 이혼 등은 대표적인 위험요인들이며 개인의 까다로운 기질 역시 또 다른 위험요인이다(Luthar, Cicchetti, & Becker, 2000; Masten & Coatsworth, 1998).

청년기는 아동기와 달리 친구의 영향력이 커지는 시기이다. 이 시기의 동년배 집단은 청소년들에게 정서적 안정과 정보적 지원을 제공하므로 동년배 집단의 거부나 따돌림은 청소년들의 주변적 지위를 부추기고 청년기 발달에 위험요인으로 작용한다. 물론 동년배 집단이 비행 집단일 때 동년배 집단에 대한 강한 동일시는 청소년들에게 부정적 영향을 주는 또 다른 위험요인이다. 또한 동년배들보다 더 어린 연령에서 1 대 1의 데이트를 시작하고 성교에 가담하는 행위는 미래의 부적응적 발달을 예언하는 중요한 위험요인이다.

2) 보호요인

위험요인의 효과는 보호요인의 존재에 의해 크게 달라진다. 보호요인은 통상적으로 부적응적 결과를 초래할 상황에서 개인의 반응을 완충하거나 수정하고 때로는 개선시키는 기능을 하기 때문에, 청소년들이 역경을 극복할 수 있도록 한다. 보호요인은 그 자체만으로도 개인의 발달에 영향을 주지만 위험요인과의 상호작용을 통하여 개인의 적응을 촉진시키기 때문에, 위험요인이 존재할 때 그 효과가 분명하게 드러난다. 지금까지 확인된 보호요인들을 정리하면 다음과 같다 (Bogenschneider, 1998; Masten & Coatsworth, 1998).

① 개인적 수준: 잘 발달된 문제해결 능력과 지적 능력, 높은 활동 수준, 유능한 사회적 능력과 의사소통 기술(특히 발달된 언어 능력), 내재적 통제 소재

② 가족 수준: 스트레스의 시기에 정서적 지원을 제공해 줄 수 있는 가족구성원(부모, 형제자매, 배우자 등)과의 안정된 애착관계, 부모 중 적어도 한 사람과의 가까운 관계

③ 동년배 수준: 가까운 친구의 존재

④ 학교 수준: 긍정적 학교 경험

⑤ 지역사회 수준: 직장이나 교회와 같이 개인의 능력과 결정을 보상하고 올바른 신념 체계를 제공해 주는 외부적 지원체계, 부모 이외의 다른 성인들(교사 혹은 이웃)과의 긍정적 관계

특히 영아기에 형성된 안정된 애착관계는 결정적인 보호적 기능을 한다. 8장에서 이미 설명한 것처럼, 애착은 영아-양육자 사이의 애정적 유대관계로 끝나는 것이 아니라 내적 작동모델의 형성을 통하여 일생 동안 지속된다. 영아는 양육자의 접근가능성과 반응성에 대해 내적으로 표상된 기대세트를 형성하며 이 조직화된 기대가 내적 작동모델로 기능한다.

양육자에 대해 안정된 애착을 형성한 사람들은 소중하고 독립적 존재로서 자신에 대한 내적 작동모델을 형성하고 타인에 대해서는 신뢰할 수 있고 접근할 수 있다는 내적 작동모델을 형성하기 때문에, 이후에 삶에 대한 긍정적 견해는 물론 타인과 성공적인 관계를 이룰 수 있다.

그들은 안정되지 못한 애착을 형성한 사람들보다 더 높은 자기존중감과 자기효능감을 지니고 있고(장휘숙, 1997; McCormick & Kennedy, 1994; Armsden & Greenberg, 1987) 더 발달된 정체감과 사회적 능력을 지니고 있다(장휘숙, 2000; Rice, 1998). 특히 주위 사람들에게 거부적이고 방어적인, 거부형(dismissing) 애착을 지니고 있는 청소년들 중에 반사회적 행동이나 파괴적 행동을 저지르고 약

물남용을 일삼는 청소년들이 많이 있으므로(Rosenstein & Horowitz, 1996) 안정된 애착의 형성은 문제행동이나 일탈행동을 차단하는 중요한 보호요인이다.

3. 탄력적 청소년의 특징

탄력적 청소년들은 어떤 특성을 지니고 있는가? 10세의 미국 청소년들을 2년간 종단적으로 추적한 로빈스 등(Robins 등, 1996)에 의하면, 자아탄력적 청소년들은 자기주장적이고 언어적으로 표현적이며 정력적, 품위 있는, 신뢰할 수 있는, 허심탄회한 그리고 아는 것이 많은 사람들이었다. 그들은 높은 자신감을 지니고 불안정하지도 불안하지도 않으며 미성숙하지도 않았다. 그들은 생활의 광범위한 영역에서 효과적으로 기능하고 개인적으로 그리고 사회적으로 잘 적응하는 청소년들로서 성격적으로 성실하고, 정서적으로 안정되어 있으며 새로운 경험에 개방적이었다.

7세 아동을 대상으로 수행된 8년간의 종단연구(Hart 등, 1997)에서도 탄력적 아동들은 주의를 기울이고 집중할 수 있는 인지적 기술과 타인에게 도움이 되고 협조적인 사회적 기술을 지니고 있었다. 그들은 스트레스 상황에서 적응적이고 정서 표현을 조절할 수 있었으며 학교에서 성공적이었다. 또한 탄력적 아동들은 우정의 본질을 이해하고 친밀한 우정을 형성할 수 있는 발달된 사회인지 능력도 지니고 있었다.

이 연구에서 탄력적 아동들은 청년기 동안에도 더 적은 주의집중 문제를 나타내고 더 높은 수준의 우정추론 능력을 획득하며 외재적 통제 소재에서 내재적 통제 소재로의 발달을 이룸으로써 아동기에 탄력적인 사람들이 청년기에도 여전히 탄력적임을 보여 주었다. 또한 탄력적 청소년들은 더 높은 자기존중감과 문제집중적 대처전략을 지니고 있었다(Dumont & Provost, 1999). 이상의 연구결과들을 바탕으로 탄력적 아동이나 청소년들의 특징을 정리하면 표 11-2와 같다.

표 11-2 탄력적 아동과 청소년의 특성

	특 성
개인적 특성	① 좋은 지적 기능(예를 들면, 우수한 언어 기술과 발산적 사고) ② 매력적이고 사교적이며 편안한 기질 ③ 높은 자기효능감, 자신감, 자기존중감 ④ 재 능 ⑤ 신 념
가족 특성	① 양육적인 부모와의 가까운 관계 ② 권위적 부모역할 ③ 유리한 사회경제적 조건 ④ 낮은 가족 스트레스 ⑤ 질서정연한 가정환경 ⑥ 지원적인 가족망과의 연결 ⑦ 친사회적 가족 가치관 ⑧ 긍정적 역할 모델
가족외적 맥락	① 가족 외부의 친사회적 성인들과의 긍정적 유대관계 ② 친사회적 조직과의 연결 ③ 좋은 학습 환경을 갖춘 학교에 재학

출처: Kumpfer, 1999; Masten & Coatsworth, 1998.

4. 컴퍼의 탄력성 모델

컴퍼(Kumpfer, 1999)는 개인의 탄력성을 설명하는 소위 교류모델(transactional model)을 제안하였다. 브론펜브레너(Bronfenbrenne, 1979)의 생태학적 모델과 러너(Ford & Lerner, 1992)의 맥락적 모델에 기초한 교류모델은 그림 11-1과 같이 크게 세 가지 과정으로 구성된다. 즉 선행 요인인 ① 환경적 특성과 ② 탄력적 개인의 특성 및 개인과 환경 혹은 개인과 결과 사이를 중재하는 역동적 메커니즘 그리고 부정적인 인생경험 후에 오는 ③ 긍정적 결과나 개인의 탄력적 재통합으로 구성된다.

앞에서 설명한 위험요인들은 환경 내에 존재하며 보호요인들 또한 완충자로서 위험요인들과 상호작용한다. 따라서 위험요인과 보호요인들간의 상호작용은 탄력성 모델의 처음 타원을 구성한다. 젊은이들은 한두 개의 위험요인에는 합리

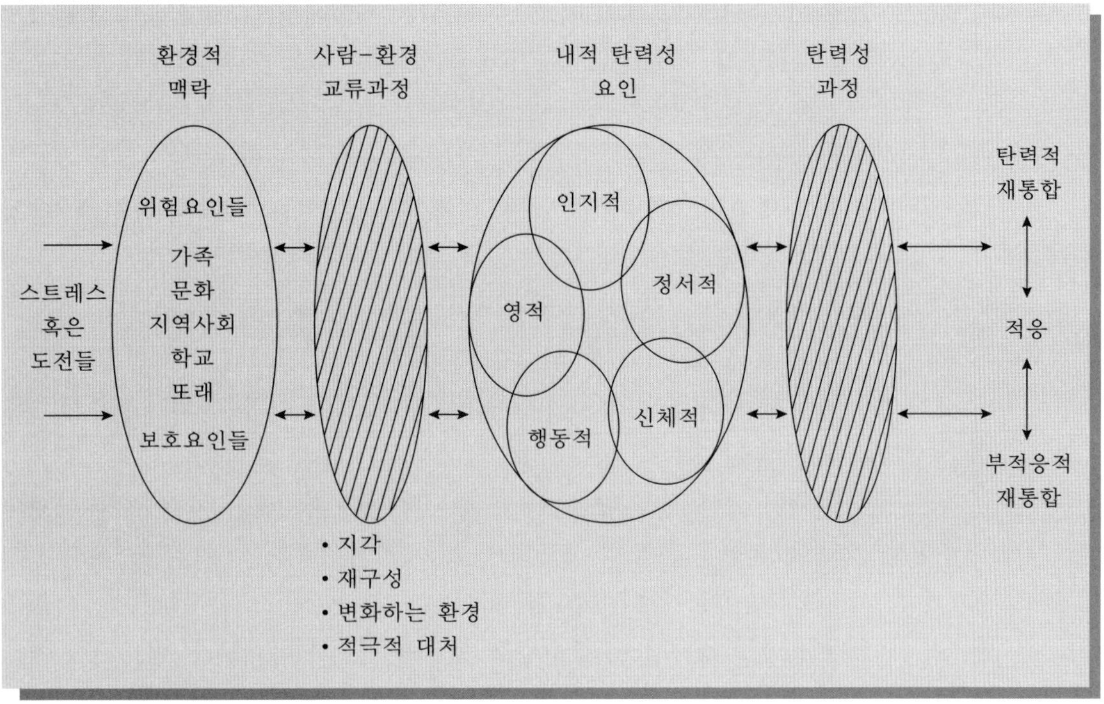

그림 11-1 컴퍼의 탄력성 모델

출처: Kumpfer, 1999.

적으로 잘 대처하지만, 위험요인이 두 개 이상으로 증가하면 부적응의 증후들이 빠르게 증가한다. 물론 보호요인의 수가 증가하면 위험요인들의 영향은 완화될 수 있다.

컴퍼 모델의 두 번째 타원은 사람과 환경 사이를 중재하는 교류과정을 제시한다. 이 과정에서 개인은 환경을 의식적, 무의식적으로 수정할 수도 있고 환경에 선택적으로 반응할 수도 있다. 그 예로서 약물 사용이 빈번한 범죄지역에서 생활하는 탄력적 젊은이들은 가족구성원들과 가까운 유대를 유지하고 학교에서 열심히 공부하며 긍정적 역할모델이나 학교 선생님들과 친밀한 관계를 유지함으로써 환경적 위험요인들을 감소시킬 수 있다. 그들은 양육적이고 긍정적 사회화를 실시하는 성인들과의 빈번한 접촉을 통하여 위험요인의 영향을 최소화하고 보호요인들의 영향을 극대화한다.

그림 11-1에서 가운데의 가장 큰 원은 각 개인이 지니고 있는 내적 탄력성 요인들을 포함한다. 컴퍼(Kumpfer, 1999)가 제안한 내적 탄력성 요인들은 다음과 같은 특성을 지니고 있다.

① 인지적 요인: 학업 기술, 개인 내적인 반성적 기술, 계획수립 기술 및 창의성

② 정서적 요인: 정서관리 기술, 유머, 자기존중감을 회복하는 능력

③ 영적 요인: 인생의 꿈이나 목표, 종교적 신념, 자신에 대한 믿음, 인내

④ 행동적/사회적 요인: 대인관계 기술, 문제해결 기술, 의사소통 기술, 동년배에 저항하는 기술

⑤ 신체적 요인: 좋은 건강 상태, 좋은 건강을 유지하는 기술, 신체 능력의 발달, 신체적 매력

그림의 가장 오른편은 이 모델의 잠재적 결과를 제시한다. 탄력적인 재통합은 더 높은 탄력성 상태에 도달하고 더 강해지는 것을 의미하는 반면, 부적응적 재통합은 탄력성을 발휘하지 못하고 부적응의 징후를 나타내는 것을 의미한다. 물론 적응은 스트레스나 위기가 일어나기 이전의 상태로 회복하는 것에 해당한다.

Ⅲ. 청년기의 물질사용

청년기의 물질사용 문제가 심각한 사회문제로 대두된 것은 이미 오래 전의 일이다. 외국의 경우에는 1960년대부터 그리고 한국에서는 1970년대부터 이미 물질사용이나 남용문제가 사회적 관심의 대상이 되기 시작하였다. 한국 성인 사회의 물질남용 경향은 1960년대 이전에는 마약, 70년대는 대마, 80년대에는 암페타민(필로폰 또는 히로뽕) 그리고 90년대에 들어와서는 LSD와 코카인(주왕기, 1991)이 주로 사용되었고 최근에는 엑스터시나 GHB(Gamma-Hydrozybutrate)도

점차 문제가 되고 있다.

한국 청소년들의 물질사용은 보통 중학교 시기인 13-14세에 시작된다(차경수 등, 1993). 청소년들은 성인 사회에 대한 호기심 때문에, 그리고 동년배의 압력이나 사회적 규준에 대한 반항으로 물질을 사용한다. 어떤 청소년들은 청년기 특유의 긴장과 갈등을 해결하지 못하고 도피 수단으로 물질을 사용하며, 때로 자극적인 스릴을 경험하기 위해서 물질을 사용하는 청소년도 있다.

일반적으로 성인들은 청소년의 문제 행동을 곧 해결될 정상적인 청년기 증상이라고 생각하고 간과하는 경향이 있다. 그러나 여기서 다루게 될 청년기의 물질사용 문제는 다음 장에서 다루게 될 다른 일탈 행동과 함께, 미리 예방되거나

청소년들의 물질사용은 미리 예방되거나 조기에 치료되지 않으면 성인기까지 지속되어 심각한 장애로 발전할 수 있다.

조기에 치료되지 않으면 성인기까지 지속되어 심각한 장애로 발전될 수 있으므로 주의 깊은 논의가 요구된다.

1. 물질사용의 일반적 특징

1) 용어의 정의

물질을 논의할 때, 우리는 손쉽게 사용, 남용, 오용이라는 단어를 혼용하여 사용한다. 그러나 그 의미가 다르고 대처 방법도 상이하기 때문에 명확히 구분될 필요가 있다.

• 물질사용(substance use): 물질복용이 이루어지고 있으나 복용량이 적고 복용 빈도도 제한되어 있을 때를 의미한다.

• 물질남용(substance abuse): 물질의 빈번하고 과도한 사용으로 개인의 신체적, 정신적 혹은 사회적 기능에서 손상이 일어날 때 사용되는 용어이다. 특히 우리나라의 경우에는 향정신성 약물의 비의학적 사용을 물질남용으로 정의하기도 한다. 향정신성 약물이란 중추신경계에 작용하는 약물로서 감정, 인식 그리고 행동에 인위적 변화를 일으키는 물질을 의미한다. 동시에 비의학적 사용이기 때문에 불법으로 분류된다.

• 물질의존(substance dependence): 중독과 동의어로서 특정 물질을 복용하지 않으면 안 되는 상태로 내성이나 금단증상이 나타난다. 내성(耐性)이란 최초의 효과를 얻기 위해 점점 더 많은 양의 물질을 복용해야 하는 것을 의미하며, 금단증상(禁斷症狀)은 특정한 물질에 중독된 환자가 그것을 끊음으로써 일어나는 두통, 불면, 흥분, 허탈 등의 증상을 일컫는다.

• 물질오용(stustance misuse): 물질을 잘못 사용하는 것으로, 물질의 과용, 저용, 잘못된 투여 방법, 잘못된 물질 선택 및 시간 선택시에 사용되는 용어이다.

2) 물질사용과 관련된 요인

심각한 물질사용은 청소년들의 교육적, 직업적 성공을 방해하고 미래의 결혼 생활에서 실패하게 하며 많은 사회적 문제를 일으키게 한다. 물질을 남용하는 젊은이들은 심리적으로 분노가 많고 충동적이며 우울한 사람들이다. 그들은 물질사용에 대해 허용적 태도를 지니고 있고 알코올이나 다른 약물이 그들의 사회적 관계를 개선시킬 수 있다고 잘못 생각한다(Perry, 2000).

청년기 물질사용과 관련된 요인들을 개인적 요인과 맥락적 요인으로 구분하여 정리하면 다음과 같다.

(1) 개인적 요인

① 물질 사용이 일찍 시작되고 그 정도가 심할수록 이후에 여러 가지 물질을 사용하기 쉬우며, 어린 연령에서의 사용은 더 위험한 물질을 사용하게 한다(Hingson, Heeren, & Winter, 2006).

② 모든 심각한 물질남용은 알코올과 흡연에서 시작되기 때문에, 알코올과 흡연은 통로약물(gateway drugs)로 인식된다(Perry, 2000).

③ 학교에서의 낙제는 물론 학교에서의 낮은 성적과 낮은 교육적 포부수준은 물질사용의 증가와 연합되어 있다(Masten, 2001).

④ 종교를 가진 청소년들이 그렇지 않은 청소년들보다 물질을 더 적게 사용한다(Perry, 2000).

⑤ 폭력 행동이나 무단 결석 혹은 학교 비행 등의 반사회적 행동은 물질사용과 높은 상관이 있다(Simons-Morton 등, 2001).

⑥ 물질남용 청소년들은 성적으로 더 문란하다(Jemmott & Jemmott, 1993).

(2) 맥락적 요인

① 부모와 청소년 자녀 사이의 부정적 의사소통은 물질사용과 연결되어 있다(Barnes & Farrell, 1994).

② 부모의 감독이나 훈육의 부족은 청소년의 물질사용을 증가시킨다. 물질사용 청소년의 부모는 자녀에게 지나치게 허용적이거나 거부적이며, 적대적, 갈등적 가족 관계를 형성한다(Feltcher, Steinberg, & Williams-Wheeler, 2004).

③ 한쪽 부모나 양쪽 부모 혹은 형제자매들이 물질사용에 관대하거나 물질

에 중독되어 있을 때 청소년들의 물질사용은 증가한다(Masten & Coatsworth, 1998).

④ 거칠고 일관성 없는 부모의 훈육과 훈육 방식에서의 부부의 불일치는 청소년들의 흡연이나 알코올 사용과 높은 상관이 있다(Dodge 등, 2006).

⑤ 물질남용 청소년들의 가족 관계는 정서장애를 갖는 가족과 유사하며, 신체적 학대나 성적 학대가 빈번하게 일어난다(Yeh & Hedgespeth, 1995).

⑥ 물질남용 청소년들은 물질사용을 격려하는 친구들을 가지고 있으며 그들과 함께 많은 시간을 보낸다(황성현, 2006; Borden, Donnermeyer, & Scheer, 2001).

⑦ 물질남용 청소년들은 자주 일탈된 동년배 집단에 포함되어 있다(Nation & Helflinger, 2006).

청년기 동안 물질사용을 부추기는 가장 중요한 위험요인은 물질을 사용하는 친구의 존재이다. 물질을 사용하는 청소년들은 물질사용 동년배들을 찾고 물질사용 동년배들은 친구들 사이에서 더 많은 물질사용이 이루어지도록 자극한다. 따라서 청년기 물질사용의 가장 강력한 예언자는 친한 친구의 물질사용 여부이다.

2. 남용물질

한국 청소년들이 가장 많이 사용하는 물질은 술이며, 그 다음이 담배이다. 그 외에 수면제, 본드, 부탄가스, 시너 등이 있으나 다행스럽게도 술과 담배 이외의 물질을 사용하는 청소년들의 비율은 매우 낮아 5% 이하이다. 또한 대부분의 청소년들은 피해가 심각한 대마초나 마약 혹은 필로폰 등을 사용하지 않으며, 단지 일부 소년원 청소년들 사이에서만 사용되고 있다.

1) 담 배

담배는 청소년들 사이에서 알코올 다음으로 많이 사용되는 물질이며, 최초로 사용되기 때문에 시작 연령이 가장 어린 것이 특징이다. 청소년들이 하루에 다섯 개피 이상의 담배를 피울 때 우리는 심한 흡연자로 분류한다(Johnson, O'Malley, Bachman, 2001). 최근에 와서 성인들이 흡연의 부작용을 인식하고 담배를 끊으려고 노력하는 것과는 대조적으로, 보다 어린 연령에서 흡연이 시작되고 특히 여성의 흡연이 급격히 증가하는 추세에 있다.

청소년백서(2007)에 의하면, 한국 청소년들이 처음 한두 모금 정도의 흡연을 경험하는 연령은 여자 13.05세 그리고 남자 13.72세였고 한 개비를 모두 피운 연령은 여자 14.21세 그리고 남자 15.54세였다. 이와 같이 첫 흡연연령에서는 성차가 거의 없으나 월간 흡연율에서는 남자 청소년들이 여자 청소년들보다 3배 정도 더 높다.

또한 지역별로는 농촌지역 청소년(44.4%)의 흡연율이 가장 높고 그 다음이 중소도시(34.2%), 서울(33.1%) 그리고 대도시(30.2%) 순이었으며, 사회경제적 수준별로는 하류계층 청소년들의 흡연율(43%)이 가장 높고 그 다음이 중류계층(34.0%) 그리고 상류계층(25.8%) 순이었다(이종원 등, 2001).

많은 청소년들은 흡연이 건강을 해칠 수 있다고 믿고 있으나 습관이 되기 전에 끊으면 그만이라고 생각하면서 그들의 흡연행동을 합리화한다. 일반적으로 흡연하는 부모의 자녀들이 흡연하기 쉽고(Kandel & Wu, 1995), 흡연하는 동년배를 가진 청소년들이 더 쉽게 흡연한다(Dinges & Oetting, 1993). 또한 흡연하는 청소년들 중 부적절한 자기상을 지니고 있는 청소년들이 많다(Lerner, 2002). 담배는 술보다 습관성이 더 강하므로 청소년의 흡연량을 줄일 수 있는 효과적인 대책이 시급히 마련되어야 할 것이다.

2) 알 코 올

알코올은 청소년들 사이에서 가장 자주 사용되는 약물이다. 일반적으로 하루에 두 잔 이상의 술을 마시거나 지난 2주 동안 3회 혹은 그 이상 또는 다섯 잔 이상의 술을 마신 청소년을 심한 알코올 사용자로 분류한다.

청소년백서(2007)에 의하면, 한국 청소년들의 알코올 시작 연령은 1998년도에 15.1세였으나 2005년에는 14.7세로서 음주시작 연령이 낮아지고 있으며, 13

세에 처음 음주를 시작하는 비율도 1998년 4.3%에서 2005년에는 10.1%로 증가하여 보다 더 어린 연령에서 알코올 섭취가 시작되고 있음을 나타낸다. 또한 알코올 섭취율에서 거의 성차가 없어 여자 청소년들의 알코올 섭취비율이 상당히 증가하였음을 알 수 있다.

알코올 섭취는 사회적 맥락 내에서 때때로 모방되고 강화되기 때문에, 사회가 알코올 중독을 조장하는 경향이 있다. 사회는 각종 승리는 물론 명절이나 휴일 혹은 경축일 축하를 위한 음주를 당연시한다. 10대 청소년들은 가정과 학교의 과도한 학습 요구에서 오는 스트레스를 해소하기 위하여 그리고 외로움을 달래기 위해 술을 마신다. 알코올 섭취는 개인의 건강은 물론 폭력이나 비행으로 연결될 수 있을 뿐 아니라 자동차 사고에 의한 사망자의 1/3 이상이 음주 운전과 관련되어 있어(Perry, 2000) 심각한 사회 문제를 유발한다.

부모는 자녀의 음주 습관에 영향을 준다. 보통 알코올에 중독된 부모를 가지고 있는 청소년들이 그렇지 않은 청소년들보다 알코올이나 다른 물질을 더 많이 사용한다(Chassin 등, 1993). 실제로 모든 청소년들이 알코올을 마시지만, 알코올에 중독된 부모를 가지고 있는 청소년들만이 심한 음주자가 되고 알코올 중독자로 성장한다.

특히 부모의 감독이나 통제가 부족할 때, 동년배 압력이 강할 때 그리고 문제행동을 하는 친구가 있을 때 청소년들은 알코올을 남용하기 쉽다(Simons-Morton 등, 2001). 따라서 부모가 방과후에 청소년들이 출입하는 장소와 TV나 인터넷에 노출되는 시간을 제한하면, 청소년들이 알코올은 물론 다른 물질을 사용하는 일은 거의 일어나지 않는다.

알코올 남용 청소년들은 학업성적이 저조하고 일탈행동을 일삼기는 하지만, 이후에 불법적인 물질남용자가 되는 사람은 많지 않다. 그렇다면 알코올 남용 청소년들 중에서 어떤 사람이 불법적 물질남용자로 성장하는가? 불법적 물질남용에 영향을 미치는 가장 중요한 요인은 부모의 알코올 중독이 가족 기능을 방해하는 정도이다. 그러므로 부모의 알코올 중독이 자녀에 대한 감독을 감소시키고 가족 스트레스를 증가시키며 가족 갈등을 고조시킬 때, 청소년들은 물질남용자가 될 큰 위험에 처한다(Chassin 등, 1996).

청소년의 알코올 남용을 유전모델로 설명하는 연구자도 있다. 즉, 개인의 알코올 의존성은 유전될 것이라는 것이다. 알코올 중독자인 아버지를 가진 아동을 정상적 가정에 입양시켰을 때 알코올 중독이 아닌 아버지를 가진 아동보다 알코올 중독이 될 가능성이 약 세 배 더 많았고, 알코올 중독자인 어머니를 가진 입양아가 알코올 중독자가 아닌 어머니를 가진 입양아보다 알코올 중독이 될 가능성은 두 배 정도 더 많았다(Bohman, 1978). 입양연구 결과와 함께, 알코올에 중독된 부모의 자녀들이 정상적 가정의 자녀들보다 알코올 중독자가 되기 쉽고 부모와 자녀의 음주 패턴이 유사하다는 사실은 알코올 남용이 유전될 수 있음을 의미한다. 그럼에도 불구하고 알코올 중독의 비율은 인종 집단이나 성별 혹은 사회계층에 따라 서로 다르기 때문에 유전모델로써 알코올 중독을 설명하는 데는 한계가 있다.

3) 본드와 가스

본드와 가스는 청소년들이 사용하는 어떤 물질보다도 신체에 큰 손상을 주며 심한 경우 죽음을 초래할 수도 있는 독극물이다. 본드나 가스 흡입 청소년들 중 상당수가 이후 마약 중독자의 예비군을 형성하기 때문에, 본드와 가스의 사용은 물질남용의 시작으로 인식된다(김상희, 1991).

(1) 본 드

학교에 재학하는 청소년들의 본드 흡입비율은 매우 낮지만, 소년원 청소년들은 담배와 술 다음으로 본드를 많이 흡입한다. 본드를 흡입하는 청소년들은 막걸리통이나 비닐주머니에 한번 흡입에 필요한 양의 본드를 부어 놓고 코와 입으로 흡입하는 방법을 사용한다. 본드 흡입 후 어느 정도 시간이 흐르면 환각 상태가 일어난다. 친구들의 흡입 장면을 목격한 청소년들에 의하면, 본드를 흡입한 청소년들은 술취한 사람처럼 비틀거리고 미친 사람처럼 이해할 수 없는 행동을 한다.

실제로 본드는 술을 마셨을 때와 유사한 증상을 일으키며 현기증과 도취감, 시각이나 청각의 왜곡 및 환각 상태에 이르게 한다. 본드를 흡입한 청소년들 중에는 공격행동이나 반사회적 행동을 저지르는 청소년도 있다. 본드는 강한 독성을 지니고 있기 때문에, 식욕 감퇴와 체중 저하를 야기시키고 심한 경우 간이나 심장에도 장애를 일으키며 영구적인 뇌손상을 초래하여 사망에 이르게 할 수도 있다.

학교 생활에 만족하고 있는 청소년들 중에서 본드를 흡입하는 청소년은 거의 없다. 학업 수행이 저조한 청소년들이 학습에 흥미를 잃고 열등감과 소외감을 극복하기 위한 방법으로 금지된 행동을 감행한다. 본드 흡입은 가정과 학교에서의 실패감을 극복하는 수단으로 활용된다.

(2) 가 스

가스는 본드 다음으로 청소년층에서 많이 사용되는 흡입제로서 여러 가지 종류가 있으며, 주로 소년원 청소년들에 의해 사용된다. 라이타용 가스, 취사용 연료로 사용되는 소포장 단위의 부탄가스 외에 시너, 치약, 락카, 구두약 등이 사용된다. 일반적으로 가스를 흡입하는 시기는 본드 흡입 시기와 비슷하거나 본드 흡입 이후이다.

가스는 본드만큼 지저분하지 않고 냄새가 약하기 때문에 발각될 염려가 적다는 이점이 있다. 그러나 흡입제를 사용하는 대부분의 청소년들은 가스보다는 본드를 더 선호한다. 그 이유는 가스는 본드보다 환각의 지속 시간이 더 짧고 폭발의 위험이 있으며 더 심각한 신체적 후유증을 남기기 때문이다.

청소년백서(2007)에 의하면, 2006년도 환각물질 흡입사범은 전년도에 비해 감소하였으나 15세부터 19세까지의 청소년 환각물질 흡입사범은 전년도 13.3%에서 21.4%로 크게 증가하였다. 그러나 그 수는 많지 않아 115명 정도였다.

본드나 가스흡입은 동년배 집단을 통하여 학습되고 실행된다. 청소년들은 호기심으로 그리고 동년배 집단과 일치하기 위하여 흡입을 감행한다. 그러나 청소년의 흡입제 사용이나 남용의 일차적 기여자는 가족이다. 그들은 보잘것 없는 부모-자녀 관계를 형성하고 부모의 알코올 중독이나 이혼, 별거 등의 문제가 있는 가족을 가지고 있었다(Chassin 등, 1996; 김상희, 1991). 또한 본드나 가스 흡입자의 대부분은 남성이고 가난한 계층 출신이며 불안이나 우울증을 지니고 있는 경우가 많다.

4) 약

특정 물질을 사용하고 환각 효과를 경험해 본 사람은 다양한 다른 약물들을 계속해서 사용한다. 일반적으로 약의 사용은 본드나 가스의 흡입 다음에 이루어지므로 약을 남용하는 청소년의 수는 본드 흡입 청소년들보다 적고, 연령도 더 높다. 보통 본드 남용 청소년의 절반 정도가 약을 남용한다.

청소년들이 가장 많이 남용하는 약은 시중에 팔리고 있는 진해거담제 성분의 약들이다. 진해거담제는 감기나 기관지염, 폐렴, 폐결핵 등으로 인한 기침을 가라앉히는 데 쓰이는 약물이다. 이 외에 각성제, 신경안정제, 진정수면제(항불안제), 항히스타민제, 골격근 이완제 및 진통제들이 청소년들 사이에서 자주 사용된다.

이 약들의 공통점은 과량을 복용할 경우 불안 증상이나 환각 및 착란 등의 부작용을 일으킨다는 것이다. 특히 신경안정제와 진정수면제는 과량 복용하거나 지속적으로 사용할 때 약물의존을 일으킨다. 더욱이 약의 남용빈도가 잦고 남용량이 많아지면 약에 대한 내성이 일어나기 때문에 전형적인 물질의존 상태를 초래한다.

약에 의한 환각 효과는 복용 후 30분 내지 한 시간 이후에 나타나며 4-5시간 정도 지속된다. 청소년들은 환각 효과가 금방 사라지고 흡입시 신체적 고통을 감수해야 하는 본드나 가스보다 약을 더 선호한다. 물론 약의 남용이 구토나 두통을 유발하지만, 흡입제를 경험해 본 일이 있는 청소년들은 이 정도의 고통쯤은 대수롭지 않게 생각한다.

5) 대　마

대마는 일명 마리화나(Marijuana)라는 명칭으로 사용되는 환각 물질이다. 본드나 가스 혹은 약을 남용했던 경험을 가진 청소년들이 더 강한 환각 효과를 얻기 위해 대마를 사용한다. 대마흡입의 전체적 비율은 매년 감소하고 있으나 소년원 청소년들의 대마흡입은 오히려 급격한 상승을 보인다. 일반적으로 대학생들이 중 · 고등학교 학생들보다 대마를 더 많이 흡입한다. 미국 청소년들의 경우 대마는 알코올과 담배 다음으로 가장 빈번하게 사용되는 물질이다.

대마의 효과는 가벼운 행복감에서부터 감각적 이미지의 변화까지 다양하다. 대마를 피운 후 보통 10분 내에 효과가 나타나기 시작하여 수시간 동안 지속된다. 대마의 효력은 대마초가 함유하고 있는 THC(delta-9 tetra hydrocannabinol)의 농도에 좌우된다. 대마초로부터 추출된 하쉬쉬(hashish)와 하쉬쉬 오일(hashish oil)은 다량의 THC를 함유하므로 강한 환각 효과를 일으킬 수 있다. 대마는 생리적 의존을 일으키지는 않으나 심리적 의존과 내성을 일으킨다. 대마의 남용은 개인의 주의집중 능력을 손상시키고 단기기억을 방해한다.

대마 사용자나 남용자들은 가족간에 심각한 갈등을 경험하고 특히 청소년 자녀와 부모 사이의 긴장이 극도로 높아진 상태에 있다(Hendin등, 1981). 많은 대마 남용 청소년들은 가정과 학교에서 폭력적, 파괴적 행동을 하며 알코올중독자인 아버지나 어머니를 가지고 있다. 청소년들은 대마를 피움으로써 학교에서의 실패감과 부모와 동년배로부터의 소외감을 떨쳐버릴 수 있다. 또한 그들은 자기파괴적 약물을 복용함으로써 부모와 사회에 대한 적개심을 표출한다.

대마를 남용하는 많은 청소년들은 대마를 다른 약물과 함께 사용한다. 그 이유는 대마와 다른 약물을 복합적으로 사용하면 증폭된 환각 효과를 얻을 수 있을 뿐 아니라 대마의 소지는 불법이므로 처벌의 위험이 있을 때 다른 약물을 사용할 수 있기 때문이다. 따라서 대마의 남용은 곧 범죄 집단과의 연결을 의미하기도 한다.

6) 메스암페타민

메스암페타민은 대표적인 향정신성 약물로 속칭 히로뽕 혹은 필로폰(philopon)이라고 불리우는 중추신경 각성제이다. 구강으로 복용하거나 주사될 수 있는 메스암페타민은 증가된 집중력, 식욕 상실, 불면증에서부터 환시, 환청, 환촉 등 다양한 효과를 일으킨다. 구강으로 복용하면 약 30분 후부터 메스암페타민의 효과가 나타난다. 이 약물은 생리적 의존을 일으킬 가능성은 적으나 강한 심리적 의존을 일으키며 내성이 급속하게 이루어진다.

메스암페타민은 대마와 동일하게 제조, 유통, 판매, 소지 및 남용이 법률로 금지된 약물이다. 보통 유흥업소에 자주 출입하거나 그곳에 종사하는 청소년 또는 범죄 집단에 속해 있는 청소년들이 메스암페타민을 많이 사용한다. 따라서 청소년 남용자의 수는 다른 약물을 남용하는 청소년들의 수보다 상대적으로 적고 최초의 약물 사용 연령도 다른 약물보다 더 높다. 일반적으로 메스암페타민 남용자들은 다른 약물 남용자들과 유사하게 학교에서 실패하고 동년배 관계에서 소외되며 차갑고 냉담한 가정의 자녀들이다.

메스암페타민과 함께 암페타민계 유기 화학물질인 엑스터시(Ecstasy, XTC, MDMA로 통칭됨)와 엘에스디(LSD: lysergic acid diethylamide), 야바(Yaba) 그리고 GHB(Gamma-Hydroxybutrate) 등이 자주 남용되는 향정신성 의약품들이다. 우선 엑스터시는 1999년 이후에 급속히 확산되고 있는 신종 마약으로 그 형태는 정제형이고 모양은 가지각색이다(그림 참조). 식욕상실, 혼수, 정신착란 등을 일으키며 과다 사용시 사망에 이르게 한다. 엘에스디는 곡물의 곰팡이나 보리 맥각(맥각균이 보리에 기생하여 생긴 번식체) 등에서 발견되며 이를 분리하여 합성한 중추신경 흥분제이다. 야바는 필로폰보다 저렴한 가격 때문에 빠르게 확산되는 물

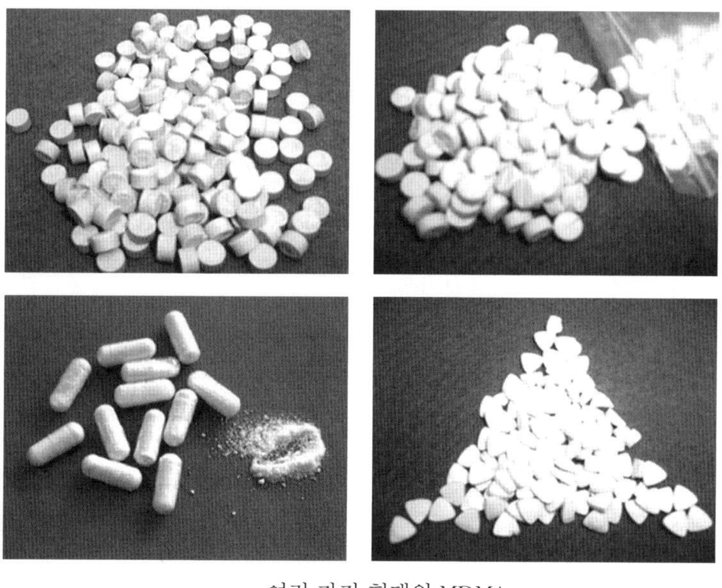

여러 가지 형태의 MDMA

질로서 말처럼 힘이 솟고 발기에 좋은 약으로 알려져 있으며 복용 후 3일간 잠을 자지 않을 정도로 강한 환각효과를 나타낸다.

또한 소다수나 음료에 몇 방울 타서 마시는 GHB는 물뽕이라고 불리며 자주 성범죄용으로 악용되기 때문에, '데이트 강간 약물'(Date-rape Drug)로 불리기도 한다. GHB를 알코올류에 타서 마시면 의식을 잃을 정도로 효과가 강하고 이후에 발생한 일도 기억해내지 못한다.

7) 마 약

마약류의 남용은 인간을 황폐화시키고 가정과 사회를 파괴하는 반인륜적, 반사회적 범죄 행위이다. 마약 사용 청소년들의 평균 연령은 18-19세로서 최초의 약물 사용 연령이 가장 높은 것이 그 특징이다(표 11-3 참조). 학교에 재학하는 한국 청소년들의 약 0.5%가 마약을 복용하는 것으로 알려져 있다(이종원 등, 2001).

국내 마약류 관리에 관한 법률 제2조 제2호에 의하면, 마약이라 함은 양귀비 · 아편 및 코카엽에서 추출되는 모든 알칼로이드를 의미한다. 그러므로 마약에는 양귀비, 아편, 모르핀, 헤로인, 코데인, 코카인 등이 포함된다.

양귀비는 두해살이 풀로서 앵속(罌粟) 혹은 아편꽃이라고도 불리며 아주 오랜 옛날부터(기원전 1500년) 마취약이나 수면약으로 사용되었다. 양귀비의 익지

표 11-3 청소년 마약류사범 연령별 현황(단위: 명)

	전체 마약류사범	청소년 마약류사범			
		15세 이하	16-17세	18-19세	합계
2002	10,673	0(0%)	11(13.9%)	68(86.1%)	79(100%)
2003	7,546	3(8.1%)	6(16.2%)	28(75.7%)	37(100%)
2004	7,747	0(0%)	0(0%)	18(100%)	18(100%)
2005	7,154	1(3.3%)	10(33.3%)	19(63.4%)	30(100%)
2006	7,711	3(9.3%)	6(18.8%)	23(71.9%)	32(100%)

출처: 2007 청소년백서.

않은 열매에 상처를 내어 받은 유즙을 60°C 이하의 온도로 건조한 것이 아편(영어로 opium)이며, 생아편, 아편말(의학용 아편) 그리고 흡연용 아편으로 구분된다.

양귀비의 꽃과 열매

생아편이란 덜 익은 양귀비 열매에 상처를 내어 유출되는 유액을 건조시킨 덩어리이며, 그것을 가루로 만들어 모르핀의 양을 10%로 조절하면 아편말이 된다. 또한 생아편을 물에 녹여 녹지 않은 찌꺼기를 제거한 후 증발 · 농축하여 만든 것이 흡연용 아편이다. 아편을 담배와 함께 피우면 마취상태에 이르며 습관이 되면 중독현상이 일어난다.

아편은 중추신경을 마비시키고 진정, 진통, 진경(鎭痙), 진해(鎭咳), 지사(止瀉) 작용을 하기 때문에, 마취제나 마취보조제로 자주 쓰인다. 아편에 중독되면 구토와 두통 혹은 현기증이 일어나고 그 외 변비, 피부병, 배뇨 장애, 호흡 장애 등의 부작용이 나타나며 심하면 혼수 상태에 빠진다.

모르핀 역시 아편에서 추출한 물질로서 뛰어난 진통 작용을 가지고 있으며 외과 수술이나 화상 혹은 말기 암환자의 고통을 덜어줄 수 있는 강한 진통 물질이다. 중독되면 구토와 발한, 발열 혹은 설사 등의 부작용을 일으킨다.

모르핀에 무수초산을 첨가하여 가열하면 모르핀의 아세틸 화합물인 디아세틸모르핀 즉 "마약의 황제"인 헤로인이 탄생한다. 헤로인은 백색 분말로서 강력한 쾌감을 불러일으키고 모르핀보다는 3-4배 강한 진통 작용을 한다. 모르핀 투여량의 약 2%만이 혈뇌장벽(blood-brain barrier)*을 통과할 수 있는 것과는 대조적으로 헤로인은 투여량의 약 65%가 통과할 수 있기 때문에 강한 진통 효과를 나타낸다.

적은 양의 헤로인도 계속 사용하면 헤로인에 의존하게 하고 만성 중독에 빠지게 한다. 특히 내성과 금단 증상이 강하게 나타나기 때문에 점점 더 많은 헤로

* 혈뇌장벽(blood-brain barrier): 뇌로 들어오는 유해물질을 차단하기 위한 신경계의 유기체 보호장치

인을 복용하게 된다. 중독되면 설사, 구토, 발한, 발열 등의 신체적 부작용과 식욕 부진을 일으키고 불안, 불면, 침울 증세와 함께 정력이 강해지는 발양(發揚) 증상도 나타난다. 급성 중독은 호흡 곤란을 일으켜 사망에 이르게 한다.

코데인 역시 아편에 함유된 알칼로이드로서 모르핀과 유사한 작용을 하지만, 마취성이 적고 쾌감을 수반하지 않으며 습관성이 적은 것이 그 특징이다. 마취나 진통작용은 모르핀에 떨어지지만, 기침을 진정시킬 수 있는 진정 작용은 모르핀보다 더 강하다.

한편, 코카나무의 코카잎에서 추출한 알칼로이드인 코카인은 미국에서 가장 많이 남용되는 마약이다. 코카인은 주사기를 사용하지 않고 코의 점막을 통하여 흡수되며 신경 말단에 작용하여 일체의 감각은 물론 통증까지 마비시킨다. 주사기를 사용하여 돌아가면서 헤로인을 주입받은 사람들이 에이즈에 감염됨으로써 주사기를 사용하지 않는 코카인이 사용되게 되었다. 그러나 빨대 같은 것을 사용하여 직접 코로 흡입되는 코카인은 자주 콧구멍 사이에 구멍이 뚫리는 비중격 천공을 유발한다.

코의 점막을 통해 흡수된 코카인은 뇌에 직접 작용하므로 흡입 즉시 졸음이 사라지고 감수성과 운동능력이 향상되며 쾌감을 느끼게 된다. 반복적 흡입이나 다량의 흡입은 중독을 일으키고 영양 장애와 함께 우울, 불안, 수면 장애, 만성피로, 집중 장애, 정신 혼란, 도덕성의 황폐화 등 여러 가지 부작용을 초래하며, 특유의 코카인 환각을 불러일으킨다. 즉 몸에 벌레나 작은 동물이 기어다니는 것 같은 체감 환각을 일으키므로 코카인 중독자들은 온몸을 긁어 상처투성이가 되기도 한다.

3. 물질남용의 예방과 처치

1) 청소년 물질남용의 예방

청소년들의 물질남용을 예방하기 위해서는 우선 청소년을 대상으로 예방교육이 실시되어야 하며, 동시에 청소년의 부모와 교사들에게도 예방교육을 실시하는 것이 바람직하다. 그 이유는 어떤 교육도 학교와 가정에서 동시에 실시될 때 최대의 효과를 거둘 수 있기 때문이다.

대부분의 부모들은 청소년의 물질남용 문제를 자기 자녀의 문제가 아니라고 생각하며, 자녀가 물질을 남용하고 있다고 할지라도 모르고 있는 경우가 많다. 일반적으로 물질남용 청소년들은 동공이 확대되거나 축소되어 있고 학교를 자주 결석하며 학교 과제를 소홀히 한다. 그들은 약물을 구입하기 위하여 부모에게 용돈을 과다하게 요구하고 자주 친구들에게도 돈을 빌리며 때로 집에서 돈을 훔치거나 물건을 내다 팔기도 한다. 또한 그들은 신체적 피로를 자주 호소하고 타인의 눈치를 살핀다.

이미 앞에서 지적한 것처럼, 청소년 물질남용의 일차적 기여자는 가족이기 때문에 부모를 위한 물질 예방교육은 청소년 문제의 해결을 위한 첩경일 수 있다. 아래에 한국형사정책연구원(1991)이 제안한 물질남용 예방교육의 내용과 실시 방법을 제시하였다. 국내의 한 조사(정향미, 이화자 및 김영혜, 2003)에 의하면, 남녀 고등학생들은 약물의 독성과 약물의 의학적 용도 및 약물의 폐해에 대해 알고 싶어하였으므로 그것들을 표 11-4에 제시한 물질의 성질에 관한 내용 속에 포함하여 교육하는 것이 바람직할 것이다. 중요한 것은 교육 과정을 통해 청소년들에게 물질에 관한 정보를 제공함으로써 오히려 물질에 대한 호기심을 불러일으키지 않도록 해야 한다는 것이다.

과거에는 청년기 물질사용이 남성들만의 문제로 생각되었으나 최근에 와서 여성들의 물질사용이 증가하고 있으므로, 물질남용 교육은 남학생 위주의 교육이 아닌, 전체 청소년들을 대상으로 이루어져야 한다. 이와 함께 남용되는 물질의 구입을 법적으로 규제하는 법적 제재의 강화와 대중매체를 이용한 계몽 활동 및 청소년의 물질남용 유발 요인들의 원천적 제거가 이루어질 수 있어야 할 것이다.

2) 청소년 물질남용의 처치

물질남용 청소년들을 대상으로 실시되는 처치는 물질에 대한 신체적 혹은 심리적 의존을 제거해 줌으로써 해독시키는 것을 목적으로 한다. 해독 프로그램 속에는 의약적 처치와 재활 방안이 포함된다. 물질남용자들은 물질사용이 중단되면 심각한 신체적 고통을 경험하기 때문에 의약적 처치가 요구될 뿐 아니라 물

표 11-4 물질남용 예방교육의 내용과 실시 방법

교육대상	교육내용	교육실시 방법
청소년	① 물질의 성질 ② 물질이 잘못 사용되는 사례 ③ 물질남용의 해독 ④ 물질남용과 관련된 법규소개 ⑤ 물질남용의 부도덕성	① 물질관련 교과목을 새로 만들거나 관련 교과목에 물질에 관한 교육 내용을 첨가함 ② 근로 청소년을 대상으로 한 직장 단위의 특별교육 ③ 소년원, 감별소, 소년교도소에서 물질남용 예방 교육 실시 ④ 방송매체, 책자를 이용한 홍보활동
부 모	① 물질의 성질 ② 청소년 물질남용의 사례 ③ 물질남용의 해독 ④ 자녀와 대화를 증진시키는 방법 ⑤ 물질을 남용하는 청소년을 구별하는 방법 ⑥ 자녀의 물질남용 사실을 알았을 때 대처하는 방법 ⑦ 물질남용과 관련된 법규소개	① 방송매체를 이용한 부모교육 ② 학교에서의 학부모 교육 ③ 청소년 물질남용 문제에 관한 홍보물 발행
교 사	① 물질남용 예방교육 프로그램의 지도 방법 ② 학교에서 실시할 수 있는 예방활동의 소개	① 교사 연수 교육 프로그램 실시 ② 교사용 홍보책자 발행

출처: 한국형사정책연구원, 1991.

질사용의 재발을 방지하기 위한 재활 프로그램도 요구된다.

의약적 처치는 외래치료나 입원치료를 통해 이루어진다. 물질남용 청소년들의 치료는 학교에 다니면서 치료를 받을 수 있도록 하는 것이 원칙이나 입원이 필요할 때에는 단기간 치료 기관에 머물게 하고 빠른 시일 내에 학교로 돌아갈 수 있도록 해야 한다. 입원치료가 불가피한 경우를 정리하면 다음과 같다.

첫째, 수차례에 걸친 통원 치료가 실패했을 때

둘째, 극도의 영양결핍 상태에 있거나 심각한 우울증상 혹은 정신병적 상태를 나타낼 때

셋째, 생명을 위협하는 극심한 금단증상이 있을 때

넷째, 청소년이 생활하는 환경이 물질사용을 조장할 때

다섯째, 약물을 끊으려고 하는 의지가 없을 때

미국에서는 치료된 알코올 중독자나 물질 남용자들에 의해 관리되는 집단치료 공동체(therapeutic community)가 운영되고 있다. 이 공동체는 물질의존 개인이 행동을 변화시킬 수 있도록 집단 압력을 가하고 치료와 재활교육을 실시한다. 궁극적으로 물질의존자가 그의 생활 방식을 완전히 바꾸고 물질사용을 절제하며 자신과 타인에 대한 신뢰감과 정직성을 회복하는 동시에 직업 교육이 이루어질 때 치료는 종결된다.

그러나 집단치료 공동체의 치료 효과를 극대화하기 위해서는 심리치료와 가족치료가 병행되어야 한다. 특히 청소년 물질남용자들은 심리치료나 상담 과정을 통하여 문제의 원인이나 갈등을 해소하고 가족치료를 통하여 잘못된 부모-청소년 관계를 개선시킬 수 있어야 한다.

12장 청년기의 문제행동: 외재화 장애와 내재화 장애

Ⅰ. 외재화 장애— 비행과 폭력
  1. 비 행
    1) 비행의 정의
    2) 비행이론
    3) 비행실태
    4) 비행과 관련된 요인
  2. 폭력행동
    1) 학교 폭력
    2) 성폭력
    3) 폭력을 조장하는 상황들
    4) 폭력의 영향
  3. 외재화 장애의 예방과 처치

Ⅱ. 내재화 장애
  1. 내재화 장애의 진단기준
  2. 구체적 내재화 장애
    1) 우울장애
    2) 자 살
  3. 우울장애를 포함하는 내재화 장애의 원인과 처치
    1) 내재화 장애의 원인
    2) 처치와 예방

Adolescent Psychology

제 12 장 청년기의 문제행동: 외재화 장애와 내재화 장애

청년기의 대표적 문제 행동을 외재화 장애와 내재화 장애로 구분하여 고찰한다. 주로 다른 사람을 괴롭히는 문제로 나타나는 외재화 장애로 비행과 폭력 행동을 그리고 자기파괴적 특성을 갖는 내재화 장애로 우울과 자살을 설명한다.

I. 외재화 장애— 비행과 폭력

비행과 폭력은 전형적인 외재화 장애로서 한국을 포함하여 전세계적으로 증가하고 있다. 하류계층의 결손 가정에서 청소년 비행이 많았던 70, 80년대와 다르게 최근에는 오히려 비교적 유복한 가정의 청소년 비행이 급격히 증가하고 있다. 더욱이 비행 행동 중 폭력범(23.9%)은 재산범(38.1%) 다음으로 빈번하게 발생하고 있기 때문에 이 장에서 자세히 설명하고(2007 청소년백서), 성폭력도 폭력 행동의 범주에 해당하는 범죄 행위이기 때문에 여기에 함께 포함하였다.

1. 비 행

1) 비행의 정의

법률적으로 청소년 비행이란 12세 이상 20세 미만의 청소년에 의한 우범 행위, 촉법 행위, 범죄 행위를 말한다. 그 중 우범 행위란 보호자의 정당한 감독에 복종하지 않는 사람, 정당한 이유 없이 가정에서 이탈하여 부도덕한 사람이나 범죄자와 교제하는 사람 및 자신이나 타인을 괴롭히는 성격을 지닌 사람으로 그 자체는 범죄가 아니지만 범죄를 저지를 우려가 있다고 인정되는 행위를 말한다. 또한 촉법 행위는 형벌법령을 위반하였으나 12세 이상 14세 미만인 미성년자의 행위로서 형사 책임은 묻지 않는 행위에 해당하는 반면, 범죄 행위란 14세 이상 20세 미만 청소년의 형벌법령에 저촉되는 행위로서 형사 처벌을 받는 행위를 의미한다.

일반적으로 청소년 비행 행동 속에는 지위범행(status offenses)과 범법행동 모두가 포함된다. 지위범행이란 청소년들에게만 금지되는 행동들로서 무단 결석, 무단 외박, 가출, 규정 연령 이하의 어린 연령에서의 음주나 난잡한 성행동과 같이 형법에는 저촉되지 않지만 특정 연령층에 의해 행해지는 문제행동들이 여기에 해당한다. 또한 부모에 대한 반항이나 교사에 대한 반항도 지위범행에 포함된다. 대조적으로 범법행동은 성인이나 청소년, 모두에게 불법적 행동으로서 살인, 폭행, 절도, 매춘, 강간 등의 다양한 행동들이 여기에 포함된다.

중요한 것은 청소년 비행자의 대부분이 성인기에 이르면 큰 문제 없이 정상적 생활을 할 수 있지만, 성인기에 범죄를 저지르는 대부분의 범법자들이 청소년 비행의 역사를 가지고 있다는 것이다(Dryfoos, 1990).

2) 비행이론

전 생애의 어떤 다른 시기에서보다 청년초기와 중기에 더 높은 비율로 비행이 발생하는 이유는 무엇인가? 비행의 원인에 대한 설명은 보는 관점에 따라서 다양할 수 있다. 비행이론으로 생물학적 이론, 심리학적 이론 및 사회학적 이론이 있다.

(1) 생물학적 이론

비행에 대한 생물학적 이론은 비행을 범하는 사람과 범하지 않는 사람 사이에 신체적 차이가 있다고 주장한다. 이 분야의 연구자들은 외모와 범죄 행동 사이의 인과관계를 확인하려고 노력한다.

생물학적 이론을 제안한 대표적 연구자 중의 한 사람인 어네스트 후톤(Earnest Hooton)은 하버드 대학교 교수로서 1920년대와 1930년대에 수천 명의 범죄자들의 신체특징을 연구하였다. 그는 범죄자와 비범죄자는 가슴 크기, 머리 둘레, 귀와 코의 크기 그리고 앞이마의 높이에서 유의미하게 다르다고 결론지었다.

이 입장을 지지하는 후속 연구자들은 외적 신체적 특징에 그치지 않고 염색체나 신경학적 이상과 반사회적 행동간의 관계를 규명하려고 하였다. 그들은 비행자나 범죄자는 유전적으로 전달된 생물학적 경향성을 지니고 있다고 주장하였다. 그러므로 입양되어 정상적 가정에서 양육된다고 할지라도, 범죄자의 자녀들은 성장함에 따라 범죄 행동에 가담하기 쉽다는 것이다. 그러나 이 모든 주장은 상관연구의 결과에 기초할 뿐 아니라 입양연구는 회고적 특성을 바탕으로 하므로 비행과 생물학적 특성간의 인과관계를 밝히기는 어렵다. 또한 범죄 행동과 낮은 지능 간에 높은 상관이 있다는 오래된 연구결과도 있으나(Wilson & Hermstein, 1985), 많은 교육을 받은 머리 좋은 사람들이 타인에게 더 큰 피해를 주는 범죄를 저지르고 발각되지 않는 경우도 많기 때문에, 이 주장도 역시 수용되기 어렵다.

1960년대 후반에서 1970년대 초반까지 XYY나 XXY의 이상 성염색체를 갖는 남성들이 범죄를 저지른다는 연구결과들(Telfer 등, 1968; Price, Whatmore, & McClemont, 1966)이 보고되어 화제를 불러일으켰다. 그러나 이와 같은 주장은 후속 연구들이 정상인의 집단 내에도 동일한 비율의 염색체 이상자들이 존재한다는 사실을 확인함으로써 설득력을 잃게 되었다. 아직도 비행이나 범죄행동의 생물학적 설명을 지지하는 사람들이 있기는 하지만, 이 입장을 수용할 수 있는 증거는 거의 없다.

(2) 심리학적 이론

비행의 원인을 설명하는 심리학적 이론은 개인의 행동에 영향을 주는 내적 동기에 관심을 갖는다. 프로이트의 정신분석 이론과 에릭슨의 정체감 이론, 반두라의 사회학습 이론 및 카플란의 자기 강화가설이 여기에 포함된다.

① 프로이트의 정신분석 이론

프로이트의 이론에 의하면, 인간은 두 개의 본능적 충동 즉, 성적 욕구와 공격 욕구를 지니고 있다. 이 두 개의 충동은 유기체가 즐거움과 만족을 추구하도록 끊임없는 긴장 상태를 만들어 낸다. 이와 같은 원시적 동기에 기인된 긴장 상태는 강한 초자아(superego)의 발달에 의해 억제될 수 있다. 강한 초자아의 발달은 자아(ego)가 본능과 충동의 근원인 원초아(id)의 동기를 억제하도록 돕는다.

프로이트는 아동기 동안 에디푸스 갈등(oedipus complex)과 엘렉트라 갈등(electra complex)을 성공적으로 해결하지 못한 청소년들이 청년기 동안 이 원시적 동기에 기인된 긴장과 갈등을 경험한다고 주장하였다. 그의 주장에 의하면, 약한 초자아를 갖는 청소년들은 이러한 긴장을 해결할 수 없기 때문에 방어기제로서 비행에 의존한다. 즉, 어머니에 대한 애정을 해결하지 못한 남아들은 아버지와 동일시하는 것이 아니라 어머니와 동일시하게 되므로, 남성적 정체감을 확립하려는 시도로서 비행을 저지른다는 것이다. 그러므로 비행은 청소년의 정서적 긴장을 완화시키고 안정을 유지할 수 있도록 돕는 적응 메커니즘의 기능을 한다.

② 에릭슨의 정체감 이론

청년기를 정체감 대 역할혼란의 시기로 가정한 에릭슨은 청년기의 정체감(identity) 발달이 반사회적 행동과 밀접하게 연결되어 있다고 주장하였다. 에릭슨에 의하면, 정체감을 확립하지 못한 청소년들은 "내가 누구인가?"라는 물음에 대한 해답을 얻으려고 노력하며, 이 과정에서 청소년들은 기존의 부모나 사회의 가치관을 거부하고 새로운 역할실험을 시도한다.

그러므로 청소년들의 비행이나 심각한 정서문제는 새로운 역할실험의 일환으로 불가피하게 나타나며, 그것들은 청소년들이 경험하는 혼란이나 좌절을 회피하기 위한 일시적 수단이다. 물론 청년기 동안 정체감이 확립되지 못하면, 개인은 역할혼란에 빠지고 부모나 사회의 가치관과 정반대의 부정적 정체감을 형성함으로써 계속적으로 비행이나 범죄를 저지를 수 있다.

③ 반두라의 사회학습 이론

반두라의 관찰학습에서 두 가지 중요한 개념은 강화와 모델링의 원리이다. 강화는 반응이 다시 일어날 기회를 증가시키거나 감소시킨다. 긍정적 자극을 첨가하는 긍정적 강화와 원하지 않는 자극을 제거하는 부정적 강화는 반응의 재현 확률을 증가시키고, 처벌은 반응의 재현 확률을 감소시킨다. 타인이 칭찬받거나 처벌받는 장면을 목격하는 것은 대리적 강화와 대리적 처벌의 역할을 하기 때문에 반응의 재현 확률에 영향을 준다. 만약 환경 내에 비행이나 반사회적 행동을 강화하는 요인이 존재한다면, 청소년의 비행은 증가할 것이다.

한편 모델링(modeling)은 타인의 행동을 관찰하고, 필요할 때 그 행동을 반복하는 것을 의미한다. 그러나 모델의 역할을 하는 사람이 반사회적 행동을 할 때도 청소년들은 그것을 반복하므로 비행을 저지를 가능성이 높아진다. 비행 결과 청소년들이 지위나 위신, 부 혹은 동년배의 승인 등을 획득할 수 있다면 그 행동은 이후에도 반복되기 쉽다. 물론 모델이 사회적으로 성공한 인물일수록 청소년들의 모방 행동은 더 큰 강화를 받는다.

④ 카플란의 자기 강화가설

카플란(Kaplan, Sadock, & Gree, 1994)은 낮은 자기존중감을 지니고 있는 개인들이 비행을 저지르고 비행을 통하여 자기존중감을 강화한다고 주장하였다. 카플란에 의하면, 동년배들과 비교하여 낮은 자기존중감을 갖는 청소년들은 자기에 대한 부정적 지각을 회피하고 긍정적 지각을 유지하기 위하여 비행 친구들과 어울리고 비행에 가담함으로써 자기존중감을 높일 수 있다. 그는 낮은 자기존중감으로부터 비행에 이르는 과정을 다음과 같이 설명하였다.

첫째, 자신에 대해 부정적 태도를 지니고 있는 청소년들은 정상적인 동년배 집단의 신념이나 행동에 대해서도 부정적으로 지각하고 거기서 벗어나는 행동을 시도한다.

둘째, 자신에 대한 부정적 지각에서 벗어나서 자기존중감을 충족시킬 수 있는, 비정상적인 방안이 모색된다.

셋째, 낮은 자기존중감을 강화하기 위한 대안으로 비행을 선택한다.

문제는 비행과 자기존중감의 관계에 대해 카플란의 가설을 지지하는 연구도 있지만(Dishion, Andrews, & Crosby, 1995), 어떤 연구자는 낮은 자기존중감을 갖는 청소년들이 비행을 저지르지만 비행이 청소년들의 자기존중감을 높여주지는 못한다고 주장한다(Ruchikin 등, 1999). 또한 낮은 자기존중감과 비행은 서로 관련이 없다는 연구도 있다(Jang & Thornberry, 1997).

(3) 사회학적 이론

① 사회통제 이론

비행에 대한 사회통제 이론(social control theory)은 사회에 대한 개인의 소속 정도가 비행 여부를 결정한다고 주장한다. 즉, 청소년이 부모와 학교 및 다른 사회기관(교회나 각종 사회단체)에 소속되어 있으면 있을수록 비행을 저지를 가능성은 감소한다는 것이다.

이 설명을 지지하는 이론가 중의 한 사람인 멜톤(Merton, 1937)은 개인이 가정이나 사회로부터 재정적, 교육적, 사회적 혜택을 얻는 것이 불가능할 때 비행이 유발된다고 주장한다. 자신이 처해 있는 사회적 여건 때문에 다른 사람들이 얻을 수 있는 동일한 경제적 혹은 사회적 목표에 도달할 수 없을 때, 개인은 그것을 얻기 위해 비행을 저지를 수 있다. 멜톤의 주장을 지지한 맥캔드레스(McCandless, 1970)는 이 설명을 차단된 기회이론(blocked opportunity theory)이라고 명명하고 비행을 하류계층 특유의 현상이라고 주장하였다.

멜톤의 주장을 확장시킨 코헨(Cohen, 1955)은 청소년들은 부(富)보다는 지위(status)에 더 많은 관심을 갖는다고 주장하고, 그들에게 지위를 부여하는 역할을 하는 기관은 학교라고 지적하였다. 그러므로 청소년들이 학교에서 실패하고 소외될 때 비행이 일어날 수 있다는 논리가 성립된다. 코헨에 의하면, 학교는 중류계층 가치를 대변하는 기관이므로 학교 시작 시에서부터 경제적, 사회적 불이익을 안고 출발하는 하류계층 청소년들은 청년초기에 이르면 학교로부터 소외되고 점차 비행에 가담하게 된다.

② 일탈이론

에밀 두르카임(Emile Durkheim)을 중심으로 하는 사회학자들에 의해 제안된 이 이론은 다음과 같은 두 가지 관점을 포함한다.

첫째, 사회가 비행을 필요로 한다. 즉, 누가 선하고 누가 악한지를 판단하는 기준으로서 사회가 비행을 필요로 한다는 관점이다.

둘째, 비행은 매우 상대적인 개념이다. 따라서 어떤 사회에서 비행으로 분류되는 행동이 다른 사회에서는 전혀 문제가 되지 않을 수도 있다는 것이다.

이상에서 설명한 비행이론 중, 생물학적 이론과 심리학적 이론은 청소년 개인의 특성을 중요시하는 반면, 사회학적 이론은 청소년과 사회 간의 관계를 중요시한다. 세 가지 이론 모두 비행의 원인을 설명하고 있지만, 청소년 개인의 내적 동기를 확인하려고 하는 심리학적 이론을 중심으로 사회학적 이론 및 생물학적 이론들이 함께 고려될 때, 보다 정확한 비행 원인이 규명될 수 있을 것이다.

3) 비행실태

청소년 비행 중 지위범행에는 부모와 교사에 대한 반항, 무단 결석, 무단 외박, 가출 등 여러 행동을 포함한다. 청소년들은 자주 부모에게 반항하며, 교사에게 반항하는 청소년들도 적지 않다. 중 · 고등학교 청소년 5,937명을 조사한 결과에 의하면, 청소년의 55.6%가 부모에게 반항한 일이 있고, 교사에 대해 반항한 청소년의 비율은 23.7%였다. 그 외 학자금을 유용한 경험이 있는 청소년은 55.3%, 무단 외박 17.8%, 무단 결석 11.9%, 가출 7.7%였다(이종원 등, 2001).

비록 가정에서의 권위도전 행동이 교사에 대한 권위도전 행동보다 유의하게 더 많다고 할지라도, 교사에 대해 반항할 수 있다고 생각하는 청소년들의 비율(31.2%)이 부모에 대해 반항할 수 있다고 생각하는 청소년의 비율(28%)보다 더 높아, 교사에 대한 청소년의 도전 행동은 앞으로도 증가할 전망이다.

일반적으로 부모에 대한 반항비율은 여자 청소년들이 남자 청소년들보다 더 높고 고등학생들이 중학생들보다 더 높다. 지역별로는 농촌보다는 서울이나 대도시 지역의 청소년들이 부모에게 더 많이 반항한다. 교사에 대한 반항비율 역시 고등학생들이 중학생들보다 더 높지만, 성별이나 지역에 따른 차이는 없는 것으로 밝혀졌다(이종원 등, 2001).

범법행동은 강력범, 폭력범, 재산범, 교통사범 등으로 분류된다. 2002년도의 청소년 범죄는 전체범죄의 5.1%였으나 2005년에는 3.6%까지 감소하였고, 2006년에 다시 3.9%로 증가하였다.

표 12-1은 대검찰청에서 발표한 연도별 소년 범죄의 동향을 나타낸다. 2006년도 청소년 범죄 유형 중 재산범이 38.1%로 가장 많고, 그 다음이 폭력범 23.9%, 교통사범 21.2%, 그리고 살인 · 강도 · 강간 등 강력범은 2.7%를 차지하

표 12-1 청소년 범죄 유형별 현황

구 분		2002	2003	2004	2005	2006
계		123,921	104,158	92,976	86,014	92,643
강력범	소 계	2,699	2,868	2,877	2,273	2,492
	살 인	60	19	25	35	18
	강 도	1,375	1,550	1,218	826	966
	강 간	1,122	1,192	1,501	1,230	1,340
	방 화	142	107	133	182	168
폭력범	소 계	39,911	31,532	29,940	27,647	22,173
	폭행 · 상해	39,465	31,199	29,561	27,187	21,436
	공 갈	386	272	327	387	580
	기 타	60	61	52	73	157
재산범	소 계	37,981	36,049	32,487	32,472	35,307
	절 도	26,484	24,208	24,215	26,053	28,854
	횡령 · 배임	866	993	887	788	1,048
	장 물	308	741	819	731	555
	사 기	10,323	10,755	7,224	5,203	4,938
교통사범		36,006	26,022	22,452	18,646	19,642
기 타		7,324	7,687	5,220	4,976	13,029

출처: 대검찰청, 2007.

였다. 2005년까지 전체 범죄는 감소하였으나 2006년도에 이르러 다시 증가하는 추세로 변화하였다. 특히 강력범 중 강도와 강간범, 폭력범 중 공갈, 재산범 중 절도와 횡령 · 배임 그리고 교통사범이 전년도와 비교하여 증가하였음을 알 수 있다.

그러나 여기에 제시된 자료는 단지 체포된 범죄 행동만을 포함하기 때문에, 청년기의 비행 발생률을 정확하게 반영하지 못한다. 실제로 반사회적 행동에 대한 청소년들의 자기보고 자료와 체포나 유죄 선고를 받은 비율 사이에는 큰 차이가 있다. 대부분의 청소년들은 청년기 동안 다양한 형태의 비행을 저지르지만, 체포된 비율은 10-15%에 지나지 않으며(Dryfoos, 1990), 대부분 발각되지 않은 채로 지나간다.

4) 비행과 관련된 요인

청년기 동안의 비행은 어린 연령에서의 알코올과 약물사용, 학업 실패 혹은 정신과적 문제와 연결되며, 장기적으로는 미취업과 저임금의 직업, 결혼 실패, 혹은 성인기 동안의 범죄 행동 가능성을 증가시키기 때문에 관심을 갖지 않을 수 없다(Perry, 2000). 비행과 관련된 요인들을 개인적 요인과 맥락적 요인으로 구분하여 설명한다.

(1) 개인적 요인

① 연 령

연령은 비행과 관련된 중요한 요인이다. 한국 청소년 범죄율이 가장 높은 연령은 2004년까지 17세였으나 2005년도부터 16세로 낮아졌고 그 다음은 15세, 17세 그리고 18세 순이었다(2007 청소년백서). 문제는 비행 시작 연령이 빠르면 빠를수록 성인기에 더 심각한 범죄행위를 저지른다는 것이다(Broidy 등, 2003). 비행의 이른 시작은 심각하고 장기적인 반사회적 행동의 지표이므로 어린 청소년들의 범죄 행위에 대해 사회가 관심을 갖고 빠른 시일 내에 교정될 수 있도록 해야 할 것이다.

주관적 연령(subjective age) 또한 청소년이 보고한 다양한 문제 행동과 높은 상관이 있다(Galambos 등, 1999). 주관적 연령이란 실제 나이와 상관없이 개인이 느끼는 연령으로 실제보다 자신을 더 나이 많게 혹은 더 어리게 지각할 수 있다. 다시 말하면 동일한 15세 청소년이라고 할지라도 자신을 17-8세 혹은 그 이상으로 지각하는 청소년이 있는가 하면 어떤 청소년들은 자신을 10세 정도의 아동으로 지각하기도 한다는 것이다. 흥미롭게도 실제 연령보다 자신을 더 나이 많다고 지각하는 청소년들이 실제 연령보다 더 어리다고 지각하는 청소년들보다 유의하게 더 많은 문제 행동을 저지르는 경향이 있었다.

Nancy L. Galambos

캐나다의 University of Victoria in British Columbia의 심리학과 교수로서 청소년들이 지니고 있는 성숙의 의미나 성숙의 상을 주로 연구하며, 특히 청소년들이 지각하는 주관적 연령과 문제 행동간의 관계를 중점적으로 연구하였다. 현재 Journal of Adolescence의 편집위원이기도 하다.

② 성 별

비행은 청년기 소녀들보다 소년들 사이에서 훨씬 더 빈번하게 발생한다. 2006년도의 한국 청소년 남자의 범죄비율은 83.9% 그리고 청소년 여자의 범죄비율은 16.2%로서 2005년도(남 85.3%; 여 14.7%)를 제외하고 비슷한 수준이 유지되고 있다(2007 청소년백서). 미국 청소년의 경우에도, 남자 청소년들의 비행률이 여자 청소년들의 비행률보다 훨씬 더 높지만, 1970년대 이후로 여자 청소년들의 비행률도 급격히 증가하는 추세이다.

범죄 행위의 유형에서도 뚜렷한 성차를 보인다(Hawkins 등, 2001). 남자 청소년들은 강력 범죄와 폭력 범죄에서 여자 청소년들보다 유의하게 더 높은 비율을 나타내는 반면, 여자 청소년들은 남자 청소년들보다 지위범행에서 더 높은 비율을 보인다.

③ 그 외의 개인적 요인들

청소년의 비행과 성격 특성 사이에도 관련이 있을 것으로 생각되지만 이 분야의 연구들은 비행과 관련된 단일적 성격 유형은 존재하지 않는다고 보고한다. 일반적으로 비행 청소년들은 충동적이고 파괴적이며 의심이 많다. 또한 그들은 적대적, 반항적, 독단적이고 화를 잘 내며 자기통제가 부족하다(Ashford & LeCroy, 1990). 특히 공격적 행동과 비행간에는 높은 상관이 있다(Broidy 등, 2003).

비행 청소년들은 저조한 학업 수행과 낮은 교육적 포부 수준을 지니고 있다(Herrenkohl 등, 2001; Dahlberg & Potter, 2001). 일반적으로 학교의 교육과정을 따라갈 능력이 부족하여 학업 수행이 저조하고 교사와 잘 지내지 못할 때, 청소년들은 비행을 저지르고 비행집단에 의존한다. 국내 연구에서도 학교 생활의 충실도나 만족 여부는 학교 폭력의 중요한 유발 요인이었다(윤혜미, 박병금, 2005). 비행 청소년들의 저조한 학업 성적은 결국 고등학교 졸업을 어렵게 하고 안정된 직업을 얻을 수 없도록 한다.

자기존중감 또한 비행과 관련된 개인적 특성으로 알려져 있으나 최근의 연구자들은 자기존중감이 비행에 직접적 영향을 주지는 않으며, 청소년-부모 관계의 질적 특성과 비행 사이를 조절하는 역할을 한다고 보고한다(Brendgen, Vitaro, & Bukowski, 1998). 고등학교 1, 2학년 남녀 학생들을 대상으로 자기존중감과 청소년-부모관계 및 비행의 관계를 연구한 신연희(2001)는 여자 청소년들의 경미한 지위범행은 청소년-어머니 관계와 높은 상관이 있기 때문에 자기존중감이 중요한 역할을 하지 않지만, 심각한 비행은 어머니와의 질적 관계보다는 자기존중감의 영향을 더 크게 받는다고 보고하였다. 그러나 남자 청소년들 사이에서는 자기존중감과 비행간에 유의한 관련성이 발견되지 않음으로써 자기존중감 수준은 여자 청소년의 비행에만 영향을 주는 것으로 밝혀졌다. 그 외에 타인의 정서상태를 대리적으로 경험할 수 있는 공감능력이 저조할 때(박지언, 이은희, 2008), 그리고 알코올을 포함한 다양한 물질을 사용할 때 비행이 증가한다(Herrenkohl 등, 2001).

(2) 맥락적 요인

① 부모-청소년 관계

부모의 감독과 지원 및 통제는 청소년의 반사회적 행동이나 비행과 부적 상관 관계를 나타낸다. 여기서 부모의 감독이란 부모가 청소년들이 어디에서 무엇을 하고 있는지를 확인하는 것이라면 지원은 부모와 청소년이 긍정적 의사소통을 하고 애정적 관계를 유지하는 것을 의미하며, 통제는 부모가 청소년들을 훈육하는 것을 말한다.

선행연구들(Cavell 등, 2007; Dodge, Coie, & Lynam, 2006)은 부모의 지원이 많으면 많을수록 청소년이 비행에 기담할 가능성은 적고, 높은 수준의 부모 감독 역시 청소년의 비행 가능성을 감소시킨다고 보고한다. 대조적으로 지나치게 느슨하거나 허용적이고 일관성 없는 훈육과 체벌이나 신체적 학대 혹은 성적 학대가 빈번할 때, 비행이 증가한다. 제스 등(Jessor 등, 1995)은 자녀에 대한 부모의 지원과 감독이 감소될 때, 동년배 집단의 영향력이 커지고 비행이 증가한다고 주장하였다.

낮은 가족 응집성과 높은 가족 갈등 또한 청소년들의 비행과 연결되어 있다(Farrington, 1998). 보통 비행 청소년들의 부모는 자주 결혼 생활의 불협화음이나 갈등을 경험한다. 특히 편모 가정의 청소년이나 한쪽 부모가 계부모인 가정에서 성장하는 청소년들은 친부모와 생활하는 청소년들보다 부정적 동년배 압력에 더 취약하고 더 자주 비행을 저지른다(Harper & McLanahan, 2004).

이와 같이 한부모 혹은 계부모 가족처럼 가족 구조나 형태도 청소년의 비행과 연결되어 있지만, 청소년의 비행에 더 큰 영향을 주는 요인은 부모-청소년 관계의 질적 특성이다. 부모에게 강한 애착을 형성한 청소년들은 비행을 저지를 가능성이 매우 적기 때문에 부모에 대한 애착은 비행에 저항하는 보호요인으로 작용한다(박지언, 이은희, 2008; Bifulco 등, 2006). 또한 형제자매간에 적대감 수준이 높고 손위 형제자매들이 비행을 저지를 때 동생의 비행이 증가한다(Slomkowski 등, 2001).

② 친구 관계

친구에 대한 강한 동일시와 의존은 남녀 청소년들의 비행을 부추기는 중요한 요인이다(Bukowski, Brendgen, & Vitaro, 2007). 무관심하고 애정 없는 부모를 가진 청소년들은 심리적 지원을 얻고 자기를 보호하기 위해 동년배 집단에게 관심을 돌린다. 동년배 집단은 일탈 행동의 모델이 되고 문제 있는 청소년들의 안전기지(secure base)로서 기능한다. 청소년들은 우울하고, 화나고, 좌절된 상태에 있기 때문에, 동년배 집단의 반사회적 행동에 쉽게 동조하고 거기에 몰두한다. 실제로 청소년의 비행은 혼자가 아닌 소수의 친한 친구집단에 의해 이루어지기 때문에, 비행 친구와 어울리거나 친한 친구의 비행은 청소년의 비행을 예측할 수 있는 가장 강력한 단일적 요인이다.

③ 사회경제적 수준

청소년 비행이 계층에 따라 차이를 보이는 것은 어느 문화권에서나 나타나는 공통적 현상이다. 일반적으로 하류계층 청소년들의 범죄율이 중류계층이나 상류계층 청소년들보다 더 높다. 미국에서 하류계층을 형성하는 흑인 청소년들의 범죄율이 백인 청소년들의 범죄율보다 더 높다는 것은 널리 알려진 일이다. 그러나 이것은 어디까지나 체포된 범죄율이기 때문에 계층에 따른 범죄 발생의 정확한 실상을 알기는 어렵다.

최근의 연구자들은 일관성 있게 사회경제적 수준이 청소년의 비행을 예측하는 결정적 요인은 아니라고 주장한다(Dahlberg & Potter, 2001). 국내 연구(윤혜미, 박병금, 2005)에서도 폭력이나 절도와 같은 법률적 문제행동의 비율에서 여전히 하류계층 청소년들의 비율이 가장 높고 그 다음이 중류계층이며 상류계층 청소년의 비율이 가장 낮기는 하지만, 그 차이는 그렇게 크지 않았다.

이제 비행은 하류계층이나 결손 가정만의 문제는 아니다. 오히려 청소년 비행은 생물학적 부모가 존재하고 사회경제적 수준이 중류계층 이상이라고 할지라도 부부간의 불화나 가족구성원들 사이에 갈등이 많은 '심리적 결손 가정'에서 높은 빈도로 발생한다. 그 이유는 심리적 결손 가정에서는 청소년에 대한 부모의 지원이 거의 없고 통제가 재대로 이루어지지 못하므로 비행 발생의 가능성이 커지기 때문이다.

그렇다고 해서 부모와 긍정적 관계를 갖지 못한 모든 청소년들이 비행을 저지르는 것은 아니다. 바람직하지 못한 부모-자녀 관계 외에도 가난과 정체감 혼란, 학교에서의 실패 및 비행을 일삼는 친구의 존재는 비행의 기회를 급격하게 증가시킨다.

2. 폭력행동

폭력행동으로 학교 폭력과 성폭력을 설명한다. 청소년들 사이에서 폭력은 문제해결 방법이나 불만 해소 혹은 외로움을 해결하는 방법으로 사용되고 있으며, 최근에는 남학생들만이 아니라 여학생들도 스스럼없이 잔인한 행동을 저지르고 폭력 서클까지 조직한다. 이제 폭력은 청소년들의 일상 생활 속에 깊숙이 파고 들어와 있다고 해도 과언이 아니다.

1) 학교 폭력

청소년들의 대부분이 학교에 재학하고 있으므로 청소년 폭력의 대부분은 학교나 그 주변에서 일어나고 있지만, 현재까지 학교 폭력을 어떻게 정의해야 하는지에 대해 합의된 기준은 없다. 학교 폭력은 폭력 대상자와 폭력이 일어나는 장소 및 폭력의 내용에 따라 달라지므로 다음과 같은 세 가지 요인을 고려하여 정의해야 한다.

첫째, 폭력 대상자의 문제로서 학교 폭력의 피해자와 가해자가 학생일수도 있고 교사일수도 있으나 협의의 정의에서는 피해자와 가해자가 모두 학생인 경우만을 학교 폭력으로 정의한다.

둘째, 학교 내에서 일어나는 폭력만을 학교 폭력으로 정의하는 사람도 있고 학교 안과 그 주변 및 등하교 길에서 발생하는 폭력을 모두 포함해야 한다고 주장하는 사람도 있다. 실제로 한국의 청소년 폭력은 교내보다는 등 · 하교길(23.25%)에서 가장 많이 일어나고 그 다음이 오락실 PC방(19.20%), 학원(17.35%), 놀이터와 공원(16.35%) 순이었고 교내에서 일어나는 비율은 10%에 지나지 않는다(2007 청소년백서).

셋째, 폭력의 내용을 구타와 같은 직접적인 신체적 폭력만을 포함해야 한다는 사람도 있고, 언어적, 정서적, 성적, 사이버 폭력 등을 모두 포함해야 한다고 주장하는 사람도 있다. 최근에는 후자의 정의를 채택하는 연구자들이 많아지고 있다.

분명한 것은 학교 폭력이 점점 더 심각해지고 점점 더 어린 연령에서 일어나

청소년 폭력은 교내보다 등하교 길에서 더 많이 일어난다.

므로 고등학생보다는 중학생이 그리고 중학생보다는 초등학생들이 학교 폭력으로 인한 피해를 더 많이 경험하며, 성차도 없어지는 추세라는 것이다(Flannery, Wester, & Singer, 2004; 윤명숙, 조혜정, 2008; 김순혜, 2006). 우리는 학교 폭력도 일반 폭력과 마찬가지로 피해자와 가해자가 뚜렷이 구별될 것으로 생각하지만, 오히려 그 반대이다. 학교 폭력으로 인한 피해 경험이 많을수록 학교 폭력의 가해자가 되며, 학교 폭력의 희생자가 곧 가해자가 된다(임영식, 1998; Lerner, 2002).

사회학습이론에 기초한 폭력의 사이클(cycle-of-violence) 개념에 의하면 가정에서 부모로부터 폭력을 경험하거나 부모의 폭력을 목격한 청소년들은 공격성 수준이 높고 이후 폭력적 관계를 형성하므로 학교 폭력의 가해자가 된다(Mass, Herrenkohl, & Sousa, 2008). 이외에도 친한 친구의 비행 정도가 심할수록, 청소년 개인의 성격 특성이 충동적일수록, 그리고 폭력 매체를 많이 접할수록 학교 폭력의 가해자가 되기 쉽다. 또한 폭력적 청소년들은 우울한 상태에 있으며(윤명숙, 조혜정, 2008; DuRant 등, 1995), 가난한 가정 환경과 가난한 이웃 속에서 생활하고 있다(Lerner, 2002).

2) 성 폭 력

(1) 성폭력의 정의와 실태

성폭력이란 타인의 의사에 반하여 성적 행위를 하거나 성적 행위를 강요하는 행위로서 강요된 키스나 신체 일부분의 애무에서부터 강간미수와 강간까지 포함하는 광범위한 개념이다(장휘숙, 1996). 성폭력에 대한 사회적 관심이 확산되면서 성폭력에 대한 정의는 더욱 광범위해졌고 최근에는 성희롱이나 가벼운 추행도 성폭력 속에 포함되고 있다.

그러나 현실적으로 어떤 행동이 성폭력에 해당하는가에 대해서는 자주 전문가와 일반인들의 개념에 차이가 있다. 여기서 성폭력을 규정짓는 가장 중요한 요인은 행위의 강제성이다. 성폭력이라고 하면 성문제로 생각되기 쉬우나 그것은 어디까지나 폭력의 범주에 속하는 범죄 행위인 것도 이 때문이다. 그러므로 타인의 의사에 반하여 혹은 상대방의 동의 없이 이루어지는 성적 행위는 그 관계가 부부 사이라고 할지라도 그것은 성폭력으로 규정된다.

성폭력의 피해자는 주로, 여성과 아동, 장애인 그리고 노인 등 자기보호 능력이 취약한 약자들에게서 발생한다. 신고하지 않은 피해 사례가 전체 성폭력 범죄의 75.4%에 이를 정도로 피해 신고율이 낮아(박옥임 등, 2007), 성폭력은 '숨은 범죄' 라고 불린다. 피해자들은 피해사실이 알려지는 것을 두려워할 뿐 아니라 가해자의 위협으로 신고하지 못하는 경우도 많다.

여성가족부(2007)에서 전국 성폭력 상담소 202개소의 상담사례를 집계한 결과에 의하면(박옥임 등, 2007 참조), 2006년도의 성폭력 상담 실적은 전체 57,865건으로 2005년도의 46,212건에 비해 1년 동안 무려 11,653건(25%)이나 증가하였다. 피해 유형으로는 강간 42.5%, 성추행 39.3%, 기타 성희롱이나 음란전화 18.2%로서 강간 피해가 가장 높은 비율을 차지하였다. 놀랍게도 전체 사례의 1/5 이상의 피해자들이 19세 미만의 아동과 청소년들이었고, 근친에 의한 성폭력 피해자들은 피해가 반복적이고 장기적이어서 가장 심각한 성폭력 희생자들이었다.

(2) 성폭력의 특성

성폭력 피해자들의 대부분은 여성들이며, 남성 피해자들은 전체의 1% 정도에 지나지 않는다(박옥임 등, 2007). 성폭력의 피해는 데이트를 시작한 연령이 어릴수록, 데이트 경험과 성행동 경험이 많을수록, 분위기가 로맨틱할수록 많이 일어나고 특히 술을 마셨을 때 그리고 파트너가 압력을 가할 때 일어난다(Abbey 등, 2001). 또한 성추행이나 성폭력을 행사하는 성폭력 가해 경험 역시 성교를 경험한 연령이 어리고 성적 파트너 수가 많을 때 자주 발생한다. 그러나 성폭력의 피해자나 가해자 모두 성도착증이나 성에 대해 특별히 강한 집착을 갖지는 않는다.

또한 가족구조상 한부모나 계부모와 생활할 때 그리고 성에 대한 불법적 태도나 행동을 일삼는 친구의 영향을 받을 때 성폭력의 피해자나 가해자가 되기 쉽다. 특히 성폭력 가해자들 중에는 과도하게 억압적이고 폭력적인 아버지 혹은 정서적 지지자가 되어 주지 못하는 부모를 가지고 있었고 부모가 사망한 가정의 청소년들도 상당수 있었다. 물론 부모가 자녀를 철저하게 감독하고 적어도 어느 한쪽 부모의 지원이 있을 때 원치 않는 성경험은 감소하였고 성폭력에 기인한 부정적 영향도 크게 완화될 수 있었다.

알코올과 약물의 사용은 성폭력의 피해는 물론 가해와도 높은 상관이 있다. 선행 연구들(윤명숙, 조혜정, 2008; Thompson 등, 2008)은 성폭력의 피해자는 물론 가해자의 절반 이상이 술이나 약물을 복용한 상태였다고 보고한다. 여성들의 음주는 자주 성행동을 할 의사가 있다는 표시로 오해받는다. 남자 중고등학교 학생들이나 대학생들은 술을 마신 여학생을 성적으로 더 매력이 있다고 지각하였고 성행동을 할 의사가 있을 것으로 판단하였다.

연령이 증가하면 친구의 영향력이 감소하기 때문에 대학생들은 친구의 일탈적 성행동으로부터 큰 영향을 받지 않지만, 고등학생들은 친한 친구의 영향을 크게 받는다. 그들은 동년배의 규범을 따르기 때문에 주변에 일탈적 성경험이 많은 친구들이 있을 때 남자 청소년들은 성폭력의 가해자가 되고 여자 청소년들은 성폭력의 피해자가 된다(Himelein, Vogel, & Wachowiak, 1994).

성폭력을 경험한 소녀들은 자주 자해나 자살을 기도한다. 자해나 자살은 모두 자신에게로 향하는 폭력으로서 빈번한 성폭력을 경험한 소녀들의 15%가 자살을 기도한다(Bagley, Bolitho, & Bertrand, 1997). 반면 성폭력을 경험하지 않은 동일한 연령의 소녀들의 자살기도 비율은 단지 2% 미만에 지나지 않는다.

3) 폭력을 조장하는 상황들

인간은 특별한 스트레스 상황이나 정신병적 상태가 아니고는 함부로 타인을 공격하거나 폭력적 행동을 하지 않는다. 그럼에도 불구하고 폭력적인 청소년들이 증가하는 것은 청소년들을 폭력적이도록 부추기는 상황이 존재하기 때문이다.

(1) 가족내의 폭력

가족은 타인과의 관계에서 경험할 수 있는 폭력을 소개하는 역할을 한다. 폭력적 가정에서 생활하는 청소년들은 가족 폭력의 희생자로서 그들은 일찍부터 폭력이 무엇인지를 학습한다(Mass, Herrenkohl, & Sousa, 2008). 반두라(Bandura, 1973)의 주장대로 폭력적 부모의 존재는 청소년들이 대인간 공격을 학습할 수 있는 제 1 의 근원이다. 부모의 폭력과 마찬가지로 형제자매간의 폭력도 청소년들의 타인에 대한 공격을 강화한다. 보통 손위의 형제자매들이 공격의 가해자가 되고 손아래 동생들은 희생자가 된다.

가족 폭력의 가장 흔한 형태는 신체적 공격으로 형제들간의 작은 주먹 싸움에서부터 잔인한 구타까지 다양하다. 훈육 방법으로 사용되는 체벌과 같이 부모는 직접적으로 아동에게 폭력을 행사할 뿐 아니라 가족구성원들 사이의 공격 행동을 허용하고 가정 바깥에서의 폭력을 격려함으로써 폭력을 조장하는 역할도 한다.

(2) 대중매체의 폭력

TV의 폭력 장면 시청과 아동의 공격성 사이에 높은 상관이 있으며, 아동기에 시청한 TV의 폭력 장면이 성장한 이후의 폭력 행동을 강화한다는 것은 널리 알려진 일이다. 센터월(Centerwall, 1992)은 TV의 폭력 장면을 시청하면서 성장한 아동들이 청년기에 도달할 무렵에 이르면 TV에서 본 폭력 장면의 영향이 나타나기 시작한다고 보고하고, 미국에서 저질러지는 대다수의 살인은 아동기 동안 TV에 노출된 결과라고 주장하였다.

TV나 영화에서 폭력 장면을 보게 되면 그것은 개인의 행동은 물론 태도와 가치관에도 영향을 준다. 폭력 장면에 반복적으로 노출되면 개인은 폭력의 희생자에게 무감각해지고 타인을 불신하며 폭력을 적절한 행동 방식으로 지각하게 된다. 최근에는 TV나 영화뿐 아니라 만화와 비디오테이프, 전자오락, 인터넷 등 다양한 매체들과 함께, 폭력 문화가 난무하는 한국 사회 그 자체가 아동이나 청소년들의 폭력을 조장하는 역할을 한다.

이외에 청소년들은 학업성적이나 진학에 대한 스트레스로 인해 급우나 다른 학생들에게 폭언이나 말다툼을 하고 싶은 충동을 느끼고 강한 파괴욕구를 경험한다. 심지어 자살충동이나 가출하고 싶다는 학생도 있다. 학업에서 오는 중압감은 때로 '급우 집단 괴롭힘' 으로 나타나기도 한다. 학생들 사이에서 '왕따' 로 통용되는 이 현상은 이미 일본에서 사회문제로 부각된 '이지메 현상' 을 의미한다. 어떤 학생은 왕따를 견디지 못해 이민을 가기까지 하였으나 아직도 환청과 환각으로 정신과 치료를 받고 있는 사례도 있다.

우리 사회는 '사랑의 매' 를 허용하는 문화적 특성을 지니고 있으나 이제 그것을 버릴 때가 되었다. 교사의 체벌은 부모의 체벌과 마찬가지로 공격성의 모델이 되므로 엄격히 금지되어야 함에도 불구하고 아직도 학교 현장에서의 체벌은 사라지지 않고 있다. 가혹한 체벌은 공격성과 폭력을 조장하고 타인을 통제하는 효과적인 방법으로 인식하게 할 뿐 아니라 청소년들의 자기존중감을 손상시키고 도덕성 발달을 저해한다.

4) 폭력의 영향

청소년들이 성장기 동안 가족 내에서 경험한 폭력은 그들을 폭력을 사용하는 성인으로 성장하게 한다. 폭력적 성인으로 성장한 개인들은 다시 자녀에게 폭력을 행사하고 그 자녀는 다시 폭력적 성인으로 성장하는 악순환을 반복한다.

가족 내에서 신체적 학대나 성적 학대와 같은 가족 폭력을 경험한 남아들은 성장하여 타인에게 폭력을 행사할 위험이 있는 반면, 가족 폭력을 경험한 여아들은 폭력적 공격의 희생자가 될 위험이 있다(Jaffe, Sudermann & Reitzel, 1992). 이와 같이 아동기 동안 가족 폭력을 목격하거나 경험하는 것과 청년기 동안 폭력의 가해자나 희생자가 되는 것 사이의 연결은 곧 폭력의 순환(cycle of violence)을 의미한다. 자신에 대한 폭력인 자해나 자살도 가족 폭력의 역사와 높은 상관이 있다.

가족 폭력의 경험과 연합된 결과들을 정리하면 다음과 같다.

첫째, 가족 폭력을 경험한 남자 청소년들은 그들의 데이트 파트너를 강간할 가능성이 정상 가정의 남자 청소년들보다 네 배 정도 더 많다.

둘째, 가족 폭력을 경험한 청소년들은 자주 폭력적 범죄를 반복한다.

셋째, 가족 폭력의 경험이 있는 여자 청소년들은 데이트 강간이나 다른 형태의 폭력적 공격의 희생자가 되기 쉽다.

가족 폭력과 같은 외상적 인생 사건을 경험한 개인들은 일반인이 생각하는 것보다 훨씬 더 심각한 정서적 장애를 나타낸다(Turner, Finkelhor, & Ormod, 2006). 폭력에 기인된 정서적 외상은 전쟁에 참여한 군인들이 여러 해가 지난 후에 나타내는 외상후 스트레스 장애(posttraumatic stress disdorder)와 유사한 증상

폭력은 대물림되는 순환성을 지니고 있다(연극「푸른 별 이야기」의 한 장면)

을 보인다. 즉 우울, 잠들기 어려움, 악몽, 불안과 공포, 자신감의 상실, 폭력 사건을 되새기는 증상 등이 나타난다. 폭력 피해 청소년들 중에는 유사한 연령의 다른 청소년들에게 폭력을 행사하는 폭력의 가해자가 될 수 있고 피해자도 될 수 있으므로 폭력의 가해 청소년과 피해 청소년 모두를 도울 수 있는 프로그램이 개발되어야 한다.

3. 외재화 장애의 예방과 처치

비행이나 폭력과 같은 외재화 문제의 예방과 처치에서 무엇보다 중요한 것은 청년기의 비행이 청년기만의 문제로 끝날 것인지 아니면 성인기까지 지속될 것인지를 판단하는 것이다. 그 이유는 성인기까지의 지속 여부에 따라 예방이나 처치 방법이 달라지기 때문이다.

청년기에 국한된 반사회적 문제를 갖는 젊은이들에 대한 처치효과는 상당히 좋은 편이다. 다음과 같은 네 가지 유형의 전략이 사용될 수 있다(Steinberg, 1999).

첫째, 동년배 압력에 저항하고 공격 행동에 의존하지 않으면서 갈등을 해결할 수 있는 방법을 가르친다.

둘째, 자녀들을 효과적으로 감독하는 방법을 부모에게 가르침으로써 동년배 지향적인 비행에 가담하는 횟수를 최소화한다.

셋째, 가정과 학교 그리고 사회가 함께 반사회적 행동을 억제하고 친사회적 행동을 격려하는 분위기를 조성한다.

넷째, 청소년이 비행을 저지르면 일관성 있고 엄격하게 처벌함으로써 미래에 동일한 행동을 하지 않도록 분명하게 학습시킨다.

그러나 청년기에 국한된 반사회적 문제와는 달리 성인기까지 지속될 외재화 문제를 중재하기 위해 개발된 어떤 프로그램도 아직까지 큰 효과를 보지 못하였다. 그 예로서 공격성에 대한 비행자의 신념을 변화시키려는 프로그램이나 공격 행동에 대해 사회적으로 수용가능한 대안을 가르치려는 프로그램들조차 만성적 외재화 문제를 갖는 사람들에게는 단지 조금의 효과가 있었을 뿐이었다.

대부분의 만성적 비행자들은 계속해서 심한 폭력적 범죄를 저지르고 성인기에도 범죄행동을 계속한다. 전문가들은 성인기까지 계속될, 이와 같은 만성적인 반사회적 행동의 비율을 낮추기 위하여 가족 관계의 붕괴를 예방하고 학교에서의 실패를 사전에 차단할 필요가 있다고 주장한다(Tremblay 등, 1995). 따라서 개별적 청소년에 초점을 맞춘 중재 기법보다는 만성적 비행자들에게는 부모 훈련이나 가족치료와 같은 가족중심 치료기법이 더 효과적이다. 그러나 기족중심 치료기법은 시간과 비용이 많이 드는 문제점이 있어 활용에 어려움이 있다.

더 큰 문제는 비행이나 폭력 문제를 가지고 있는 젊은이들을 집단으로 치료하는 여러 기법들이 오히려 비행을 증가시킬 위험이 있다는 것이다. 그 이유는 이러한 중재기법 자체가 비행을 저지르는 동년배들 사이에 친밀한 우정을 형성하게 함으로써 비행을 지속시키는 원인이 되기 때문이다.

Ⅱ. 내재화 장애

청년기의 변화와 요구에 압도당하여 지속적으로 무력감을 느끼고 미래에 대해 비관적 생각을 하는 젊은이들이 있다. 그들은 심리적으로 우울한 상태에 있으며 낮은 자기존중감으로 고통을 겪는 소위 내재화 장애를 갖는 젊은이들로서 전문적인 도움을 필요로 한다. 청년기 동안 빈번하게 나타나는 내재화 장애로서 우울장애와 자살을 설명한다.

1. 내재화 장애의 진단기준

우선 장애를 진단하는 기준은 무엇인가? 즉 무엇이 정상이고 무엇이 이상인가? 정상에 대한 이해를 전제로 하는 이상의 개념은 다음과 같은 다섯 가지 범주에 따라 정의될 수 있다.

① 통계적 기준에서의 일탈

② 사회적 기준에서의 일탈
③ 개인적 괴로움
④ 개인적 미성숙함
⑤ 부적응

첫째, 통계적 기준에서의 일탈이란 정규분포곡선(normal distribution curve)의 양극단에 위치하는 경우로서, 다른 사람과 비교하여 특별히 높거나 낮은 특성을 지니고 있을 때 비정상으로 판단된다. 예를 들면, 극단적인 공격성이나 극단적인 수동성이 비정상 혹은 부적응으로 판단되는 것도 이 때문이다.

둘째, 사회적 기준에서의 일탈은 그 사회의 대다수의 행동과는 다른 행동을 하는 것을 의미한다. 과거 소비에트 연방공화국에서 자본주의를 신봉하는 사람은 비정상적인 사람으로 분류되었지만, 이제 자본주의 신봉자를 비정상인으로 보는 사람은 거의 없다. 이와 같이 한 시대의 올바른 가치관이 시대가 변하면 바람직하지 못한 가치관으로 평가될 수 있으므로 사회적 기준은 정상과 이상을 구분하는 절대적 기준이 될 수는 없다.

셋째, 개인이 불안, 우울, 죄책감과 같이 심리적 괴로움이나 정신적 고통을 만성적으로 경험하고 있으면 이상 혹은 부적응으로 진단된다. 청소년들이 부모나 친구의 죽음을 경험할 때 슬픔을 느끼고, 속임수에 빠지게 될 때 분노를 느끼는 것은 당연한 일이다. 만약 이와 같은 상황에서 개인적 괴로움이나 고통을 느끼지 않는다면 그것은 오히려 비정상에 해당한다. 이 예에서처럼 사람은 누구나 심리적 고통을 경험할 수 있으므로 비정상성 여부는 개인이 경험하는 고통의 강도와 빈도, 지속 기간 및 고통을 야기시키는 상황을 바탕으로 판단되어야 한다.

넷째, 개인적 미성숙(personal immaturity) 정도를 바탕으로 비정상을 판단한다. 즉 개인의 행동이 그의 연령에 적절한지 아닌지의 문제이다. 발작적으로 화를 내거나 타인에 대한 지나친 의존은 청소년들에서 이상 행동으로 분류된다. 그러나 어떤 행동이 성숙하고 정상적인 행동인지가 분명하지 않을 때도 많다.

다섯째, 정상과 이상을 구별하는 또 다른 기준으로서 부적응(maladjustment)이 있다. 부적응은 요구에 효과적으로 대처하지 못하는 것을 의미한다. 청소년들에게 요구되는 중요한 행동 중의 하나는 학교에 가서 열심히 공부하는 것이다. 만약 어떤 청소년이 학교에 가는 것을 거부하고 폭력배들과 어울려 다닌다면 그는 심각한 부적응의 증후를 갖는 것으로 판단되어 비정상으로 분류된다. 그 청소년은 학교에 가지 않음으로써 사회가 요구하는 기술을 습득할 수 없게 될 것이므로 부적응은 최적의 성장과 기능을 방해한다.

이상에서 제시한 다섯 가지 기준을 고려할 때, 정상과 이상을 구분한다는 것이 쉬운 일이 아님이 분명하다. 청소년들은 아직도 성장 과정에 있으므로 사회적 기준에서 이상 여부를 판단하기보다는 최적의 성장과 발달을 방해하고 잠재 능력의 발현을 저해하는 부적응 기준을 활용하는 것이 더 바람직할 것이다.

2. 구체적 내재화 장애

1) 우울장애

가벼운 우울은 청소년들 사이에서 가장 흔하게 나타나는 심리적 장애이다. 우울은 항상 슬픔을 동반할 것으로 생각되지만 슬픔만이 유일한 증상은 아니다. 슬픔 외에도 우울은 정서적, 인지적, 동기적, 신체적 증후를 모두 포함한다. 즉, 낙담이나 실의 혹은 즐거운 일을 하고 있어도 그다지 즐겁지 않은 정서적 증후와 무력감과 비관주의 같은 인지적 증후, 권태나 무감각의 동기적 증후 그리고 식욕 상실이나 불면증 혹은 에너지 상실과 같은 신체적 증상을 함께 동반한다.

(1) 우울장애의 실태

사람들은 광범위한 정서적 문제를 언급하기 위하여 우울이라는 용어를 사용하지만, 심리학자들은 우울한 기분과 우울증후 및 우울장애를 구별해야 한다고 강조한다. 실제로 청소년들의 약 2/3는 우울한 기분이나 슬픔을 경험하지만 우울장애로 진단받는 청소년은 약 3% 정도이다(Galambos, Leadbeater, & Barker, 2004). 김광일 등(1983)의 연구에서도 MMPI검사상에 나타난 한국 고등학교 청소년들의 우울장애의 비율은 2% 미만이어서 우울장애를 갖는 청소년들은 극히 일부에 지나지 않았다.

가벼운 우울은 청소년들 사이에서 흔하게 나타난다.

우울한 기분이나 우울증후 및 우울장애 모두 청년기 동안 크게 증가하여 아동기의 두 배에 이른다. 특히 사춘기 무렵에 극적으로 증가하고 청년중기에 절정을 이루며 청년후기부터 점차 감소한다. 흥미롭게도, 사춘기 이전에는 소녀들보다 소년들이 우울한 기분을 더 많이 경험하나 사춘기 이후에는 소녀들이 더 많이 우울해하고 우울장애의 비율도 더 높다. 물론 이러한 차이는 성인기 동안에도 그대로 계속된다.

그렇다면 사춘기 이후에 여성들이 남성들보다 우울장애를 더 많이 갖는 이유는 무엇인가? 유전자나 호르몬의 차이 때문에 우울장애에서 성차가 나타난다는 증거는 없다. 성차의 이유를 설명하는 학자들의 주장을 정리하면 다음과 같다.

첫째, 남성과 여성이 괴로움에 대처하기 위해 사용하는 정서조절 전략이 다르다(Winstead & Sanchez, 2005). 남성들은 여성들보다 더 능동적이고 발산적 대처 양식을 사용하는 반면, 여성들은 수동적이고 지나간 일을 반추하는 대처양식을 사용하기 때문에 우울장애에 더 취약하다.

둘째, 청소년들의 자기표상(self-representation)이 우울장애에서 성차를 가져온다(Ohannessian 등, 1999). 일반적으로 소녀들은 소년들보다 더 낮은 자기존중감이나 더 부정적인 자기지각(특히 능력에 대한)을 지니고 있으므로 이것이 우울이나 불안장애에서 차이를 가져온다.

셋째, 성역할 고정관념적으로 타인과의 관계 형성을 중요시하는 소녀들은 부모나 동년배 관계에 문제가 있을 때 우울장애를 포함하는 내재화 장애를 갖기 쉽다(Leadbeater 등, 1999).

넷째, 청년기 동안 여성들이 남성들보다 더 큰 스트레스를 받는다. 청년기 동안 여성들은 남성들과 비교하여 사회적으로 환영받지 못하는 신체 형태나 크기로 변화할 수 있고 성적 학대를 포함하는 여러 가지 부정적인 사건에 더 많이 노출된다.

(2) 우울장애의 진단

청년기의 우울장애는 다음과 같은 세 가지 이유 때문에 잘못 진단될 수 있다.

① 우울장애는 자주 불안이나 공포증, 심리신체적 증상, 혹은 물질남용을 포함한 여러 가지 다른 심리적 혹은 행동적 문제를 동반한다. 일반적으로 우울장애 환자들은 강한 피로감이나 집중장애를 호소하고 자신의 신체기능에 대해 지나치게 걱정하는 건강염려증(hypochondriasis)의 증상을 나타내는가 하면 증가된 활동성이나 공격성 혹은 강한 동년배 지향성을 보이거나 타인을 회피하는 증상을 나타내므로 자주 다른 장애로 잘못 진단된다.

② 이 분야의 전문가들은 청년기 동안 나타나는 여러 가지 문제 행동을 모두 우울장애로 귀인시키는 경향이 있다. 다시 말하면 청소년들의 학교 공포증이나 가출, 훔치기, 무단 결석 혹은 신경성 식욕부진증과 같은 행동들을 우울장애의 위장된 형태로 분류한다는 것이다. 그러나 실제로 행동 문제를 나타내는 모든 청소년들이 반드시 우울증상을 경험하지 않을 뿐 아니라 우울증상과 다른 문제들이 자주 동시적으로 발생하기 때문에 청소년들의 문제 행동을 단순히 우울장애의 위장된 형태로 판단하는 것은 위험한 일이다.

③ 청소년들이 진정한 우울증후를 보일 때에도 부모나 교사는 자주 그것을 청년기 특유의 행동으로 잘못 판단함으로써 청소년들이 지니고 있는 심리적 문

표 12-2 가벼운 우울장애의 진단 범주

1. 적어도 1년간 여러 날 동안 거의 하루 온종일 우울하고 과민한 기분 상태에 있을 때
2. 우울증후를 보이면서 다음 중 적어도 두 가지 증상이 존재할 때
   ① 보잘것 없는 식욕이나 과식
   ② 불면증이나 지나치게 많은 수면
   ③ 저조한 에너지와 강한 피로감
   ④ 낮은 자기존중감
   ⑤ 저조한 집중력과 보잘것 없는 의사결정 능력
   ⑥ 무력감
3. 특징적인 증후들이 임상적으로 유의미한 괴로움을 야기시키고, 학업이나 사회적 혹은 다른 영역의 기능에 손상을 초래할 때

출처: DSM-Ⅳ, 1994.

제를 간과한다. 청소년들이 자신을 지나치게 부정적, 비판적으로 지각하고 일상생활의 모든 일에 권태를 느끼며 섭식에도 관심을 보이지 않는다면 우울장애로 의심을 해야 함에도 불구하고, 부모나 교사는 그것을 청년기 특유의 정상적 행동으로 보려고 한다. 만약 어떤 청소년이 대략 2주 동안 표 12-2에 제시한 우울증후의 세 가지 혹은 그 이상의 증상을 보인다면, 전문가와 상의해야 한다.

개인의 우울증후를 확인하기 위하여 흔하게 사용되는 도구로 BDI(Beck Depression Inventory)가 있다(Beck, 1978). 21개의 문항으로 구성된 이 검사는 체중 손실, 수면 장애, 실패감, 울음 및 자살 생각에 대해 질문한다. 이 검사는 임상적 청소년과 비임상적 청소년 표본 모두에게 실시될 수 있으며 높은 신뢰도와 타당도를 지니고 있다. 각 문항에 대한 반응은 0점에서 3점까지 4점 척도상에 반응하도록 설계되어 있으며 점수는 0점부터 63점까지 분포한다. 이 검사에 대한 청소년들의 점수는 다음과 같이 구분된다.

- 0점에서 10점까지: 우울 증상 없음
- 11점에서 16점까지: 가벼운 우울 증상
- 17점에서 20점까지: 경계선적 우울장애
- 21점에서 29점까지: 보통정도의 우울장애

• 30점에서 40점까지: 심각한 우울장애
• 41점에서 63점까지: 극단적 우울장애

일반적으로 청년기 우울은 자주 동성이나 이성 친구와의 이별과 같은 생활사건으로부터 시작된다. 물론 이러한 상황적 우울(situational depression)은 전문가의 도움 없이도 쉽게 회복될 수 있다. 그러나 반복적인 실패 역사와 무력감을 지니고 있는 청소년들의 심각한 우울장애는 쉽게 치료되지 않으며 때로 자살행동으로 연결된다. 중증의 우울장애는 항우울제와 같은 약물을 사용하면서 집중적인 심리치료를 필요로 한다.

(3) 우울장애와 관련된 변인

청소년들은 부모를 포함하여 사랑하는 사람의 죽음과 부모의 이혼 그리고 알코올 중독 부모나 우울한 부모를 가질 때 우울해지며, 그 외에 지나치게 빠른 사춘기 시작이나 늦은 시작, 저조한 학업 수행, 친한 친구가 없거나 친구들 사이에서 인기가 없을 때 우울한 기분에 빠진다(Eley, Liang, & Plomin, 2004).

청소년들의 우울장애는 특히 부모-자녀간의 질적 특성과도 높은 상관이 있다. 일반적으로 부정적, 역기능적 부모-자녀 관계는 청소년의 자기표상을 통하여 우울증상에 영향을 준다(Garber, Robinson & Valentiner, 1997). 즉 어머니의 낮은 수용과 더 큰 심리적 통제는 청소년 자녀에게 더 낮은 수준의 자기존중감이나 자기가치감을 갖게 하고 그것은 우울한 기분을 증가시킨다. 또한 우울한 청소년들은 지원적이지 못하고 응집성이 낮은 가족을 가지고 있으며, 그들의 부모는 자녀를 수용하지 않을 뿐 아니라 온정이나 애정이 부족하고 더 큰 심리적 통제를 요구하며 일관성 없는 훈육을 실시한다. 특히 부모에게 회피적 혹은 불안/양가적 애착을 지니고 있는 청소년들은 더 많은 심리적 괴로움을 경험한다(Noom, Dekovic, & Meeus, 1999).

2) 자 살

2006년 한 해 동안 한국 사회의 자살자 수는 10,688명으로서 자살 사망률은

10만명당 23명이었다. 전체 자살자 중에서 10-14세는 6.8%였고, 15-19세 20.7% 그리고 20-24세는 28.8%를 차지하였다. 특히 20-24세의 젊은이들의 자살률은 교통 사고율보다 더 높아(2007 청소년백서), OECD 국가 중에서도 가장 빠른 속도로 자살률이 증가하는 나라임을 나타내었다.

우울장애와 밀접히 연관되어 있는 자살은 세 가지 개념으로 구분되어 연구된다. 즉, 자살 사고(suicidal thoughts), 자살 기도(attempted suicides) 그리고 완성된 자살 혹은 성공한 자살(completed suicide or successful suicide)이 그것이다.

자살사고는 자살기도나 완성된 자살보다 훨씬 더 높은 비율로 나타난다. 자살생각이나 자살충동을 가지고 있다고 해서 모두 자살을 기도하거나 감행하는 것은 아니므로 죽고 싶다는 비율은 상대적으로 더 높다. 2006년도 조사(2007 청소년백서)에서, 지난 1년간 자살을 생각해 본 적이 있는 한국 청소년의 비율은 13.2%였으며, 남자 청소년들이 여자 청소년들보다 2배 이상 자살을 더 많이 생각하는 것으로 나타났다. 자살을 생각하는 이유는 학업문제(67.0%) 때문이 가장 많고 그 다음이 진로문제(18.8%), 가정문제(6.0%), 친구문제(5.7%), 그리고 이성문제(1.9%) 순이었다(2007 청소년백서).

자살기도는 자살생각에서 완성된 자살로 이어지는 중간과정으로서 자살기도자의 비율은 자살을 생각한 일이 있는 사람의 비율보다는 훨씬 낮다. 한국 청소년들은 과도한 학습과 경쟁으로 청소년 20명 중 1명의 비율로 자살을 기도한 적이 있는 것으로 밝혀졌다(Kim 등, 2007). 그러나 완성된 자살은 보통 50번의 자살기도 중 한번의 비율로 일어난다.

성인과 비교하면 청소년들의 자살은 그렇게 많은 편은 아니다. 그럼에도 불구하고 자살이 청소년들 사이에서 매우 흔하게 일어나는 것처럼 보이는 것은 청소년들이 질병이나 다른 원인으로 사망할 가능성이 적기 때문이다. 실제로 자살률은 청년중기 동안 급격하게 증가하기는 하지만, 성인기 동안에도 계속해서 증가하기 때문에 자살은 청년기보다는 오히려 성인기의 문제이다.

청년기 소녀들이 소년들보다 훨씬 더 빈번하게 자살을 기도한다. 그러나 완성된 자살은 청소년들보다 더 나이 많은 성인들 사이에서 더 많이 나타나고 여성들보다 남성들 사이에서 더 흔하게 나타난다. 자살기도 역시 청년기보다 성인기 동안 더 자주 일어난다.

(1) 자살의 위험요인

성인들이 "절망" 때문에 자살하는 것과는 달리 청소년들은 "우울"이나 "충동성" 때문에 자살을 감행한다. 우울은 청년기 동안의 자살사고나 자살기도와 밀접하게 연결되어 있다(신민섭, 1993; Werth, 2004). 또한 유전적으로 가까운 사람이 자살을 기도한 적이 있을 때, 자살 기도 가능성이 현저히 높아지므로 자살은 개인의 유전적 특성과도 높은 상관이 있다(Baud, 2005). 선행 연구들을 바탕으로 청소년들의 자살을 부추기는 위험요인들을 정리하면 다음과 같다.

① 우울장애나 약물남용과 같은 정신과적 문제가 있을 때
② 가족 내에 자살기도의 전력이 있는 구성원이 있을 때
③ 학업이나 성욕 문제 때문에 스트레스를 경험하고 있을 때
④ 부모의 거부나 가족 붕괴 혹은 다양한 가족 갈등을 경험할 때
⑤ 신체적으로 그리고 성적으로 학대당한 경험이 있을 때
⑥ 친한 친구와의 우정이나 낭만적 관계가 붕괴되었을 때

위에 제시한 위험요인들 중에서 하나의 위험요인만을 갖는 청소년들은 위험요인을 전혀 갖지 않은 동년배들보다 자살을 기도할 가능성이 더 많고 위험요인의 수가 많아지면 청소년의 자살 기도 가능성도 기하급수적으로 증가한다. 보통 한번 자살을 기도한 일이 있는 젊은이들이 또 다시 자살을 기도한다.

일반적으로 자살하는 사람들은 어려운 상황으로부터 도피하기 위하여, 자신을 괴롭힌 사람들을 처벌하기 위하여, 이미 사망한 어떤 사람과 만나기 위하여 그리고 통제할 수 없다고 느끼는 현실로부터 벗어나기 위하여 자살을 감행한다. 그러나 청소년들이 자살하는 기저에는 이와는 다른 욕구가 숨겨져 있다. 한때 청소년들의 자살기도는 동성이나 이성 친구와의 이별과 같은 사소한 사건에 의해 충동적으로 일어난다고 생각되기도 하였지만, 자살을 기도하는 대부분의 청소년들은 '도움을 얻기 위한 외침' 으로서 자살을 감행한다. 그들은 실제로 살고 싶지

않기 때문이 아니라 가족이나 친구로부터 정서적 지원을 얻기 원하지만 그렇지 못할 때 자살을 감행한다.

(2) 자살의 보호요인

자살을 방지할 수 있는 보호요인들이 많이 있다(김순규, 2008). 높은 자기존중감은 스트레스에 적절하게 대처하게 하고, 문제해결을 위해 긍정적인 대처방법을 사용하게 하므로 자살을 방지할 수 있다. 반면에 낮은 자기존중감을 갖는 청소년들은 스스로를 무가치하다고 느끼므로 문제상황에 대처하지 못하고 쉽게 자살 행동을 할 수 있다.

부모의 지지 또한 중요한 보호요인으로 특히 어머니의 지지는 청소년의 자살사고를 효과적으로 완충하는 역할을 한다. 교사의 지지와 친구의 지지 역시 학교에 대한 적응력을 증가시키므로 청소년들의 자살생각을 완화시키고, 그 외에 지역사회 결속력과 지각된 사회적 자원도 청소년들의 자살생각을 감소시킨다. 그러나 무엇보다 중요한 것은 스트레스에 대처하는 기술이나 능력이다. 스트레스에 대처할 능력이 없는 젊은이들은 자살만이 문제 해결의 유일한 수단이라고 생각하고 쉽게 행동으로 옮길 수 있다.

자살을 기도하는 청소년들은 그들 특유의 행동 패턴을 나타낸다. 소위 자살의 전조들을 주의 깊게 관찰하면 청소년들의 자살은 예방될 수 있다. 자살 신호로서 쉽게 인지될 수 있는 행동들을 정리하면 다음과 같다.

① 우울 경향이 증가하고 섭식장애와 수면장애가 계속적으로 나타나며 학업 성적이 떨어진다.

② 점진적으로 타인으로부터 위축되고 격리된다.

③ 부모나 다른 중요한 성인과의 대화가 단절된다.

④ 자살기도나 사고를 일으킨 전력을 가지고 있다.

3. 우울장애를 포함하는 내재화 장애의 원인과 처치

1) 내재화 장애의 원인

우울장애는 물론 여러 가지 내재화 장애의 원인을 설명하기 위하여 다양한 이론들이 제안되었으나 현재는 소인-스트레스 모델(diathesis-stress model)이 가장 타당한 설명모형으로 인식된다. 이 모델에 따르면, 병적 소인을 지니고 있지 않은 사람들은 심한 스트레스에 노출된다고 할지라도 특별한 장애를 나타내지 않고 적응적으로 스트레스에 대처할 수 있다. 그러나 장애의 소인을 지니고 있는 사람들은 우리가 일상적으로 경험하는 사소한 스트레스에 직면해도 쉽게 우울해진다. 따라서 연구자들은 개인의 우울 경향성을 확인하는 동시에 장애를 촉진시키는 환경적 상황 요인을 찾아내려고 한다.

우울이 청년기 동안 크게 증가하는 이유도 이 모델로 설명될 수 있다. 많은 연구자들이 확인한 것처럼, 청년기 동안 일어나는 여러 가지 정서적 변화들은 이 시기에 분비되는 호르몬과 높은 상관이 있다(Susman, Dorn, & Chrousos, 1991). 즉 사춘기 동안의 호르몬 변화는 신경계나 내분비계 활동에 영향을 주고, 그것은 다시 남녀 청소년들의 우울이나 부정적 정서에 영향을 준다. 또한 상급 학교로의 진학과 데이트 시작, 가족 관계의 변화와 같은 상황적 요인들이 이 시기의 청소년들에게 심한 스트레스를 유발할 수 있으므로 개인의 우울 증상이 아동기에서 청년기로 이동할 때 증가하는 것은 당연한 일일 것이다.

(1) 개인적 원인

내재화 장애를 유발하는 개인적 원인으로 유전적 구성 요인이 있다. 개인이 갖는 병적 소인의 어느 정도는 내분비 기능과 관련되어 있으므로 내재화 장애를 갖는 사람들은 유전적으로 이미 취약한 상태에 있다. 특히 시상하부(Hypothalamic)-뇌하수체(Pituitary)-부신피질(Adrenocortical)로 구성되는 HPA의 연결 회로가 쉽게 활성화되는 유전적 특성을 갖는 사람들이 스트레스에 민감하게 반응하고 우울장애를 포함하는 내재화 장애에 특히 취약하다(Marusic, 2005).

개인의 인지양식도 우울한 개인과 높은 상관이 있다. 연구자들(Cox, Enns, & Clara, 2004)은 비관적이고 무기력하며 자기비판이나 자기비난을 일삼는 인지양식을 갖는 사람들이 내재화 장애를 일으키는 방식으로 다양한 인생사건을 해석하므로 인지양식과 우울은 높은 상관이 있다고 주장한다. 이러한 유형의 인지양식은 아동기 동안 발달하고 청년기에 이르면 우울장애를 일으킨다.

(2) 환경적 원인

청년기 동안 내재화 장애와 높은 상관이 있는 환경적 요인들을 정리하면 다음과 같다(Graber, 2004).

첫째, 가족구성원 사이에 응집성이 낮고 갈등이 많은 가정과 이혼한 가정의 청소년들이 내재화 장애에 취약하다.

둘째, 우울한 부모를 가지고 있거나 부모로부터 정서적 지원을 받을 수 없을 때, 가족이 경제적 어려움에 처해 있을 때 그리고 부모가 이혼했을 때 청소년들은 내재화 장애를 갖기 쉽다.

셋째, 보잘것 없는 친구 관계를 형성하고 인기 없는 청소년들이 내재화 장애에 취약하다.

넷째, 우울한 청소년들은 그렇지 않은 청소년들보다 만성적이거나 격심한 스트레스를 더 많이 보고한다.

실제로 이러한 요인들은 부정적인 인지양식의 발달을 촉진시키거나 악화시킨다.

2) 처치와 예방

청년기 동안의 우울장애의 처치도 전 생애의 다른 시기에서의 처치방법과 유사하다. 우선 항우울제와 같은 약물을 사용하는 생물학적 처치와 함께 우울장애를 촉진시키는 개인적 경향성과 환경적 요인을 확인하고 그것들을 변화시키기 위한 노력이 이루어져야 한다.

따라서 우울한 청소년을 도울 수 있기 위해서는 우울의 근원을 이해하고 매일의 활동에서 청소년들이 더 많은 강화나 긍정적 피드백을 받을 수 있도록 하는 동시에 그들의 인지양식을 변화시키려는 노력이 병행되어야 한다. 또한 이 시기의 우울 증상에 기여하는 가족관계 패턴을 변화시킬 수 있는 가족치료도 함께 이루어져야 한다.

청년기 동안의 우울장애는 전통적인 통찰지향적 치료방법보다는 학습원리에 기초한 행동주의적 치료나 행동주의와 인지적 접근을 통합한 인지-행동 치료로 더 잘 치료될 수 있다(Hollon, 2006). 행동주의적 혹은 인지-행동적 치료 접근 모두 남자 청소년보다는 여자 청소년들에게 더 효과적이었다.

그러나 어떤 심리적 문제든 치료보다는 예방이 더 손쉽기 때문에 예방에 주력하는 것이 무엇보다 중요하다. 예방 차원에서 청소년들에게 스트레스에 효과적으로 대처할 수 있는 사회적 능력과 대처기술을 가르치고, 특히 우울한 부모를 가지고 있거나 우울장애를 초래할 높은 위험에 처해 있는 청소년들을 미리 찾아내어 효과적인 지도가 이루어질 수 있다면 이보다 더 좋은 예방법은 없을 것이다.

참 고 문 헌

강영자, 최용주(1996). 우리나라 고등학생들의 스트레스원. 한국생활과학회지 제5권 2호, 73-86.

강완숙(1998). 가족의 가치지향과 부모의 도덕성 및 훈육이 청소년의 시민적 자질의 발달에 미치는 영향. 대한가정학회지: 제36권 12호, 11-23.

구병삼(1977). 우리나라 여성 초경에 관한 연구. 대한산부회지; 20: 623.

구현영, 김성숙(2007). 청소년의 사이버섹스 중독, 남녀평등의식, 성태도 및 성폭력 허용간의 관계. 대한간호학회지, 37(7), 1202-1211.

국가청소년위원회(2007). 2007 청소년백서.

김광일, 원호택, 김이영, 김명정(1983). 고등학교 재학생의 정신건강 실태조사 I. 정신건강연구, 1, 1-39.

김만지(2002). 청소년의 가족관련 스트레스와 사회적 지지가 대처방식에 미치는 영향. 대한가정학회지: 제40권 3호, 55-66.

김병성, 홍세중, 최현림, 원장원(2008). 초등 및 중학생의 인터넷 중독 실태와 관련요인. 경희의학, 24(1), 30-40.

김상원(1996). 남자 고등학생의 성의식에 관한 조사연구. 서울: 성문화연구소.

김상희(1991). 청소년의 약물남용 과정에 관한 연구. 형사정책연구, 제2권 제3호.

김선우(2002). 인터넷 중독의 실태와 영향요인에 관한 연구. 서울대학교 석사학위 논문.

김성일, 김남희(2001). 청소년이 지각한 부모의 의사소통 유형과 자아정체감의 관계. 한국심리학회지: 발달, 14(1), 75-89.

김수정, 최민호(1993). 농촌 중학생의 가정환경 구성변인 및 지능과 학업성취 관련성에 관한 연구. 한국농업교육학회지, 25(2), 63-70.

김순규(2008). 청소년 자살에 영향을 미치는 위험요인과 보호요인. 정신보건과 사회사업, 29, 66-93.

김순혜(2006). 학교 폭력에 대한 발달적 맥락적 분석. 교육심리연구, 20(4), 1027-1042.

김영희(1993). 컴퓨터 게임 문화가 청소년 교육에 미치는 영향. 한국정보문화센터 자료집.

김준호(1996). 학교폭력의 실태와 대책. 대한사회정신의학회 추계학술대회 초록집, 1-16.

김태근(1997). 청소년의 성의식, 성행동과 비행의 관계-고등학생을 중심으로-. 연세대학교 대학원, 석사학위논문.

김현실(2001). 청소년 자위행위에 대한 실태조사. 정신간호학회지, 10(2), 137-147.

김혜원(2001). 청소년들의 인터넷 중독현상: 인터넷 중독의 현황파악과 관련변인 분석. 청소년학 연구, 제8권 제2호, 91-117.

김혜원과 이해경(2002). 고등학생들의 성행동 경험 분석: 성별, 학교별, 거주지별 비교. 청소년학연구, 제9권 제1호, 247-272.

김희복(1992). 학부모 문화 연구-부산지역 중산층의 교육열. 서울대학교 박사학위 논문.

남영옥(2002). 청소년의 인터넷 중독 및 사이버 성중독의 심리사회적 변인과 문제행동 연구. 한국사회복지학 통권 50호, 173-207.

문용린(1987). 청소년의 정치적 태도 형성과정. 청년연구 제10집, 19-38.

문용린(1998). EQ, 제대로 알고 있는가? 정서지능의 이해와 적용. 1998년도 한국아동학회 추계학술대회.

박병춘(1999). 보살핌 윤리의 도덕교육적 접근 연구. 서울대학교 대학원 박사학위 청구논문.

박영숙, 염태호, 오경자, 김정규, 이영호(1992). 지능에서의 성차에 관한 연구: K-WAIS 표준화 자료를 중심으로. 한국심리학회지: 임상, 11(1), 11-21.

박옥임, 조연숙, 송민성, 김정숙(2007). 일 지역의 성폭력 피해자 실태분석. 한국가정학회지, 10(1), 27-35.

박지언, 이은희(2008). 청소년의 불안정 애착과 문제행동: 공감능력의 조절역할. 한국심리학회지: 상담 및 심리치료. 20(2), 369-389.

박현이(2000). 10대 남자 청소년의 성행태에 대한 조사. 10대 임신과 남자의 무책임, 무엇이 문제인가? 2000년 제2회 10대 임신예방을 위한 연속토론회.

박혜원, 김은지(1997). 기질이 형제관계 및 또래관계에 미치는 영향: 청소년을 대상으로. 인간발달연구, 4(1), 32-51.

박희봉, 이희창, 전지용(2008). 한중일 3국의 가치변화 성향 분석-신세대와 기성세대간 비교. 한국행정논집, 20(2), 501-532.

서주현, 유안진(2001). 청소년의 인터넷 중독과 친구관계의 특성. 아동학회지 제22권 4호, 149-166.

신민섭(1993). 자살기제에 대한 실증적 연구: 자기도피 척도의 타당화. 연세대학교 대학원 박사학위논문.

신연희(2001). 자아존중감, 청소년 비행, 그리고 어머니의 역할에 관한 연구. 가족과 문화, 13(1), 107-132.

신재철, 이찬, 문준, 오민정, 김탁, 구병삼, 홍명호, 박영주(1996). 한국 10대 여성의 초경에 관한 연구. 대한산부회지 제39권 5호, 865-879.

신현숙(2001). 중 · 고등학생의 학교 적응에 따른 스트레스 대처방식의 비교. 교육심리연구, 15(4), 297-321.

오경애, 권민희(1999). 고등학교의 종교성과 자아정체감과의 관계. 영남대학교 통계연구소, 통계처리 상담 사례집. 46-68.

유계식, 이재창(1997). 대학생의 성공공포와 성취동기 및 성역할 정체감이 진로결정에 미치는 영향에 관한 연구. 한국심리학회지: 상담과 심리치료, 9(1), 259-288.

유승호, 정의준(2001). 게임이용이 청소년에 미치는 영향에 대한 연구-게임 중이용자(heavy user)를 중심으로-. 한국청소년연구 제12권 제2호, 35-63.

윤명숙, 조혜정(2008). 청소년의 폭력경험유형이 우울 및 음주행위에 미치는 영향. 정신보건과 사회사업, 29, 295-329.

윤영민(2000). 인터넷 환경이 청소년의 사회화에 미치는 영향. 청소년보호위원회 제2차 정책포럼 인터넷 시대에 있어 청소년 문제와 대책: http://www.youth.go.kr에서 발췌.

윤혜미, 박병금(2005). 청소년의 내재화 및 외현화 문제행동 관련요인. 사회복지연구, 28, 133-164.

이경주, 신효식, 김효심(1998). 청소년이 지각한 사회적 지지, 일상적 스트레스와 부적응 관계 분석을 위한 연구. 한국가정관리학회지, 16(4), 29-40.

이기숙, 박소영(2000). 청소년의 일상적 스트레스와 사회적 지지 지각의 관련성 연구. 대한가정학회지: 제38권 9호, 93-106.

이동원, 함인희, 김현주, 최선희, 김선영(2001). 한국의 가족문화. KBS 아침마당 10주년 기념 기획 여론조사, KBS 한국방송공사, 한국가족학회.

이미리(2002). 청소년 초기 일상생활활동 경험의 특성과 스트레스 수준. 대한가정학회지: 제40권 1호, 69-84.

이미숙(2000). TV 미디어가 청소년의 신체 이미지와 의복 행동 및 연예인 모방 행동에 미치는 영향. 충남대 박사학위논문.

이삼연(2002). 이혼가정 청소년 자녀의 적응에 관한 연구. 한국가족사회복지학회, 한국가족복지학 10, 37-65.

이상원(2000). 학습부진아에 대한 효율적인 지도방법 -고등학교 중심-. 한국수학교육학회지 제10집, 1, 237-270.

이세용(2000). 인터넷과 청소년의 성의식. 정보와 사회, 제2호, 154-182.

이옥주(2002). 고등학생의 성격특성에 따른 스트레스 대처양식. 한국심리학회지: 건강, 7(3), 487-501.

이은혜, 고윤주(1999). 대학생의 친구에 대한 만족감과 친구의 기능 및 친구관계망의 구조적 변인간의 관계. **교육학연구, 37**(3), 201-219.

이종원, 임성택, 최원기, 최종원, 심진예(2001). **전국 청소년 문제행동실태 조사연구**. 한국청소년개발원 연구보고서 01-R15.

이효재(1994). 한국사회의 민주화와 가족. 여성사회연구회, **한국가족문화의 오늘과 내일**. 1-11.

임영식(1998). 학교폭력에 영향을 미치는 요인에 관한 연구. **청소년학연구, 제5권** 제3호, 1-26.

장휘숙(1993). 자기효율성의 특성에 관한 관련연구의 개관. **한국심리학회지: 발달, 6**(2), 16-28.

장휘숙(1995). 일반적 자기효율성과 특정한 과제에 대한 자기효율성 및 그 관련변인에 관한 연구. **한국심리학회지: 발달, 8**(1), 120-135.

장휘숙(1995). 한국 대학생의 성에 대한 가치관 연구. 한림과학원 편, **전환기에 선 한국인의 가치관**. 한림과학원총서 34, 155-214.

장휘숙(1996). 성폭력의 실태. 한국인간발달학회. **인간발달연구, 제3권** 1호. 110-130.

장휘숙(1997). 청년기의 애착과 자아존중감 및 자기효능감의 관계. **인간발달연구, 4**(1), 88-106.

장휘숙(1998). **발달정신병리학의 이해**. 서울: 학지사.

장휘숙(2000). 애착과 대학생의 정체감 발달(1). **한국심리학회지: 발달, 13**(2), 115-130.

장휘숙(2000). 애착과 대학생의 정체감 발달(II): 대처방식의 중재역할을 중심으로. **한국심리학회지: 발달, 13**(3), 141-157.

장휘숙(2001). 정신병리를 차단하는 요인으로서의 탄력성. **한국심리학회지: 발달, 14**(1), 113-127.

장휘숙(2005). **발달정신병리학의 이해**. 창지사.

장휘숙(2008). **가족심리학**. 박영사.

장휘숙(2008). 기질과 애착이 형제자매관계와 친구관계에 미치는 영향. **한국심리학회지: 발달, 21**(3), 69-87.

전염병 웹통계(2008). http://stat.cdc.go.kr

정순일, 한내창(1997). 종교성과 사회윤리관과의 관계에 관한 연구. 한구사회학회, **한국사회학 31**. 18-30.

정영숙(2000). **N세대의 친사회도덕발달: 관련변인의 탐색 및 증진방안의 모색**. 발달심리학회 2000 춘계심포지움 발표논문.

정유미와 김득성(1998). 청소년의 환경적 변인 및 부모와의 의사소통이 문제행동에 미치는 영향. **대한가정학회지 제36권** 3호, 31-45.

정향미, 이화자, 김영혜(2003). 청소년의 약물남용 예방교육 요구도 조사. **아동간호학회지, 9**(1), 57-65.

정현희, 최경순(1999). 대학생의 스트레스와 감각추구성향과의 관계. 한국청소년복지학회, **청소년복지연구**, 105-114.

조미숙, 오선주(1999). 청소년기 자녀가 지각한 가족관계 변인과 청소년의 가족가치관. **한국가족관계학회지, 제4권** 1호, 67-89.

조선명(2000). **외모에 대한 사회문화적 태도와 신체 이미지가 의복추구 혜택에 미치는 영향**. 연세대 석사학위논문.

조아미(2002). 청소년의 성별과 성역할 정체감이 진로관련 변인에 미치는 영향. **한국심리학회지: 상담 및 심리치료, 14**(1), 91-108.

주왕기(1991). **약물 오·남용 실태와 방지대책**. 약업신문. 1991 3월 28일자.

최경규(1985). 중고등학생의 정치적 태도의 변화에 관한 연구. **청년연구 제8집**, 167-209.

최성열(2001). 청소년이 지각한 사회적 지지와 자아정체감간의 관계. **아동교육, 제10권**, 제1호, 119-132.

최외선, 오미나(1998). 대학생의 우울과 스트레스에 관한 연구. 영남대학교 지역발전연구소, **새마을 지역개발연구 제23집**, 103-123.

최인화(1999). 화성군 청소년의 성의식 및 성실태 조사연구. **화성군 청소년상담식 조사연구 2**. 화성군청소년 상담실.

한국갤럽조사연구소(1991). **한국인의 가정생활과 자녀교육**.

한국형사정책연구원(1991). **청소년의 약물남용과정에 관한 연구**.

한내창(2000). 종교가 청소년들의 종교적 편견에 미치는 영향. 한국종교학회, **종교교육학연구 제11권**, 105-125.

한덕웅(1985). 우정의 형성과 발전에 관한 종단적 연구.

사회심리학연구. 2(2), 169-191.

한준상, 이춘화, 윤옥경(2000). 청소년의 신체적 자아상에 관한 연구. 한국 청소년개발원 연구보고서 2000.

허남순(1997). 미국 가정에 입양된 한국 아동들의 민족적 정체감에 관한 연구. 한국아동복지학회: 한국아동복지학 5호, 121-146.

황성현(2006). 의미있는 타자와 청소년 약물남용간의 관계: 부모와 동료집단의 영향을 중심으로. 보건과 사회과학 제19집, 51-69.

황혜정(2002). 아동과 청소년의 친구관계 발달에 관한 연구. 아동학회지 제23권 3호, 35-49.

Abbey, A., Zawacki, T., Buck, P. O., Clinton, A. M., & McAuslan, P. (2001). Alcohol and sexual assault. *Alcohol Research and Health, 25*(1), 43-51.

Adams, G. R., & Gullotta, T. (1989). *Adolescent life experiences.* Brooks/Cole Publishing Company.

Adams, J. F. (1981). Earlier menarche, greater height and weight: A stimulation-stress factor hypothesis. *Genetic Psychology Monographs, 104*(1), 3-22.

Adelson, J. (1971). *The political imagination of the young adolescent.* Daelalus, Fall, pp. 1013-1050.

Albright, D. L., Voda, A. M., Smolensky, M. H., et al. (1990). Seasonal characteristics of age at menarche. *Choronobiol Int: 7*: 251.

Alfieri, T., Ruble, D., & Higgins, E. (1996). Gender stereotypes during adolescence: Developmental changes and the transition to junior high school. *Developmental Psychology, 32*, 1129-1137.

Allen, J. P., Hauser, S. T., Bell, K. L., & O' Connor, T. G. (1994). Longitudinal assessment of autonomy and relatedness in adolescent-family interactions as predictors of adolescent ego development and self-esteem. *Child Development, 65*, 179-194.

Allen, J. P., Porter, M. R., McFarland, F. C., Marsh, P., & McElhaney, K. B. (2005). The two faces of adolescents' success with peers: Adolescent popularity, social adaptation, and deviant behavior. *Child Development, 76*, 1-14.

Altman, I., & Taylor, D. A. (1973). *Social penetration.* NY: Holt, Rinehart & Winston.

Amato, P. R. (2006). Marital discord, divorce and children' s well-being: Results from a 20-year longitudinal study of two generations. In A. Clarke-Stewart & J. Dunn (Eds.), *Families count.* New York: Cambridge University Press.

Anderson, C. A., Berkowitz, L., Donnerstein, E., Huesmann, R., Johnson, J. D., Linz, D., Malamuth, N. M., & Wartella, E. (2003). The influence of media violence on youth. *Psychological Science in the Public Interest, 4*(3), 81-106.

Anderson, E., & Starcher, L. (1992). *Transformations in sibling relationships during adolescence.* Paper presented at the biennial meetings of the Society for Research on Adolescence, Washington.

Angold, A., Costello, E. J., & Worthman, C. M. (1999). Puberty and depression: The roles of age, pubertal status and pubertal timing. *Psychological Medicine, 28*, 51-61.

Armsden, G. C., & Greenberg, M. T. (1987). The inventory of parent and peer attachment: Individual differences and their relationship to psychological well-being in adolescence. *Journal of Youth and Adolescence, 16*, 427-453.

Arnett, J. J. (2000). *Emerging adulthood.* American Psychologist, 55, 469-480.

Arnett, J. J. (2006). The psychology of emerging adulthood: What is known, and what reamins to be known. In J. J. Arnett & J. L. Tanner (Eds.), *Emerging adults in America.* Washington, DC: American Psychological Association.

Aseltine, R., Jr., & Gore, S. (1994). *The occurrence and cooccurrence of affective disorder and substance abuse during the transition to adulthood.* Paper presented at the biennial meetings of the Society for Research on Adolescence, San Diego.

Ashford, J., & LeCroy, C. W. (1990). Juvenile recidivism: A comparison of three prediction instruments. *Adolescence, 25*, 441-450.

Bagley, C., Bolitho, F., & Bertrand, L. (1997). Sexual

assault in school, mental health and suicidal behaviors in adolescent women in Canada. *Adolescence, 32*(126), 341-366.

Bagwell, C. L., Newcomb, A. F., & Bukowski, W. M. (1998). Preadolescent friendship and peer rejection as predictors of adult adjustment. *Child Development, 69*(1), 140-153.

Bahr, S. J., Maughan, S. L., Marcos, A. C., & Li, B. (1998). Family, religiosity, and the risk of adolescent drug use. *Journal of Marriage and the Family, 60*, 979-992.

Baldwin, S., & Hoffman, J. P. (2002). The dynamics of self-esteem: A growth curve analysis. *Journal of Youth and Adolescence, 31*, 101-113.

Balk, D. E. (1995). *Adolescent development: Early through late adolescence*. Brooks/Cole Publishing Company.

Bandura, A. (1973). *Social learning theory*. Englewood Cliffs, NJ: Prentice-Hall.

Bandura, A. (1986). *Social foundations of thought and action: A social cognitive theory*. Englewood Cliffs, NJ: Prentice-Hall.

Bandura, A. (1991). Social cognitive theory of moral thought and action. In W. M. Kurtines & J. L. Gewirtz (Eds.), *Handbook of moral behavior and development* (Vol. 1, pp. 45-103), Hillsdale, NJ: Erlbaum.

Bandura, A. (1997). *Self-efficacy: The exercise of control*. New York: Freeman.

Bandura, A. (2000). Self-efficacy. In A. Kazdin (Ed.), *Encyclopedia of psychology*. Washington, DC. & New York: American Psychological Association and Oxford University Press.

Bank, L., Burraston, B., & Snyder, J. (2004). Sibling conflict and ineffective parenting as predictors of adolescent boys' antisocial behavior and peer difficulties: Additive and interactive effects. *Journal of Research on Adolescence, 14*, 99-125.

Barnes, G. M., & Farrell, M. P. (1994). Parental support and control as predictors of adolescent drinking, delinquency, and related problem behaviors. *Journal of Marriage and the Family, 54*, 763-776.

Basow, S. A. (1992). *Gender stereotypes and roles* (3rd ed.). Pacicif Grove, CA: Brooks/Cole.

Baud, P. (2005). Personality traits as intermediary phenotypes in suicidal behavior: Genetic issues. *American Journal of Medical Genetics, 133c*, 34-42.

Baumeister, R. F., Campbell, J. D., Krueger, J. I., & Vohs, K. D. (2003). Does high self-esteem cause better performance, interpersonal success, happiness, or healthier lifestyles? *Psychological Science in the Public Interest, 4*(1), 1-44.

Baumrind, D. (1967). Child care practices anteceding three patterns of preschool behavior. *Genetic Psychology Monographs, 75*, 43-88.

Baumrind, D. (1991). The influence of parenting style on adolescent competence and substance abuse. *Journal of Early Adolescence, 1*, 56-95.

Bearman, S. K., Presnell, K., Martinez, E., & Stice, E. (2006). The skinny on body dissatisfaction: A longitudinal study of adolescent girls and boys. *Journal of Youth and Adolescence, 35*, 217-229.

Beaty, L. A. (1995). Effects of parental absence on male aolescents' peer relations and self-image. *Adolescence, 30*, 873-900.

Beck, A. T. (1978). *Beck Depression Inventory*. Revised. Philadelphia, PA: Center for Cognitive Therapy.

Belsky, J., Steinberg, L., & Draper, P. (1991). Childhood experience, interpersonal development, and reproductive strategy: An evolutionary theory of socialization. *Child Development, 62*, 647-670.

Bem, D. (1996). Exotic becomes erotic: A developmental theory of sexual orientation. *Psychological Review, 103*, 320-335.

Bem, S. L. (1975). Sex role adaptability: One consequence of psychological androgyny. *Journal of Personality and Social Psychology, 31*, 634-643.

Benson, P. L., & Roehlkepartain, E. C. (1993). *Youth in single-parent families: Risk and resiliency*. Minneapolis, MN: Search Institute.

Benson, P. L., Scales, P. C., Hamilton, S. F., & Sesma, A. (2006). Positive youth development. In W. Damon & R. Lerner (Eds.), *Handbook of child psychology* (6th ed.). New York: Wiley.

Benson, P., Donahue, M., & Erickson, J. (1989). Adolescence and religion: Review of the literature from 1970-1986. *Research in the Social Scientific Study of Religion, 1*, 153-181.

Berkowitz, M. W., Sherblom, S., Bier, M., & Battistich, V. (2006). Educating for positive youth development.

In M. Killen & J. Smetana (Eds.), *Handbook of moral development.* Mahwah, NJ: Erlbaum.

Berndt, T. J., & Keefe, K. (1995). Friends' influence on adolescents' adjustment to school. *Child Development, 66*, 1312-1329.

Berninger, V. W. (2006). Learning disabilities. In W. Damon & R. Lerner (Eds.), *Handbook of child psychology* (6th ed.). New York: Wiley.

Bersonsky, M. D. (1992). Identity style and coping strategies. *Journal of Personality, 60*: 4, 771-788.

Betz, N. E. (2006). Women's career development. In J. Worell & C. D. Goodheart (Eds.), *Handbook of girls' and women's psychological health.* New York: Oxford University Press.

Bierman, K., & Furman, W. (1984). The effects of social skills training and peer involvement on the social adjustment of preadolescents. *Child Developments, 55*, 151-162.

Bifulco, A., Kwon, J., Jacobs, C., Moran, P. M., Bunn, A., & Beer, N. (2006). Adult attachment style as mediator between childhood neglect/abuse and adult depression and anxiety. *Social Psychiatry and Psychiatric Epidemiology, 41*, 796-805.

Billings, A. G., Cronkite, R. C., & Moos, R. H. (1983). Social-environmental factors in unipolar depression: Comparison of depressed patients and nondepressed controls. *Journal of Abnormal Psychology, 92*, 119-133.

Bjorklund, D. (2005). *Children's thinking* (4th ed.). Belmont, CA: Wadsworth.

Blos, P. (1979). *The adolescent passage.* NY: International Universities Press.

Bogenschneider, K. (1998). What youth need to succeed: The roots of resiliency. In K. Dogen Schneider (Ed.), *Wisconsin family impact seminars briefing report: Building resiliency and reducing risk: What youth need from families and communities to succeed* (pp. 1-16). Madison: University of Wisconsin.

Bohman, M. (1978). Some genetic aspects of alcoholism and criminality: A population of adopters. *Archives of General Psychiatry, 35*, 269-276.

Borden, L. M., Donnermeyer, J. F., & Scheer, S. D. (2001). Extra-curricular activities and peer influence on substance use. *Journal of Adolescent and Family Health, 2*(1), 12-19.

Bowlby, J. (1982). *Attachment and loss: Vol. 1. Attachment.* New York: Basic Books. (Original work published 1969).

Brendgen, M., Vitaro, F, & Bukowski, W. M. (1998). Affiliation with delinquent friends: Contributions of parents, self-esteem, delinquent behavior, and rejection by peers. *Journal of Early Adolescence, 18*(3): 244-265.

Brewster, K. L., Cooksey, E. C., Guilkey, D. K., & Rindfuss, R. R. (1998). The changing impact of religion on the sexual and contraceptive behavior of adolescent women in the United States. *Journal of Marriage and the Family, 60*, 493-504.

Brody, G., Stoneman, Z., & Flor, D. (1996). Parental religiosity, family processes, and youth competence in rural, two-parent African-American families. *Developmental Psychology, 32*, 696-706.

Brody, G., Stoneman, Z., & McCoy, J. (1994). Forecasting sibling relationships in early adolescence from child temperaments and family processes in middle childhood. *Child Development, 65*, 771-784.

Brody, N. (2000). Intelligence. In A. Kazdin (Ed.), *Encyclopedia of psychology.* Washington, DC & New York: American Psychological Association and Oxford University Press.

Brody, N. (2007). Does education influence intelligence? In P. C. Kyllonen, R. D. Roberts, & L. Stankov (Eds.), *Extending intelligence.* Mahwah, NJ: Erlbaum.

Broidy, L. M., Nagin, D. S., Tremblay, R. E., Bates, J. E., Dodge, K. A., Fergusson, D., Horwood, J. L., Loeber, R., Laird, R., Lynam, D. R., Moffitt, T. E., Pettit, G. S., & Vitaro, F. (2003). Developmental trajectories of childhood disruptive behaviors and adolescent delinquency: A six-site, cross-national study. *Developmental Psychology, 39*, 222-245.

Bronfenbrenner, U. (1979). Contexts of child rearing: Problems and prospects. *American Psychologist, 34*, 844-850.

Bronfenbrenner, U. (1995). Developmental ecology through space and time: A future perspective. In P. Moen, G. H., Elder, Jr., & K. Luscher (Eds.), *Examining lives in context: Perspectives on the ecology of human development.* Washington, DC: American Psychological Association.

Bronfenbrenner, U. (2000). Ecological theory. In A. Kazdin (Ed.), *Encyclopedia of psychology.* Washington, DC. & New York: American Psychological Association and Oxford University Press.

Brooks-Gunn, J., & Paikoff, R. (1993). Sex is a gamble, kissing is a game: Adolescent sexuality and health promotion. In S. Millstein, A. Petersen, & E. Nightingale (Eds.), *Promoting the health of adolescents: New directions for the twenty-first century* (pp. 180-208). New York: Oxford University Press.

Brooks-Gunn, J., & Reiter, E. (1990). The role of pubertal processes. In S. Feldman & G. Elliott (Eds.), *At the threshold: The developing adolescent* (pp. 16-23). Cambridge, MA: Harvard University Press.

Brooks-Gunn, J., Graber, J. A., & Paikoff, R. L. (1994). Studying links between hormones and negative affect: Models and measures. *Journal of Research on Adolescence, 4*, 469-486.

Brown, B. (1990). Peer groups. In S. Feldman & G. Elliott (Eds.), *At the threshold: The developing adolescent* (pp. 171-196). Cambridge, MA: Havard University Press.

Bukowski, W. M., Brendgen, M., & Vitaro, F. (2007). Peers and socialization: Effects on externalizaing and internalizing problems. In J. E. Grusec & P. D. Hastings (Eds.), *Handbook of socialization.* New York: Guilford.

Bursuck, W. D., & & Damer, M. (2007). *Reading instruction for students who are at risk or have disabilities.* Boston: Allyn & Bacon.

Campos, J., Frankel, C., & Camaras, L. (2004). On the nature of emotion regulation. *Child Development, 75*, 377-394.

Capaldi, D. M., Crosby, L., & Stoolmiller, M. (1996). Predicting the timing of first sexual intercourse for at-risk adolescent males. *Child Development, 67*, 344-359.

Carlson, D. S., Kaacmar, K. M., Wayne, J. H., & Grzywacz, J. G. (2006). Measuring the positive side the work-family interface: Development and validation of a work-family enrichment scale. *Journal of Vocational Behavior, 68*, 131-164.

Case, R. (2000). Conceptual development. In M. Bennett (Ed.), *Developmental psychology.* Philadelphia: Psychology Press.

Casey, M., Nuttall, R., Pezaris, E., & Benbow, C. (1995). The influence of spatial ability on gender differences in mathematics college entrance test scores across diverse samples. *Developmental Psychology, 31*, 697-705.

Casper, R., & Jabine, L. (1996). An eight-year follow-up: Outcome from adolescent compared to adult onset anorexia nervosa. *Journal of Youth and Adolescence, 25*, 599-617.

Caspi, A. (1998). Personality development across the life course. In W. Damon (Series Ed.) & N. Eisenberg (Vol. Ed.), *Handbook of child psychology: Vol. 3. Social, emotional, and personality development* (5th ed., pp. 311-388). New York: Wiley.

Caspi, A. (2000). The child is father of the man: Personality continuities from childhood to adulthood. *Journal of Personality and Social Psychology, 78*, 158-172.

Caspi, A., & Moffitt, T. (1991). Individual differences and personal transitions: The sample case of girls at puberty. *Journal of Personality and Social Psychology, 61*, 157-168.

Caspi, A., Lynam, D., Moffitt, T., & Silva, P. (1993). Unraveling girls' delinquency: Biological, dispositional, and contextural contributions to adolescent misbehavior. *Developmental Psychology, 29*, 19-30.

Casteel, M. (1993). Effects of inference necessity and reading goal on children's inferential generation. *Developmental Psychology, 29*, 346-357.

Cauffman, E., & Steinberg, L. (2000). (Im)maturity of judgment in adolescence: Why adolescents may be less culpable than adults. *Behavioral Sciences and the Law, 18*, 741-760.

Cavell, T. A., Hymel, S., Malcolm, K. T., & Seay, A. (2007). Socialization and interventions for antisocial youth. In J. E. Grusec & P. D. Hastings (Eds.), *Handbook of socialization.* New York: Guilford.

Ceci, S. J., & Gilstrap, L. L. (2000). Determinants of intelligence: Schooling and intelligence. In A. Kazdin (Ed.), *Encyclopedia of Psychology.* Washington, DC & New York: American Psychological Association and Oxford University Press.

Centers for Disease Control and Prevention. (2003). Births: Final data for 2002. *National Vital Statistics Reports, 52*, No. 10, 1-5.

Centerwall, B. S. (1992). Television and violence: The scale of the problem and where to go from here. *Journal of the American Medical Association, 267*(22), 3059-3063.

Cervero, A., Dominquez, F., Horcajadas, J. A., Quiinonero, A., Pellicer, A., & Simon, C. (2006). The role of leptin in reproduction. *Current Opinions in Obstetrics and Gynecology, 18*, 297-303.

Chalmers, D., & Lawrence, J. (1993). Investigating the effects of planning aids on adults' and adolescents' organization of complex task. *International Journal of Behavioural Development, 16*, 191-214.

Chase-Lansdale, P. L., Cherlin, A. J., & Kierman, K. E. (1995). The long-term effects of parental divorce on the mental health of young adults: A developmental perspective. *Child Development, 66*, 1614-1634.

Chassin, L., Curran, P., Hussong, A., & Colder, C. (1996). The relation of parent alcoholism to adolescent substance use: A longitudinal follow-up study. *Journal of Abnormal Psychology, 105*, 70-80.

Chassin, L., Pillow, D., Curran, P., Molina, B., & Barrera, M., Jr. (1993). Relation of parental alcoholism to early adolescent substance use: A test of three mediating mechanisms. *Journal of Abnormal Psychology, 102*, 3-19.

Chess, S., & Thomas, A. (1999). *Goodness of fit: Clinical application from infancy through adult life.* Philadelphia: Bruner/Mazel.

Clancy, S., & Dollinger, S. (1993). Identity, self, and personality, I: Identity status and the five-factor model of personality. *Journal of Research on Adolescence, 3*, 227-246.

Clarke-Stewart, A. (2006). What have we learned: Proof that families matter, policies for families and children, prospects for future research. In A. Clarke-Stewart & J. Dunn (Eds.). *Families count.* New York: Cambridge University Press.

Cohen, A. K. (1955). *Delinquent boys: The culture of the gang.* NY: Free Press.

Cohn, L. D. (1991). Sex differences in the course of personality development: A meta-analysis. *Psychological Bulletin, 109*, 252-266.

Colby, A., & Kohlberg, L. (1984). Invariant sequence and internal consistency in moral judgment states. In W. M. Kurtines & J. L., Gewirtz (Eds.), *Morality, moral behavior and moral development* (pp. 41-51). NY: Wiley.

Colby, A., Kohlberg, L., Gibbs, J., & Lieberman, M. (1983). A longitudinal study of moral judgement. *Monographs of the Society for Research in Child Development, 48.*

Cole, C. L. (1984). Marital quality in later life. In W. H. Quinn & G. A. Hughston (Eds.), *Independent aging: Family and social systems perspectives.* Rockville, MD: Aspen.

Coleman, J. C. (1978). Current contradictions in adolescent theory. *Journal of Youth and Adolescence, 7*, 1-11.

Collins, W. A., & Steinberg, L. (2006). Adolescent development in interpersonal context. In W. Damon & R. Lerner (Eds.), *Handbook of child psychology* (6th ed.). New York: Wiley.

Collins, W. A., Laursen, B., Mortensen, N., Luebker, C., & Ferreira, M. (1997). Conflict processes and transitions in parent and peer relationships: Implications for autonomy and regulation. *Journal of Adolescent Research, 12*, 178-198.

Comstock, G., & Scharrer, E. (2006). Media and popular culture. In K. A. Renninger & I. E. Sigel (Eds.), *Handbook of child psychology: Vol. 4. Child Psychology in practice* (6th ed., pp. 817-863). Hoboken, NJ: Wiley.

Conger, K., Conger, R., & Elder, G., Jr. (1994). Sibling relationships during hard times. In R. Conger & G. Elder, Jr. (Eds.), *Families in troubled times: Adapting to change in rural America* (pp. 235-252). New York: Aldine de Gruyter.

Conger, K. J., Conger, R. D., & Scaramella, L. V. (1997). Parents, siblings, psychogical control, and adolescent adjustment. *Journal of Adolescent Research, 12*(1), 113-138.

Conger, R. D., & Rueter, M. A. (1996). Siblings, parents, and peers: A longitudinal study of social influences in adolescent risk for alcohol use and abuse. In G. Brody (Ed.), *Sibling relationships: Their causes and consequences* (pp. 1-30). Norwood, NJ: Ablex.

Conger, R., Conger, K., Elder, G., Jr., Lorenz, F., Simons, R., & Whitbeck, L. (1993). Family economic stress and adjustment of early adolescent girls. *Developmental Psychology, 29*, 206-219.

Contreras, J. M., Kerns, L. A., Weimer, B. L., Gentzler, A. L., & Tomich, P. L. (2000). Emotion regulation as a mediator of associations between mother-child attachment and peer relationships in middle childhood. *Journal of Family Psychology, 14*, 111-124.

Cooper, C. R., Grotevant, H. D., & Condon, S. M. (1983).

Individuality and connectedness in the family as a context for adolescent identity formation and role-taking skill. In H. D. Grotevant & C. R. Copper (Eds.), *Adolescent development in the family* (New Directions in Child Development, No. 22). San Francisco: Jossey Bass.

Costa, F. M., Jessor, R., Donovan, J. E., & Fortenberry, J. D. (1995). Early initiation of sexual intercourse: The influence of psychosocial unconventionality. *Journal of Research on Adolescence, 5*(1), 93-121.

Costa, P. T., Jr., & McCrae, R. R. (1994). Stability and change in personality from adolescence through adulthood. In C. F. Halverson, Jr., G. A. Kohnstamm, & R. P. Martin (Eds.), *The developing structure of temperament and personality from infancy to adulthood.* Hillsdale, NJ: Erlbaum.

Cote, J. E. (2006). Emerging adulthood as an institutionalized moratorium: Risks and benefits to identity formation. In J. J. Arnett & J. L. Tanner (Eds.), *Emerging adults in America.* Washington, DC: American Psychological Association.

Cowan, P. A. (1991). Individual and family life transitions: A proposal for a new definition. In P. A. Cowan, & M. Hetherington (Eds.), *Family transitions* (pp. 3-30). Hillsdale, NJ: Erlbaum.

Cox, B. J., Enns, M. W., & Calara, I. P. (2004). Psychological dimensions associated with suicidal ideation and attempts in the National Comorbidity Study. *Suicide and Life-Threatening Behavior, 34,* 209-219.

Crick, N. (1996). The role of overt aggression, relational aggression, and prosocial behavior in the prediction of children' s future social adjustment. *Child Development, 67,* 2317-2327.

Crick, N., & Dodge, K. (1996). Social information-processing mechanisms in reactive and proactive aggression. *Child Development, 67,* 993-1002.

Crouter, A. C., Bumpus, M. F., Head, M. R., & McHale, S. M. (2001). Implications of overwork and overload for the quality of men' s family relationships. *Journal of Marriage and Family, 63,* 404-416.

Crouter, A. C., Manke, B. A., & McHale, S. M. (1995). The family context of gender intensification in early adolescence. *Child Development, 66,* 317-329.

Cummings, E., Ballard, M., El-Sheikh, M., & Lake, M. (1991). Resolution and children' s responses to interadult anger. *Developmental Psychology, 27,* 462-470.

Dahlberg, L. L., & Potter, L. B. (2001). Youth violence: Developmental pathways and prevention challenges. *American Journal of Preventive Medicine, 20*(1S), 3-14.

Dann, T. C., & Roberts, D. F. (1993). Menarcheal age in University of Warwick young women. *Journal of Biosocial Science; 25*: 531.

Davies, S. L., DeClemente, R. J., Wingood, G. M., Person, S. D., Dix, E. S., Harrington, K., Crosby, R. A., & Oh, K. (2006). Predictors of inconsistent contraceptive use among adolescent girls: Findings from a prospective study. *Journal of Adolescent Health, 39,* 43-49.

Davis, K. (1960). The sociology of parent-youth conflict. *American Sociological Review, 5,* 523-525.

de Anda, D., Baroni, S., Buchwald, L. Morgan, J., Ow, J., Gold, J. S., & Weiss, R. (2000). Stress, stressors and coping among high school students. *Children and Youth Services Review, 22*(6), 441-463.

Demorest, A., Meyer, C., Phleps, E., Gardner, H., & Winner, E. (1984). Words speak louder than actions: Understanding deliberately false remarks. *Child Development, 55,* 1527-1534.

Deutsch, K. W. (1980). *Politics and government: How people decide their fate.* Boston: Houghton Mifflin.

Dinges, M. M., & Oetting, E. R. (1993). Similarity in drug use patterns between adolescents and their friends. *Adolescence,* 253-266.

Dishion, T. J., Andrews, D. W., & Crosby, L. (1995). Antisocial boys and their friends in early adolescence: Relationship characteristics, quality, and interactional process. *Child Development, 66*(1), 139-151.

Dodge, K. A., Coie, J. D., & Lynam, D. R. (2006). Aggression and antisocial behavior in youth. In W. Damon & R. Lerner (Eds.), *Handbook of child psychology* (6th ed.). New York: Wiley.

Dodge, K. A., Dishion, T. J., & Lansford, J. E. (Eds.). (2007). *Deviant peer influences in programs for youth.* New York: Guilford.

Dodge, K. A., Malone, P. S., Lansford, J. E., Miller-Johnson, S., Pettit, G. S., & Bates, J. E. (2006). Toward a dynamic developmental model of the role of parents and peer in early onset substance abuse. In A. Clarke-Stewart & J. Dunn (Eds.), *Families count.* New York: Cambridge University Press.

Donnellan, M. B., Trzesniewski, K. H., & Robins, R. W.

(2006). Personality and self-esteem development in adolescence. In D. K. Mroczek & T. D. Little (Eds.), *Handbook of Personality Development.* Mahwah, NJ: Erlbaum.

Donnellan, M. B., Trzesniewski, K. H., Robins, R. W., Moffitt, T. E., & Caspi, A. (2005). Low self-esteem is related to aggression, antisocial behavior, and delinquency. *Psychological Science, 16,* 328-335.

Donovan, J., & Jessor, R. (1985). Structure of problem behavior in adolescence and young adulthood. *Journal of Consulting and Clinical Psychology, 53,* 890-904.

Dorn, L. D., Dahl, R. E., Woodward, H. R., & Biro, F. (2006). Defining the boundaries of early adolescence: A user' s guide to assessing pubertal status and pubertal timing in research with adolescents. *Applied Developmental Science, 10,* 30-56.

Dreyer, P. H. (1982). Sexuality during adolescence. In B. B. Wolman (Ed.), *Handbook of developmental psychology.* Englewood Cliffs, NJ: Prentice-Hall.

Drumm, P., & Jackson, D. (1996). Developmental changes in questioning strategies during adolescence. *Journal of Adolescent Research, 11,* 285-305.

Dryfoos, J. G. (1990). *Adolescents at risk: Prevalence and prevention.* New York: Oxford University Press.

Dubas, J., Graber, J., & Petersen, A. (1991). A longitudinal investigation of adolescents' s changing perceptions of pubertal timing. *Developmental Psychology, 27,* 580-586.

DuBois, D., Felner, R., Sherman, M., & Bull, C. (1994). Socioenvironmental experiences, self-esteem, and emotional/behavioral problems in early adolescence. *American Journal of Community Psychology, 22,* 371-397.

Dumont, M., & Provost, M. A. (1999). Resilience in adolescents: Protective role of social support, coping strategies, self-esteem, and social activities on experience of stress and depression. *Journal of Youth and adolescence, Vol. 28,* No. 3, 343-363.

Dunger, D. B., Ahmed, M. L., & Ong, K. K. (2006). Early and late weight gains and the timing of puberty. *Molecular and Cellular Endocrinology, 254-255,* 140-145.

Dunn, J., Slomkowski, C., & Beardsall, L. (1994). Sibling relationships from the preschool period through middle childhood and early adolescence. *Developmental Psychology, 30,* 315-324.

Dunphy, D. C. (1963). The social structure of urban adolescent peer groups. *Sociometry, 14,* 227-236.

DuRant, R. H., Getts, A. G., Cadenhead, C., & Woods, E. R. (1995). The association between weapon-carrying and the use of violence among adolescents living in or around public housing. *Journal of Adolescence, 18*(5), 579-592.

Dusek, J. B., & McIntyre, J. G. (2003). Self-concept and self-esteem development. In G. Adams & M. Berzonsky (Eds.), *Blackwell handbook of adolescence.* Malden, MA: Blackwell.

Duvall, E., & Miller, B. (1985). *Marriage and family development* (6th). NY: Harper & Row.

East, P., & Rook, K. (1992). Compensatory patterns of support among children' s peer relationships: A test using school friends, nonschool friends, and siblings. *Developmental Psychology, 28,* 163-172.

Eastern, D., & Dennis, J. (1969). *Children in the political systems.* Chicago, McGraw-Hill.

Eccles, J. S., Early, D., Frasier, K., Belansky, E., & McCarthy, K. (1997). The relation of connection, regulation, and support for autonomy to adolescents' functioning. *Journal of Adolescent Research, 12,* 263-286.

Eisenberg, N., & Fabes, R. A. (1998). Prosocial development. In N. Eisenberg & W. Damon (Eds.), *Handbook of child psychology: Vol. 3. Social, emotional, and personality development* (5th ed., pp. 1097-1149). New York: Wiley.

Eisenberg, N., & Morris, A. (2004). Moral cognitions and prosocial responding in adolescence. In R. Lerner & L. Steinberg (Eds.), *Handbook of adolescent psychology.* New York: Wiley.

Eisenberg, N., & Valiente, C. (2002). Parenting and children' s prosocial and moral development. In M. H. Bornstein (Ed.), *Handbook of Parenting* (2nd ed.). Mahwah, NJ: Erlbaum.

Eisenberg, N., Carlo, G., Murphy, B., & Van Court, P. (1995). Prosocial development in late adolescence: A longitudinal study. *Chid Development, 66,* 1179-1197.

Eisinga, R., Felling, A., & Peters, J. (1990). Religious belief, church involvement, and ethnocentrism in the Netherland. *Journal for the Scientific Study of Religion, 29.*

Eley, T., Liang, H., & Plomin, R. (2004). Parental familial vulnerability, family environment, and their interactions as predictors of depressive symptoms in adolescents. *Child & Adolescent Social Work Journal, 21*, 298-306.

Elkind, D. (1967). Egocentrism in adolescence. *Child Development, 38*, 1025-1034.

Erikson, E. H. (1968). *Identity: Youth and crisis*. NY: Norton.

Fabes, R. A., & Eisenberg, N. (1996). *An examination of age and sex differences in prosocial behavior and empathy*. Unpublished data. Arizona State University.

Farrington, D. P. (1998). Predictor, causes, and correlates of male youth violence. In M. Tonry & M. H. Moore (Eds.), *Youth violence, crime, and justice* (Vol. 24; pp. 421-475). Chicago, IL: University of Chicago Press.

Feiring, C. (1996). Concepts of romance in 15-year-old adolescents. *Journal of Research on Adolescence, 6*(2), 181-200.

Felner, R., Brand, S., DuBois, D., Adan, A., Mulhall, P., & Evans, E. (1995). Sociecoomic disadvantage, proximal environmental experiences, and socio-emotional and academic adjustment in early adolescence: Investigation of mediated effects model. *Child Development, 66*, 774-792.

Fine, M. A., & Kurdek, L. A. (1992). The adjustment of adolescents in stepfather and stepmother families. *Journal of Marriage and the Family, 54*, 725-736.

Fingerman, K. L. (2006). Socail relations. In J. E. Birren & K. W. Schaie (Eds.), *Handbook of the psychology of aging* (6th ed.). San Diego: Academic Press.

Fischoff, B., & Quadrel, M. (1995). Adolescent alcohol decisions. In G. Boyd, J. Howard, & R. Zucker (Eds.), *Alcohol problems among adolescents: Current directions in prevention research* (pp. 59-84). Hillsdale, NJ: Erlbaum.

Fisher, C. B., & Johnson, B. L. (1990). Getting mad at mom and dad: Children' s changing views of family conflict. *International Journal of Behavioral Development, 13*, 31-48.

Fishkin, J., Keniston, K., & Mackinnon, C. (1973). Moral reasoning and political ideology. *Journal of Personality and Social Psychology, 27*(1), 109-119.

Fitch, S. A., & Adams, G. R. (1983). Ego-identity and intimacy status: Replication and extension. *Developmental Psychology, 19*, 839-845.

Flanagan, C. (1990). Change on family work status: Effects on parent-adolescent decision making. *Child Development, 61*, 163-177.

Flanagan, C., & Galay, L. (1995). Reframing the meaning of 'political' in research with adolescents. *Perspectives on Political Science, 24*, 34-41.

Flannery, D., Wester, K. L., & Singer, M. I. (2004). Impact of exposure to violence in school on child and adolescent mental health and behavior. *Journal of Community Psychology, 32*(5), 559-673.

Flavell, J. H., Miller, P. H., & Miller, S. A. (2002). *Cognitive development* (4th ed.). Upper Saddle River, NJ: Prentice Hall.

Fletcher, A. C., Steinberg, L., & Williams-Wheeler, M. (2004). Parental influences on adolescent problem behavior: Revisiting Stattin and Kerr. *Child Development, 75*, 781-796.

Ford, D. H., & Lerner, R. M. (1992). *Developmental stystems theory: An integrated approach*. Newbury Park, CA: Sage.

Fowler, J. W. (1996). *Faithful change*. Nashville, TN: Abingdon Press.

Fowler, J. W., & Dell, M. L. (2006). Stages of faith from infancy through adolescence: Reflections on three decades of faith development theory. In E. C. Roehlkepartain, P. E. King, & L. M. Wegener (Eds.), *The handbook of spiritual development in childhood and adolescence*. Thousand Oaks, CA: Sage.

Frish, R. E., & Revelle, R. (1970). Height and weight at menarche and a hypothesis of critical body weights and adolescent events. *Science, 169*, 397-399.

Fujii, K., & Demura, S. (2003). Relationship between change in BMI with age and delayed menarche in female athletes. *Journal of Physiological Anthropology and Applied Human Science, 22*, 97-104.

Fulton, A. (1997). Identity status, religious orientation, and prejudice. *Journal of Youth and Adolescence, 26*, 1-11.

Furman, D., & Buhrmester, D. (1992). Age and sex differences in perceptions of networks of person relationships. *Child Development, 63*, 103-115.

Furman, W., & Buhrmester, D. (1985). Children' s perceptions of the personal relationships in their social networks. *Developmental Psychology, 21*, 1016-1024.

Galambos, N. L., & Costigan, C. L. (2003). Emotional and personality development in adolescence. In I. B. Weiner (Ed.), *Handbook of psychology* (Vol. 6). New York: Wiley.

Galambos, N. L., & Maggs, J. L. (1990). Putting mothers' work-related stress in perspective: Mothers and adolescents in dual-earner families. *Journal of Early Adolescence, 10*(3), 313-328.

Galambos, N. L., & Turner, P. K. (1999). Parent and adolescent temperaments and the quality of parent-adolescent relations. *Merrill-Palmer Quarterly, 45*, 493-511.

Galambos, N. L., Kolaric, G. C., Sears, H. A., & Maggs, J. L. (1999). Adolescents' subjective age: An indicator of perceived maturity. *Journal of Research on Adolescence, 9*(3), 309-337.

Galambos, N., Leadbeater, B., & Barker, E. (2004). Gender differences in and risk factors for depression in adolescence: A 4-year longitudinal study. *International Journal of Behavioral Development, 28*, 16-25.

Galambos, N., Sears, H., Almeida, D., & Kolaric, G. (1995). Parents' work overload and problem behavior in young adolescents. *Journal of Research on Adolescence, 5*, 201-223.

Gans, J. (1990). *America's adolescents: How healthy are they?* Chicago: American Medical Association.

Garbarino, J., & Kostelny, K. (1996). The effects of political violence on Palestinian children's behavior problems: A risk accumulation model. *Child Development, 67*, 33-45.

Garber, J., Robinson, N. S., & Valentiner, D. (1997). The relation between parenting and adolescent depression: Self-worth as a mediator. *Journal of Adolescent Research, 12*, 12-33.

Gardner, H. (2002). The pursuit of excellence through education. In M. Ferrari (Ed.), *Learning from extraordinary minds.* Mahwah, NJ: Erlbaum.

Garmezy, N. (1993). Vulnerability and resilience. In D. C. Funder, R. D. Parke, C. Tomlinson-Keesey, & K. Widaman (Eds.), *Studying lives through time: Approaches to personality and development* (pp. 377-398). Washington, DC: American Psychological Association.

Gates, J. L. (2001). *Women's career choices in math and science-related fields.* Paper presented at the meeting of the Society for Research in Child Development, Minneapolis.

Gauze, C., Bukowski, W. M., Aquan-Assee, J., & Sippola, L. K. (1996). Interactions between family environment and friendship and associations with self-perceived well-being during early adolescence. *Child Development, 67*, 2201-2216.

Gfellner, B. M. (1986). Ego development and moral development in relation to age and grade level during adolescence. *Journal of Youth and Adolescence, 15*, 147-146.

Gianakos, I. (1995). The relation of sex role identity to career decision-making self-efficacy. *Journal of Vocational Behavior, 46*, 131-143.

Giedd, J. N. (2004). Structural magnetic resonance imaging of the adolescent brain. *Annals of the New York Academy of Sciences, 1021*, 77-85.

Giedd, J. N., & others. (2006). Puberty-related influences on brain development. *Molecular and Cellular, Endocrinology, 25*, 154-162.

Gilligan, C. (1979). Woman's place in man's life cycle. *Havard Educational Review, 49*, 431-446.

Gilligan, C. (1982). *In a different voice: Psychological theory and woman's development.* Cambridge, MA: Havard University Press.

Gilligan, C., Lyons, N., & Hanmer, T. (Eds.). (1990). *Making connections: The relational worlds of adolescent girls at Emma Willard School.* Cambridge, MA: Harvard University Press.

Gilsanz, V., Roe, T., Mora, S., Costin, G., & Goodman, W. (1991). Changes in vertebral bone density in Black girls and White girls during childhood and puberty. *New England Journal of Medicine, 325*, 1597-1600.

Ginzberg, E. (1972). Toward a theory of occupational choice: A restatement. *Vocational Guidance Quarterly, 20*, 169-176.

Glenn, C. M., Jr. (1997). *The chilld's experience of video play.* Ma: The University of Texas Austin.

Goldberg(1996). *Internet addiction electronic message posted to research discussion list.* http://www.rider.edu/users/psycyber/supportgp.html에서 발췌.

Golombok, S., & Tasker, F. (1996). Do parents influence the sexual orientation of their children? Findings from a longitudinal study of lesbian families. *Developmental Psychology, 32*, 3-11.

Goossens, L. (2006). *Parenting, identity, and adjustment in adolescence.* Paper presented at the meeting of the Society for Research on Adolescence, San Francisco.

Graber, J. A. (2004). Internalizing problems during adolescence. In R. Lerner & L. Steinberg (Eds.), *Handbook of adolescent psychology.* New York: Wiley.

Graber, J. A., Brooks-Gunn, J., & Warren, M. P. (2006). Pubertal effects on adjustment in girls: Moving from demonstrating effects to identifying pathways. *Journal of Youth and Adolescence, 35*, 391-401.

Graham, E. A. (2005). Economic, racial, and cultural influences on the growth and maturation of children. *Pediatrics in Review, 26*, 290-294.

Greenberger, E., & McLaughlin, C. S. (1998). Attachment, coping and explanatory style in late adolescence. *Journal of Youth and Adolescence, Vol. 27*, No. 2, 121-139.

Greenfield, P. M. (1984). *Mind and media: The effects of television, video games, and computers.* Cambridge, Ma: Harvard University.

Greenstein, F. I. (1965). Personality and political socialization: The theories of authorization and democratic character, *Annals, 351*, 81-95.

Griffin, G. A. E., Gorsuch, R. L., & Davis, A. (1998). A cross-cultural investigation of religious orientation, social norms, and prejudice. *Journal for the Scientific Study of Religion, 26.*

Grotevant, H. (1998). Adolescent development in family contexts. In W. Damon & N. Eisenberg (Eds.), *Handbook of child psychology: Vol. 3 Social, emotional, and personality development* (pp. 1097-1149). New York: Wiley.

Grusec, J. E., & Davidov, M. (2007). Socialization in the family: The roles of parents. In J. E. Grusec & P. D. Hastings (Eds.), *Handbook of socialization.* New York: Guilford.

Guerin, D. W., Gottfried, A. W., Oliver, P. H., & Thomas, C. W. (2003). *Temperament: Infancy through adolescence.* New York: Kluwet.

Guilford, J. P. (1967). *The nature of human intelligence.* NY: McGraw-Hill.

Halford, G. S. (2004). Information-processing models of cognitive development. In V. Goswami (Ed.), *Blackwell handbook of childhood cognitive development.* Malden, MA: Blackwell.

Halpern, C., Udry, J., & Suchindran, C. (1996). *Monthly measures of salivary testosterone predict sexual activity in adolescent males.* Paper presented at the biennial meetings of the Society for Research on Adolescence, Boston.

Halpern-Felsher, B. L., & Cauffman, E. (2001). Costs and benefits of a decision: Decision-making competence in adolescents and adults. *Applied Developmental Psychology, 22*, 257-273.

Hamburg, D. A. (1992). *Today' s children: Creating a future for a generation in crisis.* NY: Times Books.

Haney, P., & Durlak, J. A. (1998). Changing self-esteem in children and adolescents: A meta-analytic review. *Journal of Clinical Child Psychology, 27*, 423-433.

Hankin, B. L., Abramson, L. Y., Moffitt, T. E., Silva, P. A., McGee, R., & Angell, K. E. (1998). Development of depression from preadolescence to young adulthood: Emerging gender differences in a 10-year longitudinal study. *Journal of Abnormal Psychology, 107*, 128-140.

Hansberger, B. (1995). Religion and prejudice: The role of religious fundamentalism, quest, and right-wing authoritarianism. *Journal of Social Issues, 51*, 27-35.

Hargrove, B. K., Creagh, M. G., & Burgess, B. L. (2003). Family interaction patterns as predictors of vocational identity and career decision-making self-efficacy. *Journal of Vocational Behavior, 61*, 185-201.

Harper, C. C., & McLanahan, S. S. (2004). Father absence and youth incarceration. *Journal of Research on Adolescence, 14*, 369-397.

Harris, J. R. (1998). *The nurture assumption: Why children turn out the way they do.* New York: Free Press.

Hart, D., Atkins, R., & Donnelly, T. M. (2006). Community service and moral development. In M. Killen & J. Smetana (Eds.), *Handbook of moral development.* Mahwah, NJ: Erlbaum.

Hart, D., Fegley, S., & Brengelman, D. (1993). Perceptions of past, present, and future selves among children and adolescents. *British Journal of Developmental Psychology, 11*, 265-282.

Hart, D., Hoffman, V., Edelstein, W., & Keller, M. (1997).

The relation of childhood personality types to adolescent behavior and development: A longitudinal study of Icelandic children. *Developmental Psychology, Vol. 33*, No. 2, 195-205.

Harter, S. (1989). *Self-perception profile for adolescents.* Denver: University of Denver, Department of Psychology.

Harter, S. (1990). Processes underlying adolescent self-concept formation. In R. Montemayor, G. R. Adams, & T. P. Gullotta (Eds.), *From childhood to adolescence: A transitional period?* Newbury Park, CA: Sage.

Harter, S. (1990). Self and identity development. In S. S. Feldman & G. R. Elliott (Eds.), *At the threshold: The developing adolescent.* Cambridge, MA: Harvard University Press.

Harter, S. (1999). *The construction of the self.* New York: Guilford.

Harter, S. (2002). *Unpublished review of J. W. Santrock' s child development*, 10th ed. (New York: McGraw-Hill).

Harter, S. (2006). The development of self-representations in childhood and adolescence. In W. Damon & R. Lerner (Eds.), *Handbook of child psychology* (6th ed.). New York: Wiley.

Harter, S., Waters, P., & Whitesell, N. (1996). *False self behavior and lack of voice among adolescent males and females.* Paper presented at the meeting of the Society for Research on Adolescence, Boston.

Hartup, W. W. (1996). The company they keep: Friendships and their developmental significance. *Child Development, 67*, 1-13.

Hartup, W. W., & Overhauser, S. M. (1991). Friendships. In R. M. Lerner, A. C. Petersen, & J. Brooks-Gunn (Eds.), *Encyclopedia of adolescence* (Vol. 1, pp. 378-384). New York: Garland.

Harvey, S. M., & Spigner, C. (1995). Factors associated with sexual behavior among adolescents: A multivariate analysis. *Adolescence, 30*(118), 253-264.

Hauser, S. T., Borman, E. H., Jacobson, A. M., Powers, S. I., & Noam, G. G. (1991). Understanding family contexts of adolescent coping: A study of parental ego development and adolescent coping strategies. *Journal of Early Adolescence, 11*, 96-124.

Havighurst, R. (1952). *Developmental tasks and education.* NY: Longmans, Green.

Hawkins, J. D., Guo, J., Hill, K., Battin-Pearson, S., & Abbott, R. (2001). Long term effects of the Seattle social development intervention on school bonding trajectories. In J. Maggs & J. Schulenberg (Eds.), *Applied Developmental Sciences Special Issue: Prevention or Altering the Course of Development, 5*, 225-236.

Hawkins, J. D., Herrenkohl, T. I., Farrington, D. P., Brewer, D., Catalano, R. F., Harachi, T. W., & Cothern, L. (2000). *Predictors of youth violence.* Washington, DC: Office of Juvenile Justice and Delinquency Prevention.

Helwig, C. (1995). Adolescents' and young adults' conceptions of civil liberties: Freedom of speech and religion. *Child Development, 66*, 152-166.

Hendrick, S., & Hendrick, C. (1994). *Gender, sexuality, and close relationships.* Paper presented at the biennial meetings of the Society for Research on Adolescence, San Diego.

Henry, B., Feehan, M., McGee, R., Stanton, W., Moffitt, T., & Silva, P. (1993). The importance of conduct problems and depressive symptoms in predicting adolescent substance use. *Journal of Abnormal Child Psychology, 21*, 469-480.

Herrenkohl, T. I., Maguin, E., Hill, K. G., Hawkins, J. D., & Abbott, R. D. (2001). Developmental risk factors for youth violence. *Journal of Adolescent Health, 26*, 176-186.

Hershberger, S. D., & D' Augelli, A. (1995). The impact of victimization on the mental health and suicidality of lesbian, gay, and bisexual youths. *Developmental Psychology, 31*, 65-74.

Hetherington, E. M. (2006). The influence of conflict, marital problem solving, and parenting on children' s adjustment in nondivorced, divorced, and remarried families. In A. Clarke-Stewart & J. Dunn (Eds.), *Families count.* New York: Cambridge University Press.

Higgins, A., Power, C., & Kohlberg, L. (1983). *Moral atmosphere and moral judgment.* Paper presented at the biennial meeting of the Society for Research in Child Development, Detroit.

Hill, J., & Lynch, M. (1983). The intensification of gender-related role expectations during early adolescence. In J. Brooks-Gunn & A. Petersen (Eds.), *Female puberty.* New York: Plenum.

Hill, J., & Palmquist, W. (1978). Social cognition and

social relations in early adolescence. *International Journal of Behavioral Development, 1*, 1-36.

Himelein, M. J., Vogel, R. E., & Wachowiak, D. G. (1994). Nonconsensual sexual experiences in precollege women: Prevalence and risk factors. *Journal of Counseling and Development, 72*(4), 411-423.

Hinden, B., Compas, B., Howell, D., & Achenbach, T. (1997). Covariation of the anxious-depressed syndrome during adolescence: Separating fact from artifact. *Journal of Consulting and Clinical Psychology, 65*, 6-14.

Hingson, R. W., Heeren, T., & Winter, M. R. (2006). Age at drinking onset and alcohol dependence: Age at onset, duration, and severity. *Archives of Pediatric and Adolescent Medicine, 160*, 739-746.

Hodges, E. V. E., Malone, M. J., & Perry, D. G. (1997). Individual risk and social risk as interacting determinants of victimization in the peer group. *Developmental Psychology, 33*(6), 1032-1039.

Hoffman, L. W. (1979). Maternal employment: 1979. *American Psychologist, 34*(10), 859-865.

Holland, J. (1985). *Making vocational choice: A theory of careers.* (2nd ed.). Englewood Cliffs, NJ: Prentice-Hall.

Hollon, S. D. (2006). Cognitive therapy in the treatment and prevention of depression. In T. E. Joiner, J. S. Brown, & J. Kistner (Eds.), *The interpersonal cognitive, and social nature of depression.* Mahwah, NJ: Erlbaum.

Horner, M. (1969). Fail: Bright woman. *Psychology Today*, pp. 36, 38, 62.

Hurlock, E. (1975). *Developmental Psychology* (4th ed.). NY: McGraw-Hill.

Hurrelmann, K. (Ed.) (1994). *International handbook of adolescence.* Westport Conn: Greenwood Press.

Huttenlocher, P. R., & Dabholkar, A. S. (1997). Regional differences in synaptogenesis in human cerebral cortex. *Journal of Comparative Neurology, 17*(2), 167-178.

Hyde, J. S. (2005). The gender similarities hypothesis. *American Psychologist, 60*(6), 581-592.

Hyde, J. S. (2007). *Half the human experience* (7th ed.). Boston: Houghton Mifflin.

Iannotti, R. J., Bush, P. J., & Weinfurt, K. P. (1996). Perceptions of friends' use of alcohol, cigarettes, and marijuana among urban schoolchildren: A longitudinal analysis. *Addictive Behaviors, 21*, 615-632.

Jacklin, C. (1989). Female and male: Issues of gender. *American Psychologist, 44*, 127-133.

Jacobi, L., & Cash, T. F. (1994). In pursuit of the perfect appearance: Discrepancies among self-ideal percepts of multiple physical attributes. *Journal of Applied Social Psychology, 24*(5), 379-396.

Jacobsen, R., Rise, J, Aas, H., & Anderssen, N. (1997). Noncoital sexual interactions and problem behavior among young adolescents: The Norwegian Longitudinal Health Behavior Study. *Journal of Adolescence, 20*, 71-83.

Jaffe, P. G., Sudermann, M., & Reitzel, D. (1992). Working with children and adolescents to end the cycle of violence: A social learning approach to intervention and prevention programs. In R. DeV. Peters, R. J. McMahon, & V. L. Quinsey (Eds.), *Aggression and violence through the life span* (pp. 83-99). Newbury Park, CA: Sage.

Jang, S. J., & Thornberry, T. P. (1997). Self-esteem, delinquent-peers, and delinquency: A test of the self-enhancement. *American Sociological Review* (63): 586-598.

Jarvinen, D., & Nicholls, J. (1996). Adolescents' social goals, beliefs about the causes of social success, and satisfaction in peer relations. *Developmental Psychology, 32*, 435-441.

Jemmott, J. B., III, & Jemmott, L. S. (1993). Alcohol and drug use during sexul activity. Predictiong the HIV-risk-related behaviors of inner-city black male adolescents. *Journal of Adolescent Research, 8*, 41-57.

Jessor, R., & Jessor, S. (1977). *Problem behavior and psychosocial development: A longitudinal study of youth.* New York: Academic Press.

Jessor, R., Bos, J. van den, Vanderryn, J., Costa, F. M., & Turbin, M. S. (1995). Protective factors in adolescent problem behavior: Moderator effects and developmental change. *Developmental Psychology, 31*, 923-933.

John, O. P., Caspi, A., Robins, S. W., Moffitt, T. E., & Stouthamer-Loeber, M. (1994). The "little five": Exploring theomological network of the five-factor model of personality in adolescent boys. *Child Development, 65*, 160-178.

Johnson, L. D., O' Malley, P. M., & Bachman, J. G.

(2001). *Monitoring the future national survey results on drug use, 1975-2000: Vol. 1 Secondary school students* (NIH Publication No. 01-4924, pp. 1-226). Bethesda, MD: National Institute on Drug Abuse.

Juckerman, M. (1983). Sensation seeking: The initial motive for drug abuse. In E. Gottheil, K. A. Druley, T. E. Skoloda, & H. M. Waxman (Eds.), *Etiological aspects of alcohol and drug abuse* (pp. 202-220). Springfield, IL: Charles C. Thomas.

Jurich, A., & Jurich, J. (1974). The effect of cognitive moral development upon the selection of premarital sexual standards. *Journal of Marriage and the Family, 36*(4), 736-741.

Jussim, L., & Eccles, J. (1992). Teacher expectations II: Construction and reflection of student achievement. *Journal of Personality and Social Psychology, 63*, 947-961.

Kacerguis, M. A., & Adams, G. R. (1980). Erikson stage resolution: The relationship between identity and intimacy. *Journal of Youth and Adolescence, 9*, 117-126.

Kail, R. (2000). Speed of information processing: Developmental change and links to intelligence. *Journal of School Psychology, 38*, 51-62.

Kail, R. V., & Miller, C. A. (2006). Developmental change in processing speed: Domain specificity and stability during childhood and adolescence. *Journal of Cognition and Development, 7*, 119-137.

Kandel, D. B., & Wu, P. (1995). The contributions of mothers and fathers to the intergenerational transmission of cigarette smoking in adolescents. *Journal of Research on Adolescence, 5*, 225-252.

Kandel, D., Raveis, V., & Davies, M. (1991). Suicidal ideation in adolescence: Depression, substance abuse, and other risk factors. *Journal of Youth and Adolescence, 20*, 289-310.

Kaplan, H. I., Sadock, B. J., & Gree, J. A. (1994). *Comprehensive textbook of psychiatry/V.* Baltimore: Williams & Wilkins.

Kardum, I., & Krapic, N. (2001). Personality traits, stressful life events, and coping styles in adolescence. *Personality and Individual Differences, 30*, 503-515.

Kawaguchi, M. C., Welsh, D. P., Powers, S. I., & Rostosky, S. S. (1998). Mothers, fathers, sons, and daughters: Temperament, gender, and adolescent-parent relationships. *Merrill-Palmer Quarterly, 44*, 77-96.

Keating, D. (1990). Adolescent thinking. In S. Feldman & G. Elliott (Eds.), *At the threshold: The developing adolescent* (pp. 54-89). Cambridge, MA: Havard University Press.

Keating, D. P. (2007). Understanding adolescent development: Implications for driving safety. *Journal of Safety Research, 18*, 147-157.

Keith, J. G., Nelson, C. S., Schlabach, J. H., & Thompson, C. J. (1990). The relationship between parental employment and three measures of early adolescent responsibility: Family-related, personal, and social. *Journal of Early Adolescence, 10*(3), 399-415.

Kelly, J. B. (2007). Children' s living arrangements following separation and divorce: Insights from empirical and clinical research. *Family Process, 46*, 35-52.

Kerr, M., & Stattin, H. (2000). What parents know, how they know it, and several forms of adolescent adjustment: Further evidence for a reinterpretation of monitoring. *Developmental Psychology, 36*, 366-380.

Kerr, M., Stattin, H., Biesecker, G., & Ferrer-Wreder, L. (2003). Relationships with parents and peers in adolescence. In I. B. Weiner, R. M. Lerner, M. A. Easterbrook, & J. Mistry (Eds.), *Handbook of psychology Vol. 6: Developmental psychology*(pp. 395-419). John Wiley & Sons, Inc.

Kifer, E. (1978). *The impact of schooling on perceptions of self.* Paper presented at the Self-concept Symposium, Boston, September-October.

Kim, J. Y., McHale, S. M., Crouter, A. C., & Osgood, D. W. (2007). Longitudinal linkages between sibling relationships and adjustment from middle childhood through adolescence. *Developmental Psychology, 43*, 960-973.

Kim, Y. T., Lee, Y. K., Kim, Y. J., Yun, P. K., Park, J. Y., Jeong, S. H., et al.(2007). *The secondary online survey of the health behavior among the adolescents.* Seoul: Korea Center for Disease Control.

Klebanov, P., & Brooks-Gunn, J. (1992). Impact of maternal attitudes, girls' adjustment, and cognitive skills upon academic performance in middle and high school. *Journal of Research on Adolescence, 2*, 81-101.

Klein, J. R., & Litt, I. F. (1981). Epidemiology of adolescent dysmenorrhea. *Pediatrics; 68*: 661.

Kobak, R., & Cole, H. (1994). Attachment and metamonitoring: Implications for adolescent autonomy and psychopathology. In D. Cicchetti & S. L. Toth (Eds.), *Rochester Symposium on Developmental Psychopathology: Vol. 5. Disorders and dysfunctions of the self* (pp. 267-297). Rolchester, NY: University of Rochester Press.

Kohlberg, L. (1963). The development of children' s orientations toward a moral order: Sequence in the development of moral thought. *Vita Humana, 6*, 11-33.

Kolaric, G. C., & Galambos, N. L. (1995). Face-to-face interactions in unacquainted female-male adolescent dyads: How do girls and boys behave? *Journal of Early Adolescence, 15*(3), 363-382.

Kolb, B., & Gibb, R. (2007). Brain plasticity and recovery from early cortical injury. *Developmental Psychobiology, 49*, 107-118.

Kraut, R. (1998). Internet paradox: A social technology that reduced social involvement and psychological well-being? *American Psychologist, 53*(9), 1017-1031.

Kroger, J. (2007). *Identity development: Adolescence through adulthood* (2nd ed.). Thousand Oaks, CA: Sage.

Kuhn, D., & Franklin, S. (2006). The second decade: What develops (and how)? In W. Damon & R. Lerner (Eds.), *Handbook of child psychology* (6th ed.). New York: Wiley.

Kumpfer, K. L. (1999). Factors and processes contributing to resilience: The resilience framework. In M. D. Glantz & J. L. Johnson (Eds.). *Resiliency and development: Positive life adaptations* (pp. 179-224). New York: Kluwer Academic.

Lamborn, S. D., Mounts, N. S., Steinberg, L., & Dornbusch, S. M. (1991). Patterns of competence and adjustment among adolescents from authoritative, authoritarian, indulgent and neglectful families. *Child Development, 62*, 1049-1065.

Lapsley, D. K. (1990). Continuity and discontinuity in adolescent social cognitive development. In R. Montemayor, G. Adams, & T. Gulotta (Eds.), *From childhood to adolescence: A transtional period?* Newbury Park, CA: Sage.

Larson, R., & Lampman-Petraitis, C. (1989). Daily emotional states as reported by children and adolescents. *Child Development, 60*, 1250-1260.

Larson, R., & Richards, M. (1991). Daily companionship in late childhood and early adolescence: Changing developmental contexts. *Child Development, 62*, 284-300.

Larson, R. W., & Richards, M. H. (1994). *Divergent realities*. New York: Basic Books.

Lazarus, R. S., & Folkman, S. (1984). *Stress, appraisal, and coping*. New York: Springer.

Leadbeater, B. J., Kuperminc, G. P., Blatt, S. J., & Hertzog, C. (1999). A multivariate model of gender differences in adolescents' internalizing and externalizing problems. *Developmental Psychology, 35*, 1268-1282.

Lefrancois, G. R. (1990). *The lifespan*. Wadsworth Publishing, Company.

Leibner, M. J., & Wacker, M. E. E. (1997). A theoretical and empirical assessment of power-control theory and single-mother families. *Youth and Society, 28*, 317-350.

Lengua, L. J., Wolchik, S. A., Sandler, I. N., & West, S. G. (2000). The additive and interactive effects of parenting and temperament in predicting adjustment problems of children of divorce. *Journal of Clinical Child Psychology, 29*, 232-244.

Lerner, R. (1995). *America' s Youth in Crisis*. Sage Publications, Inc.

Lerner, R. (2002). *Adolescence: Development, diversity, context and application*. Upper Saddle River, NJ: Prentice Hall.

Lerner, R. M., & Galambos, N. L. (1998). Adolescent development: Challenges and opportunities for research, programs, and policies. In J. T. Spence (Ed.), *Annual Review of Psychology* (Vol. 49, pp. 413-446). Palo Alto, CA: Annual Reviews.

Levinger, G. (1974). A three-level approach to attraction: Toward an understanding of pair relatedness. In T. Huston (Ed.), *Foundations of interpersonal attraction*. NY: Academic Press.

Levinger, G., & Snoek, J. D. (1972). *Attraction in relationships: A new look at interpersonal attraction*. NY: General Learning Press.

Levitt, M. J., Guacci-Franco, N., & Levitt, J. L. (1994). Social support and achievement in childhood and early adolescence: A multicultural study. *Journal of Applied Developmental Psychology, 15*(2), 207-222.

Lewis, C. G. (1981). How adolescents approach decisions: Changes over grades seven to twelve and policy implications. *Child Development, 52*, 538-554.

Liederman, J., Kantrowtiz, L., & Flannery, K. (2005). Male vulnerability to reading disability is not likely to be a myth: A call for new data. *Journal of Learning Disabilities, 38*, 109-129.

Litchfield, A. W., Thomas, D. L., & Li, B. D. (1997). Dimensions of religiosity as mediators of the relations between parenting and adolescent deviant behavior. *Journal of Adolescent Research, 12*(2), 199-226.

Loevinger, J. (1993). Measurement of personality: True or false. *Psychological Inquiry, 4*, 1-16.

Lonigan, C., Carey, M., & Finch, A., Jr. (1994). Anxiety and depression in children and adolescents: Negative affectivity and the utility of self-reports. *Journal of Consulting and Clinical Psychology, 62*, 1000-1008.

Luster, T., & Small, S. (1994). Factors associated with sexual risk-taking behaviors among adolescents. *Journal of Marriage and the Family, 56*, 622-632.

Luthar, S. S., Cicchetti, D., & Becker, B. (2000). The construct of resilience: A critical evaluation and guidelines for future work. *Child Development, 71*, 543-562.

Lyons, N. P. (1983). Two perspectives: On self, relationships and morality. *Havard Educational Review, 53*, 125-145.

Maccoby, E. E. (2007). Historical overview of socialization theory and research. In J. E. Grusec & P. D. Hastings (Eds.), *Handbook of socialization*. New York: Guilford.

Maccoby, E. E., & Martin, J. A. (1983). Socialization in the context of the family: Parent-child interaction. In P. Mussen & E. M. Hetherington (Eds.), *Handbook of Child Psychology* (Vol. 4, pp. 1-101). New York: Wiley.

Macksoud, M. S., & Aber, J. L. (1996). The war experiences and psychosocial development of children in Lebanon. *Child Development, 67*, 70-88.

Maedgen, J. W., & Carlson, C. L. (2000). Social functioning and emotional regulation in the attention deficit hyperactivity disorder subtypes. *Journal of Clinical Child Psychology, 29*, 30-42.

Males, M. (1996). *The scapegoat generation: America's war on adolescents*. Monroe, ME: Common Courage Press.

Marcia, J. E. (1980). Identity in adolescence. In J. Adelson (Ed.), *Handbook of adolescent psychology*. NY: Wiley.

Marcia, J. E. (2002). Identity and psychosocial development in adulthood. *Identity: An international Journal of Theory and Research, 2*, 7-28.

Marin, B. V., Kirby, D. B., Hudes, E. S., Coyle, K. K., & Gomez, C. A. (2006). Boyfriends, girlfriends, and teenagers' risk of sexual involvement. *Perspectives on Sexual and Reproductive Helath, 38*, 76-83.

Markovits, H., & Valchon, R. (1990). Conditional reasoning, representation, and level of abstraction. *Developmental Psychology, 26*, 942-951.

Markovits, H., Venet, M., Janveau-Brennan, G., Malfait, N., Pion, N., & Vadeboncoeur, I. (1996). Reasoning in young children: Fantasy and information retrieval. *Child Development, 67*, 2857-2872.

Marusic, A. (2005). History and geography of suicide: Could genetic risk factors account for the variation in suicide rates? *American Journal of Medical Genetics, 133C*, 43-47.

Mason, C. A., Cauce, A. M., Gonzales, N., & Hiraga, Y. (1996). Neither too sweet nor too sour: Problem peers, maternal control, and problem behavior in African American adolescents. *Child Development, 67*, 2115-2130.

Mass, C., Herrenkohl, T. I., & Sousa, C. (2008). Review of research on child maltreatment and violence in youth. *Trauma Violence and Abuse, 9*(1), 56-67.

Masten, A. S. (2001). Ordinary magic: Resilience processes in development. *American Psychologist, 56*, 227-238.

Masten, A. S., & Coatsworth, J. D. (1998). The development of competence in favorable and unfavorable environments: Lessons from research on successful children. *American Psycologist, 53*, 205-220.

Matheny, A. P., & Phillips, K. (2001). Temperament and context: Correlates of home environment with temperament continuity and change. In T. D. Wachs & G. A. Kohnstamm (Eds.), *Temperament in context*. Mahwah, NJ: Erlbaum.

Matsui, T. (1994). Mechanisms underlying sex differences in career self-efficacy expectations of university students. *Journal of Vocational Behavior, 45*, 177-184.

Mayseless, O., Scharf, M., & Sholt, M. (2003). From authoritative parenting practices to an authoritarian context: Exploring person-environment fit. *Journal of Research on Adolescence, 13*, 427-456.

McBurney, D. H., & White, T. L. (2007). *Research methods* (7th ed.). Belmont, CA: Wadsworth.

McCandless, B. R. (1970). *Adolescents: Behavior and development.* Hinsdale, IL: Dryden Press.

McCormick, C. B., & Kennedy, J. H. (1994). Parent-child attachment working models and self-esteem in adolescence. *Journal of Youth and Adolescence, 23*, 1-18.

McGoldrick, M., & Carter, E. A. (1982). The family life cycle. In F. Walsh (Ed.), *Normal Family Processes.* NY: Guilford Press.

McGue, M., Sharma, A., & Benson, P. (1996). The effects of common rearing on adolescent adjustment: Evidence from a U. S. adoption cohort. *Developmental Psychology, 32*, 604-613.

McGuire, S., Neiderhiser, J., Reiss, D., Hetherington, E. M., & Plomin, R. (1994). Genetic and environmental influences on perceptions of self-worth and competence in adolescence: A study of twins, full siblings, and step-siblings. *Child Development, 65*, 785-799.

Merelman, R. M. (1975). The adolescence of political socialization. In R. E. Grinder (Ed.), *Studies in adolescence* (3rd ed.), pp. 400-414.

Merton, R. K. (1937). Social structure and anomie. *American Sociological Review, 3*, 672-682.

Meschke, L. L., Bartholomae, S., & Zentall, S. R. (2000). Adolescent sexuality and parent-adolescent processes: Promoting healthy teen choices. *Family Relations, 49*, 143-154.

Meyer-Bahlburg, H., Ehrhardt, A., Rosen, L., Gruen, R., Veridiano, N., Vann, F., & Neuwalder, H. (1995). Prenatal estrogens and the development of homosexual orientation. *Developmental Psychology, 31*, 12-21.

Mikulincer, M., Florian, V., & Weller, A. (1993). Attachment styles, coping strategies and posttraumatic psychological distress: The impact of the Gulf War in Israel. *Journal of Personality and Social Psychology. Vol. 64*, No. 5, 817-826.

Miller, B., & Moore, K. (1990). Adolescent sexual behavior, pregnancy, and parenting: Research through the 1980s. *Journal of Marriage and the Family, 52*, 1025-1044.

Miller, J. B. (1986). *Toward a new psychology of women* (2nd ed.). Boston: Beacon Press.

Moffitt, T., Caspi, A., Belsky, J., & Silva, P. (1992). Childhood experience and the onset of menarche: A test of a sociobiological model. *Child Development, 63*, 47-58.

Moisan, J., Meyer, F., & Gingras, S. (1990). A nested case-control study of the correlates of early menarche. *Annual Journal of Epidemiology: 132*: 953.

Moore, D. (1987). Parent-adolescent separation: The construction of adulthood by late adolescents. *Developmental Psychology, 23*, 298-307.

Moos, R. H. (1986). *Coping with life crises: An integrated approach.* NY: Plenum.

Mora, F., Segovia, G., & Del Arco, A. (2007). Aging, plasticity, and environmental enrichment: Structural changes and neurotransmitter dynamics in several areas of the brain. *Brain Research Review, 55*, 78-88.

Morrison, G. S. (1990). *The world of child development.* Delmar Publishers Inc.

Morrison, L. L., & L'Heureux, J. (2001). Suicide and gay/lebian/bisexual youth: Implications for clinicians. *Journal of Adolescence, 24*, 39-50.

Mounts, N. S., & Steinberg, L. (1995). An ecological analysis of peer influence on adolescent grade point average and drug use. *Developmental Psychology, 31*, 915-922.

Muuss, R. E. (1996). *Theories of adolescence* (6th ed.). New York: The McGraw-Hill Companies, Inc.

Narvaez, D. (2006). Integrative moral education. In M. Killen & J. Smetana (Eds.), *Handbook of moral development.* Mahwah, NJ: Erlbaum.

Nation, M., & Heflinger, C. A. (2006). Risk factors for serious alcohol and durg use: The role of psychological variables in predicting the frequency of substance abuse among adolescents. *American Journal of Alcohol Abuse, 32*, 415-433.

National Center for Chronic Disease Prevention and Health Promotion (2005). *Healthy youth!* Atlanta: Centers for Disease Control and Prevention.

National Center for Health Statistics. (2004). *Health United States, 2004*. Atlanta: Center for Disease Control and Prevention.

Nelson, C. A. (2003). Neural development and lifelong plasticity. In R. M. Lerner, F. Jacobs, & D. Wertlieb (Eds.), *Handbook of applied developmental science* (Vol. 1). Thousand Oaks, CA: Sage.

Nelson, C. A., Thomas, K. M., & de Haan, M. (2006). Neural bases of cognitive development. In W. Damon, R. Lerner, D. Kuhn, & R. Siegler (Eds.), *Handbook of child psychology* (6th ed., Vol. 2). New York: Wiley.

Nesselroade, J. R., & Baltes, P. B. (1974). Adolescent personality development and historical change: 1970-1972. *Monographs of the Society for Research in Child Development, 39*(1, Serial No. 154).

Newman, B. M., & Newman, P. R. (1984). *Development through life: A psychological approach*, 3rd edition. The Dorsey Press.

Noack, P., Kracke, B., & Hofer, M. (1994). *The family context of rightist attitudes among adolescents in East and West Germany*. Paper presented at the biennial meetings of the Society for Research on Adolescence, San Diego.

Noller, P., & Callan, V. (1990). Adolescents' perceptions of the nature of their communication with parents. *Journal of Youth and Adolescence, 19*, 349-362.

Noom, M. J., Dekovic, M., & Meeus, W. H. J. (1999). Autonomy, attachment and psychosocial adjustment during adolescence: A double-edged sword? *Journal of Adolescence, 22*, 771-783.

Nucci, L. (2006). Education for moral development. In M. Killen & J. Smetana (Eds.), *Handbook of moral development*. Mahwah, NJ: Erlbaum.

Nucci, L., & Turiel, E. (1993). God' s word, religious rules, and their relation to Christian and Jewish children' s concepts of morality. *Child Development, 64*, 1475-1491.

O' Sullivan, R. G. (1990). Validating a method to identify at-risk middle school students for participation in a dropout prevention program. *Journal of Early Adolescence, 10*, 209-220.

Offer, D., & Offer, J. B. (1975). *From teenage to young manhood: A psychological study*. NY: Basic Books.

Offer, D., Ostrov, E., Howard, K. I. & Atkinson, R. (1988). *The teenage world: Adolescents' self-image in ten countries*. New York: Plenum.

Ohannessian, C. M., Lerner, R. M., Lerner, J. V., & von Eye, A. (1999). Does self-competence predict gender differences in adolescent depression and anxiety? *Journal of Adolescence, 22*, 397-411.

Olson, D. H., MuCubbin, H. I., Barnes, H. L., Muxen, M. J., Larsen, A. S., & Wilson, M. A. (1989). *Families: What makes them work* (Eds.). Sage Publications.

Orr, D. P., Wilbrandt, M. L., Brack, C. J., Rauch, S. P., & Ingersoll, G. M. (1989). Reported sexual behaviors and self-esteem among young adolescents. *American Journal of Diseases in Children, 143*, 86-90.

Orr, D., & Ingersoll, G. (1995). The contribution of level of cognitive complexity and pubertal timing to behavioral risk in young adolescents. *Pediatrics, 95*, 528-533.

Orr, E., & Ben-Eliahu, E. (1993). Gender differences in idiosyncratic sex-typed self-images and self-esteem. *Sex Roles, 29*, 271-296.

Oswald, H., Bahne, J., & Feder, M. (1994). *Love and sexuality in adolescence: Gender-specific differences in East and West Berlin*. Paper presented at the biennial meetings of the Society for Research on Adolescence, San Diego.

Oyserman, D., & Markus, H. (1990). Possible selves and delinquency. *Journal of Personality and Social Psychology, 59*, 112-125.

Padilla-Walker, L., & Thompson, R. A. (2005). Combating conflicting messages of values: A closer look at parental strategies. *Social Development, 14*, 305-323.

Parikh, B. (1980). Development of moral judgment and its relation to family environmental factors in Indian and American families. *Child Development, 51*, 1030-1039.

Pascarella, E. T., & Terenzini, P. T. (1991). *How college affects students: Findings and insights from twenty years of research*. San Francisco, CA: Jossey-Bass.

Perkins, D. F., & Borden, L. (2003). Positive behaviors, problem behaviors, and resiliency in adolescence. In I. B. Weiner, M. Lerner, M. A. Easterbrooks, & J. Mistry (Eds.), *Handbook of psychology Vol. 6, Developmental psychology*, 373-394.

Perry, C. L. (2000). Preadolescent and adolescent influences on health. In B. D. Smedley & S. L. Syme (Eds.), *Promoting health: Intervention strategies from social and behavioral research* (pp. 217-253).

Washington, DC: National Academy Press.

Petersen, A., & Taylor, B. (1980). The biological approach to adolescence: Biological change and psychological adaptation. In J. Adelson (Ed.), *Handbook of adolescent psychology*. New York: Wiley.

Petersen, A., Compas, B., Brooks-Gunn, J., Stemmler, M., Ey, S., & Grant, K. (1993). Depression in adolescence. *American Psychologist, 48*, 155-168.

Pike, A., McGuire, S., Hetherington, E. M., Reiss, D., & Plomin, R. (1996). Family environment and adolescent depressive symptoms and antisocial behavior: A multivariate genetic anslysis. *Developmental Psychology, 32*, 590-603.

Piko, B. F., & Fitzpatrick, K. M. (2004). Substance use, religiosity, and other protective factors among Hungarian adolescents. *Addictive Behavior, 29*, 1095-1107.

Plomin, R., DeFries, J. C., McClean, G. E., & Rutter, M. (1997). *Behavioral genitics* (3rd ed.). New York: W. H. Freeman.

Pollack, W. (1999). *Real boys*. New York: Henry Holt.

Pressley, M., & Hilden, K. (2006). Cognitive strategies. In W. Damon & R. Lerner (Eds.), *Handbook of child psychology* (6th ed.). New York: Wiley.

Price, W. H., Whatmore, P. B., & McClemont, W. F. (1966). Criminal patients with XYY sex chrmosome complement. *Lancet, 1*, 565-566.

Pryor, J. H., Hurtado, S., Saenz, V. B., Lindholm, J. A., Korn, W. S., & Mahoney, K. M. (2005). *The American freshman: National norms for fall 2005*. Los Angeles: Higher Education Research Institute, UCLA.

Pulkkinen, L., & Kokko, K. (2000). Identity development in adulthood: A longitudinal study. *Journal of Research in Personality, 34*, 445-470.

Quadrel, M., Fischoff, B., & Davis, W. (1993). Adolescent (in)vulnerability. *American Psychologist, 48*, 102-116.

Quintana, S. M., & Kerr, J. (1993). Relational needs in late adolescent separation-individuation. *Journal of Conseling and Development, 71*, 349-354.

Rae, W. A. (1983). Teen-parent problems. In C. E. Walker & M. C. Roberts (Eds.), *Handbook of clinical child psychology*. NY: Wiley.

Rankin, J. L., Lane, D. J., Gibbons, F. X., & Gerrard, M. (2004). Adolescents' self-consciousness: Longitudinal age changes and gender differences in two cohorts. *Journal of Research on Adolescence, 14*, 1-21.

Rastam, M., Gillberg, C., & Gillberg, I. (1996). A six year follow-up study of anorexia nervosa subjects with teenage onset. *Journal of Youth and Adolescence, 25*, 439-453.

Raty, L. K., Larsson, G., Soderfeldt, B. A., & Larsson, B. M. (2005). Psychosocial aspects of health in adolescence. The influence of gender and general self-concept. *Journal of Adolescent Health, 36*, 530.

Raymond, E. B. (2004). *Learners with mild disabilities* (2nd ed.). Boston: Allyn & Bacon.

Redmore, C. D., & Loevinger, J. (1979). Ego development in adolescence. *Journal of Youth and Adolescence, 8*, 1-20.

Reis, O., & Youniss, J. (2004). Patterns of identity change and development in relationships with mothers and friends. *Journal of Adolescent Research, 19*, 31-44.

Reiss, D., Neiderhiser, J. M., Hetherington, E. M., & Plomin, R. (2000). *The relationship code: Deciphering genetic and social influences on adolescent development*. Cambridge, MA: Havard University Press.

Repinski, D., & Leffert, N. (1994). *Adolescents' relations with friends: The effects of a psychoeducational intervention*. Paper presented at the biennial meetings of the Society for Research on Adolescence, San Diego.

Resick, M., & Blum, R. (1994). The association of consensual sexual intercourse during childhood with adolescent health risk and behaviors. *Pediatrics, 94*, 907-913.

Resnicow, K., Ross-Gaddy, D., & Vaughan, R. (1995). Structure of problem and positive behaviors in African American youths. *Journal of Consulting and Clinical Psychology, 63*, 594-603.

Rest, J. R. (1975). Longitudinal study of the defining issues test of moral judgment: A strategy for analyzing developmental change. *Developmental Psychology, 11*, 738-748.

Rest, J. R., Davison, M. L., & Robbins, S. (1978). Age trends in judging moral issue: A review of corss-sectional, longitudinal, and sequential studies of the

Defining Issues Test. *Child Development, 49*, 263-279.

Rice, F. P. (1998). *Human Development.* NJ: Prentice Hall.

Richards, M. H., & Larson, R. (1993). Pubertal development and the daily subjective states of young adolescents. *Journal of Research on Adolescence, 3*, 145-169.

Rimsza, M. E. (2003). Counseling the adolescent about contraception. *Pediatric Review, 24*, 162-170.

Roberts, B. W., Caspi, A., & Moffitt, T. E. (2001). The kids are all right: Growth and stability in personality development from adolescence to adulthood. *Journal of Personality and Social Psychology, 81*, 670-683.

Robins, R. W., John, O. P., Caspi, A., Moffitt, T. E., & Stouthamer-Loeber, M. (1996). Resilient, overcontrolled, and undercontrolled boys: Three replicable personality types. *Journal of Personality and Social Psychology, Vol. 70*, No. 1, 157-171.

Robins, R. W., Trzesniewski, K. H., Tracey, J. L., Porter, J., & Gosling, S. D. (2002). Age differences in self-esteem from age 9 to 90. *Psychology and Aging, 17*, 423-434.

Rogers, A. (1993). Voice, play, and a practice of ordinary courage in girls' and women' s lives. *Harvard Educational Review, 63*, 265-295.

Rogoff, F. (1997). Cognition as a collaborative process. In D. Kuhn & R. Siegler (Eds.), *Handbook of child psychology* (5th ed., Vol. 2). New York: Wiley.

Rokeach, M. (1973). *The nature of human values.* NY: Free Press.

Rolfes, S. R., & DeBruyne, L. K. (1990). *Life span nutrition: Conception through life.* St. Paul, MN: West.

Rosenberg, M. (1985). Self-concept and psychological wellbeing in adolescence. In R. L. Leaky (Ed.), *The development of the self* (pp. 205-242). NY: Academic Press.

Rosentein, D. S., & Horowitz, H. A. (1996). Adolescent attachment and psychopathology. *Journal of Consulting and Clinical Psychology, Vol. 64*, No. 2, 244-253.

Rosnow, R. L., & Rosenthal, R. (2005). *Beginning behavioral research* (5th ed.). Upper Saddle River, NJ: Prentice-Hall.

Rowe, D., Rodgers, J., Meseck-Bushey, S., & St. John C. (1989). Sexual behavior and nonsexual deviance: A sibling study of their relationship. *Developmental Psychology, 25*, 61-69.

Rubin, K. H., Bukowski, W., & Parker, J. G. (1998). Peer interactions, relationships, and groups. In W. Damon & N. Eisenberg (Eds.), *Handbook of child psychology: Vol. 3. Social, emotional, and personality development* (pp. 619-700). New York: Wiley.

Ruchikin, V., Vladislav. V., Eisemann, M., & Hagglof, B. (1999). Hopelessness, loneliness, self-esteem, and personality in Russian male delinquent adolescents versus controls. *Journal of Adolescent Research, 14*, 466-477.

Rumberger, R. W. (2001). *Why students drop out of school and what can be done.* A paper prepared for the conference, "Dropouts in America: How severe is the problem? What do we know about intervention and prevention?" Harvard University.

Rumberger, R. W., & Thomas, S. L. (2000). The distribution of dropout and turnover rates among urban and suburban high schools. *Sociology of Education, 73*, 39-67.

Ryu, S., & Mortimer, J. T. (1996). The occupational linkage hypothesis applied to occupational value formation in adolescence. In J. T. Mortimer & M. D. Finch (Eds.), Adolescent, works, and family: An intergenerational developmental analysis. *Understanding Families* (Vol. 6). Thousand Oaks, CA: Sage Publications.

Sack, W. H., Clarke, G. N., & Seeley, J. (1996). Multiple forms of stress in Cambodian adolescent refugees. *Child Development, 67*, 107-116.

Salovey, P., & Mayer, J. D. (1990). Emotional Intelligence. *Imagination, Cognition and Personality, 9*(3), 185-211.

Salovey, P., & Sluyter, D. (1997). *Emotional development and emotional intelligence: Educational Implications.* New York: Basic Books.

Santrock, J. W. (2008). *Adolescence* (12 ed.). McGraw-Hill.

Sarigiani, P. A., & Petersen, A. C. (2000). Adolescence: Puberty and biological maturation. In A. Kazdin (Ed.), *Encyclopedia of psychology.* Washington, DC & New York: American Psychological Association and Oxford University Press.

Sarigiani, P. A., Wilson, J. L., Petersen, A. C., & Viocay, J. R. (1990). Self-image and educational plans of adolescents from two contrasting communities. *Journal of Early Adolescence, 10*, 37-55.

Savin-Williams, R. (1988). Theoretical perspectives accounting for adolescent homosexuality. *Journal of Adolescent Health Care, 9*, 95-104.

Savin-Williams, R. C., & Cohen, K. M. (2007). Development of same-sex attracted youth. In H. Meyer & M. E. Northridge (Eds.), *The health of sexual minorities.* New York: Springer.

Savin-Williams, R. C., & Joyner, K. (2008). *Sexual identity and suicide attempts: Research and clinical implications of differentiating sexual sub-groups.* Unpublished manuscript, Department of Human Development, Cornell University.

Sax, L. J., & Bryant, A. N. (2006). The impact of college on sex-atypical career choices of men and women. *Journal of Vocational Behavior, 68*, 52-63.

Schaie, K. W. (1965). A general model for the study of developmental problems. *Psychosocial Bulletin, 64*, 92-107.

Schulenberg, J. E., & Zarett, N. R. (2006). Mental health during emerging adulthood: Continuity and discontinuity in courses, causes, and functions. In J. J. Arnett & J. L. Tanner (Eds.), *Emerging adults in America.* Washington, DC: American Psychological Association.

Seiffge-Krenke, I. (1995). *Stress, coping and relationships in adolescence.* Hillsdale, NJ: Erlbaum.

Seiffge-Krenke, I., & Gelhaar, T. (2007). Does successful attainment of developmental tasks lead to happiness and success in later developmental tasks?: A test of Havighurst' s theses. *Journal of Adolescence*, doi: 10, 1016/j.adolescence.2007.04.002.

Selman, R. L. (1980). *The growth of interpersonal understanding: Developmental and clinical analysis.* NY: Academic Press.

Selman, R. L., Beardslee, W., Schultz, L. H., Krupa, M., & Podorefsky, D. (1986). Assessing adolescent interpersonal negotiation strategies. *Developmental Psychology, 22*, 450-459.

Shagle, S. C., & Barber, B. K. (1993). Effects of family, marital, and parent-child conflict on adolescent self-derogation and suicidal ideation. *Journal of Marriage and the Family, 55*, 964-974.

Shebloski, B., Conger, K. J., & Widaman, K. F. (2005). Reciprocal links among differential parenting, perceived partiality, and self-worth: A three-wave longitudinal study. *Journal of Family Psychology, 19*, 633-642.

Siegel, L. (1994). Working memory and reading: A life-span perspective. *International Journal of Behavioral Development, 17*, 109-124.

Sigelman, C. K., & Shaffer, D. R. (1991). *Life-span Human Development.* Books/Cole Publishing Company, California.

Simons, R., Whitbeck, L., Conger, R., & Chyi-in, W. (1991). Intergenerational transmission of harsh parenting. *Developmental Psychology, 27*, 159-171.

Simons-Morton, B., Haynie, D. L., Crump, A. D., Eitel, P., & Saylor, K. E. (2001). Peer and parent influences on smoking and drinking among early adolescents. *Health Education & Behavior, 28*, 95-107.

Singer, D. G., & Singer, J. L. (1998). Television viewing. In H. S. Friedman (Ed.), *Encyclopedia of mental health* (Vol. 3). San Diego: Academic Press.

Skorikov, V., & Vondracek, F. W. (1998). Vocational identity development: Its relationship to other identity domains and to overall identity development. *Journal of Career Assessment, 6*(1), 13-35.

Slomine, B. S., Gerring, J. P., Grados, M. A., Vasa, R., Brady, K. D., Christensen, J. R., & Denckla, M. B. (2002). Performance on measures on executive function following pediatric traumatic brain injury. *Brain Injury, 16*, 759-772.

Slomkowski, C., Rende, R., Conger, K. J., Simons, R. L., & Conger, R. D. (2001). Sisters, brothers, and delinquency: Social influence during early and middle adolescence. *Child Development, 72*, 271-283.

Small, S. A., & Luster, T. (1994). Adolescent sexual activity: An ecological, risk-factor approach. *Journal of Marriage and Family, 56*, 181-192.

Smetana, J. G. (1993). Conceptions of parental authority in divorced and married mothers and their adolescents. *Journal of Research on Adolescence, 3*(1), 19-39.

Smetana, J. G., Yau., J., & Hanson, S. (1991). Conflict resolution in families with adolescents. *Journal of Research on Adolescence, 1*(2), 189-206.

Smetana, J., & Bitz, B. (1996). Adolescents' conceptions of parental authority during adolescence. *Child*

Development, 66, 299-316.

Smith, B. (2007). *The psychology of sex and gender.* Boston: Allyn & Bacon.

Smoll, F., & Schutz, R. (1990). Quantifying gender differences in physical performance: A developmental perspective. *Developmental Psychology, 26*, 360-369.

Speicher, B. (1994). Family patterns of moral judgment during adolescence and early adulthood. *Developmental Psychology, 30*, 624-632.

Spence, J. T., & Helmreich, R. (1978). *Masculinity and femininity: Their psychological dimensions.* Austin: University of Texas Press.

St. George, I., Williams, S., & Silva, P. (1994). Body size and menarche: The Dunedin study. *Journal of Adolescent Health, 15*, 573-576.

Stake, J. E. (2000). When situations call for instrumentality and expressiveness: Resource appraisal, coping strategy choice, and adjustment. *Sex Roles, 42*, 865-885.

Steinberg, L. (1999). *Adolescence* (5th Ed.). McGraw-Hill College.

Steinberg, L. D. (2007). Risk taking in adolescence. *Current Directions in Psychological Science, 16*, 55-59.

Steinberg, L. D., & Cauffman, E. (1995). The impact of employment on adolescent development. In R. Vasta (Ed.)., *Annals of Child Development* (Vol. 11). London: Jessica Kingsley Publishers.

Steinberg, L. D., & Darling, N. (1993). The broader context of social influence in adolescence. In R. K. Silbereisen, & E. Todt (Eds.), *Adolescence in context: The interplay of family, school, peers, and work in adjustment* (pp. 25-45). New York: Springer.

Steinberg, L., & Silverberg, S. (1986). The vicissitudes of autonomy in early adolescence. *Child Development, 57*, 841-851.

Steinberg, L., & Steinberg, W. (1994). *Crossing paths: How your child' s adolescence triggers your own crisis.* New York: Simon & Schuster.

Sternberg, R. J. (1986). *Intelligence applied.* Fort Worth: Harcourt Brace.

Sternberg, R. J. (2002). Intelligence: The triarchic theory of intelligence. In J. W. Gutherie (Ed.), *Encyclopedia of education* (2nd ed.). New York: Macmillan.

Sternberg, R. J. (2008). The triarchic theory of successful intelligence. In N. Salkind (Ed.), *Encyclopedia of educational psychology.* Thousand Oaks, CA: Sage.

Sternberg, R. J., & Powell, J. S. (1983). The development of intelligence. In J. H. Flavell & E. M. Markman (Eds.), *Handbook of child psychology: Vol. 1. Cognitive development.* NY: Wiley.

Strauss, M., & Yodanis, C. (1996). Corporal punishment in adolescence and physical assaults on spouses in later life: What accounts for the link? *Journal of Marriage and the Family, 58*, 825-841.

Strong, B., & DeVault, C. (1989). *The marriage and family experience.* St. Paul, MN: West.

Suler, J. (1999). *Internet addiction: In a nutshell.* http://www.rider.edu.susers.suler.psycyber/healthy-internet.html에서 발췌.

Sullivan, H. S. (1953). *The interpersonal theory of psychiatry.* New York: Norton.

Sun, L. Y., & Bartke, A. (2007). Adult neurogenesis in the hippocampus of long-lived mice during aging. *Journal of Gerontology A: Biological Sciences and Medical Sciences, 62*, 117-125.

Super, D. (1967). *The psychology of careers.* New York: Harper & Row.

Susman, E. J., & Rogol, A. (2004). Puberty and psychological development. In R. Lerner & L. Steinberg (Eds.), *Handbook of adolescence* (2nd ed.). New York: Wiley.

Susman, E., Dorn, L., & Chrousos, G. (1991). Negative affect and hormone levels in young adolescents: Concurrent and predictive perspectives. *Journal of Youth and Adolescence, 20*, 167-190.

Swanson, H. L. (1999). What develops in working memory? A life-span perspective. *Developmental Psychology, 35*, 986-1000.

Taylor, R. D., & Lopez, E. I. (2005). Family management practice, school achievement, and problem behavior in African Amnerican adolescents: Mediating processes. *Applied Developmental Psychology, 26*, 39-49.

Taylor, R., & Roberts, D. (1995). Kinship support and maternal and adolescent well-being in economically disadvantaged African-American families. *Child Development, 66*, 1585-1597.

Telfer, M. A., Baker, D., Clark, F. R., & Richardson, C. E. (1968). Incidence of gross chormosomal errors among tall criminal American males. *Science, 185*, 1249-1250.

Thoits, P. A. (1994). Stress, coping, and social support processes: Where are we? What next? *J. Helath Soc. Behav.* 53-79.

Thompson, M. P., Sims, L., Kingree, J. B., & Windle, M. (2008). Longitudinal association between problems of alcohol use and violent victimization in a national sample of adolescents. *Journal of Adolescent Helath, 42*, 21-27.

Thompson, R. A. (1994). Emotion regulation: A theme in search of definition. *Monographs of the Society for Research in Child Development, 59*(2-3, Serial No. 240).

Toga, A. W., Thompson, P. M., & Sowell, E. R. (2006). Mapping brain maturation. *Trends in neuroscience, 29*(3), 148-159.

Tolman, D. (2002). *Dilemmas of desire: Teenage girls talk about sexuality.* Cambridge, MA: Harvard University Press.

Torney-Purta, J. (1990). Youth in relation to social institutions. In S. Feldman & G. Elliott (Eds.), *At the threshold: The developing adolescent* (pp. 457-478). Cambridge, MA: Harvard University Press.

Torney-Purta, J. (1992). Cognitive representations of the political system in adolescents: The contimuum from pre-novice to expert. In H. Haste & J. Torney-Purta (Eds.), *The development of political understanding* (pp. 11-25). San Francisco: Jossey-Bass.

Tremblay, R., Pagami-Kurtz, L., Masse, L., Vitaro, F., & Pihl, R. (1995). A bimodal preventive intervention for disruptive kindergarten boys: Its impact through mid-adolescence. *Journal of Consulting and Clinical Psychology, 63*, 560-568.

Tresemer, D. (1974). Fear of success: Popular, but unproven. *Psychology Today*, 82-85.

Trzesniewski, K. H., Donnellan, M. B., Moffitt, T. E., Robins, R. W., Poulton, R., & Caspi, A. (2006). Low self-esteem during adolescence predicts poor health, criminal behavior, and limited economic prospects during adulthood. *Developmental Psychology, 42*, 381-390.

Turiel, E. (1989). Domain-specific social judgments and domain ambiguities. *Merrill Palmer Quarterly, 35*, 1, 89-130.

Turiel, E., Smetana, J. G., & Killen, M. (1991). Social contexts in social cognitive development. In W. M. Kurtines & J. L. Gewirtz (Eds.), *Handbook of moral behavior and development* (Vol. 2, pp. 307-332). Hillsdale, NJ: Erlbaum.

Turner, H. A., Finkelhor, D., & Ormod, R. (2006). The effect of lifetime victimization on the mental health of children and adolescents. *Social Science and Medicine, 62*, 13-27.

Twenge, J. M., & Campbell, W. K. (2001). Age and birth cohort differences in self-esteem: A cross-temporal meta-analysis. *Personality and Social Psychology Bulletin, 5*, 321-344.

van den Berg, S. M., & Boomsa, D. I. (2007). *The familial clustering of age at menarche in extented twin studies.* Behavior Genetics,

Van Goozen, S. H. M., Matthys, W., Cohen-Kettenis, P. T., Thijssen, J. H. H., & van Engeland, H. (1998). Adrenal androgens and aggression in conduct disorder prepubertal boys and normal control. *Biological Psychiatry, 43*, 156-158.

Vernberg, E. M., Ewell, K. K., Berry, S. H., & Abwender, D. A. (1994). Sophistication of adolescents' interpersonal negotiation strategies and friendship formation after relocation: A naturally occurring experiment. *Journal of Research on Adolescence, 4*(1), 5-19.

Vierstein, M. C., McGinn, P. V., & Hogan, R. (1977). The personality correlates of differential verbal and mathematical ability in talented adolescents. *Journal of Youth and Adolescence, 6*(2), 169-178.

Vollrath, M. Torgensen, S., & Alnas, R. (1995). Personality as long-term predictor of coping. *Personality and Individual Differences, 29*, 367-378.

Vollrath, M., & Torgersen, S. (2000). Personality types and coping. *Personality and Individual Differences, Vol. 29*, No. 2, 367-378.

Voyer, D., Voyer, S., & Bryden, M. (1995). Magnitude of sex differences in spatial abilities: A meta-analysis and consideration of critical variables. *Psychological Bulletin, 117*, 250-270.

Walker, L. J. (1989). A longitudinal study of moral reasoning. *Child Development, 60*, 157-166.

Walker, L. J. (2002). Moral exemplarity. In W. Damon (Ed.), *Bringing in a new era of character education.* Stanford, CA: Hoover Press.

Walker, L. J., Henning, K. H., & Krettenauer, R. (2000).

Parent and peer contexts for children' s moral reasoning development. *Child Development, 71*, 1033-1048.

Wallace-Broscious, A., Serafica, F. C., & Osipow, S. H. (1994). Adolescent career development: Relationships to self-concept and identity status. *Journal of Research on Adolescence, 4*, 127-150.

Wang, M. C., Haertel, G. D., & Walberg, H. J. (1999). Psychological and educational resilience. In A. J. Reynolds, J. J. Walberg, & R. P. Weissberg (Eds.), *Promoting positive outcomes: Issues in children' s and families' lives* (pp. 329-365). Washington, DC: Child Welfare League of America.

Ward, S., & Overton, W. (1990). Semantic familiarity, relevance, and the development of deductive reasoning. *Developmental Psychology, 26*, 488-493.

Waterman, A. S. (1999). Identity, the identity statuses, and identity status development: A contemporary statement. *Developmental Review, 19*, 591-621.

Weinstock, H., Berman, S., & Cates, W. (2004). Sexually transmitted diseases among American youth: Incidence and prevalence estimates, 2000. *Perspectives on Sexual and Reproductive Health, 36*, 6-10.

Weissberg, R., Caplan, M., & Sivo, P. (1989). A new concepetual framework for establishing school-based social competence promotion programs. In L. Bond, B. Compas, & C. Swift (Eds.), *Prevention in the schools*. Menlo Park, CA: Sage.

Wentzel, K. R. (1997). Student motivation in middle school: The role of perceived pedagogical caring. *Journal of Educational Psychology, 89*(3), 411-419.

Wentzel, K. R., Barry, C. M., & Caldwell, K. A. (2004). Friendships in middle school: Influences on motivation and school adjustment. *Journal of Educational Psychology, 96*, 195-203.

Werth, J. L. (2004). The relationships among clinical depression, suicide, and other actions that may hasten death. *Behavioral Science and the Law, 22*, 627.

Williams, D. D., Yanchar, S. C., Jensen, L. C., & Lewis, C. (2003). Character education in a public high school: A multi-year inquiry into unified students. *Jouranl of Moral Education, 32*, 3-33.

Wills, T. A., Yaeger, A. M., & Sandy, J. M. (2003). Buffering effect of religiosity for adolescent substance use. *Psychology of Addictive Behaviors, 17*, 24-31.

Wilson, J. Q., & Hermstein, R. J. (1985). *Crime and human nature*. NY: Simon & Schuster.

Winstead, B. A., & Sanchez, J. (2005). Gender and psychopathology. In J. E. Maddux, & B. A. Winstead (Eds.), *Psychopathology: Foundations for a contemporary understanding*. Mahwah, NJ: Lawrence Erlbaum Associates.

Wright, D. W., Peterson, L., & Barnes, H. L. (1990). The relation of parental employment and contextual variables with sexual permissiveness and gender role attitudes of rural early adolescents. *Journal of Early Adolescence, 10*(3), 382-393.

Yates, M., & Youniss, J. (1996). Community service and political moral identity in adolescents. *Journal of Research on Adolescence, 6*, 271-284.

Yeh, L. S., & Hedgespeth, J. (1995). A multiple case study comparison of normal, private preparatory school and substance abusing/mood disordered adolescents and their families. *Adolescence, 30*, 412-428.

Young, K. S. (1997). *Levels of depression and addiction underlying pathological Internet use*. Poster presented at the annual meeting of the Eastern Psychological Association. Washington, DC.

Young, K. S. (1998). The relationship between depression and internet addiction. *CyberPsychology and Behavior, 1*(1), www.netaddiction.com/articles/cyberpsychology.html에서 발췌.

Young, K. S. (1999). *Internet addiction: Symptoms, evalution, and treatment. Innovations in Clinical Practice.* http://netaddiction. com/articles/symptoms.htm.

Young, R. A. (1994). Helping adolescents with career development: The active role of parents. *Career Development Quarterly, 42*, 195-203.

인 명 색 인

사 항 색 인

[ㅊ]

저자 약력

장휘숙(章輝淑)

이화여자대학교 영어영문학과 졸업
이화여자대학교 대학원 심리학과 졸업(발달심리학 전공, 문학박사)
미국 미시간 주립대학교 객원교수 역임
한국발달심리학회 회장 역임
한국심리학회 이사 역임
한국심리학회 및 한국발달심리학회 편집위원장 역임
충남대학교 학생생활연구 소장 역임
2000년도 충남대학교 연구실적 우수교수 총장 표창
2006년도 한국심리학회 학술상 수상
2012년도 제22회 과학기술우수논문상 수상

현재: 충남대학교 심리학과 교수
발달심리전문가
한국발달심리학회 이사
한국인간발달학회 이사

관심분야

전생애 동안의 애착발달을 중심으로 정체감, 탄력성, 정신병리 등을 연구하였으며, 최근에는 성인기 발달과업과 가까운 사회적 관계, 주관적 건강, 노화불안, 노년기 고독, 생활만족, 행복 및 죽음공포와 죽음수용 등 성인기 발달과 삶의 종결을 이해할 수 있는 핵심적 주제들을 연구해 오고 있다.

저서 및 역서

전생애 발달심리학 제5판(저서, 박영사, 2013)
성인발달 및 노화심리학 제2판(저서, 박영사, 2012)
아동심리학(저서, 박영사, 2010)
청년심리학 제4판(저서, 박영사, 2009)
가족심리학 제2판(저서, 박영사, 2008)
전생애 발달심리학 제4판(저서, 박영사, 2007)
성인심리학(저서, 박영사, 2006)
발달정신병리학의 이해 제2판(저서, 창지사, 2005)
아동연구방법 제2판(저서, 창지사, 2005)
청년심리학 제3판(저서, 박영사, 2004)
애착장애의 치료: 이론에서 실제까지(역서, 시그마프레스, 2003)
여성심리학 제2판(저서, 박영사, 2002)
아동발달(저서, 박영사, 2001)
인간발달(저서, 박영사, 2000)
청년심리학 제2판(저서, 학지사, 1999)
발달정신병리학의 이해(저서, 학지사, 1998)
아동연구방법 초판(저서, 창지사, 1998)
여성심리학 초판(저서, 박영사, 1996)
가족심리학(저서, 박영사, 1996)
아동심리학 제2판(저서, 박영사, 1995)
발달심리학 제2판(공저, 박영사, 1994)
자녀문제 이럴 때 이렇게(저서, 창지사, 1994)
청년심리학 초판(도서출판 장승, 1993)
아동심리학 초판(저서, 박영사, 1990)
아동연구법(편역서, 창지사, 1989)
발달심리학 초판(공저, 박영사, 1987)
심리학개론(공저, 정민사, 1987)
어머니의 역할(역서, 창지사, 1986)
아버지의 역할(역서, 창지사, 1986) 외 다수

제 4 판
청년심리학

2004년 5월 30일 제 3 판 발행
2009년 1월 20일 제 4 판 발행
2015년 9월 10일 중판발행

저 자 장 휘 숙
발행인 안 종 만
발행처 (주) 박영사
서울특별시 종로구 새문안로3길 36, 1601
전화 (733)6771 FAX (736)4818
등록 1959. 3. 11. 제300-1959-1호(倫)

www.pybook.co.kr e-mail: pys@pybook.co.kr

정 가 25,000원 ISBN 978-89-7189-886-4